Tobias Keller
Management von Verhalten in Organisationen

I0044222

Tobias Keller

Management von Verhalten in Organisationen

Grundlagen, Anwendungsfelder und Fallstudien

DE GRUYTER
OLDENBOURG

Trotz sorgfältiger Erstellung unserer Bücher lassen sich Fehler manchmal leider nicht ganz vermeiden. Wir bitten zu entschuldigen, dass der Hinweis auf den Urheber des Porträtfotos versehentlich nicht mit abgedruckt wurde. Dies wurde korrigiert.

ISBN 978-3-11-073875-9
e-ISBN (PDF) 978-3-11-073444-7
e-ISBN (EPUB) 978-3-11-073448-5

Library of Congress Control Number: 2021948033

Bibliografische Information der Deutschen Nationalbibliothek
Die Deutsche Nationalbibliothek verzeichnet diese Publikation in der Deutschen Nationalbibliografie; detaillierte bibliografische Daten sind im Internet über http://dnb.dnb.de abrufbar.

© 2022 Walter de Gruyter GmbH, Berlin/Boston
Umschlaggestaltung: zonadearte / DigitalVision Vectors
Porträtfoto des Autors: Sascha Kreklau
Satz: le-tex publishing services GmbH, Leipzig
Druck und Bindung: CPI books GmbH, Leck

www.degruyter.com

Für Christina und Maximilian Querubin

Vorwort

Ein so breites Feld wie die Organisation- und Managementforschung in ein einzelnes Buch zu fassen, stellt eine Herausforderung dar. Erschwerend tritt hinzu, dass es sich bei der Organisations- und Managementforschung nicht um ein homogenes Forschungsfeld handelt, sondern Erkenntnisse aus unterschiedlichen Fachdisziplinen aufeinandertreffen. Die Mühe, sich dennoch tiefer mit diesem interdisziplinären Forschungsfeld auseinanderzusetzen, scheint aber durchaus berechtigt. Ursachen für den Erfolg und das Scheitern von Organisationen sind in den Entscheidungen und Handlungen der Organisationsmitglieder zu finden. Ein grundlegendes Verständnis von menschlichen Handlungs- und Entscheidungsprozessen sowie deren Beeinflussungsmöglichkeiten sollte daher für die Organisations- bzw. Unternehmensführung unverzichtbar sein. Konzepte, die den Schwerpunkt in der Führung von Organisationen bzw. Unternehmen allein auf das Management von Finanz- und Sachanlagen legen, scheinen für das Management von Menschen wenig geeignet. Ein Übertrag allzu technokratischer Organisations-/Unternehmensführungskonzepte auf die Steuerung[1] von Mitarbeitenden muss notwendigerweise scheitern, bleibt dabei doch die Komplexität des menschlichen Verhaltens und Erlebens unberücksichtigt.

Antworten auf Fragen zur Steuerung des menschlichen Verhaltens in Organisationen sind vornehmlich von verhaltenswissenschaftlichen Forschungsbeiträgen zu erwarten. Letztere bilden daher auch den Schwerpunkt im vorliegenden Buch. Dabei werden drei unterschiedliche Betrachtungsebenen auf das Verhalten in Organisationen eingenommen: Mit der Darstellung der psychologischen Grundlagen des Verhaltens und Erlebens wird auf der ersten Ebene das *Individuum* in Organisationen in den Mittelpunkt der Betrachtung gestellt. Auf der zweiten Betrachtungsebene bilden psychologisch-soziologische Konzepte der *Gruppe* den inhaltlichen Schwerpunkt. Auf der dritten Betrachtungsebene wird mit der Darstellung des Managements von Verhalten letztendlich die Perspektive der *Organisation* eingenommen.

In jeder einzelnen der drei Betrachtungsebenen des Verhaltens in Organisationen lässt sich auf eine Vielzahl von Themen sowie eine Fülle an wissenschaftlichen und praxisrelevanten Publikationen blicken. Eine kompakte Darstellung der drei Betrachtungsebenen muss daher notwendigerweise mit inhaltlichen Einschränkungen einhergehen. Letztere mussten auch hier in Kauf genommen werden, weswegen das vorliegende Buch keinen Anspruch auf Vollständigkeit hinsichtlich der Vielzahl an exis-

---

1 Die Verwendung des Begriffs „Steuerung" im Zusammenhang mit dem Verhalten in Organisationen könnte den fälschlichen Eindruck von Personen als rein reaktive und passive Zielobjekte einer organisationalen Verhaltenssteuerung erwecken. Einem solch technischen Verständnis des Steuerungsbegriffs wird hier nicht gefolgt. Die Steuerung menschlichen Verhaltens wird als interaktive Beeinflussung verstanden, bei der die Rollen des Beeinflussten und Beeinflussenden beständig wechseln. Ein solches Verständnis liegt ebenso dem in diesem Buch verwendeten Begriff „Management" für „Steuerung" zugrunde.

https://doi.org/10.1515/9783110734447-201

tierenden verhaltenswissenschaftlichen Organisations- und Managementkonzepten erheben kann. Der Verzicht auf die Darstellung einzelner Anwendungsfelder, Theorien, Modelle und Instrumente der verhaltenswissenschaftlichen Organisations- und Managementforschung stellt nicht deren Relevanz innerhalb der Forschung und Praxis in Abrede. Aufgrund des anhaltenden Forschungsinteresses in diesem Themenfeld muss auch jedes noch so umfangreiche Werk zum Verhalten in Organisationen letztendlich ein Stück weit unvollständig bleiben.

Nicht verzichtet wurde dagegen auf notwendige Quellenverweise. Es mag auf dem ersten Blick antiquiert erscheinen, in einem aktuellen Managementbuch auf Quellen aus dem vorherigen Jahrhundert zu verweisen. Tatsächlich wäre es ein Leichtes gewesen, ausschließlich aktuelle Literatur zu zitieren. Dies hätte an vielen Stellen aber über die wahren Urheber der Modelle und Konzepte sowie deren feste Etablierung in der Organisations- und Managementpraxis hinweggetäuscht. Ohne Zweifel hätte es auch den wissenschaftlichen Wert des Buches und dessen praktischen Anwendungsradius eingeschränkt. Die vielfältigen Interessen und Zielsetzungen der Leser mögen es an einzelnen Stellen erfordern, sich eingehender mit den behandelten Sachverhalten auseinanderzusetzen. Der Verweis auf (Original-)Quellen soll dieses vertiefte Studium erleichtern.

Damit will an dieser Stelle die Zielgruppe des Buches genauer umrissen werden. Das Buch richtet sich an wissenschaftlich wie praktisch interessierte Leser. Studierende in Studiengängen mit wirtschafts- und verwaltungswissenschaftlichen Inhalten finden in dem Buch einen Einstieg in die verhaltenswissenschaftliche Organisations- und Managementforschung. Fach- und Führungskräfte mit Aufgaben in der Personal- und Unternehmensführung erhalten Beispiele und Hinweise für die Anwendung verhaltenswissenschaftlicher Konzepte und Instrumente in der organisationalen Praxis. Mitarbeitenden ohne Führungsverantwortung bietet das Buch Anregungen für die Gestaltung der Zusammenarbeit mit Vertretern innerhalb und außerhalb von Organisationen (z. B. Vorgesetzte, Kollegen und Kunden). Ich würde mich freuen, wenn das Buch eine breite Verwendung in der Ausbildung von Fach- und Führungskräften auch über die akademische Lehre hinaus erfährt. Insofern mag es Lernenden wie Lehrenden als Arbeitsbuch für ihren Unterricht dienen.

Der Aufbau des Buches folgt dem Lehrkonzept meines Moduls *Organizational Behavior*, das ich in Studiengängen an der EBZ Business School in Bochum lehre. In meiner Lehre ist es mir stets ein Anliegen, die Organisations- und Managementforschung anschaulich abzubilden. Hilfreich dafür sind Fallstudien, die den Transfer theoretischer Kenntnisse auf die organisationale Praxis erfordern. Die Fallstudien im vorliegenden Buch sollen die anwendungsorientierte Auseinandersetzung mit den behandelten Fachinhalten auch jenseits des Praxisfelds ermöglichen. Der Leser findet in den Fallstudien zudem praktische Anwendungsbeispiele und eine Möglichkeit zur Überprüfung seines Lernstandes.

Die Zusammenstellung der Inhalte des Buches erforderte die Konstruktion eigener Fallstudien und Beispiele. Trotzt der Fiktion der Fälle und Beispiele wurde auf

eine realitätsnahe Konstruktion geachtet. Eigene Beobachtungen und Anwendungs-
fälle lieferten an vielen Stellen Vorlagen für Beispiele im Buch und die entwickelten
Fallstudien. Gemeinsamkeiten der fiktiven Fälle und Beispiele im Buch mit tatsächlichen Personen und Organisationen waren keinesfalls intendiert. Rückschlüsse von
der Darstellung auf reale Personen und Organisationen lassen sich nicht herstellen.
Wo sich diese dem Leser aufdrängen, mag es sich um rein subjektive Eindrücke handeln.

Das Verhalten in Organisationen ist vielfältig und so hoffentlich auch die Leserschaft dieses Buches. Um auch sprachlich eine vielfältige und bunte Leserschaft
anzusprechen, galt meine Bemühung, der Beibehaltung einer möglichst geschlechterneutralen Sprache. Beispiele mit weiblichen oder männlichen Personen sind nicht
als geschlechterspezifische Eingrenzungen der Inhalte zu verstehen. Sie sollen lediglich einen kleinen Teil der Vielfalt des Verhaltens in Organisationen abbilden und
die Darstellung abwechslungsreicher gestalten. Es wird dem aufmerksamen Leser
nicht verborgen bleiben, dass eine geschlechterneutrale Sprache nicht durchgängig
geglückt ist. Zu kompliziert, sperrig und missverständlich präsentierten sich häufig
die noch nicht allseits etablierten geschlechterneutralen Formulierungen, sodass an
diesen Stellen der Leserfreundlichkeit und dem einfacheren Verständnis der Vorzug
gegeben wurde.

Ein Buchprojekt stemmt man selten allein. An dieser Stelle sei daher einigen Personen für ihre Mitwirkung unterschiedlichster Art besonders gedankt. Meinem Kollegen Günter Vornholz danke ich für die wertvollen Hinweise und seine Unterstützung
während des Schreibprozesses. Frau Berit Große-Wilde danke ich für das engagierte
Lektorat und ihre sprachlichen Korrekturen. Rudolf Miller danke ich für die wertvollen
inhaltlichen Anmerkungen und die konstruktive Kritik. Dem De Gruyter Oldenbourg
Verlag, vertreten in der Person von Dr. Stefan Giesen, danke ich für die stets unkom-
plizierte Betreuung während der Manuskripterstellung.

Henrichenburg, im Juni 2021   Tobias Keller

Inhalt

Vorwort —— VII

**1   Die Bedeutung des menschlichen Verhaltens
        im organisationalen Alltag —— 1**
1.1   Die Organisation und ihr Umfeld —— 4
1.2   Das Organisationsdilemma —— 10
1.3   Die verhaltenswissenschaftliche Organisationsforschung —— 14
1.4   Individuelles und kollektives Verhalten in Organisation —— 18

2   Der Kern des Verhaltens: Die Persönlichkeit —— 20
2.1   Ansätze der Persönlichkeitsforschung —— 22
2.2   Von Persönlichkeits-Traits zu Persönlichkeits-Typen —— 25
2.2.1   Eigenschaftstheorien —— 26
2.2.2   Typentheorien —— 31
2.3   Psychometrie – Die Vermessung der Persönlichkeit —— 36
2.4   Persönlichkeit und Verhalten in Abhängigkeit der Situation —— 42
2.5   Zusammenfassung —— 47
2.6   Fallstudie 1 —— 48

3   Beweggründe des Verhaltens: Die Motivation —— 53
3.1   Motive, Triebe und Anreize —— 54
3.2   Motivation und die Wechselwirkung zwischen Situation
        und Person —— 57
3.3   Motivationstheorien und -modelle —— 59
3.3.1   Die Bedürfnispyramide nach Abraham Maslow —— 60
3.3.2   Die Theorie der emotionalen Bedürfnisse —— 62
3.3.3   Die Grundmotive nach David McClelland —— 64
3.3.4   Das Rubikon-Modell der Motivation —— 67
3.3.5   Die Erwartungs-Wert-Theorie —— 70
3.3.6   Die Zielsetzungstheorie —— 74
3.3.7   Das 3K-Modell der Motivation —— 75
3.3.8   Gerechtigkeitstheorien —— 79
3.4   Motivationsförderliche Arbeitsgestaltung —— 82
3.5   Zusammenfassung —— 89
3.6   Fallstudie 2 —— 90

4   Veränderung des Verhaltens: Lernen, Wahrnehmen und Urteilen —— 98
4.1   Arten des Lernens und Wissens —— 99
4.2   Lerntheorien —— 101
4.2.1   Der Behavioristische Lernansatz —— 101
4.2.2   Der Kognitivistische Lernansatz —— 109
4.3   Wahrnehmen und Denken —— 113
4.3.1   Denken in Schemata —— 117
4.3.2   Denken mit Heuristiken —— 120
4.4   Attribution – Urteilen über andere —— 123
4.5   Einstellungen und Verhalten —— 127
4.6   Zusammenfassung —— 133
4.7   Fallstudie 3 —— 134

5   Kollektives Verhalten in Organisationen —— 144
5.1   Gruppen in Organisationen —— 145
5.1.1   Merkmale von Gruppen —— 145
5.1.2   Bedeutung von Gruppen —— 147
5.1.3   Arten von Gruppen —— 149
5.1.4   Entwicklung von Gruppen —— 157
5.2   Schattenseiten kollektiven Verhaltens in Organisationen —— 163
5.2.1   Leistungszurückhaltung —— 164
5.2.2   Konformitätsdruck —— 165
5.2.3   Gruppendenken —— 167
5.3   Kommunikation in Organisationen —— 172
5.3.1   Formen und Phasen der Kommunikation —— 173
5.3.2   Kommunikationsmedien —— 175
5.3.3   Kommunikationsbarrieren —— 178
5.3.4   Nonverbale Kommunikation und Soziale Intelligenz —— 182
5.3.5   Die Transaktionsanalyse —— 185
5.4   Macht und Einfluss in Organisationen —— 191
5.4.1   Einflussnahme und Macht —— 192
5.4.2   Grundlagen der Macht —— 195
5.4.3   Politisches Taktieren —— 197
5.4.4   Impression Management —— 198
5.5   Zusammenfassung —— 200
5.6   Fallstudie 4 —— 202

**6   Anwendungsfelder des Managements von Verhalten
           in Organisationen —— 209**
6.1   Management von Konflikten in Organisationen —— 209
6.1.1   Konfliktarten, -wirkungen und -symptome —— 210
6.1.2   Modelle des Konfliktverlaufs —— 214

6.1.3   Konfliktlösungsansätze —— **220**
6.2   Management von Veränderungen in Organisationen —— **225**
6.2.1   Barrieren organisationaler Veränderungen —— **227**
6.2.2   Arten organisationaler Veränderungen —— **230**
6.2.3   Umgang mit Widerstand gegen Veränderungen —— **232**
6.2.4   Modelle des Veränderungsmanagements —— **243**
6.3   Management von Kulturunterschieden in Organisationen —— **249**
6.3.1   Der Kulturbegriff —— **249**
6.3.2   Kultur in Organisationen —— **256**
6.3.3   Interkulturelle Kompetenzentwicklung —— **261**
6.3.4   Interkulturelle Kommunikation —— **264**
6.4   Management des Lernens und Wissens in Organisationen —— **271**
6.4.1   Organisationales Lernen —— **271**
6.4.2   Wissensmanagement —— **277**
6.4.3   Instrumente des Organisationalen Lernens
           und Wissensmanagements —— **282**
6.5   Management der Arbeitsflexibilisierung —— **286**
6.5.1   Formen der Arbeitsflexibilisierung und ihr Einfluss
           in Organisationen —— **287**
6.5.2   Auswirkungen offener Bürokonzepte auf das Arbeitsverhalten
           und -erleben —— **291**
6.5.3   Auswirkungen zeit- und ortsunabhängiger Arbeit
           auf das Arbeitsverhalten und -erleben —— **296**
6.5.4   Auswirkungen moderner Organisationsstrukturen
           auf das Arbeitsverhalten und -erleben —— **300**
6.6   Zusammenfassung —— **305**
6.7   Fallstudie 5 —— **307**

7   Lösungshinweise zu den Fallstudien —— 315
7.1   Lösungshinweise zur Fallstudie 1 —— **315**
7.2   Lösungshinweise zur Fallstudie 2 —— **325**
7.3   Lösungshinweise zur Fallstudie 3 —— **336**
7.4   Lösungshinweise zur Fallstudie 4 —— **345**
7.5   Lösungshinweise zur Fallstudie 5 —— **352**

Literaturverzeichnis —— 363

Abbildungsverzeichnis —— 377

Tabellenverzeichnis —— 379

Stichwortverzeichnis —— 381

1 Die Bedeutung des menschlichen Verhaltens im organisationalen Alltag

Sicherlich haben wir alle schon einmal Situationen erlebt, in denen wir vorschnell über Personen geurteilt haben. Personen machen häufig andere für etwas verantwortlich, für das diese eigentlich gar nicht verantwortlich sind:

- Ein Bekannter lässt Sie wieder einmal vor dem Restaurant warten, was ja typisch für ihn ist. Dass Ihr Bekannter tatsächlich im starken Berufsverkehr feststeckt, mögen Sie als reine Ausrede seinerseits werten.
- Der Unfall Ihres Arbeitskollegen ist natürlich nur deswegen zustande gekommen, weil Ihr Arbeitskollege ein schlechter Autofahrer ist. Dass Ihr Arbeitskollege gar nicht der Verursacher des Unfalls gewesen sein könnte, mag Ihnen zunächst überhaupt nicht in den Sinn kommen.
- Die Nachbarin, die Sie nicht gegrüßt hat, mag wohl eingeschnappt sein, weil Sie sich letztens über ihren Hund beschwert haben. Die Möglichkeit, dass Ihre Nachbarin Sie nicht gesehen haben könnte, ziehen Sie nicht in Betracht.

In all den gezeichneten Beispielen beeinflusst unsere Erklärung des Verhaltens anderer auch die Art und Weise, wie wir uns diesen Personen gegenüber verhalten. Die unfreundliche Nachbarin werden Sie dann eben zukünftig auch nicht mehr grüßen. Ihren Bekannten, der Sie hat warten lassen, werden Sie beim nächsten Mal als Ausgleich eben noch länger warten lassen. Zu Ihrem verunfallten Bekannten werden Sie sich nicht mehr ins Auto setzen. Sicherlich hätten Sie in den gezeichneten Beispielen gut daran getan, sich auch eingehender mit möglichen außerhalb der Person liegenden Ursachen des Verhaltens zu beschäftigen, bevor sie über deren Verhalten urteilen. Die in der Folge womöglich entstandenen Konflikte mit den beteiligten Personen hätten sich so vielleicht vermeiden lassen.

In der Erklärung des Verhaltens anderer sehen wir uns mit einer Vielzahl potenzieller Verhaltensursachen konfrontiert. Unter dieser Vielzahl gilt es, die Ursachen zu identifizieren, die das Verhalten des anderen begründen. Um die Komplexität eines solchen Unterfangens zu reduzieren, lassen wir im Alltag häufig außerhalb der Person liegende Ursachen für das Verhalten unberücksichtigt. Wir schränken damit den Radius möglicher Verhaltensursachen von vornherein ein, was uns die Ursachenzuschreibung für das Verhalten anderer erleichtert. Die ausschließliche Betrachtung in der Person liegender Verhaltensursachen (z. B. die Unzuverlässigkeit des Bekannten, die schlechten Fahrkünste des Partners oder der Partnerin, die Unfreundlichkeit der Nachbarin) greift jedoch in vielen Fällen zu kurz.

Prinzipiell können mögliche Ursachen für ein Verhalten

- in der *Person* und
- der *Situation*, d. h. außerhalb der Person,

https://doi.org/10.1515/9783110734447-001

zu finden sein. Menschliches Verhalten vollzieht sich nicht vollkommen isoliert von einem situativen Kontext, sondern ist in letzterem eingebettet. Einflüsse der Situation und der Person bedingen sich wechselseitig (hierzu auch Kapitel 3.2). Besonders deutlich wird dies, wenn wir menschliches Verhalten als Interaktion von Personen und ihrer Umwelt auffassen.

Stellen Sie sich die folgende Situation vor: Sie stehen an der Kasse eines Bekleidungsgeschäfts und möchten einen Artikel bezahlen. Das Geschäft ist leer und so ist es Ihnen vollkommen unverständlich, dass der einzige Verkäufer im Geschäft neben der Umkleidekabine sitzt und sich mit seinem Smartphone beschäftigt, anstatt sich um Sie zu kümmern. Demonstrativ schauen Sie zu dem Verkäufer herüber, doch der scheint Sie überhaupt nicht wahrzunehmen. Erst als Sie ihm von der Kasse aus zurufen, dass Sie gerne zahlen würden, setzt er sich lustlos in Bewegung, ohne allerdings sein Smartphone aus der Hand zu legen. Ohne Sie eines Blickes zu würdigen, scannt er die Artikel ein, nimmt Ihr Geld und vergisst sogar, Ihnen das Wechselgeld herauszugeben. Als Sie Ihn darum bitten, wirft er das Wechselgeld auf die Theke, knallt die Kasse zu und wendet sich dann wieder seinem Smartphone zu. Bereits beim Verlassen des Geschäfts bereuen Sie es, hier eingekauft zu haben. Sie entscheiden, dieses Geschäft zukünftig nicht noch einmal zu betreten.

Als Kunde in der soeben geschilderten Situation haben Sie die Möglichkeit, das Geschäft einfach zu verlassen. Die Angelegenheit mag damit für Sie erledigt sein. Vielleicht würden Sie das Geschäft tatsächlich nicht mehr betreten. Als Leitung des Bekleidungsgeschäfts bietet sich diese Option nicht an. Als Führungskraft wäre es Ihre Aufgabe, für die Zufriedenheit Ihrer Kunden und Mitarbeitenden zu sorgen. Insofern müssten Sie die beobachtete Situation in Ihrem Geschäft zunächst genauer ergründen, um anschließend dafür sorgen zu können, dass sich so etwas nicht noch einmal wiederholt. Aus der Position der Führungskraft heraus kann die Suche nach einer Erklärung für die beobachtete Situation am Verhalten des Verkäufers ansetzen. Offenkundig scheint darin die Ursache der Unzufriedenheit des Kunden zu liegen. Damit wäre die Ursache für das unfreundliche Verhalten des Verkäufers gegenüber seinem Kunden jedoch noch nicht ausgemacht. Die Ursache für die Unfreundlichkeit zu ergründen stellt die weit wichtigere Aufgabe für die Führungskraft des Geschäftes dar. Erst wenn die Führungskraft verstanden hat, was zu dem beobachteten Verhalten seines Mitarbeitenden geführt hat, kann sie entsprechende Maßnahmen umsetzen, um eine Verhaltensänderung beim Mitarbeitenden herbeizuführen.

Die Ursachen für das beobachtete Verhalten des Verkäufers ausschließlich in der Person des Verkäufers zu suchen, würde dem *fundamentalen Attributionsfehler* gleichkommen (hierzu Kapitel 4.4). Danach werden die Ursachen für das Verhalten anderer Personen vornehmlich der Person selbst, d. h. ihren Eigenschaften, Motiven und Fähigkeiten, zugeschrieben, wohingegen verhaltensrelevante Einflüsse außerhalb der Person weitestgehend ausgeklammert werden. Eine derart unvollständige Ursachensuche führt zu Fehlurteilen und birgt Konfliktpotenzial. Ferner macht sie blind gegenüber den wahren veränderungsbedürftigen Parametern im Arbeitskontext. Die logische Konsequenz einer ausschließlich auf den Charakter oder mangelnden Einsatzwillen zurückgeführten Unfreundlichkeit wäre, den Mitarbeitenden zukünftig von Kunden fernzuhalten, ihn zu versetzen oder gar zu kündigen.

In einem anderen Licht stellt sich ein beobachtetes negatives Verhalten oftmals dar, wenn situative Parameter als dessen Ursache identifiziert werden können. Häufig können diese außerhalb der Person liegenden Einflüsse gar nicht direkt von der handelnden Person beeinflusst werden. Wie würden Sie beispielsweise das Verhalten des Verkäufers im oben gezeichneten Fall bewerten, wenn Sie wüssten, dass der Inhaber des Geschäfts seinen Angestellten gerade via Textnachricht auf dem Smartphone darüber informiert hat, dass die Filiale am Ende des Monats schließt? Welche Rolle würde es spielen, wenn Sie wüssten, dass der Verkäufer eigentlich seit drei Stunden Feierabend hätte und – wie in den letzten zwei Wochen zuvor – schon wieder unbezahlte Überstunden machen muss? Im ersten Fall trägt die Entscheidung zur Filialschließung und die Art und Weise, wie dies an die Angestellten kommuniziert wurde, eine wesentliche Mitschuld an dem gezeigten Verhalten des Verkäufers. Im zweiten Fall kann das beobachtete Verhalten mit strukturellen Mängeln in der Personalplanung erklärt werden. Da die Personalplanung von der Führungskraft verantwortet wird, muss diese in die Ursachenanalyse und Maßnahmenplanung einbezogen werden. Die Versetzung oder Kündigung des Mitarbeitenden würde in diesen Fällen lediglich ein Symptom struktureller und/oder führungsbezogener Mängel beheben, wohingegen die Ursachen für die Unzufriedenheit der Kunden fortbestehen würden. Auch ein neuer Verkäufer würde sich womöglich nach mehreren unbezahlten Doppelschichten immer weniger leistungsbereit zeigen.

Im Arbeitsleben geht es nicht ausschließlich um die *Beschreibung* und *Erklärung* des Verhaltens von Kollegen, Mitarbeitenden, Vorgesetzten, Kunden und Geschäftspartnern. Die Verhaltensbeschreibung und -erklärung sind lediglich Voraussetzungen für eine zielgerichtete *Steuerung* des Verhaltens im Arbeitsalltag. Dafür ist gleichwohl ein Verständnis von den Grundlagen des menschlichen Erlebens und Verhaltens, wie dies die Psychologie liefert, unabdingbar. Im Arbeitsalltag interessiert häufig sehr viel mehr, wie Menschen im Kollektiv mit anderen denken und handeln und wie ihr Denken und Handeln zur Erreichung der gemeinsamen Ziele beeinflusst werden kann. Erkenntnisse hierzu liefert die *verhaltenswissenschaftliche Organisationsforschung* (im Englischen: *Organizational Behavior Science*). Bevor diese im Kapitel 1.3 genauer skizziert wird, wollen vorab noch der Organisationsbegriff als solches (hierzu Kapitel 1.1) sowie das im Rahmen der verhaltenswissenschaftlichen Organisationsforschung zu lösende Organisationsdilemma (hierzu Kapitel 1.2) skizziert und näher bestimmt werden.

1.1 Die Organisation und ihr Umfeld

Organisationen besitzen für Menschen einen hohen Stellenwert. Wir verbringen einen großen Teil unseres Lebens in strukturierten kollektiven Gebilden, d. h. organisierten Gruppen. Der Grund dafür lässt sich in dem für Menschen konstitutiven Bedürfnis nach sozialer Interaktion, d. h. dem Austausch mit anderen, finden (hierzu Kapitel 3.3.3). Menschen gründen Organisationen aber auch, um gemeinsam Ziele zu erreichen, die jeder für sich alleine nicht erreichen kann oder aber zumindest nicht in der Art erreichen würde, wie dies die organisierte Zusammenarbeit ermöglicht. In vielen Fällen sind wir auf die Zusammenarbeit mit anderen angewiesen. Eine Organisation steht für eine soziale Ordnung, die eine abgestimmte und kontrollierte Leistung ermöglicht, um dadurch gemeinsame Ziele zu erreichen. Die soziale Ordnung bringt zum Ausdruck, dass in Organisationen Personen miteinander interagieren. Die Interaktion umfasst die individuellen Leistungsbeiträge der Organisationsmitglieder. Mit seinem individuellen Leistungseinsatz soll jedes Organisationsmitglied einen Beitrag zur Erreichung des Gesamtziels der Organisation leisten. Dafür muss der Leistungseinsatz der einzelnen Organisationsmitglieder kontrolliert und auf das Organisationsziel ausgerichtet werden.

Jedes Unternehmen ist eine Organisation. Doch nicht bei jeder Organisation muss es sich um ein Unternehmen handeln, das erwerbswirtschaftliche Interessen verfolgt. Öffentliche Institutionen (z. B. Behörden, Universitäten) stellen ebenso Organisationen dar. Auf Vereine, Stiftungen und Nichtregierungsorganisationen (sogenannte Non-Governmental Organizations, kurz: NGOs) trifft der Organisationsbegriff ebenso zu. Im weitesten Sinne zählen zu den Organisationen alle Gruppen von Personen, die ein gemeinsames Ziel verfolgen und folglich organisiert sind.

Im Wirtschaftskontext von besonderer Relevanz sind solche Organisationen, die erwerbswirtschaftliche Interessen verfolgen. Diese Unternehmen können auch als *sozio-technische Systeme* bezeichnet werden (vgl. hierzu Ulich 2013). Wie alle anderen Organisationsarten sind sie Teil eines größeren Systems, dem *Umweltsystem*, von dem sie beeinflusst werden. So beeinflussen politische Entscheidungen, ökologische und soziale Ereignisse, technologische Entwicklungen, ökonomische Faktoren und rechtliche Vorgaben (siehe PESTEL weiter unten in diesem Abschnitt) das Handeln in und von Unternehmen. Gleichzeitig beeinflusst das Unternehmen aber auch die Umwelt, indem es mit dieser interagiert. Teile des Umweltsystems gehen als Input in das Unternehmen ein (z. B. Mitarbeitende als Humanressourcen, Materialien als Rohstoffe) und werden im Rahmen des Leistungserstellungsprozesses verarbeitet. Anschließend geben Unternehmen ein Leistungsergebnis in Form von Produkten und Dienstleistungen als Output an das Umweltsystem ab. Innerhalb des Unternehmens interagieren Personen miteinander und bilden damit ein *soziales System*. Für die Leistungserstellung ist ein Unternehmen auch auf technische Gerätschaften angewiesen (z. B. Produktionsmaschinen, Kommunikationsmedien). Auch diesem *technischen System* ist im Rahmen der Steuerung bzw. dem Management von Mitarbeitenden und der Arbeitsgestaltung Aufmerksamkeit zu schenken. Alle genannten Systemkomponenten sind in der Analyse des Verhaltens in Organisationen bzw. Unternehmen einzubeziehen und integrativ zu betrachten.

Dort, wo Menschen an gemeinsamen Zielen arbeiten, entsteht ein *Bedarf an Koordination*, d. h. Abstimmung. Die Bedeutung, die der *Beschreibung*, *Erklärung* und *Steuerung* von Verhalten in Organisationen zukommt, nimmt mit der Anzahl der Mitarbeitenden in der Organisation zu. Die Arbeit von fünf Mitarbeitenden in einem familiengeführten Unternehmen sollte sich leichter koordinieren lassen als die Arbeit von mehr als eintausend Mitarbeitenden. Aber auch in – gemessen an der Anzahl der Mitarbeitenden – kleinen Unternehmen birgt die Zusammenarbeit von Menschen vielfältiges Konfliktpotenzial (hierzu Kapitel 6.1), weil die in und mit Organisationen arbeitenden Personen oftmals konträre Einzelinteressen verfolgen (hierzu Kapitel 5.4).

Organisationen sowie die in ihnen interagierenden Personen bewegen sich also nicht in einem Vakuum, sondern sind in einem Kontext eingebettet. Das Umfeld außerhalb der Organisation muss in die Beschreibung, Erklärung und Steuerung von Verhalten in Organisationen einbezogen werden. Das Umfeld von Organisationen lässt sich in folgende Bereiche differenzieren, deren Einflüssen Organisationen ausgesetzt sind:
– *politische Einflüsse*
– *ökologische Einflüsse*
– *soziokulturelle Einflüsse*
– *technologische Einflüsse*
– *ökonomische Einflüsse*
– *rechtliche Einflüsse*

Im Englischen lassen sich diese Bereiche über das Akronym *PESTEL* (Political, Ecological, Social, Technological, Economic, Legal) ausdrücken (in Anlehnung an Fahey/ Narayanan 1986). Bedingungen in diesen Bereichen können die Effektivität von Organisationen sowie die Qualität der Arbeit maßgeblich beeinflussen. Aber auch diese Einflüsse wirken nicht isoliert auf das Verhalten in Organisationen, sondern stehen in Wechselwirkung mit Bedingungen innerhalb der Organisation. Zu diesen gehören die folgenden Faktoren:
– individuelle Faktoren der Organisationsmitglieder (*Individuum*),
– gruppenbezogene Faktoren in Organisationen (*Gruppe*),
– strukturelle Faktoren von Organisationen (*Struktur*),
– managementbezogene Faktoren in Organisationen (*Management*).

Schauen wir nun noch einmal auf den Vorfall mit dem vermeintlich unfreundlichen Mitarbeitenden. Unter der Berücksichtigung der in Abbildung 1.1 beschriebenen Einflüsse auf das Verhalten in Organisationen kann nun eine umfänglichere Verhaltenserklärung vorgenommen werden. Dabei soll zunächst der Frage nachgegangen werden, welche Einflüsse an dem Zustandekommen des beobachteten Verhaltens mitgewirkt haben könnten und demnach als Ursachen für das Verhalten des Mitarbeitenden in Frage kommen. Abgestimmt auf die identifizierten Verhaltensursachen können dann Maßnahmen für die zukünftige Steuerung in der Organisation erarbeitet werden. Im beispielhaften Fall könnten diese wie in Tabelle 1.1 aussehen.

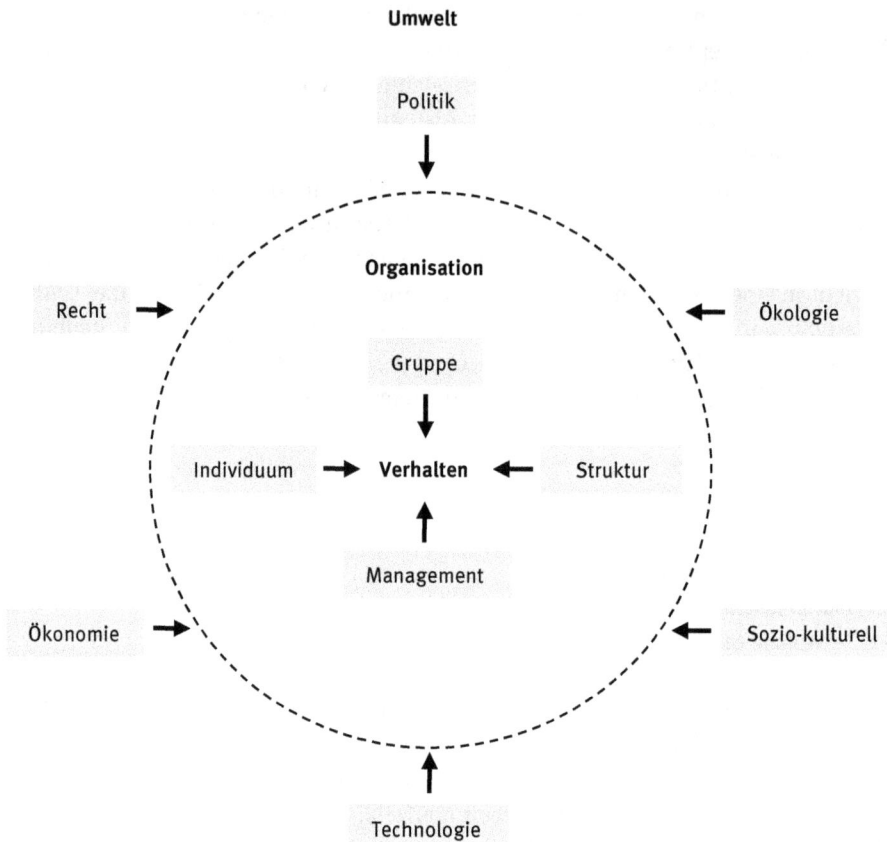

Umwelt

Politik

Organisation

Recht → ← Ökologie

Gruppe

Individuum → **Verhalten** ← Struktur

Management

Ökonomie → ← Sozio-kulturell

Technologie

Abb. 1.1: Navigationskarte für die Beschreibung, Erklärung und Steuerung von Verhalten in Organisationen (eigene Darstellung).

Sie sehen, dass sich weder die Situationsbeschreibungen noch die Erklärungen auf einen einzelnen Ursachenbereich reduzieren lassen. Wechselwirkungen zwischen den Bereichen sind offensichtlich, sodass in der Regel auch die Maßnahmen zur Steuerung des Verhaltens in Organisationen an mehreren Einflüssen ansetzen müssen. Ob die politische Diskussion um einen Austritt Großbritanniens aus der Europäischen Union Existenzängste bei Mitarbeitenden auslöst, wird im Wesentlichen von individuellen Faktoren der einzelnen Mitarbeitenden abhängen (z. B. der Ängstlichkeit). Ebenso hängt die Bewertung des Fahrverbots in der Innenstadt von individuellen Rahmenbedingungen des Mitarbeitenden ab. Wohnt dieser fußläufig vom Arbeitsort ent-

Tab. 1.1: Ergebnisse einer Verhaltensanalyse in Organisationen (eigene Darstellung).

Einflussbereich	Beschreibung	Erklärung	Steuerungsmaßnahme
Politisch	Politiker diskutieren über den BREXIT.	Die Verkaufsfiliale gehört zu einem englischen Konzern. In der Belegschaft herrscht Unsicherheit darüber, wie es im Falle eines Brexits mit dem Geschäft weitergeht. Das unfreundliche Verhalten des Mitarbeitenden ist Ausdruck seiner Existenzangst.	Den Mitarbeitenden über die Zukunft des Geschäfts aufklären. Sorgen und Ängste des Verkäufers ernstnehmen und eine positive Zukunft zeichnen.
Ökologisch	Aufgrund hoher Stickoxid-Werte ist die Innenstadt vor kurzem für PKWs gesperrt worden.	Durch die PKW-Sperrung in der Innenstadt muss der Mitarbeitende den Arbeitsweg nun mit öffentlichen Verkehrsmitteln zurücklegen. Er hat dadurch einen zeitlichen Mehraufwand von täglich zwei Stunden. Darüber ist er sehr verärgert. Zudem hat er gerade erfahren, dass sein Zug ausfällt. Er muss sich nun um eine Alternative kümmern.	Einsatzzeiten des Mitarbeitenden mit den öffentlichen Verkehrsplänen abstimmen, um seine Fahrzeit zu reduzieren.
Sozial	Der Onlinehandel hat stark zugenommen. In der Innenstadt kaufen nur noch sehr wenige Personen ein.	Der Mitarbeitende hat über den Tag hinweg ausschließlich Personen bedient, die ein Produkt testen wollten, aber dies dann aufgrund des günstigeren Preises im Internet kaufen wollten.	Mit dem Mitarbeitenden gemeinsam Ideen erarbeiten, wie das Einkaufen im Geschäft wieder attraktiver gemacht werden kann.
Technologisch	Digitalisierung des Handels schreitet voran.	Im Zuge der Digitalisierung setzen immer mehr Geschäfte Selbstzahlerkassen ein. Ein wesentlicher Aufgabenbereich des Mitarbeitenden wird damit automatisiert. Er hat Bedenken, dass er für das Geschäft überflüssig werden könnte und ist darüber sehr verunsichert.	Dem Mitarbeitenden aufzeigen, wie die Gestaltung des zukünftigen Verkaufsprozesses im Geschäft aussehen kann, und ihm verdeutlichen, dass durch die eventuelle Automatisierung einiger Tätigkeiten neue Tätigkeitsbereiche hinzukommen werden, sodass er nicht überflüssig wird.

Tab. 1.1: (Fortsetzung)

Einflussbereich	Beschreibung	Erklärung	Steuerungsmaßnahme
Ökonomisch	Die Kaufkraft in der Bevölkerung sinkt.	Existenzängste des Mitarbeitenden aufgrund geringerer Umsätze könnten hier ebenso eine Erklärung sein.	Auch hier gilt es zunächst, die Ängste aufgrund des Jobverlustes des Mitarbeitenden abzubauen.
Rechtlich	Die Widerrufsfrist bei den Verkaufsprodukten ist verlängert worden.	Den gesamten Tag über musste der Mitarbeitende zuvor gekaufte Produkte zurücknehmen. Die damit verbundene Bürokratie hat sehr viel Zeit in Anspruch genommen und zu seiner Unzufriedenheit geführt.	Dem Mitarbeitenden gegenüber verdeutlichen, dass der Umtausch Teil des Service ist. Gegebenenfalls sollte ein vorhandenes Provisionssystem verändert werden, wenn dieses einzig auf den Verkauf von Produkten abzielt.
Individuum	Bereits im Einstellungsinterview hat sich gezeigt, dass der Mitarbeitende sehr introvertiert und unsicher im Umgang mit anderen Personen ist.	Aufgrund seines Charakters fühlt sich der Mitarbeitende in seiner Position nicht wohl und reagiert unfreundlich.	Hier wäre zu prüfen, warum der Mitarbeitende überhaupt für den Verkauf eingestellt wurde, obwohl er sich für die Verkaufsposition nicht eignet. Wenn er diese nur zeitweise ausfüllen sollte, wäre es ratsam, ihn auf eine für ihn passende Position zu versetzen. Handelt es sich um eine fehlerhafte Personalauswahl, dann sollten diese strukturellen oder managementbezogenen Fehler aufgearbeitet werden.

Tab. 1.1: (Fortsetzung)

Einflussbereich	Beschreibung	Erklärung	Steuerungsmaßnahme
Gruppe	Die Kollegen des Mitarbeitenden sind seit über zwei Stunden gemeinsam in der Pause. Der Mitarbeitende muss stattdessen im Geschäft die Stellung halten.	Der Mitarbeitende fühlt sich ausgeschlossen und muss die Arbeit seiner Kollegen mit übernehmen. Darüber hat er sich geärgert.	Sollte der Mitarbeitende tatsächlich von seinen Kollegen ausgeschlossen werden, könnte hier vielleicht ein Teamevent das Wir-Gefühl stärken. Die überzogene Pause wäre mit einer klaren Pausenregelung zu beantworten.
Struktur	Der Mitarbeitende musste erneut die Schicht von seinem erkrankten Kollegen mit übernehmen.	Durch die Doppelschicht musste der Mitarbeitende nun wiederholt alle seine privaten Termine absagen, worüber er sehr verärgert ist.	Für Krankheitsfälle sollte eine Vertretungsregelung getroffen werden, sodass es zukünftig nicht mehr zu Doppelschichten kommt.
Management	Der Mitarbeitende hat seinen Vorgesetzten zum wiederholten Male um die Genehmigung seines Urlaubsantrages gebeten. Der Vorgesetzte hat mehrmals versichert, ihn per Mail über die Genehmigung zu informieren. Bisher ist dies jedoch immer noch nicht erfolgt.	Dadurch, dass der Mitarbeitende auf die Mail wartet, kann er sich nicht von seinem Smartphone lösen. Der Urlaub ist für den Mitarbeitenden sehr wichtig und er ärgert sich darüber, dass sein Chef diesen immer noch nicht genehmigt hat.	Transparenz im Genehmigungsverfahren herstellen. Zusagen unbedingt einhalten.

fernt, dann wird ihm das Fahrverbot wohl nicht so viel ausmachen, als wenn er täglich durch das Fahrverbot eine längere Anfahrt in Kauf nehmen muss. Kommen die in Tabelle 1.1 aufgeführten Einflüsse auch prinzipiell alle als Verhaltensursachen in Betracht, handelt es sich dabei zunächst lediglich um hypothetische Erklärungen. Diese gilt es mit weiteren *Beobachtungen* zu untermauern oder zu verwerfen. Nicht immer ist dabei die einmalige Verhaltensbeobachtung ausreichend. Durch eine ergänzende Befragung sollten sich weitere wichtige Informationen über die individuellen Faktoren der betreffenden Person gewinnen lassen. Die *Analyse von Dokumenten* – z. B. die Durchsicht der Email-Korrespondenz in Bezug auf die Urlaubsplanung (siehe managementbezogene Faktoren) oder die Analyse der Tageszeitung (zu den Einflüssen aus der Umwelt) – kann zusätzlich wertvolle Hinweise zu den Verhaltensursachen beitragen. Erst wenn die Überprüfung der Hypothesen über die Verhaltensursachen einen begründeten Anlass für die Bestätigung der Vermutungen zulässt, können konkrete Maßnahmen für die Verhaltenssteuerung entwickelt und anschließend umgesetzt werden.

1.2 Das Organisationsdilemma

Ein Dilemma setzt die Wahl zwischen mindestens zwei Alternativen voraus, wobei die Wahl der einen Alternative den Verlust der anderen Alternative bedeutet. Stellen Sie sich einen hungrigen Esel vor, der zwischen zwei gleich großen und gleich verlockenden Heuhaufen zu verhungern droht, weil er sich nicht entscheiden kann, welchen der beiden Heuhaufen er essen soll. Dieses unter der Bezeichnung *Buridans-Esel* bekannte philosophische Gleichnis beschreibt die Situation eines Dilemmas ziemlich treffend. So wie sich der Esel nicht zwischen den zwei Heuhaufen entscheiden kann, fällt es auch Menschen häufig schwer, sich zwischen gleichwertig attraktiven Alternativen zu entscheiden. Um das Organisationsdilemma zu veranschaulichen, kann das Bild von Buridans-Esel auf die Situation in Organisationen übertragen werden. Sinnbildlich steht hier der Mitarbeitende zwischen seinen *individuellen Bedürfnissen* und den *kollektiven Zielen* der Organisation (siehe Abbildung 1.2). Das Dilemma bezeichnet demnach die Wahl zwischen der Verfolgung individueller Bedürfnisse oder der Beteiligung an der Verfolgung der Organisationsziele, wobei die Entscheidung für das Eine den Verzicht auf das Andere zur Folge hat. Kernaufgabe des Managements von Verhalten in Organisationen ist es, das Dilemma zwischen individuellen Bedürfnissen und kollektiven Zielen aufzulösen bzw. zu verhindern.

Prinzipiell sehen sich Mitarbeitende in Organisationen täglich mehrfach mit der Entscheidung konfrontiert, ihre Handlungen auf die Befriedigung individueller Bedürfnisse auszurichten oder sich an der Erfüllung der gesamtorganisationalen Ziele zu beteiligen. Ein erstes Dilemma ergibt sich womöglich schon bereits mit dem Klingeln des Weckers am Morgen. Während es dem Mitarbeitenden dann ein persönliches Bedürfnis ist, weiterzuschlafen, erwartet sein Arbeitgeber von ihm, dass er pünktlich

Abb. 1.2: Das Organisationsdilemma als Wahl zwischen individuellen und kollektiven Bedürfnissen (eigene Darstellung).

zur Arbeit erscheint und seinen Beitrag zur Erreichung der Organisationsziele leistet. Einige weitere Beispiele für typische Dilemmata in Organisationen sind in Tabelle 1.2 zusammengetragen.

Tab. 1.2: Beispiele für Dilemmata in Organisationen (eigene Darstellung).

Individuelles Bedürfnis	Kollektives Bedürfnis
Überziehen der Pause.	Unverzügliche Arbeitsaufnahme nach der Pause.
Auf einen unfreundlichen Kunden ebenso unfreundlich reagieren.	Auf einen unfreundlichen Kunden freundlich reagieren.
Zu einem Geschäftstermin erster Klasse reisen.	Die Reisekosten für den Geschäftstermin so gering wie möglich halten.
Private Angelegenheiten während der Arbeitszeit erledigen.	Während der Arbeitszeit konzentriert an den Aufgaben arbeiten.
Arbeitsaufgaben unerledigt lassen und pünktlich ins Wochenende gehen.	Erst dann ins Wochenende gehen, wenn alle Arbeitsaufgaben erledigt sind.

Die Organisationsleitung, im Folgenden auch als Management bezeichnet, vertritt die Gesamtziele der Organisation. Aufgabe des Managements ist es, dafür zu sorgen, dass jeder Mitarbeitende im Interesse der Organisation handelt, sich also nach bestmöglichen Kräften an der Erreichung der Organisationsziele beteiligt. Das Management ist damit beauftragt, das Dilemma zwischen individuellen Bedürfnissen und kollektiven Zielen aufzulösen. Eingedenk dessen, dass sich individuelle Bedürfnisse zwischen Mitarbeitenden in ihrer Art und Stärke unterscheiden, ist dies kein einfaches

Unterfangen. Folgende Optionen zur Lösung der Organisationsdilemmata stehen dem Management zur Verfügung:

1. Attraktivitätssteigerung der kollektiven Ziele gegenüber den individuellen Bedürfnissen.
2. Integration der individuellen Bedürfnisse und kollektiven Ziele, sodass sich beide Bereiche überlappen.

Bei der ersten Option bleibt eine Lücke zwischen individuellen Bedürfnissen und der kollektiven Zielerreichung prinzipiell bestehen. Die zweite Option ist auf eine Verzahnung individueller Bedürfnisse mit den kollektiven Zielen ausgerichtet, sodass keine Lücke zwischen beiden Bereichen besteht. Gelingt eine derartige Verzahnung tatsächlich, würde ein Dilemma erst gar nicht entstehen und eine Entscheidung zwischen der individuellen Bedürfnisbefriedigung und der kollektiven Zielerreichung nicht erforderlich sein. In dieser Hinsicht erscheint es höchst relevant, darauf hinzuweisen, dass die Mitarbeit in Organisationen selbst zur Erfüllung einer ganzen Reihe menschlicher Bedürfnisse beitragen kann. Dazu gehören die Folgenden (vgl. Buchanan/Huczynski 2019, S. 12):

– Zufriedenheit
– Sicherheit und Schutz
– Stabilität und Kontrolle
– Unterstützung und Erfolg
– Status und Prestige
– Macht und Einfluss

Anzuerkennen ist aber auch, dass die Mitarbeit in Organisationen häufig einen rein instrumentellen Charakter für die Befriedigung der individuellen Bedürfnisse übernimmt. Lassen sich die oben genannten Bedürfnisse also auf anderem – wesentlich einfacherem – Wege als über die Mitarbeit in Unternehmen erfüllen, dann wird eine Beteiligung der Mitarbeitenden an der kollektiven Zielerreichung weniger wahrscheinlich. Das Management muss daher deutlich machen, inwiefern die Mitarbeit in der Organisation zur Befriedigung der individuellen Bedürfnisse beitragen kann. Dabei sieht es sich mit einer großen Vielfalt an unterschiedlichen Bedürfniskonstellationen der Mitarbeitenden konfrontiert (hierzu Kapitel 3). Während beispielsweise für einige Mitarbeitende die finanzielle Absicherung durch den Arbeitsplatz keine herausragende Rolle spielt, da sie finanziell bereits gut abgesichert sind, ist anderen die finanzielle Sicherheit durch die Arbeit ein wesentlich stärkeres Bedürfnis. Einige Mitarbeitende streben nach Führungspositionen, um ihr individuelles Bedürfnis nach Macht und Einfluss zu stillen, wohingegen andere Mitarbeitende den sozialen Anschluss an ihre Kollegen schätzen.

Zu Zeiten der Industrialisierung konzentrierte sich das Management nahezu ausschließlich auf die Durchsetzung der kollektiven Interessen der Organisation (mehrheitlich Produktionsunternehmen). Die vielfältigen individuellen Interessen der Mitarbeitenden wurden zumeist vernachlässigt bzw. auf die Deckung rein materieller Bedürfnisse reduziert. Die mehrheitlichen Industrieunternehmen wurden ausschließlich als technische Systeme betrachtet, deren Mitarbeitende man ähnlich wie technische Komponenten zu steuern gedachte. Ziel war es, die Effizienz von Unternehmen durch einen geringen Handlungsspielraum und hohen Routinegrad in der Aufgabenausführung der Mitarbeitenden zu erhöhen. Durch sich ständig wiederholende Arbeitsabläufe sollten Mitarbeitende eine Handlungsroutine entwickeln, die es ihnen ermöglichte, ihre Tätigkeit mit maximaler Geschwindigkeit auszuführen. Dazu wurden die Bewegungsabläufe der Mitarbeitenden in der Tätigkeitsausführung beobachtet und die Dauer der Bewegungsabläufe gemessen. Ausgehend von den aus den Bewegungs- und Zeitstudien gewonnenen Erkenntnissen wurden die Arbeitsplätze und Aufgaben nachfolgend so gestaltet, dass dadurch unnötige aber zeitaufwendige Bewegungsabläufe verhindert wurden. Aufgrund dieses sehr analytischen und technischen Vorgehens wird dieser Managementansatz auch als *Wissenschaftliche Betriebsführung* bezeichnet oder – nach ihrem Begründer Frederick Winslow Taylor – *Taylorismus* genannt (vgl. Taylor 1913).

Die zwischen 1920 und 1930 durchgeführten Untersuchungen in den *Hawthorne Werken* der Western Electric Company standen anfänglich ebenfalls in der Tradition der wissenschaftlichen Betriebsführung (hierzu Roethlisberger/Dickson 1939; auch Hassard 2012 für eine ex post- Betrachtung der Hawthorne Studien). Ziel dieser Reihe von Studien war es, herauszufinden, wie durch die Veränderung der (zunächst ausschließlich betrachteten) physikalischen Arbeitsbedingungen die Arbeitsleistung der Mitarbeitenden beeinflusst werden kann. Die gewonnenen Erkenntnisse sollten in die Gestaltung der Arbeitsbedingungen einfließen, um dadurch die Produktivität der Mitarbeitenden zu erhöhen. Hierzu wurde in den anfänglichen Experimenten die Beleuchtung am Arbeitsplatz der einzelnen Untersuchungsgruppen variiert und der Einfluss dieser Veränderungen auf die Arbeitsleistung gemessen. Die Ergebnisse der Untersuchungen waren alles andere als konsistent. Es konnte zwar zunächst festgestellt werden, dass die Produktivität mit der Erhöhung der Beleuchtung am Arbeitsplatz anstieg. Die Produktivität erhöhte sich aber selbst dann noch in einigen Untersuchungsgruppen, wenn die Beleuchtungsintensität wieder reduziert wurde. Mit Hilfe des australischen Soziologen Elton Mayo – damals Professor an der Universität in Harvard – konnte nachfolgend festgestellt werden, dass die Ursachen für den Anstieg der Arbeitsleistung nicht allein in den Veränderungen der physikalischen Umgebungsbedingungen zu suchen sind. Ursachen der Produktivitätssteigerungen ließen sich vielmehr in den sozialen Faktoren (u. a. den Mitarbeiterbeziehungen und dem Führungsstil) identifizieren. Mit den Studienergebnissen rückten die sozialen Beziehungen der Mitarbeitenden in Unternehmen dann auch sehr viel stärker in den Vordergrund der Unternehmensführung als dies die Managementmethoden der Wissenschaftlichen Betriebsführung bzw. des Taylorismus' propagierten. Die daraus hervorgehende intensivere Betrachtung sozialer Beziehungen in Organisationen und deren Bedeutung als Quelle organisationaler Effektivität und Arbeitszufriedenheit wird auch als *Human Relations-Bewegung* bezeichnet. Die Human Relations-Bewegung öffnete die Tür für die heute sehr viel stärker verhaltenswissenschaftliche Ausrichtung der Organisations- und Managementforschung.

1.3 Die verhaltenswissenschaftliche Organisationsforschung

Das Denken über andere beeinflusst die eigene Wahrnehmung und das eigene Verhalten. Die Steuerung von Verhalten – sei es das Verhalten anderer oder auch das eigene – setzt ein Verständnis von den Grundlagen des menschlichen Verhaltens voraus. Die Lehre vom menschlichen Verhalten und Erleben ist die genuine Disziplin der Psychologie. Verhalten in Organisationen zu verstehen und zu steuern verlangt psychologisches Wissen sowie Kompetenzen in der Anwendung dieses Wissens. Die verhaltenswissenschaftliche Organisationsforschung ist vornehmlich sozialwissenschaftlich ausgerichtet, wenngleich sie sich nicht allein auf die Psychologie reduzieren lässt. Das Studium des Verhaltens in Organisationen ist eine sowohl interdisziplinäre wie anwendungsorientierte Wissenschaft. Psychologisch-soziologische Erkenntnisse finden darin ebenso Berücksichtigung wie wirtschaftswissenschaftliche, pädagogische, anthropologische, biologische, medizinische und juristische Fachinhalte. Als allerdings primär sozialwissenschaftliche Forschungsdisziplin unterliegt die verhaltenswissenschaftliche Organisationsforschung aber einigen Einschränkungen, die bei der Interpretation von Studienergebnissen aus diesem Forschungsfeld stets mitbedacht werden müssen (siehe Tabelle 1.3).

Die Ziele sozialwissenschaftlicher Forschung sind die Beschreibung, Erklärung, Vorhersage und Kontrolle von Ereignissen. Um individuelle und/oder soziale Ereignisse beschreiben zu können, muss deren Qualität gemessen werden. Letzteres wird dadurch erschwert, dass individuelle und/oder soziale Ereignisse zumeist nicht direkt beobachtbar und mehrdeutig sind. Nehmen wir einmal an, Sie möchten erklären, wie Führung in Gruppen zustande kommt. Führung selbst können Sie nicht direkt beobachten. Es handelt sich dabei nicht um eine physikalische Größe, wie z. B. die Länge eines Gegenstands und dessen Gewicht, sondern um ein Konstrukt. Als solches muss das Konstrukt zunächst in beobachtbare Elemente zerlegt werden, damit diese anschließend gemessen werden können. Dies nennt man auch *Operationalisierung*. Die Untersuchung psychologisch-soziologischer Konstrukte bedient sich der Methoden der Beobachtung, der Befragung und der Analyse von Dokumenten. Diese Methoden sind mit einer Reihe von Problemen behaftet:
- *Beobachtung*: Ein Problem der Beobachtung ist deren Subjektivität. Wir können nur solche Ereignisse beschreiben, die wir auch selbst beobachten. Innere Ereignisse (z. B. biologische und mentale Prozesse) sind für uns ohne weitere Hilfsmittel – wie z. B. einem Magnetresonanztomographen (MRT) – nicht beobachtbar und damit auch nicht beschreibbar. Über derartige Prozesse können wir daher nur Annahmen treffen.

–   *Befragung*: Wenn wir Personen befragen, können wir nicht vollständig sicher sein, dass die befragten Personen auch wahrheitsgemäß antworten. Es ist möglich, dass die befragten Personen die gestellten Fragen gar nicht verstanden haben, diese anders interpretieren als der Interviewer oder dem Interviewer gezielt Informationen verschweigen oder Informationen verfälschen. Ebenso kann der Interviewer die Antwort des Befragten durch Fehler in der Fragestellung beeinflussen.

–   *Dokumentenanalyse*: Diese Methode setzt eine Auswahl der Dokumente, die analysiert werden sollen, voraus. Bei der Auswahl könnten für das Analyseergebnis wichtige Dokumente unberücksichtigt bleiben. Wie bei der Beobachtung, unterliegt auch die Analyse bzw. Interpretation von Dokumenten dem Problem der Subjektivität.

Tab. 1.3: Forschungsziele, Implikationen und Probleme der verhaltenswissenschaftlichen Organisationsforschung (Buchanan/Huczynski 2019, S. 15).

Forschungsziel	Praktische Implikationen	Probleme
Beschreibung	Messung	– nicht sichtbare und mehrdeutige Merkmale – das menschliche Verhalten variiert über die Zeit
Erklärung	Zeitfolgen von Ereignissen identifizieren und kausale Beziehungen zwischen Merkmalen der Ereignisse herstellen	– die zeitliche Folge von Ereignissen ist nicht immer klar – nicht alle Wechselbeziehungen lassen sich identifizieren
Vorhersage	Übertragbarkeit von einer Situation auf andere Situationen	– Einzigartigkeit von Situationen – Komplexität von situativen Bedingungen – fehlende Vergleichbarkeit zwischen verschiedenen Situationen und Bedingungen
Kontrolle	Manipulation	– ethische und gesetzliche Einschränkungen

Handlungen sowie Ereignisse erklären zu können, verlangt nach der Identifizierung kausaler (d. h. ursächlicher) Zusammenhänge zwischen den Ereignissen/Handlungen und den begleitenden Umständen. Weil jedoch die zeitliche Abfolge von Ereignissen und Handlungen nicht eindeutig ist, sind Wechselwirkungen nicht immer leicht zu identifizieren. So gelingt es der psychologisch-soziologischen Forschung kaum, kausale Beziehungen zwischen verschiedenen Merkmalen oder Ereignissen abzubilden, sondern derartige Beziehungen lediglich in mehr oder weniger hohen Wahrscheinlichkeiten auszudrücken. Es mag in einer Untersuchung zwar festgestellt werden, dass die Wahrscheinlichkeit einer unfreundlichen Reaktion eines Mitarbeitenden, wenn dieser Überstunden machen muss, hoch ist. Eine streng kausale und gar auf alle Mitarbeitenden in anderen Organisationen generalisierte Beziehung zwischen dem Ereignis Überstunden und einem unfreundlichen Verhalten lässt sich daraus jedoch nicht ableiten. Um eine solche kausale Beziehung zu bestätigen, müsste in jeder Situation bei jedem untersuchten Mitarbeitenden die Durchführung von Überstunden zu einem unfreundlichen Verhalten führen. Dies ist angesichts der Vielzahl an unterschiedlichen organisationalen Rahmenbedingungen sowie unterschiedlichen personalen Merkmalen der Mitarbeitenden nicht zu erwarten. Wenn es auch gelingt, einen Zusammenhang zwischen dem Ereignis Überstunden und dem Merkmal Unfreundlichkeit abzubilden, wäre auch zu klären, ob die Unfreundlichkeit nicht gar den Überstunden vorausgegangen ist und die untersuchten Mitarbeitenden nicht bereits unfreundlich waren, als sie zu Überstunden verpflichtet wurden. Ein gefundener Zusammenhang zwischen dem Ereignis Überstunden und dem Merkmal Unfreundlichkeit könnte ja auch in der Richtung interpretiert werden, dass unfreundliche Mitarbeitende mit einer höheren Wahrscheinlichkeit Positionen wählen, bei denen sie Überstunden machen müssen. Hier würde also das personale Merkmal Unfreundlichkeit das Ereignis Überstunden erklären, wohingegen wir zuvor die Überstunden als Ursache der Unfreundlichkeit ausgemacht hätten. Wieder anders wäre der Befund zu erklären, wenn unfreundliche Mitarbeitende erst aufgrund ihrer Unfreundlichkeit zu Überstunden verdonnert werden. Die Richtung des Zusammenhangs zwischen zwei Merkmalen oder Ereignissen ist in vielen psychologischen Untersuchungen nicht eindeutig, sodass die Ursache-Wirkungsbeziehung zwischen den Merkmalen/Ereignissen prinzipiell in zwei Richtungen interpretiert werden können.

Viele Merkmale des menschlichen Verhaltens haben zudem eine soziale Basis und sind erlernt (hierzu Kapitel 3 und 4). Menschliches Verhalten ist nicht statisch. Verhaltensweisen können sich den Umständen anpassen und sich im Zeitverlauf verändern. Um unter der Berücksichtigung derartiger Entwicklungen kausale Ursache-Wirkungs-Zusammenhänge aufdecken zu können, ist die einmalige (Querschnitts-)Betrachtung einer Handlung/eines Ereignisses/eines Merkmals nicht ausreichend. Hier wären *Langzeitstudien*, in denen das Verhalten von Personen über längere Zeiträume beobachtet werden kann, aussagekräftiger. Da Letztere jedoch kostspielig und aufwendig in ihrer Durchführung sind, gründet das Gros psychologisch-soziologischer Forschungen lediglich auf *Querschnittsuntersuchungen*. Bei diesen werden die zur Erklärung herangezogenen Merkmale zu einem und demselben Zeitpunkt erhoben. Erklärungsdefizite werden dabei bewusst in Kauf genommen und erhöhen die Bedeutung von Studien, die gefundene Zusammenhänge an weiteren Stichproben unter anderen Bedingungen replizieren (Replikationsstudien).

Wurde nunmehr ein stabiler Zusammenhang zwischen zwei Merkmalen oder Ereignissen in einer oder auch mehreren Studien gefunden, ist eine sich darauf stützende Prognose zukünftiger Ereignisse dennoch mit Unsicherheit behaftet. Auch dies ist darauf zurückzuführen, dass sich die gefundenen Zusammenhänge lediglich in

Form von Wahrscheinlichkeiten ausdrücken lassen. Hinzu kommt, dass Vorhersagen oftmals selbsterfüllend sind (hierzu auch *Sich-selbst-erfüllende-Prophezeiung* in Kapitel 4.3.1). Beispielsweise führt die Prognose steigender Immobilienpreise zu einem Anstieg der Immobilienkäufe, woraufhin Immobilien knapper werden und die Preise tatsächlich steigen.

Folgende zwei Beispiele machen die Einschränkungen sozialwissenschaftlicher Studienergebnisse deutlich:

– Wissenschaftliche Studien haben Bedingungen für eine erfolgreiche Teamarbeit herausgearbeitet (hierzu z. B. das Rollenmodell nach Belbin in Kapitel 5.1.4). Dennoch ist bei der Berücksichtigung der Studienergebnisse in der Gestaltung von Teamarbeit nicht mit einhundertprozentiger Sicherheit davon auszugehen, dass derart gestaltete Teams auch tatsächlich erfolgreich sind. Erfolg stellt wiederum nur ein Konstrukt dar, das folglich noch genauer zu definieren und zu operationalisieren wäre. Erfolgreiche Teamarbeit im Sinne eines harmonischen Miteinanders im Team könnte für ein Projekt beispielsweise sogar kontraproduktiv sein, wenn dadurch Entscheidungen im Team nicht mehr kritisch diskutiert werden (hierzu Groupthink in Kapitel 5.2.3).
– Wissenschaftliche Studien haben einen starken Zusammenhang zwischen der Partizipation an den Entscheidungen in der Organisation und der Bindung (auch Commitment genannt) der Mitglieder an die Organisation aufgezeigt. Dennoch kann nicht davon ausgegangen werden, dass bei einer hohen Beteiligung der Mitarbeitenden an den Unternehmensentscheidungen, kein Mitarbeitender mehr das Unternehmen verlassen wird. Partizipation ist eben nur ein Merkmal, das die Bindung an das Unternehmen positiv beeinflusst. Daneben gibt es eine Reihe weiterer Einflüsse, die je nach Situation und Person einen positiven oder negativen Effekt auf die Mitarbeiterbindung in Organisationen ausüben.

Zu guter Letzt unterliegen wissenschaftliche Studien ethischen und gesetzlichen Beschränkungen, die bei der Durchführung psychologisch-soziologischer Forschungen einzuhalten sind. Dies gilt insbesondere für Untersuchungen, die im praktischen Unternehmensumfeld stattfinden (sogenannte Feldstudien). Zu denken wäre hier an eine Untersuchung der Auswirkungen von Mobbing bei der Arbeit. Es ist undenkbar, Mitarbeitende für Forschungszwecke bewusst Mobbingattacken bei ihrer Arbeit auszusetzen, um anschließend deren Reaktion auf die Mobbingattacken zu beobachten. Ethische und gesetzliche Standards betreffen aber nicht nur die wissenschaftliche Untersuchung des Verhaltens in Organisationen, sondern auch die auf Grundlage wissenschaftlicher Erkenntnisse gestalteten Interventionen zur Steuerung und Kontrolle des Verhaltens der Mitarbeitenden. Gerade dies ist ja das Ziel der Verhaltenswissenschaftlichen Organisationsforschung, verstanden als anwendungsorientierte Wissenschaft. Wissen über Mechanismen des menschlichen Erlebens und Verhaltens in Organisationen birgt dabei prinzipiell das Risiko, dieses Wissen zur Manipulation der Mitarbeitenden in Organisationen einzusetzen. Die praktische Anwendung von Methoden, Konzepten und Instrumenten (kurz: Interventionen) der Verhaltenswissenschaftlichen Organisationsforschung stellt demnach hohe Anforderungen an die moralische Verantwortung derjenigen, die diese Interventionen durchführen. Dabei ist stets auch die Perspektive derjenigen einzunehmen, die Zielpersonen dieser Interventionen sind. An deren Interessen sind die Interventionen auszurichten, was bedeutet, dass verhaltenswissenschaftliche Interventionen die soziale Akzeptanz ihrer Adressaten voraussetzen.

In Anlehnung an David Buchanan und Adrzej Huczynski (2019, S. 3) kann die verhaltenswissenschaftliche Organisationsforschung verstanden werden als die Untersuchung

– der Umwelt,
– der Strukturen und
– des Managements von Organisationen sowie
– der Handlungen und Interaktionen derjenigen, die in diesen Organisationen arbeiten oder mit ihnen interagieren.

1.4 Individuelles und kollektives Verhalten in Organisation

Obschon Organisationen aus Personenmehrheiten bestehen, ist es sinnvoll, sich zunächst eingehender mit einigen Grundlagen des menschlichen Verhaltens und Erlebens auseinanderzusetzen. Ausgestattet mit einem Grundverständnis vom menschlichen Verhalten und Erleben kann nachfolgend überhaupt erst die Frage geklärt werden, ob sich die Zusammenarbeit in Organisationen lediglich als die Verknüpfung individueller Einzelleistungen charakterisieren lässt oder das Verhalten in und von Organisationen eben doch mehr ist als die Summe seiner Einzelteile. Auch beziehen sich die Handlungen des Managements in der Steuerung des Verhaltens nicht ausschließlich auf das Kollektiv, d. h. Gruppen, in Organisationen. Ein Großteil des Führungshandelns findet in dyadischen Situationen statt, d. h. der Interaktion zwischen einem Führenden und einem Geführten. Die positive Gestaltung derartiger Interaktionsbeziehungen setzt ebenso Kenntnisse von den Grundlagen des individuellen Verhaltens und Erlebens voraus. Für die konfliktfreie Interaktion mit anderen ist es zudem hilfreich, deren Reaktionen vorhersagen bzw. vorwegnehmen zu können, um das eigene Verhalten den Erwartungen entsprechend auszurichten. Wenn Sie beispielsweise häufig beobachten konnten, dass Ihr Chef in Stresssituationen leicht in Rage gerät, dann würden Sie dieses Wissen sicherlich auch bei der Planung Ihres nächsten Gehaltsgesprächs berücksichtigen. So wäre es womöglich nicht klug, den kürzlich veröffentlichten Bericht über die sich stark verschlechternden Quartalszahlen Ihrer Abteilung zum Anlass für die Bitte um eine Gehaltserhöhung zu nehmen. Mehr Aussicht auf Erfolg in der Durchsetzung Ihrer Gehaltsforderungen wäre zu erwarten, wenn Sie Ihren Vorgesetzten in einer positiven Gemütsstimmung um die Gehaltserhöhung bitten (z. B. unmittelbar vor Beginn seines Urlaubs).

Der Wunsch, das Verhalten anderer vorherzusagen, um unser Verhalten an diesen Vorhersagen auszurichten führt zu drei Fragen:

1. Gibt es einen stabilen Kern des Verhaltens, der Menschen dazu veranlasst, sich in unterschiedlichen Situationen gleichartig zu verhalten?
2. Warum führen Menschen einige Handlungen aus, wohingegen sie auf die Ausführungen anderer Handlungen verzichten?
3. Wie können wir unser Verhalten ändern, um uns den Anforderungen neuer Situationen anzupassen?

Die Fragen berühren Merkmale des individuellen Verhaltens und Erlebens. Antworten auf die erste Frage lassen Erkenntnisse der Persönlichkeitsforschung erwarten (hierzu Kapitel 2). Die Beantwortung der zweiten Frage hingegen führt in den Forschungsbereich der Motivationsforschung (hierzu Kapitel 3). Die Beantwortung der dritten Frage verlangt nach einer tieferen Auseinandersetzung mit der Lern- und Wahrnehmungsforschung (hierzu Kapitel 4). Den Grundlagen des individuellen Verhaltens kommt wiederum eine besondere Bedeutung für die Beschreibung und Erklärung kollektiven Verhaltens (hierzu Kapitel 5) sowie die Steuerung des Verhaltens in Organisationen (hierzu Kapitel 6) zu.

2 Der Kern des Verhaltens: Die Persönlichkeit

Menschen, mit denen wir viel Zeit verbringen (z. B. Verwandte und enge Freunde), kennen wir zumeist recht gut. Wir können sie nicht nur anhand einer Reihe physischer Merkmale beschreiben (z. B. Körpergröße, Haar- und Augenfarbe), sondern auch anhand ihrer Charaktereigenschaften. Die Charaktereigenschaften einer Person geben Auskunft darüber, was die Person zu leisten im Stande ist, was sie mag oder worüber sie sich für gewöhnlich ärgert. Die Erfahrungen, die wir im Umgang mit Verwandten oder guten Bekannten gewinnen, lassen diese für uns ein Stück weit berechenbarer erscheinen. Mit der Kenntnis des Charakters einer Person kann dann oftmals bereits im Vorhinein eingeschätzt werden, was dieser Person abverlangt werden kann, was ihr eine Freude macht oder was in ihrer Gegenwart besser vermieden werden sollte. Beispielsweise

- freut sich Ihre Partnerin oder Ihr Partner für gewöhnlich mehr über ein gutes Buch als über einen Blumenstrauß.
- ist Ihr Bekannter in Gesprächen mit Fremden für gewöhnlich sehr zurückhaltend, im Gespräch mit Fachkollegen ist er dagegen für gewöhnlich sehr redselig.
- ist ein Bekannter von Ihnen in Konfliktsituationen für gewöhnlich sehr aufbrausend, wohingegen ein anderer Bekannter sich bei Konflikten für gewöhnlich sehr schnell zurückzieht.

Persönlichkeit ist „eine komplexe Menge einzigartiger psychischer Eigenschaften, welche die für ein Individuum charakteristischen Verhaltensmuster in vielen Situationen und über einen längeren Zeitraum hinweg beeinflussen" (Gerrig 2018, S. 508). Aus dieser Definition geht hervor, dass psychologische Merkmale – auch Persönlichkeitseigenschaften oder Traits genannt (hierzu Kapitel 2.2.1) – dem Verhalten von Personen zugrunde liegen. Sie repräsentieren den stabilen Kern des menschlichen Verhaltens. Die Ausprägung dieser Eigenschaften ist für jede Person einzigartig. Sie bestimmt, wie sich die Person in verschiedenen Situationen sowie verschiedenen Objekten und Personen gegenüber verhält.

Von einem durch Persönlichkeitseigenschaften determinierten Verhalten würde man allerdings erst dann sprechen, wenn die Verhaltensweisen einer Person über verschiedene Situationen *konsistent* sind, d. h. nicht unsystematisch mit der Situation variieren. Variiert das Verhalten dagegen stärker mit der Situation, sind die Verhaltensweisen also nicht konsistent, spricht dies für einen stärkeren Einfluss situativer Bedingungen denn stabiler Persönlichkeitseigenschaften auf das Verhalten.

Verkürzt können wir also Folgendes festhalten: Die Gesamtheit der Persönlichkeitseigenschaften definiert den Charakter einer Person.[1] Die Kenntnis des Charak-

---

1 Neben den in diesem Kapitel behandelten Persönlichkeitseigenschaften handelt es sich bei Motiven (hierzu Kapitel 3) sowie Einstellungen und Überzeugungen (hierzu Kapitel 4) ebenso um Bestandteile der menschlichen Persönlichkeit.

https://doi.org/10.1515/9783110734447-002

ters anderer hilft uns dabei, deren Verhalten vorherzusagen. Da Persönlichkeitseigenschaften einer Person allerdings von außen nicht direkt beobachtbar sind (es handelt sich um hypothetische Konstrukte, hierzu Kapitel 2.2.1), müssen sie aus dem beobachteten Verhalten erschlossen werden. Verhält sich eine Person über verschiedene Situationen hinweg gleichartig, so ist ihr Verhalten in sich konsistent, d. h. widerspruchsfrei (vgl. Schaper 2007, S. 223). Man spricht dann auch von einem gewohnheitsmäßigen Verhalten, was bedeutet, dass sich eine Person für gewöhnlich in einer bestimmten Art und Weise verhält. Als Ursachen gewohnheitsmäßigen Verhaltens sind bestimmte Persönlichkeitseigenschaften also unmittelbar an bestimmte Verhaltensweisen gekoppelt. Eine Person, die ihre Aufgaben stets akkurat abarbeitet, sehr organisiert und immer pünktlich ist (*konsistentes Verhalten*), kann als sehr gewissenhaft bzw. zuverlässig (*Persönlichkeitseigenschaft*) charakterisiert werden. Während ein konsistentes Verhalten den Rückschluss auf stabile Persönlichkeitsmerkmale erleichtert, bereitet die Charakterisierung von Personen, die in an sich gleichartigen Situationen unterschiedliche Verhaltensweisen zeigen (z. B. mal grüßt ein Mitarbeitender sehr freundlich und mal pflaumt er seine Kollegen harsch an), größere Schwierigkeiten.

Warum sollten Sie sich überhaupt die Mühe machen, die Persönlichkeit von anderen Personen erklären zu wollen? Es wurde bereits angemerkt, dass das Wissen, wie sich eine Person für gewöhnlich verhält bzw. über welche Persönlichkeitseigenschaften sie verfügt, deren Verhalten berechenbarer erscheinen lässt. Diese Berechenbarkeit des Verhaltens eines Interaktionspartners kann wiederum dabei helfen, das eigene Verhalten an den erwarteten Reaktionen des Interaktionspartners anzupassen, um beispielsweise Konflikte zu vermeiden oder bestimmte Ziele zu erreichen. Würden wir z. B. mit einer sehr gewissenhaften und zuverlässigen Person einen Termin vereinbaren, könnten wir davon ausgehen, dass diese pünktlich zum Termin erscheint. Um sie nicht zu verärgern, sollten wir also ebenso pünktlich sein. Die Kenntnis der Persönlichkeit einer anderen Person hilft uns bei der Beantwortung der Frage:

Wie wird sich diese Person für gewöhnlich verhalten?

Die Kenntnis des Charakters von Personen zeigt sich auch höchst relevant für die Personalauswahl und -entwicklung in Organisationen. Studien haben beispielsweise eine enge Verbindung zwischen Charaktereigenschaften und dem Arbeitsverhalten sowie beruflichem Erfolg ausgewiesen (vgl. z. B. Barrick/Mount 1991; Jackson/Fung/Moore/Jackson 2016). Der Erfassung von Persönlichkeitseigenschaften der Mitarbeitenden in Organisationen kommt demnach eine hohe Relevanz zu. Die Messung psychologischer Merkmale, die nicht direkt beobachtbar sind – hierzu gehören neben den Persönlichkeitseigenschaften auch Einstellungen, Motive und kognitive Fähigkeiten – wird als *Psychometrie* bezeichnet. In Organisationen werden psychometrische Tests (i. d. R. Fragebögen) u. a. zur Messung der Persönlichkeitseigenschaften der Mitarbeitenden genutzt. Vom Testergebnis werden dann beispielsweise Rückschlüsse auf das Leistungsverhalten und den beruflichen Erfolg der Mitarbeitenden gezogen. Die Psychometrie kommt im organisationalen Alltag besonders häufig in folgenden Bereichen zum Einsatz:

- Personalauswahl
- Eignungsbeurteilung bei Versetzungsentscheidungen
- Eignungsbeurteilung bei Beförderungsentscheidungen
- Potenzialfeststellung im Rahmen der Personalentwicklung
- Zusammensetzung von (Projekt-)Teams
- Vorbereitung und Durchführung von Entsendungsprogrammen
- Karriereberatung und -entwicklung

2.1 Ansätze der Persönlichkeitsforschung

Haben Sie auch starke Ähnlichkeiten zwischen Ihnen und naher Verwandter (z. B. Mutter, Vater oder Geschwister) festgestellt? Die Annahme, dass bestimmte Personenmerkmale ererbt sind, scheint naheliegend. Die Erforschung, welche Merkmale dies sind oder ob nicht gar alle Merkmale einer Person einen biologischen Ursprung haben, bildet ein wesentliches Erkenntnisinteresse der Persönlichkeitsforschung. Innerhalb dieses Forschungsfeldes können zwei verschiedene Ansätze unterschieden werden (vgl. Stemmler/Hagemann/Amelang/Spinath 2016):

- Der *nomothetische Ansatz*: Bei diesem Ansatz liegt der Schwerpunkt auf der Untersuchung kausaler Beziehungen zwischen psychologischen Merkmalen der Person und deren Verhaltensweisen. Die grundlegende Annahme ist, dass psychologische Merkmale ererbt sind und kontextuelle Faktoren wenig Einfluss auf die menschliche Persönlichkeit haben. Die Reihe an Persönlichkeitsmerkmalen, in deren Ausmaß sich Menschen voneinander unterscheiden, können als Eigenschaften benannt werden. Eigenschaften und Verhaltensweisen stehen in einem systematischen Verhältnis zueinander, dergestalt, dass die Eigenschaften das Verhalten determinieren. Die Persönlichkeit eines Menschen lässt sich mittels psychometrischer Testverfahren (*Persönlichkeitstest*) bestimmen. Mit den Testergebnissen lassen sich Verhaltensvorhersagen treffen. Unterschiede in der Ausprägung der Eigenschaften zwischen Personen begründen Unterschiede im menschlichen Verhalten.
- Der *ideographische Ansatz*: Hier liegt der Schwerpunkt auf der Untersuchung der Einzigartigkeit jedes Menschen. Aufgrund dieser Einzigartigkeit wird die Persönlichkeit von Personen als nicht miteinander vergleichbar erachtet. Die Persönlichkeit bildet sich durch Erfahrung und Reflektion, was wiederum das Verhalten beeinflusst. Im Zuge der eigenen (sozialen) Erfahrungen kann sich die Persönlichkeit eines Menschen somit auch über die gesamte Lebensspanne verändern.

Wohingegen der nomothetische Ansatz nach gesetzmäßigen Beziehungen zwischen Persönlichkeitseigenschaften und Verhalten sucht (*nomos* aus dem griechischen für *Gesetz*), die für alle Menschen gelten, verfolgt der ideographische Ansatz das Ziel, die Einzigartigkeit der menschlichen Persönlichkeit zu beschreiben (*idios* aus dem griechischen für *eigen*). An diesen beiden Ansätzen zeigt sich das Spannungsfeld der Psychologie zwischen Natur- und Geisteswissenschaft recht deutlich. Bereiche der Psychologie, die sich der Erforschung allgemeingültiger Gesetzmäßigkeiten verpflichtet fühlen, sind den Naturwissenschaften zuzuordnen. Die Bereiche der Psychologie, die sich der Analyse von Einzelphänomenen verpflichtet fühlen, folgen dagegen den Ansätzen der Geisteswissenschaften (vgl. Asendorpf 2015). Beide Bereiche unterscheiden sich auch in ihrer Forschungsmethodik. Während sich nomothetische Ansätze *quantitativer Messverfahren* (psychometrische Tests) bedienen, werden in der ideographischen Persönlichkeitsforschung *qualitative Messverfahren* (z. B. Interviews, Narrative) eingesetzt.

Um mehr über den – von den nomothetischen Ansätzen – postulierten genetischen Einfluss auf die menschliche Persönlichkeit zu erfahren, bieten sich eineiige Zwillinge als Forschungsobjekte an. Eineiige Zwillinge besitzen den identischen Satz an Genen (vgl. Johnson/Turkheimer/Gottesman/Bouchard 2009). Bei einer biologischen Grundlage von Persönlichkeitseigenschaften sollten sich eineiige Zwillinge in ihrem Charakter stärker ähneln als zweieiige Zwillinge oder andere Geschwister. Der genetische Einfluss auf eine Persönlichkeitseigenschaft sollte umso größer sein, je stärker sich eineiige Zwillinge in dieser Eigenschaft gleichen. Aber selbst die Übereinstimmung der Persönlichkeitsprofile von eineiigen Zwillingen ließe sich nicht zweifelsfrei auf einen genetischen Einfluss zurückführen. Schließlich könnten charakterliche Ähnlichkeiten auch auf das gemeinsame familiäre und soziale Umfeld sowie geteilte Einflüsse aus der Erziehung und der Sozialisation zurückgehen. Wachsen Geschwister miteinander auf, wäre es möglich, dass sie den gleichen Freundeskreis haben, zur selben Schule gehen und den gleichen Erziehungseinflüssen der Eltern ausgesetzt sind. Ähnlichkeiten im Persönlichkeitsprofil könnten damit prinzipiell auch auf ähnlichen Sozialisationserfahrungen beruhen und damit eher einen äußeren, sozialen denn biologischen Ursprung haben.

Ein deutlicherer Beleg für oder gegen den genetischen Einfluss auf die menschliche Persönlichkeit wäre dagegen die Übereinstimmung der Persönlichkeitseigenschaften von getrennt voneinander aufgewachsenen eineiigen Zwillingen. An derartigen Zwillingspaaren ließe sich der Einfluss des Umfeldes sowie der Gene auf die Persönlichkeitsentwicklung wesentlich genauer bestimmen. Unterschiede in den Persönlichkeitseigenschaften zwischen getrennt voneinander aufgewachsenen eineiigen Zwillingen können demnach sozialen Einflüssen des Umfelds zugeschrieben werden. Ähnlichkeiten im Persönlichkeitsprofil getrennt voneinander aufgewachsener eineiiger Zwillinge würden hingegen für einen genetischen Einfluss auf die Persönlichkeitseigenschaften sprechen. Derartige *Zwillingsstudien* sind sehr aufwendig, weil getrennt voneinander aufgewachsene eineiige Zwillinge erst einmal ausfindig gemacht werden müssen. Dennoch lässt sich auf eine mittlerweile breite Anzahl an Zwillingsstudien zurückgreifen (vgl. Johnson/Turkheimer/Gottesman/Bouchard 2009). Insgesamt betrachtet konnte in diesen zwar ein genetischer Einfluss auf verschiedene Persönlichkeitseigenschaften festgestellt werden (vgl. McCrae et al. 2010). Von einer vollständigen Erklärung aller Persönlichkeitseigenschaften durch genetische Einflüsse ist nach derzeitigen Erkenntnissen jedoch nicht auszugehen. So variiert die Stärke genetischer Einflüsse auf die untersuchten Eigenschaften mal stärker und mal weniger stark je nach betrachteter Eigenschaft. Ein gewisser Anteil in den untersuchten Eigenschaften lässt sich nicht durch genetische Gemeinsamkeiten eineiiger Zwillinge erklären. Dieser Anteil wird daher Einflüssen des sozialen Umfelds zugesprochen (vgl. Munafò/Flint 2011, S. 396 f.).

Als besonders relevant für die Persönlichkeitsentwicklung haben sich die individuellen Erfahrungen aus der Kindheit und der Adoleszenz erwiesen. Dies mag die Entwicklung des *Selbstbewusstseins* als Persönlichkeitseigenschaft verdeutlichen: Personen mit einem starken Selbstbewusstsein haben ein positives Bild von sich selbst (z. B. in Bezug auf ihre Werte und Fähigkeiten) und trauen sich viel zu. Personen mit einem geringen Selbstbewusstsein haben ein negativeres Bild von sich selbst und trauen sich weniger zu. Die Tendenz, sich selbst in einem positiven oder negativen Licht zu sehen, variiert zwischen Personen. In einer Zwillingstudie konnte festgestellt werden, dass diese Variation eine genetische Grundlage hat und ererbt ist (vgl. Neiss/Sedikides/Stevenson 2006). Es zeigte sich aber auch, dass unterschiedliche Umfeldbedingungen, denen die untersuchten Zwillinge ausgesetzt waren, deren Selbstbewusstsein ebenso beeinflussten. So kann beispielsweise die erfahrene Bestätigung der eigenen Attraktivität in der Kindheit und Jugendzeit ein starkes Selbstbewusstsein im Erwachsenenalter fördern, wohingegen häufige Zurückweisung die Entwicklung eines starken Selbstbewusstseins behindert.

Bisherige Studienergebnisse machen biologische Einflüsse für die Stabilität von Persönlichkeitseigenschaften verantwortlich. Einflüsse aus der Umwelt sorgen hingegen dafür, dass sich Persönlichkeitseigenschaften über die Lebensspanne verändern. Das Umfeld entscheidet nicht zuletzt auch darüber, wie sich die genetische Disposition einer Eigenschaft entfaltet. Für eine vollständige Entfaltung der biologischen Anlage zur Intelligenz ist beispielsweise die frühkindliche Förderung besonders wichtig. In einem Umfeld mit wenig geistiger Stimulation kann sich die Intelligenz weniger gut entwickeln als in einem Umfeld, dass diese Eigenschaft mit geistig stimulierenden Aktivitäten fördert. Bei einem Kind, dessen musikalische Begabung nicht entdeckt und gefördert wird oder dessen Begabung vom sozialen Umfeld sogar willentlich unterminiert wird, kann diese Begabung ebenso verkümmern. Es würde daher den bisherigen Erkenntnissen zur genetischen Beeinflussung von Persönlichkeitsmerkmalen auch nicht widersprechen, wenn Sie als Kind eher schüchtern und zurückgezogen waren und heute dagegen gesellig und aufgeschlossen sind.

In diesem Zusammenhang ist es zudem wichtig, zu erwähnen, dass es sich bei Persönlichkeitseigenschaften nicht um *Alles oder Nichts*-Merkmale handelt, die man besitzt oder nicht. Das Ausmaß bzw. die Ausprägung der einzelnen Eigenschaften entscheidet darüber, inwiefern diese nach außen hin sichtbar das Verhalten beeinflussen. Rezente Studien konnten zeigen, dass sich Persönlichkeitseigenschaften über die gesamte Lebensspanne entwickeln (vgl. Specht/Egloff/Schmukle 2011). Die Entwicklung einzelner Eigenschaften verläuft aber höchst unterschiedlich. Ab etwa dem 30. bis 40. Lebensjahr hat die Persönlichkeitsentwicklung ein stabileres Plateau erreicht. Ab dann zeigt sie sich für gezielte Einflussversuche von außen nicht mehr so zugänglich und formbar wie in der Kindheit, Jugend und dem jungen Erwachsenenalter (vgl. Roberts 2006). Gezielte Versuche, eine Persönlichkeitsveränderung bei Erwachsenen herbeizuführen, werden daher bei diesen auf teils sehr starken Widerstand stoßen. Dies auch deshalb, weil bei der Aufforderung zur Persönlichkeitsveränderung die Kritik an der eigenen Person stets mitschwingt. Als Zielobjekt zeitlich kurz angelegter Personalentwicklungsmaßnahmen in Organisationen scheinen sich relativ stabile Persönlichkeitseigenschaften dementsprechend nicht besonders gut zu eignen (zur Veränderung von Persönlichkeitseigenschaften mittels der Psychotherapie siehe beispielsweise Roberts/Luo/Briley/Chow/Su/Hill 2017). Anstatt in Personalentwicklungsmaßnahmen eine Veränderung stabiler Persönlichkeitseigenschaften herbeiführen zu wollen, wäre es ratsamer, den Fokus auf die Veränderung konkret beobachtbarer Verhaltensweisen zu legen. Nur letztere sind von außen direkt beobachtbar, weniger stabil und somit anpassungsfähiger als Persönlichkeitseigenschaften (vgl. Lievens/Lang/De Fruyt/Corstjens/Bledow 2018).

2.2 Von Persönlichkeits-Traits zu Persönlichkeits-Typen

Wie soeben dargestellt, verfolgt der *nomothetische Ansatz* in der Persönlichkeitsforschung das Ziel, allgemeingültige Gesetzmäßigkeiten in Bezug auf die Entwicklung von Persönlichkeitseigenschaften und deren Einfluss auf das menschlichen Verhalten und Erleben zu untersuchen. Im Rahmen der Forschung identifizierte Persönlichkeitseigenschaften werden als die Grundlage menschlichen Verhaltens angesehen und als *Traits* bezeichnet (vgl. hierzu auch Epstein 1994; Pervin 1994). Bei Traits handelt es sich um relativ breite Eigenschaftsklassen, die für die Beschreibung der menschlichen Persönlichkeit bzw. des Charakters herangezogen werden. Da jedoch einige Eigenschaften für eine Person charakteristischer sind als andere, unterscheiden sich Menschen hinsichtlich ihrer jeweiligen Konstellation an Traits. Mit Verweis auf die Einzigartigkeit der Persönlichkeit eines jeden Menschen, besitzt jede Person ein für sich typisches Muster an Traits. Die Beschreibung dieses einzigartigen Musters an Traits folgt dem *ideographischen Ansatz*. Ziel dabei ist es, eindeutig voneinander abgrenzbare Persönlichkeitstypen zu identifizieren. Folgende Theoriestränge der Persönlichkeitspsychologie sollen im Folgenden etwas genauer skizziert werden (vgl. hierzu auch Stemmler/Hagemann/Amelang/Spinath 2016):

- Eigenschaftstheorien der Persönlichkeit
- Typentheorien der Persönlichkeit.

2.2.1 Eigenschaftstheorien

Aufgrund eines beobachteten Verhaltens, teils auch nur aufgrund beobachteter äußerer Merkmale oder des Hörensagens, weisen wir einer Person bestimmte Charakterzüge zu. Diese Charakterzüge werden als Traits bezeichnet (vgl. z. B. Fleeson/ Jayawickreme 2015; Roberts 2006). Darunter sind Eigenschaften zu verstehen, die Menschen dafür empfänglich machen, in verschiedenen Situationen konsistent, d. h. gleichartig, zu handeln. Menschen reagieren auf ein und denselben Reiz auf ganz unterschiedliche Art und Weise (siehe Abbildung 2.1). Während ein Kollege den Gruß eines anderen Kollegen ohne sichtliche emotionale Regung erwidert, lächelt ein anderer Kollege dem grüßenden Kollegen bei der Erwiderung des Grußes zu; wieder ein anderer Kollege nimmt den Gruß des Kollegen zwar zur Kenntnis, wendet seinen Blick dabei aber demonstrativ vom anderen weg. Hinter den unterschiedlichen Verhaltensweisen bei gleicher Reizausgangslage vermuten wir unterschiedliche Traits. Die Zuschreibung von Persönlichkeitseigenschaften fällt im Allgemeinen leicht, wenn das beobachtete Verhalten in sich konsistent ist. Reagiert eine Person auf die Grüße von Kollegen ganz unterschiedlich – grüßt sie beispielsweise einmal zurück, während sie ein anderes Mal wegschaut und wieder ein anderes Mal den Grüßenden anlächelt –, erschwert dieses inkonsistente Verhalten die Zuschreibung von stabilen Persönlichkeitseigenschaften. Je konsistenter das Verhalten einer Person, desto stärker sollte der Zusammenhang zwischen den gezeigten Verhaltensweisen und einzelnen Traits sein.

Abb. 2.1: Traits und Verhaltensweisen (Quelle: Eigene Darstellung).

Da es sich bei Eigenschaften bzw. Traits um hypothetische Konstrukte handelt, müssen die Traits anderer Personen aus deren beobachteten Verhalten erschlossen werden. Von einer freundlichen Person erwarten wir beispielsweise, dass uns diese bei der Begegnung grüßt, viel lächelt und sich äußerst hilfsbereit zeigt. Traits fassen also einzelne, zueinander passende bzw. konsistente Verhaltensweisen zusammen. Traits sind damit abstrakter als einzelne Verhaltensweisen und legen fest, wie Menschen gewohnheitsmäßig handeln. Im Vergleich mit spezifischeren Verhaltensweisen sind abstrakte Traits wesentlich stabiler (vgl. Roberts 2006). Traits können daher als *relativ überdauernde Eigenschaften* definiert werden, *die Personen besonders empfänglich machen, sich über verschiedene Situationen hinweg konsistent zu verhalten.*

Raymond Cattell (1946) reduzierte die menschliche Persönlichkeit auf insgesamt 16 Eigenschaften, die das menschliche Verhalten determinieren. Cattell leitete seine 16 Persönlichkeitseigenschaften streng mathematisch ab. Dazu ließ er Personen zunächst Fragen zu ihrer Persönlichkeit beantworten (zu den Arbeiten von Raymond Cattel siehe auch Revelle 2009). Die Antworten dieser Befragungen konnte er anschließend auf 16 Persönlichkeitsfaktoren reduzieren (siehe Tabelle 2.1).

Tab. 2.1: 16 Persönlichkeitseigenschaften von Raymond Cattell.

Persönlichkeitseigenschaft	Die Person ist ...
Wärme	freundlich und mitfühlend
Logisches Schlussfolgern	gut im logischen Denken
Emotionale Stabilität	ausgeglichen und ruhig
Dominanz	dominant, kontroll- und machtgierig, aggressiv
Lebhaftigkeit	spontan, impulsiv
Regelbewusstsein	regelkonform, moralisch, gewissenhaft
Soziale Kompetenz	anderen zugewandt, beliebt
Empfindsamkeit	empfindsam, ästhetisch
Wachsamkeit	skeptisch, achtsam
Abgehobenheit	träumerisch, ideenreich
Privatheit	diplomatisch, distanziert
Besorgtheit	ängstlich, selbstzweiflerisch
Offenheit für Veränderungen	experimentierfreudig, liberal, flexibel
Selbstgenügsamkeit	selbstbewusst, selbstsicher, in sich ruhend
Perfektionismus	diszipliniert, organisiert
Anspannung	energiegeladen und ungeduldig

Ähnlich wie Cattell ging auch der deutschstämmige Persönlichkeitspsychologe Hans Jürgen Eysenck vor (vgl. Eysenck 1998). Die Antworten aus seinen Persönlichkeitstests ließen sich drei relativ breiten Persönlichkeitsdimensionen zuordnen:

– *Extraversion*: Personen, bei denen diese Eigenschaft stark ausgeprägt ist, sind gesellig, kontaktfreudig, mögen die Veränderung, sind optimistisch und handeln impulsiv. Sie gehen gerne auf Partys und suchen das Gespräch mit anderen. Einzelaktivitäten wie Lesen oder sonstige Stillarbeiten mögen sie dagegen weniger. Zudem sind sie recht unzuverlässig.

- *Introversion*: Personen, bei denen diese Eigenschaft stark ausgeprägt ist, sind ruhig, bedächtig und zurückgezogen. Sie bevorzugen klare Strukturen, sind organisiert und zuverlässig. Sie unterdrücken ihre Emotionen und ziehen Bücher dem Kontakt mit anderen Personen vor.
- *Neurotizismus*: Personen, bei denen diese Eigenschaft stark ausgeprägt ist, sind hoch diszipliniert, ängstlich, grüblerisch und selbstkritisch. Sie fühlen sich dem Schicksal ausgeliefert, kontrolliert durch Ereignisse oder (Un-)Glück. Sie sind hypochondrisch, stellen sich häufig vor, krank zu sein und verlangen daher das Mitgefühl anderer. Sie zeigen sich häufig unzufrieden mit ihrem Leben und machen sich Sorgen über Dinge, die wahrscheinlich niemals eintreten werden. Sie reagieren aggressiv und nervös, wenn Dinge schieflaufen und neigen zu zwanghaften Verhaltensweisen.

Wie leicht festgestellt werden kann, handelt es sich bei Introversion und Extraversion um Gegensätze. Der Gegenpol der Dimension Neurotizismus wird dagegen auch als *Emotionale Stabilität* bezeichnet, wohingegen Neurotizismus für *Emotionale Instabilität* steht. Die Eigenschaftstheorie von Eysenck lässt sich in Form eines Kontinuums,

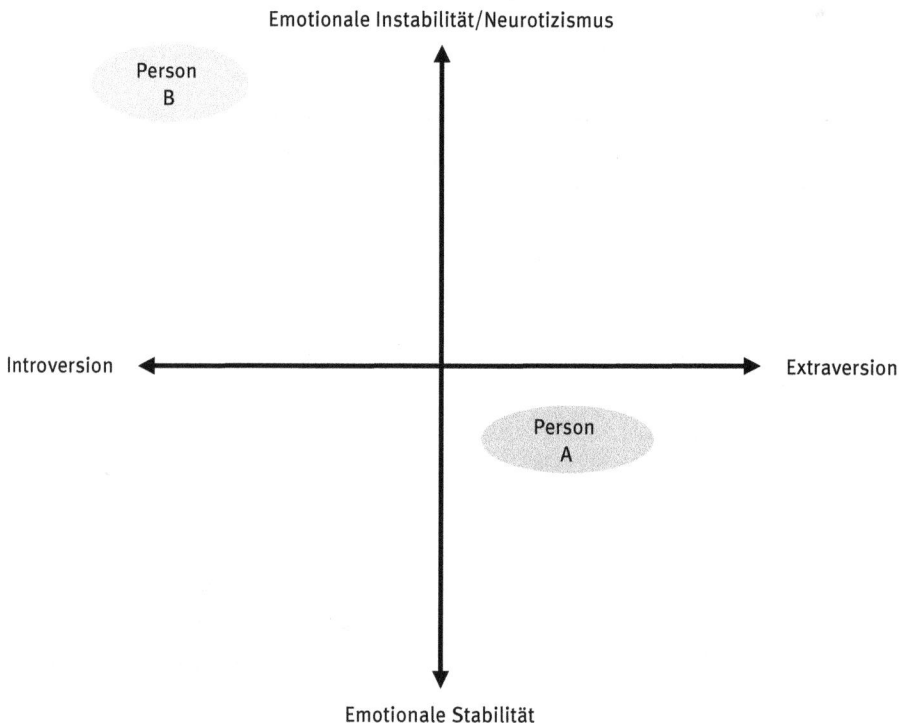

Abb. 2.2: Eigenschaften im Rahmen der Persönlichkeitstheorie von Hans Jürgen Eysenck (Quelle: Eigene Darstellung).

bestehend aus den Endpolen Extraversion – Introversion, und eines Kontinuums, bestehend aus den Polen Emotionale Instabilität (Neurotizismus) und Emotionale Stabilität, skizzieren (siehe Abbildung 2.2). Das Persönlichkeitsprofil einer Person wird zwischen diesen Polen liegen. Einige Personen zeigen extreme Ausmaße in einer Eigenschaft und dafür geringe Ausprägungen in der anderen (z. B. hoch extravertierte Personen sind weniger stark introvertiert), wohingegen das Ausmaß in den Eigenschaften anderer stärker zwischen den Polen variiert (z. B. starke Emotionale Stabilität und eher Introvertiertheit). Dass eine Eigenschaft einer anderen vorzuziehen ist, lässt sich aus dem Modell nicht ohne Weiteres schlussfolgern. Auch wenn offensichtlich ist, dass eine starke Ausprägung in der Dimension Neurotizismus in vielen Situationen nicht gerade von Vorteil sein sollte, lässt sich dies bei der Extraversion/Introversion weniger eindeutig ableiten. Eine hohe Ausprägung an Extraversion mag beispielsweise für einen Mitarbeitenden im Vertrieb, der viel mit anderen sprechen und Kontakte zu Kunden und Geschäftspartnern aufbauen muss, vorteilhaft sein. Bei Aufgaben, die Ruhe und Konzentration erfordern, wäre diese Eigenschaft dagegen wohl weniger förderlich.

Für die Identifizierung und Klassifizierung von Persönlichkeitseigenschaften wurde in der Persönlichkeitsforschung häufig ein *lexikalischer Ansatz* gewählt (vgl. De Raad 2000). Im Rahmen der lexikalischen Analyse wurden zunächst die in der Sprache genutzten Adjektive zur Beschreibung der menschlichen Persönlichkeit identifiziert und diese anschließend zu Haupteigenschaftsklassen zusammengefasst (vgl. hierzu John/Angleiter/Ostendorf 1988). Ein zur Beschreibung der menschlichen Persönlichkeit häufig genutztes Modell, dem ein lexikalischer Ansatz zugrunde liegt, unterscheidet fünf grundlegende Persönlichkeitsfaktoren, auch *Big Five* genannt (vgl. Barrick/Mount 1991; Costa und McCrae 1992; Zaho/Seibert 2006). Die fünf Haupteigenschaftsklassen umfassen ihrerseits wiederum sechs Eigenschaftsfacetten (siehe Tabelle 2.2).

Tab. 2.2: Trait-Klassen und Subfacetten des Big Five-Persönlichkeitsmodells (vgl. Han/Pistole 2017, S. 754).

Haupteigenschaften	Eigenschaftsfacetten
Offenheit für Erfahrungen	kreativ/fantasievoll, künstlerisch interessiert, neugierig, aufgeschlossen, intellektuell, feinfühlig
Gewissenhaftigkeit	perfektionistisch, ordentlich, pflichtbewusst, diszipliniert, überlegt, leistungsorientiert
Extraversion	freundlich/herzlich, gesellig, aktiv, dominant/durchsetzungsfähig, erlebnissuchend, humorvoll
Verträglichkeit	vertrauensvoll, ehrlich/aufrichtig, altruistisch, nachgiebig, bescheiden, mitfühlend
Neurotizismus/emotionale Instabilität	ängstlich, reizbar, traurig, unsicher, impulsiv, verletzlich

Aufgrund der englischen Bezeichnung der fünf Faktoren (Openness, Conscientiousness, Extraversion, Agreeableness, Neuroticism) ist das Modell auch unter dem Akronym *OCEAN* bekannt. Auf kultur- und sprachbedingte Unterschiede in den Big Five-Persönlichkeitseigenschaften geht ausführlich De Raad (2000, S. 45 ff.) ein. Die fünf Haupteigenschaftsklassen sind ein Konsens in der Beschreibung der menschlichen Persönlichkeit und sind demensprechend sehr breit gefasst. Bei den jeweils sechs Facetten jeder Haupteigenschaftsklasse handelt es sich dagegen um wesentlich spezifischere Eigenschaften (vgl. Rammstedt/Danner 2016). Unterschiede im Ausmaß der einzelnen Eigenschaften zwischen Personen bedingen Unterschiede im Verhalten der Personen.

Für die Steuerung des Verhaltens in Organisationen besonders interessant sind die gefundenen Zusammenhänge der Big Five-Eigenschaften mit spezifischen Berufspositionen (vgl. Buchanan/Huczynski 2019, S. 188 f.):
- Hohes Ausmaß an Offenheit: Unternehmer, Architekten, Künstler, Wissenschaftler
- Hohes Ausmaß an Gewissenhaftigkeit: Führungskräfte/Geschäftsführer, leistungsstarke Personen
- Hohes Ausmaß an Extraversion: Mitarbeitende im Vertrieb, Politiker
- Hohes Ausmaß an Verträglichkeit: Lehrer, Sozialarbeiter, Psychologen
- Hohes Ausmaß an Neurotizismus: Sozialwissenschaftler, Akademiker, Autoren

Personen mit einem niedrigen Ausmaß an Neurotizismus finden sich darüber hinaus häufig unter Flugzeugpiloten, Scharfschützen und Ingenieuren. Für die Übernahme von Führungsverantwortung zeigte sich insbesondere ein hohes Ausmaß an Gewissenhaftigkeit und Extraversion als vorteilhaft, während Neurotizismus in einem negativen Zusammenhang mit der Übernahme von Führungsverantwortung stand (vgl. Moutafi/Furnham/Crump 2007). Auch in anderen Studien zeigte sich ein positiver Zusammenhang zwischen dem Ausmaß an Gewissenhaftigkeit und beruflichen Erfolgskriterien. Offenheit für Erfahrungen und Extraversion hingen insbesondere positiv mit der Leistung in Weiterbildungsmaßnahmen zusammen (vgl. Barrick/Mount 1991). Ein zu hohes Ausmaß an Verträglichkeit scheint dagegen, aufgrund des damit verbundenen Strebens nach Harmonie und der Vermeidung von Konflikten, für die Übernahme von Führungspositionen in Organisationen eher hinderlich zu sein.

Neben den breiten Persönlichkeitsmerkmalen bzw. Traits des Big Five-Modells können weitere spezifischere Traits unterschieden werden. Darunter u. a. (vgl. Griffin/Phillips/Gully 2020, S. 93 ff.):
- *Kontrollüberzeugung* (locus of control): Die Überzeugung einer Person, Ereignisse selbst beeinflussen (kontrollieren) zu können oder von äußeren Ereignissen beeinflusst (kontrolliert) zu werden. Personen mit einem hohen Ausmaß an Kontrollüberzeugung sehen sich als aktiver Gestalter ihres Lebens und sind davon überzeugt, ihr Leben selbst unter Kontrolle zu haben. Personen mit einem niedri-

gen Ausmaß an Kontrollüberzeugungen fühlen sich ihrem Schicksal ergeben und sehen wenig bis keine Möglichkeiten, Ereignisse in ihrem Leben durch eigenes Handeln positiv beeinflussen zu können.

- *Selbstwirksamkeit* (self-efficacy): Die Überzeugung, über die zur erfolgreichen Ausführung einer Handlung benötigten Fähigkeiten zu verfügen, um ein bestimmtes Ziel zu erreichen. Hierunter verbirgt sich die Einschätzung der eigenen Kompetenz. Personen mit hoher Selbstwirksamkeit sind davon überzeugt, über die zur Erreichung eines Ziels benötigten Kompetenzen zu verfügen. Personen mit niedriger Selbstwirksamkeit betrachten sich selbst nicht als fähig, Herausforderungen zu bewältigen, Probleme zu lösen und gesetzte Ziele zu erreichen.
- *Selbstwert* (self-esteem): Die Bewertung der eigenen Person. Personen mit einem starken Selbstwert betrachten sich selbst als ein wertvolles, über zahlreiche Stärken verfügendes Individuum. Personen mit niedrigem Selbstwert sind sehr selbstkritisch, schreiben Fehler und Misserfolge der eigenen Person zu und fühlen sich dadurch häufiger wertlos.
- *Risikoneigung* (risk propensity): Diese Eigenschaft bezeichnet die Neigung, Risiken einzugehen. Personen mit stark ausgeprägter Risikoneigung sind bereit, hohe Risiken einzugehen. Sogenannte *Sensation-Seeker* setzen sich bewusst hohen Risiken aus, da sie der verspürte Nervenkitzel in solchen Situationen optimal stimuliert. Sensation-Seeker fühlen sich von Hoch-Risiko Sportarten angezogen (z. B. Bungeejumping, Gleitschirmfliegen, Fallschirmspringen).
- *Machiavellismus*: Der Wille, Macht und Kontrolle über andere Personen auszuüben. Personen mit einer hohen Machiavellismus-Ausprägung zeigen sich wenig loyal anderen gegenüber und akzeptieren es, andere gegen deren Willen zu manipulieren, wenn dies der Erreichung eigener Ziele dienlich ist.
- *Autoritarismus*: Das Ausmaß, Unterschiede in Macht und Einfluss innerhalb hierarchischer Systeme (wie Organisationen/Unternehmen) als gegeben hinzunehmen. Personen mit einem stark ausgeprägten Autoritarismus-Trait akzeptieren Befehle von höher gestellten Personen, da sie diese als Autoritäten betrachten (hierzu Machtdistanz in Kapitel 6.3).

2.2.2 Typentheorien

Jede Person besitzt ein für sich typisches Muster an Persönlichkeitsmerkmalen. Zwar wird es Ähnlichkeiten der Persönlichkeitsmuster zwischen einzelnen Personen geben, die Persönlichkeitsprofile werden aber nicht vollkommen identisch sein. Strenggenommen handelt es sich bei jeder Person um einen einzigartigen Persönlichkeitstyp, der im Sinne des *ideographischen Ansatzes* in seiner Spezifität zu beschreiben ist (hierzu auch Stern 1911, sowie für eine Übersicht Schmidt 2018). Um die Vielzahl an Persönlichkeitstypen im Alltag zu reduzieren, sind die meisten Persönlichkeitstypologien abstrakter gehalten. Demnach stellen Persönlichkeitstypen eindeutig voneinander abgrenzbare und sich nicht überlappende Kategorien von Persönlichkeitseigenschaften dar. Während Eigenschaften also eine Abstraktion gleichartiger Verhaltensweisen sind, handelt es sich bei Persönlichkeitstypen um eine Abstraktion verschiedener Eigenschaften. Eine Person kann immer nur einem Persönlichkeitstyp zugeordnet werden. Ein freundlicher Typ kann nicht zugleich auch ein unfreundlicher Typ sein.

Bereits in der griechischen Antike wurden Menschen verschiedenen Persönlichkeitstypen zugeordnet. Auch heute noch nutzen wir die damalige Typologie für die Beschreibung von Persönlichkeitstypen im Alltag:

– Der *Melancholiker*: Dieser Persönlichkeitstyp wird als trübsinnig, freudlos und zweifelnd charakterisiert.
– Der *Choleriker*: Dieser Persönlichkeitstyp wird als leicht erregbar, aufbrausend und unausgeglichen charakterisiert.
– Der *Sanguiniker*: Dieser Persönlichkeitstyp wird als heiter, gesellig und lebhaft charakterisiert.
– Der *Phlegmatiker*: Dieser Persönlichkeitstyp wird als ruhig, langsam und schwerfällig charakterisiert.

Das Forschungsinteresse der beiden Kardiologen Meyer Friedman und Ray Rosenman galt nicht der Erstellung einer Persönlichkeitstypologie an sich. Vielmehr wollten sie den Zusammenhang zwischen unterschiedlichen Lebensstilen und dem Risiko von Herzerkrankungen untersuchen (vgl. Friedman 1977; Rosenman 1990). Über einen mehrjährigen Zeitraum untersuchten sie dafür zwei Gruppen von Personen mit unterschiedlichen Verhaltensstilen. Die eine Gruppe von Personen zeigte ein sehr angespanntes Verhaltensmuster. Die Personen waren sehr wettbewerbsorientiert, leistungsorientiert und ruhelos. Sie arbeiteten viel, schnell und sahen sich ständig dem Gefühl des Zeitdrucks ausgesetzt. Die Personen der anderen Gruppe waren wesentlich entspannter und ausgeglichener. Sie genossen ihre Freizeit und arbeiteten in einem gleichmäßigen Tempo mit regelmäßigen Pausen. Friedman und Rosenman fanden in ihren Langzeituntersuchungen dieser beiden Gruppen heraus, dass die Rate an Herzinfarkten in der ersten Gruppe von Personen um das Dreifache über der Herzinfarktrate in der zweiten Gruppe lag. Entsprechend ihren konsistenten Verhaltensmustern kategorisierten die Wissenschaftler die Personen in einen *Persönlichkeitstyp A* und einen *Persönlichkeitstyp B* (siehe Tabelle 2.3).

Hinsichtlich der Eigenschaften des Typ A Persönlichkeitsprofils mag man meinen, dass deren Arbeitsverhalten den Vorstellungen vom idealen Mitarbeitenden ziemlich nahekommt. Dabei sollte jedoch nicht unerwähnt bleiben, dass mögliche Gesundheitsprobleme des Typ A dessen Leistungsverhalten mittel- bis langfristig stark einschränken (z. B. durch krankheitsbedingte Ausfälle). Zudem zeigte sich, dass Personen vom Typ A aufgrund ihres Lebenswandels nicht nur selbst stärker unter Stressbeschwerden leiden, sondern sich das gestresste Verhalten des Typ A auch auf Personen seines unmittelbaren Umfelds überträgt.

Tab. 2.3: Persönlichkeitstypen A und B (vgl. Buchanan/Huczynski 2019, S. 184, übersetzt).

	Typ A	Typ B
Eigenschaften:	– hoch leistungsorientiert – wettbewerborientiert – ungeduldig – aggressiv – ruhelos/wachsam	– nicht leistungsbesessen – unbekümmert – selten ungeduldig – nicht leicht zu frustrieren – entspannt
Empfindungen:	permanentes Gefühl des Zeitdrucks	empfinden selten Zeitknappheit
Arbeitsverhalten:	– schnell arbeitend – versuchen Unterbrechungen zu vermeiden	– arbeiten im gleichmäßigem Tempo – nehmen sich Auszeiten/Pausen
verbale/nonverbale Merkmale:	– angespannte Gesichtszüge – sprechen hastig	– langsame Bewegungen – langsames Sprechtempo
Gesundheit:	höhere Anfälligkeit für Stressbeschwerden	niedrigere Anfälligkeit für Stressbeschwerden

Anders ausgedrückt, kann das stressbegünstigende Verhalten des Typ A andere Personen anstecken. Die sich auf andere übertragenden Stressbeschwerden sorgen dann wiederum auch bei diesen für ein geringeres Leistungsverhalten, psychologische und physiologische Erkrankungen, eine geringere Arbeitszufriedenheit, krankheitsbedingte Ausfälle und eine höhere Fluktuation in Organisationen (zur Entstehung von Stress und zur Stressbewältigung siehe Uhle/Treier 2019). Typ A Personen, insbesondere wenn diese Führungsverantwortung für andere Mitarbeitende übernehmen, sind also gut beraten, ihr Verhalten zu ändern. Da ihrem Verhalten allerdings relativ stabile Persönlichkeitseigenschaften zugrunde liegen, ist eine solche Veränderung nicht ohne Weiteres möglich und kann von außen nur bedingt herbeigeführt werden. In diesem Zusammenhang wäre Typ A-Personen zu empfehlen, sich ihren ungesunden Lebensstil bewusst zu machen und kontinuierlich an einer Verhaltensänderung arbeiten. Die ungesunden Verhaltensgewohnheiten wären durch neue Gewohnheiten zu ersetzen. Zu erwarten ist allerdings, dass Typ A-Personen schnell wieder in ihre alten, gewohnten Verhaltensmuster verfallen und ihnen die konsequente Veränderung ihres Lebensstils schwerfällt. In Anlehnung an Rosenman und Friedman (1977) finden sich die folgenden Strategien zur Veränderung des Typ A-Verhaltens formuliert (vgl. Buchanan/Huczynski 2019, S. 183 f.):

– Sich vor Augen halten, dass das Leben voll von unerledigten Dingen ist!
– Sich klarmachen, dass man erst fertig mit allem ist, wenn man gestorben ist!
– Lernen, Verantwortung abzugeben und zu delegieren!
– Sich klare Grenzen für die Arbeitszeit setzen!
– Sich Zeit nehmen für Freizeit- und Sportaktivitäten!
– Ein Zeitmanagementtraining absolvieren!

Die Autoren merken allerdings an, dass Typ A-Personen wohl wenig Zeit für die Umsetzung dieser Strategien finden dürften.

Hans Jürgen Eysenck verknüpfte die von ihm identifizierten Persönlichkeitseigenschaften (siehe Kapitel 2.2.1) mit der bereits angesprochenen Typologie der griechischen Antike (hierzu auch Stemmler/Hagemann/Amelang/Spinath 2016, S. 278 ff.). Wie in Abbildung 2.3 dargestellt, bilden die beiden Kontinuen der Persönlichkeitseigenschaften (Extraversion – Introversion; Emotionale Instabilität – Emotionale Stabilität) vier Quadranten. Diese vier Quadranten können nun wiederum durch eine Reihe von einzelnen Persönlichkeitseigenschaften (Subfaktoren oder auch Facetten) ergänzt werden. Beispielsweise sind Passivität und Schweigsamkeit zwei Merkmale, die auf eine stärker introvertierte Persönlichkeit hindeuten, wohingegen Optimismus und Geselligkeit eher für extravertierte Personen charakteristisch sind. In Eysencks Untersuchungen zeigte sich, dass eine Reinform der vier Persönlichkeitseigenschaften nicht der Realität entspricht. Die Eigenschaften von Personen ließen sich vielmehr in vier Eigenschaftsklassen anordnen, die Eysenck in seinem *Persönlichkeitszirkel* mit den vier Persönlichkeitstypen der griechischen Antike in Zusammenhang gebracht hat:

- *Extravertiert – Emotional Stabil*: Personen, deren Persönlichkeit zwischen diesen beiden Polen liegt, zeigen Eigenschaften von gesellig bis tonangebend. Sie entsprechen dem *Sanguiniker*.
- *Extravertiert – Emotional Instabil*: Personen, deren Persönlichkeit zwischen diesen beiden Polen liegt, zeigen Eigenschaften von aktiv bis empfindlich. Sie entsprechen dem *Choleriker*.
- *Introvertiert – Emotional Stabil*: Personen, deren Persönlichkeit zwischen diesen beiden Polen liegt, zeigen Eigenschaften von passiv bis ruhig. Sie entsprechend dem *Phlegmatiker*.
- *Introvertiert – Emotional Instabil*: Personen, deren Persönlichkeit zwischen diesen beiden Polen liegt, zeigen Eigenschaften von still bis launisch. Sie entsprechen dem Melancholiker.

Da Eysenck sein Modell aus empirischen Daten heraus entwickelt hat, ist auch hier zu bedenken, dass das Modell eine Abstraktion der menschlichen Persönlichkeit darstellt. Es mag sicherlich lebhafte, gesprächige und gesellige Personen geben (Eigenschaften zwischen den Polen Extraversion – Emotionale Stabilität), die gleichzeitig aber auch friedlich, zuverlässig und ausgeglichen sind (Eigenschaften zwischen den Polen Introversion – Emotionale Stabilität). Hier wäre es schwierig, eine eindeutige Zuordnung auf dem Persönlichkeitszirkel vorzunehmen. Daran zeigt sich, dass das empirische Modell von Eysenck einen nomothetischen, d. h. allgemeingültigen, Anspruch erhebt, aber diesem nicht vollends gerecht werden kann. Bei jeder Person mag es Abweichungen vom konzeptionellen Ideal geben. Dies spricht nicht prinzipiell gegen das Modell, sondern zeigt lediglich, dass die psychologische Forschung oftmals keine naturwissenschaftlich exakten und für alle Menschen gleich geltenden Prinzipien abbilden kann. Dazu sind die menschlichen Lebensbiographien zu unterschiedlich, sodass auch der Persönlichkeitszirkel nicht den ideographischen Blick auf die einzigartige Eigenschaftskonstellation jeder Person ersetzen kann. Auch muss bei der Eigenschaftszuschreibung bedacht werden, dass die Verhaltensbeobachtung anderer begrenzt ist. Nur ein kleiner, beobachtbarer Teil des Veraltens ist der Beobachtung Außenstehender im Rahmen der Persönlichkeitsbeschreibung zugänglich. Sehr viele andere Verhaltensweisen bleiben aber verborgen, weil eine permanente Verhaltensbeobachtung nicht möglich ist. In der Persönlichkeitsbeschreibung ist daher Vorsicht vor einem zu schnellen Urteil walten zu lassen.

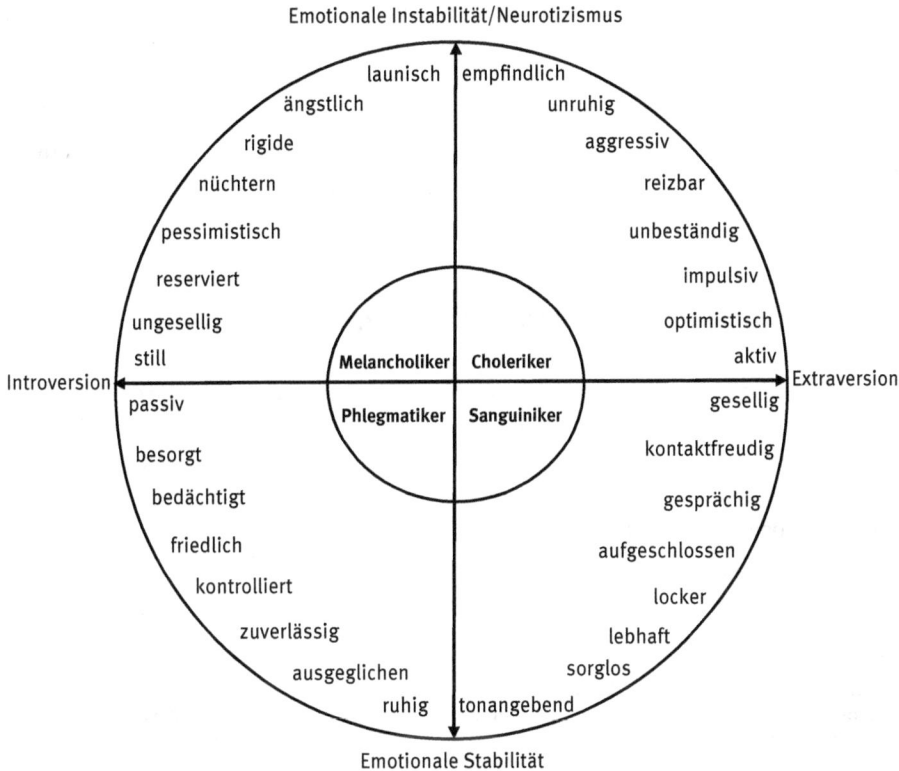

Abb. 2.3: Persönlichkeitszirkel von Hans Jürgen Eysenck (Gerrig 2018, S. 510).

Die Charakterisierung von Personen anhand der von Eysenck entwickelten Typologie kann uns aber dabei helfen, die Komplexität menschlichen Verhaltens zu reduzieren. So kann einem Mitarbeitenden im Vertrieb beispielsweise die Information, dass er im nächsten Kundengespräch auf einen *melancholischen Persönlichkeitstyp* trifft, davon abhalten, das Gespräch in einer zu lebhaften Umgebung (z. B. einem gut besuchten Restaurant) zu führen. Aufgrund der Neigung des melancholischen Typs zum Grübeln könnte der Mitarbeitende darüber hinaus damit rechnen, dass der melancholische Kundentyp eher stichhaltige Argumente denn blumige Werbeversprechen wünscht. Von einem Melancholiker sollten keine unmittelbaren Zusagen erwartet werden. *Ein phlegmatischer Persönlichkeitstyp* sollte dagegen eine erhöhte Anstrengung in der Aktivierung seines Interesses erfordern. Dabei ist behutsam vorzugehen. Der Mitarbeitende sollte selbst die Initiative ergreifen, als darauf zu vertrauen, dass ein Phlegmatiker die Initiative von sich aus ergreift. Dem *cholerischen Persönlichkeitstyp* sollte kein Anlass zur Kritik gegeben werden (z. B. durch das verspätete Erscheinen zum Kundentermin). Kleinere Provokationen dieses Kundentyps sollten ebenso tunlichst vermieden werden. Es versteht sich daher, dass Termine mit cholerischen Kundentypen sehr sorgfältig vorbereitet werden sollten. Einen Kunden, der dem *sanguinischen Persönlichkeitstyp* entspricht, kann der Mitarbeitende aktiv in den Verkaufsprozess einbeziehen und auf seine Unterstützung vertrauen. Setzt beispielsweise eine Präsentation vor einer Kundengruppe die Beteiligung einzelner Personen voraus (z. B. in Form eines Rollenspiels), dann ist die Wahrscheinlichkeit größer, dass der Sanguiniker anstatt der Phlegmatiker zum Mitmachen bewegt werden kann.

2.3 Psychometrie – Die Vermessung der Persönlichkeit

Um die Persönlichkeitseigenschaften einer Person anhand der Big Five-Persönlichkeitsmerkmale zu beschreiben, liegt mit dem *NEO Persönlichkeitsinventar* (NEO-PI) ein psychometrisches Fragebogeninstrument vor, das auch im deutschsprachigen Raum häufig eingesetzt wird (vgl. Ostendorf/Angleitner 2004). Inhaltlich gliedert sich der Fragebogen in die fünf Hauptdimensionen des Big Five-Modells, die wiederum jeweils sechs Unterfaktoren (Facetten) umfassen (siehe Tabelle 2.4).

Tab. 2.4: Hauptfaktoren und Facetten des NEO-PI (vgl. Weibler 2016, S. 102).

Neurotizismus	Extraversion	Offenheit	Verträglichkeit	Gewissenhaftigkeit
Ängstlichkeit	Herzlichkeit	für Fantasie	Vertrauen	Kompetenz
Reizbarkeit	Geselligkeit	für Ästhetik	Freimütigkeit	Ordnungsliebe
Depression	Durchsetzungs-fähigkeit	für Gefühle	Altruismus	Pflichtbewusstsein
Soziale Befangenheit	Aktivität	für Handlungen	Entgegenkommen	Leistungsstreben
Impulsivität	Erlebnissuche	für Ideen	Bescheidenheit	Selbstdisziplin
Verletzlichkeit	Positive Emotionen	für Werte- und Normsysteme	Gutherzigkeit	Besonnenheit

In der vollständigen Version des Fragebogens sind zu jedem der sechs Facetten acht Fragen zu beantworten. Für die Beantwortung steht eine fünfstufige Skala zur Verfügung (völlig unzutreffend, unzutreffend, weder noch, zutreffend, völlig zutreffend). Somit müssen zu jeder der fünf Hauptfaktoren 48 Fragen beantwortet werden, sodass der gesamte Fragebogen 240 Fragen umfasst. Die Bearbeitungszeit nimmt ungefähr 30 bis 40 Minuten in Anspruch.

Die fünf Hauptfaktoren des Fragebogens können wie folgt beschrieben werden (vgl. Ostendorf/Angleitner 2004):

- *Neurotizismus*: Eine Person, die einen hohen Testwert in dieser Dimension erreicht, neigt dazu, sehr empfindlich zu reagieren. In Stresssituationen wird sich diese Person häufig ärgern, traurig, verlegen, ängstlich und/oder besorgt reagieren. Auch entwickeln stark neurotische Personen eher unangepasste Formen der Problembewältigung und können ihre Bedürfnisse weniger gut kontrollieren.
- *Extraversion*: Personen mit hohen Testwerten in dieser Dimension sind sehr gesellig, gesprächig, freundlich und unternehmungslustig. Extravertierte Personen schätzen die Gesellschaft anderer und fühlen sich in Gruppen sehr wohl. Sie sind aber auch sehr durchsetzungsstark, selbstbewusst und dominant. Sie präferieren aufregende Situationen, neigen zum Optimismus und sind eher heiter gestimmt.
- *Offenheit für Erfahrungen*: Personen mit hohen Werten in dieser Dimension sind interessiert an neuen Erfahrungen, Erlebnissen und Eindrücken. Sie haben ein reges Fantasieleben und nehmen ihre eigenen Gefühle aber auch die Gefühle anderer sehr deutlich wahr. Sie lassen sich gerne auf neue Ideen ein und sind unkonventionell in ihren Wertvorstellungen.
- *Verträglichkeit*: Personen mit hohen Werten in dieser Dimension sind sehr hilfsbereit und entgegenkommend. Sie begegnen anderen mit Wohlwollen und neigen zur Gutmütigkeit. Sie sind bereit, in Auseinandersetzungen nachzugeben und erscheinen im Extremfall unterwürfig und abhängig von anderen.
- *Gewissenhaftigkeit*: Personen mit hohen Werten in dieser Dimension sind leistungsorientiert und pflichtbewusst. Sie richten ihre Handlungen an Prinzipien aus und sind sehr ordentlich. Sie handeln zielstrebig und sind willensstark und entschlossen.

Besonders für die Personalauswahl besitzen Persönlichkeitsmerkmale eine hohe Relevanz, da diese nachfolgend nur schwer verändert werden können. Bereits im Personalauswahlverfahren sollte daher genau untersucht werden, ob die Persönlichkeit eines Bewerbers zu seinen zukünftigen Tätigkeitsinhalten passt. Eine stark introvertierte Person innerhalb weniger Wochen zum extravertierten, d. h. sehr gesprächigen, Verkäufer zu schulen mag ebenso fehlschlagen, wie eine ganz und gar unzuverlässige Person zu einer verlässlichen und verantwortungsvollen Sicherheitsfachkraft zu schulen.

Bei dem NEO-PI handelt es sich um ein Instrument zur Messung der Persönlichkeit, das insbesondere im wissenschaftlichen Kontext breite Verwendung findet. Die umfangreiche Datenbasis zu diesem Instrument erlaubt eine gewisse Prognosegüte der Testergebnisse in Bezug auf unterschiedliche (berufliche) Leistungskriterien. In der Praxis ist der NEO-PI daher auch oftmals Bestandteil eignungsdiagnostischer Verfahren zur Personalauswahl und -entwicklung. Mithilfe der Testergebnisse sollen Leistungskriterien (wie z. B. der erfolgreiche Abschluss einer beruflichen Ausbildung, die erfolgreiche Projektleitung oder der hierarchische Aufstieg im Unternehmen) erklärt werden, um allein durch die Kenntnis der Eigenschaftsausprägungen eine Leistungsvorhersage zu ermöglichen. Da das Testverfahren aber nicht explizit für diese Bereiche konzipiert wurde, fehlt den überwiegenden Fragen des NEO-PI ein beruflicher Bezug. Diese fehlende *Augenscheinvalidität* (die augenscheinliche Angemessenheit/Gültigkeit des Tests zur Messung berufsrelevanter Persönlichkeitseigenschaften) ist ein häufiger Vorwurf gegen den Einsatz von Persönlichkeitstests, die nicht ausschließlich für den Einsatz in der betrieblichen Praxis konzipiert wurden (hierzu Hossiep/Paschen/Mühlhaus 2000). Es gibt hingegen eine Reihe von Fragebogenverfahren, die einen direkteren Bezug in der Messung der Persönlichkeitseigenschaften zum beruflichen Kontext herstellen. Als ein im deutschsprachigen Raum sehr häufig eingesetztes und wissenschaftlich fundiertes Instrument wäre hier das *Bochumer Inventar zur berufsbezogenen Persönlichkeitsbeschreibung* (kurz: BIP) zu nennen (vgl. Hossiep/Paschen 2019).

Eine Reihe von Forschenden auf dem Gebiet der Persönlichkeit moniert zudem, dass das Big Five-Modell die menschliche Persönlichkeit nur unzureichend beschreibt. Verwiesen wird auf Untersuchungen, die zeigen, dass zur Beschreibung der menschlichen Persönlichkeit nicht nur fünf, sondern sechs Persönlichkeitsdimensionen erforderlich sind (vgl. z. B. Ashton/Lee/De Vries 2014, De Raad et al. 2014):

– Ehrlichkeit-Bescheidenheit
– Emotionalität
– Extraversion
– Verträglichkeit
– Gewissenhaftigkeit
– Offenheit

Neben einzelnen inhaltlichen Unterschieden in der Beschreibung der einzelnen Persönlichkeitsdimensionen im Vergleich zum Big Five-Modell besteht die Ergänzung des Sechs-Faktoren-Modells aus der sechsten Dimension *Ehrlichkeit-Bescheidenheit*. Aufgrund der englischsprachigen Benennung der Persönlichkeitsdimensionen (*H*onesty-humility, *E*motionality, *E*xtraversion, *A*greeableness, *C*onscientiousness, *O*penness) wird dieses Sechs-Faktoren-Modell auch *HEXACO*-Modell genannt (vgl. Ashton/Lee/de Vries 2014). Die inhaltlichen Unterschiede zwischen den Persönlichkeitsmodellen spiegeln sich auch in der Messung der Persönlichkeitsdimensionen wider (vgl. Lee/Ashton 2004).

Das in einem Persönlichkeitstest erzielte Ergebnis sollte mit Vorsicht interpretiert werden. Bei der Anwendung von Persönlichkeitstests sowie der anschließenden Interpretation der Testergebnisse ist auf ausreichend geschultes, i. d. R. psychologisch ausgebildetes, Personal zurückzugreifen. Eine niedrige oder hohe Punktzahl in den gemessenen Persönlichkeitseigenschaften kann nicht pauschal als positiv oder negativ gewertet werden. Im Gegensatz zu Fähigkeits- oder Intelligenztests gibt es bei Persönlichkeitstests, wie dem NEO-PI, keine richtigen oder falschen Antworten. Die Aussage des Ergebnisses bemisst sich an zuvor festgelegten, möglichst eindeutig definierten Kriterien, die durch das Testergebnis erklärt bzw. vorhergesagt werden sollen (z. B. Gehaltshöhe, Ausbildungserfolg, Übernahme von Führungsverantwortung).

So wie es oftmals hilfreich ist, mehr über die Persönlichkeitseigenschaften oder den Persönlichkeitstyp der Interaktionspartner zu wissen, kann es ebenso hilfreich sein, mehr über unsere eigene Persönlichkeit zu erfahren. Wir mögen uns zwar als Experten für unsere eigene Person sehen, unsere Selbstkenntnis wird aber durch blinde Flecken in Bezug auf unsere Persönlichkeit eingeschränkt. Es ist ganz natürlich, dass wir Handlungen, die wir gewohnheitsmäßig ausführen, nicht mehr sonderlich hinterfragen. Die Analyse der eigenen Persönlichkeit kann dabei helfen, bisher noch nicht bekannte und daher ungenutzte Stärken sowie nicht bewusst wahrgenommene und hinderliche Schwächen offenzulegen. In der Praxis erfreuen sich daher auch computergestützte Verfahren zur Analyse der eigenen Präferenzen sowie des Arbeits-, Kommunikations- und Verhaltensstils wachsender Beliebtheit. Einige dieser kommerziellen Verfahren, wie z. B. die *Discovery-Analyse*, haben die Persönlichkeitstypologie von Carl Gustav Jung (1939, 2014) zur Grundlage und folgen der verhaltenswissenschaftlichen Erkenntnis, dass erfolgreiche Menschen ihre eigenen Stärken und Schwächen gut kennen. Auf die vielfältigen Produktvarianten (z. B. Selbstanalyse, Fremdanalyse, Führungsstildiagnose) dieser kommerziellen Angebote kann hier nicht näher eingegangen werden. Zentrales Ergebnis derartiger Analysen ist häufig die Zuordnung der eigenen Präferenzen und Fähigkeiten zu bestimmten Farbenergien:

– Die Farbe *Blau* steht für den analytischen Persönlichkeitstyp, der Sachverhalte gerne tiefer ergründet, Dinge hinterfragt, auf Präzision bedacht ist und in seinen Handlungen Vorsicht walten lässt.
– Die Farbe *Rot* steht für den wettbewerbsorientierten Persönlichkeitstyp, der einen hohen Leistungsanspruch an sich und andere hat, durchsetzungsstark/dominant ist und entschlossen handelt.
– Die Farbe *Grün* repräsentiert den unterstützenden Persönlichkeitstyp, der entspannt und geduldig sowie fürsorglich und hilfsbereit ist.
– Die Farbe *Gelb* steht für den geselligen Persönlichkeitstyp, der Dinge gerne enthusiastisch angeht, dynamisch agiert und sich kreativ betätigt.

Die jeweiligen Fähigkeiten und Präferenzen ergeben ein für jede Person individuelles Persönlichkeits- bzw. Farbprofil.

Nicht alle kommerziellen Modelle zur Erstellung von Persönlichkeits- oder Stärken-/Schwächen-Profilen können einer kritischen Beurteilung nach formalen wissenschaftlichen Kriterien standhalten. Ohne an dieser Stelle zu tief in die wissenschaftliche Bewertung psychologischer Testverfahren einsteigen zu wollen, sei erwähnt, dass die Auswahl eines Persönlichkeitstest immer mit Blick auf die damit verfolgte Zielsetzung erfolgen sollte. Werden Persönlichkeitstest als Instrumente zur Anregung der Reflexion des eigenen Verhaltens verstanden, dann kann vielen von ihnen ein diesbezüglicher Beitrag kaum abgesprochen werden. Sollten Sie also einmal die Möglichkeit haben, an einem solchen Testverfahren teilzunehmen, dann nutzen Sie die Analyseergebnisse dazu, ihre eigene Selbstwahrnehmung mit den erhaltenen Testergebnissen zu vergleichen und ihre Verhaltensgewohnheiten kritisch zu hinterfragen. Vielleicht werden Sie in einigen Bereichen erstaunt sein, wie genau die (häufig automatisiert erstellte) Persönlichkeitsbeschreibung aufgrund der Testergebnisse auf Sie zutrifft. Andere Ergebnisse, die Ihre Persönlichkeit beschreiben, werden Ihnen vielleicht vollkommen fremd vorkommen. Bevor Sie diese jedoch vorschnell auf mögliche Messfehler schieben, sollten Sie die Meinung enger Bekannter zu den Ergebnissen einholen. Forschen Sie nach, inwiefern die Ergebnisse Sie vielleicht doch charakterisieren, Ihnen aber bisher als blinde Flecken verborgen geblieben sind.

Häufig werden Persönlichkeitstests in der Praxis gänzlich unreflektiert eingesetzt. Dies verringert den praktischen Nutzen dieser Testverfahren und richtet nicht selten mehr Schaden als Nutzen an. Als nicht weniger kritisch zu betrachten ist es, wenn bei Personalentscheidungen in Organisationen lediglich auf das eigene Bauchgefühl vertraut wird (vgl. Nachtwei/Uedelhoven/von Bernstorff/Liebenow 2017). Auch diejenigen – häufig nicht ausreichend qualifizierten – Personen, die psychologische Testverfahren in Personalentscheidungen einbeziehen, sind sich häufig der korrekten Anwendung und Interpretation der Ergebnisse nicht bewusst. Das Ergebnis sind Fehlentscheidungen, die starken Einfluss auf die Karrieren und Lebenswege von Personen haben.

Nachtwei et al. (2017) unterscheiden fünf Stufen im Einsatz von psychologischen Testverfahren in Organisationen, wobei die fünfte Stufe zugleich auch die in der Vorbereitung und Durchführung aufwendigste ist. Gleichzeitig führt das Vorgehen auf der fünften Stufe aber auch zu den genauesten (validesten) Messergebnissen von verhaltensrelevanten Merkmalen bzw. Persönlichkeitseigenschaften (siehe Tabelle 2.5). Der Aufwand der fünften Stufe sollte vor dem Hintergrund der Tragweite von Personalentscheidungen daher durchaus berechtigt sein.

Tab. 2.5: Fünf-V-Modell der Potenzialdiagnostik nach Nachtwei et al. (2017; gekürzt und modifiziert).

Level	Eins: Vertrauen in persönliche Urteile	Zwei: Vertrauen in Aussagen des Anbieters	Drei: Vertrauen in Ergebnisse von Metaanalysen	Vier: Vertrauen in Ergebnisse von generischen Validierungsstudien	Fünf: Vertrauen in Ergebnisse von lokalen Validierungsstudien
Situation	Anbieter stellt den ansprechend und anwenderfreundlichen Test vor und Personalverantwortlicher (PV) führt den Test selbst durch.	Anbieter wird für Fragen zum Test eingeladen. Wissenschaftliche Fachbegriffe fallen. PV glaubt den Ausführungen des Anbieters.	Zusammenfassende Studien (Metaanalysen) werden herangezogen. In diesen wurden ähnliche Verfahren geprüft und Zusammenhänge mit (Erfolgs-)Kennzahlen gefunden.	Anbieter hat eigene Studien mit seinem Test durchgeführt. Beispielsweise wurde für jedes Persönlichkeitsmerkmal des Tests nachgewiesen, wie hoch es in bestimmten Positionen ausgeprägt sein sollte, um maximale Leistung zu begünstigen.	Anbieter setzt den Test für die Belegschaft in der Organisation ein und prüft, wie die jeweiligen Persönlichkeitsmerkmale mit Erfolgskennzahlen in der Organisation zusammenhängen.
Chance	PV kann Handhabung des Tests und Darstellung von Ergebnissen einschätzen.	PV erhält tiefergehende Einblicke in die Aussagekraft des Tests und kann kritische Fragen zur Datenqualität stellen.	PV erhält Hinweise für oder gegen die Verwendung der Verfahren und kann deren Wirksamkeit einschätzen.	PV erhält erstmals Nachweise über die Wirksamkeit des konkreten Tests und kann dessen Wirksamkeit in verschiedenen Jobs, Organisationen und Branchen einschätzen.	PV erhält fundierte Nachweise über die Wirksamkeit des konkreten Tests für die eigenen Zwecke.
Risiko	Inhalte und Aussagekraft der Ergebnisse sind für Praktiker schwer bis nicht beurteilbar.	Die Glaubwürdigkeit der Informationen hängt stark vom Auftreten des Anbieters und oft weniger von der Qualität des Tests ab.	Die Wirksamkeit des vom Anbieter vorgestellten Tests wurde noch nicht nachgewiesen. Eventuell entspricht die konkrete Situation in der Organisation nicht den Bedingungen der betrachteten Studien.	Die Wirksamkeit des Tests für die eigenen Organisationszwecke wurde noch nicht nachgewiesen. Zielgruppen können sich von den Studiendaten unterscheiden.	Eine allzu hohe Zahlengläubigkeit kann – gerade bei Unkenntnis der statistischen Grundlagen – dazu führen, dass vorhandene Unschärfen ignoriert und methodische Details ausgeblendet werden.

2.4 Persönlichkeit und Verhalten in Abhängigkeit der Situation

Wie beschrieben, führen Persönlichkeitseigenschaften zu einem konsistenten Verhalten. Reagiert eine Person in gleicher Art und Weise auf bestimmte Reize (Objekte, Personen, Situationen), dann können wir diese Reaktionen als Verhaltensgewohnheiten (im Englischen: habits) bezeichnen. Veranschaulichen wir diesen Zusammenhang an einem Beispiel: Immer dann, wenn eine Person auf andere Personen trifft, begrüßt sie diese (Habit A) und freut sich (Habit B) für gewöhnlich. Auch spontane Einladungen nimmt sie gerne an (Habit C) und übernimmt gerne die Initiative bei Verabredungen (Habit D). Scherze über ihre eigene Person lächelt sie für gewöhnlich einfach weg (Habit E) und lacht bei Witzen gerne laut (Habit F). In Gruppen gibt sie zudem gerne den Ton an (Habit G) und verteidigt ihre Ideen (Habit H). Gewohnheitsmäßig ist sie ständig auf der Suche nach Abwechslung (Habit I) und nimmt jede Herausforderung an (Habit J). Die Person setzt alles daran, im Mittelpunkt zu stehen (Habit K) und besucht für gewöhnlich gerne Partys (Habit L).

In sich stimmige Verhaltensgewohnheiten können zu spezifischen Persönlichkeitseigenschaften (Traits) zusammengefasst werden. So können bei der beispielhaften Person die gewohnheitsmäßigen Verhaltensweisen/Habits A und B zur *Freundlichkeit* (Trait A) zusammengefasst werden. Habit C und D bezeichnen die *Aktivität* (Trait B), wohingegen Habit E und F eine *humorvolle* (Trait C) Person charakterisieren. Habit G und H können zur *Dominanz* (Trait D) zusammengefasst werden. Habit I und J passen zur *Erlebnissuche* (Trait E). Habit K und L schlussendlich können zur *Geselligkeit* (Trait F) zusammengefasst werden. Ein Persönlichkeitstyp setzt sich aus einer spezifischen Konstellation bestimmter Persönlichkeitseigenschaften/Traits zusammen. Die hier beispielhaft beschriebene Person zeigt sich anderen gegenüber sehr freundlich, handelt aktiv, ist sehr humorvoll aber auch dominant und zeigt sich sehr gesellig und erlebnissuchend. Im Allgemeinen würden wir die Person wohl als *extravertierten Typ* bezeichnen (beachte, dass es sich in diesem Fall lediglich um die Extremausprägung des Big Five-Traits *Extraversion* handelt). Die soeben beschriebenen Zusammenhänge können in dem in Abbildung 2.4 dargestellten hierarchischen Persönlichkeitsmodell visualisiert werden.

Weder Sie noch andere verhalten sich über verschiedene Situationen vollkommen konsistent. Die Kassiererin im Supermarkt mag letzte Woche noch überaus freundlich zu Ihnen gewesen sein und Sie heute harsch anpflaumen. Für gewöhnlich würden Sie sie dafür zur Rede stellen, aber heute sehen Sie davon ab. Wollen wir eigene Handlungen oder das Verhalten anderer beurteilen oder gar vorhersagen, dann kommen wir nicht umhin, neben stabilen Persönlichkeitseigenschaften auch die Situation, in der jedes Verhalten eingebettet ist, zu berücksichtigen. Im Gegensatz zur relativen Stabilität von Persönlichkeitseigenschaften kann sich das menschliche Verhalten sehr viel flexibler an situative Erfordernisse anpassen (hierzu auch Lievens et al. 2018). Anders ausgedrückt: Wir müssen nicht jedes Mal unsere Persönlichkeit ändern, wenn

die Situation Verhaltensweisen von uns verlangt, die wir für gewöhnlich nicht zeigen würden. Das führt zu folgenden Fragen:
- Warum beeinflussen einige Situationen das Verhalten stärker als andere?
- Unter welchen Umständen variiert das Verhalten mehr oder weniger?

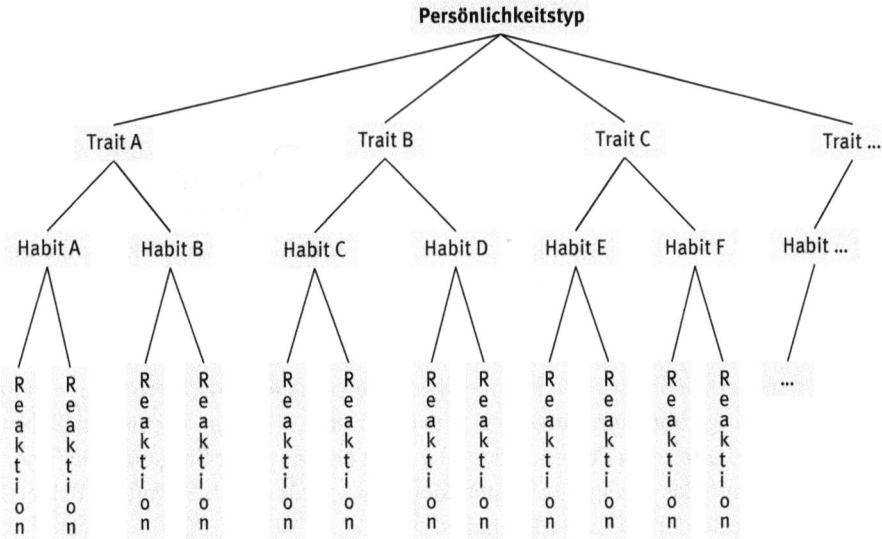

Abb. 2.4: Hierarchisches Persönlichkeitsmodell (eigene Darstellung).

Antworten auf diese Fragen können dabei helfen, Situationen so zu gestalten, dass Personen das Verhalten zeigen, das von ihnen erwartet wird. Es würde Organisationen davon entbinden, sich einzig und allein auf die Persönlichkeit ihrer Mitarbeitenden verlassen zu müssen, da diese – wie bereits erläutert – von außen nur schwer zu beeinflussen ist. In einigen Fällen scheint es auch nicht immer vorteilhaft zu sein, sich so zu verhalten, wie es die Persönlichkeitseigenschaften festlegen. Vielleicht sind Sie sehr extravertiert und mögen angeregte Unterhaltungen mit anderen. Dass Sie sich während einer schriftlichen Prüfung ganz ihrer gesprächigen Neigung hingeben, wäre wohl alles andere als Ihrem Prüfungsergebnis zuträglich. Der Mitarbeitende im Verkauf, der seine Kunden anschreit, weil er eben ein Choleriker ist, würde wohl auch wenig Aussicht auf Verkaufserfolge haben. Wenn wir also unsere Persönlichkeit nicht ohne Weiteres ändern können, wäre eine Verhaltensbeeinflussung über die Gestaltung der Situation eine Alternative für die Steuerung des Verhaltens in Organisationen.

Der Psychologe Walter Mischel (1973) setzte sich mit dem Einfluss der Situation auf das menschliche Verhalten auseinander. Seine *Situational-Strength-Theorie* kann einen wesentlichen Beitrag in der Erklärung des Einflusses situativer Merkmale auf das

Verhalten leisten. Mischel argumentiert, dass Situationen mehr oder weniger stark anzeigen, welches Verhalten erwartet wird. Diese Informationen sind in Standards, Normen und Regeln kodiert und müssen in jeder Situation entsprechend interpretiert und verstanden werden. Nach Mischel lassen sich Situationen entsprechend ihrer Reichhaltigkeit an Informationen über das erwartete Verhalten unterscheiden:

- *Starke Situationen* beinhalten viele und eindeutige Informationen über das erwartete Verhalten.
- *Schwache Situationen* beinhalten wenige und nicht eindeutige Informationen über das erwartete Verhalten.

Die Theorie von Walter Mischel besagt, dass der Einfluss der Persönlichkeitseigenschaften auf das Verhalten von der Stärke der Situation abhängt (vgl. Robbins/Judge 2019, S. 150 f.). Das heißt, je schwächer die Situation, desto stärker sollte der Einfluss stabiler Persönlichkeitseigenschaften auf das Verhalten sein. Da eine Person in schwachen Situationen keine eindeutigen Hinweise über das von ihr erwartete Verhalten vorfindet, verhält sie sich so, wie sie es für gewöhnlich tut und es typisch für sie ist. In starken Situationen fällt dagegen eine Verhaltensorientierung an den in der Situation vorgefundenen Hinweisen zum erwarteten Verhalten leichter. In diesen Situationen verhalten sich Personen dann häufiger so, wie es die Situation von ihnen verlangt, obschon das gezeigte Verhalten nicht typisch für sie ist. Folgendes Beispiel soll das soeben Beschriebene verdeutlichen:

Stellen Sie sich vor, Sie fahren mit Ihrem Auto auf eine Ampel zu. Zeigt die Ampel grün, dann werden Sie ohne zu zögern weiterfahren. Zeigt die Ampel rot, werden Sie (hoffentlich) vor der Ampel warten. Die Farben Rot und Grün geben eindeutige Hinweise auf das von Ihnen erwartete Verhalten. Sie können zwar der Typ A sein und womöglich gar keine Zeit haben, bei Rot vor der Ampel zu warten, aber Sie tun es dennoch. Die Gefahr, einen Unfall zu verursachen, wenn Sie bei Rot weiterfahren, wäre einfach zu groß, als dass Sie in dieser Situation Ihrer Typ A-Persönlichkeit nachgeben würden. Sie mögen der Typ B sein und sich ungerne hetzen lassen, dennoch würden Sie auch vor einer grünen Ampel nicht grundlos anhalten. Wie aber verhalten Sie sich, wenn Sie die Ampel in einiger Entfernung anfahren und diese springt von Grün auf Gelb? Hier sind die Hinweise, welches Verhalten von Ihnen erwartet wird, nicht ganz eindeutig. Wie Sie sich in dieser Situation verhalten – ob Sie schnell beschleunigen, um gerade noch über die Ampel zu kommen, bevor diese auf Rot schaltet, oder doch lieber gleich abbremsen um in sicherer Entfernung zur Ampel zum Stehen zu kommen – wird stark von Ihrer Persönlichkeit abhängen. Der Typ A würde wohl versuchen, noch schnell über die Ampel zu kommen. Der Typ B würde wohl abbremsen.

Für wie stark oder schwach Personen eine Situation halten ist individuell unterschiedlich. Insbesondere in Situationen, die neu für uns sind, finden wir wenige Hinweise zu dem von uns erwarteten Verhalten. Nur wenige der Leser dieses Buches dürften schon einmal bei der britischen Queen zu Besuch gewesen sein. Wie würden Sie sich verhalten, wenn Sie sich plötzlich an einer reich gedeckten Tafel am Hofe der britischen Queen wiederfinden? Halten Sie sich zurück, aus Angst etwas Falsches zu tun oder zu sagen, weil Sie eher der introvertierte, neurotische Typ sind? Plappern Sie munter drauf los, weil Sie jetzt die Gelegenheit haben, etwas von der Queen in Erfahrung zu bringen, was Sie schon immer von ihr wissen wollten, und Sie der unbesorgte, extravertierte Typ sind? Ein Besuch in der Kirche dagegen mag eine gut bekannte Situation für Sie darstellen. Sie wissen, dass es sich dort nicht gehört, sich während des Gottesdienstes lautstark zu unterhalten. Daher sollte es auch den gesprächigsten Personen gelingen, ihren Mitteilungsdrang für die Zeit des Gottesdienstes zu zügeln.

Wie aber können wir die Theorie von Walter Mischel für die Steuerung des Verhaltens in Organisationen nutzen? Um sicher zu gehen, dass unsere Interaktionspartner das Verhalten zeigen, was wir uns von ihnen wünschen, müssen wir dafür sorgen, dass sie die Situation als eine starke Situation wahrnehmen. Das heißt, wir müssen sie mit eindeutigen Hinweisen zu dem von ihnen erwarteten Verhalten in der konkreten Situation versorgen. Folgendes Beispiel soll dies verdeutlichen:

Sie arbeiten in einer Vertriebsabteilung. Ihre Vorgesetzte stellt Ihnen Ihren neuen Kollegen vor. Dieser begrüßt Sie mit den Worten „Ach Du bist also hier der Klinkenputzer!". Eine etwas unpassende Begrüßung, die außer Ihrem neuen Kollegen keiner lustig findet, weswegen Ihre Vorgesetzte die Aussage einfach übergeht. Sie bemerken ferner, dass der neue Kollege Ihre Vorgesetzte ständig unterbricht. Auch Sie lässt er nicht zu Wort kommen. Als Ihre Vorgesetzte Ihnen mitteilt, dass Ihr neuer Kollege im Backoffice arbeiten soll, also keinen Kundenkontakt haben wird, fällt er ihr erneut ins Wort: „Deswegen muss ich auch nicht so herumlaufen wie ihr Pinguine im Anzug". Das Schweigen von Ihnen und Ihrer Vorgesetzten füllt Ihr neuer Kollege mit lautstarkem Lachen. Nur gut, denken Sie, dass Ihr Kollege Sie nur aus dem Hintergrund unterstützt. Auf die Kunden kann man ihn nicht loslassen. Als ob Ihre Vorgesetzte Gedanken lesen könnte, teilt sie Ihnen mit, dass Sie Ihr neuer Kollege im Zuge der Einarbeitung beim morgigen Kundentermin begleiten wird. Ihr neuer Kollege freut sich offensichtlich und sagt: „Die Kunden sind geliefert, denen werden wir morgen so richtig was aufschwatzen, da gehen wir nicht ohne Geschäftsabschluss nachhause". Die Euphorie Ihres neuen Kollegen teilen Sie nicht. Noch dazu wissen Sie, dass Sie morgen einen ganz wichtigen Kunden zum Mittagessen treffen, der den Humor Ihres neuen Kollegen auf keinen Fall teilen wird.

Als erstes werden Sie denken, dass es das Einfachste wäre, Ihre Vorgesetzte zu bitten, den neuen Kollegen nicht mit zum Kundentermin nehmen zu müssen. Wir können das – zugegeben etwas überspitzte – Beispiel aber auch zur Demonstration für die Umgestaltung einer schwachen in eine starke Situation nehmen. Aus der Verhaltensbeobachtung des neuen Kollegen können wir schließen, dass der neue Kollege wohl noch nicht sehr viele Erfahrungen im beruflichen Kontext gesammelt hat. Womöglich wird dies morgen sein erster Kundentermin sein. Wir können auch beobachten, dass das Verhalten des neuen Kollegen im beruflichen Kontext nicht angebracht erscheint. Weil ihm womöglich die Erfahrung fehlt, kann er auch nicht wissen, wie man sich in so einem Kontext angemessen verhält und welches Verhalten von ihm bei einem Kundentermin erwartet wird. Er verhält sich demnach seinem Typ entsprechend ganz natürlich und wird dies wahrscheinlich auch im morgigen Kundentermin tun. Er mag ein geselliger, aufgeschlossener, aber eben auch etwas vorwitziger Persönlichkeitstyp sein, dessen Verhaltensgewohnheiten nicht in den Kontext des morgigen Kundentermins passen. Bevor Sie Ihren neuen Kollegen also morgen mit zum Kundentermin nehmen, entscheiden Sie sich für ein Vorgespräch mit ihm. In diesem Vorgespräch versorgen Sie Ihren neuen Kollegen mit eindeutigen Informationen über das von ihm im morgigen Kundentermin erwartete Verhalten. Sie könnten ihn darauf hinweisen,

– den Kunden höflich zu begrüßen,
– ihn mit seinem Nachnamen anzusprechen,
– Ihnen und den Kunden während des Gespräches nicht ins Wort zu fallen,
– keine anzüglichen Witze zu machen und
– sich im Hintergrund zu halten.

Mit diesen Hinweisen machen Sie aus einer für Ihren neuen Kollegen schwachen Situation eine starke Situation. Die Wahrscheinlichkeit, dass sich Ihr neuer Kollege den gegebenen Hinweisen anpasst, auch wenn das damit verbundene Verhalten nicht seiner Persönlichkeit entspricht, ist wesentlich höher, als wenn Sie diese Hinweise nicht geben.

Untersuchungen haben allerdings gezeigt, dass die Sensibilität in der Wahrnehmung situativer Verhaltenserwartungen sowie die Anpassungsleistung des Verhaltens an die Situation zwischen Personen differieren. Ursächlich dafür ist der *Selbstfokus*, bei dem es sich wiederum um eine Persönlichkeitseigenschaft handelt (vgl. Kudret/Erdogan/Bauer 2016). Personen mit einem hohen Selbstfokus (*high Self-monitorers*) sind sehr sensibel in der Wahrnehmung situativer Verhaltenshinweisen und passen ihr Verhalten auch häufiger den situativen Erwartungen an. Personen mit einem niedrigen Selbstfokus (*low Self-monitorers*) hingegen verhalten sich selbst dann entsprechend ihrer Persönlichkeit, wenn in einer Situation ein anderes Verhalten von ihnen erwartet wird. Mehr noch nehmen sie Hinweise zu einem von ihnen erwarteten Verhalten erst gar nicht als solche wahr. Personen mit einem niedrigen Selbstfokus scheint es wichtiger zu sein, ein konsistentes Verhalten in Übereinstimmung mit ihrer Persönlichkeit zu zeigen, auch wenn dies in manchen Situationen Konflikte verursacht. Personen mit einem hohen Selbstfokus sind dagegen eher bereit, von ihren gewohnheitsmäßigen Verhaltensweisen abzurücken, wenn sie dadurch den an sie gestellten Erwartungen entsprechen. Nehmen wir noch einmal an, dass Sie gemeinsam mit namhaften Persönlichkeiten am Essenstisch der britischen Queen sitzen und es wird ein Gericht serviert, das Ihnen überhaupt nicht zusagt. Personen mit einem hohen Selbstfokus wäre es in dieser Situation wichtig, nicht unangenehm aufzufallen. Daher würden sie etwas von dem Gericht probieren und so tun, als würde es ihnen schmecken. Wenn die Queen anschließend fragt, ob das Essen geschmeckt hat und alle Gäste dies bestätigen, dann schließen sich auch die Personen mit einem hohen Selbstfokus an, denen das Essen nicht geschmeckt hat. Personen mit einem niedrigen Selbstfokus ist es in diesen und ähnlichen Situationen dagegen egal, was die Anderen von ihnen denken. Sobald das nicht gemochte Gericht serviert wird, lassen sie es direkt umgehen.

2.5 Zusammenfassung

Wir können resümieren, dass das menschliche Verhalten zu einem gewissen Anteil von stabilen Persönlichkeitseigenschaften abhängt. Dennoch findet Verhalten immer in einem situativen Kontext statt, der einmal mehr und einmal weniger Informationen über das erwartete Verhalten bereithält. Sie sollten erkannt haben, dass die Persönlichkeitsbeschreibung ein komplexer Prozess ist, der über die bloße Beobachtung einzelner Verhaltensweisen hinausgeht. Die hier skizzierten Persönlichkeitseigenschaften und -typen können Ihnen Denkanstöße geben, um das Verhalten Ihrer Vorgesetzten, Kollegen, Kunden, Geschäftspartner oder Bekannten besser zu verstehen und Ihre Kommunikation und Handlungen an den individuell unterschiedlichen Eigenschaften Ihrer Interaktionspartner ausrichten zu können. Die Stabilität von Persönlichkeitseigenschaften kann auch erklären, warum Menschen ihren Charakter nicht von jetzt auf gleich ändern.

Insbesondere sei vor pauschalen Eingruppierungen der menschlichen Persönlichkeit gewarnt. Persönlichkeitsentwicklung ist ein fortschreitender Prozess, der in einer gewissen genetischen Basis seinen Ursprung nimmt. Insbesondere die frühkindlichen Erfahrungen beeinflussen die Persönlichkeitsentwicklung eines Menschen stark. Es ist daher verständlich, dass Menschen zuweilen recht empfindlich reagieren, wenn ein Fehlverhalten ihren Persönlichkeitseigenschaften angelastet wird. Konzentrieren Sie sich stattdessen auf das konkret beobachtbare Verhalten Ihrer Mitmenschen. Nur dies sollte zur Grundlage von Feedbackgesprächen (insbesondere in Bezug auf Kritik) herangezogen werden. Eine Verhaltensänderung kann sehr viel einfacher und schneller herbeigeführt werden als eine Persönlichkeitsveränderung.

Auch sollten Sie die oben genannten Beschreibungen einzelner Persönlichkeitseigenschaften nicht zu dem Trugschluss verleiten, die eine Eigenschaft sei besser als die andere. Es handelt sich hier vielmehr um Eigenschaften, über die jede Person in einer individuellen Ausprägung verfügt. Es geht dabei weder um eine Eingruppierung von Persönlichkeitsprofilen in die Kategorien gut oder schlecht oder gar um die Diagnose psychischer Störungen. Zweifelsfrei können einige Eigenschaften hinderlich für die Erreichung bestimmter Ziele sein, während andere dafür wiederum förderlich sind. Der Beitrag, den jede Eigenschaft zu einem erfolgreichen Handeln leistet, bemisst sich immer auch an den situativen Erfordernissen, was in Organisationen nach einem sorgfältige Personalauswahlverfahren unter Berücksichtigung der geforderten Eigenschaften verlangt.

Die Ausführungen in diesem Kapitel können Sie insbesondere auch zur Reflexion Ihres eigenen Verhaltens und Ihrer Persönlichkeit anregen. Hinterfragen Sie anhand dessen, was Sie nun über die menschliche Persönlichkeitsentwicklung wissen, warum Sie in einigen Situationen vielleicht nicht so gehandelt haben, wie Sie es sonst von sich gewohnt sind. Setzten Sie sich auch offen mit Ihren Stärken und Schwächen auseinander und ergründen Sie, welche Schwächen tatsächlich auf Ihren Eigenschaften beruhen und welche Schwächen auf Bedingungen der Situation zurückgeführt werden können. Bitten Sie dabei auch Freunde und Bekannte um Feedback zu Ihrem Verhalten, um mögliche blinde Flecken offenzulegen.

Beachten Sie auch, dass eine Person neben in diesem Kapitel behandelten Traits, auch über eine Reihe eigener Motive, Einstellungen und Überzeugungen verfügt. Diese beeinflussen ebenso das Handeln und dürfen in der Personen- bzw. Verhaltensbeschreibung nicht unberücksichtigt bleiben. Wir wollen die Entwicklung von Motiven, Einstellungen und Überzeugungen sowie deren Einflüsse und Bedeutung für das Verhalten in Organisationen daher in den nachfolgenden Kapiteln 3 und 4 näher betrachten.

2.6 Fallstudie 1

In Ihrer Funktion als Managementberater wird Ihre Unterstützung von einem jungen und dynamisch wachsenden Unternehmen angefordert. Das Unternehmen wurde vor drei Jahren von den drei jetzigen Geschäftsführenden – Frau Theiler, Frau Ziegler und Herr Krause – gegründet und konzentriert sich auf den Vertrieb von Büromöbeln. Zu den Kunden gehören Unternehmen mit einem hohen Anspruch an hochwertigen und exklusiven Büromöbeln. Seit der Gründung erfreut sich das Unternehmen einer sehr guten Auftragslage, sodass der Personalbestand schnell auf aktuell 65 Mitarbeitende, größtenteils in der Kundenberatung, angewachsen ist.

Über eine professionelle Personalabteilung verfügt das Unternehmen nicht. Um Personalangelegenheiten kümmern sich die drei Geschäftsführenden abwechselnd. Die Fluktuation im Unternehmen ist ziemlich hoch. In den letzten sechs Monaten wurden insgesamt 23 neue Mitarbeitende eingestellt. Fünf von diesen haben gleich im ersten Monat das Unternehmen wieder auf eigenem Wunsch verlassen. Im zweiten bis vierten Monat sind acht der neuen Mitarbeitenden freiwillig gegangen. Von den nunmehr verbliebenen zehn Mitarbeitenden haben sechs um Gesprächstermine mit der Geschäftsführung gebeten. Die Gespräche sollen in der nächsten Woche stattfinden. Die Geschäftsführung befürchtet, dass die sechs Mitarbeitenden ebenso das Unternehmen wieder verlassen möchten. Eine Reihe von Kunden hat sich zudem persönlich bei der Geschäftsführung über die Kundenberatung beschwert.

Die Kosten, die dem Unternehmen durch die hohe Fluktuation entstehen, sind enorm. So müssen die vakanten Stellen nicht nur immer wieder neu ausgeschrieben werden, Bewerbungsunterlagen bearbeitet, Bewerbungsgespräche geführt und neue

Mitarbeitende eingearbeitet werden. Auch bleiben durch die hohe Personalrotation wichtige Aufgaben unerledigt, neue Kundenanfragen können nicht bedient werden und Bestellungen werden nicht rechtzeitig bearbeitet. Wiederholt haben bereits Kunden ihre Bestellungen storniert.

Die Geschäftsführung bittet Sie um eine Analyse der Ursachen für die hohe Fluktuation. Zudem erwartet man von Ihnen Vorschläge, wie die Zufriedenheit der Kunden mit der Beratung gesteigert werden kann. Dazu möchten Sie nun zunächst wissen, welchen Typ Mensch die Geschäftsführung für die Tätigkeiten in ihrem Unternehmen eigentlich sucht.

„Wir suchen eigentlich ausschließlich Kundenberater, d. h. Vertriebspersonen", antwortet Ihnen zunächst Frau Ziegler. „Um einen bestimmten Typ Mensch geht es uns dabei nicht. Wir sind ein junges Vertriebsunternehmen mit einer rasanten Entwicklung. Unsere Mitarbeitenden müssen sich diesen Entwicklungen anpassen."

„Ja ganz genau", pflichtet Herr Krause seiner Kollegin bei. „Wir haben hier Leute, die sind still wie eine Maus zu uns gekommen und heute sind Sie unsere besten Vertriebler. Unsere Mitarbeitenden müssen bereit sein, sich zu verändern."

„Dem kann ich zustimmen", meldet sich Frau Theiler. „Daher ist es uns auch nicht wichtig, wie jemand ist, wenn er zu uns kommt. Wir biegen ihn uns schon so, wie wir ihn brauchen."

Sie wollen wissen, ob für die erfolgreiche Arbeit in der Kundenberatung nicht auch ganz bestimmte Persönlichkeitseigenschaften erforderlich sind. Frau Ziegler antwortet als Erste. „Oh doch. In der Kundenberatung müssen sie fokussiert sein, selbst-diszipliniert und leistungsorientiert."

Frau Theiler ergänzt Kreativität, Offenheit und Neugier als wichtige Eigenschaften, ebenso wie Geselligkeit, Durchsetzungsfähigkeit und Kontaktfreude. Herr Krause findet es dagegen durchaus interessant, wenn Kandidaten etwas leichtfertig und sorglos daherkommen. Er findet, dass dies die unorganisierten Chaoten sind, die das Business nach vorne bringen.

Sie wollen noch genauer wissen, wie die Geschäftsführung bisher in der Personalsuche und -auswahl vorgegangen ist. Frau Ziegler antwortet Ihnen dazu: „Zuerst haben wir im engen Verwandten- und Bekanntenkreis nach Personen gesucht, die uns im Vertrieb unterstützen. Damit haben wir gute Erfahrungen gemacht. Mein Bruder und meine Nichte arbeiten so ziemlich von Beginn an mit im Unternehmen und das auch sehr erfolgreich." Herr Krause fügt hinzu, dass seine Frau in der Buchhaltung des Unternehmens tätig ist und sein Schwager auch im Vertrieb des Unternehmens arbeitet.

„Als wir unsere Verwandten- und Bekanntenkreise abgegrast hatten, haben wir eine Anzeige in einem Jobportal und bei der Arbeitsagentur geschaltet", erläutert Frau Theiler. „Dabei geht es uns eigentlich mehr um Werbung für unser Unternehmen. Ein befreundeter Berater hat uns darauf aufmerksam gemacht, dass potenzielle Kunden in diesen Portalen auch nach neuen Mitarbeitenden suchen. Das ist für uns also ein guter Kanal, um diese Unternehmen auf uns aufmerksam zu machen. Daher haben wir dort auch nur unseren Firmennamen mit einer kurzen Unternehmensbeschreibung veröffentlicht. Interessierte Kandidaten sollen sich dann per Email bei uns bewerben und uns anschreiben, wenn sie mehr über die Stellen erfahren möchten."

„Durch die Arbeitsagenturen kommen viele Bewerber zu uns", sagt Herr Krause. „Da die Nachfrage von unserer Seite aus so groß war und immer noch ist, haben wir eigentlich alle, die sich beworben haben, sofort für ein Jahr befristet eingestellt."

Frau Ziegler schaut etwas betreten. „Bei dem momentanen Arbeitsmarkt können wir ja nicht so wählerisch sein. Wir waren froh, dass uns die Arbeitsagentur so viele Leute geschickt hat. Wir hatten hier manchmal 12 Bewerbungsgespräche an einem Tag und haben schnell gemerkt, dass wir die Gespräche nicht immer zu dritt führen konnten. Wir haben das dann immer abwechselnd gemacht, je nachdem, wer gerade Zeit hatte."

Herr Krause schaut verlegen. „Zu Beginn haben wir uns viel Zeit für die Gespräche genommen. Als wir dann aber immer mehr Leute brauchten, haben wir die einzelnen Gespräche auf 15 bis maximal 30 Minuten beschränkt. In der Regel haben wir dann gleich im Anschluss einen befristeten Arbeitsvertrag zugeschickt oder den Vertrag gleich mitgegeben."

Frau Theiler pflichtet ihm bei, dass mittlerweile nur noch ein ca. 10-minütiges Telefoninterview mit den Bewerbern durchgeführt wird. „Das reicht uns, um uns ein erstes Bild von den Kandidaten zu machen." Dennoch, gesteht Frau Ziegler, dass, obwohl alle drei so schnell in den Personalentscheidungen sind, einige Bewerber dennoch absagen.

Sie möchten wissen, ob den Absagen nachgegangen wurde. Herr Krause verneint dies. „Nein, nachgefasst haben wir da nicht mehr. Für uns war klar, dass die, die abgesagt haben, auch eher die gut ausgebildeten Kandidaten waren. Das haben wir in den Bewerbungsunterlagen gesehen. Größtenteils hatten die sogar ein Studium. Die haben natürlich noch andere Eisen im Feuer und für uns war das ein Anspruch, noch schneller in der Rekrutierung zu werden. Wenn wir jetzt mal einen Akademiker unter den Bewerbern haben, dann schicken wir dem schon direkt auf seine Bewerbung einen Vertrag zu. Das Telefoninterview ist dann nur noch reine Formsache." Frau Ziegler verweist jedoch darauf, dass die Bewerbungen von Kandidaten mit einem Studienabschluss sehr selten geworden sind. Immerhin drei von den zehn Mitarbeitenden, von denen sich die Geschäftsführung jetzt am liebsten wieder trennen möchte, seien auch Akademiker. Warum diese bei den Kunden einen so schlechten Eindruck hinterlassen und einen derart fahrigen Arbeitsstil an den Tag legen, kann sich die Geschäftsführung gar nicht erklären.

Sie fragen die Geschäftsführung, wie wichtig das Kundenfeedback zu dem Verhalten der Kundenberater ist. Herr Krause ergreift das Wort: „Jeder Kundenberater hat bei uns einen festen Kundenstamm, den er sich selbst aufbauen muss. Bei unseren Kunden führen wir regelmäßig Feedbackbefragungen durch. Und in eben diesen Feedbackbefragungen haben die Kunden angegeben, nicht zufrieden mit der Beratung und der Abwicklung ihrer Bestellaufträge zu sein."

Frau Theiler nickt und schaut sehr ernst. „Wenn wir uns die Kundenzufriedenheit ansehen, dann ist diese zuletzt ganz stark zurückgegangen. Bei einem schlechten Kundenfeedback fackeln wir daher nicht lange. Wir bitten den jeweiligen Kundenberater zum Gespräch und stellen ihn zur Rede. Wir hoffen dann, dass das dem Berater ein Denkzettel ist und er oder sie die Arbeitsweise daraufhin ändert."

Sie fragen genauer nach, womit die Kunden nicht zufrieden sind. Wieder antwortet Herr Krause als Erster. „Der überwiegende Teil der Kunden beschwert sich über die Unzuverlässigkeit der Kundenberater. In der Vergangenheit wurden wohl Termine mit den Beratern ausgemacht, die diese weder eingehalten noch abgesagt haben."

Auch das Auftreten der Berater werde häufig kritisiert, sagt Frau Theiler. „Anscheinend sind einige Berater wiederholt unhöflich und pampig dem Kunden gegenüber geworden. Einige Kunden haben uns sogar persönlich gesagt, dass das Auftreten unserer Berater nicht professionell wirkt. Das geht bei derart hochpreisigen und exklusiven Produkten, wie wir sie vertreiben, natürlich gar nicht."

Die lange Bestelldauer sei ebenso ein Problem, sagt Frau Ziegler. „Wir sind diesem Problem einmal nachgegangen und haben herausgefunden, dass der größte Teil unserer Kundenberater in der Verarbeitung der Bestellungen total unorganisiert ist. Um eine Bestellung auszuführen, muss diese von unseren Kundenberatern mit allen Spezifikationen an unseren Einkauf weitergeleitet werden. Dazu haben wir entsprechende Vordrucke, die aber von vielen Kundenberatern nicht genutzt werden. Einige Kundenberater vermerken die Bestellungen stattdessen handschriftlich auf eigenen Notizzetteln. Die kann unser Einkauf dann nicht eindeutig entziffern. Viele wichtige Informationen zur Auslösung der Bestellung fehlen oftmals. Unser Einkauf muss dann bei den Kundenberatern nachfragen. Da diese aber häufig nicht erreichbar sind und auch nicht direkt zurückrufen, gehen die Bestellungen dann erst Wochen später raus oder manchmal auch gar nicht."

Ob es ein Einarbeitungsprogramm für die neuen Kundenberater gibt, möchten Sie wissen. Frau Ziegler teilt Ihnen mit, dass es zu Anfang ein Einarbeitungsprogramm gab. „Aufgrund der vielen Neueinstellungen konnten wir das dann formal aber nicht fortführen. Die Kundenberater arbeiten ja überwiegend auf Provisionsbasis und da haben wir uns gesagt, dass es in deren eigenem Interesse liegen sollte, das Vertriebsgeschäft vor Ort beim Kunden so schnell wie möglich zu beherrschen. Die Berater bekommen daher von uns ein Verkaufsgebiet zugewiesen und werden mit einem Handy und Laptop ausgestattet. Und natürlich bekommen Sie unsere Produktbroschüren. Dann heißt es Learning by doing."

„Das Erste, was die neuen Kundenberater dann eigentlich tun müssen, ist Termine bei möglichen Unternehmen zu bekommen, um diesen unser Produktprogramm vorzustellen", sagt Herr Krause. „Da scheint es einige zu geben, die sich sehr schwer damit tun, wie wir festgestellt haben. Die schaffen es nicht einmal, den Mut aufzubringen, mögliche Kunden anzurufen. Die kriegen dann keinen einzigen Termin zustande. Wenn Sie bei uns am Ende des ersten Monats nicht mindestens drei Kundentermine am Tag schaffen, dann wird es eng und wir bitten sie zum Gespräch."

„Frau Trankmann aus dem Einkauf hat sich einige Male selbst als möglicher Kunde ausgegeben und bei einigen unserer neuen Berater angerufen", erläutert Frau Ziegler. „Sie hat dabei bewusst den schwierigen Kunden gespielt, der nicht leicht zu überzeugen ist. Da waren einige Berater dabei, die am Telefon sehr schnell ausfällig geworden sind, weil Frau Trankmann nicht direkt einem Beratungstermin zustimmen wollte. In einigen Fällen sollte Frau Trankmann sogar am Telefon schon Produkte bestellen, die ihr noch gar nicht persönlich vorgestellt wurden."

„Sie sehen, wir haben hier ein echtes Problem, was die Arbeitsweise einiger unserer Mitarbeitenden angeht und hoffen, dass Sie uns hier helfen können", sagt Frau Theiler ihnen direkt zugewandt. Sie haben das Gespräch mit der Geschäftsführung aufmerksam protokolliert und machen sich nun an die Analyse der Situation, um der Geschäftsführung anschließend Lösungen präsentieren zu können. Bearbeiten Sie dazu folgende Aufgaben:

Aufgabe 1.1: Klären Sie zunächst, welche möglichen Ursachen für die hohe Fluktuation und die zunehmende Kundenunzufriedenheit außerhalb und innerhalb des Unternehmens liegen. Nutzen Sie dabei die im Kapitel 1 vorgestellte *Navigationskarte* zur Beschreibung, Erklärung und Steuerung von Verhalten in Organisationen.

Aufgabe 1.2: Bewerten Sie die Aussagen der drei Geschäftsführenden auf die Frage nach dem gewünschten Mitarbeitertyp. Warum könnte die Einstellung der Geschäftsführung hier problematisch für den Umgang mit den Mitarbeitenden in der Einarbeitungsphase sein?

Aufgabe 1.3: Erstellen Sie ein Profil von den gewünschten Eigenschaften der Mitarbeitenden auf der Grundlage der von der Geschäftsführung genannten Eigenschaften. Orientieren Sie sich dabei an den Eigenschaften des *Big Five-Modells*. Bewerten Sie das erstellte Persönlichkeitsprofil anschließend in Bezug auf die Konsistenz der gewünschten Eigenschaften.

Aufgabe 1.4: Für wie geeignet halten Sie das bisherige Vorgehen der Geschäftsführung in der Personalauswahl in Bezug auf die Informationsgewinnung zur Persönlichkeit der Bewerber? Begründen Sie Ihre Antwort.

Aufgabe 1.5: Erarbeiten Sie auf der Grundlage des Feedbacks der Kunden und Ihren Kenntnissen im Bereich der menschlichen Persönlichkeit ein Eigenschaftsprofil für den idealen Kundenberater im oben dargestellten Unternehmen.

Aufgabe 1.6: Erarbeiten Sie für die Geschäftsführung ein Konzept für die Personalauswahl, das es der Geschäftsführung erlaubt, Informationen über die Persönlichkeit der Bewerber zu erlangen. Beziehen Sie dabei *Tests zur Messung der Persönlichkeit* ein.

Aufgabe 1.7: Wie könnte die *Situational-Strength-Theorie* von Walter Mischel den unprofessionell wirkenden Auftritt der Kundenberater beim Kunden vor Ort erklären? Wie würden Sie daraufhin die Einarbeitung neuer Kundenberater gestalten?

3 Beweggründe des Verhaltens: Die Motivation

Stellen Sie sich vor, eine Führungskraft findet die folgende Situation vor, die ihr ein Rätsel aufgibt: Einer der Mitarbeitenden hängt sich in seine Arbeit richtig rein. Er übernimmt sogar bereitwillig zusätzliche Aufgaben, die nicht extra vergütet werden. Mit diesem Arbeitseifer unterscheidet er sich stark von seinen Kollegen. Diese weisen jede Bitte des Vorgesetzten um die Erledigung zusätzlicher Aufgaben kategorisch zurück. Sie sind nicht gewillt, auch nur eine Minute über das vertraglich fixierte Arbeitspensum hinaus zu arbeiten.

Die Führungskraft schätzt das hohe Engagement des einen Mitarbeitenden sehr. Mit dem geringen Engagement der anderen Mitarbeitenden ist sie hingegen nicht zufrieden. Bevor die Führungskraft konkret in die Situation eingreift, sollte sie zunächst nach Erklärungen für die Unterschiede im Leistungseinsatz ihrer Mitarbeitenden suchen: Ganz naiv könnte sie den Arbeitseifer des einen Kollegen damit erklären, dass ihm seine Arbeit Spaß macht. Die anderen Kollegen zeigen ein geringeres Engagement, weil sie eben weniger Spaß an ihrer Arbeit haben. In dieser Erklärung wäre bereits eine Wertung enthalten. Ob dem Mitarbeitenden die Arbeit wirklich Spaß macht und er tatsächlich Freude dabei empfindet, wäre noch nicht hinreichend geklärt. Schließlich könnte sein höheres Engagement auch andere Gründe haben (z. B. Zwang). Innerhalb der Abteilung könnten sich auch die Aufgaben der Mitarbeitenden voneinander unterscheiden, sodass der eine eben besonders interessante Aufgaben bekommen hat und die anderen nur uninteressante Aufgaben erledigen müssen. Selbst wenn die Aufgaben der Mitarbeitenden absolut identisch wären, könnte der Unterschied im Arbeitsengagement nicht eindeutig mit unterschiedlichen Persönlichkeitseigenschaften (siehe Kapitel 2) erklärt werden.

Für die Erklärung unterschiedlicher Handlungen von Personen, sind die *Handlungsgründe* genauer zu betrachten. Selbst wenn der engagierte Mitarbeitende im Beispiel tatsächlich mehr Spaß an seiner Arbeit empfindet als seine Kollegen, wären die Gründe, die den Unterschieden im Verhalten der Mitarbeitenden zugrunde liegen, noch nicht hinreichend geklärt. Erst aus den Gründen des Handelns lässt sich schließen, warum sich der eine Mitarbeitende stark für seine Arbeitsaufgaben engagiert und die übrigen nicht. Die erworbene Kenntnis von den Gründen eines beobachteten Arbeitsverhaltens kann dabei helfen, die Arbeitsbedingungen so zu gestalten, dass auch den übrigen Mitarbeitenden Spaß an ihrer Arbeit empfinden und ihren Arbeitseinsatz steigern.

Die konkreten Beweggründe, die eine Person dazu veranlassen, bestimmte Handlungen auszuführen und andere Handlungen zu unterlassen, bilden den Schwerpunkt der Motivationspsychologie. Die Motivationsforschung interessiert sich für die Frage

Warum bzw. wozu führen Personen bestimmte Handlungen aus?

https://doi.org/10.1515/9783110734447-003

Der Begriff Motivation entstammt dem lateinischen Begriff *movere*, was so viel bedeutet wie *bewegen*. Menschen bewegen sich auf unterschiedliche Ziele zu. Aufgabe der Motivationspsychologie ist es, dieses zielgerichtete Verhalten zu erklären. Genauer gesagt geht es darum, „die Entscheidung für bestimmte Handlungsziele sowie die Anstrengung und Ausdauer bei der Zielverfolgung" (Brandstätter/Schnelle 2007, S. 51) zu erklären. Spontane und ungerichtete Verhaltensweisen – wie sie beispielsweise der Ausdruck angeborener Instinkte sind – sind für die verhaltenswissenschaftliche Organisations- und Managementforschung von geringerem Interesse, da diese einer gezielten Beeinflussung von außen weniger zugänglich sind.

3.1 Motive, Triebe und Anreize

Die persönlichen Vorlieben und Wünsche einer Person manifestieren sich in den Zielen, die diese Person anstrebt und deren Erreichung sie für wichtig erachtet. Ein Großteil der menschlichen Handlungen ist demnach zielgerichtet. Handlungsziele sind vielfältig und unterscheiden sich zwischen Personen. Sie stellen Beweggründe des Handelns dar und werden als *Motive* bezeichnet werden (vgl. Nerdinger 2012, S. 104). Beispiele sind das Machtmotiv (welches mit der Zielsetzung verbunden ist, Einfluss zu erlangen), das Leistungsmotiv (mit der Zielsetzung, die eigene Tüchtigkeit unter Beweis zu stellen), das Anschlussmotiv (mit der Zielsetzung, Beziehungen zu anderen Menschen aufzubauen) (hierzu auch die drei Grundmotive von McClelland in Kapitel 3.3.3).

Die mit Motiven verbundenen Zielzustände sind immaterieller Art. Zwar sind viele unserer Handlungen auf die Erlangung materieller Objekte ausgerichtet (z. B. der Firmenwagen, das Haus). Letztendlich erhält jedes Objekt seinen Wert und Anreizgehalt aber erst durch ein dahinterliegendes Motiv. Die an das Motiv geknüpften Zielsetzungen entscheiden darüber, ob das Objekt als attraktiv oder weniger attraktiv beurteilt wird. Beispielsweise erscheint einem Mitarbeitenden mit hoch ausgeprägtem Machtmotiv ein hochpreisiger Firmenwagen als attraktiv, weil er den Firmenwagen dazu nutzen kann, seine Überlegenheit zu demonstrieren. Der Firmenwagen besitzt lediglich einen instrumentellen Charakter für die Erreichung des Ziels, sich mächtig zu fühlen.

Motive enkodieren Informationen darüber, was einer Person im Leben wichtig ist, welche Wünsche und Vorlieben sie hat, die sie sich erfüllen möchte. Die Zielbildung im Rahmen der *Motivgenese* unterliegt sozialen Einflüssen[1]. Motive werden stark von

---

[1] Auf die in der Motivationspsychologie vollzogene Abgrenzung zwischen impliziten, eher unbewussten Motiven und expliziten, stärker bewussten Motiven wird hier nicht näher eingegangen (vgl. hierzu z. B Kehr 2004b, S. 315 f.). In Anlehnung daran werden jedoch im 3-Komponenten-Modell (implizite) Motive und Ziele (explizite Motive) als verschiedene Motiv-Komponenten behandelt.

den Bedingungen geprägt, unter denen eine Person aufwächst. War die Person in ihrer Kindheit häufig von vielen Menschen umgeben und hat sie sich dadurch sehr geborgen gefühlt, dann wäre es gut möglich, dass sich bei dieser Person ein starkes Anschlussmotiv herausgebildet hat. Das Anschlussmotiv äußert sich in dem Wunsch nach persönlichen Beziehungen zu anderen, um eben genau dieses Gefühl der Geborgenheit zu erleben. Vielleicht haben die guten Schulleistungen eine andere Person immer mit viel Stolz erfüllt. Entstanden ist dadurch womöglich der Wunsch nach Erfolg und Anerkennung im Sinne des Leistungsmotivs. Wurde der Erfolg dagegen als Triumph über andere erlebt, dann wird dies die Ausbildung des Machtmotivs positiv beeinflusst haben.

Erziehung und Sozialisation spielen eine entscheidende Rolle für die Bildung von Zielen und den damit verbundenen Motiven. Auch gesellschaftliche Normen und die Landeskultur nehmen Einfluss auf die Ziel- bzw. Motivbildung. Beispielsweise werden Ziele, deren Erreichung in arabischen Ländern eine hohe Bedeutung zukommt, als in westlichen Ländern nicht erstrebenswert angesehen, weil sie nicht zur westlichen Kultur passen. Damit bildet sich dann auch kein Wunsch nach der Verwirklichung derartiger Ziele heraus.

In der Psychologie stehen Motive ebenso wie Persönlichkeitseigenschaften für individuelle Merkmale von Personen. Durch ihre *soziale Basis* grenzen sich Motive von physiologischen, biologisch determinierten Bedürfnissen ab. Letztere werden auch als *Triebe* bezeichnet (vgl. Rudolph 2013, S. 44 ff.). Sowohl Motive als auch Triebe sind verhaltenswirksam und lösen Handlungen aus. Ursprung, Aktivierung, Ausrichtung und Ablauf motivgestützter und triebgestützter Handlungen sind jedoch unterschiedlich (siehe Tabelle 3.1). Bei menschlichen Trieben handelt es sich um angeborene Bedürfnisse, die bei einem erlebten Mangelzustand zur Sättigung drängen bzw. antreiben. Motive als erlernte Beweggründe werden dagegen von *Anreizen* aus der Umgebung aktiviert und richten das Verhalten auf die Erreichung der mit dem Motiv verbundenen Ziele aus. Bei einem Mangel an Nahrung empfinden wir beispielsweise Hunger, was uns zur Nahrungsaufnahme antreibt (Nahrungstrieb). Bei einem Mangel an Schlaf entsteht Müdigkeit, die zum Schlafen drängt (Erholungstrieb). Sie müssen nicht erst lernen, Hunger zu haben, um zu essen, Luft zu benötigen, um zu atmen oder müde zu sein, um zu schlafen. Die Bedürfnisse nach Nahrung, Sauerstoff und Erholung haben einen physiologischen Ursprung, sie sind angeboren. Dass Sie der Einladung eines Freundes in ein Restaurant gefolgt sind, gründet dagegen in ihrem Anschlussmotiv und der damit verbundenen Vorliebe für soziale Beziehungen zu anderen. Die Einladung Ihres Freundes und das Restaurant wirken dabei als Anreize, die ihr Anschlussmotiv aktivieren bzw. stimulieren. Die Vorliebe für Restaurantbesuche oder Theatervorstellungen hängen stark mit den eigenen Erlebnissen zusammen und haben einen sozialen Ursprung. Eine Kollegin mag deshalb so engagiert die Leitung in einem Projekt übernehmen, weil sie einen starken Wunsch nach Anerkennung und Erfolg hat und die Projektleitung daher besonders reizvoll für sie ist.

Tab. 3.1: Triebe und Motive (vgl. Buchanan/Huzynski 2019, S. 283).

Triebe	Motive
sind angeboren	sind erlernt
haben eine physiologische Basis	haben eine soziale Basis
werden durch einen Mangelzustand aktiviert	werden durch Anreize aus der Umgebung aktiviert
streben nach Befriedigung	streben nach Stimulation

Es mag vielfältige Beweggründe dafür geben, dass Sie bis zu dieser Stelle weitergelesen haben. Nutzen Sie das Buch etwa zur Vorbereitung auf eine Prüfung? Der Beweggrund für das Lesen des Buches wäre damit eng an das Ziel, die Prüfung zu bestehen, gekoppelt. Ohne die Prüfung würden Sie womöglich keinen Anlass zum Lesen des Buches sehen. Womöglich erwarten Sie, dass das Studium des Buches anschließend mit einer guten Note in der Prüfung belohnt wird. Einem außerhalb Ihrer eigenen Person liegenden, extrinsischen Ereignis (die Prüfung) kommt damit eine starke Bedeutung für das Lesen des Buches zu. Anders stellt sich Ihr Beweggrund dar, wenn Sie das Buch gänzlich freiwillig lesen. Im Gegensatz zur Pflichtlektüre wäre das freiwillige Lesen nicht mit einer Art Zwang verbunden. Sie können das Buch augenblicklich zur Seite legen und sich anderen Sachen widmen, wenn Ihnen danach ist. Bleiben Sie aber trotzdem dabei, so kann es keine andere Erklärung für das Lesen geben, als dass Ihnen das Lesen des Buches Spaß macht. Sei es, weil es Ihrer Zielsetzung entspricht, Ihren Horizont in einem für Sie interessanten Themenbereich zu erweitern, oder sei es auch lediglich der Unterhaltung wegen. Der Beweggrund des Lesens muss in diesem Fall in Ihnen selbst liegen, d. h. intrinsisch bedingt sein. Motive können also durch zwei Arten von Anreizen angeregt werden:

- *Extrinsische Anreize* liegen außerhalb der Handlung und beziehen sich auf das Ergebnis einer Handlung. Eine extrinsisch angereizte Handlung wird nicht um ihrer selbst willen ausgeführt, sondern zielt auf die Erlangung eines äußeren Anreizes (z. B. eine Belohnung). Die Handlung erfüllt lediglich den Zweck, ein für wichtig erachtetes Ergebnis nach dem Handlungsvollzug zu erzielen. Beispielsweise erhält die goldene Uhr, die in einem Unternehmen für besonders erfolgreiche Arbeit als Belohnung verliehen wird, ihren Anreiz dadurch, dass sie als Symbol der Überlegenheit und Macht eingesetzt werden kann.
- *Intrinsische Anreize* beziehen sich auf das Erleben der Handlungsausführung. Eine intrinsisch angereizte Handlung wird um ihrer selbst willen ausgeführt (z. B. Spaß bei der Ausführung der Handlung). Intrinsische Anreize sind immer an bestimmte Handlungen gebunden und gründen in dieser Handlung selbst. Im Gegensatz zu extrinsischen Anreizen dient hier allein die Handlung dem Zweck, die mit den Motiven verbundenen Gefühlszustände zu erleben: Es ist ihnen beispielsweise ein inneres Anliegen, das knifflige Kreuzworträtsel zu lösen, weil sie sich dabei besonders kompetent fühlen. Die Ausführung der Handlung selbst stellt also den mit dem aktivierten Motiv angestrebten Zielzustand her.

3.2 Motivation und die Wechselwirkung zwischen Situation und Person

Motive werden verhaltenswirksam, wenn sie auf Situationen treffen, die die Erreichung der für wichtig erachteten Ziele versprechen. Von solchen Situationen fühlen sich Personen angezogen und halten danach aktiv Ausschau. Situationen, die nicht den eigenen Zielsetzungen entsprechen, werden dagegen gemieden. Motive beeinflussen daher auch die Wahrnehmung von Situationen inklusive der darin enthaltenen Aufgaben, Objekte und Personen. Insofern weisen Motive Situationen einen *Anreizgehalt* zu. Ausgehend von den Motiven wird entschieden, ob eine Situation günstig ist, die eigenen Ziele zu erreichen oder nicht. Für die Zielerreichung günstige Situationen müssen

- über entsprechende *Handlungsmöglichkeiten* verfügen und
- *zu den Motiven passen*, d. h. die Handlungsmöglichkeiten müssen den Vorlieben und Wünschen entsprechen und zum Handeln anregen (vgl. Brandstätter/ Schnelle 2007, S. 51).

Situationen, die günstig erscheinen, um die eigenen Ziele zu erreichen, kommt ein hoher Anreizgehalt zu. Diese Situationen fordern zum Handeln auf. Situationen besitzen somit einen *Aufforderungscharakter*, der je nach Motivlage variiert. Bei einem starken Anschlussmotiv beispielsweise geht von Situationen, die Kontakt zu anderen Personen versprechen (z. B. ein Restaurantbesuch, die Mitgliedschaft in Vereinen, der Besuch von Konzerten), ein starker Anreiz aus. Personen mit einem aktiven Leistungsoder Machtmotiv sollten sich dagegen insbesondere von Situationen angereizt fühlen, bei denen sie Erfolg und Anerkennung erfahren können (z. B. Leistungssituationen wie Wettkämpfe oder die Teilnahme an Quiz-Veranstaltungen).

In Motiven äußern sich die für eine Person charakteristischen *Präferenzen für bestimmte Situationen*. Trifft eine Person auf eine Situation, die zu ihren Motiven passt, dann wird das entsprechende Motiv aktiviert und Motivation entsteht (vgl. Heckhausen/Heckhausen 2010). Dabei reicht die Vorstellung einer solchen Situation bereits aus, um eine Handlung in Gang zu setzen. Eine Wirkung, die insbesondere die Werbeindustrie gewinnbringend einzusetzen weiß, wenn diese mit Bildern Motive von Personen aktiviert und damit Anreize zum Kauf von Produkten schafft. *Motivation* ist das Ergebnis der Wechselwirkung zwischen Motiv und Situation und entsteht dann, wenn die in der Situation liegenden Anreize (extrinsisch oder intrinsisch) zu den Motiven

Abb. 3.1: Grundmodell der Motivation (Weibler 2016, S. 171; modifiziert).

der Person passen (vgl. Scheffer/Heckhausen 2018). Als Folge entsteht ein zielgerichtetes Verhalten (siehe Abbildung 3.1). Eine motivierte Person bewegt sich mit ihrem Verhalten auf ein gesetztes Ziel hin, sie wird – sinnbildlich – von ihren Zielen angezogen.

Motivation bezeichnet alle „Prozesse, die dazu führen, dass Aktivitäten starten (*Initiierung*), ein bestimmtes Ziel fokussieren (*Richtungsgebung*) und oft dauerhaft fortgeführt werden (*Aufrechterhaltung*)" (Gerrig 2018, S. 450):

- *Richtungsgebung* bezieht sich auf die Entscheidung für eine bestimmte Handlung. Beispielsweise entscheidet sich ein Mitarbeitender für die Durchführung eines Studiums neben seinem Beruf, um seine Karriereziele zu erreichen.
- *Initiierung* bezieht sich auf die Aktivierung der für die Entscheidungsumsetzung erforderlichen Handlungen. Für das nebenberufliche Studium müsste der Mitarbeitende sich einschreiben, die Vorlesungen besuchen, an Prüfungen teilnehmen usw.
- *Aufrechterhaltung* betrifft die Hartnäckigkeit, mit der eine Person ihr Ziel auch bei Widerständen verfolgt. Zum Beispiel schmeißt ein Student sein Studium bereits nach einer missglückten Prüfung hin, während sich ein anderer nach einer erfolglosen Prüfung umso stärker anstrengt.

Bei Handlungen, die auf die Erlangung extrinsischer Anreize ausgerichtet sind, spricht man von einer extrinsischen Motivation. Handlungen, die mit intrinsischen Anreizen verknüpft sind, werden als intrinsisch motiviert bezeichnet. An die Ausrichtung des Verhaltens auf ein bestimmtes Ziel hin schließt sich die Initiierung einer Handlung an. Die dann initiierte Handlung muss tatsächlich gewollt sein, damit sie – auch bei Widerständen – aufrechterhalten wird, um das anvisierte Ziel zu erreichen. Hoch motivierte Personen lassen sich daher auch nicht so schnell von ihren verfolgten Zielen abbringen und ablenken wie weniger motivierte Personen. Die Handlungsausführung selbst hängt von den individuellen Fähigkeiten und Fertigkeiten ab. Letztere entscheiden darüber, ob überhaupt gehandelt werden kann (vgl. Brandstätter/Schnelle 2007, S. 51).

Wie genau eine motivierte Handlung entsteht, ausgeführt und bewertet wird, ist Erklärungsgegenstand verschiedener Motivations-Modelle. Keines der im Folgenden dargestellten Modelle mag für sich allein die menschliche Motivation in all seinen Facetten erklären können. Differenzen zwischen den Modellen zeigen sich bereits im Umgang mit den Begriffen Motiv, Trieb und Bedürfnis. Die Auswahl der im Folgenden vorgestellten Motivationsmodelle bemisst sich an deren Beitrag zur Erklärung menschlichen Verhaltens in Organisationen. Als abschließend ist die Auswahl mitnichten zu bezeichnen. Zu breit wäre das Feld der Motivationsforschung, als dieses hier voll umfänglich abbilden zu können.

3.3 Motivationstheorien und -modelle

Für die Erklärung des Verhaltens in Organisationen nehmen Motivationstheorien und -modelle eine bedeutende Stellung ein. Motivation bzw. motiviertes Handeln wird im Allgemeinen mit positiven Leistungsergebnissen in Verbindung gebracht. Auch für die Arbeitszufriedenheit kommt der Motivation eine hohe Bedeutung zu (vgl. Tietjen/ Myers 1998). Es verwundert daher nicht, dass viele Motivationstheorien und -modelle Eingang in die Managementpraxis gefunden haben. An dieser Stelle sei allerdings vor überschweifender Euphorie gewarnt. Zwar kann die Anwendung motivationspsychologischer Erkenntnisse viel zur Gestaltung eines motivierenden sowie Sinn stiftenden Arbeitsumfelds beitragen. Allgemeingültige Patentrezepte zur Leistungssteigerung, die allen Anforderungen von Organisationen und deren Mitarbeitenden gerecht werden, kann es aber schon allein deshalb nicht geben, weil – wie bereits dargelegt wurde – Motivation zu einem erheblichen Anteil von der individuellen Wahrnehmung situativer Anreize abhängt. Die Bewertung von Anreizen ist rein subjektiv und variiert zwischen Personen, was sich in Unterschieden in der Handlungsmotivation äußert.

Im Rahmen der Motivationsforschung haben sich zwei Theoriestränge mit unterschiedlichen Ausrichtungen herausgebildet:

– *Inhaltstheorien* konzentrieren sich auf die Klassifizierung und Beschreibung menschlicher Triebe, Bedürfnisse und Motive. Sie sehen motiviertes Handeln als von Trieben, Bedürfnissen und Motiven angetrieben. Da Inhaltstheorien menschliche Triebe, Bedürfnisse und Motive kausal mit bestimmten Handlungen verknüpft sehen, beschäftigen sie sich nicht mit dem eigentlichen Prozess motivierten Handelns. Sie gehen zumeist davon aus, dass Motive, Triebe und Bedürfnisse von sich aus nach Befriedigung drängen und Verhalten anschieben. Die insbesondere in der Praxis viel zitierte Bedürfnispyramide von Abraham Maslow, die wesentlich jüngere Theorie der Emotionalen Bedürfnisse sowie die stärker wissenschaftlich begründete Theorie der Basismotive von David McClelland sind prominente Vertreter der Inhaltstheorien, die nachfolgend ausführlicher dargestellt werden.

– *Prozesstheorien* hingegen erklären die *Ausrichtung* der Handlungen auf bestimmte Ziele, die *Initiierung* der Handlungen selbst und deren *Aufrechterhaltung* im Handlungsverlauf. Prozesstheorien betrachten Motivation als einen Prozess, der von vorne (von den Zielen) gezogen wird. Dabei nimmt der Anreizgehalt der Situation einen ganz zentralen Stellenwert ein. Das Rubikon-Modell nach Heinz Heckhausen ist ein prozesstheoretisches Modell, das die verschiedenen Phasen motivierten Handelns illustriert. Als eine Art Meta-Modell der Motivation eignet es sich zur Verortung spezifischerer Modelle zur Erklärung motivierten Handelns wie das Erwartungs-Wert-Modell von Victor Vroom, die Zielsetzungstheorie von Edwin Locke und Gary Latham sowie die Equity-Theorie von John Stacey Adams und das Drei-Komponenten-Modell von Hugo Kehr.

3.3.1 Die Bedürfnispyramide nach Abraham Maslow

Abraham Maslow (1943) unterscheidet in seiner Bedürfnispyramide fünf Klassen von Zielen. Diese Zielklassen bezeichnet er als die grundlegenden menschlichen Bedürfnisse:

- *Physiologische Bedürfnisse*, z. B. Bedürfnis nach Nahrung, Trinken, Schlaf.
- *Sicherheits-Bedürfnisse*, z. B. Bedürfnis nach Schutz, Planbarkeit, Orientierung.
- *Soziale Bedürfnisse*, z. B. Bedürfnis nach Anschluss, Liebe, Beziehungen.
- *Wertschätzungs-Bedürfnisse*, z. B. Bedürfnis nach Ansehen, Unabhängigkeit, Respekt.
- *Selbstverwirklichungsbedürfnis*: Das Bedürfnis, sein volles Potenzial auszuschöpfen.

Die Bedürfnisse stehen in einem hierarchischen Verhältnis zueinander (siehe Abbildung 3.2). Das jeweils vorherrschende Bedürfnis bestimmt das Verhalten einer Person nur solange, bis dieses befriedigt ist. Ist Letzteres der Fall, dann wird das nächst höhere Bedürfnis verhaltenswirksam. Wohingegen für die ersten vier Bedürfnisse die Möglichkeit einer vollständigen Befriedigung proklamiert wird, kann das Bedürfnis nach Selbstverwirklichung, Maslow zufolge, nicht vollständig befriedigt werden. Es drängt beständig nach Befriedigung. Maslow bezeichnete die Selbstverwirklichung daher auch als ein *Wachstumsbedürfnis*, wohingegen er die darunter liegenden Bedürfnisse als *Defizitbedürfnisse* bezeichnete.

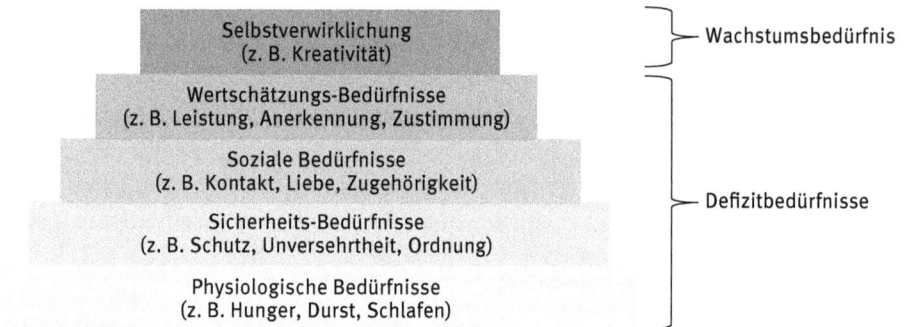

Abb. 3.2: Die Bedürfnispyramide nach Abraham Maslow (eigene Darstellung).

Der Mensch durchläuft die Bedürfnispyramide von unten nach oben. Sobald ein Mangel auf einer Bedürfnisstufe entsteht, dominiert der Wunsch nach Befriedigung des Mangelzustands das Handeln. Alle Anstrengungen einer Person werden dann darauf ausgerichtet, den Mangel zu beheben. Demnach drehen sich alle Gedanken einer hungrigen Person ums Essen. Diese wird daher ihr Handeln ausschließlich auf die Nahrungsaufnahme ausrichten. Die übrigen Bedürfnisse drängen solange nicht nach

Befriedigung, wie die Person ihren Hunger nicht gestillt hat. Erst wenn die Person die physiologischen Bedürfnisse gestillt hat, werden Bedürfnisse der nächst höheren Bedürfnisstufe, die Sicherheitsbedürfnisse, aktiv und damit verhaltenswirksam. Maslow selbst argumentierte jedoch, dass zur Aktivierung des nächst höheren Bedürfnisses das darunter liegende Motiv nicht immer vollständig, d. h. zu 100 %, befriedigt sein muss. Eine relative Befriedigung wäre in einigen Fällen bereits ausreichend, um das nächst höhere Bedürfnis zu aktivieren.

An diesen wie an einigen anderen Stellen bleibt die Theorie von Maslow jedoch relativ vage. Empirische Ergebnisse, die seine Theorie stützen, legte Maslow nicht vor, was ihm häufig von anderen Verhaltensforschern vorgeworfen wird. Auch in der Reduzierung menschlicher Bedürfnisse auf lediglich fünf Bedürfnisklassen wird eine zu starke Reduktion der Vielzahl existierender Bedürfnisse gesehen. Maslow selbst schloss die Existenz weiterer, spezifischerer Bedürfnisse sowie weiterer Einflussfaktoren auf die menschliche Motivation aber keinesfalls aus. Hierzu sollte auch nochmals erwähnt werden, dass es sich bei der Bedürfnispyramide um Klassen von Bedürfnissen handelt, die sich zum Teil aus weiteren spezifischeren Bedürfnissen zusammensetzen. So umfasst beispielsweise die Klasse der Wertschätzungsbedürfnisse das Bedürfnis nach Anerkennung, Respekt, Ansehen und Unabhängigkeit. Auch darauf, dass einigen Menschen die Bedürfnispyramide möglicherweise nicht in der konstatierten Reihenfolge von unten nach oben durchlaufen, kommt Maslow in seiner Originalarbeit zu sprechen. Hier verweist er auf eine mögliche *Fixierung* auf einer der genannten Bedürfnisstufen, wobei dann die Bedürfnisse einer bestimmten Stufe einen höheren Stellenwert für das Handeln einnehmen, als die Bedürfnisse der anderen Stufe.

Trotz aller Kritik ist die Bedürfnispyramide von Abraham Maslow aus dem Lehrprogramm von Managementtrainings nicht wegzudenken. Dies mag insbesondere ihrer hohen Anschaulichkeit und Plausibilität zu verdanken sein. Die Vorstellung, sich in der Führung von Mitarbeitenden lediglich auf die Erfüllung von fünf Bedürfnisklassen konzentrieren zu müssen ist verlockend, weil wenig komplex. Selbst die Motivation von Mitarbeitenden, deren Defizitbedürfnisse längst erfüllt sind, ließe sich durch die Gestaltung von Möglichkeiten zur Selbstverwirklichung noch beeinflussen. Tatsächlich können einige Studien den postulierten Zusammenhang zwischen der Befriedigung grundlegender Bedürfnisse und dem subjektiven Wohlbefinden anhand empirischer Daten belegen (z. B. Rahman/Nurullah 2014; Tay/Diener 2011).

Menschliche Arbeit selbst kann eine Menge zur Befriedigung der fünf Bedürfnisklassen von Maslow beitragen. So dient Arbeit dem Broterwerb, trägt also zur Befriedigung der *physiologischen Bedürfnisse* bei. Arbeit strukturiert unseren Tagesablauf, bietet Orientierung und trägt damit auch zur Befriedigung der *Sicherheitsbedürfnisse* bei. Die Mitarbeit in Organisationen schafft zudem Möglichkeiten, mit anderen in Kontakt zu treten und Beziehungen aufzubauen, was zur Befriedigung der *sozialen Bedürfnisse* beiträgt. Viele Menschen identifizieren sich mit ihrer beruflichen Tätigkeit,

erfahren dort *Wertschätzung* und das gewünschte Ansehen. Auch wenn das Bedürfnis nach Wertschätzung befriedigt ist, sorgt das Bedürfnis nach Selbstverwirklichung
dafür, an der Arbeitstätigkeit festzuhalten, wenn darin Möglichkeiten zur *Selbstverwirklichung* vorhanden sind.

3.3.2 Die Theorie der emotionalen Bedürfnisse

Die Theorie der emotionalen Bedürfnisse (Emotional Needs-Theory) stellt einen direkten Bezug zum Arbeitskontext dar. Sie möchte motiviertes Handeln in Organisationen erklären (vgl. Nohria/Groysberg/Lee 2008). Die Autoren der Theorie unterscheiden vier grundlegende Bedürfnisse, die sie als menschliche Triebe verstehen. Bei den
vier grundlegenden Bedürfnissen handelt es sich den Autoren zufolge um angeborene, d. h. biologische, Bedürfnisse ohne den für Motive charakteristischen sozialen
Einfluss:

– Der *Trieb nach Besitz* ist auf den Besitz knapper Güter und die Erlangung von Status und Prestige ausgerichtet. Die Erfüllung des Triebes erfüllt uns mit Freude.
  Wird die Auslebung des Triebes nach Besitz hingegen behindert, führt dies zur
  Unzufriedenheit. Der Besitz knapper Güter bezieht sich nicht ausschließlich auf
  materielle Güter wie Nahrung, ein Auto, ein Haus oder Kleidung. Auch immate-
  rielle Güter wie eine Reise und Unterhaltungsaktivitäten sind mit eingeschlossen.
  Im Arbeitskontext dürfte der Trieb auf die Erlangung einer ganzen Reihe von Symbolen für Status und Prestige ausgerichtet sein: Die Größe des Büros, der Parkplatz
  in der vordersten Reihe, die Beförderung. Die Autoren der Theorie merken an, dass
  der Trieb nach Besitz eine relative Komponente hat. Demnach vergleichen Personen ihren eigenen Besitz mit dem Besitz anderer. Diese relative Komponente
  kann erklären, warum bei der Bonuszahlung nicht nur die Höhe des eigenen Bonus' eine Rolle spielt, sondern auch die Höhe der Boni unserer Kollegen. Erst der
  Vergleich mit anderen lässt Rückschlüsse auf den eigenen Status und das eigene
  Prestige (in Relation zu den Kollegen) zu. Dem Trieb selbst liegt eine Dynamik zugrunde. Demnach streben Menschen beständig danach, ihren Besitz sowie ihren
  Status und ihr Prestige zu steigern.
– Der *Trieb zur Bindung* an andere Personen, aber auch an Organisationen und Ge-
  sellschaftsgruppen. Die Bindung zu anderen Personen und Gruppen ist mit einer
  Reihe positiver Gefühle wie Liebe und Fürsorge verbunden (hierzu Kapitel 5.1.2).
  Die Behinderung der Bindung mit anderen hat dagegen negative Gefühle wie Einsamkeit und Zurückweisung zur Folge. Dieser Trieb ist dafür verantwortlich, dass
  sich Menschen an ihren Arbeitgeber und ihre Arbeitskollegen binden möchten.
  Sowohl die Bindung an den Arbeitgeber als auch an die Arbeitskollegen ist mit positiven Gefühlserlebnissen verbunden. Der Ausschluss aus der Organisation wird
  dagegen als etwas Negatives empfunden. Dies mag auch erklären, warum viele
  Restrukturierungs- und Veränderungsprojekte in Unternehmen am Widerstand

innerhalb der Belegschaft scheitern. Mitarbeitende befürchten, von ihren liebge-
wonnenen Kollegen getrennt zu werden und die Bindung mit diesen zu verlieren.
Dies führt zu Widerstand gegen die Veränderungen (hierzu Kapitel 6.2).

– Der *Trieb nach Verständnis* ist darauf ausgerichtet, das Bedürfnis nach Sinn und
Berechenbarkeit zu stillen. Menschen suchen nach Antworten auf eine Fülle von
Fragen, mit denen sie Kenntnisse über den Sinn ihrer Existenz erlangen möchten. Finden sie die erhofften Antworten nicht, fehlt ihnen schlichtweg der Sinn
in ihrem Leben und sie sind frustriert. Als sinnlos empfundene Handlungen werden nicht weiter ausgeführt. Arbeitsaufgaben können motivieren, wenn sie als
sinnvoll empfunden werden (hierzu Kapitel 3.4). Aufgaben, in denen Mitarbeitende keinen Sinn sehen, motivieren hingegen nicht zum Handeln. Starre Routinen
und Monotonie in der Arbeitstätigkeit bieten keinen angemessenen Raum für Entwicklung und Lernen. Dadurch unterforderte Mitarbeitende sollten kurz- bis mittelfristig die Organisation verlassen. Anders dagegen die Mitarbeitenden, die sich
von ihren Arbeitsaufgaben herausgefordert und der Organisation gegenüber verbunden fühlen.

– Der *Trieb nach Schutz* bezieht sich nicht ausschließlich auf die Verteidigung bei
physischen Angriffen. Gemäß der Theorie der emotionalen Bedürfnisse haben
Menschen ein angeborenes Bedürfnis, ihre Ideen, Argumente und Einstellungen
zu verteidigen. Daher rührt auch der Wunsch nach Gerechtigkeit (hierzu auch
Kapitel 3.3.8). Sich selbst gegen äußere Einflüsse verteidigen zu können, schafft
Sicherheit und Vertrauen. Bleibt dieses Bedürfnis unerfüllt, entstehen Ängste
und Verbitterung. Im Arbeitskontext ist dieser Trieb immer dann besonders aktiv,
wenn es um Veränderungen der aktuellen Arbeitssituation geht. Während der
derzeitige Status quo bekannt und damit berechenbar ist, sind Veränderungen
mit Unsicherheit belastet. Eine negative Einstellung der Mitarbeitenden zu Veränderungen in Organisationen ist daher verständlich, da von Veränderungen eine
Bedrohung der eigenen Sicherheit ausgeht.

Im Gegensatz zu den Defizitbedürfnissen nach Maslow können die emotionalen Bedürfnisse nicht vollständig befriedigt werden. Zudem sind die hier beschriebenen Triebe unabhängig voneinander, bauen also nicht wie bei Maslow aufeinander auf. Nohria, Groysberg und Lee (2008) weisen darauf hin, dass Mitarbeitende von ihrem Arbeitgeber erwarten, dass dieser einen Beitrag zur Erfüllung aller vier Bedürfnisse leistet.
Daher sei es für Organisationen im Allgemeinen oder Führungskräfte im Speziellen
auch nicht ratsam, sich auf einzelne der vier Bedürfnisse zu konzentrieren. Stattdessen soll die Erfüllung aller vier Bedürfnisse angestrebt werden. Erkennen Mitarbeitende den Beitrag ihres Arbeitgebers zur Befriedigung ihrer emotionalen Bedürfnisse, fühlen sie sich in der Organisation eingebunden, gefordert und wertgeschätzt. Sie
verspüren dann keine Neigung, die Organisation zu verlassen. Aus ihren eigenen Studienergebnissen leiten die Autoren die in Tabelle 3.2 aufgeführten Implikationen für
die Verhaltenssteuerung ab.

Tab. 3.2: Implikationen für das Management nach der Theorie der Emotionalen Bedürfnisse (Nohria/ Groysberg/Lee 2008).

Trieb	Primärer Hebel	Maßnahmen
Besitz	Belohnungssystem	– Klare Unterscheidung von starken, mittleren und geringen Leistungen. – Klare Verbindung zwischen Leistung und Belohnung. – Gewährung einer wettbewerbsfähigen Vergütung.
Bindung	Kultur	– Gegenseitiges Vertrauen und Freundschaften unter den Kollegen stärken. – Zusammenarbeit und Teamwork honorieren. – Ermutigung zum Teilen von best practices mit anderen.
Verständnis	Arbeitsgestaltung	– Aufgabenbereiche so gestalten, dass diese eine hohe Bedeutung für die Organisation haben. – Sinnvolle Aufgabenbereiche gestalten und deren Bedeutung für die Organisation herausstellen.
Schutz	Leistungsbeurteilung	– Transparenz und Fairness aller Leistungsbeurteilungen erhöhen. – Vertrauen aufbauen durch gerechte und transparente Belohnungssysteme, Aufgaben- und Ressourcenzuteilung.

3.3.3 Die Grundmotive nach David McClelland

Stellen Sie sich vor, Sie dürfen an dem Spiel „Dosenwerfen" teilnehmen. Ziel des Spiels ist es, mit einem Wurf alle Dosen abzuräumen. Den Schwierigkeitsgrad des Spiels können Sie frei wählen:

– *Option A*: In dieser Bedingung werden die Dosen so vor Ihnen positioniert, dass Sie diese sehr leicht mit einem Wurf abräumen können.
– *Option B*: In dieser Bedingung werden die Dosen so vor Ihnen positioniert, dass Sie diese mit einer 80-prozentigen Wahrscheinlichkeit mit einem Wurf abräumen werden.
– *Option C*: In dieser Bedingung werden die Dosen so vor Ihnen positioniert, dass Sie sie mit einer 50-prozentigen Wahrscheinlichkeit mit einem Wurf abräumen werden.
– Option D: In dieser Bedingung werden die Dosen derart vor Ihnen positioniert, dass nur wenige Personen es bisher geschafft haben, die Dosen mit einem Wurf abzuräumen.
– Option E: In dieser Bedingung werden die Dosen so vor Ihnen positioniert, dass es nahezu unmöglich ist, diese mit einem Wurf abzuräumen.

Welche der fünf Bedingungen würden Sie für Ihr Spiel wählen? Ihre Wahl könnte etwas über die Ausprägung Ihres Leistungsmotivs aussagen. Obwohl sich David McClelland in seiner Forschung nicht ausschließlich auf das Leistungsmotiv beschränkte, konzentrieren sich viele seiner Forschungsarbeiten auf die Unterschiede zwischen hoch Leistungsmotivierten (*high achievers*) und niedrig Leistungsmotivierten (z. B. McClelland 1961).

McClelland (1987, S. 105 ff.) zufolge sind Motive Präferenzen für bestimmte Empfindungen, deren dispositiver Charakter stark von den frühkindlichen Erfahrungen beeinflusst werden (vgl. McClelland/Koestner/Weinberger 1989). Er unterscheidet drei grundlegende menschliche Motive:

- Das *Leistungsmotiv* bezeichnet das Streben nach Leistung und Leistungserfolg. Dies führt zur Leistungsmotivation. Personen mit einem starken Leistungsmotiv schätzen Autonomie sowie die persönliche Einflussnahme auf ihre Leistungsergebnisse. Sie suchen nach Möglichkeiten, ihre Leistungen zu messen. Sie empfinden Freude und Stolz, wenn sie ihren eigenen Leistungsmaßstab erfüllen.
- Das *Anschlussmotiv* bezeichnet das Streben nach Freundschaften und Beziehungen mit anderen. Dies führt zur Anschlussmotivation. Personen mit starkem Anschlussmotiv schätzen Harmonie und suchen nach Möglichkeiten zum Aufbau von Beziehungen und Kooperation mit anderen. Sie vermeiden den Wettbewerb mit anderen. Sie möchten sich anderen Personen und Gruppen zugehörig fühlen.
- Das *Machtmotiv* bezeichnet das Streben nach Einfluss auf andere Personen. Dies führt zur Machtmotivation. Stark machtmotivierte Personen schätzen Prestige und Status sowie den Kontakt mit anderen mächtigen Personen. Sie suchen nach Möglichkeiten, andere zu kontrollieren und zu beeinflussen. Sie fühlen sich überlegen, wenn sie ihren Einfluss ausüben können.

Obschon die drei Grundmotive bei jedem Menschen vorhanden sind, unterscheiden sich Personen in der Ausprägung der drei Grundmotive (vgl. Brandstätter/Schnelle 2007, S. 52). Ist ein Motiv aktiv, dann drängt es nach Befriedigung. Personen mit starkem Leistungsmotiv fühlen sich von Situationen zum Handeln aufgefordert, in denen sie ihre Leistung unter Beweis stellen können. Wird ihr Leistungsmotiv von einer solchen Situation aktiviert, gibt es für diese Personen kein Halten mehr, sie müssen die Herausforderung annehmen und ihre Leistung unter Beweis stellen. Ein kniffliges Problem auf der Arbeit, bei dem alle anderen bereits aufgegeben haben, nach der Lösung zu suchen, bietet Leistungsmotivierten eine willkommene Gelegenheit, ihre Leistung unter Beweis stellen zu können. Sie werden sich, sofern das Problem nicht zu knifflig ist und die eigenen Kompetenzen übersteigt, von der Situation optimal herausgefordert fühlen und beharrlich nach einer Lösung suchen. Auch hoch machtmotivierte Mitarbeitende werden sich von Leistungssituationen angesprochen fühlen, aber nicht aus dem Grund, sich ihr eigenes Leistungsvermögen zu beweisen und Stolz zu empfinden, sondern um als Gewinner über andere zu triumphieren und sich ihnen überlegen zu fühlen. Hoch anschlussmotivierte Mitarbeitende werden dagegen versuchen, kompetitive Kontexte zu meiden. Sie fühlen sich gut, wenn sie Probleme gemeinsam mit anderen lösen können und sich als Teil der Gemeinschaft begreifen.

Kommen wir zurück auf Ihre Auswahl beim Dosenwerfen. Haben Sie sich für die Option C, B oder auch D entschieden? Wenn ja, dann ist bei Ihnen womöglich das Leistungsmotiv stärker ausgeprägt als bei Personen, die die Optionen A oder E gewählt haben. Hoch leistungsmotivierte Personen fühlen sich von Aufgaben mit einem mittleren Schwierigkeitsgrad optimal beansprucht. Sie vermeiden dagegen die Wahl von zu leichten Aufgaben, bei deren Bewältigung sie keinen Stolz empfinden. Erfolge bei sehr leichten Aufgaben wären leistungsmotivierten Personen nichts wert, schließlich können diese Aufgaben auch von jedem anderen bewältigt werden. Stark leistungsmotivierte Personen vermeiden aber auch die Wahl sehr schwerer Aufgaben. Dies allerdings weniger deswegen, weil das Risiko des Scheiterns bei sehr schweren Aufgaben hoch ist, sondern weil sie die Lösung solcher Aufgaben dem Zufall und nicht der eigenen Leistung zuschreiben. Optimal motiviert fühlen sich leistungsmotivierte Personen bei Aufgaben mit einem mittleren Schwierigkeitsgrad (im Beispiel des Dosenwurf-Experiments wären dies Aufgaben mit einer 50-prozentigen Aussicht auf Erfolg, wobei dies aber auch von der Einschätzung Ihrer Wurfstärke, also Ihrem Können, abhängt).

Während leistungsmotivierte Personen also den Erfolg suchen und Situationen präferieren, bei denen sie ihre Leistung unter Beweis stellen können, ist das Handeln anderer stärker darauf ausgelegt, Misserfolge zu vermeiden. Man spricht hier auch von misserfolgsmotivierten Personen, was aber nicht bedeutet, dass diese Personen Misserfolge erleben möchten. Misserfolgsmotivierte Personen scheuen Leistungssituationen, um negative Rückmeldungen in Bezug auf die eigene Leistung zu vermeiden. Lässt man ihnen in Leistungssituationen die Wahl zwischen sehr leichten, mittelschweren und sehr schweren Aufgaben, so wählen sie aufgrund ihrer *Angst vor Misserfolg* entweder sehr leichte oder sehr schwere Aufgaben. Sehr einfache Aufgaben machen es auch misserfolgsorientierten Personen sehr leicht, einen Misserfolg zu vermeiden. Sie ersparen sich also ein negatives Feedback in Form des Misserfolgs. Bei der Wahl sehr schwieriger Aufgaben sind sie zwar überzeugt, dass sie diese nicht lösen können, ihr Scheitern jedoch brauchen sie nicht der eigenen Inkompetenz anzulasten, sondern können dafür den außerordentlich hohen Schwierigkeitsgrad der Aufgabe verantwortlich machen. An Letzterem wären schließlich auch alle anderen Personen gescheitert. Sehr schwere Aufgaben bieten misserfolgsmotivierten Personen somit die Möglichkeit, den Misserfolg selbstwertdienlich zu verarbeiten. Aufgaben mit mittlerem Schwierigkeitsgrad lassen dies nicht zu, da diese mit etwas Anstrengung und Kompetenz prinzipiell lösbar gewesen wären.

Sie sollten unser kleines Experiment jedoch nicht überbewerten. Ihre Antwort mag von vielen weiteren Faktoren abhängen, z. B. von Ihrer generellen Risikoneigung oder der Bewertung der in Aussicht gestellten Belohnung. Auch werden Sie sich als leistungsmotivierte Person nicht unbedingt vom Dosenwerfen herausgefordert fühlen, von fachlichen Problemen dagegen umso mehr. Hoch leistungsmotivierte Personen finden sich häufig unter Unternehmern, wohingegen das Anschlussmotiv bei Führungskräften weniger stark ausgeprägt ist (vgl. McClelland 1965; Zeffane 2013). Das für hoch anschlussmotivierte Personen charakteristische Harmoniebedürfnis ist nicht

vereinbar mit der in vielen Organisationen von Führungskräften geforderten Entschei-
dungsstärke und Konfliktbereitschaft. Insbesondere für Führungskräfte großer Organisationen ist auch ein etwas stärker ausgeprägtes Machtmotiv charakteristisch. Die
damit verbundene Durchsetzungsstärke wird hier als vorteilhaft angesehen.

3.3.4 Das Rubikon-Modell der Motivation

Der Ablauf motivierter Handlungen lässt sich in einzelne Handlungsphasen unter-
teilen: Zumeist bieten sich in einer Situation mehrere Handlungsmöglichkeiten zur
Auswahl an. Vor der Initiierung einer Handlung muss somit zunächst eine Entscheidung für eine Handlungsalternative getroffen werden. Jede der Alternativen ist mit
einem eigenen Zielzustand verknüpft und besitzt einen eigenen subjektiven Anreizwert. Entsprechend ihres jeweiligen Anreizwertes wird jeder Handlungsalternative
eine bestimmte Präferenz zugewiesen. Die Stärke der Handlungsstimulation wird sich
daher zwischen den Handlungsalternativen unterscheiden. Die Alternative, von der
die stärkste Stimulation ausgeht, wird gewählt und anschließend umgesetzt. Vor der
Umsetzung muss die Handlungsausführung geplant werden. Die Handlungsplanung
erfolgt mit Blick auf das beabsichtigte Handlungsziel und soll sicherstellen, dass das
Ziel auch tatsächlich erreicht wird. Inwiefern das Handlungsziel tatsächlich erreicht
wurde, wird nach der Handlungsausführung subjektiv beurteilt. Aus dem so erhaltenen Handlungsergebnis werden Rückschlüsse für nachfolgende Handlungen gezogen.

    Die Unterteilung des Handlungsverlaufs ist hilfreich, da jede Phase unterschiedli-
che Schwerpunkte besitzt und jede für sich einen spezifischen Beitrag zur Erreichung
des Handlungsziels leistet. Die Einzelbetrachtung der Handlungsphasen im Rubikon-
Modell von Heinz Heckhausen und Peter Gollwitzer (vgl. Heckhausen/Gollwitzer 1987)
ermöglicht es, Einflussmöglichkeiten auf den gesamten Motivationsprozess zu identifizieren (vgl. Achtziger/Gollwitzer 2018). Der Rubikon steht darin metaphorisch für die
Phase des Abwägens zwischen verschiedenen Handlungsalternativen und der Auswahl einer Alternative (vgl. Heckhausen 1987). Julius Cäsar soll 49 vor Christus eben
an diesem italienischen Fluss Rubikon gestanden haben und nach längerem Abwägen
die Entscheidung getroffen haben, den Rubikon mit seinen Truppen zu überqueren.
Dabei war er sich bewusst, dass die Überquerung des Rubikons einen Bürgerkrieg zur
Folge haben wird. Die Überquerung des Rubikons machte Cäsars Entscheidung zum
Bürgerkrieg unwiderruflich. Die Würfel waren sprichwörtlich gefallen. In Anlehnung
daran trennt der Rubikon im Motivationsmodell von Heckhausen und Gollwitzer die
Phase der Entscheidungsfindung von der Phase der Entscheidungsumsetzung (siehe
Abbildung 3.3).

    Dem Rubikon-Modell zufolge beginnt eine motivierte Handlung mit dem Abwägen
verschiedener Handlungsalternativen. Es handelt sich hierbei um die *prädezisionale*
Phase im Motivationsprozess, d. h. eine Person befindet sich noch vor der Entscheidung für eine konkrete Handlungsalternative. Die Entscheidung zwischen den Hand-

lungsalternativen wird beeinflusst von den Motiven der Person sowie der Stimulationsstärke der einzelnen Handlungsalternativen. Letztere bemisst sich an dem Beitrag einer Handlung zur Erreichung eines als attraktiv erlebten Zielzustandes. Bei dieser Phase handelt es sich um eine motivationale Phase, in der sich die Absicht einer Handlung herausbildet.

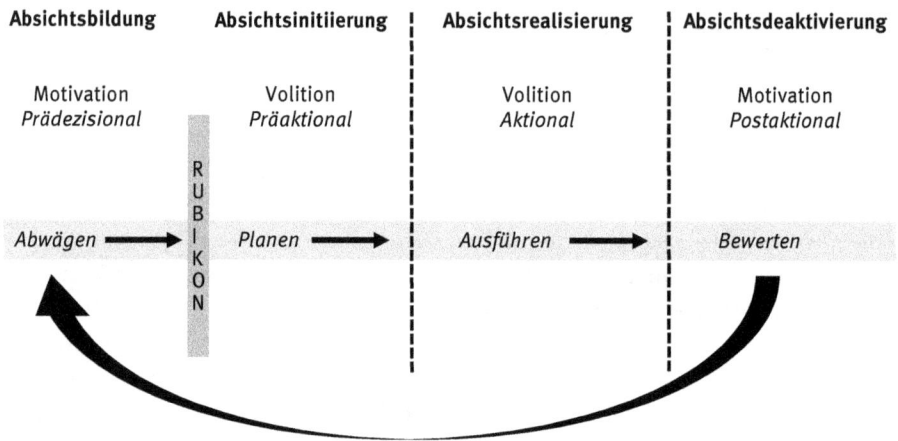

Abb. 3.3: Das Rubikon-Modell (eigene Darstellung in Anlehnung an Weibler 2016, S. 192).

Nehmen wir an, Sie sind in Ihrem derzeitigen Job unzufrieden und Sie möchten dies ändern. Folgendes könnten Sie nun tun:

A. Sie bitten um eine Gehaltserhöhung.
B. Sie bitten um anspruchsvollere Aufgaben.
C. Sie kündigen Ihr Arbeitsverhältnis.

Für alle drei Handlungsalternativen bewerten Sie, inwiefern diese geeignet erscheinen, Ihre Unzufriedenheit zu verringern bzw. zur Zufriedenheit beizutragen. Eine Gehaltserhöhung könnte Ihr Machtbedürfnis befriedigen, da ein höheres Gehalt mehr Einfluss und Status verspricht. Fühlen Sie sich aber aufgrund Ihres starken Leistungsmotivs mit Ihren derzeitigen Aufgaben unterfordert, mag nur ein neues Aufgabengebiet die gesuchten Herausforderungen versprechen. Fühlen Sie sich aufgrund des starken Konkurrenzdrucks innerhalb der Belegschaft bei Ihrem derzeitigen Arbeitgeber nicht wohl, werden Sie gar eine Kündigung in Erwägung ziehen. Gut möglich, dass Sie als stark machtmotivierte Person allein schon die Gehaltsverhandlung mit Ihrem Vorgesetzten als besonders reizvoll empfinden. Schließlich können Sie sich Ihrem Vorgesetzten gegenüber überlegen fühlen, wenn es Ihnen gelingt, sich gegen ihn durchzusetzen. Als stark leistungsmotivierte Person begreifen Sie das Gehaltsgespräch vielleicht gar als Wettbewerb um die besten Argumente. Als stark anschlussmotivierte Person mag Sie das Gehaltsgespräch dagegen eher abschrecken, da dies ein hohes Konfliktpotenzial birgt.

Erst wenn Sie alle Handlungsalternativen hinsichtlich ihres Zielerreichungspotenzials gegeneinander abgewogen haben, treffen Sie eine Entscheidung für eine der Handlungsalternativen. Damit haben Sie dann sinnbildlich den Rubikon überschritten. In Anlehnung an Julius Cäsar gibt es dann keinen Weg mehr zurück. Die einmal getroffene Entscheidung kann nicht rückgängig gemacht werden. Letzteres ist in der Praxis nicht immer der Fall. Wir treffen durchaus Entscheidungen, die wir im nächsten Augenblick wieder verwerfen, noch bevor wir überhaupt mit deren Umsetzung begonnen haben. Nehmen wir aber an, Sie haben sich im oben skizzierten Beispiel für die Alternative A entschieden und Ihren Vorgesetzten um einen Termin zum Gehaltsgespräch gebeten. Nachdem der Termin von Ihrem Vorgesetzten bestätigt wurde, können Sie jetzt nicht einfach wieder alles abblasen. Der Termin für das Gehaltsgespräch steht und Sie müssen beginnen, die nahende Gehaltsverhandlung so zu planen, dass Sie Ihr Ziel erreichen.

Damit sind wir in der zweiten Phase des Rubikon-Modells angelangt: der Planungsphase. Diese Phase wird auch als *präaktionale Phase* innerhalb des Motivationsprozesses bezeichnet. Auch hier befinden wir uns noch vor der Umsetzung der gewählten Handlung, aber bereits nach deren Auswahl. Die Umsetzung der Handlung muss gegenüber konkurrierenden Einflüssen abgeschirmt und wirklich gewollt sein. Dabei darf das Ziel nicht aus den Augen verloren werden, da ansonsten keine Motivation mehr für die Umsetzung der Handlung vorhanden wäre. Aus diesem Grund handelt es sich bei der Handlungsplanung um eine volitionale Phase (Volition = Wille). Es mag sein, dass äußere Einflüsse die Aufmerksamkeit von der eigentlichen Handlung ablenken. Um dennoch das Handlungsziel zu erreichen, muss willentlich, d. h. volitional, gegen ablenkende Einflüsse angekämpft werden. In dieser Phase wird die Handlungsabsicht initiiert.

Im oben skizzierten Beispiel sollten Sie sich bereits vor dem Gehaltsgespräch mit ihrem Vorgesetzten gute Argumente für eine Gehaltserhöhung zurechtlegen. Auch die angepeilte Höhe Ihres Wunschgehaltes müssen sie bestimmen. Bei widrigen Umständen heißt es, das Ziel der Gehaltserhöhung fest im Blick zu behalten und sich nicht davon abbringen zu lassen. Es mögen Ihnen Zweifel an Ihrer Entscheidung für das Gehaltsgespräch kommen. Diese könnten dafür sorgen, dass Ihnen das Gehaltsgespräch auf einmal nicht mehr so attraktiv erscheint und Sie das Ganze womöglich abbrechen. Der Handlungsprozess wäre damit unterbrochen. Die gewählte Handlungsalternative würde dann nicht weiter umgesetzt werden, weil keine Motivation mehr dafür vorhanden wäre. Halten Sie stattdessen an ihrem geplanten Vorhaben fest, geht es in die dritte Phase des Rubikon-Modells.

In der *aktionalen Phase* des Motivationsprozesses wird nun schließlich die gewählte Handlung umgesetzt. Da auch hier wieder die Handlung gegen konkurrierende Einflüsse abgeschirmt werden muss, handelt es sich ebenso um eine volitionale Phase im Motivationsprozess. Willentlich muss die Handlungsausführung auch bei Widerständen aufrechterhalten werden. In dieser Phase wird die Handlungsabsicht realisiert.

Im oben skizzierten Beispiel befinden Sie sich nun in dem Gehaltsgespräch mit Ihrem Vorgesetzten. Gut möglich, dass dieser der Bitte um mehr Gehalt nicht ohne Weiteres nachkommen wird. Formulieren Sie Ihren Wunsch nach mehr Gehalt zu zaghaft und knicken Sie beim ersten *Nein* des Vorgesetzten direkt ein, mag Ihr Wille zur Erreichung des Handlungsziels schnell gebrochen sein. Ihr Rückzug ohne die erhoffte Gehaltserhöhung wäre wahrscheinlich. Nur wenn Sie die Gehaltserhöhung auch tatsächlich wollen, werden Sie bei Gegenargumenten Ihres Vorgesetzten weiter hart verhandeln.

Wie die Gehaltsverhandlung auch ausgeht, abschließend werden Sie Ihre zu Beginn des Motivationsprozesses gewählte und anschließend geplante sowie umgesetzte Handlung anhand der erlebten Konsequenzen bewerten. Damit sind wir in der vierten und letzten Phase des Motivationsprozesses angelangt. In der *postaktionalen Phase* wird kritisch bewertet, ob die einmal gebildete Handlungsabsicht bzw. das gesetzte Ziel auch tatsächlich erreicht wurde. Als postaktional wird die Phase deshalb bezeichnet, weil die Handlungsausführung bereits vollzogen und beendet ist. Da die Handlungsabsicht an entsprechende Motive gekoppelt ist, handelt es sich bei dieser Phase wiederum um eine motivationale Phase. Die Beurteilung des Handlungsergebnisses beeinflusst die erneute Auswahl von Handlungsalternativen. Zwar wird die mit der ausgeführten Handlung verknüpfte Absicht nach Beendigung der Handlung deaktiviert. Es stehen aber möglicherweise Alternativen für weitere Handlungen bereit. An einen abgeschlossenen Handlungsprozess schließt sich dann ein neuer Handlungsprozess an. Bei einem zielgerichteten Verhalten handelt es sich demnach um eine Aneinanderreihung von Motivationsprozessen.

Sie werden im oben skizzierten Beispiel nach dem Gehaltsgespräch mit Ihrem Vorgesetzten beurteilen, ob Sie Ihr gesetztes Ziels auch erreicht haben. Empfinden Sie Stolz, weil Sie hart mit Ihrem Vorgesetzten um jeden Cent gefeilscht haben und Sie genau das Ergebnis erreicht haben, das Sie beabsichtigt haben? Fühlen Sie sich als Gewinner, weil Sie Ihren Vorgesetzten quasi mit Argumenten untergebuttert haben und dieser gar nicht anders konnte, als Ihnen die geforderte Gehaltserhöhung zu geben? Wollten Sie Ihren Vorgesetzten nicht verärgern und haben Sie sein direktes Nein um des Friedens willen sofort akzeptiert? Das Handlungsziel bestimmt nun Ihre weiteren Entscheidungen und Handlungen. Konnten Sie Ihre beabsichtigten Forderungen nicht durchsetzen, gewinnen vielleicht die zuvor nicht gewählten Handlungsalternativen B und C an Attraktivität. Ein erneutes Abwägen beginnt und Sie befinden sich wieder unmittelbar vor dem Rubikon.

3.3.5 Die Erwartungs-Wert-Theorie

In Anlehnung an das Rubikon-Modell der Motivation bildet das Abwägen zwischen verschiedenen Handlungsalternativen stets die erste Phase im Motivationsprozess. In diesem Sinne ist keine Handlung alternativlos. Schließlich besteht immer auch die Option, nicht zu handeln bzw. den Dingen ohne eigenes Zutun ihren Lauf zu lassen.

Die Frage, die es also zu allererst zu beantworten gilt, ist, wie sich Menschen zwischen verschiedenen Handlungsalternativen entscheiden, d. h. wie sie zwischen ihnen abwägen und auswählen.

Victor Vroom (1964) versucht genau dies anhand seiner *Valenz-Instrumentalitäts-Erwartungs-Theorie* (kurz: *VIE-Theorie*) aufzuzeigen (hierzu auch Van Eerde/ Thierry 1996). Da die Theorie nicht lediglich eine inhaltliche Beschreibung von Motiven oder Bedürfnissen vornimmt, sondern die Dynamik motivierten Handelns erklären will, ist sie den Prozesstheorien der Motivation zuzurechnen. Weil sich der Erklärungsbeitrag der Theorie insbesondere auf das Zustandekommen einer Handlungsabsicht konzentriert, kann sie zudem herangezogen werden, um die erste Phase im Rubikon-Modell genauer zu erklären.

Nach der VIE-Theorie hängt die Stärke der Motivation für eine Handlung wesentlich von der Bewertung der Folgen des mit der Handlung erzielten Ergebnisses ab (vgl. Nerdinger 1995, S. 95 ff.). Der Wert dieser Handlungsergebnisfolgen wird als *Valenz* (V) bezeichnet. Eine Handlung ist umso attraktiver, je positiver die erwarteten Folgen des Handlungsergebnisses eingeschätzt werden.

In die Entscheidung für oder gegen eine konkrete Handlung wird der Ausführende aber auch die subjektive Wahrscheinlichkeit dafür einbeziehen, dass das erreichte Ergebnis einer Handlung überhaupt zu den positiv oder negativ bewerteten Folgen führt. Dieser Zusammenhang zwischen Handlungsergebnis und dessen Folgen wird als *Instrumentalität* bezeichnet. An der Höhe der Instrumentalität lässt sich quasi ablesen, für wie geeignet die Person das erreichte Handlungsergebnis hält, bestimmte (Handlungsergebnis-)Folgen zu verursachen. Je höher die Instrumentalität, desto höher die subjektiv bewertete Wahrscheinlichkeit, dass ein bestimmtes Handlungsergebnis zu bestimmten Handlungsergebnisfolgen führt.

Bliebe noch einzuschätzen, inwiefern das Handlungsergebnis überhaupt durch eigenes Zutun (z. B. Anstrengung, Fähigkeiten, Fertigkeiten) erreicht werden kann. Daher bezieht jede Entscheidungsfindung immer auch die *Erwartung* mit ein, ein bestimmtes Handlungsergebnis mit eigenen Mitteln erreichen zu können. Die Erwartung, dass ein bestimmtes Handlungsergebnis auch tatsächlich eintreten wird, ist demnach hoch, wenn die Person davon überzeugt ist, dieses Handlungsergebnis mit Sicherheit selbst herbeiführen zu können. Andernfalls wäre die Erwartung für den Eintritt des Handlungsergebnisses niedrig, wenn die Person davon ausgeht, das Handlungsergebnis nicht aus eigener Kraft/mit eigenen Mitteln erreichen zu können.

Die Theorie geht von einer multiplikativen Verknüpfung von Valenz, Instrumentalität und Erwartung aus (siehe Abbildung 3.4). Nimmt also bei der Handlungsbewertung eine der drei Größen den Wert Null an, dann ist keine Motivation für die Handlungsausführung vorhanden. Dies ist der Fall, wenn einer Person

– die Folgen eines Handlungsergebnisses nicht wichtig sind (Valenz = 0) oder
– sie ein Handlungsergebnis als nicht instrumentell für bestimmte Handlungsergebnisfolgen ansieht (Instrumentalität = 0) oder
– sie davon ausgeht, das Handlungsergebnis nicht aus eigener Kraft erreichen zu können (Erwartung = 0).

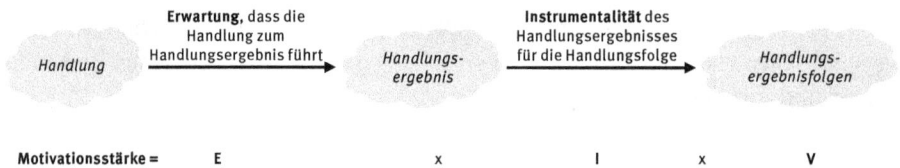

Abb. 3.4: VIE-Theorie (eigene Darstellung).

Die Handlungsalternative mit dem höchsten Produkt sollte am attraktivsten erscheinen und folglich ausgewählt werden. Die Instrumentalität kann aber auch negative Werte annehmen. Ein Handlungsergebnis mit einer negativen Instrumentalität zeigt an, dass das Handlungsergebnis den Eintritt der Handlungsfolge behindert. Zudem ist zu berücksichtigen, dass das Ergebnis einer Handlung in der Regel nicht nur eine Folge nach sich zieht, sondern oftmals eine Reihe weiterer Handlungsfolgen auslöst. Diese weisen je für sich eigene Valenzen auf. Dementsprechend ist die Instrumentalität eines Handlungsergebnisses separat in Bezug auf alle einzelnen Handlungsergebnisfolgen zu bewerten.

Veranschaulichen wir die Theorie an einem Beispiel: Einer Mitarbeiterin wird die Leitung eines Projekts angeboten. Sie muss nun eine Entscheidung für oder gegen die Übernahme der Projektleitung treffen. Die Bewertung nimmt sie wie folgt vor:

- *Einschätzung der Erwartung (E)*: Wenn sie die Projektleitung übernimmt, dann steht außer Frage, dass sie das Projekt erfolgreich zum Abschluss bringen wird. Die Mitarbeiterin fühlt sich mit ihren Fähigkeiten gut auf die Projektleitung vorbereitet und traut sich den Projekterfolg als Handlungsergebnis zu. Die Erwartung, den Projekterfolg selbst herbeiführen zu können, wäre in diesem Fall hoch und würde den Wert 1 zugewiesen bekommen.
- *Einschätzung der Instrumentalität (I)*: Die Mitarbeiterin weiß, dass sich ein Projekterfolg in ihrem Unternehmen positiv auf eine Beförderung als Handlungsergebnisfolge auswirkt. Die Instrumentalität des Handlungsergebnisses (Projekterfolg) für die Beförderung (Handlungsergebnisfolge) ist hoch und würde den Wert 1 annehmen.
- *Einschätzung der Valenz (V)*: An einer Beförderung, verbunden mit der Übernahme einer verantwortungsvolleren Position in ihrem Unternehmen, ist die Mitarbeiterin nicht interessiert. Die Folge des Handlungsergebnisses (Projekterfolgs) wird nicht wertgeschätzt und nimmt den Wert 0 an.

Das Ergebnis aus der Bewertung der Handlung „Projektleitung" würde durch die multiplikative Verknüpfung von Valenz, Instrumentalität und Erwartung den Wert 0 annehmen. Der Handlung würde damit keine motivationale Kraft zukommen. Die Projektleitung wäre für die Mitarbeiterin nicht attraktiv und sie würde sich womöglich gegen die Übernahme des Projekts entscheiden. Die Folgen eines Handlungsergebnisses sind aber zumeist vielfältiger. So wird die Mitarbeiterin beispielsweise das Handlungsergebnis – den Projekterfolg – auch hinsichtlich des Erhalts ihres Arbeitsplatzes bewerten. Sie wird sich daher wohl sehr genau überlegen, ob sie die Projektleitung überhaupt ablehnen kann, ohne damit den Erhalt ihres Arbeitsplatzes zu gefährden. Die Erhöhung der Arbeitsplatzsicherheit in Folge eines erfolgreich geleiteten Projekts könnte als hoch positive Valenz in die Berechnung der Motivationsstärke eingehen. Der Einsatz ganzer Zahlen sowie die Bewertung lediglich eines Handlungsergebnisses und dessen Konsequenzen dienen lediglich der vereinfachten Demonstration der mit zunehmender Anzahl von Valenzen, Instrumentalitäten und Erwartungen schnell komplex werdenden Darstellung.

Mit der VIE-Theorie können Unterschiede in der Motivationsstärke verschiedener Handlungsalternativen erklärt werden. Die Motivationsstärke ist das Produkt unterschiedlicher Valenzen, Instrumentalitäten und Erwartungen. Die Theorie von Victor Vroom bietet damit auch einen theoretischen Zugang für die Erklärung der Auswahl zwischen verschiedenen Handlungsalternativen. Ohne die Entscheidung für eine Alternative würde letztlich gar keine motivierte, zielgerichtete Handlung entstehen. Der Theorie kann entgegengehalten werden, dass die Handlungsentscheidungen in der Realität bei weitem nicht so rational ablaufen, wie von ihr angenommen. Viele Entscheidungen werden intuitiv getroffen und gründen eher auf Emotionen denn Kognitionen[2]. Unter Berücksichtigung einer gewissen Abstraktion der Wirklichkeit lassen sich aus der VIE-Theorie aber eine Reihe wertvoller Implikationen für die Steuerung des Verhaltens in Organisationen ableiten (vgl. Buchanan/Huczynski 2019, S. 291):

– Der Zusammenhang zwischen der eigenen Anstrengung und einem gewünschten Handlungsergebnis muss herausgestellt werden, um die Erwartung, dass das Handlungsergebnis auch erreicht werden kann, zu verstärken.
– Es sollten nur solche Belohnungen für Handlungsergebnisse angeboten werden, die auch eine hohe Valenz für die zur Handlung aufgeforderte Person aufweisen.
– Inwiefern ein Handlungsergebnis zu positiv bewerteten Handlungsergebnisfolgen führt bzw. für wie instrumentell das Handlungsergebnis für die Handlungsergebnisfolgen ist, muss deutlich gemacht werden.
– Es sollte berücksichtigt werden, dass sich Personen ausschließlich auf Handlungen konzentrieren werden, deren Folgen eine hohe Valenz für sie aufweisen. Handlungen mit einer niedrigen oder gar negativen Valenz und Instrumentalität werden vernachlässigt.
– Der Valenz von Handlungsergebnisfolgen sollte vonseiten des Managements kontinuierliche Beachtung geschenkt werden, da sich die Vorlieben und Präferenzen von Mitarbeitenden über die Zeit verändern können.

---

2 Die Bedeutung von Emotionen im motivationalen Entscheidungsprozess wird von der VIE-Theorie aber auch nicht bestritten.

3.3.6 Die Zielsetzungstheorie

Die Zielsetzungstheorie von Edwin Locke und Gary Latham (1990) geht davon aus, dass menschliches Verhalten zweckgerichtet ist und demnach von individuellen Zielen abhängt. Ziele werden verstanden als bewusste Annahmen von zukünftigen Handlungsergebnissen, die vom Individuum als wünschenswert erachtet werden und dessen Handlungsmotivation wesentlich beeinflussen. Im Rubikon-Modell sind Zielsetzungen insbesondere in der präaktionalen Phase von Bedeutung. In dieser Phase geht es darum, die Umsetzung einer konkreten Handlung zu planen und auf die Erreichung eines Zielzustandes hin auszurichten.

Locke und Latham argumentieren, dass der Einfluss der Ziele auf die Motivation von zwei Faktoren abhängt (siehe Abbildung 3.5):
- *Schwierigkeitsgrad* der Ziele
- *Konkretisierungsgrad* der Ziele

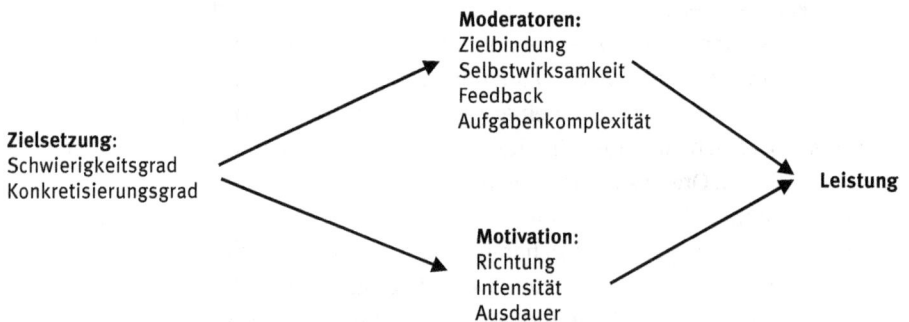

Abb. 3.5: Zielsetzungstheorie nach Locke und Latham (Weibler 2016, S. 198; modifiziert).

In den von den Autoren betrachteten Studien zeigte sich, dass schwierige und herausfordernde Ziele zu besseren Leistungsergebnissen führen als leicht zu erreichende Ziele (vgl. Locke/Latham 2006). Ebenso waren die Leistungsergebnisse bei spezifischen Zielen positiver als bei sehr vagen Zielen. Während die Zielsetzung die Motivation direkt beeinflusste und letztere wiederum direkt mit der Leistung in Beziehung stand, wirkte die Zielsetzung zusätzlich auch über sogenannte Moderatoren indirekt auf die Leistung ein.

Die Zielsetzungstheorie bildet die Grundlage vieler praktischer Managementkonzepte wie beispielsweise dem *Management by Objectives* (Führen durch Zielsetzung, kurz: MbO) oder dem *SMART-Konzept*. Letzteres postuliert, dass Ziele dann eine motivationsfördernde Wirkung entfalten, wenn sie folgende Merkmale aufweisen:
- *Spezifisch:* Ziele sind so konkret wie möglich zu fassen. Eine konkrete Vorstellung des Zielzustandes ist motivierender als vage *Gib-Dein-Bestes*-Ziele.

- *Messbar:* Ziele müssen messbar sein, um feststellen zu können, dass sie auch tatsächlich erreicht wurden oder nicht.
- *Attraktiv:* Der persönliche Wert eines verfolgten Ziels muss erkennbar sein. Mit Victor Vroom könnte man sagen, Ziele müssen eine hohe positive Valenz aufweisen, damit der Wunsch entsteht, sie auch erreichen zu wollen. Ist der Sinn eines Ziels nicht (mehr) erkennbar, erscheint es auch nicht länger als attraktiv.
- *Realistisch:* Ziele sollen herausfordern, aber nicht überfordern. Überfordernde Ziele wirken abschreckend und hemmen die Motivation. Das Erreichen derartiger Ziele wird von vornherein für nicht realistisch betrachtet, sodass sich gar nicht erst angestrengt wird, das Ziel zu erreichen. Zu leichte Ziele führen dagegen zur Unterforderung. Eine Anstrengung wird dann ebenso nicht für erforderlich gehalten.
- *Terminiert:* Ziele müssen an ein konkretes Enddatum gekoppelt sein, bis zu dem sie erreicht sein sollen. Es lässt sich ausdauernder an der Zielerreichung arbeiten, wenn die Zeit bis zur Zielerreichung absehbar ist. Andernfalls sollte ein fehlender Zeithorizont auch die Messbarkeit und Spezifität der Ziele einschränken.

Aus der Zielsetzungstheorie lässt sich zudem die Empfehlung ableiten, Mitarbeitende in die Zielentwicklung in Organisationen mit einzubeziehen, sie also an der Zielsetzung partizipieren zu lassen. Mitarbeitende, die ihre Ziele mitbestimmen können, zeigen eine stärkere *Zielbindung* als Mitarbeitende, die ihre Ziele lediglich vorgegeben bekommen. Erstgenannte fühlen sich ihren Zielen stärker verpflichtet und strengen sich demnach auch mehr an, die Ziele zu erreichen, was wiederum zu höherer Leistung führt. Durch die Zielbindung lässt sich demzufolge die Leistung steigern (siehe Moderatoren in Abbildung 3.5). Ebenso kann von einer Rückmeldung über die erbrachte Leistung (*Leistungsfeedback*) ein leistungssteigernder Effekt ausgehen. Leistungsfeedback wird insbesondere dazu benötigt, die Zielerreichung realistisch einschätzen zu können, um zukünftig zu schwere oder zu leichte Ziele zu vermeiden. Leistungsfeedback kann zudem auch als Gradmesser für die Zielerreichung dienen, sodass daraus direkt abgeleitet werden kann, wie weit die Zielerreichung noch entfernt ist. Daneben ist der leistungsförderliche Effekt von Zielen auch von der erlebten *Selbstwirksamkeit* (dem Vertrauen in die eigenen Fähigkeiten) und der *Komplexität* der mit den Zielen verbundenen Aufgaben abhängig.

3.3.7 Das 3K-Modell der Motivation

Mit seinem recht jungen Modell der Motivation kann Hugo Kehr (2004a, 2005) erklären, warum Personen einige Ziele scheinbar mühelos erreichen, während sie andere Ziele selbst unter großer Anstrengung verfehlen. Der Erklärungshorizont des Modells ist sehr breit ausgelegt. Mit dem Modell lässt sich gut darstellen, wie Motivationsdefizite entstehen und wie diese behoben werden können. Damit bietet sich das Modell für eine tiefere Analyse der aktionalen Phase des Rubikon-Modells an. Es kann aber darüber hinaus auch einen Beitrag zur Erklärung der übrigen Phasen des Rubikon-Modells leisten.

Hugo Kehr betrachtet Motivation als das Ergebnis des Zusammenspiels von drei Komponenten:

- *Motive*: Motive werden in diesem Modell metaphorisch im Bauch verortet. Sie entscheiden darüber, ob einer Person eine Handlung bzw. die Ausführung einer Tätigkeit Spaß macht. Vielleicht sind Sie Sportler und empfinden Freude daran, sportlichen Aktivitäten nachzugehen. Sie betreiben ihren Sport dann sprichwörtlich aus dem Bauch heraus. Die metaphorische Verortung der Motive im Bauch soll auch verdeutlichen, dass sich Personen ihrer Motive häufig nicht unmittelbar bewusst sind. Motive haben vielmehr einen impliziten Charakter, weswegen diese Art der Motive auch als *implizite Motive* bezeichnet wird. Wenn wir die eingangs dieses Kapitels dargestellten Anreizarten – intrinsische und extrinsische Anreize – betrachten, dann liegt der Anreiz motivgestützter Handlungen in deren Ausführung selbst. Personen sind bei der Ausführung solcher Handlungen also intrinsisch motiviert.
- *Ziele*: Für Ziele wird dagegen der Kopf als Metapher verwendet. Ziele geben Auskunft darüber, ob einer Person eine Handlung wichtig ist. Möglicherweise betreiben Sie Sport, weil Ihnen der Kontakt zu anderen wichtig ist. Vielleicht halten Sie sich aber auch sportlich fit, weil Sie als Fotomodell viel Geld verdienen möchten oder die Anerkennung im sportlichen Wettkampf suchen. Der Kopf steht als Metapher für die Ziele, weil Ziele als zukünftige Zustände angesehen werden, die bewusst (im Kopf) gebildet werden. Im Gegensatz zu den Motiven haben Ziele also einen expliziten Charakter und werden folglich als *explizite Motive* bezeichnet. Ein Ziel erlangt seine Bedeutung durch die mit der Zielerreichung erwartete Belohnung. Der Anreiz einer zielgerichteten Handlung liegt außerhalb der Handlung selbst. Es handelt sich demnach um einen extrinsischen Anreiz.
- *Fähigkeiten*: Fähigkeiten bezeichnen sinnbildlich das für die Ausführung einer Handlung benötigte Handwerkszeug. Fähigkeiten werden daher mit der Hand verknüpft. Die Fähigkeiten einer Person entscheiden darüber, ob sie der Ausführung einer Tätigkeit auch gewachsen ist, d. h. ob sie über das notwendige Handwerkszeug verfügt, um die Handlung auszuführen. Um beispielsweise eine bestimmte Sportart ausführen zu können, sollten Sie auch über die dazu benötigten Fähigkeiten verfügen.

Nach dem 3K-Modell wird der Zustand optimaler Motivation dadurch erreicht, dass alle drei Komponenten – Bauch, Kopf und Hand – ineinandergreifen (Abbildung 3.6). Ist dies der Fall, dann wird die Ausführung einer Handlung

- als wichtig erachtet (Kopf),
- bereitet Freude (Bauch) und
- kann mittels vorhandener Fähigkeiten (Hand)

mühelos verrichtet werden. Ein solcher Zustand der optimalen Motivation wird auch als *Flow* bezeichnet. Bei Flow handelt es sich um einen Zustand des vollkommenen Aufgehens in der Handlungsausführung, bei dem Zeit und Handlung förmlich im Fluss sind (vgl. Csikszentmihalyi 2014).

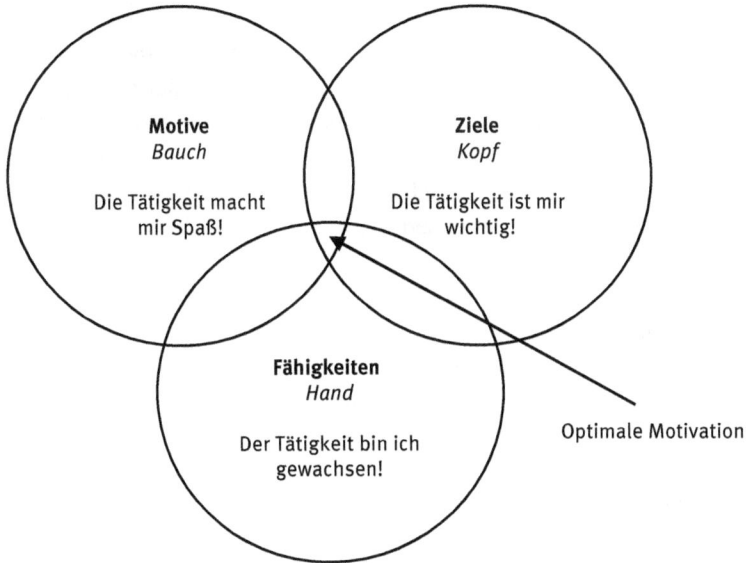

Abb. 3.6: 3K-Modell der Motivation (eigene Darstellung in Anlehnung an Kehr 2005).

Bedeutend für die Erreichung eines Zustands optimaler Motivation sind dem Modell zufolge alle drei Komponenten. Wird der Zustand optimaler Motivation nicht erreicht, sind die Ursachen dafür in Diskrepanzen zwischen den drei Komponenten zu suchen. Dabei werden internale Motivationsbarrieren und externale Fähigkeitsbarrieren unterschieden. *Internale Motivationsbarrieren* entstehen, wenn Motive und Ziele – Bauch und Kopf – nicht im Einklang miteinander stehen. Prinzipiell können zwei Arten der internalen Motivationsbarrieren unterschieden werden (vgl. Kehr 2015):

– *Motivationsbarriere von der Kopfseite*: Eine solche Motivationsbarriere entsteht, wenn eine motivgestützte Handlung in Konflikt mit den verfolgten Zielen steht. Nehmen wir an, Gespräche mit Kunden machen einem Mitarbeitenden Spaß. Durch lange Gespräche mit den Kunden würden aber viele seiner anderen Aufgaben unerledigt bleiben, sodass er seine Arbeitsziele durch lange Kundengespräche nicht erreichen kann. Das Motivationsdefizit in Bezug auf die Durchführung von Kundengesprächen rührt in diesem Beispiel von der Kopfseite. Motive und Ziele überlappen sich nicht. Handlungen, die zwar Spaß bereiten, aber nicht der Zielerreichung dienen (ihr vielleicht sogar widersprechen), sind häufig verlockend, weil sie uns von anderen – eventuell wichtigeren aber weniger Spaß verheißenden – Dingen ablenken.

- *Motivationsbarriere von der Bauchseite*: Eine solche Motivationsbarriere entsteht, wenn eine zielgestützte Handlung nicht von den Motiven unterstützt wird. Denken wir an einen Mitarbeitenden im Rechnungswesen. In seiner Abteilung ist er für die Erstellung von Mahnbescheiden verantwortlich. Die säumigen Zahler müssen fristgerecht von ihm angemahnt werden. Möchte er seinen Job behalten – und dies ist ihm ein wichtiges Ziel – dann sollte er die Mahnbescheide auch rechtzeitig versenden. Diese verwaltungsmäßige Tätigkeit macht ihm jedoch überhaupt keinen Spaß. Das Motivationsdefizit in Bezug auf die Erstellung von Mahnbescheiden kommt in diesem Beispiel von der Bauchseite. Auch hier überlappen sich Motiv-Kreis und Ziel-Kreis nicht. Motivationsbarrieren von der Bauchseite liegen häufig auch dann vor, wenn die Ausführung wichtiger Aufgaben als unangenehm empfunden wird. Umgangssprachlich sprechen wir dann auch von Aufgaben, die uns Bauchschmerzen bereiten.

Internale Motivationsbarrieren müssen durch *Volition* (Willen) überwunden werden (vgl. Kehr 2004b), d. h. die Handlung muss willentlich gesteuert werden. Eine unzureichende Motivation muss dementsprechend durch Volition kompensiert werden. Bei einer Handlung, die nicht von den Motiven unterstützt wird – d. h. keinen Spaß macht – aber dennoch ausgeführt werden muss, um wichtige Ziele zu erreichen, muss sich mit ganzem Willen gegen mögliche Ablenkungen zur Wehr gesetzt werden. Angeregte Motive müssen in diesem Fall bewusst unterdrückt werden.

Anders verhält es sich bei den *externalen Fähigkeitsbarrieren*. Da hier die zur Ausführung einer Handlung benötigten Fähigkeiten (noch) nicht vorhanden sind, müssen solche Barrieren durch *Problemlösung* geschlossen werden. Denken Sie beispielsweise an einen Mitarbeitenden im Vertrieb, der großen Spaß am Produktverkauf hat, aber nicht über entsprechende Verkaufstechniken verfügt. Dem Mitarbeitenden würde die Durchführung von Verkaufsgesprächen Spaß machen (Motiv) und auch wichtig erscheinen (Ziel). Verfügt der Mitarbeitende aber nicht über die benötigten Verkaufstechniken, kann nach dem 3K-Modell keine optimale Motivation entstehen. Ein Verkaufstraining könnte das Problem lösen. Durch die Schulung von Verkaufstechniken kann die Lücke zu den Motiven und Zielen geschlossen werden.

Mittels der in Tabelle 3.3 aufgeführten Fragen lässt sich das 3K-Modell sehr gut zur Motivationsdiagnose im Arbeitskontext nutzen. Die Beantwortung der Fragen gibt Auskunft darüber, inwiefern eine Tätigkeit von den drei Komponenten unterstützt wird. Nur solche Tätigkeiten, bei denen sich anhand der Fragen darauf schließen lässt, dass diese sowohl von den Motiven als auch den Zielen unterstützt werden und auch die notwendigen Fähigkeiten zur Ausführung der Tätigkeit vorhanden sind, sollten motiviert angegangen werden. Hierfür kommt der Tätigkeitsgestaltung in Organisationen eine wichtige Rolle zu. Bereits bei der Zuweisung von Arbeitsaufgaben ist darauf zu achten, dass diese

- die Motive des Ausführenden ansprechen,
- dieser die Aufgaben für wichtig erachtet und
- die zur Ausführung der Aufgaben benötigten Fähigkeiten vorhanden sind.

Tab. 3.3: Diagnosefragen im 3K-Modell (Kehr 2008, S. 25).

Komponente	Frage
Motiv	– Erledigt die Person die Tätigkeit gerne?
	– Entspricht die Tätigkeit den Neigungen der Person?
	– Hat die Person Spaß an der Tätigkeit?
	– Hat die Person Bauchschmerzen oder Ängste bei der Ausführung der Tätigkeit?
Ziel	– Ist der Person die Tätigkeit wichtig?
	– Entspricht die Tätigkeit den Zielen der Person?
	– Bestehen Zielkonflikte bei der Ausführung der Tätigkeit?
Fähigkeiten	– Verfügt die Person über alle für die Ausführung der Tätigkeit notwendigen Fähigkeiten?
	– Hat die Person die notwendigen Erfahrungen für die Ausführung der Tätigkeit?
	– Hat die Person ähnliche Tätigkeiten früher bereits erfolgreich ausgeführt?

Die drei Komponenten werden sich zwischen Mitarbeitenden unterscheiden. Arbeitsgestaltung wird so zu einer individuellen Abstimmung der Aufgabenmerkmale und Aufgabenbedingungen auf den jeweiligen Mitarbeitenden. Objektiv gleiche Aufgaben können je nach Motive, Ziele und Fähigkeiten der Mitarbeitenden unterschiedliche Motivationspotenziale aufweisen. Auch bei der Beobachtung eines fehlenden Engagements von Mitarbeitenden kann mithilfe der Diagnosefragen des Modells genauer ergründet werden, ob die Ursachen dafür in internalen Motivationsbarrieren oder externalen Fähigkeitslücken liegen.

3.3.8 Gerechtigkeitstheorien

Nachdem eine Handlung ausgeführt wurde, findet dem Rubikon-Modell zufolge die Bewertung der Handlung statt. Eine Person wird beurteilen, ob sich ihr Einsatz für eine bestimmte Handlung (z. B. das eingesetzte Wissen, die Anstrengung) im Abgleich mit dem erhaltenen Ergebnis und dessen Folgen (z. B. der Entlohnung, die Beförderung) gelohnt hat. Kurzum: Im Rahmen der Bewertung einer Handlung wird der eigene Aufwand ins Verhältnis zum erhaltenen Ertrag gesetzt. Nach der Equity-Theorie von John Stacey Adams (1965) spielt dabei der Vergleich zu anderen, uns ähnlichen Personen, eine ganz entscheidende Rolle. Das subjektive Verhältnis von Aufwand und Ertrag einer selbst ausgeführten Handlung wird mit den beobachteten Aufwands- und Ertragsverhältnissen anderer Personen verglichen (vgl. auch Al-Zawahreh/Al-Madi 2012). Gelangt eine Person zu der Einschätzung, dass sie ebenso viel geleistet und erhalten hat wie andere Personen auch, wird dies als gerecht erlebt. Der eigene Quotient aus Aufwand und Ertrag steht mit dem Aufwand- und Ertrags-Quotienten anderer Personen in einem Gleichgewicht (*Equity*). Besteht ein Unterschied zwischen den Quotienten, liegt ein Ungleichgewicht (*Inequity*) vor. Folglich wird die Situation als unfair erlebt (vgl. Robbins/Judge 2019, S. 266 f.). Das Ungleichgewicht kann sich wie folgt darstellen:

– *Inequity zugunsten der eigenen Person*: Das eigene Aufwand- und Ertragsverhältnis ist höher als das der Vergleichspersonen.
– *Inequity zugunsten der anderen Person(en)*: Das eigene Aufwand- und Ertragsverhältnis ist niedriger als das der Vergleichspersonen.

Beide als ungerecht erlebten Bewertungszustände motivieren eine Person, den Ungleichgewichtszustand zu beheben und Gerechtigkeit herzustellen. Eine als gerecht erlebte Situation motiviert dagegen zur Aufrechterhaltung des gegenwärtigen Status quo.

Stellen Sie sich die Verteilung von Bonuszahlungen in einer Abteilung am Ende des Jahres vor. Ein Mitarbeitender hat sich in seinen Arbeitsaufgaben über das Jahr richtig reingehängt und bekommt dafür eine Sonderzahlung von 2.500 € als Bonus ausgezahlt. Der Mitarbeitende mag sich zunächst über die Sonderzahlung freuen, bis er seinen – in der Firma als ziemlich faul bekannten – Kollegen in der Kaffeeküche trifft. Dieser berichtet ihm eher beiläufig davon, dass er in diesem Jahr eine Sonderzahlung von 5.000 € bekommen hat. Man kann sich leicht vorstellen, dass sich der Mitarbeitende mit dem geringeren Bonus unfair behandelt fühlt, schließlich hat er sich abgerackert und erhält dafür nur halb so viel wie sein vermeintlich fauler Kollege. Aus der Perspektive des einen Mitarbeitenden haben wir es hier mit einem Zustand der Inequity zugunsten des anderen zu tun. Der Mitarbeitende empfindet ein Missverhältnis zwischen dem, was er geleistet hat und dafür erhält, und dem, was sein Kollege geleistet hat und dafür bekommt. Aus der Situation des anderen Kollegen könnte die Situation anders wahrgenommen werden: Der Mitarbeitende mit dem höheren Bonus könnte der Überzeugung sein, dass seinem fleißigeren Kollegen der höhere Bonus zugestanden hätte und nicht ihm. Hier würde es sich dann um eine empfundene Ungerechtigkeit zugunsten der eigenen Person handeln. Eine Situation, die ebenso zur Herstellung von Gerechtigkeit motivieren würde.

Personen nutzen verschiedene Möglichkeiten, um Ungerechtigkeiten zu beseitigen und Fairness herzustellen (vgl. Robbins/Judge 2019, S. 267):

– Den *Einsatz verändern* (z. B. sich weniger anstrengen bei erlebter Unterbezahlung oder sich mehr anstrengen bei erlebter Überbezahlung).
– Den *Ertrag verändern* (z. B. bei leistungsorientierter Vergütung mehr Teile in schlechterer Qualität produzieren).
– Die *Einschätzung der eigenen Leistung/Person verändern* (z. B. die eigene Anstrengung im Nachhinein auf- oder abwerten).
– Die *Einschätzung der Leistung anderer Personen verändern* (z. B. die Leistung der Vergleichsperson im Nachhinein auf- oder abwerten).
– Die *Vergleichspersonen verändern* (z. B. *Ich verdiene zwar nicht so viel wie mein Bruder, aber deutlich mehr als mein Schwager*).
– Die *Situation verlassen* (z. B. bei erlebter Unfairness den Arbeitgeber wechseln).

Für den Vergleich mit anderen Personen wählen wir in der Regel Personen, die uns in sozialen Merkmalen ähnlich sind (sogenannte Peers wie Kollegen aus der gleichen Abteilung oder Freunde). Personen unterscheiden sich allerdings in ihrer Sensitivität für die Wahrnehmung von Fairness bzw. Unfairness. Der Vergleich zwischen sich selbst und anderen ist im hohen Ausmaß subjektiv und unterliegt häufig massiven *selbstwertdienlichen Verzerrungen*. Menschen neigen dazu, die eigenen Leistungen zu überschätzen und die Leistung anderer Personen zu unterschätzen. Daher ist es sehr viel wahrscheinlicher, dass sich Mitarbeitende im Vergleich zu anderen benachteiligt fühlen, als dass sie ein Ungleichgewicht zu ihren eigenen Gunsten überhaupt als ein solches wahrnehmen. Ist Letzteres tatsächlich der Fall, fällt es leichter, die Wahrnehmung der Situation in Richtung der Equity zu verändern. Die Realität wird dabei so verzerrt, dass ein Gleichgewicht zwischen dem eigenen Aufwand- und Ertragsverhältnis und denen der Vergleichspersonen entsteht. Zum Beispiel: *Ich dachte zwar, wir leisten alle gleich viel, aber wenn ich richtig darüber nachdenke, habe ich in letzter Zeit wirklich sehr viel mehr gearbeitet als meine Kollegen. Daher steht mir auch ein höherer Bonus zu.*

Gerechtigkeit spielt eine herausragende Rolle in der Handlungsbewertung. Im organisationalen Alltag wird die tragende Rolle von Gerechtigkeitsempfindungen bei der Situations- und Handlungsbewertung häufig vernachlässigt. Gerechtigkeitsbewertungen beziehen sich dabei nicht ausschließlich auf die Verteilung von extrinsischen Anreizen wie z. B. Bonuszahlungen, Beförderungen, Lob, Statussymbole. Drei Arten der organisationalen Gerechtigkeit haben sich von besonderem Einfluss auf die Motivation von Mitarbeitenden gezeigt (vgl. Colquitt 2012; Robbins/Judge 2019, S. 267 ff.):

- *Distributive Gerechtigkeit*: Die wahrgenommene Fairness von Entscheidungsergebnissen wie die Verteilung von materiellen oder immateriellen Anreizen in Organisationen (auch Verteilungsgerechtigkeit genannt). Bezieht sich z. B. auf das Ausmaß verteilter Beförderungen oder Boni im Unternehmen.
- *Prozedurale Gerechtigkeit*: Die wahrgenommene Fairness von Entscheidungsprozessen. Bezieht sich z. B. auf die Nachvollziehbarkeit und Transparenz, mit der Beförderungsentscheidungen oder Bonuszuteilungen getroffen werden.
- *Interaktionale Gerechtigkeit*: Die wahrgenommene Fairness in der persönlichen Interaktion mit anderen. Bezieht sich z. B. auf die in einem Gespräch entgegengebrachte Freundlichkeit, die Wertschätzung und den Respekt der eigenen Person.

Ein Mitarbeitender mag sich beispielsweise ungerecht behandelt fühlen, weil er bei der diesjährigen Beförderungsrunde nicht berücksichtigt wurde (erlebte distributive Ungerechtigkeit). Er mag sich in seine Aufgaben ordentlich reingehängt haben und erwartet nun als Dank dafür die entsprechende Beförderung. Er empfindet die Verteilung der Beförderungen als ungerecht, weil nicht er, sondern seine Kollegin befördert wird. Durch die transparente Darstellung der Beförderungssystematik im Unternehmen kann jedoch die Wahrnehmung der prozeduralen Gerechtigkeit positiv beeinflusst werden. Möglicherweise kann dem Mitarbeitenden aufgezeigt werden, dass

Beförderungen im Unternehmen nicht nur nach Leistung, sondern auch der Dauer der Betriebszugehörigkeit vergeben werden. Bei gleicher Leistung entscheidet dann – wie im konkreten Fall – die Betriebszugehörigkeit über die Beförderung. Da die Kollegin länger im Unternehmen ist als der Mitarbeitende, wurde sie befördert. Ist die Kollegin aufgrund besserer Leistungen befördert worden, wäre dem Mitarbeitenden der Leistungsbeurteilungsprozess transparent darzustellen, sodass dieser die Ergebnisse nachvollziehen kann. In diesem Fall spielt die interaktionale Fairness eine wichtige Rolle. Leistungsdefizite des Mitarbeitenden sollten vom Vorgesetzten sensibel und sachlich kommuniziert werden. Der Mitarbeitende soll sich trotz der angesprochenen Leistungsdefizite wertgeschätzt und respektiert fühlen.

Implikationen aus den Forschungsarbeiten zur organisationalen Gerechtigkeit lassen sich wie folgt zusammenfassen:

- *Partizipation*: Mitarbeitende sind in Entscheidungsprozesse einzubeziehen. Partizipation an Entscheidungsprozessen führt zur wahrgenommenen Kontrolle und erhöht die Handlungsfähigkeit. Entscheidungen, an denen selbst mitgewirkt wurde, werden als gerechter empfunden.
- *Klare Regeln*: Entscheidungen in Organisationen sollten nach konsistenten und transparenten Regeln getroffen werden. Regeln werden dann als gerecht erlebt, wenn sie für alle Organisationsmitglieder gelten und konsistent angewendet werden.
- *Transparenz*: (Führungs-)Entscheidungen und Handlungen in Organisationen sollten den Mitarbeitenden gegenüber klar kommuniziert werden. Die Nachvollziehbarkeit von Entscheidungen und Regeln trägt dazu bei, dass diese als gerecht wahrgenommen werden.
- *Respekt*: Mitarbeitende sind mit Würde und Respekt zu behandeln. Dadurch kann als ungerecht empfundenen Behandlungen vorgebeugt werden.

3.4 Motivationsförderliche Arbeitsgestaltung

Wissenschaftliche Studien haben immer wieder Belege dafür hervorgebracht, dass die Ausführung stark fragmentierter Arbeitsaufgaben mit einem hohen Anteil an repetitiven, d. h. sich wiederholenden Tätigkeitsanteilen zu Langeweile und Unzufriedenheit führen. Beides wiederum beeinflusst die Arbeitszufriedenheit und -motivation negativ. Fragmentierte Arbeitsaufgaben, die lediglich einzelne Teile eines Arbeitsprozesses beinhalten, verhindern, dass Ausführende ihren Beitrag zum Gesamtziel der Organisation erkennen können und ihre Arbeit als sinnvoll erleben. Dadurch entsteht Unzufriedenheit, infolge derer sich die Ausführenden ihren Tätigkeitsbereichen nicht mit optimaler Motivation widmen. Stark repetitive Tätigkeiten, bei denen sich immer gleiche Arbeitsgänge in kurzen Abständen wiederholen, werden zudem häufig nicht als herausfordernd erlebt, weil darin nicht die gesamten Kompetenzen eingesetzt werden können. Daher stellt sich bei solchen Arbeitsaufgaben schnell eine Routine ein, die aufgrund der geringen Abwechslung als langweilig und nicht herausfordernd erlebt wird. Fühlen sich die Ausführenden nicht optimal gefordert, werden sie auch nicht mit der maximalen Motivation bei der Sache sein. Sie werden sich gegebenenfalls anderen Sachen neben ihrer Arbeitstätigkeit widmen und sich leicht ablenken lassen. Es sei an dieser Stelle allerdings angemerkt, dass sich ein bestimmtes Ausmaß an Routine auch förderlich auf die Arbeitsmotivation auswirken kann, da erst dadurch der Handlungsablauf bei der Aufgabenausführung als flüssig – im Sinne des Flowerlebens – erlebt werden kann (siehe Kapitel 3.3.7).

Der amerikanische Psychologe Frederick Herzberg befragte mehr als 200 Angestellte zu ihren angenehmen und unangenehmen Gefühlszuständen bei der Arbeit. Aus seinen Ergebnissen schlussfolgerte er, dass die Zufriedenheit mit der eigenen Arbeitstätigkeit kein eindimensionales Konstrukt ist (vgl. Herzberg 1968; Herzberg/ Mausner/Snyderman 1959). Das Erleben der Arbeit umfasst neben der *Arbeitszufriedenheit* auch eine zweite Dimension, die als *Arbeitsunzufriedenheit* bezeichnet wird. Beide Dimensionen zeigten sich mit unterschiedlichen Faktoren der Arbeits- und Aufgabenbedingungen verbunden, die Herzberg als Motivatoren oder Hygienefaktoren bezeichnete (vgl. Herzberg 1968):

- Eine geringe Ausprägung der *Hygienefaktoren* führt Herzberg zufolge zu *Arbeitsunzufriedenheit*. Sind Hygienefaktoren dagegen im erforderlichen Maße erfüllt, führt dies zu einem Zustand der *Nicht-Arbeitsunzufriedenheit*.
- Der Zustand der Nicht-Arbeitsunzufriedenheit ist nicht mit dem Zustand der *Arbeitszufriedenheit* gleichzusetzen. Letzterer ergibt sich erst aus der Erfüllung der *Motivatoren*, deren Mangel zu einem Zustand der *Nicht-Arbeitszufriedenheit* führt (siehe Abbildung 3.7).

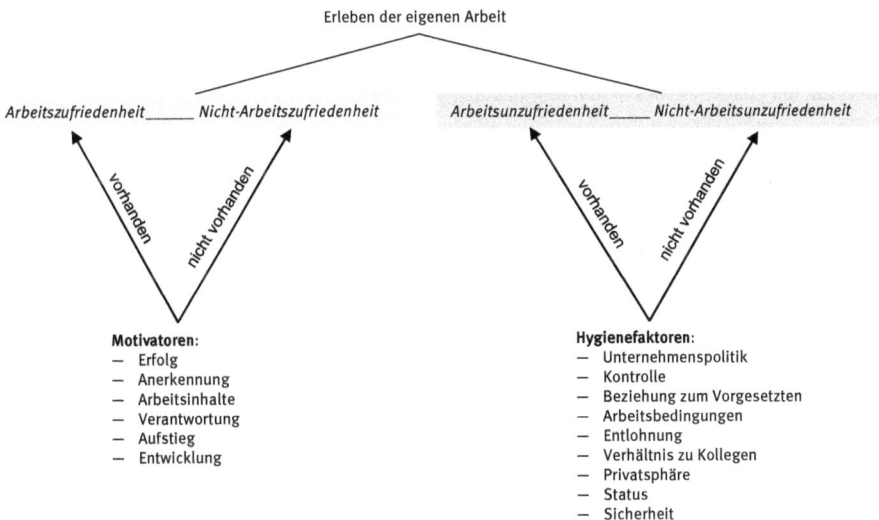

Abb. 3.7: Zwei-Faktoren-Theorie der Arbeitszufriedenheit nach Frederick Herzberg (eigene Darstellung).

Während Motivatoren den Aufgabeninhalten entspringen, gehen Hygienefaktoren auf die Arbeitsbedingungen zurück. Ansätze zur Steigerung der intrinsischen Arbeitsmotivation sollten sich vordergründig auf die Gestaltung der Aufgabeninhalte als Quelle der Arbeitszufriedenheit fokussieren. Eine Verbesserung der Hygienefaktoren hingegen vermeidet Arbeitsunzufriedenheit und sorgt für die benötigte Grundbereitschaft zur Mitarbeit in Organisationen, ohne die Mitarbeitende wohl kaum in der Organisation verbleiben würden.

Hackman und Oldham (1976, 1980) illustrieren in ihrem *Job Characteristics Model*, über welche Merkmale Arbeitstätigkeiten verfügen sollten, damit diese eine hohe intrinsische Motivation sowie eine Reihe weiterer positiver Erlebniszustände und Auswirkungen auf die Arbeit bewirken (siehe Abbildung 3.8).

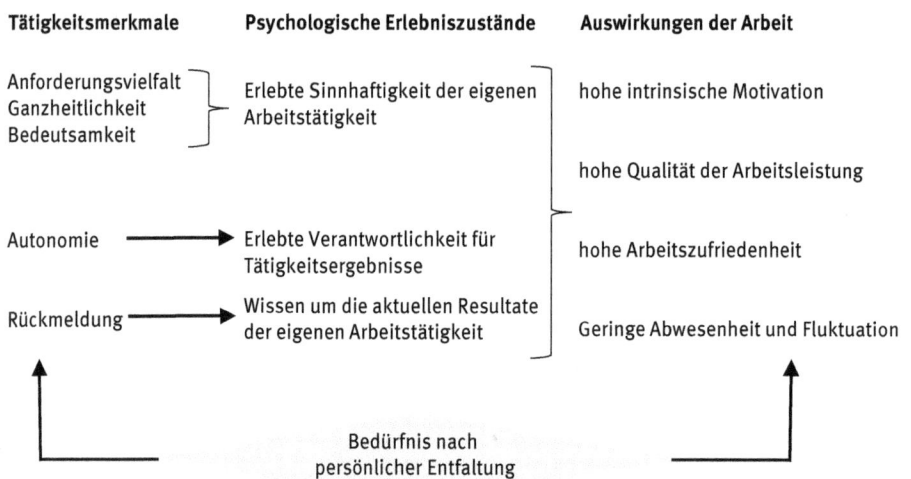

Tätigkeitsmerkmale	Psychologische Erlebniszustände	Auswirkungen der Arbeit
Anforderungsvielfalt Ganzheitlichkeit Bedeutsamkeit	Erlebte Sinnhaftigkeit der eigenen Arbeitstätigkeit	hohe intrinsische Motivation
		hohe Qualität der Arbeitsleistung
Autonomie ⟶	Erlebte Verantwortlichkeit für Tätigkeitsergebnisse	hohe Arbeitszufriedenheit
Rückmeldung ⟶	Wissen um die aktuellen Resultate der eigenen Arbeitstätigkeit	Geringe Abwesenheit und Fluktuation

Bedürfnis nach
persönlicher Entfaltung

Abb. 3.8: Job Characteristics Model (Nerdinger 1995, S. 58).

Dem Modell zufolge führen verschiedene Aufgabenmerkmale zu bestimmten psychologischen Erlebniszuständen. Letztere wiederum stehen mit einer Reihe positiver Resultate sowohl auf der individuellen als auch der organisationalen Ebene im Zusammenhang. So führen Arbeitsaufgaben,
- die möglichst viele Fähigkeiten des Ausführenden ansprechen (*Anforderungsvielfalt*),
- einen ganzheitlichen Arbeitsprozess (vom Anfang bis Ende) abbilden (*Ganzheitlichkeit*) und
- Zusammenhänge mit den Arbeitsaufgaben in der Organisation erkennen lassen (*Bedeutsamkeit*)

zur *erlebten Sinnhaftigkeit* der eigenen Arbeitstätigkeit. In die ihnen übertragenen Arbeitsaufgaben sollten Mitarbeitende möglichst viele ihrer Fähigkeiten einbringen

können. Ihnen sollten zusammenhängende Tätigkeiten anstatt lediglich isolierte Teilaufgaben übertragen werden. Auch wenn nach dem Modell die Ganzheitlichkeit einer
Arbeitsaufgabe angestrebt wird, kann dies in der organisationalen Praxis zumeist
nicht vollständig erfüllt werden. Für wichtig erachtet wird jedoch, dass Mitarbeitende
den Beitrag ihrer Tätigkeit zum Gesamtergebnis ihrer Abteilung/ihrer Organisation erkennen können, um ihre Tätigkeit als bedeutsam zu erleben. Alle drei Aufgabenmerkmale – Anforderungsvielfalt, Aufgabenganzheitlichkeit, Aufgabenbedeutsamkeit –
tragen zur erlebten Sinnhaftigkeit der eigenen Arbeitstätigkeit bei.

Wird den Mitarbeitenden in der Ausführung ihrer Arbeitsaufgaben *Autonomie*
eingeräumt, dann fühlen sie sich selbst für ihre eigenen Arbeitsergebnisse verantwortlich. Sind Arbeitsaufgaben so gestaltet, dass die Mitarbeitenden bereits aus der
Aufgabe heraus eine *Rückmeldung* erhalten, dann ermöglicht ihnen dies, die eigene
Leistung einschätzen zu können. Das Wissen um den aktuellen Leistungsstand wird
dadurch gesteigert.

Die soeben dargestellten Aufgabenmerkmale bzw. die dadurch herbeigeführten
Erlebniszustände entfalten sowohl positive Wirkungen auf der individuellen als auch
der organisationalen Ebene. Entscheidend dafür ist allerdings ein *Bedürfnis nach
persönlicher Entfaltung*, dessen Ausmaß zwischen Mitarbeitenden variiert. Fehlt ein
solches Bedürfnis gar vollständig, sollte sich auch kein Zusammenhang zwischen den
Aufgabenmerkmalen, Erlebniszuständen und den positiven Auswirkungen einstellen. Verfügen Mitarbeitende jedoch über ein Bedürfnis nach persönlicher Entfaltung
in ihrer Arbeitstätigkeit und sind – der subjektiven Wahrnehmung der Mitarbeitenden zufolge – alle fünf Aufgabenmerkmale erfüllt, entfaltet sich auf der individuellen
Ebene
- eine hohe intrinsische Motivation und
- eine hohe Arbeitszufriedenheit.

Auf der organisationalen Ebene kann
- eine hohe Qualität der Arbeitsleistung und
- eine niedrige Fluktuation und Abwesenheit erreicht werden.

Das Job Characteristics Model ermöglicht auch die Berechnung des Motivationspoten-
zials einer Arbeitsaufgabe. Mit einem eigens dafür konstruierten Fragebogen – dem
Job Diagnostics Survey – lassen sich die einzelnen Aufgabenmerkmale erfassen (vgl.
Hackman/Oldham 1975). Dafür muss der Tätigkeitsbereich anhand der einzelnen Auf-
gabenmerkmale durch den Aufgabenträger, dem Mitarbeitenden, bewertet werden.
Das *Motivationspotenzial* lässt sich dann mit folgender Formel errechnen:

$$\frac{\text{Anforderungsvielfalt} + \text{Aufgabenganzheitlichkeit} + \text{Aufgabenbedeutsamkeit}}{3} \times \text{Autonomie} \times \text{Feedback}$$

Die Formel lässt erkennen, dass in den Merkmalen Anforderungsvielfalt, Aufgabenganzheitlichkeit und Aufgabenbedeutsamkeit eine teilweise Kompensation mög-

lich ist. Erst wenn alle drei Aufgabenmerkmale nicht vorhanden sind, nimmt das Motivationspotenzial der Arbeitsaufgabe den Wert Null an. Letzteres zeigt an, dass die Arbeit nicht als motivierend erlebt wird. Bei den Merkmalen Rückmeldung und Autonomie handelt es sich dagegen um unabhängige Aufgabenmerkmale, die jeweils separat in die Berechnung des Motivationspotenzials eingehen. Fehlt eines der beiden Merkmale, d. h. nimmt es die Ausprägung Null an, fehlt der gesamten Tätigkeit ebenso das Motivationspotenzial. Andernfalls gilt, je höher das errechnete Motivationspotenzial, desto höher ist die Wahrscheinlichkeit, dass Mitarbeitende ihre Arbeit als sinnhaft erleben, sich für ihre Arbeitsergebnisse selbst verantwortlich fühlen und ihre eigenen Leistungen kennen. Ist dann ein starkes Bedürfnis nach persönlicher Entfaltung vorhanden, sollten sich die im Modell genannten positiven Auswirkungen auf der individuellen wie organisationalen Ebenes einstellen.

Ein Beispiel: Ein Mitarbeitender fühlt sich bei der Ausführung seiner Arbeitsaufgaben nur geringfügig gefordert. Zu seinen Aufgaben gehört es, eine Liste mit offenen Rechnungen zu prüfen und auf der Liste zu vermerken, ob eine Rechnung bezahlt wurde oder noch offen ist. Er erfährt nicht, was weiter mit der von ihm erstellten Liste geschieht. Die Bedeutsamkeit seiner Aufgabe für das Unternehmen schätzt er als mittelmäßig ein. Er weiß, dass die Aufgabe schließlich von irgendwem erledigt werden muss, sonst würde es in der Buchhaltung zu Problemen kommen. Die Vorlage der Liste zeigt automatisch an, ob der Mitarbeitende eine Rechnung fälschlicherweise als offen oder bezahlt vermerkt hat. So bekommt er immer unmittelbar eine Rückmeldung, ob ihm ein Fehler unterlaufen ist. Die Bearbeitungsreihenfolge der Liste ist festgelegt. Der Mitarbeitende hat wenig Einfluss auf den Umfang und die Abarbeitung der Liste. Sogar die Zeitintervalle, in denen die Positionen auf der Liste abgearbeitet werden müssen, sind festgelegt. Einzig die Entscheidung, ob er eine Liste zur Bearbeitung annimmt oder nicht, kann er selbst treffen. Gefragt danach, wie er die Anforderungsvielfalt, Ganzheitlichkeit, Bedeutsamkeit, Autonomie und die Rückmeldung in seiner Tätigkeit auf einer Skala von 0 (überhaupt nicht vorhanden) bis 10 (absolut hoch ausgeprägt) bewertet, antwortet der Mitarbeitende wie folgt:

- Anforderungsvielfalt = 3
- Ganzheitlichkeit = 2
- Bedeutsamkeit = 4
- Autonomie = 1
- Rückmeldung = 10

Eingesetzt in die oben genannte Formel kann das Motivationspotenzial der Arbeitsaufgabe nun wie folgt berechnet werden:

$$\frac{3 + 2 + 4}{3} \times 1 \times 10 = 30$$

Das Motivationspotenzial der Arbeitsaufgabe des Mitarbeitenden liegt bei 30. Es kann maximal 1000 betragen. Der sehr geringe Wert lässt darauf schließen, dass er seine derzeitige Arbeitsaufgabe als nicht sonderlich motivierend erlebt. Vonseiten des Managements besteht dringender Handlungsbedarf. Zum einen lässt ein so geringes Motivationspotenzial der Arbeitstätigkeit darauf schließen, dass der Mitarbeitende nicht sein volles Leistungspotenzial einbringt. Die Organisation würde damit nicht das gesamte zur Verfügung stehende Leistungspotenzial des Mitarbeitenden ausnutzen. Zum anderen wäre es bei einem derartig geringen Motivationspotenzial auch sehr wahrscheinlich, dass sich der Mitarbeitende nach Jobalternativen mit stärker motivierenden Arbeitsaufgaben umschaut. Letzteres wird zumindest dann der Fall sein, wenn der Mitarbeitende einen Wunsch zur persönlichen Entfaltung in seinem Beruf verspürt. Durch die Bewertung der einzelnen Aufgabenmerkmale wird ersichtlich, dass die als sehr gering erlebte Autonomie, ein stärkeres Motivationspotenzial verhindert. Durch mehr Freiräume in der Ausführung der Arbeitstätigkeit ließe sich das Motivationspotenzial des Mitarbeitenden steigern.

Sind die Ausprägungen der Merkmale des Job Characteristics Model bekannt, kann mittels der obigen Formel offengelegt werden, wo der dringendste Handlungsbedarf für die Tätigkeitsgestaltung besteht. Dadurch, dass die Merkmale Autonomie und Rückmeldung als jeweils separate Merkmale in die Berechnung des Motivationspotenzials eingehen, bieten diese auch den größten Hebel für die Steigerung des Motivationspotenzials. Im obigen Beispiel etwa würde alleine die Steigerung der Autonomie auf ein mittleres Niveau das Motivationspotenzial auf 150 ansteigen lassen. Ein vom Mitarbeitenden erlebtes maximales Ausmaß an Autonomie von 10 würde das Motivationspotenzial gar auf 300 ansteigen lassen. Wird stattdessen die Anforderungsvielfalt, Ganzheitlichkeit und Bedeutsamkeit auf das maximal mögliche Niveau von jeweils 10 gesteigert, würde das Motivationspotenzial bei gleichbleibender Autonomie lediglich 100 betragen.

Nimmt man die Betrachtungsebene einer einzelnen Tätigkeit ein, wird es häufig nicht möglich sein, diese so zu gestalten, dass beim Ausführenden das maximale Motivationspotenzial erreicht wird. In Organisationen fallen regelmäßig eine ganze Reihe von wenig komplexen Routineaufgaben an, die ein geringes Motivationspotenzial aufweisen, aber dennoch ausgeführt werden müssen. Hier kann ein Wechsel in der Ausführung verschiedener Aufgaben zu einer Steigerung der Arbeitsmotivation führen. Anstatt dieselbe Tätigkeit immer und immer wieder auszuführen, wechseln die Mitarbeitenden nach einem festgelegten Rotationsprinzip zwischen verschiedenen Tätigkeiten. Der bei einer solchen *Job-Rotation* gewonnene Einblick in andere Tätigkeitsbereiche kann die erlebte Bedeutsamkeit der eigenen Arbeitstätigkeit erhöhen. Werden Mitarbeitenden weitere Teilaufgaben eines kompletten Arbeitsprozesses übertragen, kann dies zudem die erlebte Ganzheitlichkeit erhöhen. Bekommen Mitarbeitende zu ihren Arbeitsaufgaben weitere Aufgaben dazu, erweitert sich nicht nur ihr Aufgabenbereich. Durch die Arbeitserweiterung (im Englischen *Job-Enlargement*) wird ebenso ein breiteres Fähigkeitsprofil der Mitarbeitenden angesprochen, was deren wahrgenommene Anforderungsvielfalt positiv beeinflusst. So lassen sich auch ganze Arbeitsbereiche an die individuellen Interessen und Fähigkeiten von Mitarbeitenden anpassen (sogenanntes *Job-Sculpting*). Hierzu ist in zwei Schritten vorzugehen (vgl. Butler/ Waldroop 1999):

1. *Identifikation* der Aufgabeninteressen und Anforderungswünsche der Mitarbeitenden.
2. *Anpassung* des Tätigkeitsbereichs/der Arbeitsaufgaben an die Interessen und Wünsche der Mitarbeitenden.

Insbesondere aber kann die Übertragung von Verantwortung einen starken Beitrag zur erlebten Bedeutsamkeit leisten. Zudem geht eine höhere Verantwortung häufig mit mehr Autonomie in der Ausführung der Arbeitsaufgaben einher. Im Rahmen des sogenannten des *Job-Enrichments* erhalten Mitarbeitende einen höheren Verantwortungsgrad. Ihnen werden also nicht lediglich wechselnde Aufgaben (Job Rotation) oder mehr Aufgaben (Job Enlargement) übertragen, sondern sie bekommen mehr Verantwortung für ihren Arbeitsbereich, was als Bereicherung empfunden wird. Im Rahmen des Job Enrichments bieten sich folgende Möglichkeiten (vgl. Buchanan/ Huczynski 2019, S. 298 f.):

- *Übertragung von Kundenverantwortung*: Wird Mitarbeitenden Verantwortung für einen festen Kundenstamm übertragen, steigert dies die Anforderungsvielfalt (der Umgang mit Kunden fordert insbesondere Kommunikationsfähigkeiten), Autonomie (da die Betreuung der Kunden vom Mitarbeitenden selbst gesteuert werden muss) und die Rückmeldung (die der Mitarbeitende direkt vom Kunden erhält).
- *Vertikale Erweiterung*: Werden Mitarbeitenden Verantwortung für Tätigkeiten übertragen, die den eigenen Arbeitsaufgaben vor-, nach und parallel-gelagert sind (z. B. Einsatzplanung, Personalentwicklung, Personalauswahl), steigert dies die erlebte Autonomie.
- *Offenes Feedback*: Kann Mitarbeitenden ein regelmäßiger Überblick über die von ihnen erbrachten Leistungen zur Verfügung gestellt werden, kann dies zur Leistungssteigerung anregen.

Eine Möglichkeit, um auch Mitarbeitenden ohne Führungsverantwortung mehr Verantwortung im Unternehmen zu übertragen, ist die Einführung *(teil-)autonomer Arbeitsgruppen* (vgl. Antoni 2007, S. 679 ff.). Diese Arbeitsgruppen übernehmen klassische Führungsaufgaben (z. B. Einsatzplanung, Personalentwicklung, Personalauswahl) selbst. Das Gefühl der Fremdbestimmung (durch die Führungskraft) kann in diesen Gruppen zugunsten einer stärkeren *Selbstbestimmung* vermindert werden. Diese, ursprünglich in Produktionsunternehmen eingesetzte Arbeitsform, ist in etwas abgewandelter Form mittlerweile auch häufig in Dienstleistungsunternehmen anzutreffen. Dort geht die Gestaltung *selbstorganisierter Teams* zumeist mit einem Abbau von Hierarchien einher und sorgt so für insgesamt flachere Organisationsstrukturen (hierzu Kapitel 6.5).

3.5 Zusammenfassung

Die Motivationspsychologie hat die Aufgabe, Richtung, Ausdauer und Intensität von Handlungen zu erklären. Wie in diesem Kapitel deutlich geworden sein sollte, sind die Gründe, warum Personen bestimmte Handlungen durchführen oder auch nicht, vielfältig. Wir können die Handlungen bzw. das Verhalten von Menschen als etwas von hinten getriebenes betrachten. Triebe und die damit verbundenen angeborenen Bedürfnisse drängen bei einem erlebten Mangel zur Behebung des Mangelzustands, sie treiben quasi dazu an, Bedürfnisse zu erfüllen. Inhaltsanalytische Theorien haben einige dieser Bedürfnisse benannt. Motive haben gegenüber Trieben und biologischen Bedürfnissen eine soziale Basis. Sie sind erlernt und manifestieren sich in unseren Zielen. Ziele ziehen unsere Handlungen von vorne. Wir richten unser Verhalten auf die Erreichung unserer Ziele aus. Situationen unterscheiden sich in der Art und Weise, wie sie die Erreichung unserer Ziele zulassen bzw. unterstützen. Der Situation kommt damit ein Anreizgehalt für die menschlichen Motive zu. Wir präferieren Situationen, die zu unseren Zielen bzw. Motiven passen. Diese Situationen haben einen starken Anreizgehalt und können unsere Motive aktivieren. Ist ein Motiv aktiviert, entsteht Motivation, d. h. wir entscheiden uns dazu, eine Handlung auszuführen.

Die Erkenntnisse der Motivationspsychologie sind essenziell für die Steuerung von Verhalten in Organisationen. Weil starke Motivation dann entsteht, wenn situative Parameter zu den Motiven einer Person passen, wird die Kenntnis der Motive von Mitarbeitenden zur Grundlage motivationsförderlicher Arbeitsgestaltung. Die Motivation in Organisationen kann demnach prinzipiell auf zwei Wegen erfolgen: Zum einen kann bereits bei der Personalauswahl darauf geachtet werden, dass die Zielvorstellungen des Bewerbers zu den Merkmalen der zu besetzenden Stelle passen. Zum anderen gilt es aber auch, die Zielvorstellungen der Mitarbeitenden genauer zu ergründen, um deren Aufgaben an die jeweiligen Zielvorstellungen anzupassen. Letzteres ist vor allem dann angezeigt, wenn der Eindruck von Motivationsdefiziten bei der Ausführung der Arbeitsaufgaben entsteht. Es ist dann zu prüfen, ob Diskrepanzen zwischen den Motiven der Mitarbeitenden und ihren Arbeitsaufgaben bestehen. Tätigkeiten, die Mitarbeitende in der Organisation ausführen, sind dabei als Ganzes zu betrachten. Mitarbeitende sehen sich einem Komplex an unterschiedlichen Einzelaufgaben gegenüber. Diese Aufgabenkomplexe definieren ihre Tätigkeits- bzw. Aufgabenbereiche. Auch fehlende Fähigkeiten können die Arbeitsmotivation einschränken, sodass den vorhandenen und benötigten Fähigkeiten ebenso Aufmerksamkeit zu schenken ist.

Zu berücksichtigen ist ferner, dass Motive relativ stabil sind. Bestimmte Motive mögen jedoch erst durch bestimmte Situationen angeregt werden, während sie zuvor nicht aktiv und damit nicht handlungsleitend waren. Dies eröffnet sowohl Optionen für die Entwicklung von Organisationen als auch für die Entwicklung ihrer Mitarbeitenden. Motivationsförderliche Arbeitsbedingungen sind demnach kein statischer Zustand. Die Arbeitsbedingungen sind konsequent auf ihren Anreizgehalt zu evaluieren und gegebenenfalls an die Motivstruktur der Mitarbeitenden anzupassen.

3.6 Fallstudie 2

Sie konnten das Unternehmen aus der ersten Fallstudie davon überzeugen, dass es günstiger ist, Personal im Unternehmen zu halten, anstatt immer wieder freiwerdende Stellen mit neuem Personal nachbesetzen zu müssen. Die langfristige Bindung der Mitarbeitenden war bisher kein Thema, über das sich die drei Geschäftsführenden Gedanken gemacht haben. Sie möchten sich daher zunächst in der Belegschaft des Unternehmens umhören und sich ein Bild von der Zufriedenheit der Mitarbeitenden machen. Da Sie nicht mit allen Mitarbeitenden des Unternehmens sprechen können, bitten Sie die Geschäftsführung, jeweils einen Mitarbeitenden aus jedem Bereich des Unternehmens für ein Gespräch zu benennen.

Zuerst interviewen Sie Frau Markmann aus der Buchhaltung. Frau Markmann ist 26 Jahre alt. Vor einem Jahr hat sie ihr Masterstudium in Betriebswirtschaftslehre abgeschlossen. Bereits während ihres Studiums hat sie im Unternehmen gearbeitet. Neben ihrer Anstellung im Unternehmen schreibt sie seit kurzem an ihrer Doktorarbeit.

„Ich bin jetzt seit zwei Jahren hier im Unternehmen", beginnt Frau Markmann. „Eingestiegen bin ich noch während meines Studiums und habe das hier als Nebenjob gemacht. Mit meinem Studium bin ich seit einem Jahr fertig. Zwar verdiene ich jetzt etwas mehr als während meines Studiums, an meinen Aufgaben hat sich seitdem aber nichts geändert. Ganz unter uns, das, was ich hier mache, dafür brauchen Sie kein Studium. Bisher fühle ich mich aber ganz wohl. Die Kollegen sind nett. Überstunden musste ich bisher noch nie machen. Ganz im Gegenteil, was die Arbeitszeiten angeht, redet mir hier keiner rein. Wie ich meine Aufgaben erledige, kann ich mir selbst einteilen. Der Job hier lässt sich also sehr gut mit meinem Promotionsstudium vereinbaren."

Sie möchten gerne wissen, was Frau Markmann sich für ihre Karriere vorgenommen hat.

„Auf jeden Fall will ich jetzt erst einmal das Promotionsstudium abschließen. In drei Jahren will ich damit fertig sein. Meine Professorin sagt, das sei ambitioniert neben meiner Vollzeitstelle und ich solle mich lieber auf mindestens fünf Jahre bis zum Doktortitel einstellen. Das spornt mich jetzt umso mehr an, schneller fertig zu werden. Danach will ich noch einmal ins Ausland. So für ein bis zwei Jahre. Ich habe mal ein Semester auf Bali studiert. Das war noch so ziemlich am Anfang meines Studiums. Ich erinnere mich noch, wie stolz ich damals war, dass ich trotz meines jungen Alters dort bereits drei Bachelormodule erfolgreich abschließen konnte. Jetzt würde mich Indien reizen. Nicht zum Reisen. Ich möchte dort arbeiten und das wahre Leben kennen lernen. Ich möchte mir beweisen, dass ich auch in anderen Kulturen gut klarkomme, dass ich auch dort Kontakte aufbauen kann und neue Herausforderungen meistern werde. Meine beste Freundin arbeitet bei einem großen Konzern und ist derzeit in Indien. Sie fühlt sich dort allerdings nicht sehr wohl, weil sie mit der Mentalität nicht klarkommt. Die haben sie aber auch von heute auf morgen dahin geschickt. Nichts mit Vorbereitung oder so. Vielleicht expandieren wir ja mit unserem

Vertrieb ins Ausland. Das wäre auch was für mich. Ich sehe das mit der Karriereentwicklung sportlich. Ich laufe auch selbst Marathon. Dort verfolge ich das Ziel, meine eigene Bestleistung ständig zu schlagen. So sehe ich das auch mit meiner Karriere. Ich messe mich auch hier gerne an neuen Herausforderungen und bin stolz, wenn ich daran wachsen kann."

Das zweite Interview führen Sie mit Herrn Saure. Herr Saure ist 27 Jahre alt und arbeitet seit vier Jahren im Vertriebsaußendienst.

„Ich bin zu dem Job gekommen, wie die Jungfrau zum Kind. Ich hatte mit Vertrieb nichts zu tun und werde das auch nicht mein Leben lang machen, so viel ist klar. Nach meiner Lehre habe ich mich nach einem Studium umgeschaut und dachte mir, hier kann ich mir etwas nebenbei verdienen und dadurch mein Studium finanzieren. Ich habe dann aber sehr schnell einen großen Kundenstamm übernommen. Daher habe ich meine Pläne für ein Studium vorerst auf Eis gelegt. Ich meine das Geld, was ich hier verdienen kann, ist schon nicht schlecht. Die Provision ist da ein schöner Anreiz. Erst hier im Vertrieb hat sich überhaupt mein Interesse an der Psychologie entwickelt. Vertrieb ist Psychologie durch und durch. Es geht darum, die Bedürfnisse des Kunden zunächst zu verstehen, bevor wir diese mit unseren Angeboten erfüllen können. Hier ließe sich noch sehr viel mehr aus unseren Kunden herausholen. Dafür müssten wir aber unsere Produktpalette erweitern. Solche strategischen Themen interessieren mich sehr. Es macht mir Spaß, mir über strategische Fragestellungen den Kopf zu zerbrechen. Ich habe einmal ein Strategiepapier zur Erweiterung unserer Geschäftstätigkeit erstellt. So richtig mit Marktanalyse und Handlungsempfehlungen. Die Geschäftsführung hat sich das wohl auch durchgelesen. Eine offizielle Rückmeldung dazu habe ich aber nie bekommen. Als ich einmal nachgefragt habe, hieß es nur, dass das derzeit kein Thema sei und sich der Vertrieb ausschließlich auf die Besuche vor Ort beim Kunden konzentrieren soll. Bei strategischen Entscheidungen bleibt die Geschäftsführung wohl lieber unter sich."

Sie möchten wissen, ob sich Herr Saure denn in seiner aktuellen Tätigkeit nicht ausgelastet fühlt.

„Der reine Vertrieb ist eigentlich recht einseitig. Ich bekomme eine Liste mit Kundenterminen vom Innendienst. Die Termine muss ich nacheinander abarbeiten. Brauche ich bei einem Termin länger, kann das schon die Pause kosten. Kunden lässt man schließlich nicht warten. Auf meine Tagesplanung habe ich gar keinen Einfluss, das gibt uns alles der Innendienst vor. Wir Außendienstler würden unsere Termine viel lieber selbst planen. Im Gegensatz zum Innendienst kenne ich meine Kunden ja persönlich. Ich weiß, dass man bei einigen Kunden eben nicht nach 45 Minuten raus ist. Da braucht man länger. Der Innendienst schert sich nicht darum, die wissen auch gar nicht, was wir beim Kunden machen. Im Gegenzug wissen wir auch nicht, was der Innendienst mit dem Kunden bei der Terminvereinbarung bespricht. Da können womöglich beide Seiten noch etwas voneinander lernen. Was ich aber an meinem Job liebe, ist das gute Gefühl nach einem Geschäftsabschluss. Daran merke ich dann, dass ich einen guten Job gemacht habe. Der Vertrieb ist meiner Meinung nach die Grundsäule des Unternehmens. Wir sorgen dafür, dass hier alle zu arbeiten haben. Das macht mich schon ein bisschen stolz. Im Großen und Ganzen fühle ich mich hier also ganz wohl. Klar, die Fluktuation bei uns im Außendienst ist schon enorm, aber wie ich gehört habe, sollen Sie das ja jetzt ändern."

Das dritte Gespräch führt Sie an den Empfang des Unternehmens. Hier arbeitet Frau Schwacke. Sie ist 51 Jahre alt und eine echte Frohnatur. Bereits für den Vormieter des Bürogebäudes hat sie die Empfangsarbeit erledigt. Sie ist also von Unternehmensbeginn an mit dabei. Frau Schwacke begrüßt die Gäste, weist ihnen die Wege zu den Büros, nimmt Anrufe entgegen und stellt Anrufer zu den jeweiligen Ansprechpartnern im Unternehmen durch. Die Geschäftsführung hat Ihnen schon gesagt, dass Frau Schwacke immer zu einem Plausch aufgelegt ist.

Frau Schwacke plaudert sodann auch sofort drauf los: „Ich bin nur halbtags hier. Reicht mir vollkommen. Hab' außerhalb des Unternehmens noch genug zu tun. Ich bin Vorstand im Kleingartenverein Henrichenburg. Gebe als Tanzlehrerin dreimal die Woche Tango-Unterricht in Waltrop. Engagiere mich ehrenamtlich bei den Tafeln in Bochum und betreue Jugendfreizeiten der evangelischen Kirche in Herne und Datteln. Da gibt es immer was zu tun. Mich kennt von Castrop-Rauxel über Herne bis Bochum jeder. Wenn ich durch die Städte gehe, dann bin ich vier- bis fünf Stunden unterwegs. Habe überall Bekannte. Irgendwen treffe ich immer und Zeit für einen Pläuschchen nehme ich mir gerne. Frau Ziegler hat mich einmal gefragt, ob ich hier nicht eine volle Stelle annehmen möchte. Sogar die Teamleitung in der Rechnungsprüfung wurde mir angeboten. Das habe ich aber dankend abgelehnt. Ich mache das hier gerne, unterstütze auch, wo ich kann, aber Personalführung? Das macht doch nur einsam. Dann sitze ich womöglich hinterher in der Kaffeeküche alleine, weil sich keiner mehr traut, mit mir zu reden. Ich benutze nicht meine Ellenbogen, um auf Teufel komm raus Karriere zu machen. Ist nicht meine Art. Ich bin hier, weil ich den Kontakt mit Menschen mag, nicht um Karriere zu machen. Solange ich hier am Empfang sitzen darf, bleibe ich, bis die mich raustragen."

Für den Vertriebsinnendienst wurde Ihnen Herr Ribbeck als Interviewpartner vorgeschlagen. Herr Ribbeck ist 42 Jahre alt und erst seit kurzem im Unternehmen. Er wirkt auf die Geschäftsführung noch sehr verhalten und hat bisher noch nicht die Leistung gezeigt, die die Geschäftsführung von ihm erwartet hatte. Die Geschäftsführung hofft, durch das Gespräch mit Ihnen und Herrn Ribbeck vielleicht mehr über dessen Zurückhaltung zu erfahren. Sie fragen Herrn Ribbeck zunächst, wie er seinen Einstieg ins Unternehmen empfunden hat.

Herr Ribbeck antwortet Ihnen: „Man merkt halt, dass es noch ein recht junges Unternehmen ist. Alle waren von Beginn an sehr freundlich zu mir, aber ich hatte das Gefühl, keiner war so richtig darauf vorbereitet, dass ich komme. Mein Arbeitsplatz musste erst noch freigeräumt werden. Den Computer, den ich wohl von einem Vorgänger übernommen habe, war noch gar nicht konfiguriert, private Familienfotos inklusive. Die ersten zwei Tage habe ich quasi nur herumgesessen und darauf gewartet, dass etwas passiert. Ich sollte mich selbst einarbeiten. Ab und zu habe ich mich neben einen meiner Kollegen gesetzt und ihm über die Schultern geschaut. Hatte aber eher das Gefühl, dass den das stört."

Sie möchten wissen, was Herr Ribbeck zuvor gemacht hat und warum er beim jetzigen Unternehmen eingestiegen ist.

„Ich war insgesamt 12 Jahre Leiter im Vertriebsinnendienst einer Versicherung. Insgesamt war ich 22 Jahre in dem Versicherungsunternehmen. Ich habe dort meine Ausbildung gemacht, später neben dem Job ein Jurastudium absolviert und dann noch einen internationalen MBA drangehängt. Den habe ich als Jahrgangsbester abgeschlossen. Nach über 20 Jahren im Versicherungsunternehmen dachte ich mir, *jetzt muss ich noch einmal was Neues machen.* Ein junges, dynamisches Unternehmen habe ich gesucht. *Da kannst du was aufbauen, selbst gestalten. Das ist noch einmal eine echte Herausforderung.* Bei uns in der Versicherung plätscherte das alles so routinemäßig vor sich hin. Im Bekanntenkreis war ich nur der Versicherungsheini, denen wollte ich allen beweisen, dass ich auch noch was Anderes kann."

Sie wollen wissen, ob Herr Ribbeck zufrieden ist, wo er doch jetzt keine Leitungsposition mehr innehat.

„Dass ich hier nicht von Beginn an eine formale Vorgesetztenposition übernehme, war mir klar. Praktisch gibt es ja nur eine Leitungsebene und das ist die Geschäftsführung. In den Gesprächen mit der Geschäftsführung hat diese mir aber mitgeteilt, dass ich schon allein aufgrund meiner jahrelangen Führungserfahrung einen anderen Status einnehmen werde als meine Kollegen im Innendienst. Perspektivisch soll ich dann auch die Leitung des Innendienstes übernehmen. Das macht bisher Frau Theiler als Teamleitung, aber ohne Vorgesetztenfunktion. Die Mitarbeitenden in meinem Bereich sind auch um einiges jünger als ich und haben teilweise noch gar keine Berufserfahrung. Die können von einem alten Hasen wie mir viel lernen."

Herr Ribbeck lacht und wird dann wieder ernst. „Ich wundere mich ehrlich gesagt etwas darüber, dass sich bis heute – und ich bin jetzt im dritten Monat hier – keiner von der Geschäftsführung bei mir hat sehen lassen. Ab und zu begegne ich mal einem aus der Geschäftsführung auf dem Flur. Außer einem kurzen Smalltalk ist es bisher aber zu keinem längeren Gespräch gekommen. Mein Kennenlerntermin mit der Geschäftsführung wurde bisher dreimal verschoben. Jetzt habe ich einen neuen Terminvorschlag: Ein Samstag in zwei Monaten. Dabei hatte ich schon im Vorstellungsgespräch gesagt, dass ich am Wochenende aufgrund der Distanz zu meinem eigentlichen Wohnort nicht zur Verfügung stehen kann. Ich pendle dann zu meiner Familie. Das sind knapp 200 Kilometer. Wahrscheinlich wird der Termin ohnehin wieder kurzfristig abgesagt. War ja bisher auch so. Ich bin es nicht gewohnt, den Leuten hinterher zu laufen. Damit fange ich hier also gar nicht erst an. Ich habe ein Team mit über 20 Mitarbeitenden geleitet. Da haben die Leute nach meiner Pfeife getanzt – wie man so schön sagt."

Was denn seine aktuellen Aufgaben sind, wollen Sie von Herrn Ribbeck wissen.

„Ich mache im Prinzip nichts anderes als reinen Innendienst, wie die anderen Mitarbeitenden hier auch. Am Anfang dachte ich ja noch, okay, du musst dir erst einmal einen Überblick verschaffen, um dann mitsprechen zu können. Jetzt nach drei Monaten telefoniere ich aber immer noch C bis D-Kunden hinterher, um mit denen Termine zu vereinbaren. Beim Termin bin ich dann nicht einmal persönlich vor Ort, sondern das macht jemand aus dem Außendienst, den ich nicht kenne. Ich habe überhaupt keinen Einfluss darauf, was mit den Kunden vor Ort besprochen wird. Stellen Sie sich vor, die viel jüngeren und unerfahrenen Mitarbeitenden kommen auf mich zu und wollen mir Aufgaben übertragen. Die wollen mir sagen, wen ich wann anrufen soll. Da hat es schon ein paarmal ziemlich geknallt. Ich sehe meine Mitarbeitenden nicht in der Position, mir Aufgaben zu erteilen. Solange sich das hier nicht ändert, mache ich meinen Job und gut ist. Das ist vielleicht etwas Positives: Ich bin hier noch nie später als 16 Uhr rausgegangen. Ich weiß gar nicht, was ich mit der ganzen Freizeit anfangen soll. Da könnte ich sogar noch zu meiner Familie pendeln und mir die Kosten für das Apartment unter der Woche sparen. In meinem alten Unternehmen kam ich nie vor 20 Uhr aus dem Büro raus. Hat mich aber auch nicht gestört."

Sie fragen Herrn Ribbeck, wie sich die Situation für ihn ändern müsste.

„Also wissen Sie, mittlerweile denke ich, dass sich die Situation hier nicht von alleine ändern wird. Wenn Sie so lange wie ich im Geschäft sind, dann verfügen Sie über sehr viel Menschenkenntnis. Die Geschäftsführung hält jeden für ersetzbar, soviel habe ich schon mitbekommen. Ich verfüge über viele Kontakte. Viele davon haben mir im Vorfeld davon abgeraten, meinen Job bei der Versicherung für das hier zu kündigen. Ich habe es trotzdem getan, auch um denen zu zeigen, dass ich noch was anderes kann als nur Versicherungen. Mit dem Ergebnis meiner getroffenen Entscheidung bin ich jetzt alles andere als zufrieden. Mich belastet die Situation sehr. In Gedanken gehe ich ständig verschiedene Optionen durch, aber ich will auch nicht schon wieder vorschnell entscheiden. Eine schlechte Entscheidung reicht mir."

Sie möchten wissen, ob Sie dies der Geschäftsführung rückmelden dürfen.

„Nein, definitiv nicht. Das kläre ich schon selbst. Ich wundere mich, warum die Geschäftsführung zwar Zeit für Gespräche mit Ihnen findet, mit mir aber in drei Monaten noch keinen einzigen Termin wahrnehmen konnte. Schon komisch, oder? Wissen die überhaupt, dass ich noch hier bin? Ich fühle mich da schon ungerecht behandelt. Das hat ja auch etwas mit Respekt zu tun. Nein, nein, lassen Sie mich das mal alleine klären. Ich bin schon mit ganz anderen Sachen fertiggeworden. Ich vertraue auf Ihre Diskretion. Das Gespräch mit Ihnen hat mir geholfen, klarer zu sehen. Ich glaube, ich weiß jetzt, was ich zu tun habe."

Im fünften Gespräch sitzen Sie Frau Kern gegenüber. Frau Kern ist 48 Jahre alt und arbeitet seit 1,5 Jahren in der Abteilung Rechnungsprüfung. Sie bedanken sich zunächst herzlich dafür, dass sich Frau Kern Zeit für ein Gespräch genommen hat.

„Das mache ich sehr gerne. Ich bin froh, wenn ich mal aus meinem Büro herauskomme und ein bisschen Abwechslung habe."

Ob denn ihr Aufgabenbereich nicht abwechslungsreich genug sei, möchten Sie wissen.

„Das fragen Sie wirklich? Schauen Sie sich doch einmal an, was wir hier machen. Es sitzen mit mir noch sechs Kollegen in der Rechnungsprüfung, die nichts anderes machen, als Rechnungen zu prüfen. Tag ein, Tag aus. Ich starte morgens den Computer, dann rufe ich die Rechnungen ab, die ich an diesem Tag prüfen muss, und dann gehe ich Posten für Posten durch. Alle 30 Minuten muss ich eine Pause machen, weil mir die Augen schmerzen und meine Konzentration nachlässt. Entdecke ich einen Fehler in der Rechnung – und das passiert häufig – dann markiere ich diesen. Das System speichert alles und wie es dann weitergeht, weiß ich nicht. Naja, ich weiß schon, dass die Fehler korrigiert werden. Einige Rechnungen prüfe ich ja zwei-, drei- oder sogar viermal. Sonst kriegen wir in der Rechnungsprüfung aber nichts von den weiteren Prozessen mit. Hört sich spannend an, oder?"

Sie wollen wissen, warum Frau Kern denn dann schon 1,5 Jahre im Unternehmen ist, wenn ihr die Aufgaben keinen Spaß machen.

„Zumindest bin ich beschäftigt bei dem, was ich tue. Meine Partnerin ist beruflich viel unterwegs. Alleine zuhause herumzusitzen ist ja noch langweiliger. Da kann ich auch hier Rechnungen prüfen. Bezahlt wird auch pünktlich und es ist ja auch nicht so, dass ich mich zu Tode schufte. Meine Kollegen sind zudem sehr nett. Das spielt für mich natürlich auch eine große Rolle."

Sie fragen nach, ob alle Kollegen in der Abteilung die Aufgaben so sehen wie Frau Kern.

„Ich würde sagen, schon. Wir haben der Geschäftsführung sogar einmal vorgeschlagen, auch in anderen Abteilungen auszuhelfen, auch weil es uns wirklich interessiert, was die anderen so machen, und wir dann vielleicht sehen, wie wichtig unsere Aufgaben für das Unternehmen sind. Wir könnten uns auch vorstellen, dass wir die Aufgaben regelmäßig mit Kollegen aus anderen Abteilungen tauschen. Auch in den anderen Abteilungen gibt es ja einige Kollegen, die ihren Aufgabenbereich recht eintönig finden. So hätte dann jeder mehr Abwechslung und muss nicht immer das Gleiche tun. Frau Markmann hat über so ein Thema ihre Masterthesis geschrieben. Wir fanden den Vorschlag von ihr wirklich gut, so etwas hier einzuführen. Die Geschäftsführung hat das aber dann nicht umgesetzt."

Noch bevor Sie Ihre Ergebnisse der Geschäftsführung rückmelden, erfahren Sie, dass Herr Ribbeck gekündigt hat. Er geht zurück in die Versicherungsbranche und wird dort angeblich eine hoch dotierte Führungsposition übernehmen.

Aufgabe 2.1: Charakterisierung der Motivation von Frau Markmann
a. Suchen Sie in den Aussagen von Frau Markmann nach Hinweisen zu ihrem dominanten Grundmotiv nach McClelland.
b. Bewerten Sie aufgrund der vorhandenen Informationen aus dem Gespräch das Motivationspotenzial des Aufgabenbereichs von Frau Markmann nach dem Job Characteristics Modell.
c. Die Geschäftsführung hat sich dazu entschlossen, Frau Markmann einen Auslandsaufenthalt zu ermöglichen. Suchen Sie in den Aussagen von Frau Markmann

nach Informationen dazu, ob ein Auslandsaufenthalt zu ihren Motiven, Zielen und Fähigkeiten im Sinne des 3K-Modells von Hugo Kehr passt. Geben Sie auch Empfehlungen, was hinsichtlich des 3K-Modells in der Planung des Auslandseinsatzes berücksichtigt werden sollte, damit Frau Markmann nicht dieselben Erfahrungen macht wie ihre Bekannte.

Aufgabe 2.2: Charakterisierung der Motivation von Herrn Saure

a. Bewerten Sie aufgrund der vorhandenen Informationen aus dem Gespräch das Motivationspotenzial des Aufgabenbereichs von Herrn Saure nach dem Job Characteristics Modell.

b. Welche Arbeitsgestaltungsmaßnahme wäre geeignet, um die Arbeitsmotivation von Herrn Saure zu steigern?

c. Bewerten Sie das Engagement von Herrn Saure in Bezug auf die Mitarbeit an strategischen Fragestellungen anhand des 3K-Modells der Motivation. Was könnte das Unternehmen tun, um die derzeitige Motivation von Herrn Saure zu steigern?

Aufgabe 2.3: Charakterisierung der Motivation von Frau Schwacke

a. Suchen Sie in den Aussagen von Frau Schwacke nach Hinweisen zu ihrem dominanten Grundmotiv nach McClelland.

b. Wäre es sinnvoll, das Motivationspotenzial des Aufgabenbereichs von Frau Schwacke im Sinne des Job Characteristics Modell von Hackman und Oldham steigern zu wollen?

c. Wie würde die VIE-Theorie von Victor Vroom Frau Schwackes Ablehnung der Teamleitungsposition erklären?

Aufgabe 2.4: Charakterisierung der Motivation von Herrn Ribbeck

a. Suchen Sie in den Aussagen von Herrn Ribbeck nach Hinweisen zu seinem dominanten Grundmotiv nach McClelland.

b. Bewerten Sie aufgrund der vorhandenen Informationen aus dem Gespräch das Motivationspotenzial des Aufgabenbereichs von Herrn Ribbeck nach dem Job Characteristics Modell.

c. Wie beeinflusst die getroffene Entscheidung von Herrn Ribbeck, in das Unternehmen einzusteigen und seine Leitungsposition im Versicherungsunternehmen zu kündigen, seine Motivation im Sinne des Rubikon-Modells?

d. Beschreiben Sie, in welcher Phase des Rubikon-Modells sich Herr Ribbeck während des Gesprächs mit Ihnen befand, und wie es danach wohl zur Kündigung gekommen ist.

e. Aufgrund welcher Art der organisationalen Gerechtigkeit fühlt sich Herr Ribbeck von der Geschäftsführung ungerecht behandelt?

f. Erklären Sie seine Motivation zur Kündigung mit der Equity-Theorie von Adams.

Aufgabe 2.5: Charakterisierung der Motivation von Frau Kern

a. Bewerten Sie aufgrund der vorhandenen Informationen aus dem Gespräch das Motivationspotenzial des Aufgabenbereichs von Frau Kern im Unternehmen nach dem Job Characteristics Modell.

b. Welche Arbeitsgestaltungsmaßnahme verbirgt sich hinter dem von Frau Kern vorgeschlagenen Aushelfen in anderen Abteilungen?

4 Veränderung des Verhaltens: Lernen, Wahrnehmen und Urteilen

Im Abschnitt zur Motivation werden Motive als erlernte Beweggründe für bestimmte Handlungen definiert. Motive sind also nicht von Geburt an vorhanden, sondern sind das Ergebnis von Lernerfahrungen. Die Umwelt nimmt damit einen entscheidenden Einfluss auf die individuelle Bedürfnisentwicklung. Nicht nur unsere Motive werden von der Umwelt beeinflusst, wir passen unser Verhalten auch den vorgefundenen Umweltbedingungen an, wie bereits in Kapitel 2 dargelegt wurde. Die Anpassung des Verhaltens an sich wiederholende Situationen findet nicht jedes Mal aufs Neue statt. Menschen sind dazu fähig, Erfahrungen und Ereignisse zu speichern, um diese nachfolgend zu erinnern. Wir können eigene Erlebnisse oder auch lediglich beobachtete Ereignisse miteinander verknüpfen und zukünftige Ereignisse gedanklich vorwegnehmen, um daraus Schlussfolgerungen für unser Handeln zu ziehen. Bedeutsam für Letzteres ist die Wahrnehmung kausaler Ursache-Wirkungs-Beziehungen zwischen erlebten und beobachteten Ereignissen.

Sie mögen dieses Buch lesen, um die hier beschriebenen Erkenntnisse anschließend in Ihrer Unternehmenspraxis anzuwenden. Bereits die Entzifferung der Schriftzeichen beim Lesen ist das Ergebnis von Lernprozessen. Nehmen wir an, Sie haben die ersten Kapitel des Buches durchgearbeitet. Damit Sie überhaupt etwas davon auf Ihre Unternehmenspraxis übertragen können, müssen Sie die gelesenen Inhalte auch behalten. Das Gelesene muss also gespeichert werden, damit Sie es anschließend wieder abrufen können. Bleibt die Erinnerung an das was Sie gelesen haben aus, kann diesbezüglich wohl kein Lernen stattgefunden haben (Wirkungen des Unterbewussten außen vor gelassen). Gelingt es Ihnen jedoch, die behaltenen Inhalte des Buches aus Ihrem Gedächtnis abzurufen, muss dies das Ergebnis eines Lernprozesses sein.

Für die Anwendung der erlernten Inhalte in der Praxis wird Ihnen allein der Abruf an Informationen noch nicht viel nützen. Die Inhalte dieses Buches erlangen ihre Praxisrelevanz dadurch, dass Sie sie mit realen Ereignissen aus Ihrem organisationalen Alltag verknüpfen. Hier ist nicht nur die Verknüpfung zwischen den Buchinhalten und erinnerten Ereignissen in Form von Bildern oder Fakten gemeint. Insbesondere die in diesem Buch beschriebenen Techniken und Empfehlungen zur Verhaltenssteuerung müssen in konkrete Verhaltensweisen bzw. Handlungen überführt werden, sprich: angewendet werden.

Denken Sie an folgende Situation: Sie möchten einem Mitarbeitenden seine nächsten Aufgaben zuweisen. Sie sehen sich dabei einem sehr gewissenhaften Mitarbeitenden gegenüber. Allein um dies zu erkennen, müssen Sie sich zunächst an die Inhalte des zweiten Kapitels und den Ausführungen zur menschlichen Persönlichkeit erinnern. Hier wurde die Gewissenhaftigkeit als eines der Big Five-Persönlichkeitsmerkmale vorgestellt. Sie erinnern sich in der konkreten Alltagssituation an die Beschreibung dieses Persönlichkeitsmerkmals und verknüpfen die Informationen mit

https://doi.org/10.1515/9783110734447-004

dem beobachteten Verhalten Ihres Mitarbeitenden. Gedanklich werden Sie dann die Ausführung der zu delegierenden Aufgaben durch Ihren Mitarbeitenden vorwegnehmen. Sie werden nur solche Aufgaben übertragen, von denen Sie erwarten, dass sie der Mitarbeitende ausführen kann und ausführen will. Sie werden sich womöglich an die Ausführungen zur Motivation im dritten Kapitel erinnern. In Anlehnung daran werden Sie die Aufgaben für Ihren Mitarbeitenden besonders interessant erscheinen lassen, sodass dieser optimal zur Aufgabenbearbeitung motiviert ist.

Durch Lernen verändert sich das Verhalten und Denken. Lernen ist nicht nur als eine Aneignung faktenbasierten Wissens zu verstehen. Lernen wird ganz entscheidend von Erfahrungen beeinflusst, die zu einer Verhaltensänderung führen (vgl. Gerrig 2018, S. 214 ff.). Durch das gewonnene Wissen über die Steuerung des menschlichen Verhaltens ergibt sich die Möglichkeit, Techniken und Methoden der Verhaltenssteuerung umzusetzen, die Ihnen zuvor noch unbekannt waren. Lernen umfasst
- die Erinnerung von Ereignissen (*Wissensspeicherung*),
- die Verknüpfung von Ereignissen (*Wissensaufbau*) und
- die Änderung von Verhalten und Denken (*Wissensnutzung*).

Der Prozess des Lernens bezeichnet den Erwerb von Wissen durch Erfahrung, was zu einer überdauernden Verhaltensänderung führt. Die Verhaltensänderung kann als direktes Resultat eines erfolgreichen Lernprozesses betrachtet werden. Eine annähernd stabile Verhaltensänderung lässt somit darauf schließen, dass Lernen stattgefunden hat. Kennen wir die Mechanismen des menschlichen Lernens, können wir damit eine weitere, für die Steuerung des menschlichen Verhaltens wichtige Frage beantworten:

Wie gelingt es Personen, ihr Verhalten zu ändern?

4.1 Arten des Lernens und Wissens

Wie bereits eingangs verdeutlicht, besteht Lernen nicht nur in dem Behalten und Reproduzieren von Fakten. Das Lernen von Fakten steht dem Lernen von Fähigkeiten und Fertigkeiten gegenüber. Das Ergebnis des Lernens wird als Wissen bezeichnet. Dies umfasst sowohl fähigkeits- und fertigkeitsbasiertes Wissen als auch faktenbasiertes Wissen. Folgende zwei Arten von Lernprozessen können unterschieden werden (vgl. ten Berge/Hezewijk 1999):
- *Deklaratives Lernen* bezeichnet das Lernen von Fakten. Ergebnis deklarativer Lernprozesse ist das *Wissen, dass* ein Ereignis stattgefunden hat.
- *Prozedurales Lernen* bezeichnet das Lernen von Fähigkeiten und Fertigkeiten. Ergebnis prozeduraler Lernprozesses ist das *Wissen, wie* etwas zu tun ist.

Nicht immer ist das vorhandene Wissen leicht zu verbalisieren. Vieles von dem was getan wird, kann nicht oder nur sehr schwer in Worte gefasst werden. Das erschwert die

Weitergabe von Wissen, d. h. den *Wissenstransfer*. Zu denken ist hier beispielsweise an die komplexen Bewegungsabläufe beim Fahrradfahren. Dass Sie Fahrradfahren können, ist das Ergebnis eines prozeduralen Lernprozesses. Das Wissen, wie man Fahrrad fährt, mag bei Ihnen zweifelsfrei vorhanden sein. Wie aber würden Sie dieses Wissen an jemanden weitergeben, der noch nie Fahrrad gefahren ist, z. B. einem Kleinkind? Ein rein mündlicher Vortrag über das Fahrradfahren wird hier für den Wissenstransfer wohl nicht ausreichen. Schon allein die Handlungs- und Bewegungsabläufe beim Fahrradfahren in Worte zu fassen wird schwerlich gelingen. Einfacher ist es, die zu vermittelnden Handlungs- und Bewegungsabläufe im Rahmen der Wissensweitergabe selbst einmal vorzuführen. Bei erlernten Handlungs- und Bewegungsabläufen, wie dem Fahrradfahren, handelt es sich um verinnerlichtes Wissen, das auch als implizites Wissen bezeichnet wird. Im Gegensatz dazu steht das einfach zu verbalisierende explizite Wissen (vgl. Dienes/Perner 1999):

– *Explizites Wissen*: Diese Art des Wissens basiert auf Fakten und kann gut verbalisiert und dokumentiert werden. Explizites Wissen ist das Ergebnis deklarativen Lernens. Als Beispiel mag die Kenntnis der Hauptstädte aller europäischen Länder dienen, deren Namen genannt und auch niedergeschrieben werden können.

– *Implizites Wissen*: Diese Art des Wissens basiert auf spezifische Erlebnisse und ist deshalb schwierig zu verbalisieren und zu dokumentieren. Implizites Wissen ist das Ergebnis prozeduralen Lernens. Dabei geht es in erster Linie um das Erlernen neuer Handlungs- und Bewegungsabläufe. Handlungs- und Bewegungsabläufe so zu verbalisieren oder zu dokumentieren, dass diese von anderen umgesetzt werden können, fällt sehr schwer, weswegen sich die Vorführung der Handlungs- und Bewegungsabläufe für den Transfer impliziten Wissens wesentlich besser anbietet.

Fähigkeiten und Fertigkeiten bestehen zu einem hohen Anteil aus implizitem Wissen. Vieles davon wurde während der Kindheit und im Verlauf der Sozialisation erworben. Dies gilt insbesondere für manuelle Fähigkeiten und Fertigkeiten. Kognitive Fähigkeiten – wie zum Beispiel die Durchführung bestimmter Rechenoperationen – weisen demgegenüber einen größeren Anteil expliziten Wissens auf. Ein Teil unserer Fertigkeiten ist auch deswegen zu implizitem Wissen geworden, weil wir die damit verbundenen Handlungen häufig, also wiederholt, praktiziert haben. Während das Erlernen neuer Handlungs- und Bewegungsabläufe zu Beginn noch sehr viel Konzentration erfordert, fällt deren Ausführung mit zunehmender Übung immer leichter. Die Benennung der einzelnen am Ablauf beteiligten Handlungen fällt zu Beginn eines prozeduralen Lernprozesses häufig noch recht leicht. Mit ausreichender Übung entwickeln sich die Handlungen dann mehr und mehr zu *Routinen*, wodurch Automatismen entstehen. Die Handlungsabläufe gehen ineinander über, was weniger bewusste, geistige Aktivität erfordert. Denken Sie hier als Beispiel einmal an Ihre ersten Fahrstunden. Was mussten Sie vor Fahrantritt nicht alles beachten? Spiegel einstellen, Sitzposition abstimmen, Gurt anlegen, Gang herausnehmen usw. Sicher musste auch Ihr Fahrlehrer Sie ab und zu an die einzelnen Abläufe erinnern. Heute steigen Sie ins Auto und die entsprechenden Bewegungsabläufe laufen wie selbstverständlich ab, ohne dass Sie sich diese immer wieder ins Gedächtnis rufen müssten.

Zu Beginn eines Lernprozesses entwickelt sich die Lernleistung noch recht langsam, bis dann mit fortschreitender Übung ein recht steiler Anstieg in der Umsetzung des Erlernten folgt (siehe Abbildung 4.1). Der steile Leistungsanstieg findet seine natürliche Begrenzung in einem Plateau, ab dem sich die Leistung nicht weiter steigern lässt (Plateauphase).

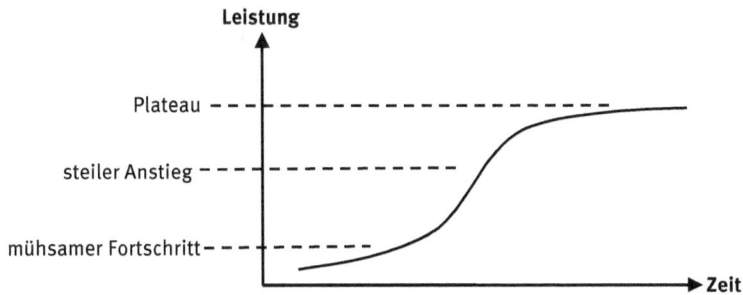

Abb. 4.1: Lernkurve für manuelle (und in ähnlicher Weise auch kognitive) Fertigkeiten (Buchanan/Huczynski 2019, S. 149).

4.2 Lerntheorien

Innerhalb der klassischen Lernforschung haben sich zwei Ansätze mit unterschiedlichen Forschungsparadigmen herausgebildet (vgl. Bendorf 2002, S. 11 ff.; Tomic 1993). Während Vertreter des *behavioristischen Ansatzes* nur das beobachtbare Verhalten von Personen als Gegeben und damit einer Analyse als zugänglich betrachten, bilden beim *kognitivistischen Ansatz* die inneren, von außen nicht direkt beobachtbaren Prozesse des menschlichen Denkens den Forschungsschwerpunkt. Im Folgenden werden die grundlegenden Erkenntnisse der beiden Ansätze auf dem Gebiet der psychologischen Lernforschung skizziert.

4.2.1 Der Behavioristische Lernansatz[1]

Vertreter des Behaviorismus' fassen menschliches Verhalten als eine Aneinanderreihung von Reizen und Reaktionen auf (vgl. Sonntag 2007, S. 36): Reize aus der Umwelt

---

1 Die Ausführungen im Folgenden stellen die Erkenntnisse des behavioristischen Ansatzes in seiner klassischen Ausrichtung dar. Nicht unerwähnt soll bleiben, dass dieser Ansatz wertvolle Weiterentwicklungen erfahren hat (hierzu Staddon 2014).

treffen auf den menschlichen Organismus, woraufhin dieser bestimmte Reaktionen zeigt. Von außen sind lediglich die Reize und die darauffolgenden Reaktionen beobachtbar. Die Reizverarbeitung findet dagegen innerhalb des menschlichen Organismus' statt, wodurch sie sich einer unmittelbaren Beobachtung entzieht. Forschende, die dem behavioristischen Paradigma folgen, konzentrieren sich daher ausschließlich auf sichtbare Reiz-Reaktions-Beziehungen. Die körperliche und mentale Verarbeitung von Umweltreizen wird von Behavioristen keinesfalls negiert. Weil die dabei ablaufenden Prozesse aber von außen nicht beobachtbar sind, scheiden sie als Forschungsobjekt für die Behavioristen aus. Der Mensch wird diesbezüglich als eine Art *Black-Box* betrachtet (vgl. Tomic 1993, S. 38).

Personen wirken mit ihren Handlungen auf ihre Umwelt ein. Dies ruft unmittelbare Konsequenzen hervor. Die Konsequenzen geben der handelnden Person eine Rückmeldung (*Feedback*) zu den durchgeführten Handlungen (vgl. Gerrig 2018, S. 230 ff.). Eine Handlung, für die das Individuum eine Belohnung erfährt, wird wiederholt. Dagegen werden Handlungen, für die das Individuum bestraft wird, nicht weiter ausgeführt. Aus der wiederholten Ausführung einer Handlung schließt der Behaviorist, dass eine Verbindung zwischen der Handlung und einer positiven Konsequenz/Belohnung (z. B. Lob) gelernt wurde. Lässt sich hingegen beobachten, dass ein Individuum eine zuvor gezeigte Handlung nicht weiter ausführt, wird dies auf eine gelernte Verknüpfung der Handlung mit negativen Konsequenzen/Bestrafungen (z. B. Kritik) zurückgeführt (siehe Abbildung 4.2).

Belohnungen (positive Konsequenzen) und Bestrafungen (negative Konsequenzen) als Rückmeldung (Feedback) auf eine bestimmte Handlung/ein bestimmtes Verhalten sind zentrale Bestandteile behavioristischer Lernmodelle. Bei der Belohnung wird zwischen einer positiven und einer negativen Verstärkung unterschieden werden (vgl. Gerrig 2018, S. 233):

– Von einer *positiven Verstärkung* eines Verhaltens wird gesprochen, wenn als Konsequenz auf das gezeigte Verhalten ein angenehmer Reiz folgt. Ein Beispiel dafür mag das von einem Mitarbeitenden als angenehm empfundene Lob des Chefs sein, wenn er seine Arbeitsaufgaben pünktlich erledigt.

– Von einer *negativen Verstärkung* eines Verhaltens wird gesprochen, wenn als Konsequenz auf das gezeigte Verhalten ein unangenehmer Reiz entfernt wird. Hierfür mag der Wegfall von (unliebsamen) Überstunden bei fristgerechter Aufgabenerledigung als Beispiel dienen.

Ein Verstärker als Konsequenz eines gezeigten Verhaltens wird als angenehm empfunden. Im ersten Fall, weil ein als angenehm empfundener Reiz unmittelbar auf das gezeigte Verhalten folgt (positive Verstärkung). Im zweiten Fall, weil ein als unangenehm empfundener Reiz in Folge des gezeigten Verhaltens wegfällt (negative Verstärkung), was dann eben auch wieder als angenehm empfunden wird. Beide Arten der Verstärkung können daher als Belohnung verstanden werden, die dafür sorgt, dass die Handlungen wiederholt werden. Im Beispiel der positiven Verstärkung ist davon auszugehen, dass der Mitarbeitende seine Aufgaben auch weiterhin pünktlich erledigen wird, um mit dem Lob seines Chefs belohnt zu werden. Im Beispiel der negativen Verstärkung ist es wahrscheinlich, dass der Mitarbeitende auch zukünftig pünktlich zur Arbeit kommen wird, um die unangenehme Kritik des Chefs zu vermeiden.

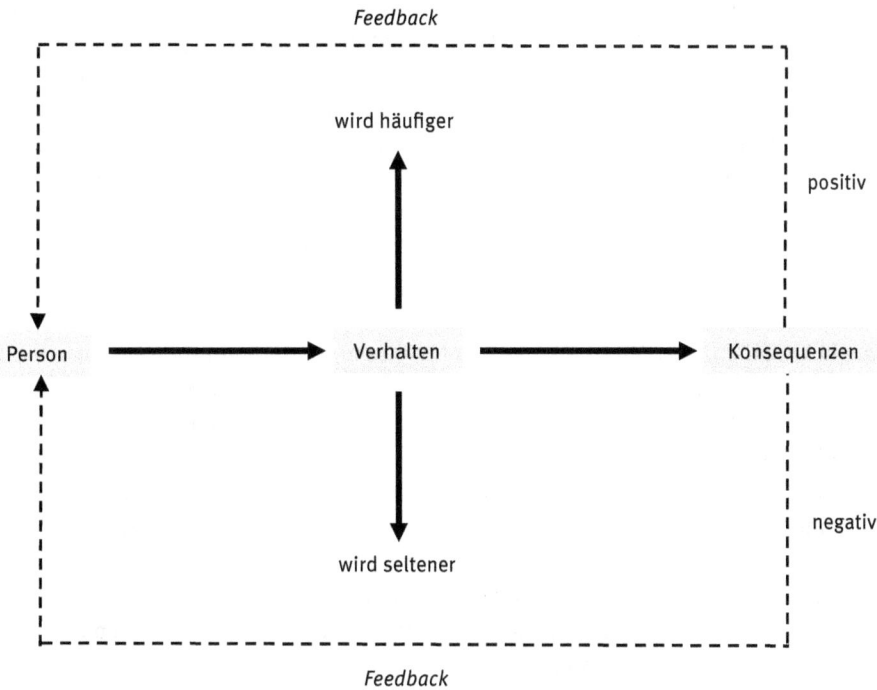

Feedback

Person → Verhalten → Konsequenzen

wird häufiger

wird seltener

positiv

negativ

Feedback

Abb. 4.2: Lernen durch Feedback (eigene Darstellung in Anlehnung an Nerdinger 2012, S. 92).

Zwingende Voraussetzung für die Wiederholung oder Beendigung einer Handlung ist eine enge zeitliche Kopplung zwischen dem gezeigten Verhalten und einem darauffolgenden Feedback. Man bezeichnet dies auch als *Kontingenz*. Erst die Kontingenz zwischen einem Verhalten und der darauffolgenden Konsequenz (Belohnung/ Verstärkung oder Bestrafung) lässt die gezeigte Handlung als ursächlich für die positive oder negative Konsequenz erscheinen. Liegen die Handlung eines Individuums und die darauffolgende Konsequenz dagegen zeitlich weit auseinander, wird das Individuum keine Kontingenz zwischen der Handlung und der Konsequenz wahrnehmen können. Folglich wird es seine Handlungen auch nicht als ursächlich für die erlebte positive oder negative Konsequenz betrachten.

Beim *kontinuierlichen Verstärkungslernen* lernt das Individuum die Verknüpfung zwischen einem spezifischen Verhalten und einer bestimmten, als positiv erlebten Konsequenz (hier: die Belohnung). Nicht immer ist die kontinuierliche Belohnung bzw. Verstärkung eines Verhaltens sinnvoll. Zwar ist in der Regel mit einer schnellen und häufigen Wiederholung solcher Verhaltensweisen zu rechnen, die kontinuierlich verstärkt, d. h. belohnt werden. Ebenso schnell kann eine kontinuierliche Verstärkung aber auch zu einer Art *Sättigung* oder *Gewöhnung* führen. Darüber hinaus besteht die Gefahr, dass das gewünschte Verhalten nicht mehr gezeigt wird, sobald es nicht weiter belohnt wird. Hat beispielsweise das Lob des Chefs anfänglich noch den Status einer Belohnung für die pünktlichen Mitarbeitenden, kann diesbezüglich auch schnell eine Gewöhnung oder Sättigung eintreten. Der Belohnungswert des Lobes vom Chef würde dann nach und nach abnehmen und zukünftig als Anreiz für einen pünktlichen Arbeitsbeginn nicht mehr ausreichen. Hierbei ist insbesondere auch die Wirkung extrinsischer Anreize – wie z. B. das Lob oder Geldprämien – auf das Verhalten zu berücksichtigen (hierzu Kapitel 3). Fällt nach einiger Zeit der kontinuierlichen Belohnung, die Belohnung weg, bleibt beispielsweise das Lob des Chefs aus, wird in der Regel das zuvor verstärkte Verhalten nicht beibehalten. Der Lerneffekt im Zuge der kontinuierlichen Belohnung wäre somit nicht nachhaltig.

Ohnehin sollte es für Unternehmen wesentlich ökonomischer sein, nicht jedes gezeigte Verhalten ihrer Mitarbeitenden zu belohnen, sondern nur hin und wieder eine Belohnung auf ein erwünschtes Verhalten zu gewähren. Dabei kann ein Unternehmen zwischen einem fixen und einem variablen Belohnungsschema wählen (siehe Tabelle 4.1):

– Eine *fixe Belohnung* wird nur dann gewährt, wenn das gewünschte Verhalten in einer zuvor festgelegten Anzahl/Quote oder innerhalb eines festgelegten Zeitintervalls gezeigt wurde. So wird beispielsweise nicht jeder Geschäftsabschluss eines Mitarbeitenden belohnt, sondern eine Belohnung erst nach einer bestimmten Anzahl/Quote an Geschäftsabschlüssen gewährt (z. B. Belohnung nach jedem zehnten Geschäftsabschluss). Oder aber die Prämie für ein gewünschtes Verhalten wird erst am Ende eines bestimmten Zeitintervalls an die Mitarbeitenden ausgeschüttet (z. B. immer am Ende eines Quartals).

– Bei der *variablen Belohnung* kann sich die Gewährung der Belohnung ebenso an der Anzahl/Quote der gezeigten Verhaltensweisen oder einem Zeitintervall orientieren. Anders als beim fixen Belohnungsschema sind die Anzahl/Quoten der Verhaltensweisen oder die Zeitintervalle bis zur Belohnung zuvor aber nicht genau festgelegt, sondern variabel. Die Belohnung wird nach einer zufälligen Anzahl/ Quote an gezeigten Verhaltensweisen (z. B. mal nach drei Geschäftsabschlüssen und mal auch erst nach acht oder zehn Abschlüssen) oder zu verschiedenen Zeitpunkten (z. B. mal zum Anfang des Monats, mal in der Mitte und mal am Ende des Monats) gewährt.

Im Unterschied zu einem kontinuierlichen oder auch fixen Belohnungsschema wird die kritische Anzahl/Quote oder der Zeitraum belohnter Verhaltensweisen dem Handelnden bei einem variablen Belohnungsschema nicht offensichtlich. Dadurch baut sich keine stabile Erwartungshaltung hinsichtlich der Belohnung eines Verhaltens auf. Variable Belohnungspläne sind daher für die Ausübung eines Verhaltens wesentlich nachhaltiger.

Tab. 4.1: Belohnungspläne (Buchanan/Huczynski 2019, S. 156).

Verstärkungsschema	Beschreibung	Effekte auf das Verhalten	Beispiel
Kontinuierlich	Belohnung erfolgt nach jeder gewünschten Verhaltensweise.	Kann zu hoher Frequenz des gewünschten Verhaltens führen. Zu einem Problem kann aber die Sättigung und Gewöhnung hinsichtlich der Belohnung werden. Das Verhalten wird in der Regel nur so lange gezeigt, wie es auch belohnt wird. Der Effekt kontinuierlicher Belohnung ist daher nicht sehr nachhaltig.	Ein Lob als immaterielle Belohnung folgt als Konsequenz jedes Mal, nachdem das gewünschte Verhalten gezeigt wurde. Eine Geldprämie als materielle Belohnung folgt als Konsequenz jedes Mal, nachdem das gewünschte Verhalten gezeigt wurde.
Fixe Quote	Belohnung erfolgt nach einer festgelegten Anzahl der gewünschten Verhaltensweisen.	Kann zu einer hohen Rate des gewünschten Verhaltens führen. Zu einem Problem kann aber auch hier der Erwartungseffekt der Belohnung werden.	Eine Prämie wird nach einer zuvor festgelegten Anzahl des gewünschten Verhaltens in Aussicht gestellt.
Fixes Intervall	Belohnung erfolgt nach einem festgelegten Zeitintervall, in dem das gewünschte Verhalten auftritt.	Kann zu ungleichmäßigen Mustern des gewünschten Verhaltens führen: Hohe Frequenz des gewünschten Verhaltens unmittelbar vor der Belohnung und geringe Frequenz des gewünschten Verhaltens nach der Belohnung.	Eine Beförderung wird als Belohnung für das gewünschte Verhalten am Ende der jährlichen Leistungsbeurteilungsperiode in Aussicht gestellt.
Variable Quote	Belohnung erfolgt nach einer zufälligen/nicht vorhersehbaren Anzahl an gewünschten Verhaltensweisen.	Kann eine hohe Rate an gewünschten Verhaltensweisen erzeugen und ist relativ nachhaltig.	Belohnung des Verkaufs von Ware auf Kommission.
Variables Intervall	Belohnung des gewünschten Verhaltens erfolgt nach einem zufälligen/nicht vorhersehbaren Zeitintervall.	Kann eine hohe Rate an gewünschtem Verhalten erzeugen, die relativ nachhaltig ist.	Beförderungen werden erst dann gewährt, wenn höhere Positionen frei werden.

In der Hoffnung, bald für das gezeigte Verhalten belohnt zu werden, wird eine erwünschte Handlung auch dann wiederholt, wenn darauf nicht unmittelbar eine Belohnung erfolgt. Variable Belohnungspläne sind auch relativ immun gegen eine direkte Löschung neuer Handlungsweisen.

Unangenehme Konsequenzen eines Verhaltens werden auch als *Bestrafungen* bezeichnet. In der Praxis hat sich die Wirkung von Belohnungen für das Erlernen neuer Verhaltensweisen als sehr viel positiver auf das Lernen erwiesen als das Lernen durch Bestrafungen (vgl. z. B. Nerdinger 2012, S. 96). Bestrafungen können Angst und Wut auslösen, was als deren Abschreckung auch durchaus erwünscht ist. Wut und Angst können das Lernen erschweren und eine Verhaltensänderung verhindern. Zudem setzen Bestrafungen eine regelmäßige Verhaltenskontrolle voraus. Das führt in Organisationen zu negativen Emotionen aufseiten der kontrollierten Mitarbeitenden. Trotz der negativen Wirkungen von Bestrafungen in Bezug auf das Lernen kann in der organisationalen Praxis nicht gänzlich auf Bestrafungen verzichtet werden. Auf (schwerwiegendes) Fehlverhalten der Mitarbeitenden muss häufig schon allein deswegen eine Sanktion bzw. Bestrafung folgen, weil den formulierten Verhaltens- bzw. Leistungsvorgaben ansonsten der notwendige Ernst abgesprochen wird. Damit Bestrafungen ihren lernförderlichen Effekt erreichen, sind im Vollzug des *Bestrafungslernens* folgende Schritte zu befolgen:

- *Beobachten*: Bestraft werden sollte nur das konkret beobachtete Fehlverhalten der handelnden Person. Verlassen Sie sich nicht auf vage Vermutungen, es gilt die Unschuldsvermutung. Dies bedeutet freilich nicht, dass Sie immer erst warten müssen bis ein Fehlverhalten ausgeführt wird. Sind genügend Hinweise vorhanden, kann und muss (z. B. bei Gefährdung der Sicherheit) direkt gehandelt werden, noch bevor das Fehlverhalten ausgeführt wird.
- *Ansprechen*: Sprechen Sie das Fehlverhalten und die darauffolgende Bestrafung direkt an. Sie sorgen so dafür, dass die bestrafte Person eine Kontingenz zwischen ihrem Fehlverhalten und der Bestrafung wahrnehmen kann.
- *Begründen*: Begründen Sie die Konsequenzen des Fehlverhaltens für die Organisation.
- *Umsetzen*: Bestrafungen sollten zügig, aber immer nur kurz eingesetzt werden. In der Dosis der Bestrafung gilt es unbedingt Maß zu halten.
- *Ermuntern*: Regen Sie zur Verhaltensänderung an, in dem Sie die gewünschten positiven Verhaltensweisen mit samt ihren positiven Konsequenzen aufzuzeigen.

Im Allgemeinen gilt, dass Belohnungen für das Erlernen neuer Verhaltensweisen wesentlich effektiver sind als Bestrafungen. In der Praxis zeigt sich allerdings häufig, dass Führungskräfte gute Leistungen ihrer Mitarbeitenden eher selten loben und anerkennen (vgl. Nerdinger 2012, S. 94 f.). Auf schlechte Leistungen reagieren sie dagegen mit Kritikgesprächen und unterbreiten ihren Mitarbeitenden mitunter Weiterbildungsangebote. Dieses Vorgehen kann fatale Folgen für das Arbeitsverhalten haben: Mitarbeitende beobachten, dass der Vorgesetzte nur bei Fehlverhalten reagiert und ihnen die gewünschte Aufmerksamkeit schenkt. Bei guter Arbeit bleibt dagegen eine Reaktion des Vorgesetzten aus. Das Ignorieren der eigenen Leistung wird von den Mitarbeitenden als negativ empfunden. Mitarbeitende lernen dadurch, bewusst Fehler machen zu müssen, um von ihrem Vorgesetzten wahrgenommen und gefördert zu werden.

Der Ansatz der Organisationalen Verhaltensänderung (*Organisational Behavior Modification*) nutzt die behavioristischen Lernprinzipien, um erwünschtes Verhalten zu verstärken und unerwünschtes Verhalten zu vermeiden. Das Vorgehen vollzieht sich dabei anhand der folgenden Schritte (vgl. Luthans/Stajkovic/Luthans/ Luthans 1998, S. 468 ff.):

1. *Identifizierung*: Die erwünschten Verhaltensweisen sind zunächst zu identifizieren und in beobachtbare und nachfolgend messbare Kriterien zu überführen.
2. *Verhaltensmessung*: Es ist zu messen, in welcher Intensität oder Anzahl die erwünschten Verhaltensweisen bereits ohne weitere Maßnahmen auftreten.
3. *Umfeldgestaltung*: Die Umfeldbedingungen sind so zu gestalten, dass sie die Ausführung der gewünschten Verhaltensweisen unterstützen.
4. *Maßnahmenbildung*: Es müssen konkrete Maßnahmen bestimmt werden, die geeignet erscheinen, das gewünschte Verhalten zu verstärken bzw. das unerwünschte Verhalten abzubauen. Dies kann die Setzung von materiellen oder immateriellen Anreizen umfassen oder auch Sanktionsmaßnahmen mit einschließen.
5. *Evaluation*: Schlussendlich gilt es festzustellen, ob die gewünschte Verhaltensänderung auch eingetreten ist. Dazu müssen die Messergebnisse in Bezug auf das beobachtete Verhalten vor der Maßnahme mit den Ergebnissen der Messung der Verhaltensrate nach der Maßnahme verglichen werden.

Organisational Behavior Modification setzt voraus, dass die erwünschten Verhaltensweisen präzise benannt werden können, von außen beobachtbar sind und eindeutige Zielgrößen in Bezug auf das erwünschte Verhalten gebildet werden können. Letzteres bezieht sich etwa auf die genaue Bestimmung der Anzahl oder Intensität des erwünschten Verhaltens. Geht es beispielsweise darum, einen Mitarbeitenden zu stärkerer Pünktlichkeit zu bringen, wäre festzulegen, wie hoch die Verspätung des Mitarbeitenden maximal sein darf, um noch als pünktlich zu gelten bzw. ab wann ein unpünktliches Verhalten beginnt (*Identifizierung*). Gibt es eine elektronische Zeiterfassung im Unternehmen, ist die *Verhaltensmessung* der Pünktlichkeit zumeist kein Problem. Hierzu können die vorhandenen Login-Daten ausgewertet werden. Wird dabei beispielsweise festgestellt, dass sich der Mitarbeitende durchschnittlich an drei Tagen in der Woche um mehr als 30 Minuten verspätet hat, sollten Maßnahmen ergriffen werden, die geeignet erscheinen, die Pünktlichkeit des Mitarbeitenden zu erhöhen. Durch die präzise Bestimmung der Unpünktlichkeitsrate im Zuge der elektronischen Zeiterfassung kann die Ausgangslage zu Beginn der Maßnahme eindeutig bestimmt werden. Es ist dann ein Ziel für die Verhaltensänderung zu formulieren. Dabei muss geklärt werden, ob lediglich die Anzahl der Tage, an denen es zu Verspätungen kommt, oder auch die Dauer der Verspätung insgesamt reduziert werden soll. Bei ersterem Ziel könnte die Dauer der Verspätung gleich bleiben, obschon die Anzahl der Tage, an denen es zu einer Verspätung kommt, abnimmt. Ist ausschließlich die Dauer der Verspätung das Ziel der Verhaltensänderung, dann könnte diese zwar abnehmen, die Anzahl der Tage mit verspäteten Arbeitsbeginn aber dennoch ansteigen. Der Mitarbeitende verspätet sich dann eben an einzelnen Tagen nicht mehr so massiv, aber dafür an mehreren Tagen um einige Minuten. In diesem Beispiel sollten also die Maßnahmen darauf ausgerichtet sein, dass sich sowohl die Anzahl der Verspätungen als auch die Dauer der Verspätungen reduziert. Diese beiden Aspekte müssen in den Zielsetzungen der ergriffenen Maßnahmen berücksichtigt werden. Im Sinne des Verstärkerlernens sind dann Anreize zu gestalten, die den Mitarbeitenden zu mehr Pünktlichkeit anregen (*Maßnahmenbildung*). Eine positive Verstärkung wäre beispielsweise das Lob des Vorgesetzten bei jedem pünktlichen Arbeitsbeginn. Um eine Form der negativen Verstärkung würde es sich dagegen handeln, wenn die durch die Unpünktlichkeit entstehenden Überstunden für den Mitarbeitenden bei Pünktlichkeit wegfallen würden. Im Zuge der Anreizgestaltung ist aber auch abzuklären, wodurch die Unpünktlichkeit des Mitarbeitenden überhaupt verursacht wird (siehe Navigationskarte für die Beschreibung, Erklärung und Steuerung von Verhalten in Organisationen in Kapitel 1). Die Unpünktlichkeit mag Ursachen haben, die außerhalb des direkten Einflussbereichs des Mitarbeitenden liegen. Zu denken wäre hier beispielsweise an fehlende Betreuungsmöglichkeiten für die Kinder des Mitarbeitenden an den Tagen, an denen er verspätet zur Arbeit erscheint. Weil er diese Umstände womöglich nur begrenzt selbst beeinflussen kann, wäre die Suche nach organisatorischen Lösungen (z. B. in der Kinderbetreuung oder ein flexibler Arbeitsbeginn an bestimmten Arbeitstagen) sinnvoller als die alleinige Durchsetzung von Pünktlichkeitszielen (*Umfeldgestaltung*). Während das erwünschte Verhalten verstärkt wird, ist die Pünktlichkeit des Mitarbeitenden begleitend zu messen. Dabei sollte überprüft werden, ob die gesetzten Anreize und/oder die Umgestaltung der Rahmenbedingungen die verhaltensändernde Wirkung auch erreicht haben (*Evaluation*).

Ein Problem des Ansatzes der Organisational Behavior Modification liegt paradoxerweise in der *Konzentration auf das Verstärkungslernen*. Wurde einmal damit begonnen, ein bestimmtes Verhalten zu belohnen, muss die Belohnung in der Regel auch beibehalten werden, damit das Verhalten auch weiterhin gezeigt wird. Wird die Belohnungserwartung plötzlich nicht mehr erfüllt, wird auch kein Anreiz mehr für die Beibehaltung des Verhaltens gesehen. In den meisten Fällen der Belohnung muss diese sogar kontinuierlich gesteigert werden. Das lässt sich auf den *Gewöhnungseffekt* zurückführen. Der Gewöhnungseffekt sorgt dafür, dass die Wirkung einer Belohnung als Anreiz für die Ausführung einer gewünschten Handlung im Zeitverlauf abnimmt. Ein entsprechend *manipulativer Charakter* ist dem Ansatz damit unmittelbar ersichtlich. Der Ansatz konzentriert sich ausschließlich auf die Gewährung von *extrinsischen Anreizen* und lässt dabei intrinsische Motivationspotenziale unberücksichtigt. Darin zeigt sich das dem klassischen Behaviorismus zugrundeliegende und weitgehend überholte *technokratische Menschenbild*. Zu dessen Widerlegung hat insbesondere der nun im folgenden Abschnitt beschriebene kognitivistische Ansatz beigetragen. Dieser rückt entschieden ab von der Auffassung des *Menschen als rein reaktiver Organismus*.

4.2.2 Der Kognitivistische Lernansatz

Während die Behavioristen menschliches Verhalten als die von außen beobachtbaren Reaktionen auf bestimmte Reize betrachten, stellen Vertreter kognitiver Ansätze Gedächtnisleistungen, mentale Prozesse und Erwartungsbildungen in den Fokus ihrer Modelle zur Erklärung menschlichen Verhaltens (vgl. Atkinson 2012, S. 216 ff.). Kognitivisten interessieren sich für die mentalen Prozesse, die zwischen einem Reiz und einer Reaktion vermitteln und als Black-Box bei den Behavioristen unberücksichtigt bleiben (vgl. Tomic 1993).

Menschen lernen Verhaltensweisen durch die Interaktion mit anderen Personen, indem sie deren Verhalten beobachten und Nachahmen. Daran sind eine Reihe *mentaler Prozesse* beteiligt, die – und das ist der Unterschied zu den Behavioristen – von außen nicht ohne Weiteres beobachtbar sind. Unsere Erlebnisse werden im Gedächtnis gespeichert. Die gespeicherten Erfahrungen bestimmen anschließend das Verhalten in zukünftigen Situationen und erweitern den eigenen Erfahrungsschatz bzw. das vorhandene Wissen. Die Bedeutung von Belohnungen und Bestrafungen wird von den Kognitivisten keinesfalls bestritten. Dennoch sehen sie den Menschen nicht als ein rein reaktives Individuum, das auf gleiche Reize mit immer gleichen Verhaltensweisen reagiert. Ihnen zufolge sind Menschen aufgrund ihrer Erfahrungen dazu fähig, negative und positive Konsequenzen einer beabsichtigten Handlung vorwegzunehmen sowie ihr Verhalten an diesen erwarteten Konsequenzen auszurichten. Menschliches Verhalten wird damit nicht als ausschließlich abhängig von der erlebten Konsequenz auf eine gezeigte Handlung gesehen.

Ein wesentlicher Teil menschlichen Verhaltens geht auf Lernerfahrungen im Zuge der *Sozialisation* zurück. Während der Sozialisation werden Erfahrungen darüber gesammelt, welche Verhaltensweisen in einer Gesellschaft erwünscht oder nicht erwünscht sind. Manchmal geschieht dies durch die direkte Interaktion mit anderen Personen und manchmal auch allein durch die bloße *Beobachtung* und *Nachahmung* des Verhaltens anderer. Wir gucken uns das Verhalten anderer ab, speichern das Gesehene, übertragen es in unser eigenes Verhaltensrepertoire und handeln dann ähnlich. Das Ergebnis von Sozialisationseinflüssen zeigt sich in unseren Motiven und Werten sowie teilweise sogar in unseren Persönlichkeitsmerkmalen.

Scheinbar beiläufig passen wir unser Verhalten im Zuge der Sozialisation den gesellschaftlichen Gepflogenheiten an. Sozialisation findet nicht nur in der Gesellschaft als Ganzes statt. Auch in Gruppen, also auch in jeder Organisation, sind Menschen vielfältigen Sozialisationseinflüssen ausgesetzt (hierzu auch Kapitel 5).

Diese sorgen dafür, dass sich das Verhalten der Mitarbeitenden den in der Gruppe erwünschten Standards anpasst (vgl. Eberl/Clement/Möller 2012, S. 345 f.; Van Maanen/Schein 1979). Als grundlegender Anreiz dieser Verhaltensanpassung gilt die Zugehörigkeit zur Gruppe bzw. der Organisation. Nicht selten sind Organisationen an einer zügigen Sozialisation neuer Mitarbeitender interessiert, um das Auftreten unerwünschter Verhaltensweisen bzw. die Abweichung von geltenden Verhaltensstandards von vornherein zu vermeiden. Für Organisationen hat eine schnelle Sozialisation von neuen Mitarbeitenden zudem den Vorteil, dass deren Verhalten berechenbarer, weil gleichartiger, wird. All diejenigen Mitarbeitenden, die sich den geltenden Verhaltensstandards nicht anpassen und nicht den Verhaltenserwartungen entsprechen wollen, werden die Organisation wieder verlassen (müssen) oder doch zumindest ein Stück weit aus der Gemeinschaft der Organisation ausgegrenzt werden. Auf diese Weise bilden sich in jeder Organisation spezifische Kulturen (hierzu Kapitel 6.3.2) heraus (vgl. Eberl/Clement/Möller 2012, S. 354 f.; Schein 1984; Van Maanen/Schein 1979).

Verbindliche Werte und Verhaltensnormen sollen die Sozialisation neuer Mitarbeitender in der Organisation beschleunigen. Eine Möglichkeit, Mitarbeitenden die geltenden Werte und Normen näherzubringen sind formale *Einarbeitungsprogramme*. Zumeist fester Bestandteil solcher Programme sind Verhaltenstrainings, in denen die Einhaltung der geltenden Werte und Normen als Verhaltensstandards eingeübt werden. Aber auch ohne geplante, formale Einarbeitungsprogramme findet in Organisationen eine Sozialisation statt. Über informelle Wege verläuft diese allerdings häufig langsamer und unkontrollierter als über formale Wege. Dabei gewinnen neue Mitarbeitende allein durch die Beobachtung des Verhaltens ihrer Kollegen Kenntnis von dem in der Organisation gewünschten Verhalten. Möchten neu in die Organisation Eintretende zu einem festen Teil der Organisation werden, werden sie das Verhalten derjenigen in der Organisation kopieren (z. B. deren Kleidungsstil oder auch deren Umgangssprache), die für ihr Verhalten von der Organisation belohnt werden (z. B. durch Aufstieg, Status/Ansehen oder Lob von anderen).

Wie hier dargestellt, vollzieht sich eine Sozialisation häufig durch die bloße Beobachtung anderer, sogenannter *Rollenmodelle*. Das Lernen neuer Verhaltensweisen setzt dabei nicht unbedingt voraus, dass der Lernende unmittelbar selbst eine Belohnung oder Bestrafung erlebt. Auch die Reflexion des Verhaltens anderer kann dazu führen, dass Menschen sich deren Handlungen zu Eigen machen. Dabei tritt an die Stelle der selbst erlebten Belohnung oder Bestrafung die beobachtete Belohnung und Bestrafung des Modells. Diese wird wie eine Art *stellvertretende Belohnung und Bestrafung* erlebt. Es werden dann solche Verhaltensweisen des Modells kopiert, für die das Modell belohnt bzw. verstärkt wird. Verhaltensweisen, für die das Modell nicht belohnt oder sogar bestraft wird, werden dagegen nicht kopiert.

Das *Modelllernen* ist eng mit Albert Bandura (1977) verknüpft, dessen *Soziale Lerntheorie* das Lernen von Verhaltensweisen durch die Beobachtung und Nachahmung anderer Personen zum Erklärungsgegenstand hat (siehe hierzu auch Grusec 1992). Ob das beobachtete Verhalten eines Modells imitiert wird, hängt demnach davon ab, für wie positiv oder negativ der Beobachter die Verhaltenskonsequenzen für das Modell kognitiv – also gedanklich – bewertet. Beurteilt der Beobachter die Konsequenzen des Modellverhaltens als positiv, entsteht bei ihm die Erwartung, auch in den Genuss der positiven Konsequenzen zu kommen, wenn er das beobachtete Verhalten zeigt. Die Belohnung der eigenen Handlung wird der Ausführung somit gedanklich vorweggenommen. Die *Erwartungshaltung* regt dann dazu an, die beobachtete Handlung nachzuahmen. Wird dagegen die Bestrafung einer Handlungsausführung beobachtet, regt diese nicht zu einer Nachahmung des bestraften Verhaltens an. Der Beobachter würde davon ausgehen, ebenso für die Ausführung der Handlung bestraft zu werden.

Lernen vom Modell vollzieht sich in mehreren Schritten (vgl. Buchanan/Huczynski 2019, S. 162 ff.):

- Stufe 1 *Aufmerksamkeit*: Zunächst muss das Modell die Aufmerksamkeit des Lernenden erlangen, damit es in dessen Beobachtungsfokus gelangt.
- Stufe 2 *Beobachtung*: Der Lernende muss die Verhaltensweisen des Modells beobachten können. Dabei muss der Lernende das Verhalten des Modells zunächst mental verarbeiten, d. h. speichern, damit er es später erinnern kann, wenn das Modell nicht anwesend ist (Erinnerungsprozess). Um die Verhaltensweisen des Modells selbst ausführen zu können, muss der Lernende über die für die Ausführung benötigten motorischen und kognitiven Fähigkeiten verfügen (Reproduktionsprozess). Damit das Verhalten des Modells überhaupt einen Anreiz zur Nachahmung bietet, muss der Lernende die Konsequenzen des Modellverhaltens positiv beurteilen (Prozess der stellvertretenden Verstärkung). Zudem muss der Lernende eine Kontingenz zwischen dem Verhalten des Modells und den darauf folgenden positiven Konsequenzen wahrnehmen, damit sich eine Belohnungserwartung in Bezug auf das beobachtete Verhalten aufbauen kann (Erwartungsbildungsprozess).
- Stufe 3 *Experimentieren*: Sind die Prozesse in Stufe 2 erfolgreich durchlaufen, beginnt das Individuum, die Verhaltensweisen des Modells nachzuahmen bzw. mit den beobachteten Verhaltensweisen zu experimentieren.
- Stufe 4 *Evaluation*: Die Reaktion des Umfelds auf das imitierte Verhalten des Modells dient dem Lernenden als Rückmeldung für die Beurteilung der von ihm ausgeführten Verhaltensweisen.
- Stufe 5 *Auswahl*: Der Lernende wird die Verhaltensweisen beibehalten, auf die sein Umfeld positiv reagiert, für die er also seiner Erwartung entsprechend belohnt wird.

Bestimmt haben auch Sie sich einige Arbeitstechniken von Ihren Kollegen abgeschaut und sich zu eigen gemacht, wohingegen Sie die Nachahmung anderer Handlungen bewusst vermieden haben. Untersuchungen haben gezeigt, dass Personen andere Personen insbesondere dann zur Nachahmung ihres Verhaltens anregen, wenn

- wahrgenommen wird, dass sie für ihr Verhalten belohnt werden,
- sie als besonders beliebt und respektiert gelten,

- der Beobachter sie als ähnlich zu sich selbst wahrnimmt,
- sich ihr Verhalten klar von dem Verhalten anderer abhebt, sie also aus der Masse herausstechen (vgl. Gerrig 2018, S. 247 f.).

In der betrieblichen Praxis finden die Erkenntnisse des Modelllernens häufig bei der Gestaltung betrieblicher Weiterbildungsangebote Berücksichtigung. Lassen Sie uns dies an einem Beispiel verdeutlichen (vgl. Sonntag/Stegmaier 2006, zitiert nach Nerdinger 2012, S. 101 f.):

Für die Konzeption eines Trainings im gewerblich-technischen Bereich wurde zunächst das Ziel formuliert, die Arbeit in Gruppen zu verbessern. In Gesprächen mit Meistern wurde dann der Frage nachgegangen, von welchen Arbeitsaufgaben besondere Anforderungen an die sozialen Kompetenzen der Mitarbeitenden ausgehen und welche Lernpunkte daraus entwickelt werden können (siehe Tabelle 4.2).

Tab. 4.2: Aufgabenbereiche und Lernpunkte für das Training „Soziale Kompetenz in der Gruppenarbeit" (Sonntag/Stegmaier 2006, S. 294, zitiert nach Nerdinger 2012, S. 101).

Aufgabenbereiche	Lernpunkte (Beispiele)
Gruppendiskussion	– Andere aussprechen lassen – Beim Thema bleiben – Andere in das Gespräch einbeziehen
Konfliktbewältigung	– Konflikt abgrenzen gegen andere Probleme – Mögliche Lösungen entwickeln – Konsequenzen festhalten
Feedback	– Richtigen Zeitpunkt wählen – Einzelne Kritikpunkte genau benennen – Von sich selbst sprechen – Konkrete Änderungsvorschläge machen

Aus den gewonnenen Informationen wurde ein Training konzipiert, das sich über insgesamt fünf Phasen (analog den Phasen des Modelllernens) vollzieht (vgl. Nerdinger 2012, S. 103):

1. *Information*: In einem Kurzvortrag informiert ein Verhaltenstrainer einleitend über das Thema der Veranstaltung und sensibilisierte für die Problemlage.
2. *Aufmerksamkeit*: Die Teilnehmenden des Trainings sammeln eigene Beispiele zu sozial kompetenten und inkompetenten Verhaltensweisen bei der Erledigung von Gruppenaufgaben und formulieren Verhaltensregeln für die Zusammenarbeit. Dadurch wird das Wissen der Teilnehmenden über das Veranstaltungsthema aktiviert und es werden die eigenen Erfahrungen der Teilnehmenden einbezogen. Die Bindung der Teilnehmenden an das im Training erlernte Verhalten kann dadurch erhöht werden.

3. *Speicherung*: In der anschließenden Phase schauen die Teilnehmenden Filme mit positivem und negativem Modellverhalten und diskutieren anschließend, welche gesehenen Verhaltensweisen konform mit den zuvor formulierten Regeln sind und welche nicht. Für positive Verhaltensweisen des Films, die keiner der bereits formulierten Regeln entsprechen, werden neue Regeln formuliert. Das im Film beobachtete Modellverhalten wird also auf die schriftlichen Regeln übertragen, wodurch das Modellverhalten gespeichert wird.

4. *Reproduktion*: In Rollenspielen proben die Teilnehmenden die Ausführung der Verhaltensweisen ein, die den formulierten Regeln entsprechen. Ein Verhaltenstrainer begleitet und unterstützt die Teilnehmenden dabei.

5. *Motivation*: In anschließenden Feedbacks geben Trainer und Teilnehmende den Rollenspielern eine Rückmeldung darüber, inwiefern sie die einzelnen Verhaltensregeln umgesetzt oder nicht umgesetzt haben.

4.3 Wahrnehmen und Denken

Um das Verhalten der Interaktionspartner verstehen und daraus Schlussfolgerungen für das eigene Handeln ziehen zu können, ist ein grundlegendes Verständnis von der menschlichen Wahrnehmung sowie vom Denken und Urteilen essenziell. Im Zuge der Wahrnehmung erlangt ein Individuum Informationen von sowohl körperinneren Ereignissen (z. B. Herzrasen oder ein mulmiges Gefühl im Magen) als auch von Ereignissen in seiner Umwelt (vgl. Gerrig 2018, S. 128). Bei der Wahrnehmung wirken zunächst Reize aus der inneren und/oder äußeren Umwelt auf unsere Sinnesorgane ein. Das Ergebnis der Wahrnehmung dieser Reize ist ein Wahrnehmungserlebnis, eine Empfindung. Tabelle 4.3 zeigt die wichtigsten Sinnesorgane des Menschen sowie deren auslösende Reize und die entstehenden Wahrnehmungserlebnisse bzw. Empfindungen.

Damit Reize unsere Aufmerksamkeit erlangen und ins Zentrum unserer bewussten Wahrnehmung rücken, müssen sie eher

– groß anstatt klein,
– hell anstatt dunkel,
– laut anstatt ruhig,
– stark anstatt schwach,
– unbekannt anstatt bekannt,
– aus dem Umfeld herausstechend anstatt mit dem Umfeld verschmolzen,
– in Bewegung anstatt stillstehend,
– wiederholend anstatt einmalig sein.

Die Wahrnehmung der äußeren Umgebung umfasst die Organisation und Interpretation sensorischer Eindrücke. Erst durch die *Organisation und Interpretation* sensorischer Eindrücke erlangen Ereignisse in der Umwelt eine Bedeutung (vgl. Robbins/Judge 2019, S. 173). Die genaue Verarbeitung der Sinneseindrücke bleibt der wahrnehmenden Person verborgen, da die Verarbeitung mental und somit von außen nicht beobachtbar abläuft. Bewusst wird dem Individuum in der Regel nur das Ergebnis der Reizverarbeitung, d. h. die Empfindung.

Tab. 4.3: Sinnesorgane des Menschen mit auslösenden Reizen und Wahrnehmungserlebnissen (Franke/Kühlmann 1990, S. 72, zitiert nach Nerdinger 2012, S. 58).

Sinnesorgane	Auslösender Reiz	Art der zugeordneten Empfindungen
Auge	Elektromagnetische Wellen (400–760 nm)	Helligkeit, Farbe
Innenohr (Schnecke)	Luftschwingungen (20 Hz–20 kHz)	Lautstärke, Tonhöhe
Innenohr (Verstibularapparat)	Beschleunigung Schwerkraft	Bewegung, Drehung, Gleichgewicht
Nase	Substanzen in der Luft	Geruch
Zunge, Mund, Rachen	Substanzen gelöst in Speichel	Geschmack
Haut	Verformung Temperatur Verletzung	Berührung, Druck, Vibration Wärme, Kälte Schmerz
Muskeln, Sehnen, Gelenke	Verformung Verletzung	Lage und Bewegung der Körperteile, Kraftaufwand Schmerz

Im Rahmen der *Informationsverarbeitung* durchlaufen Reize drei Arten von mentalen Speichern, was dem im Folgenden skizzierten Modell auch dem Namen *Drei-Speicher-Modell* gab (vgl. Atkinson/Shiffrin 1968, S. 90 ff.):

- *Sensorischer Speicher*: Nach dem Modell treffen zu jeder Zeit eine Vielzahl von Reizen zunächst auf den sensorischen Informationsspeicher, wo sie für sehr kurze Zeit (< 0,5 Sekunden) gespeichert werden.
- *Kurzzeitspeicher*: Von der Vielfalt an eintreffenden Reizen gelangt nur eine sehr geringe Zahl in das zentrale Nervensystem. Dort werden Reize bewusst wahrgenommen und als Informationen in den Kurzzeit-Speicher überführt. Die Informationen werden im Kurzzeitspeicher für maximal fünf Sekunden gespeichert und mit dem vorhandenen Wissen aus dem Langzeitspeicher, dem Gedächtnis, abgeglichen. Dabei werden sie als bekannt oder unbekannt und als bedeutsam oder weniger bedeutsam eingruppiert.
- *Langzeitspeicher*: Als wichtig klassifizierte Informationen werden vom Kurzzeitspeicher in den Langzeitspeicher überführt, wo sie das vorhandene Wissen ergänzen. Haben Informationen ihren Weg bis hierher gefunden, dann hat Lernen stattgefunden.

Die bewusst wahrgenommene Empfindung ist also lediglich die Reflexion der aktiven Verarbeitung eintreffender Sinneseindrücke. Die Verarbeitung umfasst die Empfindung in Form neuronaler Impulse durch Stimulation der Sinnesorgane sowie die perzeptuelle Organisation in Form eines mentalen Abbilds dessen, was empfunden wird. Als letzter Schritt in der Reizverarbeitung erfolgt das *Wiedererkennen*. Beim Wiedererkennen wird dem empfundenen und mental repräsentierten Reiz mittels vorhandenen Wissens Bedeutung zugewiesen (vgl. Gerrig 2018, S. 130 ff.). Ein rundes Objekt wird beispielsweise als Ball erkannt, eine Person als männlich oder weiblich.

Stellen Sie sich vor, Sie erblicken ein Haus. Dass Sie das Gesehene als Haus wahrnehmen, ist selbst nur das Ergebnis einer Reihe von Wahrnehmungsprozessen, in deren Verlauf einzelne Sinneseindrücke organisiert und interpretiert werden:

1. Reize aus der Umwelt (z. B. Licht) stoßen sensorische Prozesse an, die bestimmte Sinneseindrücke erzeugen (z. B. die Kopie von einzelnen Fragmenten auf der Retina).
2. Sodann werden die wahrgenommenen Fragmente bzw. Sinneseindrücke zu Mustern geordnet (z. B. hinsichtlich der Größe, Form, Distanz).
3. Das Resultat bis hierhin ist die Wahrnehmung eines Objektes.
4. Das Objekt wird mental hinsichtlich seiner Ähnlichkeit mit prototypischen Kategorien von Objekten vorangegangener Wahrnehmungsereignisse verglichen (z. B. dem Prototyp eines Hauses, dem Prototyp eines Fahrzeugs, dem Prototyp eines Möbelstücks).
5. Menschen kategorisieren Objekte, aber auch Personen und Situationen anhand ihres gespeicherten Wissens von der Welt. Passt das wahrgenommene Objekt zu dem Prototyp einer dieser Kategorien (z. B. Haus), dann wird das Objekt als Vertreter dieser Kategorie erkannt (z. B. Bürogebäude, Familienhaus).

In gleicher Art und Weise werden auch auditive, taktile (Tastsinn), olfaktorische (Riechsinn) und geschmackliche Reize verarbeitet. Zumal eine Situation zumeist mehrere Sinne anspricht, die in Kombination zu einem Wahrnehmungserlebnis führen.

Der soeben stark vereinfacht dargestellte Wahrnehmungsprozess folgt dem *Bottom-Up-Prinzip*. Danach werden durch physikalische Reize aus der Umwelt erzeugte Sinnesreize mental verarbeitet. Erst am Ende der Verarbeitung findet das Erkennen des Reizes statt. Auf dem Weg dahin wird ein Wahrnehmungsobjekt (dazu gehören auch Personen und Situationen) zuvor in seine Einzelteile zerlegt. Jedes Teil des Wahrnehmungsobjekts wird einzeln verarbeitet und erst dann zu einem großen Ganzen zusammengesetzt. Bei der Bottom-up-Wahrnehmung wird ein Wahrnehmungsobjekt also vollständig wahrgenommen, d. h. mit all seinen Einzelbestandteilen. Diese Art der reizgesteuerten Wahrnehmung findet statt, wenn Menschen auf für sie gänzlich unbekannte Objekte, Situationen oder Personen treffen, für deren Erkennen ihnen noch kein gespeichertes Wissen zur Verfügung steht. Das fehlende Wissen in Bezug auf das Objekt, die Situation oder die Person verhindert, dass das Gesehene direkt kategorisiert werden kann bzw. dem Prototyp einer mentalen Kategorie zugeordnet wird. In solchen Fällen bleibt nichts anderes übrig, als das unbekannte Objekt, die unbekannte Person oder Situation ganz genau unter die Lupe zu nehmen. Ein Kleinkind etwa macht so manch schmerzhafte Erfahrung mit Objekten, die ihm bisher unbekannt sind, weil es noch nicht um deren Gefahren weiß (z. B. eine Herdplatte).

Erwachsenen bleiben Schmerzen im Umgang mit vielen Objekten häufig erspart, weil sie bereits beim ersten Anblick eines Objektes wissen, ob von diesem eine Gefahr ausgeht oder nicht. Das ist das Ergebnis einer dem *Top-down-Prinzip* folgenden Wahrnehmung. Was wir sehen, hören, riechen, schmecken, tasten wird von unseren Erwartungen, Annahmen, Wissen und Erfahrungen beeinflusst. Wir beginnen in den überwiegenden Fällen bereits mit der Interpretation eines Reizes, bevor wir alle mit dem Reiz verbundenen Merkmale vollständig verarbeitet haben. So entsteht ein mentales Abbild von einem Objekt, einer Situation oder einer Person, noch bevor wir diese überhaupt in all ihren Bestandteilen wahrgenommen haben. Beispiele dafür sind Geräusche, die beim ersten Ton bereits einem Objekt, z. B. einem Flugzeug, Auto, Rasenmäher oder dergleichen, zugeordnet werden. Auch ein Text, dessen Worte und Buchstaben Sie gar nicht einzeln lesen müssen, um sich dessen Inhalt erschließen zu können, ist das Ergebnis einer Top-down verlaufenden Wahrnehmung. Das im Langzeitspeicher abgelegte Wissen können wir in unserer Wahrnehmung nicht ausschalten. Dies wäre ja auch gar nicht sinnvoll, da uns dieses Wissen vor Gefahren schützt und uns zu schnellen Reaktionen verhilft. In einigen Fällen führt die Top-down-Wahrnehmung allerdings zu Fehlinterpretationen. Denken Sie an ein Telefonat mit einem Kunden, den Sie anhand seiner Stimme in die weibliche Kategorie einordnen und anschließend erstaunt feststellen, dass die Person männlich ist.

Wahrnehmung ist das Ergebnis der Interaktion zwischen sensorischen Reizen und vorhandenem Wissen (vgl. Frith/Dolan 1997, S. 1221). Während die Bottom-up-Wahrnehmung vom Reiz ausgeht, also reizgesteuert abläuft, geht die wissensgesteuerte Top-down-Wahrnehmung von unseren Erfahrungen, Erwartungen, Annahmen und Motiven aus. Unser Wissen beeinflusst, welche Reize wir bewusst wahrnehmen und wie wir Umweltreize interpretieren. Die Interpretation ist abhängig von unserem Wissen. Letzteres misst Umweltreizen Bedeutung zu. Damit wirkt unser vorhandenes Wissen als *Wahrnehmungsfilter*. Wir richten beispielsweise unsere Aufmerksamkeit auf solche Reize, die für uns motivierend sind, wohingegen wir Reizen, die uns nicht motivieren, keine Beachtung schenken. Sie gehen möglicherweise eher ans Telefon, wenn Sie die Nummer eines engen Bekannten im Display sehen, als wenn das Display die Nummer Ihres Vorgesetzten anzeigt. Reize, die uns bekannt vorkommen, vermögen unsere Aufmerksamkeit häufig nicht so stark zu aktivieren wie Reize, die einen hohen Neuigkeitsgehalt für uns haben. Wie engagiert verfolgen Sie beispielsweise die Sicherheitsanweisungen zu Beginn eines Fluges?

Wir können festhalten, dass die menschliche *Wahrnehmung ein aktiver Prozess* ist, der zudem selektiv und subjektiv ist. Aus einer Vielzahl der uns umgebende Reize wählen wir nur einen kleinen Teil aus, dem wir uns anschließend bewusst zuwenden. Allzu schnell meinen wir, eine Situation aufgrund umfangreicher Erfahrungswerte bereits gut zu kennen und daher um die richtigen Handlungen zu wissen. Leider führt dies häufig zu verhängnisvollen Resultaten. Wenn wir zudem Situationen, Objekte und Personen als bereits bekannt einschätzen, bemühen wir uns oftmals auch nicht mehr, uns näher mit diesen auseinanderzusetzen. Letzteres wäre ja eine Verschwendung kostbarer Energie, da ein Urteil bereits feststeht. Beispielsweise reicht oftmals bereits ein Blick auf eine Person, um diese als freundlich oder unfreundlich zu beurteilen (hierzu Primacy-Effekt in Kapitel 4.3.2). Eine nähere Zuwendung der als unfreundlich eingestuften Person ist dann nicht zu erwarten. Auch verschließen sich Menschen häufig Neuem gegenüber, weil sie dies fälschlicherweise als bereits Bekanntes abtun. Nicht selten konstruieren wir Situationen so, dass sie zu unserem vorhandenen Wissen und unseren Schemata passen. Der fehlende Blickkontakt des Kunden beim Betreten des Geschäfts wird beispielsweise vom Verkaufspersonal als Beleg für die Unfreundlichkeit des Kunden verstanden, weil das Verkaufspersonal bisher auch nur unfreundliche Kunden kennengelernt hat. Eine stark selektive Wahrnehmung behindert nicht nur das Lernen, sondern kann in Organisationen das Risiko schwerwiegender Fehlurteile und -entscheidungen erhöhen (vgl. Beyer et al. 1997; Dearborn/Simon 1958; Walsh 1988).

4.3.1 Denken in Schemata

Die Klassifizierung der Vielzahl von Reizen, die auf unseren Organismus eintreffen, spielt eine entscheidende Rolle für unsere Wahrnehmung. Wie beschrieben, findet die Klassifizierung der Reize häufig schon statt, bevor ein Reiz überhaupt vollständig verarbeitet wurde. Ein Grund dafür sind die vorhandenen Schemata. Schemata sind in unserem Langzeitgedächtnis gespeicherte Kategorien von Objekten, Situationen und auch Personen. Sie beinhalten das jeweilige Wissen einer Person über bestimmte Objekte, Situationen und Personen und können daher auch als *Wissenspakete* bezeichnet werden (Gerrig 2018, S. 284). Sie bilden sich aus unseren Erfahrungen und Beobachtungen und sind daher ein direktes *Ergebnis von Lernerlebnissen*. Sie verfügen beispielsweise über ein Party-Schema, Kirchenbesuchs-Schema oder auch ein Professoren-Schema. Im Zuge der Sozialisation und der gemachten Erfahrungen werden Schemata in der Regel differenzierter und genauer. Schemata übernehmen die folgenden Funktionen (vgl. Nerdinger 2012, S. 65):
- *Verstehen*: Schemata ermöglichen das Verstehen der Umwelt. Neue Erfahrungen können in den bestehenden Wissensstrukturen bzw. unseren Schemata eingeordnet werden.
- *Unsicherheitsvermeidung*: Schemata reduzieren die Unsicherheit in der Interaktion mit der Umwelt. Bereits eine konkrete Beobachtung kann ein spezifisches Schema aktivieren infolgedessen zukünftige Ereignisse bereits vor ihrem Eintreffen antizipiert werden.
- *Erinnern*: Schemata ermöglichen die mühelose Erinnerung an vergangene Ereignisse. Sie wirken wie Schubladen, in denen jeweils ähnliche Ereignisse abgelegt sind. Möchten Sie sich an ein konkretes Ereignis erinnern, dann suchen Sie da-

nach lediglich in der passenden Schublade, ohne alle anderen Schubladen durchsuchen zu müssen.

- *Verhaltenssteuerung*: Schemata steuern das Verhalten. Ist ein Schema aktiviert, setzt dies einen Handlungsautomatismus in Gang.

Menschen neigen dazu, vornehmlich solche Informationen aufzunehmen, die in ihre jeweiligen Schemata passen und solche, die sich nicht darin einfügen, zu vernachlässigen bzw. gar zu ignorieren oder umzudeuten. Schemata schränken unsere Wahrnehmung somit im gewissen Maße ein. Als Wissenspakete, die auf Lernerfahrungen zurückgehen, sind Schemata ab einem gewissen Punkt auch recht stabil und inflexibel. Die Stabilität von Schemata macht Menschen relativ immun gegen Verhaltens- und Einstellungsänderungen. Erfahrungen, die nicht ins Schema passen werden dann häufig so umgedeutet, dass sie dem vorhandenen Schema entsprechen. Auch bei der Wahrnehmung sozialer Ereignisse spielen Schemata eine bedeutsame Rolle. Auch die Wahrnehmung von Personen ist nach Schemata kategorisiert, was die soziale Wahrnehmung stark vereinfacht, aber ebenfalls verzerrt. Ist ein Schema gefunden, in das eine Person passt, ist damit eine Reihe von Urteilen über die Person verbunden (z. B. über deren Motive und Eigenschaften), denen es keiner genaueren Ergründung mehr bedarf. Es reicht häufig bereits die Information über den Beruf einer Person aus (z. B. Politiker), um die Person in ein bestimmtes Schema zu verorten (z. B. Machtbesessen).

Beim Denken und Urteilen mittels Schemata handelt es sich insofern um einen *Top-down-Wahrnehmungsprozess*, als dass Objekte, Personen und Situationen nicht mehr in ihrer Individualität wahrgenommen werden, sondern lediglich so, wie es das entsprechende Schema vorgibt. Insbesondere in der sozialen Interaktion kann dies zu Konflikten führen, denn ist eine Person erst einmal von einer anderen Person in eine Schublade/einem Schema eingeordnet, hat sie es schwer, dort wieder herauszukommen. Haben sich also einmal stabile Schemata über Klassen von Objekten, Situationen oder Personen gebildet, ist die Bereitschaft, die Schemata an neue Erfahrungen anzupassen, meist gering. Dadurch sind Schemata besonders anfällig für *Stereotypisierungen* (vgl. Pendry 2014, S. 114 ff.). Stellen Sie sich einen Mitarbeitenden vor, der in seinen bisherigen Anstellungen viele negative Erfahrungen mit Vorgesetzten gesammelt hat. Unglücklicherweise hatte es der Mitarbeitende zuvor stets mit stark impulsiven, cholerischen und autoritären Vorgesetzten zu tun. Häufig musste er die üblen Launen seiner Vorgesetzten über sich ergehen lassen. Er wurde eng von seinen Vorgesetzten kontrolliert, durfte nichts allein entscheiden, wurde häufig angeschrien und musste sich für Fehler verantworten, die er gar nicht verschuldet hatte. Diese Erlebnisse haben das Schema des Mitarbeitenden von einem prototypischen Vorgesetzten geprägt. Die negativen Erfahrungen werden vom Mitarbeitenden auf alle Vorgesetzten übertragen. Bereits die Information, dass es sich bei einer Person um einen Vorgesetzten handelt, führt dazu, dass diese Person in die Schublade des Vorgesetzten, mit all seinen negativen Eigenschaften, abgelegt wird.

Eine derartige Stereotypisierung von Personen steuert nicht nur unsere Wahrnehmung von Personen, sondern sie bestimmt auch unser Verhalten diesen Personen gegenüber. Bleiben wir beim gerade aufgeführten Beispiel: Der Mitarbeitende mit einem recht negativen Vorgesetztenstereotyp wird in eine neue Abteilung versetzt und bekommt dort einen neuen Vorgesetzten. Wie wird der Mitarbeitende wohl über seinen neuen Vorgesetzten denken? Wie wird er sich dem Vorgesetzten gegenüber verhalten? Da auch der neue Vorgesetzte direkt in das Vorgesetzten-Schema des Mitarbeitenden eingeordnet wird, wird dieser bereits ein negatives Bild von ihm haben, bevor überhaupt ein persönliches Kennenlernen stattgefunden hat. Das Vorgesetzten-Schema könnte mit spezifischen Verhaltensstrategien verknüpft sein, z. B. *Mache lieber gar nichts, denn dann kannst du keine Fehler machen*; *Gehe deinem Vorgesetzten so gut es geht aus dem Weg*; *Verhalte dich möglichst unauffällig* usw. Bei derartigen Verhaltensstrategien handelt es sich um Vermeidungstaktiken, die als Handlungsautomatismen von einem Schema aktiviert werden und das Handeln teilweise unbewusst leiten. Die Handlungsautomatismen sind wiederum das Ergebnis von Lernprozessen und bieten dem Mitarbeitenden in der neuen Situation eine gewisse Orientierung. Er hat womöglich gelernt, dass er mit diesen Verhaltensweisen negative Ereignisse – die Wutausbrüche seiner Vorgesetzten – umgehen kann. Die mit einem Schema verbundenen Verhaltensweisen können aber auch Auslöser von Konflikten sein. Insbesondere dann, wenn eine Person gar nicht in das Schema passt, in das sie fälschlicherweise eingeordnet wurde. Der Mitarbeitende, der ständig versucht, seinem neuen Vorgesetzten aus dem Weg zu gehen und Aufgaben gar nicht erst in Angriff nimmt, um keine Fehler zu machen, wird auch einen noch so wohlwollenden und freundlichen Vorgesetzten mit der Zeit gegen sich aufbringen. Wenn diese Situation dann tatsächlich eintritt, wird der Mitarbeitende darin eine Bestätigung seines Schemas sehen: *Vorgesetzte sind eben doch alle gleich*. Der Mitarbeitende in unserem Beispiel lässt dabei aber außer Acht, dass er mit seinem Verhalten überhaupt erst das erwartete Verhalten des Vorgesetzten provoziert hat. Die negative Reaktion des Vorgesetzten wäre lediglich eine Konsequenz des Vermeidungsverhaltens des Mitarbeitenden. Es handelt sich dabei um eine *Sich-Selbst-Erfüllende-Prophezeiung* (vgl. Gerrig 2018, S. 653 f.)

Wir können also festhalten, dass Menschen Reize bzw. Informationen im Lichte ihrer Schemata interpretieren. Schemata steuern unsere Wahrnehmung und – wie gerade gezeigt – auch unser Verhalten gegenüber anderen. Dies kann zu Fehlurteilen und unangemessenen Verhaltensweisen führen. Fehlurteile kommen dadurch zustande, dass Menschen

- die Informationssammlung (über Objekte, Situationen und Personen) frühzeitig beenden und wichtige Informationen außen vor lassen;
- andere Personen, Objekte und Situationen so sehen, wie sie sie sehen wollen bzw. wie es die Schemata vorgeben und nicht wie sie tatsächlich sind;
- einen höheren Wert auf konsistente (zu ihren Schemata passende) Informationen legen und widersprüchliche Informationen ignorieren.

Weil Menschen unterschiedliche Schemata von denselben Personen und Personengruppen haben, entstehen häufig Konflikte. Diese zu vermeiden, verlangt in erster Linie, den individuellen Eigenschaften von Personen stärkere Bedeutung einzuräumen. Dennoch soll nicht auch der *evolutionäre Vorteil* von Schemata verkannt werden. Schemata beschleunigen die Urteilskraft, was gerade in bedrohlichen Situationen von Vorteil ist. Demnach übernehmen Schemata auch eine Orientierungsfunktion in Situationen, in denen uns eine Orientierung fehlt. Wir verbrauchen auch wesentlich weniger Energie, wenn wir schnell zu einem Urteil gelangen, als wenn wir erst alle verfügbaren Informationen suchen und auswerten müssten. Im Unternehmensalltag dürften derart bedrohliche Situationen aber beschränkt sein, sodass wir uns für die Wahrnehmung und Urteilsfindung im Allgemeinen ruhig etwas mehr Zeit nehmen dürften.

4.3.2 Denken mit Heuristiken

Die beiden Psychologen und Nobelpreisträger Daniel Kahneman und Amos Tversky konnten bereits in den siebziger Jahren des letzten Jahrhunderts nachweisen, dass Menschen – entgegen der Annahme einiger betriebs- und volkswirtschaftlicher Modelle – keine rein rationalen Entscheidungen treffen (vgl. Tversky/Kahneman 1974). Insbesondere die starke Tendenz, Verluste zu vermeiden, führt häufig zu folgenreichen Fehlurteilen und Fehlhandlungen. Dies lässt sich beispielhaft an Vermögensanlageentscheidungen darstellen (vgl. Kahneman/Tversky 1979). Hier halten Privatanleger häufig trotz aller Warnsignale an verlustreichen Wertpapieren fest, weil sie sich eine getätigte Fehlinvestition nicht eingestehen wollen. Die Hoffnung auf einen wieder steigenden Kurs verleiht dem Festhalten an der einmal getätigten Investition Auftrieb. Warnsignale werden von den Anlegern ignoriert oder umgedeutet, sodass die aufgenommenen Informationen die Hoffnung auf eine Kurserholung weiter unterstützen.

Kahneman und Tversky zufolge kann die menschliche Wahrnehmung und Entscheidungsfindung auf zwei Wegen erfolgen (vgl. Kahneman 2012):

- *System 1*: Dieses System verarbeitet Informationen schnell, instinktiv und emotional. Entscheidungen gründen auf Heuristiken (sogenannte Daumenregeln oder auch Shortcuts) und führen zu intuitiven Problemlösungen und Entscheidungen.
- *System 2*: Dieses System verarbeitet Informationen langsam. Problemlösungen und Entscheidungen gründen auf Logik und Reflexion und stellen erhöhte Anforderungen an die geistige Leistung.

Beide Systeme haben ihre spezifischen Vorteile. Wie bereits zu den Schemata ausgeführt, ermöglicht das System 1 schnelle, intuitive Entscheidungen. Das ist in Situationen von Vorteil, bei denen die Möglichkeit einer umfänglichen Informationssuche und eines längeren Abwägens zwischen verschiedenen Entscheidungsalternativen nicht besteht. Bei Problemen, bei denen eine Fehlentscheidung gewaltige negative Konsequenzen zur Folge hätte, ist das System 1-Denken jedoch von Nachteil. Hier kann das System 2-Denken mit der intensiven Reflexion aller Entscheidungsalternativen punkten. Letzteres wäre wiederum in einer bedrohlichen Situation, in der schnell gehandelt werden muss, nachteilig.

Es ist demnach situationsspezifisch zu entscheiden, wann der wesentlich ressourcenschonendere System 1-Modus ausreicht und wann ein Wechsel in den analytischen System 2-Modus angebracht ist. Das System 2 versucht unser Denken und Entscheiden gegen Fehlurteile durch Heuristiken abzusichern. Heuristiken sind Regeln, die die Komplexität der Realität derart verkürzen, dass eine schnelle Urteilsbildung möglich ist. Genau genommen handelt es sich um Urteilsstrategien, bei der nicht alle Informationen ausgeschöpft werden müssen. Folgende Heuristiken können unterschieden werden (vgl. Bierhoff 2006, S. 260 ff.):

- *Heuristik der Zugänglichkeit*: Diese Heuristik bezeichnet die Übergewichtung von Informationen, die unmittelbar aus dem Gedächtnis abrufbar oder leicht vorstellbar sind. Personen neigen im Allgemeinen dazu, zu überschätzen, wie viele ihrer Mitbürger ihre eigene Meinung teilen. Diese Überschätzung beruht darauf, dass die persönliche Meinung besonders leicht aus dem Gedächtnis abrufbar ist und daher für allgemein plausibel und verbreitet gehalten wird. Ebenso beeinflusst die gedankliche Vorstellung eines Ereignisses unser Urteil. Werden Sie gebeten, die durchschnittliche Anzahl an Regen- und Sonnentagen in Deutschland zu schätzen, so haben Sie vielleicht unmittelbar ein Bild aus einem verregneten Sommer im Kopf und leiten daraus Ihren Schätzwert ab. Vielleicht ist Ihnen aber auch ein extrem trockner Winter im Gedächtnis geblieben, was Ihre Schätzung beeinflusst.
- *Heuristik der Repräsentativität*: Diese Heuristik bezeichnet die Eingruppierung von Objekten oder Personen anhand ihrer wahrgenommenen Ähnlichkeit. Dadurch kann es schnell zu Generalisierungen kommen. Nehmen wir an, Sie hätten einen japanischen Bekannten, den Sie mittlerweile gut kennen. Es liegt nahe, dass Sie die guten und schlechten Eigenschaften Ihres Bekannten auf alle übrigen Japaner übertragen. Sie würden Ihren Bekannten somit als repräsentativ (bzw. typisch) für die gesamte Gruppe der Japaner erachten. Hieran ist zu erkennen, wie eng die Heuristik der Repräsentativität mit der Bildung von Schemata und Stereotypen verbunden ist. Nach dem Gesetzt der kleinen Zahl (vgl. Tversky/ Kahnemann 1974) schließen Beobachter von dem Verhalten einer einzelnen Person auf Charakteristika der Gruppe, der die Person angehört.
- *Was-Wäre-Wenn-Heuristik*: Bei Gedanken, die der Was-Wäre-Wenn-Logik folgen, handelt es sich um kontrafaktisches Denken (*Hätte ich dies getan, dann hätte sich jenes vermeiden lassen.*). Reale Ereignisse werden dabei gedanklich verändert (z. B. *Was wäre gewesen, wenn der Unfallverursacher heute einen anderen Weg gefahren wäre?*). Für die Stärke von Was-Wäre-Wenn-Gedanken ist die Nähe zu einem positiv bewerteten Zielzustand von besonderer Bedeutung (z. B. ein knapp verpasster Zug verursacht stärkere Was-Wäre-Wenn-Gedanken als ein Zug, der

bereits vor zwei Stunden abgefahren ist: *Ich hätte den Zug noch erwischt, wenn ich nur eine Minute schneller gewesen wäre*). Negative Ereignisse, die aufgrund einer kurzzeitigen Abweichung von Gewohnheiten zustande gekommen sind, regen ebenso zu starkem kontrafaktischen Denken an (z. B. ein Unfall, der sich ereignet hat, als Sie ausnahmsweise eine andere Strecke zur Arbeit gefahren sind: *Ich hätte den Unfall vermeiden können, wenn ich die gleiche Strecke wie immer gefahren wäre*). Auch wenn es auf der Hand liegt, dass kontrafaktisches Denken negative Emotionen hervorruft und wir dadurch schnell in eine negative Spirale des Grübelns gelangen, kann kontrafaktisches Denken auch vorteilhaft sein. Letzteres ist der Fall, wenn davon auszugehen ist, dass sich bestimmte Sachverhalte wiederholen. Kontrafaktisches Denken kann dann der Planung zukünftiger Handlungen dienen. Der Gedanke, dass sie nur einige Minuten schneller hätten sein müssen, um den Zug noch zu erreichen, würde sie womöglich am nächsten Tag dazu veranlassen, eher zum Bahnhof aufzubrechen.

- *Ankerheuristik*: Ankereffekte entstehen, wenn die zuerst gegebene Information die Meinungsbildung dominiert. Nachfolgende Informationen erfahren dann keine hinreichende Berücksichtigung mehr, sondern werden lediglich an den vorhandenen Anker angepasst. Personen, die das Ergebnis der Multiplikation einer Zahlenreihe von 1 bis 10 – ohne ausreichend Zeit für eine genaue Berechnung zu haben – einschätzen sollen, schätzen ein höheres Ergebnis, wenn ihnen die Zahlenreihe beginnend mit der 10 präsentiert wird (10x9x8x7x6x5x4x3x2x1), als wenn die Zahlenreihen bei der 1 beginnt (1x2x3x4x5x6x7x8x9x10). Obwohl es sich um zwei identische Zahlenreihen handelt, wirkt in der zweiten Reihe die niedrige Zahl 1 als Anker und führt folglich zu einer niedrigen Schätzung. In der ersten Reihe setzt dagegen die höhere Zahl 10 den Anker und führt so zu einem höheren Schätzwert. Wenn eine Meinungsbildung aufgrund der erst genannten Information erfolgt und nachfolgende Informationen nicht mehr in der Meinungsbildung berücksichtigt werden, dann spricht man auch von einem *Primacy- bzw. Reihenfolge-Effekt*.

Auch Heuristiken haben einen praktischen Nutzen. Sie helfen, komplexe Informationen der Umwelt zu reduzieren und ermöglichen dadurch eine schnelle Urteilsfindung. Bei Entscheidungen mit einer großen Tragweite kann die schnelle Entscheidung auf Basis einer nicht ausgeschöpften Informationsgrundlage jedoch hinderlich sein, wenn dabei wichtige Informationen unberücksichtigt bleiben. Stellen Sie sich vor, Sie sind gerade dabei, Ihre Einkäufe vom morgendlichen Supermarktbesuch zusammenzurechnen. Auf den Kassenzettel stehen zwölf Posten von 0,95 € bis maximal 2,99 €. In diesem Moment tritt Ihr Vorgesetzter in Ihr Büro und bittet Sie um eine Schätzung des benötigten Budgets für Ihr künftiges Projekt. Letzteres haben Sie noch gar nicht beziffert. Ihr Vorgesetzter bittet Sie dennoch um eine ungefähre Schätzung, um diese schon einmal an die Geschäftsführung weiterzugeben. Es wäre nicht ungewöhnlich, wenn die geringen Werte Ihres Einkaufs als Anker in Ihrer Budgetschätzung wirken.

Demzufolge würden Sie das Budget recht gering ansetzen. Womöglich müssen Sie Ihrem Vorgesetzten und der Geschäftsführung dann nachher Rede und Antwort stehen, warum das Budget deutlich aufgestockt werden muss bzw. warum Sie mit Ihrer Kalkulation so stark danebengelegen haben. Es wäre daher klug, sich für die Schätzung des Budgets etwas mehr Zeit zu nehmen und sich dabei die Gefahr der Ankerheuristik bewusst zu machen. Eine ganze Reihe weiterer Wahrnehmungsverzerrungen beeinflussen unser Denken und Handeln häufig unbewusst (siehe Tabelle 4.4).

Tab. 4.4: Wahrnehmungsverzerrungen (eigene Darstellung).

Urteilsfehler	Beschreibung
Mitläufereffekt	Eine bestimmte Überzeugung vertreten, weil andere (bzw. die Mehrheit) diese auch vertritt.
Kontrast-Effekt	Beurteilung einer Person aus deren Vergleich mit anderen Personen anstatt auf Basis der tatsächlichen und zuvor definierten Leistungskriterien.
Nähe-Effekt	Vorzug von unmittelbaren Belohnungen im Gegensatz zu Belohnungen in der Zukunft.
Halo-Effekt	Die positive Eigenschaft einer Person überstrahlt alle anderen Eigenschaften der Person, sodass die Person in allen anderen Eigenschaften ebenso positiv wahrgenommen wird. (Das Gegenteil ist der *Horn-Effekt*)
Status-Effekt	Positivere Beurteilung von Personen in höheren Positionen als von Personen in niedrigeren Positionen.
Sympathie-Effekt	Positive Beurteilung einer Person aufgrund ihrer Ähnlichkeit zur eigenen Person. (Das Gegenteil ist der Antipathie-Effekt).

4.4 Attribution – Urteilen über andere

Menschen haben ein Bedürfnis, sich die Welt zu erklären. Dies schließt auch das Verhalten anderer als Teil dieser Umwelt ein. Beobachten wir das Handeln anderer, möchten wir deren Handeln im Allgemeinen auch erklären, d. h. die Ursachen für ihr Verhalten identifizieren. Der subjektive Prozess der Zuschreibung von Ursachen auf ein beobachtetes Verhalten wird als Attribution bezeichnet. Sicher kennen Sie die Quizshow „Wer wird Millionär?". Was würden Sie spontan sagen wer schlauer ist, der Moderator oder der Kandidat? Einige Personen würden hier den Moderator als schlauer einschätzen, da dieser die Antworten auf alle gestellten Fragen zu kennen scheint. Dabei lassen sie unberücksichtigt, dass der Moderator die Antworten auf die Fragen ablesen kann. Die Ursache des Antwortverhaltens des Moderators wird also fälschlicherweise in der Person des Moderators selbst verortet, wohingegen situative Bedingungen (der Moderator bekommt die Antworten von der Regie mitgeteilt) als mögliche Ursache nicht in der Verhaltenserklärung berücksichtigt werden (vgl. Berry/Frederickson 2015, S. 45).

Die *Attributionstheorie*, beschäftigt sich damit, wie Personen Urteile über die Ursachen ihres eigenen Verhaltens und das Verhalten anderer Personen bilden. Die Theorie ist eng mit dem österreichischen Psychologen Fritz Heider verknüpft, demnach ein beobachtetes Verhalten einer Person selbst (z. B. ihren Fähigkeiten, ihrem Wissen oder ihrer Motivation und Anstrengung) oder den situativen Umständen zugeschrieben werden kann (vgl. Heider 1958). Die Identifizierung der Ursache für ein Verhalten oder Handlungsergebnis erfolgt nach dem *Kovariationsprinzip* (vgl. Kelley 1973, S. 108 ff.): Ein Faktor wird dann einem beobachteten Verhalten als Ursache zugeschrieben, wenn dieser Faktor immer dann auftritt, wenn auch das beobachtete Verhalten auftritt, aber nicht auftritt, wenn das Verhalten nicht gezeigt wird. Das gemeinsame Auftreten des ursächlichen Faktors und des beobachteten Verhaltens wird als Kovariation bezeichnet. Die Ursachenzuschreibung für ein Verhalten oder Handlungsergebnis wird von der Stärke der Kovariation des beobachteten Verhaltens und den mit dem Verhalten gemeinsam auftretenden Faktoren bestimmt. Letztere können in der Person liegen oder situative Bedingungen bezeichnen. Anhand der folgenden drei Dimensionen wird das beobachtete Verhalten analysiert:

- *Distinktheit* (Einzigartigkeit): Hierbei fragt sich der Beobachter, ob das beobachtete Verhalten nur in einer ganz bestimmten Situation auftritt (hohe Distinktheit) oder die Person dasselbe Verhalten auch in anderen Situationen zeigt (niedrige Distinktheit).
- *Konsensus*: Hierbei fragt sich der Beobachter, ob sich andere Personen in derselben Situation genauso verhalten wie die beobachtete Person (hoher Konsensus) oder ob sich das Verhalten der beobachteten Person stark von dem Verhalten anderer unterscheidet (niedriger Konsensus).
- *Konsistenz*: Dabei fragt sich der Beobachter, ob sich die beobachtete Person zu verschiedenen Zeitpunkten gleich verhält, also immer so handelt (hohe Konsistenz) oder ob das Verhalten der beobachteten Person über die Zeit variiert, die Person also immer anders handelt (niedrige Konsistenz).

Bei der Distinktheit wird das beobachtete Verhalten einer Situationsprüfung unterzogen. In der Konsensusprüfung wird das beobachtete Verhalten mit dem Verhalten anderer Personen verglichen. In Bezug auf die Konsistenz wird das beobachtete Verhalten im Zeitverlauf betrachtet. Die gewonnenen Informationen werden anhand des Kovariationsprinzips, wie im Kelley-Würfel dargestellt, miteinander verknüpft (siehe Abbildung 4.3). Das Ergebnis dieser Verhaltensanalyse ist die Zuschreibung des beobachteten Verhaltens auf in der Person liegende Ursachen oder in der Situation liegende Ursachen.

Stellen Sie sich dazu folgende Situation vor: Eine Vorgesetzte möchte die Ursachen für das unzuverlässige Arbeitsverhalten eines Mitarbeitenden ergründen. Je nachdem, ob die Ursache des unzuverlässigen Arbeitsverhaltens in der Person des Mitarbeitenden selbst (z. B. in der geringen Ausprägung des Persönlichkeitsmerkmals Gewissenhaftigkeit oder der mangelnden Fähigkeit zur Selbstorganisation) oder in den situativen Umständen liegt (z. B. hohes Verkehrsaufkommen auf dem Arbeitsweg, organisatorische Mängel in der Abteilung), möchte die Vorgesetzte Maßnahmen zur Verhaltensänderung des Mitarbeitenden einleiten. Dazu klassifiziert sie ihre Beobachtungen zunächst anhand des nach seinem Autor benannten Kelley-Würfels (siehe Tabelle 4.5).

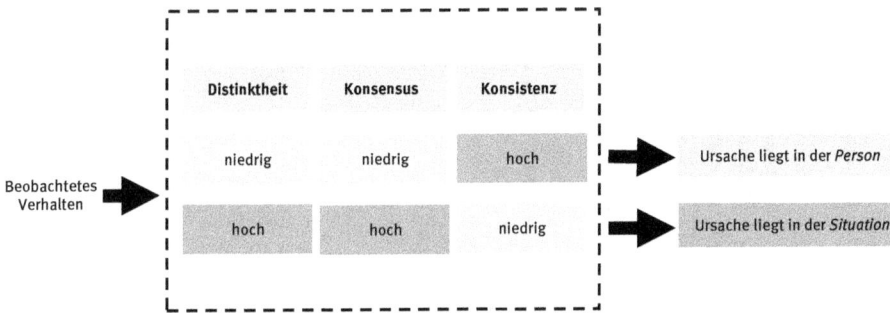

Abb. 4.3: Verknüpfung von Informationen zur Erklärung menschlichen Verhaltens im Kelley-Würfel (eigene Darstellung in Anlehnung an Kelley 1973 sowie Robbins/Judge 2019, S. 176).

Nach den Ergebnissen der mit dem Kelley-Würfel durchgeführten Kovarianz-Analyse wäre es im obigen Beispiel demnach verfehlt, wenn die Vorgesetzte die nicht fristgerechte Einreichung der Projektplanung allein dem Mitarbeitenden anlasten würde. Es scheint vielmehr so, als hätten (sich wiederholende) Rahmenbedingungen der Projektplanung dafür gesorgt, dass letztere nicht fristgerecht abgeschlossen werden konnte. Die außerhalb der Person des Mitarbeitenden liegenden Ursachen wären im Folgenden näher zu ergründen. Eine erste Möglichkeit dazu bietet das persönliche Gespräch mit dem Mitarbeitenden. Gut möglich, dass dieser die Planung nicht rechtzeitig fertigstellen konnte, weil er auf Informationen aus anderen Bereichen warten musste (z. B. die Finanzierungszusage der Bank), die er wiederum nicht fristgerecht erhalten hat. Womöglich ist dies auch die Ursache dafür, dass es in der Abteilung immer wieder zu Verzögerungen in der Projektplanung kommt, wie dies die Kovarianzprüfung ergeben hat (siehe Konsensus in Tabelle 4.5).

Wichtig für die Ursachenzuschreibung ist es, dass dazu nur konkrete Beobachtungen herangezogen werden. Aussagen wie beispielsweise „Der Mitarbeitende ist unzuverlässig!" beinhalten eine persönliche Wertung. Damit werden die Ursachen für das Verhalten bereits in der Person verortet, bevor überhaupt eine Prüfung von Distinktheit, Konsensus und Konsistenz stattgefunden hat. Dies wird auch als *fundamentaler Attributionsfehler* bezeichnet (vgl. Berry/Frederickson 2015; Robbins/Judge 2019, S. 176). Demzufolge wird die Bedeutung personaler Faktoren bei der Erklärung des Verhaltens anderer überbewertet, während dem Einfluss außerhalb der Person liegender Faktoren (bzw. situativen Bedingungen) auf das Verhalten weniger Bedeutung beigemessen wird.

Tab. 4.5: Beispiel der Kovarianzanalyse zur Erklärung menschlichen Verhaltens (eigene Darstellung).

Beobachtetes Verhalten oder Verhaltensergebnis	Distinktheit: Wie zuverlässig/unzuverlässig zeigt sich der Mitarbeitende in anderen Situationen?	Konsensus: Wie hat der Mitarbeitende die Arbeitsaufgabe im Vergleich zu seinen Kollegen erledigt?	Konsistenz: Wie zuverlässig/unzuverlässig hat sich der Mitarbeitende in der Erledigung der Aufgabe über den Zeitverlauf gezeigt?	Ursache des beobachteten Verhaltens
Der Mitarbeitende hat die Projektplanung für ein Bauprojekt mit der Stadt nicht fristgerecht eingereicht.	Der Mitarbeitende erscheint stets pünktlich zur Arbeit. Bisher hat er andere Arbeitsaufträge gewissenhaft erledigt. Absprachen hat er bisher immer eingehalten. Fazit: Die nicht fristgerechte Einreichung der Projektplanung weicht stark von dem in anderen Situationen gezeigten Verhalten des Mitarbeitenden ab. Die Einzigartigkeit (Distinktheit) des beobachteten Verhaltens ist daher *hoch*.	Bei Projektplanungen für Bauprojekte mit der Stadt kommt es auch bei Kollegen sehr häufig zu Fristüberschreitungen. Fazit: Auch andere Kollegen haben häufig die Projektplanung nicht fristgerecht fertigstellen können. Die Übereinstimmung (Konsensus) des beobachteten Verhaltens mit dem Verhalten der Kollegen ist daher *hoch*.	Der Mitarbeitende war von Beginn an sehr engagiert in der Projektplanung. Alle Teilschritte der Planung wurden fristgerecht fertiggestellt. Fazit: Über den Zeitverlauf der gesamten Planungsschritte war der Mitarbeitende stets engagiert und zuverlässig. Die Stabilität (Konsistenz) des beobachteten Verhaltens ist daher *niedrig*.	Die Kovariation einer *hohen Distinktheit*, eines *hohen Konsensus'* und einer *niedrigen Konsistenz* in Bezug auf das beobachtete Verhalten lassen darauf schließen, dass die Ursachen für die nicht fristgerechte Erledigung der Arbeitsaufgabe außerhalb der Person des Mitarbeitenden, d. h. in der *Situation* liegen müssen

Eine nicht zufriedenstellende Leistung eines Mitarbeitenden bei einer Aufgabe wird beispielsweise vorschnell in der Person liegenden Ursachen zugeschrieben (z. B. Faulheit, mangelndes Pflichtbewusstsein, Unzuverlässigkeit). Als ursächlich für das beobachtete Verhalten ebenso in Frage kommende äußere Ursachen für die verminderte Leistung (z. B. Konflikte in der Abteilung, unspezifische Arbeitsanweisungen) werden nicht in Betracht gezogen (siehe hierzu auch die Navigationskarte zur Beschreibung, Erklärung und Steuerung von Verhalten in Organisationen in Kapitel 1). Dies erschwert die Steuerung des Leistungsverhaltens der Mitarbeitenden, weil Maßnahmen zur Verhaltensänderung möglicherweise nicht die tatsächlichen Ursachen für das Verhalten adressieren. Zudem bieten Fehler in der Ursachenzuschreibung einen Nährboden für Konflikte.

Unterschiede in der Verhaltensbeurteilung lassen sich auch in der Erklärung des eigenen Verhaltens im Vergleich zur Erklärung des Verhaltens anderer feststellen. Wohingegen eigene Erfolge häufig auf in der eigenen Person liegende Ursachen zurückgeführt werden (z. B. Leistungseinsatz, Intelligenz), werden eigene Misserfolge situativen Ursachen zugeschrieben (z. B. Aufgabenschwierigkeit, schlechte Zuarbeit anderer). Es handelt sich hierbei um eine selbstwertdienliche Attribution, auch *self-serving bias* genannt (vgl. Libby/Rennekamp 2012, S. 198), die der Bestärkung unserer eigenen Fähigkeiten dient und Selbstzweifel vermeidet. Die Erklärung des Erfolgs und Misserfolgs anderer verläuft dagegen häufig genau konträr zu der Erklärung eigener Erfolge und Misserfolge. Der Erfolg anderer Personen wird externen Ursachen zugeschrieben, wohingegen diese für ihre Misserfolge selbst verantwortlich gemacht werden. Auch darin lässt sich ein selbstwertdienliches Moment finden: Waren wir selbst nicht erfolgreich, andere aber schon, dann müssen diese eben von situativen Bedingungen profitiert haben, die für uns nicht galten. Haben wir Erfolg, andere aber nicht, dann kann das nur daran liegen, dass wir eben fähiger sind oder uns mehr angestrengt haben als die anderen.

4.5 Einstellungen und Verhalten

Einstellungen bringen zum Ausdruck, wie eine Person über bestimmte Sachverhalte (Situationen, Objekte und Personen) denkt (vgl. Bohner/Dickel 2011, S. 392 ff.). Es handelt sich dabei um erlernte, recht stabile Überzeugungen. Der Psychologe und Wegbereiter der Positiven Psychologie, Martin Seligman, sieht gar die Möglichkeit, eine grundsätzlich positive und optimistische Lebenseinstellung zu erlernen (vgl. Keller 2018). Über ihre berufsbezogenen Einstellungen drücken Menschen beispielsweise ihre Gedanken, Gefühle und Handlungsabsichten gegenüber ihrem Arbeitgeber, bestimmten Branchen und Aufgaben aus. Insofern handelt es sich bei Einstellungen um individuelle Wertungen von Sachverhalten, Objekten, Situationen und Personen(gruppen). Einstellungen umfassen das Denken (Kognition), Fühlen (Affekt) und Handeln (vgl. Haddock/Maio 2014, S. 199):

- *Kognitionen*: Hiermit ist das Denken über bestimmte Sachverhalte, Situationen, Objekte und Personen gemeint. Kognitionen beruhen auf Wahrnehmungserlebnissen und dem daraus hervorgegangenen Wissen und führen zu Überzeugungen.
- *Affekte*: Affekte bezeichnen die Gefühle gegenüber bestimmten Sachverhalten, Situationen, Objekten und Personen.
- *Handlungsabsichten*: Das Denken über bestimmte Sachverhalte, Situationen, Objekte oder Personen und die Gefühle zu diesen bestimmen, wie wir uns diesen gegenüber verhalten.

Sind wir beispielsweise unserer Arbeitstätigkeit gegenüber positiv eingestellt, bedeutet dies, dass wir positiv über unsere Arbeit denken (Kognition), uns gut bei unserer Arbeit fühlen (Affekt) und daher gerne zur Arbeit gehen (Handlungsabsicht). Haben wir dagegen eine negative Einstellung zu unserer Arbeitstätigkeit, führen wir diese nicht oder nur sehr widerwillig aus. Insofern bezeichnen Einstellungen den gesamten *Komplex an Gedanken, Gefühlen und Handlungsabsichten gegenüber bestimmten Sachverhalten, Objekten, Situationen oder Personen* (z. B. einer neuartigen Idee, einem Aufenthalt an einem bestimmten Urlaubsort, einem Unternehmen, einem Musikstil, einer Branche oder einer bestimmter Personengruppe).

Menschen handeln in der Regel in Übereinstimmung mit ihren Überzeugungen. Ist dies nicht der Fall, dann verursacht dies ein unbehagliches Gefühl. Letzteres ist das Ergebnis eines inneren Konflikts der auch als *kognitive Dissonanz* bezeichnet wird (vgl. Festinger 1957). Die eigenen Überzeugungen stimmen dabei nicht mit dem Handeln überein: wir denken und fühlen anders, als wir handeln (vgl. Fischer/Asal/Krueger 2013). Nehmen wir folgendes Beispiel: Eine Person hat eine sehr umweltbewusste Einstellung. Die hohe Bedeutung, die sie dem Umweltschutz beimisst, geht mit einer Reihe umweltbewusster Verhaltensweisen einher (z. B. Mülltrennung, sparsames Heizverhalten, geringer Wasserverbrauch, wenig Flugreisen usw.). Der Arbeitgeber dieser Person engagiert sich ebenso für den Umweltschutz. Daher ist die Person ihrem Arbeitgeber gegenüber positiv eingestellt und arbeitet gerne für diesen. Dem Unternehmen wird jetzt allerdings die Verwicklung in einem Umweltskandal vorgeworfen. Wie soll die umweltbewusste Person nun noch ihr Arbeitsengagement vor sich selbst rechtfertigen? Dass sie, obwohl sie um die Verwicklung ihres Arbeitgebers in dem Umweltskandal weiß, dennoch weiterhin für diesen arbeitet, erzeugt bei ihr eine kognitive Dissonanz. Ihr Denken über Umweltschutz gerät mit ihrem (Arbeits-)Verhalten und dem Denken über ihren Arbeitgeber in Konflikt. Dieser unangenehme Gefühlszustand motiviert dazu, die Überzeugungen/das Denken und das Verhalten wieder in Einklang miteinander zu bringen, um dadurch die erlebte Spannung abzubauen. Dies kann auf zwei Wegen erfolgen (vgl. McGrath 2017, S. 4 ff.):

- *Dissonanzreduktion durch Einstellungsänderung*: Wenn Personen einstellungsdiskrepantes Verhalten zeigen, dann sind sie bemüht, die dadurch entstehende Dissonanz durch eine Einstellungsänderung in Richtung des gezeigten Verhaltens abzubauen. Aus der negativen Einstellung gegenüber dem Arbeitgeber im obigen Beispiel würde wieder eine positive werden, sodass das Arbeitsverhalten gerechtfertigt erscheint (z. B. „So schlimm war der Umweltskandal nun auch wieder nicht, mein Unternehmen wird daraus lernen und in der Zukunft viel nachhaltiger handeln"). Mit dem Verhalten in Konflikt stehende (dissonante) Gedanken werden dabei abgewertet und durch verhaltensunterstützende (konsonante) Gedanken ersetzt.

- *Dissonanzreduktion durch Verhaltensänderung*: Dissonanz bei einstellungsdiskrepantem Verhalten kann auch durch eine Verhaltensänderung abgebaut werden. Die negative Einstellung gegenüber dem Arbeitgeber im Beispiel würde dann zur Kündigung veranlassen oder gar zum schädigenden Arbeitsverhalten (z. B. Sabotage).

Um Dissonanz zu reduzieren, wird oftmals die eigene Wahrnehmung verzerrt (im obigen Beispiel könnte das Ausmaß und der Schweregrad des Umweltskandals nachfolgend heruntergespielt werden: „So schlimm ist es ja gar nicht gewesen."). Zudem werden Informationen im Rahmen der Dissonanzreduktion sehr selektiv verarbeitet. So wird gezielt nach solchen Informationen gesucht, die das eigene Verhalten rechtfertigen, wohingegen Informationen, die das eigene Verhalten in Frage stellen, nicht beachtet oder gar abgewertet werden (vgl. Fischer/Asal/Krueger 2013, S. 16 f.; McGrath 2017).

Bei negativen Einstellungen gegenüber bestimmten Sachverhalten beschäftigen wir uns nicht weiter mit diesen oder meiden sie. In Unternehmen kann das dazu führen, dass sich Mitarbeitende mit Sachverhalten, denen sie negativ gegenüber eingestellt sind, nicht auseinandersetzen (wollen), obwohl ihr Aufgabenbereich dies voraussetzt: Eine Abneigung gegen einen bestimmten Softwarehersteller könnte beispielsweise dazu führen, Produkte von diesem nicht zu nutzen. Eine negative Eistellung gegenüber gewisse Personengruppen könnte dazu führen, Kunden, die dieser Personengruppe angehören, zu meiden. Aufgrund seiner Abneigung gegen Onlinekonferenzen wird sich der Mitarbeitende nicht an solchen beteiligen.

Hinter einigen Einstellungen verbergen sich *Vorurteile*. Vorurteilsbehaftete Einstellungen gründen nicht auf differenzierte und reflektierte Erfahrungen, sondern auf vorgefasste und generalisierte Urteile über bestimmte Sachverhalte (vgl. Thomas 2006, S. 3). Denken Sie beispielsweise an einen Verkäufer, der vegane Hamburger verkaufen soll, aber als Fleischliebhaber vegane Produkte kategorisch ablehnt. Vegane Produkte hat er bisher nie probiert, denn dies wäre ja nicht konform mit seiner Überzeugung, dass vegane Produkte einfach nicht schmecken können. Der Verkauf dieser Produkte wäre ebenso nicht konform mit der negativen Einstellung des Verkäufers gegenüber veganen Hamburgern (Wie kann man schließlich etwas verkaufen, von dem man nicht überzeugt ist?). Was kann getan werden, um die Einstellung des Verkäufers gegenüber veganen Hamburgern zu verändern? Zunächst einmal wäre es ratsam, den Verkäufer dazu zu bringen, den veganen Hamburger zu probieren. Man könnte ihm den Burger servieren, ohne darauf hinzuweisen, dass es sich um einen veganen Burger handelt. Danach wird er gebeten, den Burger zu bewerten. Hat der Verkäufer den Burger freiwillig und mit Genuss gegessen, wird es ihm schwer fallen, seine Abneigung gegen vegane Burger aufrecht zu erhalten. Dazu ist es aber notwendig, dass der Verkäufer den Burger auch wirklich freiwillig gegessen hat. Wird er zum Verzehr gezwungen, dann wird er den ausgeübten Zwang zur Rechtfertigung des Hamburger-Verzehrs heranziehen und wahrscheinlich an seiner negativen Einstellung festhalten.

Der Zwang zu einer Handlung wird als Eingriff in die Selbstbestimmung erlebt. Dies geht mit einem negativen Gefühlszustand einher, der auch als *Reaktanz* bezeichnet wird (vgl. Miron/Brehm 2006). Menschen schätzen die Freiheit, ihre Verhaltensweisen selbst wählen zu können und sich frei vom Einfluss anderer zu entscheiden. Fühlen sie sich in dieser Freiheit bedroht, dann motiviert sie dies zu Handlungen, die auf die Wiedererlangung ihrer *Selbstbestimmung* ausgerichtet sind. Personen reagieren dann häufig nach außen hin trotzig, indem sie sich genau so verhalten, wie es von ihnen nicht gewünscht ist. Beispielsweise setzen sie sich demonstrativ über auferlegte Verbote hinweg, weil sie darin eine Einschränkung ihrer Selbstbestimmung sehen. In Situationen, in denen Personen offensiv zu einer Entscheidung aufgefordert werden, zögern diese häufig eine Entscheidung heraus oder entscheiden sich gar nicht, um so ihre Selbstbestimmung zu demonstrieren bzw. wiederzuerlangen.

Entscheidungen zwischen verschiedenen Alternativen sind stets konfliktbehaftet, da das Risiko besteht, sich für die falsche Alternative zu entscheiden. Die Feststellung, sich falsch entschieden zu haben, hat einen Zustand des Bedauerns zur Folge. Personen, die sich bei dem Kauf eines teuren Produktes (z. B. Auto oder Haus) zwischen mehreren gleich attraktiven Alternativen entscheiden müssen, bereuen ihre Kaufentscheidung oftmals unmittelbar nach dem Kauf. Die Alternative, die sie nicht gekauft haben, erscheint ihnen dann als sehr viel attraktiver als die Alternative, für die sie sich entschieden haben. Erstere Alternative können sie ja nicht mehr haben, was diese wesentlich wertvoller erscheinen lässt, wodurch das Gefühl entsteht, sich falsch entschieden zu haben. Dahinter verbirgt sich sowohl ein Zustand der Dissonanz (*Obwohl Alternative X attraktiver ist, habe ich mich für Alternative Y entschieden*) als auch der Reaktanz. Letzterer entsteht deswegen, weil mit der getroffenen Entscheidung, die Freiheit der Entscheidung wegfällt. Die Erkenntnis, auf die nicht gewählte Alternative unwiderruflich verzichten zu müssen, führt zu deren gedanklicher Aufwertung. Je gleichwertiger sich die Entscheidungsalternativen hinsichtlich ihrer Attraktivität sind, desto schwieriger fällt die Entscheidung und umso größer ist das Risiko, Dissonanz zu erleben.

Da eine erlebte Dissonanz bei der Wahl verschiedener Produkt- und Dienstleistungsalternativen als unangenehm empfunden wird, streben Personen danach, diese aufzulösen. Sehr häufig neigen Personen dann zu einer Umdeutung der Entscheidungsalternativen. Dabei wird die Wahrnehmung häufig auf zwei Wegen verzerrt (vgl. Fischer/Asal/Krueger 2013, S. 17 ff.):

– Dissonanzreduktion durch *subjektive Aufwertung und Abwertung* der Entscheidungsalternativen: Dabei wird die gewählte Alternative aufgewertet und die übrigen Alternativen abgewertet. Es handelt sich im Allgemeinen um eine subjektive Auf- und Abwertung. Dabei treten häufig auch Merkmale und Eigenschaften der gewählten Alternative in den Vordergrund, die zuvor nicht entscheidungsrelevant waren. So wird beispielsweise der Kauf eines PKWs nach der Kaufentscheidung mit dessen größeren Kofferraumvolumen im Vergleich zu den Alternativprodukten gerechtfertigt, obwohl das Kofferraumvolumen zuvor kein entscheidungsrelevantes Kriterium bei der PKW-Auswahl war. Die Einstellung der neuen Mitarbeiterin, die aus einer ganzen Reihe ebenso geeigneter Bewerber ausgewählt wurde, rechtfertigt der Vorgesetzte nachher beispielsweise mit deren exzellenten Spanischkenntnissen, obwohl diese kein Anforderungskriterium in der Stellenausschreibung waren. Die nicht gewählten Alternativen erfahren durch die subjektive Aufwertung der gewählten Alternative eine Abwertung.

– Dissonanzreduktion durch *selektive Informationssuche*: In Studien zum Umgang mit Dissonanz finden sich Hinweise, dass bei der Wahl zwischen einstellungskonsistenten und einstellungsdiskrepanten Informationen, einstellungskonsistente Informationen bevorzugt werden. Mehr noch halten Personen verstärkt Ausschau nach solchen Informationen, die ihre Einstellungen und Handlungen unterstützen. Informationen, die den eigenen Einstellungen und Handlungen widersprechen, werden hingegen nicht beachtet. Ein Kunde der nach dem Kauf eines PKWs Dissonanz empfindet, weil ihm die nicht gekaufte Alternative nun doch attraktiver erscheint, könnte sich im Internet gezielt auf die Suche nach positiven Beiträgen über das gekaufte Fabrikat machen. Negative Beiträge zum gekauften PKW lässt er dabei unberücksichtigt. Hinsichtlich der nicht gekauften Alternative verfährt der Käufer genau andersherum. Hier studiert er die negativen Beiträge mit großer Genugtuung, wohingegen er Empfehlungen zur nicht gekauften Alternative nicht beachtet. Zur Rechtfertigung der im obigen Beispiel ausgewählten Mitarbeiterin würde sich der Vorgesetzte nur bei denjenigen Kollegen ein Feedback zur neuen Mitarbeiterin einholen, bei denen er sicher wäre, dass diese der neuen Mitarbeiterin gegenüber auch positiv eingestellt sind. Kollegen, die der neuen Mitarbeiterin kritisch gegenüber eingestellt sind, würde der Vorgesetzte gar nicht erst befragen.

Ist eine Entscheidung getroffen, suchen Personen also nach bestätigenden Argumenten für die getroffene Entscheidung. Während der Entscheidungsfindung und unmittelbar danach sind Menschen daher besonders empfänglich für die Bestärkung durch andere. Um Dissonanz und Reaktanz bei anderen (z. B. Kollegen, Mitarbeitenden, Kunden) zu vermeiden, sollten folgende Hinweise berücksichtigt werden:

– *Ausreichend Bedenkzeit einräumen*: Fühlen sich Personen zu einer Entscheidung gedrängt, werden sie spätere Reuegefühle aufgrund einer Fehlentscheidung womöglich mit dem Entscheidungszwang rechtfertigen. Denken Sie beispielsweise an einen Bewerber, der sich nicht nur in Ihrem Unternehmen, sondern auch noch bei anderen Unternehmen um eine Mitarbeit beworben hat. Möglicherweise werben Ihre Wettbewerber mit vergleichbar attraktiven Arbeitsbedingungen und so wird es dem Bewerber nicht leichtfallen, sich für eines der Unternehmen zu entscheiden. Aufforderungen wie „Wir brauchen umgehend ihre Entscheidung!" oder „Wenn Sie sich nicht schnell entscheiden, vergeben wir die Stelle anderweitig!", sollten nicht nur abschreckend wirken. Sie bewirken auch, dass sich der Bewerber zu einer Entscheidung gedrängt fühlt. Würde der Bewerber zwar einen Arbeitsvertrag mit Ihrem Unternehmen schließen, sich aber nachfolgend nicht glücklich mit dieser Entscheidung fühlen, dann würde er dies womöglich auf den von Ihnen ausgeübten Entscheidungszwang zurückführen. Der Bewerber würde die neue Stelle bereits mit einer negativen Einstellung gegenüber seinem neuen Arbeitgeber antreten. In Wahlsituationen sollte stattdessen eine großzügige Bedenkzeit angeboten werden.

– *Informationen anbieten*: Treffen wir Entscheidungen mit weitreichenden Konsequenzen, so möchten wir sicher sein, dass wir uns vor dem Hintergrund der zur Verfügung stehenden Fakten und Informationen vernünftig bzw. rational entschieden haben. Auch wenn der Zugriff auf alle prinzipiell verfügbaren Informationen sowie deren Analyse eine Illusion ist und wir zu keiner Zeit überhaupt alle möglichen Fakten und Informationen in unsere Entscheidungen berücksichtigen könnten, können zusätzliche Informationsangebote unsere Entscheidungsfindung erleichtern. Neben dem Angebot an ausreichender Bedenkzeit bei der Auswahl unter mehreren Alternativen sollten daher auch ausreichend entscheidungsrelevante Informationen offeriert werden. Dem Bewerber im obigen Beispiel könnten weitere Informationsgespräche angeboten werden. Zudem sollte telefonisch bei ihm nachgefasst werden, ob noch Fragen offengeblieben und weitere Informationen gewünscht sind.

– *Entscheidung bestärken*: Nach einer wichtigen Entscheidung werden die damit zusammenhängenden Informationen selbstwertdienlich verarbeitet. Das heißt, Informationen, die eine getroffene Entscheidung bestärken, werden stärkere Aufmerksamkeit geschenkt als Informationen, die unsere Entscheidung infrage stellen. Hat sich eine Person (z. B. ein Kunde) in Ihrem Sinne entschieden (z. B. kauft er das Produkt), sollte diese Entscheidung durch Ihren Zuspruch bestärkt werden. Bereits die Beglückwünschung zu einer getroffenen Entscheidung kann negativen Reuegefühlen nach der Entscheidung entgegenwirken. Die Glückwünsche bestätigen schließlich die getroffene Entscheidung, weswegen ein intensiveres Nachsinnen über eine mögliche Fehlentscheidung nicht erforderlich erscheint.

4.6 Zusammenfassung

Lernerfahrungen bilden die Grundlage jeglicher Verhaltensänderung. Dabei bezieht sich Lernen nicht ausschließlich auf das Behalten von Fakten, das sogenannte explizite Wissen, als Resultat deklarativen Lernens. Bei unseren Fähigkeiten und Fertigkeiten handelt es sich zu einem großen Teil um implizites Wissen, das wir durch prozedurales Lernen erworben haben. Im Gegensatz zur behavioristischen Auffassung, der zufolge es sich bei Verhalten um durch Belohnung und Bestrafung gelernte Reiz-Reaktions-Verbindungen handelt, weisen Kognitivisten mentalen Prozessen wie der Reflexion und Erwartungsbildung eine entscheidende Rolle für das Erlernen neuer Verhaltensweisen zu. Wie wir uns in neuartigen Situationen verhalten, schauen wir uns oftmals von anderen Personen ab. Im Verlauf der Sozialisation übernehmen wir Normen und Verhaltensstandards von sogenannten Rollenmodellen (z. B. Eltern und Geschwister). Sozialisation findet auch in Unternehmen statt. Hier wachsen neue Mitarbeitende in ihre jeweiligen Rollen hinein, indem sie Verhaltensweisen von den bereits sozialisierten Mitarbeitenden übernehmen.

Das, was wir gelernt haben, beeinflusst unsere Wahrnehmung, unser Denken und Urteilen. Könnten wir in der Wahrnehmung unserer Umgebung nicht auf zurückliegende Lernerfahrungen zurückgreifen, bliebe uns nichts anderes übrig, als unsere Umgebung bottom-up-gestützt wahrzunehmen. Im Zuge dessen werden Reize in all ihren Einzelbestandteilen vollständig erfasst und verarbeitet. Im Allgemeinen wird unsere Wahrnehmung jedoch von unseren Erfahrungen und unserem Wissen geleitet, was einem Top-down-Prozess entspricht. Schemata als gespeicherte Wissenspakete oder Heuristiken als erfahrungsbasierte Daumenregeln sorgen in vielen Situationen dafür, dass ein Reiz interpretiert und kategorisiert wird, noch bevor dieser in all seinen Einzelbestandteilen wahrgenommen wurde. Fehlurteile, z. B. durch Stereotypisierungen, sind dabei nicht ausgeschlossen und erhöhen das Risiko Sich-Selbst-Erfüllender-Prophezeiungen.

Wenn über das beobachtete Verhalten einer anderen Person geurteilt wird, lassen die Distinktheits-, Konsensus- und Konsistenzprüfung im Rahmen der Ursachenzuschreibung Raum für subjektive Verzerrungen. Ein Ausdruck dieser verzerrten Wahrnehmung ist der fundamentaler Attributionsfehler. Ein starkes Bedauern wird empfunden, wenn das eigene Verhalten nicht in Übereinstimmung mit den vorhandenen Einstellungen steht. Damit einhergehende Dissonanz- und Reaktanzempfindungen beeinflussen ebenso die Wahrnehmung. Die eigene Wahrnehmung wird zugunsten selbstwertdienlicher Attributionen und des Dissonanzabbaus subjektiv verzerrt und das (Reaktanz-)Verhalten auf die Wiedererlangung der Selbstbestimmung ausgerichtet.

4.7 Fallstudie 3

Die *Normann Gruppe* hat sich mit der *Norpro GmbH* auf die Fertigung innovativer Heizungsthermostate spezialisiert. Die ebenfalls zur *Normann Gruppe* gehörende *Norcon GmbH* berät dagegen mittelständische Unternehmen in der Strategieplanung und Umsetzung.

Der *Norpro GmbH* winken einige lukrative Großaufträge. Um diese erfolgreich abzuarbeiten benötigt das Unternehmen engagierte Mitarbeitende für den Produktionsbetrieb und die Verwaltung. Das Unternehmen beschäftigt in der Produktion in Deutschland derzeit 235 Mitarbeitende. Über die nächsten drei Monate hinweg werden hier 30 neue Mitarbeitende ihre Arbeit in der Produktion des Unternehmens beginnen. In der Verwaltung von *Norpro* werden im nächsten Monat zusätzlich 12 neue Mitarbeitende beginnen. Diese werden für die Auftragsabwicklung vom Eingang bis zur Rechnungsstellung verantwortlich sein. Der Geschäftsführer von *Norpro*, Herr Normann Senior, bittet Sie um Ihre Expertise zur Einarbeitung der neuen Mitarbeitenden in der Produktion und Verwaltung.

Die *Norcon GmbH* will ebenso wachsen und möchte dafür das vorhandene Feedback- und Belohnungssystem anpassen. Die drei Seniorberater, Frau Normann (ebenfalls Geschäftsführerin von *Norcon*), Frau Kasel und Herr Blum, gelten allesamt als Experten in der Strategieentwicklung und werden genau deshalb auch ausschließlich persönlich von ihren Kunden beauftragt. Sie sind in jedes Beratungsprojekt involviert. Die übrigen Mitarbeitenden arbeiten ihnen lediglich zu. Die erhöhte Nachfrage nach den Beratungsleistungen lässt eine ausschließlich persönliche Betreuung der Beratungsprojekte durch die Seniorberater nicht mehr zu. Die drei Berater wissen, dass sie zukünftig Mitarbeitende benötigen, die Beratungsprojekte auch selbständig abwickeln können. Daher sollen Mitarbeitende, die ihnen bisher lediglich zuarbeiten, zu qualifizierten Beratern entwickelt werden. Da diese dann auch mehr Verantwortung für die Projekte übertragen bekommen, sollen sie auch stärker leistungsorientiert entlohnt bzw. honoriert werden. Sie sollen sich einmal das Beraterbusiness bei *Norcon* anschauen und einige der Mitarbeitenden des Unternehmens kennenlernen. Da Sie ohnehin bei der *Normann Gruppe* vor Ort sind und sich *Norpro* und *Norcon* auf dem gleichen Firmengelände befinden, wollen Sie beiden Geschäftsbereichen einen Besuch abstatten.

Sie beschließen, zunächst mit Herrn Normann, den Geschäftsführer von *Norpro*, über die bevorstehende Einarbeitung der neuen Mitarbeitenden zu sprechen. Die Produktion von Heizungsthermostaten blickt auf eine lange Tradition zurück. Mit Herrn Normann Junior steht bereits die nächste Generation für die Nachfolge in der Geschäftsführung bereit. Sie möchten von Herrn Normann zunächst wissen, was ihm in der Einarbeitung der neuen Mitarbeitenden in der Produktion und Verwaltung besonders wichtig ist.

„In erster Linie muss es schnell gehen", teilt Ihnen Herr Normann mit. „Wir erwarten in den nächsten sechs Monaten drei Großaufträge. Da bleibt uns nicht viel Zeit, die neuen Mitarbeitenden an ihre neue Arbeit zu gewöhnen. Für die Verwaltung mache ich mir da keine Sorgen. Wir haben für alle Abläufe sehr detaillierte Verfahrensanweisungen erstellt. Findet man alles in unserem Intranet. Vielleicht muss man noch einmal schauen, ob das alles noch aktuell ist, aber mehr brauchen wir da meiner Meinung nach nicht. Hier können Sie sich an Frau Ludwig, unsere Qualitätsmanagerin, wenden. In der Produktion wird es wohl schwieriger werden. Der überwiegende Anteil der neu eingestellten Mitarbeitenden kommt aus Osteuropa. Die lasche Arbeitsmoral, die dort vorherrscht, ist ja hinlänglich bekannt. Die Mitarbeitenden sollen von Anfang an lernen, dass wir unzuverlässiges Arbeitsverhalten hier nicht dulden. Ich werde da persönlich einen Blick drauf haben. Wie wir die Leute so schnell wie möglich dazu bringen, die Produktionsmaschinen selbst zu bedienen, ist mir ehrlich gesagt noch ein Rätsel. Aber dafür haben wir ja Sie geholt. Eine so hohe Anzahl von Einstellungen in so kurzer Zeit hatten wir im Produktionsbereich bisher noch nicht. Zumeist haben wir unsere Auszubildenden übernommen, die kannten am Ende ihrer Ausbildung ja schon alles und waren direkt einsatzbereit. Bei den Neuen können wir uns nicht so viel Zeit für die Einarbeitung lassen."

Herr Normann verweist Sie für weitere Informationen über den Produktionsbereich an den stellvertretenden Produktionsleiter Herrn Lammer. Da Ihnen die Situation im Produktionsbereich besonders herausfordernd zu sein scheint, gehen Sie direkt auf Herrn Lammer zu. Sie möchten von ihm wissen, welche Funktion er in der Produktion genau ausfüllt.

„Fragen Sie besser, was ich hier nicht mache", antwortet Ihnen Herr Lammer. „Ich bin für die gesamte Leitung der Abläufe hier zuständig. Plane die Schichten, kümmere mich um die Mitarbeitenden und packe immer dort selbst mit an, wo gerade jemand gebraucht wird."

Sie möchten wissen, wer die formale Leitung der Produktion innehat.

„Die liegt beim Geschäftsführer und Firmeninhaber. Bisher also noch beim Seniorchef. Die Produktion war immer schon Chefsache, das hat Tradition. Der Juniorchef steht schon in den Startlöchern. Der will die Produktionsleitung bald ganz vom Senior übernehmen. Ist schon praktisch, wenn einem das alles so zufliegt, ohne sich dafür krumm machen zu müssen."

Hier haken Sie nach und möchten wissen, wie Herr Lammer das genau meint.

„Na was denken Sie denn? Den Junior hat man zu so einer amerikanischen Elite-Uni geschickt. Er hat dort anscheinend mit Auszeichnung abgeschlossen. Aber was heißt das schon? Die, die da studieren, gehen doch sowieso alle mit einer Auszeichnung nachhause. Dafür bezahlt man doch schließlich. Wie ich gehört habe, ist der Junior in der Weltgeschichte rumgereist und von einer Party zur nächsten gezogen; war mal hier, mal dort. Hinterher hat er hier immer ganz stolz seine Urlaubsbilder gezeigt. Also, wie bitteschön soll er da engagiert studiert und was Gescheites gelernt haben. Bisher habe ich im Unternehmen, geschweige denn hier in der Produktion, noch nichts von seinen erstklassigen Studienleistungen gesehen. Hier muss ich mich kümmern, aber Chef wird der Sohn vom Papi."

Sie fragen nach, ob Herr Lammer die Leistung des Seniorchefs genauso einschätzt.

„Der Senior ist aus einem ganz anderen Holz. Das ist ein Macher, ein Malocher. Der packt immer mit an. Wenn alle anderen schon schlapp machen, ackert der weiter. Dem fällt auch immer was ein. Egal ob in der Verwaltung oder hier in der Produktion, der versteht, wie es läuft. Der war schon immer so, seit ich ihn kenne. Und ich bin ja schließlich schon über 40 Jahre hier. Ich kannte schon den Vater des heutigen Seniors."

Sie möchten gerne wissen, wie sich Herr Lammer die Einarbeitung der neuen Mitarbeitenden vorstellt.

„Was heißt schon groß Einarbeitung. Ich schick die Neuen an ihre Maschinen und zeig denen das einmal. Danach müssen die es dann selbst machen. Ist ja kein Hexenwerk."

Sie weisen Herrn Lammer darauf hin, dass er 30 Mitarbeitenden ja nicht zur selben Zeit die Maschinen erklären kann und dass ja sicherlich auch eine Sicherheitsunterweisung stattfinden wird.

„Sicherheitsunterweisung?", Herr Lammer lacht spöttisch. „Es ist doch jeder selbst dafür verantwortlich, dass er hier heile rauskommt. Unsere Personalabteilung liegt mir auch ständig mit sowas im Ohr. Ich habe auch keine Sicherheitsunterweisung bekommen. Von dem akademischen Quatsch halte ich gar nichts. Wir sind hier, um zu arbeiten, nicht um was über Arbeitssicherheit zu hören. Am Ende zählt die Produktivität, nicht was die Mitarbeitenden über Arbeitssicherheit wissen. Das bringt die nur auf dumme Gedanken. Dann wollen sie hinterher neue Schutzausrüstungen haben oder einige Tätigkeiten gar nicht mehr ausführen, weil die gesundheitsschädlich sein könnten. Deswegen finden Sie in Deutschland auch keinen mehr, der die Arbeit hier machen will. Ich habe jedes Jahr mindestens zehn Auszubildende in der Produktion. In diesem Jahr ist keiner von denen nach ihrer Ausbildung hier geblieben, obwohl sie alle ein Angebot von uns bekommen haben. Die wollen heute alle studieren und sich hinterher in einem warmen Büro den Hintern plattsitzen. Da haben sie dann ihre Sicherheit."

Sie merken, dass Herr Lammer anscheinend nicht gut auf die akademische Ausbildung zu sprechen ist und sichtlich in Rage gerät. „Die lernen an der Uni doch gar nichts. Ich war ja mal selbst dort. Habe zwei Semester Maschinenbau studiert. Bin nur zu den ersten zwei Vorlesungstagen hingegangen, danach war mir schon klar, dass die mir da nichts beibringen können. In der Prüfung habe ich dem Prof dann mal erzählt, wie wir das hier in der Praxis machen. Sie können sich vorstellen, wie der reagiert hat. Hat sich als Allwissend aufgeführt und mich durchfallen lassen. Das hatte sich dann für mich erledigt. Mich würden keine zehn Pferde mehr in eine Uni kriegen."

Sie möchten wissen, ob Herr Lammer den Studienabbruch bereut. Herr Lammer wird nachdenklich: „Naja, vielleicht ein bisschen; obwohl eigentlich nicht. Mit einem Studienabschluss wäre ich schließlich nicht so weit gekommen wie jetzt. Ich habe mich hier mit den Händen hochgearbeitet, nicht mit dem Kopf. Das war die absolut richtige Entscheidung. Hat aber einige Zeit gedauert, bis ich das so locker sehen konnte, weil es mich sehr geärgert hat."

Sie sprechen an, dass die Berater bei *Norcon* überwiegend Akademiker sind und *Norcon* recht erfolgreich ist, worauf Herr Lammer zu lachen beginnt. „Die Gründung war so eine Schnapsidee von der Seniorchefin. Unternehmensberatung! Die hasten von Unternehmen zu Unternehmen und werfen mit akademischem Fachgeschwafel um sich. Und andere zahlen sogar noch dafür. Ich kann damit nichts anfangen, sollte da aber auch mal mitmachen. Die wollten, dass ich die bei einem Projekt in einem Produktionsunternehmen unterstütze. Sollte mir die Produktion bei ihrem Kunden anschauen und Verbesserungsvorschläge machen. Habe dankend abgelehnt. Will mit dem Quatsch und den Schlipsträgern nichts zu tun haben. Der Senior will mich auch immer bei Strategietagungen und irgendwelchen Meetings mit Kunden dabei haben. Da gehe ich aber nicht hin. Das ist einfach nicht mein Ding. *Normann* ist mit Heizungen groß geworden, nicht mit bunten Bildern und Zahlenspielchen."

Sie kommen zurück auf die Einarbeitung der neuen Mitarbeitenden, woraufhin Herr Lammer Ihnen Folgendes erläutert: „Produktion ist *Learning by doing*. Einer macht es vor, der andere macht es nach. Aber natürlich haben Sie Recht, 30 neue Mitarbeitende kann ich nicht zugleich einweisen. Herr Normann sagte mir, dass die Verwaltung ganz gute Erfahrungen mit Handbüchern gemacht hat. Ich hatte schon mal darüber nachgedacht, die Handgriffe an den Maschinen in Bildern darzustellen. Kann man ja mit dem Smartphone fotografieren. Das kann sich dann jeder anschauen und nachmachen."

Der Vorschlag ist gar nicht schlecht, erkennen Sie an. Sie möchten aber noch mehr über die Automatisierung des Produktionsprozesses erfahren.

„Unsere Fertigungssysteme sind so programmiert, dass sie automatisch anschlagen, wenn ein Teil fehlerhaft produziert wurde. Die Teile werden aussortiert und verschrottet. Die Fehlproduktion wird dann auf dem Konto desjenigen Mitarbeitenden gespeichert, der den Fehler verursacht hat. Ist die Fehlerrate am Ende des Monats zu hoch, gibt's ein ernstes Gespräch zwischen dem Mitarbeitenden und mir. Das erlaubt sich eigentlich keiner ein zweites Mal. Wenn doch, dann gibt es als Dankeschön dafür die Schichten, die keiner will: Weihnachten, Neujahr und die sonstigen Feiertage. Einige lernen es ja sonst nicht."

Sie fragen Herr Lammer, an wie vielen Produktionsmaschinen die neuen Mitarbeitenden eingesetzt werden sollen und ob diese zwischen den Maschinen rotieren sollen.

„So hoch komplex ist unsere Produktion nicht. Die wirklich komplexen Komponenten produzieren wir gar nicht mehr hier, die lassen wir in Thailand fertigen. Das haben wir *Norcon* zu verdanken. Die haben ausgerechnet, dass das günstiger ist. Dadurch haben eine Menge Leute hier ihren Job verloren. Was meinen Sie, was hier vorher los war. Heute ist hier jeder mehr oder weniger ein Allrounder. Hier muss jeder alles machen. Spezialisten, die nur ein oder zwei Handgriffe beherrschen, helfen uns hier nicht weiter. Eine Rotation zwischen den Fertigungsstationen ist von der Geschäftsführung – oder besser der Seniorchefin samt Beraterstab – so gewünscht. Das nennen die Arbeits-Rotierung oder so ähnlich. Im Grunde gibt es fünf unterschiedliche Fertigungsstationen, die unterschiedliche Handlungsabläufe voraussetzen. Wenn Sie die aber einmal beherrschen, dann können Sie alle Maschinen hier bedienen. Die Neuen sind ja größtenteils ungelernt, wie ich gehört habe. Ich gehe davon aus, dass die unsere Maschinen zum ersten Mal sehen."

Sie schauen sich gemeinsam mit Herrn Lammer in der Fertigungshalle um. An jeder Maschine arbeiten jeweils fünf Mitarbeitende.

„Wir arbeiten in drei Schichten. Auch sonntags läuft die Produktion. Wir können die Maschinen nicht anhalten, um jeden die Handgriffe in aller Ruhe zu erklären. Die Maschinen kennen nur Vollgas oder Stillstand. Und Stillstand kostet Geld. Wenn die Neuen hier also an den Maschinen im Einsatz sind, dann müssen sie die Handgriffe schon einigermaßen beherrschen."

Sie haben erst einmal genug gesehen und müssen zu Ihrem Treffen mit der Qualitätsmanagerin. Frau Ludwig, die gerade einen Artikel über die Digitalisierung in der Automobilindustrie liest, empfängt sie in ihrem Büro. Hinter einem Berg von Aktenordnern auf ihrem Schreibtisch haben Sie zunächst Schwierigkeiten, Frau Ludwig zu entdecken.

„Kommen Sie rein und setzen Sie sich. Legen Sie die Aktenordner einfach auf dem Boden. Ich bin gerade eigentlich dabei, ein neues Wissensmanagementsystem zu entwickeln. Alle diese Ordner hier enthalten noch analoge Verfahrensanweisungen, die digitalisiert werden müssen. Sie sehen hier quasi das ganze Firmenwissen vor sich. Mein Ziel ist es, alle Verfahrensanweisungen für die Verwaltungsaufgaben digitalisiert zu haben bis die neuen Mitarbeitenden kommen. Jetzt ist mir gerade dieser wirklich sehr interessanten Artikel über die Digitalisierung in der Automobilindustrie in die Hände geflogen; den musste ich einfach lesen."

Sie möchten gerne von Frau Ludwig wissen, was derzeit die größte Herausforderung für ihr Unternehmen ist, woraufhin Frau Ludwig engagiert loslegt. „Auf jeden Fall die Digitalisierung. Wir müssen innovativer, schneller, d. h. agiler werden. Wir müssen da auch ganz massiv in neue Innovationen investieren. Ich würde der Geschäftsführung mal vorschlagen, sich mit den Entwicklungen in der Automobilbranche zu beschäftigen. Smarte Heizungssysteme für Fahrzeuge, das könnte zukünftig ein lukratives Geschäftsfeld für uns sein."

Erstaunt fragen Sie, ob nicht die neuen Großaufträge und die damit verbundenen Neueinstellungen momentan die größere Herausforderung für das Unternehmen darstellen. Frau Ludwig fühlt sich ertappt. „Sie haben natürlich Recht. Das müssen wir erst einmal wuppen. Deswegen sind Sie ja auch hier, oder? Es geht um das Einarbeitungsprogramm der neuen Kollegen und Kolleginnen in der Verwaltung. Allesamt junge Leute. Generation Y. Oh, oh, die kenne ich. Davon haben wir bereits einen in unserer Abteilung. Ganz lasche Arbeitsmoral. Kommt und geht wann er will. Surft in sozialen Netzwerken und hinterfragt jede Arbeitsanweisung, will immer diskutieren. Ich habe das Gefühl, der nimmt die Arbeit gar nicht ernst. Na davon werden wir ja

dann bald mehr haben. Habe gehört, dass einer der Neuen bereits beim Vorstellungsgespräch schon zu spät war. Eine so unzuverlässige Person hätte ich gar nicht erst
eingestellt. Aber ich wurde ja nicht gefragt." Frau Ludwig schüttelt den Kopf.

Sie erkundigen sich, was der Qualitätsmanagerin in der Einarbeitung besonders
wichtig ist.

„Ich hatte mich dazu schon mit der Geschäftsführung abgestimmt. Wir erachten
es als sehr wichtig, dass die Neuen nicht nur Handlungsabläufe erlernen, sondern
auch die Gepflogenheiten hier im Unternehmen kennen lernen. Das gilt sowohl für
die neuen Mitarbeitenden in der Verwaltung als auch für die Neuen in der Produktion.
Wir haben ja auch häufig Kunden, die sich die Produktion zeigen lassen und daher
sollten auch die Mitarbeitenden dort unser Unternehmen positiv nach außen vertreten
können. Wir haben unsere Firmenwerte in einem Handbuch niedergeschrieben. Das
sollen alle neuen Mitarbeitenden bekommen. Haben wir damals mit der Seniorchefin
erarbeitet. So richtig zum Einsatz gekommen ist das bisher allerdings noch nicht. Aber
wir können es ja dann jetzt gut gebrauchen."

Frau Ludwig erläutert Ihnen auch, dass die bisherigen Handanweisungen im Intranet nur sehr selten angeklickt werden und viele nicht mehr aktuell sind. Sie selbst
hat bei ihrer Einarbeitung nicht die Informationen über die Arbeitsabläufe gefunden,
die sie benötigte. Das sollte ihrer Meinung nach vor der Einarbeitung der neuen Mitarbeitenden dringend alles noch aktualisiert werden. Frau Ludwig geht davon aus, dass
Sie das machen.

Jetzt steht ein gemeinsamer Kaffee mit den drei Seniorberatern der *Norcon GmbH* –
Frau Normann, Frau Kasel und Herr Blum – an. Diese möchten Ihnen *Norcon* gerne
etwas genauer vorstellen. Alle drei legen gleich los und erzählen vom Berateralltag.

„Die Beratungspraxis ist sehr schnelllebig und auch sehr anspruchsvoll", beginnt
Frau Kasel. „Wir wissen, dass wir unsere Berater dafür anständig entlohnen müssen.
Neben der fixen Vergütung bieten wir daher auch variable Vergütungsbestandteile an.
Ist ja nicht ungewöhnlich für das Beratungsgeschäft. Unsere Mitarbeitenden müssen
sich hier ja auch mehr reinhängen als in anderen Jobs. Gute Leistungen sind uns dann
eben auch etwas mehr Geld wert."

Ob es dafür ein standardisiertes Leistungsbewertungssystem gibt, möchten Sie
wissen und wenden sich damit zunächst an Frau Normann. „Ja, das gibt es. Jeweils
im Juni und im Dezember nehmen wir eine Leistungsbewertung unserer Mitarbeitenden nach diversen Kriterien auf einer Schulnotenskala von 1 bis 6 vor. Die Bewertung
teilen wir den Mitarbeitenden dann in einem Mitarbeitergespräch direkt mit. An diese
Einschätzung orientiert sich der Bonus, der zum Ende des Jahres ausgezahlt wird."

„Oder auch nicht", wirft Herr Blum ein. „Einen Bonus gibt es nur, wenn Mitarbeitende in beiden Leistungsbeurteilungen im Durchschnitt nicht schlechter als 2,5 bewertet wird. Bei einer Durchschnittsbewertung ab 3,0 werden die Mitarbeitenden erst
einmal nicht mehr beim Kunden vor Ort eingesetzt. Wir schlagen in diesem Fall eine
spezifische Weiterbildung vor, je nachdem wo wir Defizite des Mitarbeitenden sehen.
Die Weiterbildung wird von uns sogar anteilig, bis maximal zu 50 %, finanziert."

Ob Mitarbeitende eine Wahl haben, die Weiterbildung in Anspruch zu nehmen oder nicht, möchten Sie wissen.

„Einen Zwang zur Weiterbildung gibt es nicht", sagt Frau Kasel. „Wir legen dies nur nahe. Wir machen allerdings auch klar, dass ein Einsatz beim Kunden vor Ort ohne eine erfolgreiche Teilnahme an der Weiterbildung nicht infrage kommt. Zumindest so lange nicht, bis sich der Mitarbeitende mit einer positiven Leistungsbewertung wieder von selbst nach vorne gearbeitet hat. Ohne Kundeneinsatz wird das aber schwer. Wird die Leistung eines Mitarbeitenden im Durchschnitt schlechter als 3,5 beurteilt, bieten wir auch keine Weiterbildung mehr an, sondern geben zu bedenken, ob die Beratung für den Mitarbeitenden tatsächlich das Richtige ist. Wir geben dem Mitarbeitenden dann Zeit, sich etwas Neues zu suchen und unterstützen ihn auch dabei."

Wer die Leistungseinschätzung vornimmt, wie diese genau abläuft und wie die Bonuszahlungen gestaffelt sind, möchten Sie wissen und Frau Normann antwortet: „Die Leistungsbewertung nimmt jeweils einer von uns vor. Je nachdem, wer mit den Mitarbeitenden gerade im Projekt ist. Die Mitarbeitenden möchte ja von uns wissen, wie sie im letzten halben Jahr performt haben und das sagen wir ihnen in Form einer Schulnote, die auf unserer Beobachtung beruht."

„Wir als Projektleitung kriegen ja alles direkt mit und das spiegelt sich dann in der Leistungsbewertung", ergänzt Herr Blum.

Frau Normann führt Sie bei *Norcon* rum und erklärt Ihnen, dass bei einer Benotung von 1 bis 1,5 eine Prämie von 10.000 € am Ende des Jahres ausbezahlt wird. Bei einer Note von 1,6 bis 2 gibt es 5000 €. Ab einer 2,1 gibt es nur noch 1.500 € und ab 2,5 dann gar keinen Bonus mehr. In der Kaffeeküche verabschiedet sich Frau Normann von Ihnen. Hier kommen Sie mit Herrn Carsten Krings ins Gespräch. Dieser ist erst vor einem Monat direkt nach seinem Master in BWL zu *Norcon* gekommen. Sie wollen wissen, wie er den Einstieg ins Unternehmen empfunden hat.

„Die drei Seniorberater legen ein ganz schönes Tempo vor. War mir aber klar, ist ja Consulting. Am ersten Tag habe ich einen Einsatzplan für die nächsten zwei Wochen bekommen. Da musste ich erst einmal schlucken. Ich war bereits für ein Projekt in Schweden eingeplant und zwei Tage später sollte ich dort sein. Der Rückflug wurde offengelassen, da man noch nicht absehen konnte, wie wir mit dem Projekt vor Ort vorankommen. Ich wollte Herrn Blum, der das Projekt leitet, fragen, ob ich am Wochenende zu der Zeugnisfeier an meiner Hochschule gehen könnte. Christine, meine Einarbeitungspartnerin, meinte aber, es sei besser, das nicht zu tun. Es käme bei den Seniorberatern wohl nicht so gut an, wenn man gleich in der ersten Woche durchblicken lässt, dass man auch noch ein Leben außerhalb von *Norcon* führen wolle. Die Zeugnisfeier an meiner Hochschule am Wochenende habe ich dann direkt abgesagt. War auch besser so. Ich bin übers Wochenende gleich beim Kunden geblieben. Den Samstag habe ich komplett durchgearbeitet. Sonntag habe ich im Hotel nur geschlafen. Ich habe halt so etwas zuvor noch nie gemacht und brauchte somit ein bisschen länger für die Analyse beim Kunden. Die knapp 200 Seiten Handanweisung, die mir Christine zur Einarbeitung in die Hand gedrückt hat und in der die einzelnen Beratungsmethoden erläutert werden, hatte ich mir zwar auf den Flug nach Schweden reingekloppt. Aber ehrlich gesagt habe ich nichts davon verstanden. Ich konnte dann Mathilda, die schon ein bisschen länger bei dem Projekt in Schweden dabei war, über die Schulter gucken. Das hat mir mehr gebracht als die Handanweisung. Herr Blum war das Wochenende über auch vor Ort. Da wollte ich mir natürlich keine Blöße geben. Ich glaube die Seniorberater arbeiten hier nonstop."

Sie möchten wissen, wie die Einarbeitung mit Christine klappt und ob Ihnen schon das Leistungsbewertungssystem vorgestellt wurde.

„Christine hat mir meinen Arbeitsplatz hier im Office gezeigt und das Team vorgestellt. Mehr Einarbeitung war da nicht. Sie ist ja gar nicht bei mir im Projektteam und deswegen haben wir nur wenig Kontakt. Wenn es hoch kommt, bin ich einmal die Woche hier im Office, ansonsten bin ich beim Kunden vor Ort. Wenn ich hier bin, ist Christine zumeist unterwegs. Heute ist eine Ausnahme, da wir den gemeinsamen Tag schon lange im Voraus geplant hatten. Christine will mir das mit der Budgetplanung noch einmal erklären und das Leistungsbewertungssystem steht auch noch auf dem Plan."

Genau in diesem Moment kommt Christine in die Kaffeeküche. „Sorry Carsten, dass ich hier so reinplatze, aber der Kunde aus Schweden will eine Telko in fünf Minuten. Er ist wohl unzufrieden und der Chef läuft schon Amok. Kannst dir wohl schon einmal einen Flug nach Schweden buchen."

Herr Krings wird etwas hektisch. „Oh, dann gehe ich mal besser schnell in die Telko und schaue, ob ich heute noch fliegen muss. Für solche Fälle haben wir immer einen Reiseanzug in unseren Schränken. Da haben mich die Kollegen schon ganz am Anfang drauf hingewiesen. Genauso wie darauf, dass man den Chef und die Kunden nicht warten lassen sollte."

Schon im gehen ruft Christine ihrem Kollegen zu, dass sie gleich ins Gespräch mit Frau Normann muss und die Budgetplanung sowie die Leistungsbewertung warten müssen. Sie trinken währenddessen Ihren Kaffee aus und gehen direkt zu Ihrem nächsten Termin mit Frau Sahlfeld, die sich u. a. auch um Personalangelegenheiten bei *Norcon* kümmert. Sie sind fünf Minuten zu früh und fragen Frau Sahlfeld, ob Sie bereits für Ihr gemeinsames Gespräch verfügbar ist.

„Sie können gerne schon einmal reinkommen. Ich muss hier nur noch das Angebot für ein neues Projekt fertigmachen. Solange müssen Sie leider noch warten. Wissen Sie, der Kunde ist Schwabe. Die sind sehr anstrengend, gerade wenn es ums Finanzielle geht."

Ob sie den Kunden schon kennt, möchten Sie wissen, was Frau Sahlfeld verneint. „Nein, mit Schwaben hatte ich bisher noch nicht direkt etwas zu tun gehabt, aber die sind ja für ihre Knausrigkeit bekannt. So, das Angebot ist raus! Jetzt bin ich die nächste halbe Stunde ganz für Sie da."

Frau Sahlfeld gehört zu einer der ersten Beraterinnen von *Norcon*. Frau Normann hat sie als ihre rechte Hand bezeichnet, da sie sehr eng miteinander zusammenarbeiten. Sie möchten zunächst, dass sie Ihnen etwas über ihren Arbeitsalltag und die Zusammenarbeit mit der Geschäftsführerin erzählt.

„Sabine, also Frau Normann, hat mich hier reingebracht. Sie war Dozentin an der Hochschule, an der ich studiert habe. Ich fand sie einfach toll. Total professionell und dynamisch. Die hat in unserem Kurs richtigen Beraterspirit versprüht. Für mich war dann klar, so etwas will ich auch machen. In der Zeit hatte sie aus der *Normann Gruppe* heraus gerade *Norcon* gegründet und wir haben als Studentengruppe eines der ersten Projekte für *Norcon* bearbeitet. Da habe ich mir viel von Sabine abgeschaut. Sabine ist bei allem was sie tut sehr zielstrebig. Ich kenne keinen Bereich in dem sie nicht erfolgreich ist. Berater gibt es wie Sand am Meer, aber Sabine hebt sich klar von diesen ab. Sie legt bei ihren Projekten halt immer noch ein bisschen was drauf. Schließt diese zum Beispiel zügiger ab als die anderen oder sie holt bei Einsparungsprogrammen immer noch etwas mehr raus. Sie lebt den Erfolg kontinuierlich vor. Kein Wunder, dass die meisten hier mit ihr zusammenarbeiten wollen. Dass sie mich so ins Vertrauen zieht, macht mich schon ein bisschen stolz. Ich bin eigentlich in all ihren Projekten involviert. Vertrete sie häufig auch beim Kunden, da sie ja nicht überall persönlich sein kann. Ich übernehme auch das Staffing, also die Personalplanung für die Projekte. Ich bin auch bei den jährlichen Klausurtagungen der Geschäftsführung dabei. Ansonsten habe ich mit Herrn Blum und Frau Kasel aber nicht sonderlich viel zu tun. Da ich aber auch den Leistungsbewertungsprozess im Blick habe, muss ich die beiden häufig an ihre Bewertungen erinnern. Da sind die beiden nicht so hinterher wie Frau Normann."

Bei Letzterem haken Sie nach. Sie möchten wissen, wie genau die Seniorberater die Bewertungen vornehmen, was Frau Sahlfeld mit einem deutlichen Seufzen beantwortet. „Eigentlich haben wir den Prozess fest definiert. Aber es kommen ja regelmäßig andere Aufgaben dazwischen. Und wir haben beschlossen, jeweils bis Mitte Juni und Ende November muss eine Bewertungsnote für jeden Mitarbeitenden vorliegen. Ansonsten können auch keine Boni ausgezahlt oder Weiterbildungen gebucht werden. Wie die Bewertungen zustande kommen, wird den Seniorberatern überlassen. Für mich zählt nur, dass ich die Noten in die Mitarbeiterliste einpflegen kann. Die Liste sehen selbstverständlich außer mir nur die Seniorberater."

Für heute haben Sie genug Informationen über die *Normann Gruppe* erhalten. Sie müssen Ihre Beobachtungen nun erst einmal strukturieren. Bei Ihrer Nachbereitung des Termins stellen sich Ihnen folgende Fragen und Aufgaben:

Aufgabe 3.1: Dem Geschäftsführer von *Norpro*, Herr Normann, scheint sehr viel an einer zügigen Einarbeitung und Sozialisation der neuen Mitarbeitenden im Unternehmen zu liegen. Wo sehen Sie Vorteile einer zügigen Einarbeitung und Sozialisation neuer Mitarbeitende für die Steuerung des Verhaltens in Organisationen? Kann eine zügige Sozialisation und Einarbeitung auch Nachteile mit sich bringen?

Aufgabe 3.2: Wieso birgt Herr Normanns negative Einstellung gegenüber osteuropäischen Arbeitskräften das Risiko einer Sich-Selbst-Erfüllenden-Prophezeiung und was würden Sie ihm empfehlen?

Aufgabe 3.3: Identifizieren Sie die Ursachen für den Erfolg des Juniorchefs in seinem Studium und der Arbeitsleistung des Seniors aus Sicht von Herrn Lammer. Nutzen Sie dazu den Kelly-Würfel. Zu welcher Einschätzung der Leistungen der beiden wird Herr Lammer wohl kommen?

Aufgabe 3.4: Wie könnte Herr Lammers Dissonanzempfinden durch den Abbruch seines Studiums seine Meinung über die akademische Ausbildung beeinflusst haben.

Aufgabe 3.5: Entwickeln Sie ein Einarbeitungsprogramm für die Mitarbeitenden in der Produktion und der Verwaltung von *Norpro*. Nehmen Sie dabei Bezug auf die Erkenntnisse des behavioristischen und des kognitivistischen Lernansatzes.

Aufgabe 3.6: Nach welchen Lernprinzipien ist das Feedbacksystem in der Produktion bei *Norpro* aufgebaut? Was lässt sich daran kritisieren und verbessern?

Aufgabe 3.7: Finden Sie Hinweise dafür, dass die Antwort von Frau Ludwig auf die Frage nach den größten Herausforderungen für das Unternehmen durch die Ankerheuristik verzerrt ist? Welche Heuristiken könnten hier noch wirksam geworden sein?

Aufgabe 3.8: Wie würden Sie das Denken von Frau Ludwig über die Generation Y erklären?

Aufgabe 3.9: Welchen Fehler macht Frau Ludwig, wenn Sie das Zuspätkommen des Bewerbers zum Vorstellungsgespräch dessen Unzuverlässigkeit zuschreibt?

Aufgabe 3.10: Welche Hinweise zur Sozialisation bei Norcon können Sie den Schilderungen von Frau Sahlfeld und Herrn Krings entnehmen.

Aufgabe 3.11: Beurteilen Sie das Leistungsbeurteilungsverfahrens bei *Norcon* hinsichtlich der Auswirkungen auf das Verhalten der Mitarbeitenden?

Aufgabe 3.12: Können die Mitarbeitenden bei *Norcon* aus dem Leistungsfeedback lernen?

Aufgabe 3.13: Erklären Sie den Erfolg von Frau Normann aus Sicht von Frau Sahlfeld mit dem Kelley-Würfel.

5 Kollektives Verhalten in Organisationen

In den vorausgegangenen Kapiteln stand das Verhalten von Individuen in Organisationen im Vordergrund. Im zweiten Kapitel wurden relativ stabile Merkmale des individuellen Verhaltens, die Persönlichkeitseigenschaften, behandelt. Im dritten Kapitel wurde neben den persönlichen Motiven der Beitrag situativer Anreize an der Handlungsausführung thematisiert. Im vierten Kapitel drehte sich alles um individuelle Lern- und Wahrnehmungserlebnisse. Es wurde im ersten Kapitel bereits angemerkt, dass Menschen deshalb Organisationen gründen, um gemeinsam Ziele zu erreichen, die jede Person für sich allein nicht erreichen kann. Der eigentliche Schwerpunkt der verhaltenswissenschaftlichen Organisations- und Managementforschung ist daher die Erklärung und Steuerung von Personen in Kollektiven, also Gruppen.

Um das Verhalten von Gruppen zu verstehen und zu steuern ist der alleinige Blick auf die individuellen Grundlagen des menschlichen Verhaltens nicht ausreichend. Gruppenmerkmale und die Interaktion der einzelnen Gruppenmitglieder untereinander treten als weitere Einflussvariablen auf das Erleben und Verhalten in Organisationen hinzu. Entscheidungen, die in einer Gruppe von vier Personen getroffen werden, sind nicht etwa viermal so gut wie die Entscheidung, die jede Person für sich alleine getroffen hätte. Eine Gruppe von sechs Mitarbeitenden arbeitet nicht doppelt so schnell wie eine Gruppe von drei Mitarbeitenden. Die Gruppenmitglieder beeinflussen sich in ihrem Entscheidungs- und Arbeitsverhalten gegenseitig. Nicht immer ist eine gemeinsame Entscheidungsfindung oder Aufgabenbearbeitung in der Gruppe der Einzelentscheidung oder -bearbeitung vorzuziehen. Dennoch bietet die Zusammenarbeit in Gruppen entscheidende Vorteile. Diese ergeben sich aber nicht automatisch, sondern hängen von bestimmten Rahmenbedingungen ab, die nachfolgend genauer betrachtet und einer gezielten Gestaltung zugänglich gemacht werden sollen.

Zunächst werden die wesentlichen Merkmale von Gruppen näher bestimmt (Kapitel 5.1) und anschließend die Gründe für die hohe Bedeutung, die Gruppen in unserem Leben einnehmen, herausgearbeitet. Anhand der unterschiedlichen Entwicklungsstadien von Gruppen wird sodann beschrieben, wie erfolgreiche Gruppen gestaltet werden können. Aus den dann zusammengetragenen Erkenntnissen negativer Einflüsse in und von Gruppen werden Empfehlungen für die erfolgreiche Steuerung von Gruppen abgeleitet (Kapitel 5.2). Jegliche Interaktion in Gruppen findet über Kommunikation statt, weshalb sich das Kapitel 5.3 diesem Themenbereich widmet. Da Organisationen – und damit Gruppen – politische Arenen darstellen, setzt sich das Kapitel 5.4 mit Aspekten der Macht und Einflussnahme in Organisationen auseinander. Die abschließende Zusammenfassung (Kapitel 5.5) und eine Fallstudie zum kollektiven Verhalten in Organisationen (Kapitel 5.6) schließen das Kapitel 5.

https://doi.org/10.1515/9783110734447-005

5.1 Gruppen in Organisationen

Die Arbeit in Gruppen, auch Teams genannt, ist heutzutage ein fester Bestandteil des Unternehmensalltags. Gruppen- bzw. Teamarbeit trägt der steigenden Komplexität unternehmerischer Probleme und Entscheidungen Rechnung. Die kollektive Nutzung von Wissen und Fähigkeiten ermöglicht die Lösung komplexer Probleme, mit denen ein einzelner Mitarbeitender schlichtweg überfordert wäre (z. B. der Bau eines Automobils, der Betrieb eines Supermarktes, die Errichtung eines Bürogebäudes, die Verwaltung eines Stadtbezirks). Für den Erfolg einer Organisation ist es wichtig, dass alle Mitglieder der Organisation ein gemeinsames Ziel verfolgen. Dies setzt wiederum voraus, dass sich die Mitglieder als ein Teil der Gruppe (der Organisation) begreifen.

5.1.1 Merkmale von Gruppen

Während des Tages sind Sie von einer Vielzahl von Personen umgeben. An der Haltestelle warten Sie beispielsweise gemeinsam mit anderen Personen auf den Bus. In der Bücherei sind neben Ihnen noch andere Personen anzutreffen. Und auch in der Kantine nehmen Sie Ihr Essen womöglich nicht in vollkommener Isolation ein, sondern im Beisein anderer. Bei derartigen Ansammlungen von Personen handelt es sich so lange nicht um Gruppen, wie nicht auch die folgenden Merkmale erfüllt sind (vgl. Nerdinger 2012, S. 170 ff.):
- *Mehrzahl von Personen*: Exakte Grenzen für die Gruppengröße können nicht genannt werden. Allerdings wird als untere Grenze oft ein Minimum von drei Personen genannt, da erst ab dieser Anzahl entsprechende Gruppendynamiken (z. B. Bildung von Koalitionen) entstehen. In der Literatur wird oftmals aber auch bereits ab einer Anzahl von zwei Personen von einer Gruppe oder einem Team gesprochen (vgl. Hoegel 2005, S. 210). Die Obergrenze der Personenzahl in Gruppen hängt wesentlich von deren Aufgaben und Zielen ab (vgl. Hoegel/Parboteeah/Gemuenden 2003). Die Gruppengröße von Abteilungen oder Organisationseinheiten wird als Leitungsspanne bezeichnet. Dabei handelt es sich um die Anzahl der Mitarbeitenden, die einem Vorgesetzten direkt unterstellt sind. Im Allgemeinen gilt: Je höher die Leitungsspanne, desto schwieriger ist die Gruppe zu steuern. Empirische Untersuchungen deuten darauf, dass kleine Arbeitsgruppen erfolgreicher sind als große Arbeitsgruppen (vgl. Hoegel 2005). In der Studie von Wheelan (2009) zeigten sich Arbeitsgruppen mit drei bis sechs Mitglieder produktiver als Gruppen von sieben Personen und mehr.
- *Interaktion über einen längeren Zeitraum*: Bereits die Entwicklung einer Gruppe benötigt Zeit (hierzu Kapitel 5.1.4), sodass sich bei einem gelegentlichen Aufeinandertreffen einzelner Personen noch nicht von einer Gruppe sprechen lässt.

- *Direkter Kontakt der Mitglieder*: Erst durch die direkte Kommunikation innerhalb der Gruppe können sich stabilere Beziehungen zu Mitgliedern derselben Gruppe bilden als zu Personen anderer Gruppen. Stabile Beziehungsstrukturen sind eine Voraussetzung dafür, dass sich Personen auch als Teil der Gruppe erleben (hierzu Kapitel 5.1.2).
- *Differenzierte Rollen*: Unterschiedliche Rollen verkörpern bestimmte Erwartungen an das Verhalten der einzelnen Gruppenmitglieder. Die Rollen der einzelnen Gruppenmitglieder sollen sich im Idealfall ergänzen (siehe hierzu auch die Rollentheorie von Raymond Belbin in Kapitel 5.1.4). Bei der Rollendifferenzierung entlang der vertikalen Dimension geht es um Einfluss und Macht in der Gruppe. Dies kann am besten mit dem Bild einer *Hackordnung* veranschaulicht werden. Ähnlich wie im Tierreich nimmt auch in menschlichen Gruppen häufig eine einzelne Person eine übergeordnete Stellung ein. Dieses sogenannte „Alpha-Tier" (oftmals die Führungsperson) genießt besondere Privilegien und kann aufgrund seiner Macht, Entscheidungen in der Gruppe durchsetzen. Dagegen erfolgt die Zuweisung von Rollen auf der horizontalen Dimension entsprechend der Qualifikationen und Funktionen der Gruppenmitglieder (z. B. Spezialist, Mitläufer, Sündenbock).
- *Gemeinsame Normen und Werte*: Als Verhaltensregeln kommt den gemeinsamen Werten und Normen der Gruppe die Funktion zu, den Mitgliedern einen Orientierungsrahmen für das von ihnen erwartete Verhalten in der Gruppe zur Verfügung zu stellen. Diese Regeln legen fest, welches Verhalten in bestimmten Situationen vom Gruppenmitglied erwünscht ist und welches nicht. Normen und Werte stellen somit vorselektierte Verhaltensweisen dar, die einem Gruppenmitglied anzeigen, welche Verhaltensweisen in bestimmten Situationen als sinnvoll bzw. wünschenswert erachtet werden. Sie haben darüber hinaus eine stabilisierende Wirkung auf die Gruppe, indem sie das Verhalten der Gruppenmitglieder berechenbar machen und dadurch Vertrauen innerhalb der Gruppe fördern. In Organisationen werden Normen und Werte beispielsweise in Unternehmensleitbildern und/oder Führungsleitlinien festgelegt.
- *Wir-Gefühl* (Kohäsion): Ein Wir-Gefühl in Gruppen entsteht dann, wenn sich die Mitglieder mit den Zielen der Gruppe identifizieren und ihre Zugehörigkeit zur Gruppe positiv bewerten. Das Wir-Gefühl wird stark von den Motiven der einzelnen Gruppenmitglieder und von dem Anreiz der Gruppenmitgliedschaft beeinflusst (siehe Kapitel 3). Eine Gruppe wird als umso attraktiver bewertet, je stärker die Gruppenmitgliedschaft die eigenen Motive anreizt, d. h. je höher der Beitrag der Gruppe zur Befriedigung eigener Bedürfnisse und der Erreichung eigener Ziele eingeschätzt wird. Die Mitgliedschaft in einem Verein mag für eine Person beispielsweise deshalb so attraktiv sein, weil sie dort ihr Anschlussmotiv befriedigen kann.

5.1.2 Bedeutung von Gruppen

Henri Taifel und John Turner (1979) führen in ihrer *Theorie der Sozialen Identität* (Social Identity-Theory) aus, welchen Beitrag Gruppen zu der Entwicklung des Selbstkonzepts einer Person – d. h. das Bild, das eine Person von sich selbst hat – leisten. Während persönliche Merkmale (siehe Kapitel 2 und 3) die persönliche Identität einer Person formen, entwickelt sich die Soziale Identität einer Person aus deren Gruppenmitgliedschaften heraus. Diesbezüglich wurde bereits erwähnt, dass Personen dazu neigen, die Welt in Kategorien, sogenannten Schemata, zu organisieren (siehe Kapitel 4.3.1). Wir assoziieren uns selbst mit einer Vielzahl von Gruppen (z. B. Deutsche, Studenten, Fan eines bestimmten Fußballclubs), wohingegen wir uns anderen Gruppen gegenüber abgrenzen. Durch diese *Selbst-Kategorisierung* erlangt eine Person ihre *Soziale Identität*. Letztere gibt Auskunft darüber, wie sich die Person in ihr soziales Umfeld einfügt bzw. welchen Platz oder welche Rollen sie dort einnimmt (vgl. Hornsey 2008, S. 207 ff.). Das Einfügen in Gruppen und die damit verbundene Übernahme der sozialen Rollen ist ein Lernprozess, bei dem das Denken und Fühlen als Individuum (*persönliche Identität*) mit dem Denken und Fühlen der Gruppe (*soziale Identität*) verschmilzt. Das Selbstkonzept einer Person wird stark von den Rollen beeinflusst, die die Person innerhalb ihrer Gruppe(-n) einnimmt. Die eingenommenen Rollen wiederum beeinflussen das eigene Verhalten innerhalb und außerhalb der Gruppe(-n). Die Soziale Identität erfüllt damit folgende Funktionen (vgl. Tajfel/Turner 1979):

- Definition und Beurteilung von Ich und Anderen (z. B. „Ich bin ein Mitglied des BVB-Fanclubs. Schalke-Fans gehören nicht zu unseren Freunden.").
- Festlegung des angemessenen Verhaltens in Bezug auf das charakteristische Denken und Handeln von Gruppen (z. B. „Ich schaue mir jedes Spiel vom BVB an und drücke dem Verein die Daumen.").

Die Entwicklung der sozialen Identität gründet in dem Bedürfnis, sich einerseits anderen Personen anzuschließen und sich andererseits von anderen abzugrenzen. Wir wollen uns denen zugehörig fühlen, die so sind wie wir; mit denen wir unsere Interessen und Präferenzen teilen. Um unseren Platz im sozialen Gefüge zu finden, vergleichen wir uns sowohl mit Personengruppen, zu denen wir gerne dazugehören möchten, als auch mit Personengruppen, zu denen wir nicht dazugehören möchten. Dabei favorisieren wir

- Gruppen von Personen die uns ähnlich sind.
- Gruppen von Personen, die für uns etwas Besonderes sind.
- Gruppen von Personen, die unseren Status aufwerten.
- Gruppen von Personen, die uns Sicherheit versprechen (vgl. Highhouse/Thornbury/Little 2007; Tajfel/Turner 1978).

Die soziale Identität entsteht durch die *Soziale-Kategorisierung*. Diese umfasst den Vergleich der Gruppen, in denen man selbst Mitglied ist, mit den Gruppen, in denen man nicht Mitglied ist. Das Ergebnis dieses Inter-Gruppenvergleichs sind zwei unterschiedlichen Arten sozialer Gruppen, die als *In-group* und *Out-group* bezeichnet werden (vgl. Hornsey 2008, S. 211 ff; Tajfel/Turner 1978, S. 36 ff.). Die Gruppen, in denen wir selbst Mitglied sind, bilden die In-groups. Die Gruppen, denen wir uns nicht zugehörig fühlen, stellen die Out-groups dar. Durch die Soziale Kategorisierung ordnen sich Personen selbst bestimmten Gruppen zu, sodass bestehende Unterschiede zwischen Mitgliedern der In-groups gemindert werden („Wir") und Unterschiede zu den Mitgliedern der Out-group („Die anderen") verstärkt werden. Diese *Inter-Gruppen-Vergleiche* sind Ausdruck dafür, dass die Mitglieder der In-groups eine soziale Identität entwickelt haben. Aus dieser heraus nehmen sie andere Personen entweder als Mitglieder der eigenen In-group wahr oder eben nicht (Out-group). Personen, die den eigenen In-groups angehören, werden bevorzugt, während zu Mitgliedern der Out-groups eher Abstand gehalten wird (vgl. auch Van Bavel/Cunningham 2010, S. 244). Bei Letzteren neigen wir dann auch eher zu Stereotypisierungen. Abbildung 5.1 skizziert den soeben beschriebenen Entwicklungsprozess einer Sozialen Identität.

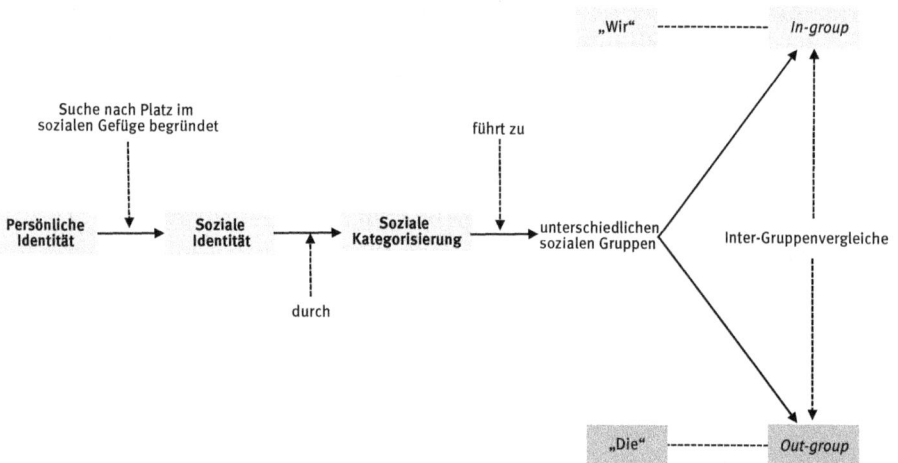

Abb. 5.1: Entwicklung der Sozialen Identität (Buchanan/Huczynski 2019, S. 382).

Die soziale Kategorisierung kann auch auf Unternehmen als Gruppen übertragen werden (siehe hierzu z. B. Highhouse/Thornbury/Little 2007). Demnach wäre die Soziale Identität der Mitarbeitenden ein Zeichen für eine erfolgreiche Sozialisation im Unternehmen (siehe Kapitel 4.2.2). Sie können selbst testen, ob Sie sich mit Ihrem Arbeitgeber identifizieren bzw. Sie diesen zu Ihrer In-group zählen. Nutzen Sie die *Wir*-Form, wenn Sie von Ihrem Arbeitgeber sprechen (z. B. „Wir tun alles dafür, dass sich der Kunde wohlfühlt."), dann sollte dies andeuten, dass Ihr Arbeitgeber und Ihre Kollegen Ihrer In-group angehören. Die Mitarbeit in Ihrem Unternehmen wird dann einen Teil Ihres Selbstkonzeptes darstellen. Sprechen Sie stattdessen von *Die*, wenn Sie von

Ihrem Arbeitgeber sprechen (z. B. „Die machen das ganz anders als ich es gewohnt bin."), scheint eine erfolgreiche Sozialisation (noch) nicht abgeschlossen zu sein. Sie betrachten Ihren Arbeitgeber (noch) nicht als zugehörig zu Ihren In-groups. Sie fühlen sich Ihren Kollegen noch nicht voll zugehörig. Ein Grund dafür mag sein, dass Sie gerade erst angefangen haben, bei Ihrem Arbeitgeber zu arbeiten. Der gerade erst begonnene Sozialisationsprozess wäre in diesem Fall noch zu frisch, als dass sich bereits die gewünschten Erfolge in Bezug auf die Soziale Identität hätten einstellen können. Vielleicht nehmen Sie aber auch starke Unterschiede zwischen sich und Ihren Kollegen bzw. Ihrem Arbeitgeber wahr, sodass sie sich diesen gar nicht zugehörig fühlen wollen. Dies kann bedeuten, dass Ihr Arbeitgeber nicht den von Ihnen erhofften Beitrag zu Ihrem Selbstkonzept leisten kann.

Bereits die Ergebnisse der Untersuchungen in den Hawthorne Werken (siehe Kapitel 1) konnten zeigen, dass

- Arbeitsgruppen einen entscheidenden Beitrag zur Befriedigung des individuellen Bedürfnisses nach sozialen Beziehungen (den sogenannten *Human Relations*) leisten;
- Organisationen, die Gruppenarbeit ermöglichen, häufig produktiver und attraktiver sind als Organisationen, die die Kontaktmöglichkeiten der Mitarbeitenden untereinander beschränken (siehe Kapitel 3.4);
- es die Aufgabe des Managements ist, durch die Entwicklung unterstützender Beziehungsstrukturen innerhalb der Organisation, die Entstehung effektiver Arbeitsgruppen zu ermöglichen.

5.1.3 Arten von Gruppen

Der Sozialpsychologen Rensis Likert sah hoch kohäsive Arbeitsgruppen als effektivste Strukturform von Organisationen an (vgl. Likert 1981, S. 674). Einzelne Gruppen in Organisationen sollten durch überlappende Mitgliedschaften miteinander verknüpft sein. Ein Vorgesetzter wird beispielsweise sowohl Mitglied der von ihm geführten Abteilung sein und steht gleichzeitig auch in Gruppenverhältnissen mit seinem Vorgesetzten und gegebenenfalls weiteren Kollegen. Diese Art der *vertikalen Überlappung* von Arbeitsgruppen wird in vielen Organisationen durch eine *horizontale Überlappung* ergänzt. Danach übernehmen Mitarbeitende Mitgliedschaften in mehreren Arbeitsgruppen auf der gleichen Hierarchiestufe, z. B. in unterschiedlichen Projektgruppen. Die Koordination der sich überlappenden Arbeitsgruppen (*Linking pin-Modell*) sollen Personen übernehmen, die als Bindeglieder zwischen den einzelnen Gruppen fungieren, d. h. diese miteinander verbinden (*Linking Function*).

Gerade große Unternehmen sind als einzelne Gruppe nur schwer oder gar nicht zu steuern. Deshalb ist eine Unterteilung in weitere Gruppen auch sinnvoll. Dadurch entsteht ein formales Gebilde aus einzelnen Subgruppen, die in aller Regel als Abteilungen oder Organisationseinheiten bezeichnet werden. Bei einer *funktionalen Glie-*

derung eines Unternehmens führen diese Abteilungen bestimmte Funktionen aus. So beschäftigt sich eine Abteilung im Unternehmen beispielsweise ausschließlich mit Aufgaben des Controllings. Eine andere Abteilung übernimmt dagegen ausschließlich Aufgaben im Personalmanagement und wieder eine andere Abteilung zeichnet für das Marketing verantwortlich. Bei der *objektorientierten Gliederung* teilt sich eine Organisation dagegen in bestimmte Sparten wie beispielsweise Produktbereiche oder Marktregionen auf.

Bei Abteilungen oder Einheiten in Organisationen handelt es sich um *formale Gruppen*. Formale Gruppen sind bewusst gestaltete Arbeitsgruppen mit klarer Aufgabenzuteilung, die einen Beitrag zur Erreichung des Gesamtziels der Organisation leisten sollen (vgl. Robbins/Judge 2019, S. 320). Diese Gruppen in Organisationen können in einem *Organigramm* sichtbar gemacht werden (siehe Abbildung 5.2, durchgezogene Linien). Das Organigramm bildet ab, wie und wo die Personen und deren Aufgaben im Gesamtgefüge der Organisation angesiedelt sind. Es wird darin auch sichtbar, welche Personen anderen Personen im Unternehmen gegenüber weisungsbefugt sind und wer im Unternehmen an wen berichtet. In einem Organigramm lassen sich somit auch die Gruppen der Führungskräfte und die der Mitarbeitenden kenntlich machen.

Auch abseits der formalen Gestaltung von Arbeitsgruppen in Organisationen schließen sich Mitarbeitende in Organisationen zu Gruppen zusammen. Bei diesen Gruppen handelt es sich um *informale Gruppen* (in Abbildung 5.2 als gestrichelte Linien dargestellt). Informale Gruppen sind nicht durch die formale Aufbaustruktur festgelegt, sondern gründen sich aufgrund gemeinsamer Interessen oder Sympathien der Mitarbeitenden untereinander (vgl. Katz 1965). Zum Beispiel verbringen einige Mitarbeitende ihre Mittagspause gerne gemeinsam mit Angehörigen anderer Abteilungen, obwohl sie nicht mit diesen an gemeinsamen Aufgaben arbeiten. Da sich informale Gruppen der bewussten, formalen Gestaltung durch das Management entziehen, können sie nicht so leicht gesteuert werden wie formale Gruppen. So lässt sich den Mitarbeitenden nur schlecht (d. h. nicht formal) vorschreiben, mit wem sie ihre Mittagspause verbringen sollen. Mit wem die Mitarbeitenden zusammenarbeiten sollen und in welcher Abteilung sie eingesetzt werden, kann dagegen formal angewiesen werden. Auch werden in informalen Gruppen häufig Informationen ausgetauscht, die nicht formal freigegeben bzw. autorisiert sind. So entsteht der allseits bekannte *Flurfunk*. Wenn Informationen auf nicht formalen Wegen in Unternehmen ausgetauscht werden, können leicht Missverständnisse und Gerüchte entstehen, die in der Folge zu Konflikten führen (hierzu Kapitel 6.1). In Abbildung 5.2 ist ersichtlich, dass die Geschäftsführerin Frau Mattheus und Herr Kringelmann aus der Controllingabteilung informal miteinander in Kontakt stehen. Sie mögen beispielsweise Mitglied im selben Tennisverein sein und sich dort regelmäßig außerhalb des Unternehmens begegnen. Erfährt Herr Kringelmann beim gemeinsamen Tennismatch mit Frau Mattheus Neuigkeiten aus der Geschäftsführung, ist es leicht vorstellbar, dass Herr Kringelmann die erhaltenen (Insider)Informationen direkt an seine Kollegen weitergibt. Die Kollegen wären damit bereits informiert, bevor deren Vorgesetzte die Information formal von der Geschäftsführung erhalten hätten. Die Informationen sind dann abseits der formalen Informationskette in die Abteilungen gelangt. Durch den Wissensvorsprung der Kollegen könnten sich die Führungskräfte übergangen fühlen. Eventuell wurden die informalen Informationen auch nicht ganz korrekt weitergegeben, da die Geschäftsführerin beim Tennismatch nur beiläufig darüber gesprochen hat.

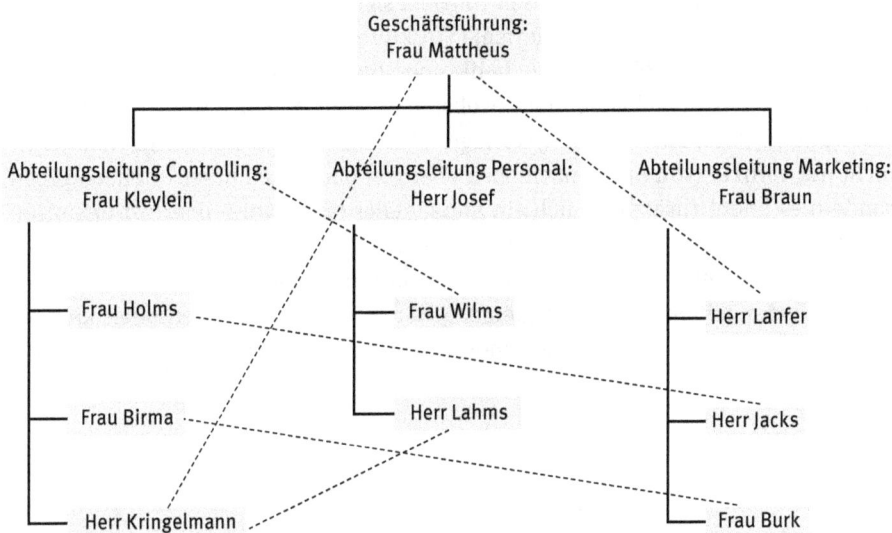

Abb. 5.2: Formale (durchgezogene Linien) und informale (gestrichelte Linien) Beziehungsstrukturen in Organisationen (eigene Darstellung).

Informale Beziehungen in Organisationen können aber auch nützlich sein. Gerade in großen Organisationen, in denen Informationen über formale Wege häufig sehr lange benötigen, bis sie bei jedem Mitarbeitenden angekommen sind, kann der Informationsfluss durch informale Beziehungen beschleunigt werden (vgl. Conway 2001). Eine besondere Bedeutung kommt dabei *Sozialen Netzwerken* in Organisationen zu (vgl. Buchanan/Huczynski 2019, S. 335). Insbesondere auch durch die Möglichkeiten der digitalen Kommunikation ist es für Organisationsmitglieder einfacher geworden, mit Kollegen außerhalb ihrer eigenen Abteilung sowie hierarchie- und standortübergreifend in Kontakt zu treten und gegenseitig Informationen auszutauschen (zu den Veränderungen der Arbeitswelt Kapitel 6.5).

Die Interaktion in Netzwerken innerhalb von Organisationen findet abteilungs- und häufig sogar organisationsübergreifend statt. Dabei verfügen einige Netzwerkmitglieder über mehr Verbindungen zu anderen Mitgliedern als andere. Da *Netzwerkstrukturen* informaler Gruppen für Unternehmen nur schwer greifbar sind, neigen Unternehmen eher dazu, diese Netzwerke als „unsichtbaren Feind" im Unternehmen zu betrachten. Gelingt es jedoch, die Strukturen dieser Netzwerke wie in Abbildung 5.3

offenzulegen, können sie einen wertvollen Beitrag zur Gestaltung des Informations-flusses in Unternehmen sowie zum Wissensmanagement und Lernen leisten (vgl. Knight 2002). Zu beachten ist, dass das in Abbildung 5.3 dargestellte Netzwerk ne-ben informalen (sozialen) Beziehungsstrukturen (gestrichelte Pfeile von Moni, Frank und Tom in die einzelnen Abteilungen hinein) auch über formale Verbindungen ver-fügt (durchgezogene Pfeile zwischen den einzelnen Abteilungen). Der Austausch von Informationen in solchen Netzwerken vollzieht sich, wie oben bereits angemerkt, zu-meist sehr viel schneller als über formale Strukturen. Das Risiko, dass Informationen auf dem Weg vom Top-Management in die operativen Einheiten auf einer Hierarchie-stufe verharren bzw. nicht oder nur unvollständig weitergegeben werden (*Bottleneck-Problematik*), lässt sich dadurch verringern. Informationen werden in Netzwerken nicht nur vertikal (von unten nach oben oder von oben nach unten) weitergegeben, sondern es findet zusätzlich auch ein horizontaler (abteilungs- oder gar organisati-onsübergreifender) Informationsaustausch statt. Von Netzwerken, in denen Mitar-beitende aus unterschiedlichen Abteilungen und mit unterschiedlichen fachlichen Hintergründen miteinander interagieren, geht zusätzlich auch ein erhöhtes kreatives Potenzial für die Entwicklung von Innovationen sowie die Entscheidungsfindung in Unternehmen aus.

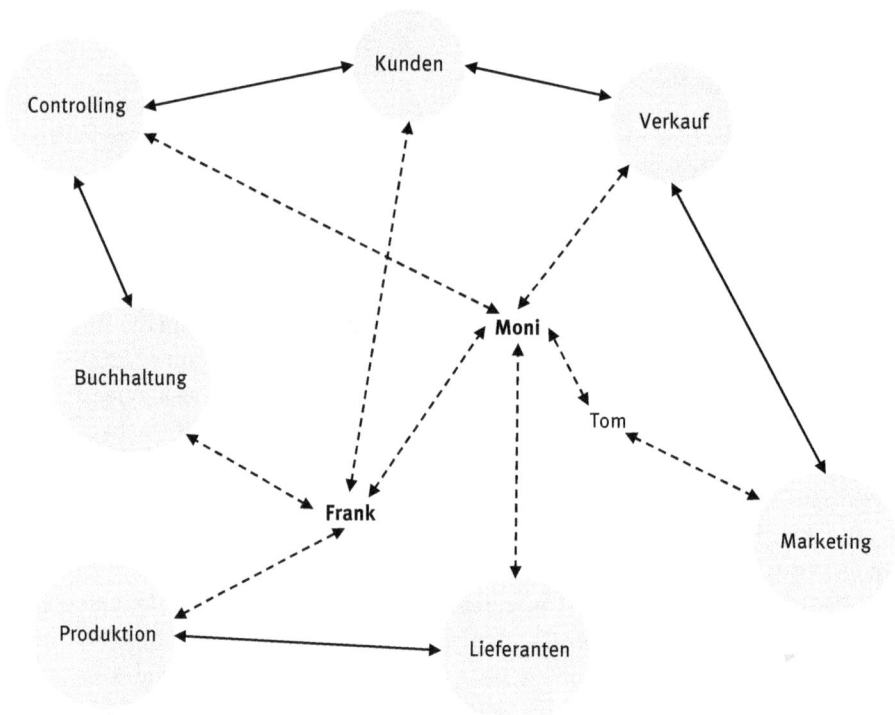

Abb. 5.3: Soziogramm eines (sozialen) Netzwerks in einer Organisation (eigene Darstellung).

In Abbildung 5.3 ist zu erkennen, dass einige Personen eine Schlüsselrolle in dem visualisierten Netzwerk einnehmen. Besonders Moni und Frank stehen mit vielen Abteilungen in Kontakt, d. h. sie erhalten und verteilen viele Informationen innerhalb ihres Netzwerks. Insgesamt können vier Typen von *Schlüsselrollen* in sozialen Netzwerken unterschieden werden (vgl. Buchanan/Huczynski 2019, S. 333 f.):

- *Central connector*: Mitglieder des Netzwerks, die diese Funktion übernehmen, weisen die meisten Verbindungen innerhalb des Netzwerks auf. Sie verfügen über die meisten Kontakte und können die Mitglieder untereinander verbinden. Obwohl central connectors nicht unbedingt eine formale Führungsrolle innehaben müssen, wissen sie, wer relevantes Wissen bzw. Informationen im Netzwerk besitzt und wo benötigte Expertisen im Netzwerk zu finden sind. Im obigen Netzwerk würde beispielsweise Moni die Schlüsselrolle eines central connectors übernehmen, da sie die meisten Verbindungen innerhalb des Netzwerks aufweist. Aber auch Frank verfügt über breite Kontakte zu anderen Abteilungen.
- *Boundary spanners*: Diese verbinden das informale Netzwerk mit anderen Abteilungen oder Netzwerken des Unternehmens und verbreitern damit das Netzwerk über dessen eigenen Grenzen hinaus. Sie beraten häufig Mitglieder aus unterschiedlichen Organisationseinheiten, unabhängig von ihrer eigenen Funktions- und Abteilungszugehörigkeit.
- *Information brokers*: Diese halten unterschiedliche Subgruppen innerhalb des informellen Netzwerks zusammen und achten darauf, dass auch die Subgruppen des Netzwerkes in den Informationsaustausch einbezogen werden.
- *Peripheral specialists*: Hierbei handelt es sich um Mitglieder, die innerhalb des Netzwerks über eine bestimmte Fachexpertise verfügen, die sie den übrigen Netzwerkmitgliedern zur Verfügung stellen.

Durch die Identifikation und gezielte Nutzung der genannten Schlüsselrollen in Netzwerken kann es Organisationen gelingen, ein ineffektives informales Netzwerk in ein *effektives Netzwerk* zu wandeln. Dabei muss sich bewusst gemacht werden, welche Auswirkungen es auf den Fortbestand des Netzwerkes hat, wenn Schlüsselpersonen das Netzwerk verlassen. Der Austritt von Schlüsselpersonen kann zu einer Auflösung des gesamten Netzwerks führen, wenn dadurch wichtige Konnektoren wegfallen. Dies wiederum hat auch einen Einfluss auf die Stimmung in der Organisation. Werden von den Mitarbeitenden geschätzte Soziale Netzwerke von Dritten aufgelöst, so kann das schnell zu Unmut und Motivationsdefiziten innerhalb der Belegschaft führen. Den Mehrwert Sozialer Netzwerke anerkennend, wird Organisationen eher dazu geraten, den informalen Austausch ihrer Mitarbeitenden mit entsprechenden Gestaltungsmaßnahmen zu fördern (z. B. die Einrichtung einer Kaffeeküche zur gemeinsamen Nutzung) und die Netzwerke sichtbar zu machen.

Communities of Practice stellen ebenso eine Form informaler Gruppen dar (vgl. Wenger/Snyder 2000, S. 139), deren Mitglieder sich aufgrund gemeinsamer fachlicher Interessen zusammenfinden (vgl. von der Oelsnitz/Hahmann 2003, S. 200). Communities of Practice bieten ein – oftmals auch organisationsübergreifendes – Forum für den fachlichen Austausch und das Lernen abseits bürokratischer Regelungen (vgl. Amin/Roberts 2008, S. 354). Eine Community of Practice kann beispielsweise aus Controllern verschiedener Unternehmen bestehen, die sich zu neuen Entwicklungen im Controlling austauschen.

Bei *Qualitätszirkeln* handelt es sich um Gruppen von ca. 6–8 Mitarbeitenden der unteren (operativen) Hierarchieebenen (vgl. Nerdinger 2012, S. 178). Die Mitglieder von Qualitätszirkeln treffen sich regelmäßig, zumeist auf freiwilliger Basis, um gemeinsam Probleme ihres Arbeitsbereiches zu bearbeiten. Häufig werden Qualitätszirkel durch einen eigens dafür geschulten Mitarbeitenden moderiert. Gemeinsam werden zunächst Probleme im Arbeitsbereich identifiziert und anschließend Lösungsvorschläge dazu erarbeitet. Ein mögliches Problem, mit dessen Lösung sich ein Qualitätszirkel in einem Unternehmen beschäftigen könnte, wäre beispielsweise die steigende Kundenunzufriedenheit aufgrund langer Wartezeiten bei Anrufen in der Verwaltungsabteilung. Hier würde der Qualitätszirkel zunächst analysieren, wie und wann es zu den langen Wartezeiten kommt, um anschließend Lösungsvorschläge zur Reduzierung der Wartezeiten zu entwickeln. In der Regel werden die erarbeiteten Vorschläge anschließend einer *Steuerungsgruppe*, bestehend aus höherrangigen Führungskräften vorgelegt, die über die Umsetzung der Vorschläge entscheiden. Wird die Umsetzung eines Vorschlags von der Steuergruppe genehmigt, dann nehmen die Mitglieder des Qualitätszirkels die notwendigen Änderungen in ihrem Arbeitsbereich vor. Qualitätszirkel haben den Vorteil, dass sie eine hohe Verbindlichkeit zur Umsetzung von Problemlösungen schaffen. Dies wird dadurch erreicht, dass diejenigen, die für die Umsetzung der Problemlösungen verantwortlich sind (die Mitarbeitenden des jeweiligen Arbeitsbereiches), diese Änderungsvorschläge im Qualitätszirkel auch selbst erarbeitet haben.

Projektgruppen verfolgen die Erreichung eines zuvor gesetzten Ziels. Nachdem die Projektgruppe das gesetzte Ziel erreicht hat, wird sie wieder aufgelöst (vgl. Bierhoff 2006, S. 490). Projektgruppen überdauern also nur solange, bis das Projekt, für das sie gegründet wurden, abgeschlossen ist. Da in die Aufgaben von Projektgruppen zumeist mehrere Organisationseinheiten involviert sind, weisen derartige Gruppen häufig eine hohe Interdisziplinarität auf. In Projektgruppen treffen Experten aus unterschiedlichen Organisationseinheiten aufeinander, die entsprechend ihrer Sachkompetenz für die Umsetzung des Projekts ausgewählt wurden. Üblicherweise übernimmt ein Projektleiter die Leitung der Projektgruppe. Dieser verfügt in der Regel über eine rein fachliche Führungsverantwortung innerhalb der Projektgruppe. Disziplinarisch bleiben die einzelnen Projektmitglieder ihren jeweiligen Vorgesetzten aus den Fachabteilungen unterstellt. Die Einführung einer neuen Verwaltungssoftware würde sich beispielsweise als Auftrag für eine Projektgruppe eignen. Die Projektgruppe könnte mit Mitarbeitenden aus der IT-Abteilung, des Rechnungswesens sowie der Personalabteilung besetzt sein. In einem detaillierten Projektplan werden Arbeitspakete für jedes Projektmitglied definiert sowie ein Zeitplan für die Umsetzung einzelner

Projektschritte bis zum Projektabschluss (der erfolgreichen Implementierung und Anwendung der neuen Software in der Organisation) festgelegt.

Projektgruppen sind in Organisationen weit verbreitet. Mitarbeitende sind häufig in mehreren Projekten mit unterschiedlichen Laufzeiten und unterschiedlicher Arbeitsbelastung sowie personeller Ausstattung eingebunden. Das schafft Möglichkeiten, immer wieder gemeinsam mit anderen (neuen) Kollegen an wechselnden Problemstellungen zu arbeiten, weswegen Projektgruppen in Organisationen auch eine hohe Attraktivität besitzen. Neben der Arbeit an interessanten Aufgabenstellungen sehen Mitarbeitende in der Projektarbeit auch eine Möglichkeit, sich für verantwortungsvollere Aufgaben im Unternehmen zu empfehlen sowie ihr internes Netzwerk an Kontakten zu anderen in und außerhalb der Organisation auszubauen.

Virtuelle Teams nehmen einen immer höheren Stellenwert in Organisationen ein (für eine Übersicht vgl. Ebrahim/Ahmed/Taha 2009). In virtuellen Gruppen findet die Kommunikation der Mitgliedern untereinander überwiegend über technische Medien statt (in der Regel Anwendungen einer speziellen *Kollaborations-Software*). Der Anteil direkter (Face-to-Face-Kommunikation) ist dagegen in diesen Gruppen gering. Die technisch vermittelte Kommunikation erlaubt es virtuellen Teams, unabhängig von geografischen Regionen, zeitlichen Beschränkungen sowie auch organisationsübergreifend miteinander zu interagieren. Gegenüber traditionellen, nicht virtuellen Gruppen, können virtuelle Teams eine ganze Reihe von Vorteilen für sich beanspruchen und kommen insbesondere dort zum Einsatz, wo

- Experten aus unterschiedlichen geografischen Regionen an gemeinsamen Aufgaben arbeiten,
- eine schnelle Reaktionsgeschwindigkeit innerhalb der Gruppe sowie
- eine hohe Flexibilität in der Zusammensetzung der Gruppe benötigt wird (vgl. hierzu Ebrahim/Ahmed/Taha 2009, S. 2657).

Im Vergleich zu nicht-virtuellen Gruppen weisen virtuelle Gruppen die folgenden Merkmale auf (vgl. Cohen/Gibson 2003, S. 4 f.):

- Mitglieder sind geografisch voneinander getrennt (arbeiten von unterschiedlichen Regionen) und weisen diesbezüglich auch häufig unterschiedliche kulturelle und sprachliche Hintergründe auf.
- Mitglieder arbeiten unabhängig an ihren Aufgaben und tragen gemeinsame Verantwortung für ein gemeinsames Arbeitsergebnis.
- Die Kommunikation findet mit Hilfe technischer Medien statt (z. B. via Email, Messaging, Kollaborations-Software).

Die Nutzung von Informations- und Kommunikationstechnologien in der Interaktion stellt das primäre Unterscheidungskriterium zwischen virtuellen und nicht-virtuellen Gruppen dar. Das Ausmaß, ab wann es sich dabei um ein virtuelles Team handelt, ist allerdings nicht genau festgelegt. Der gelegentliche Austausch der Teammitglieder mittels Email macht eine Gruppe jedenfalls noch nicht zu einem virtuellen Team.

Erst wenn die Interaktion überwiegend mittels technischer Medien erfolgt, kann von einem virtuellen Team gesprochen werden. Zudem sollten auch erfolgreiche virtuelle Teams nicht gänzlich ohne die direkte Interaktion auskommen (vgl. Marlow/ Lacerenza/Salas 2017, S. 584). Ebenso sollte sich in nicht-virtuellen Teams nicht vollständig auf technisch vermittelte Kommunikation (z. B. mittels Email) verzichten lassen.

Eine der zentralen Herausforderungen in der Gestaltung erfolgreicher virtueller Teams ist die Entwicklung einer Bindung (*Commitment*) der einzelnen Teammitglieder untereinander und dem Team als Ganzes. Die Entwicklung eines Wir-Gefühls fällt bei Mitgliedern, die ausschließlich virtuell und nicht direkt miteinander interagieren, aufgrund der räumlichen Distanz schwerer. Die Distanz zwischen den Mitgliedern variiert in Abhängigkeit der Reichhaltigkeit des eingesetzten Kommunikationsmediums (siehe Kapitel 5.3.2). In der Herstellung eines Gruppenzusammenhalts reicht die rein virtuelle Kommunikation (noch) nicht an die direkte Kommunikation heran. Auch fällt die Integration der Arbeitsleistung der einzelnen Teammitglieder zu einem Gesamtergebnis schwerer, wenn die Teammitglieder lediglich virtuell zusammenarbeiten. Eine gut funktionierende IT-Infrastruktur wird damit zu einer unbedingten Voraussetzung erfolgreicher virtueller Teamarbeit und findet auch in den Anforderungen an die Gestaltung und Führung erfolgreicher virtueller Teams ihren Ausdruck (vgl. Griffin/ Phillips/Gully 2020, S. 267 f. sowie hierzu auch Gibson/Cohen 2003):

- *Bereitstellung effektiver Kommunikationsinstrumente und die Abstimmung dieser Instrumente mit den situativen Erfordernissen*: Digitale Kollaborationsinstrumente (z. B. Microsoft Teams) unterstützen virtuelle Teams in der Zusammenarbeit, indem sie beispielsweise die Arbeit an gemeinsamen Dokumenten, die Durchführung von Meetings via Videokonferenzen und die Aufgabenverteilung auf die einzelnen Teammitglieder ermöglichen.
- *Entwicklung eines Gemeinschaftsgefühls innerhalb des Teams, das auf gegenseitigem Vertrauen, Respekt, Zugehörigkeit und Fairness beruht*: Leitungspersonen virtueller Teams müssen den Beitrag jedes Teammitglieds zur Gesamtaufgabe wertschätzen und alle Teammitglieder fair und respektvoll behandeln.
- *Entwicklung einer motivierenden Vision, eines gemeinsamen Ziels und gegenseitiger Erwartungen*: Insbesondere in Bezug auf die virtuelle Zusammenarbeit sind verbindliche Normen zu entwickeln, deren Einhaltung überprüft werden muss. Zudem sind die gemeinsame Vision sowie die gemeinsamen Ziele an die Gruppe zu kommunizieren.
- *Fokus auf messbare Ergebnisse und Führung als Rollenmodell*: Es sind klare Standards zu entwickeln und Verantwortlichkeiten für jedes Teammitglied festzulegen. Führungskräfte virtueller Teams kommt hierbei eine Schlüsselrolle zu. Von ihnen wird erwartet, dass sie die definierten Team-Standards auch selbst einhalten und mit gutem Beispiel vorangehen.
- *Koordination und Kollaboration über Organisationsgrenzen hinweg*: Die Führung virtueller Teams muss die Zusammenarbeit von Mitarbeitenden aus unterschied-

lichen Organisationen sowie freien Mitarbeitenden (oftmals auch *Crowdworker* genannt hierzu Kapitel 6.5) und Partnern sicherstellen. Erschwerend tritt hinzu, dass Führungskräfte virtueller Teams einzelne Teammitglieder oftmals selbst nicht besonders gut kennen und deren Charakterzüge und Kompetenzen im Vorhinein nur schwer einschätzen können.

Hinsichtlich des zuletzt aufgeführten Punktes ist zu erwähnen, dass Mitglieder virtueller Teams sehr häufig ausgewiesene Experten für die von ihnen übernommenen Aufgaben sind. Das gilt es in der Führung virtueller Teams zu berücksichtigten. Eine zu enge Kontrolle kann hier sehr schnell als Bevormundung von den Experten aufgefasst werden, sodass den Mitgliedern virtueller Teams entsprechende Autonomie eingeräumt werden muss.

5.1.4 Entwicklung von Gruppen

Die Entwicklung einer Mehrzahl von Personen hin zu einer Gruppe nimmt Zeit in Anspruch. Insbesondere, wenn Personen, die als Gruppe gemeinsame Aufgaben lösen sollen und sich noch nicht kennen, sind viele der unter Kapitel 5.1.1 genannten Gruppenmerkmale noch nicht vorhanden. Dem Modell der Gruppenentwicklung von Tuckman (1965) zufolge formieren sich Gruppen entlang der folgenden Phasen:

- *Forming* (Herantasten): Gegenseitiges Kennenlernen der Teilnehmer und Herantasten an die Gruppe stehen im Vordergrund. Die Mitglieder suchen nach Orientierung in der Gruppe. Sie betreiben in dieser Phase ein aktives Impression-Management (siehe Kapitel 5.4.4), sie sind zumeist höflich und zeigen sich von der besten Seite. Erste Beziehungen entstehen zwischen den Gruppenmitgliedern, die aber zumeist auf oberflächlichen Merkmalen basieren (z. B. gemeinsame sportliche Hobbies).
- *Storming* (Streiten): In aufkommenden Konflikten zwischen den Gruppenmitgliedern werden Fragen der Macht und des Status' innerhalb der Gruppe geklärt. Die Mitglieder suchen nach ihrer Rolle in der Gruppe. Beziehungen, die in der Forming-Phase zwischen einzelnen Gruppenmitgliedern entstanden sind, lösen sich in dieser Phase oftmals wieder auf, weil sich die Gruppenmitglieder nun besser kennenlernen. Sie legen ihre Ziele, die sie mit der Gruppe verfolgen, offen und reagieren feindselig gegenüber diejenigen in der Gruppe, die diese Ziele nicht teilen. Hinsichtlich einer erfolgreichen Zusammenarbeit macht sich in dieser Phase der Gruppenentwicklung häufig eine Art Hoffnungslosigkeit breit, sodass die Mitglieder das Gefühl haben, nie zu einer funktionierenden Gruppe zu reifen.
- *Norming* (Organisieren): In dieser Phase lösen sich Widerstände aus der vorherigen Phase auf. Aus der Konfliktlösung in der Storming-Phase sind verlässliche Normen und Standards (z. B. Andere ausreden lassen!) sowie differenzierte Rollen entstanden (z. B. Frau Müller ist die Sprecherin der Gruppe, Herr Meier pro-

tokolliert). Die gemeinsame Konfliktlösung hat die Gruppe enger zusammenge-
schweißt, d. h. die Kohäsion gefördert. Zudem haben sich stabilere Beziehungen
der Gruppenmitglieder untereinander gebildet.

- *Performing* (Zusammenarbeiten): In dieser Phase hat sich eine effektive Grup-
penstruktur etabliert, sodass nun die eigentlichen Aufgaben angegangen werden
können. Die Rollen der Gruppenmitglieder werden flexibler und funktionaler. Die
Aufmerksamkeit und das Engagement der Gruppe werden auf die zu erledigenden
Aufgaben gerichtet.
- *Adjourning* (Auflösen): Diese von Tuckman und Jensen (1977) ergänzte Phase bezeichnet die Auflösung der Gruppe, nachdem diese ihr Ziel erreicht hat bzw. die
Aufgaben erledigt sind. Auch wenn einzelne Mitglieder die Gruppe verlassen und
neue hinzukommen, endet vorerst der Entwicklungszyklus der Gruppe oder beginnt wieder von vorne.

Nicht alle Gruppen durchlaufen die hier gezeichneten Phasen. Einige Gruppen brechen bereits bei Konflikten in der Stormig-Phase auseinander, wenn sie die Konflikte
nicht lösen können. Andere Gruppen verharren in einer der anderen Phasen unterhalb der Performing-Phase und bleiben damit höchst ineffizient. Auch müssen nicht
alle Gruppen die Phasen chronologisch durchlaufen. Ein Rückfall von einer Phase in
eine darunterliegende Phase ist nicht ungewöhnlich. Ändert sich beispielsweise der
Auftrag einer Gruppe oder treten neue Mitglieder der Gruppe bei, ist es nicht ungewöhnlich, dass die Gruppe von der Performing-Phase zurück in die Forming-Phase
fällt. Der Schlüssel zur effektiven Gruppenarbeit liegt jedoch im erfolgreichen Durchlaufen der einzelnen Phasen im Uhrzeigersinn bis hin zur Performing-Phase, weswegen das Modell auch als Teamentwicklungsuhr bezeichnet wird (siehe Abbildung 5.4).
Nicht zuletzt aufgrund seiner Eingängigkeit und Anschaulichkeit wird dem Modell in
der Managementpraxis nach wie vor ein hohes Interesse zuteil (vgl. Bonebright 2010).

Haben Gruppenmitglieder den Eindruck, dass es in ihrer gemeinsamen Aufgabenbearbeitung nicht vorangeht, dann sind die Ursachen dafür näher zu ergründen. Zunächst wäre zu reflektieren, welche der Phasen der Teamentwicklung bereits erfolgreich bzw. noch nicht erfolgreich durchlaufen wurden. Verhalten sich die Gruppenmitglieder noch recht distanziert zueinander und werden Argumente noch sehr zurückhaltend formuliert, kann dies ein Anzeichen dafür sein, dass sich die Gruppe noch
in der Forming-Phase befindet. Gehen sich einzelne Gruppenmitglieder offensiv an,
schmieden sie Allianzen, von denen andere Gruppenmitglieder bewusst ferngehalten
werden, kurzum: beschäftigt sich die Gruppe mehr mit ihren eigenen Problemen als
mit den zu bearbeitenden Aufgaben, befindet sich die Gruppe aller Wahrscheinlichkeit nach in der Storming-Phase. Sind dagegen die Standpunkte des jeweils anderen
bekannt, wissen die Gruppenmitglieder, was sie voneinander erwarten können und
gibt es klare Regeln, an die sich jedes Mitglied hält, dann wäre auch die Norming-
Phase erfolgreich durchlaufen. Erst dann kann die Gruppe in die Performing-Phase
übergehen, in der sie sich mit vollem Engagement der Erreichung der gemeinsamen

Ziele widmet. Diejenigen, die für die Gruppenentwicklung verantwortlich zeichnen, sollten ihre Leitungsrolle den jeweiligen Phasen der Teamentwicklung anpassen (siehe Tabelle 5.1).

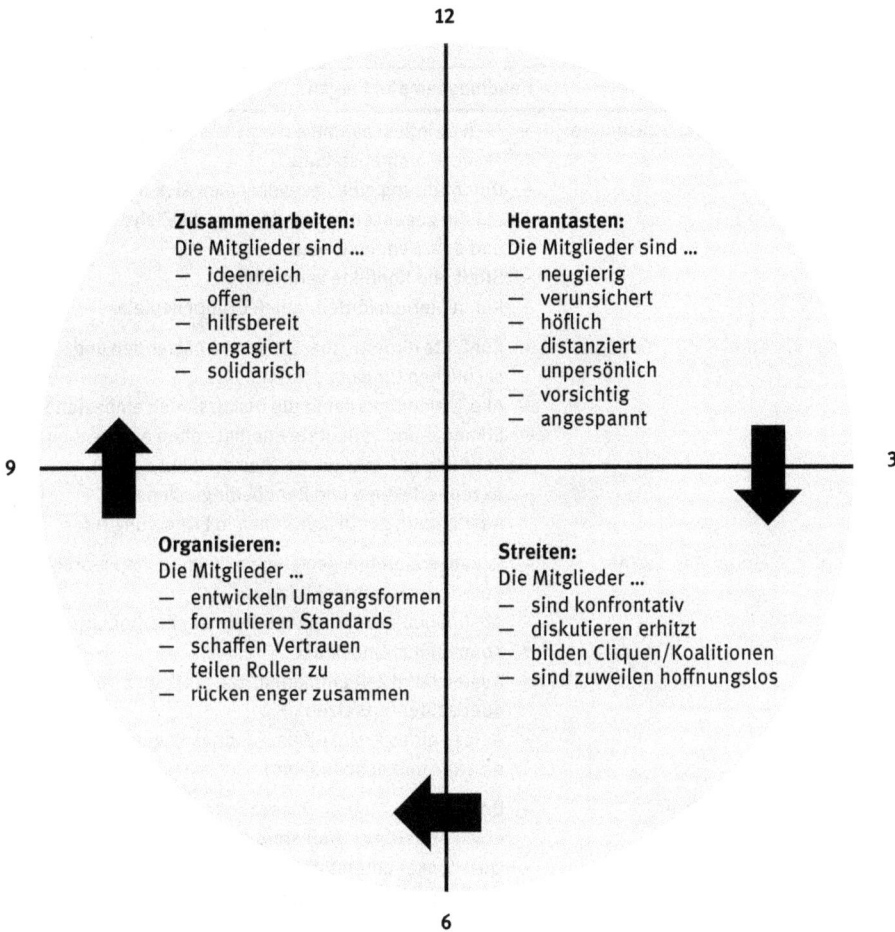

12

Zusammenarbeiten:
Die Mitglieder sind ...
— ideenreich
— offen
— hilfsbereit
— engagiert
— solidarisch

Herantasten:
Die Mitglieder sind ...
— neugierig
— verunsichert
— höflich
— distanziert
— unpersönlich
— vorsichtig
— angespannt

9   **3**

Organisieren:
Die Mitglieder ...
— entwickeln Umgangsformen
— formulieren Standards
— schaffen Vertrauen
— teilen Rollen zu
— rücken enger zusammen

Streiten:
Die Mitglieder ...
— sind konfrontativ
— diskutieren erhitzt
— bilden Cliquen/Koalitionen
— sind zuweilen hoffnungslos

6

Abb. 5.4: Phasen der Teamentwicklung nach Tuckman (eigene Darstellung).

Auch virtuelle Teams durchlaufen unterschiedliche Phasen der Teamentwicklung. Durch die fehlende direkte Kommunikation kann es hier aber noch leichter zu Missverständnissen kommen als in traditionellen Teams. Zudem fällt sowohl die Gestaltung eines verbindlichen Handlungsrahmens als auch die Entwicklung eines Wir-Gefühls aufgrund der räumlichen Distanz in virtuellen Teams schwerer. Es wird empfohlen, zu Beginn der virtuellen Zusammenarbeit eine analoge *Kick-off-Phase* durchzuführen. Hier sollten alle Teammitglieder persönlich zusammenkommen. Nicht die gemeinsame Aufgabenbearbeitung, sondern das gegenseitige Kennenlernen der Teammitglieder steht dabei im Vordergrund. Letzteres kann durch ein gemeinsames Teamevent auch spielerisch unterstützt werden. Erst nach der erfolgreichen Kick-off-Phase sollte das Team die virtuelle Aufgabenbearbeitung angehen.

Tab. 5.1: Rollen der Teamleitung und Handlungsempfehlungen (Eberspächer 2013, S. 5).

Phase	Rolle der Leitung	Handlungsempfehlungen
Forming	Gastgeber, Präsentator	– Aktive Einflussnahme auf eine ausgewogene Teamzusammenstellung. – Durchführung eines gemeinsamen Kick-offs mit Fokus auf die gegenseitige Vorstellung, die Zielverankerung und dem Kennenlernen. – Streit und Konflikte vermeiden. – Kennenlernen fördern durch Gruppenspiele.
Storming	Katalysator, Moderator	– Konflikte fördern, aber auf wertschätzenden und sachlichen Umgang achten. – Alle Teammitglieder in die Diskussionen einbeziehen. – Erkannte und vermutete Konflikte offen ansprechen. – Konflikte auf unkritische Themen lenken. – Akzeptierte Ziele und Randbedingungen zur Ausrichtung der Diskussionen in Erinnerung rufen.
Norming	Moderator, Partner	– Rollenverständnis gemeinsam im Workshop erarbeiten, Beteiligung an Projektplanung. – Abstimmung von Umgangs-Normen, Erarbeitung einer Kommunikationsmatrix. – Ausreichend Zeit einplanen, ggf. Workshop verlängern oder später fortsetzen. – Anlage eines Projekt-Wiki, wichtige Regeln auf Plakate drucken und aushändigen.
Performing	Unterstützer	– Bei Teamfluktuation, Phasen- oder Rollenänderungen einen Änderungs-Workshop durchführen. – Querdenker unterstützen. – Transparente Planung des Projektabschlusses.
Adjourning	Berater	– Durchführung von Abschlussgesprächen mit den Mitarbeitenden. – Durchführung eines Abschluss-Workshops.

Haben Gruppen bereits Normen und Standards für ihre Zusammenarbeit entwickelt, möchten sie zumeist auch, dass neu in die Gruppe eintretende Mitglieder diese Normen und Standards übernehmen. Dafür kommt der Sozialisation eine entscheidende Bedeutung zu. *Gruppensozialisation* bezeichnet den Prozess des Lernens von Normen, Werten, Symbolen und erwarteten Verhaltensweisen der Gruppe. In ihrem Modell unterscheiden Levine, Moreland und Hausmann (2005, S. 139 ff.) fünf Phasen der Gruppensozialisation in denen die Bindung zur Gruppe variiert:

– *Investigationsphase*: Kandidaten, die in die Gruppe eintreten wollen, werden zunächst genauestens von den eingesessenen Gruppenmitgliedern beobachtet, bevor entschieden wird, ob der Interessent als neues Mitglied in die Gruppe aufgenommen wird. Eine Bindung (Commitment) an die Gruppe ist zu Beginn dieser Phase noch nicht vorhanden und muss erst noch entstehen. In Organisationen bezeichnet diese Phase zumeist die Personalauswahl. In der Personalauswahl wird nach einer grundsätzlichen Passung zwischen Bewerber und Gruppe/Organisation geschaut. Ist eine solche grundsätzliche Passung vorhanden, wird der Bewerber mit der Unterzeichnung des Arbeitsvertrags zum neuen Mitglied in der Organisation. Ab dann beginnt die Sozialisationsphase.

– *Sozialisationsphase*: In dieser Phase wirkt sowohl die Gruppe auf das neue Mitglied ein, um dessen Handlungen stärker auf die gemeinsame Zielerreichung auszurichten. Gleichzeitig versucht aber auch das neue Mitglied, die Gruppe nach dessen eigenen Vorstellungen zu verändern. Erst wenn die geltenden Normen und Standards der Gruppe sowie die mit der Gruppe ausgehandelte Rolle vom neuen Mitglied auch akzeptiert werden, wird das neue Mitglied zum vollwertigen Mitglied der Gruppe. Mit Durchlaufen der Gruppensozialisation steigt die Bindung/das Commitment an die Gruppe.

– *Verbleibephase*: Nach erfolgreicher Sozialisation darf das neue Mitglied als vollwertiges Mitglied in der Gruppe verbleiben. Während der vollwertigen Mitgliedschaft ist die Bindung an die Gruppe am höchsten.

– *Resozialisierung*: Mit der Zeit kann es zu Divergenzen zwischen den eigenen Vorstellungen des vollwertigen Mitglieds und denen der Gruppe kommen. Dadurch nimmt die Bindung, d. h. das Commitment an die Gruppe ab. Aus dem vollwertigen Mitglied wird nur noch ein marginales Mitglied der Gruppe, bevor es zur endgültigen Trennung von der Gruppe kommt.

– *Erinnerungsphase*: Auch nach der Trennung von Gruppen, denen wir einmal angehört haben, verspüren wir noch eine gewisse Bindung zu diesen und erinnern uns an die gemeinsame Zeit.

Die Herausbildung differenzierter Rollen wurde bereits als ein wesentliches Charakteristikum von Gruppen genannt. Raymond Belbin (2010) unterscheidet insgesamt neun verschiedene Rollen in Gruppen (vgl. hierzu auch Fisher/Hunter/MacRosson 2001). Neben handlungsorientierten Rollen (der Macher, der Umsetzer, der Perfektionist) sind in Gruppen sowohl soziale Rollen (der Koordinator, der Teamworker, der Wegbereiter) als auch wissensorientierte Rollen (der Neuerer, der Analytiker, der Spezialist) zu besetzen (siehe Tabelle 5.2). Raymond Belbin geht davon aus, dass
– Mitglieder einer Gruppe die oben genannten Rollen aufgrund ihrer jeweiligen Fähigkeiten und Erfahrungen zugewiesen bekommen,
– Mitglieder einer Gruppe aufgrund ihrer jeweiligen persönlichen Merkmale einige Rollen besser ausfüllen können als andere Rollen,
– Mitglieder einer Gruppe auch mehr als eine der aufgeführten Rollen annehmen,
– sich die Rollen der Teammitglieder in erfolgreichen Teams ergänzen.

Tab. 5.2: Teamrollen mit ihren Stärken und Schwächen (Eberspächer 2012, S. 10).

Kategorie	Teamrolle	Beitrag & Stärken	Schwächen
Handlungsorientiert	Macher	– überwindet Hindernisse, geht mutig voran – ist fordernd, dynamisch, energiegeladen – arbeitet gut unter Druck	– neigt zu Provokation – wird als arrogant empfunden – verbreitet durch seine Ungeduld Unruhe im Team
	Umsetzer	– setzt Pläne in die Tat um – ist zuverlässig, pflichtbewusst und berechenbar – arbeitet effizient, systematisch und methodisch	– unflexibel – reagiert nur langsam auf sich ändernde Rahmenbedingungen
	Perfektionist	– stellt optimale Ergebnisse sicher – ist akribisch, pünktlich und zuverlässig – sorgt für die Einhaltung von Vorgaben und achtet auch auf Details	– ist überängstlich und detailverliebt – delegiert nicht gerne – kann leicht den Überblick verlieren
Sozialorientiert	Koordinator	– setzt Ziele und fördert Entscheidungsprozesse – ist selbstsicher, kommunikativ, guter Zuhörer – erkennt die Talente der Gruppenmitglieder und delegiert Aufgaben effektiv	– kann als manipulativ empfunden werden – neigt dazu, auch persönliche Aufgaben zu delegieren – ist nicht so kreativ
	Teamplayer	– sorgt für eine angenehme Arbeitsatmosphäre – ist sympathisch, diplomatisch, kommunikativ – kann auch introvertierte Kollegen zur aktiven Teilnahme motivieren	– unentschlossen in kritischen Situationen – neigt dazu, Entscheidungen anderen zu überlassen – vermeidet Konfrontationen
	Wegbereiter	– entwickelt und pflegt Kontakte, auch außerhalb des Teams – ist extravertiert, enthusiastisch, kommunikativ, gesellig – findet neue Wege und Lösungsalternativen	– oft zu optimistisch – verliert schnell das Interesse – beschäftigt sich mit Nebensächlichkeiten

Tab. 5.2: (Fortsetzung)

Kategorie	Teamrolle	Beitrag & Stärken	Schwächen
Wissensorientiert	Analytiker	– prüft Vorgaben auf Machbarkeit – ist nüchtern, strategisch und scharfsinnig – hat einen guten Überblick und ein gutes Urteilsvermögen	– eher introvertiert, antriebslos, überkritisch – neigt dazu, nach Kritik das Interesse zu verlieren – ungeeignet, Teamkollegen zu motivieren
	Neuerer	– generiert neue Ideen – ist kreativ, phantasievoll, unorthodox – findet auch für schwierige Problemstellungen Lösungen	– eher introvertiert – oft gedankenverloren – nicht kritikfähig
	Spezialist	– liefert Fachwissen und Informationen – ist engagiert, selbstbezogen, konzentriert – kann allgemeine Anforderungen in technisch korrekte Beschreibungen übersetzen	– verliert sich oft in technischen Details – leistet eher informative Beiträge – ist sehr selbstbezogen, neigt zu Egozentrik

Es zeigte sich, dass die von Belbin proklamierten Teamrollen nicht vollkommen überschneidungsfrei und unabhängig voneinander sind (vgl. Aritzeta/Swailes/ Senior 2007). Teams sollten aber umso erfolgreicher sein, je stärker die einzelnen Rollen ausgefüllt sind und je genauer die Teammitglieder ihre Rolle und die der anderen kennen (vgl. Mostert 2015). Mittels Persönlichkeitstests (siehe Kapitel 2) lässt sich beispielsweise feststellen, über welche Persönlichkeitseigenschaften und Erfahrungen das jeweilige Teammitglied verfügt, welche Rolle es übernehmen kann und ob es damit in die bestehende Teamstruktur passt. Ausgehend von diesen Messergebnissen ist es dann eine Führungsaufgabe, Teams so zusammenzusetzen, dass die einzelnen Rollen bestmöglich besetzt sind.

5.2 Schattenseiten kollektiven Verhaltens in Organisationen

Bei einem erheblichen Teil der in Organisationen anfallenden Aufgaben steht nicht das Ergebnis des einzelnen Mitarbeitenden, sondern der Gruppe im Vordergrund. Studien der Gruppenforschung konnten zeigen, dass die Leistung der Gruppe nicht lediglich der Leistung der einzelnen Gruppenmitglieder entspricht. So halbiert sich die benötigte Arbeitszeit bei der Verdopplung der Mitarbeitenden schon alleine deshalb nicht, weil die gemeinsame Aufgabenbearbeitung die Abstimmung der Mitarbeitenden untereinander voraussetzt. Der zeitliche Aufwand dafür sollte mit ansteigender Gruppengröße zunehmen. Ebenso kann nicht davon ausgegangen werden, dass sich das Engagement von drei Mitarbeitenden, die zusammen an einer Aufgabe arbeiten, verdreifacht. Ist beispielsweise ein Mitarbeitender stark engagiert, während die zwei anderen nur gering engagiert sind, kann dies leicht zu Frustration in der Gruppe führen und die gemeinsame Zielerreichung gefährden. Ohne die positiven Wirkungen von Gruppen in Organisationen zu relativieren oder gar zu negieren, werden im Folgenden einige negative Einflüsse in und von Gruppen in Organisationen näher betrachtet. Diese zu erkennen und deren Entwicklung zu verstehen, kann dabei helfen, Gruppen vor negativen Einflüssen zu bewahren.

5.2.1 Leistungszurückhaltung

In einem klassischen Experiment zur Messung des Leistungsverhaltens von Individuen in Gruppen konnte Maximilian Ringelmann feststellen, dass Personen in Gruppen oftmals nicht ihren vollen Leistungseinsatz zeigen (vgl. Ingham/Levinger/Graves/Peckham 1974). Ringelmann bestimmte zunächst die maximale Zugkraft seiner Probanden, indem er diese einzeln an einem Seil ziehen ließ und die dabei aufgewendete Kraft maß. Anschließend ließ er die Personen zusammen an dem Seil ziehen und maß die dabei aufgewendete Zugkraft der gesamten Gruppe. Hätte jeder seine volle Leistung in der Gruppe eingesetzt, hätte die Zugkraft der Gruppe der Summe der Zugkraft jedes einzelnen Gruppenmitglieds entsprechen müssen. Tatsächlich aber lag die Zugkraft der Gruppe unter der errechneten Summe der einzelnen Gruppenmitglieder. In der Gruppe musst es also zu einer Leistungszurückhaltung einzelner Gruppenmitglieder gekommen sein (vgl. Kravitz/Martin 1986). Der so beobachtete Effekt wird als *Soziales Faulenzen* (*social loafing*) oder – in Bezug auf Maximilian Ringelmann – auch als Ringelmann-Effekt bezeichnet. Folgende Merkmale begünstigen Soziales Faulenzen:

- Der *Beurteilungsfokus liegt auf dem Gruppenergebnis*: Wird lediglich eine Beurteilung des Gruppenergebnisses vorgenommen, anstatt die Beurteilung der individuellen Leistung der einzelnen Gruppenmitglieder, steigt das Risiko für Sozialen Faulenzen an. Individuen bringen nicht ihren vollen Leistungseinsatz in die Gruppe ein, da dieser nicht sichtbar und individuell gewürdigt wird.
- *Geringe Bedeutung des Gruppenergebnisses* für das einzelne Gruppenmitglied: Wird dem Gruppenergebnis nur wenig Bedeutung beigemessen, wird die Anstrengung zur Erreichung des Gruppenergebnisses reduziert.
- *Gruppengröße*: Die individuelle Leistungszurückhaltung in Gruppen nimmt mit der Gruppengröße zu. Gruppen bieten Möglichkeiten, sich hinter der Leistung anderer zu verstecken. Mit größer werdender Gruppe wird es schwieriger, den Beitrag des einzelnen Gruppenmitglieds zu bestimmen.

Es konnte jedoch auch beobachtet werden, dass sich einige Personen bei der Aufgabenbearbeitung in Gruppen mehr anstrengten als bei der Aufgabenbearbeitung allein. Mit dem gesteigerten Leistungsverhalten bemühten sich diese Personen, die Leistungszurückhaltung der Faulenzer zu kompensieren. Folglich bezeichnet man den erhöhten Leistungseinsatz, um die Leistungszurückhaltung anderer zu kompensieren, auch als *Soziale Kompensation* (vgl. Williams/Karau 1991). Eine Voraussetzung für Soziale Kompensation ist, dass diejenigen, die sie betreiben, das Gesamtergebnis der Gruppe als besonders bedeutsam einschätzen.

Aus den Ergebnissen der Untersuchungen zum Sozialen Faulenzen und zur Sozialen Kompensation können folgende Hinweise für die Gestaltung von Gruppenarbeit abgeleitet werden. Die Gestaltung von Gruppenarbeit sollte

– *Sinn stiften*: Das Gruppenergebnis muss für jedes Gruppenmitglied eine hohe Bedeutung haben.
– *Verbindlichkeit schaffen*: Jedem Gruppenmitglied sind klare Verantwortlichkeiten für die von ihm übernommenen Aufgaben im Rahmen der Gruppenarbeit zuzuweisen.
– *Leistungsbeiträge differenzieren*: Beiträge jedes einzelnen Gruppenmitglieds zum Gesamtergebnis müssen identifizierbar sein.
– *Leistungsbeiträge bewerten*: Die Leistung jedes Gruppenmitglieds wird individuell nach dessen Beitrag zum Gruppenergebnis bewertet.

Sind Verantwortlichkeiten innerhalb der Gruppe nicht klar geregelt, bietet sich den Gruppenmitgliedern die Möglichkeit, sich die Verantwortlichkeiten gegenseitig zuzuschreiben. Die Verantwortung kann dann zwischen den Gruppenmitgliedern diffundieren (*Verantwortungsdiffusion*). Für Fehler oder gar ein Versagen der Gruppe fühlt sich niemand selbst verantwortlich. Unter solchen Umständen würde die Arbeit an denjenigen hängen bleiben, für die das Gruppenergebnis eine hohe Bedeutung hat. Der erhöhte Leistungseinsatz derjenigen, die das Soziale Faulenzen anderer Gruppenmitglieder zu kompensieren versuchen, kann bei diesen leicht zu Überforderung und starkem Stress führen.

5.2.2 Konformitätsdruck

Obwohl die Kohäsion bzw. das Wir-Gefühl ein charakteristisches Merkmal von Gruppen darstellt, kann eine hohe Kohäsion durchaus negativen Einfluss auf die Entscheidungsfindung und Handlungen von Gruppen ausüben. Eine hohe Kohäsion in Gruppen begünstigt die Einmütigkeit zwischen den Gruppenmitgliedern. Das schweißt die Gruppe noch enger zusammen. Ein offener und kritischer Austausch möglicher Handlungs- und Entscheidungsalternativen findet in hoch kohäsiven Gruppen häufig nicht statt. Ein solcher könnte den Gruppenzusammenhalt gefährden und die Harmonie in der Gruppe stören. Aus Angst, als Abweichler zu gelten und aus der Gruppe ausgeschlossen zu werden, trauen sich einzelne Mitglieder hoch kohäsiver Gruppen nicht, vom Gruppenkonsens abweichende Meinungen zu äußern. Eine sehr hohe individuelle Bedeutung der Gruppe für das einzelne Mitglied kann den Druck zu gruppenkonformen Verhalten begünstigen.

Im Experiment von Solomon Asch (1956) bekamen Versuchspersonen die Aufgabe, aus einer Reihe unterschiedlich langer Linien die Linie auszuwählen, die der Länge einer Referenzlinie entsprach. Gaben sie ihre Einschätzung allein ab, machten sie wenig Fehler in der Bestimmung der gleichlangen Linien. Wurden sie jedoch im Beisein anderer Personen um eine Antwort gebeten, schlossen sie sich häufig lediglich den zuvor gegebenen Antworten der übrigen Teilnehmenden an, auch wenn diese mit ihren Antworten falsch lagen. Bei den anderen Teilnehmenden handelte es sich um Schauspieler, die von Zeit zu Zeit bewusst falsche Antworten gaben. Das Experiment belegt, welchen Druck das menschliche Bedürfnis nach Zugehörigkeit auf die eigene Wahrnehmung und das Verhalten ausübt. Eine von der Gruppe abweichende Meinung zu vertreten, verstößt gegen die Gruppennorm und birgt Konfliktpotenzial. Dadurch steigt das Risiko, von der Gruppe ausgeschlossen zu werden. Konformität mit anderen entspricht dagegen der Norm der Gruppe und fördert deren Zusammenhalt.

Sich anderen anzupassen, um die Konformitätsnorm zu erfüllen, wird als *normative Konformität* bezeichnet (vgl. Toelch/Dolan 2015, S. 582 f.). Die eigene Wahrnehmung wird dabei häufig derart verzerrt, dass diese mit der Wahrnehmung der anderen Gruppenmitglieder übereinstimmt (z. B. „Ich habe zwar das Gefühl, dass die anderen falsch liegen, aber ich werde mich bestimmt täuschen und die anderen werden recht haben."). Sich konform zu anderen zu verhalten, ist eine durchaus positive, soziale Strategie des Menschen (vgl. Morgan/Laland 2012, S. 2 f.). Konformes Verhalten erhöht die Chance, von anderen akzeptiert und in deren Gemeinschaft aufgenommen zu werden sowie dort zu verbleiben. Personen trauten sich in den Konformitäts-Experimenten von Asch eher, ihre Meinung unabhängig von der Gruppe abzugeben, wenn die Antworten der anderen Personen zuvor nicht einstimmig waren oder sie ihre Antworten schriftlich abgeben konnten (vgl. Asch 1956). Unter eher anonymen Bedingungen mussten die Versuchspersonen nicht fürchten, dass die übrigen Gruppenmitglieder von ihrer abweichenden Antwort erfahren. Sie waren damit immun gegenüber den Reaktionen der anderen (z. B. deren kritischen Blicken). Der verspürte Druck zur normativen Konformität sollte unter eher anonymen Bedingungen also geringer sein. Zudem konnten Untersuchungen auch zeigen, dass sich Personen der Meinung anderer ebenso anschließen, wenn sie von deren Argumente überzeugt sind. Dies wird als *informationelle Konformität* bezeichnet (vgl Toelch/Dolan 2015, S. 579). Letztere beruht auf einer bewussten Reflexion und kritischen Überprüfung der Gruppenmeinung und nicht auf der Verzerrung der eigenen Wahrnehmung wie im Falle der normativen Konformität.

In Untersuchungen konnte zudem eine *Gruppenpolarisation* festgestellt werden. Danach nehmen Personen nach einer Diskussion mit anderen häufig sehr viel extremere Haltungen zu den Gegenständen der Diskussion ein als vor der Diskussion (vgl.

Zhu 2013, S. 802). In der Diskussion scheinen sich die Gruppenmitglieder gegenseitig anzustacheln. Im Verlauf setzt sich dann eine dominante Gruppennorm durch, die schlussendlich von allen Gruppenmitgliedern geteilt wird (vgl. Robbins/Judge 2019, S. 342). Verdeutlichen wir dies an folgendem Beispiel: Innerhalb einer Abteilung wird diskutiert, ob die Auszubildende nach der Ausbildung übernommen werden soll oder nicht. Zuvor waren eigentlich alle Kollegen innerhalb der Abteilung mit der Auszubildenden zufrieden. Nur hier und da gab es mal kleinere Probleme mit ihr. Da nun in der Gruppendiskussion jeder eines dieser kleineren Probleme mit der Auszubildenden in den Problemtopf wirft, häufen sich die Probleme mit der Auszubildenden an. Die Gruppe entscheidet dann gemeinsam, die Auszubildende nicht zu übernehmen.

Da in der Gruppe auch niemand alleine das Risiko einer eventuellen Fehlentscheidung trägt, fallen Gruppenentscheidungen häufig risikoreicher aus als die Entscheidungen der einzelnen Gruppenmitglieder allein (vgl. Reynolds/Koseph/Sherwood 2009, S. 64). Dieser *Risikoschub* wird darauf zurückgeführt, dass

- sich die Bereitschaft zur Übernahme von Risiken als dominante Gruppennorm in der Gruppendiskussion durchsetzt;
- die Verantwortung für die eingegangenen Risiken in Gruppen auf mehrere Köpfe verteilt werden;
- risikofreudige Gruppenmitglieder attraktiv wirken und Zauderer mitziehen;
- das Eingehen von Risiken in einigen Gesellschaften und Organisationen positiv bewertet wird und Gruppenmitglieder demnach eine Anerkennung erwarten, wenn sie höhere Risiken eingehen (vgl. Weibler 2016, S. 82 f.).

Im Gegensatz zur Tendenz einiger Gruppen, höhere Risiken einzugehen, zeigen andere Gruppen wiederum einen Hang zu größerer Vorsicht. Letzteres wird als *Vorsichtsschub* bezeichnet (vgl. Reynolds/Koseph/Sherwood, S. 63).

Auch wurde bereits in der Theorie der Sozialen-Identität von Tajfel und Turner (siehe Kapitel 5.1.2) darauf verwiesen, dass Personen bestrebt sind, ihre In-group von den Out-groups abzugrenzen. Auch dies kann ebenso zu einer Polarisierung der Gruppenmeinung beitragen. Die Polarisierung bringt die Abgrenzung zu anderen Gruppen klar zum Ausdruck. Besonders deutlich lässt sich dies an den Programmen politischer Parteien beobachten. Differieren die Haltungen von Mitgliedern innerhalb der Partei häufig nicht sehr stark voneinander, polarisieren Parteiprogramme zwischen den Parteien wesentlich stärker. Die polarisierenden Programme geben den Parteien ein eigenes Profil, was letztendlich die Voraussetzung dafür schafft, sich zwischen ihnen entscheiden zu müssen bzw. zwischen ihnen entscheiden zu können.

5.2.3 Gruppendenken

Der Forscher Irving Janis hat in seinen Studien eine Reihe von desaströsen Gruppenentscheidungen in der Politik, Wirtschaft und Gesellschaft genauer analysiert (vgl. Janis 1982). Die Ergebnisse hat er in seinem Modell des Gruppendenkens (Groupthink) zusammengefasst (siehe Abbildung 5.5). Janis hat eine Reihe von Rahmenbedingungen identifiziert, die eine Tendenz zur Konformität und Einstimmigkeit innerhalb der Gruppe begünstigen, die Qualität von Gruppenentscheidungen aber negativ beeinflussen. Dazu gehören die Folgenden (vgl. auch Rose 2011, S. 38):

- *Hohe Kohäsion*: Eine hohe Kohäsion sorgt dafür, das abweichende Meinungen in der Gruppe nicht geäußert werden.
- *Strukturelle Mängelder Organisation*: Hierzu gehört die *Isolation der Gruppe*, d. h. deren Abschottung vom Informationsfluss innerhalb der Organisation. Nerdinger (2012, S. 182) verweist hier beispielsweise auf die Abschottung der Vorstände innerhalb eines Unternehmens. Dem Vorstand vorgelagerte Abteilungen sorgen dafür, dass die zum Vorstand weitergeleiteten Informationen gefiltert werden, um eine Informationsüberflutung der Vorstände zu vermeiden. Letzteres birgt aber in sich das Risiko, dass Vorstände in ihrer Entscheidungsfindung nur auf eine unvollständige und nicht neutrale Informationsbasis zugreifen können. Zudem lenken bereits oftmals Führungskräfte Entscheidungen in die von ihnen favorisierte, aber nicht notwendigerweise optimale Richtung. Insbesondere ein sehr *direktiver Führungsstil* kann einen hohen Konformitätsdruck erzeugen. *Homogenität der Gruppenmitglieder* hinsichtlich ihrer Persönlichkeitseigenschaften, Erfahrungshintergründe und Kompetenzen können ebenso die Tendenz zur Konformität begünstigen. *Ähnlichkeit der Gruppenmitglieder* untereinander kann die Entscheidungsfindung in Gruppen zwar beschleunigen, da alle Gruppenmitglieder ähnliche Meinungen vertreten. Diskussionen über Alternativen kommen dann aber gar nicht erst auf. Letztendlich begünstigen auch *fehlende Normen in der Entscheidungsfindung* – im Sinne unklarer Entscheidungsprozesse – Entscheidungsdefekte in Gruppen.
- *Provokativer situativer Kontext*: Ein solcher Kontext ist insbesondere durch ein hohes Ausmaß an *Stress* gekennzeichnet, der die Gruppe belastet. Stress kann beispielsweise durch Zeitdruck entstehen, der dazu führt, dass Entscheidungsalternativen nicht gründlich genug ausgearbeitet werden und/oder die Suche nach Alternativen aufgrund von Zeitproblemen gar nicht erst aufgenommen wird. Bei starkem Zeitdruck ist die Versuchung groß, sich bereits auf die erstbeste – häufig von der Führungskraft eingebrachte – Alternative zu einigen. Vergangene Misserfolge, die zu einem *geringen Selbstwertgefühl* der Gruppe führen und den Erfolgsdruck auf die Gruppe zusätzlich erhöhen, stellen ebenso eine Gefahr für die Entscheidungsfindung da. *Schwierigkeiten in der Entscheidungsfindung* verbunden mit dem Gefühl, sich bei der Diskussion im Kreis zu drehen bzw. nicht voranzukommen, sowie *moralische Dilemmata* wirken darüber hinaus konformitätsfördernd.

Die Tendenz zur Konformität bzw. Einstimmigkeit in Gruppen äußert sich dem Modell des Gruppendenkens zufolge in den folgenden Symptomen (vgl. Rose 2011, S. 38 f.):

- *Überschätzung der Gruppe*: Erfolge in der Vergangenheit machen Gruppen häufig so optimistisch, dass sie davon überzeugt sind, dass sich ihr Erfolg fortsetzen wird. Aufgrund dieser *Illusion der Unverwundbarkeit* gehen Gruppen dann höhere Risiken ein. Als moralische Individuen gehen die einzelnen Gruppenmitglieder auch davon aus, dass sie als Gruppe gar keine schlechten bzw. unmoralischen Entscheidungen treffen können. Dabei handelt es sich aber lediglich um eine *Moralillusion*, die eben auch wiederum von der Teilung der Verantwortung innerhalb der Gruppe genährt wird.
- *Engstirnigkeit*: Gruppen (wie Einzelindividuen auch) versuchen ihre Handlungen und Entscheidungen mit rationalen, d. h. vernünftigen und plausiblen Gründen zu rechtfertigen. Die *kollektive Rationalisierung* innerhalb von Gruppen findet oftmals aber erst in der Nachbetrachtung einer (Fehl-)Entscheidung statt. Die dann angeführten Gründe für die Entscheidung entsprechen häufig nicht den tatsächlichen, entscheidungsrelevanten Gründen. Es handelt sich bei der kollektiven Rationalisierung also um eine *verzerrte Wahrnehmung*, die die getroffene (und in der Folge als schlecht erwiesene) Entscheidung im Nachhinein als zwingend logisch erscheinen lassen soll. Ein weiteres Anzeichen dafür, dass Gruppendenken vorliegt, ist die *stereotype Wahrnehmung* von Personen anderer Gruppen (bzw. den Out-groups). Informationen von außerhalb der eigenen Gruppe werden bereits im Vorhinein als falsch abgewertet und bleiben in der Entscheidungsfindung unberücksichtigt.
- *Konformitätsdruck*: Gruppen üben *Druck auf Andersdenkende* aus, da diese die Konformität der Gruppe bedrohen. Dies geschieht oftmals sehr subtil auf non-verbalem Wege in Reaktion auf die Äußerung einer von der Gruppe abweichenden Meinung (z. B. Augenrollen, desinteressierter Gesichtsausdruck). Auch das bewusste Ignorieren von Andersdenkenden übt einen Druck zur Konformität aus. Werden abweichende Meinungen in der Gruppe gezielt ignoriert, handelt es sich dabei auch um eine Art *Selbstzensur*. Aus Angst, der Gruppe gegenüber als illoyal zu gelten, äußern Bedenkenträger ihre Argumente daher oftmals nicht. So entsteht eine *Illusion der Einmütigkeit*, die häufig lediglich auf die lautstarke Zustimmung einzelner – aber nicht aller – Gruppenmitglieder gründet. Letzteres ist auch der Fall, wenn Mitglieder mit abweichenden Meinungen, zunächst mundtot gemacht werden und ihr anschließendes Schweigen dann von den übrigen Gruppenmitgliedern als Zustimmung gewertet wird. Gruppenmitglieder halten auch gezielt Informationen von außen zurück, die die von ihnen präferierten Entscheidungen und Handlungen infrage stellen könnten. Als *selbsternannte Bewusstseinswächter* leiten sie nur solche Informationen an die übrigen Gruppenmitglieder weiter, die die von ihnen präferierte Entscheidungen und Handlungen unterstützen.

Gruppendenken kann zu zahlreichen, häufig schwerwiegenden Entscheidungsfehlern führen: Es findet nur eine unzureichende Suche nach Handlungs- und Entscheidungsalternativen statt. Handlungsziele und Entscheidungen werden nur unvollkommen überprüft. Wesentliche Informationen bleiben unberücksichtigt oder sie werden – im Sinne einer präferierten Alternative – gezielt umgedeutet. All dies mindert die Wahrscheinlichkeit für erfolgreiche Gruppenentscheidungen und -handlungen. Mit einer besonderen Dramatik findet sich dafür ein Beispiel in der 1986 getroffenen Entscheidung, die kurz nach dem Start verunglückte Raumfähre Challenger trotz massiver Bedenken starten zu lassen (vgl. Moorhead/Ference/Neck 1991).

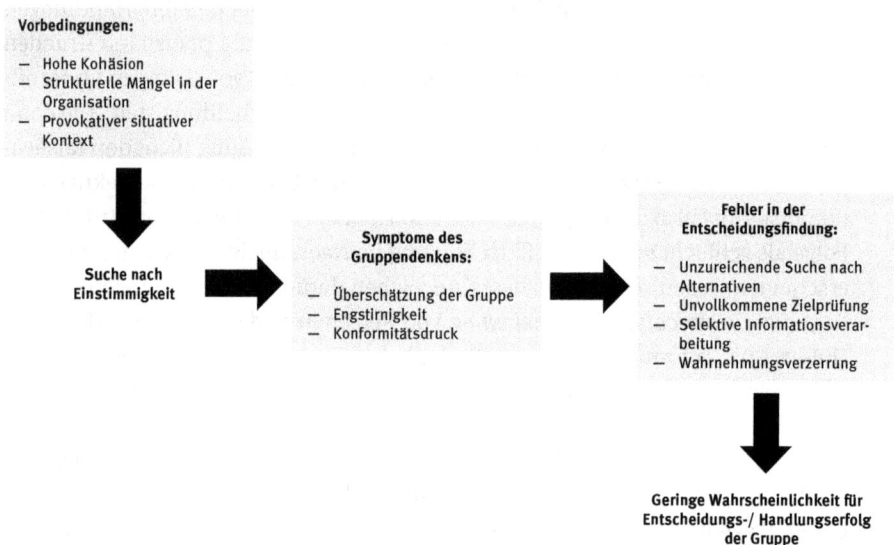

Vorbedingungen:

- Hohe Kohäsion
- Strukturelle Mängel in der Organisation
- Provokativer situativer Kontext

Suche nach Einstimmigkeit

Symptome des Gruppendenkens:

- Überschätzung der Gruppe
- Engstirnigkeit
- Konformitätsdruck

Fehler in der Entscheidungsfindung:

- Unzureichende Suche nach Alternativen
- Unvollkommene Zielprüfung
- Selektive Informationsverarbeitung
- Wahrnehmungsverzerrung

Geringe Wahrscheinlichkeit für Entscheidungs-/ Handlungserfolg der Gruppe

Abb. 5.5: Modell des Gruppendenkens nach Janis (eigene Darstellung).

Folgende Maßnahmen können dabei helfen, Gruppendenken zu vermeiden (vgl. Rose 2011, S. 39):

1. *Aufklärung über die Gefahren von Gruppendenken*: Hier geht es zunächst darum, Gruppen für die negative Dynamik in Gruppendiskussionen zu sensibilisieren.
2. *Zurückhaltung des Vorgesetzten*: Vorgesetzte geben mit ihrer Meinung schnell eine Norm für die Gruppendiskussion vor. Die übrigen Gruppenmitglieder schließen sich der Meinung des Vorgesetzten dann ungeprüft an, um nicht als Abweichler zu gelten. Um die Diskussion nicht derart zu beeinflussen ist es ratsam, dass sich Vorgesetzte mit ihrer Meinung zunächst zurückhalten.
3. *Aufforderung zur Äußerung von Einwänden und Zweifeln*: Die Gruppenmitglieder sollen Zweifel und Einwände offen äußern dürfen. Daher gilt es, die Gruppe zur Offenheit zu ermutigen. Geäußerte Einwände und Zweifel müssen als wertvolle Beiträge auf dem Weg zur Gruppenentscheidung betrachtet und aktiv eingefordert werden.

4. *Bildung von Untergruppen*: Es empfiehlt sich – insbesondere bei großen Gruppen – die Gruppe in mehrere Untergruppen aufzuteilen. So können alle Gruppenmitglieder zu Wort kommen. Die Diskussionsergebnisse der Sub-Gruppen können anschließend miteinander verglichen werden.

5. *Einbeziehung externer Beobachter*: Dabei sollte es sich um neutrale Personen handeln, die keine festen Mitglieder der Gruppe sind und somit auch keinen Druck zur Konformität vonseiten der Gruppe verspüren. Als neutrale Beobachter können sie der Gruppe dann nicht nur Hilfestellung bei der Bearbeitung eines Problems und der Entscheidungsfindung geben. Sensibilisiert für die negative Dynamik von Gruppendiskussionen können sie der Gruppe auch ihre Eindrücke vom Ablauf der Diskussion wiederspiegeln.

6. *Einsetzen eines Advocatus Diaboli*: Jemand aus der Gruppe übernimmt die Rolle des Kritikers und bringt zu jeder diskutierten Alternative möglichst viele Gegenargumente an. Die Rolle des Advocatus Diaboli kann bewusst von der Gruppe festgelegt werden oder eine Person schlüpft in die Rolle, sobald sie das Gefühl hat, dass sich die Gruppe vorschnell auf eine Entscheidung geeinigt hat und Alternativen gar nicht thematisiert wurden. Die Ausübung der Rolle eines Advocatus Diaboli mag unbequem sein, sie dient aber der Beschäftigung mit Alternativen und kann so einer vorschnellen Entscheidungsfindung vorbeugen.

7. *Einsetzen parallel arbeitender Gruppen*: Hierbei wird nicht die Gruppe als solche in Untergruppen aufgeteilt, sondern eine andere Gruppe (z. B. Abteilungen) oder gar mehrere Gruppen werden mit der Bearbeitung ein und desselben Problems beauftragt. Auch hier lassen sich die Ergebnisse der Gruppen anschließend untereinander vergleichen. Bei abweichenden Ergebnissen bieten sich weitere Diskussionen an. Stimmen die Ergebnisse aller Gruppen überein, kann dies die Entscheidungsfindung absichern.

8. *Überdenken der Entscheidung*: Die getroffene Entscheidung kann in einem nachfolgenden Meeting noch einmal erörtert und überdacht werden.

Wie bereits weiter oben beschrieben, versuchen Gruppen ihre Entscheidungen im Nachhinein zu rechtfertigen und gegen äußere Kritik zu immunisieren. Das gilt insbesondere dann, wenn sich die Entscheidung der Gruppe im Folgenden als Fehlentscheidung herausgestellt hat. Die Stärke der Bindung an eine einmal getroffene Entscheidung nimmt mit dem in die Entscheidung investierten Aufwand zu. Investiert wird Zeit, Kapital und Engagement für die Entscheidungsfindung und deren anschließende Umsetzung. Je mehr Aufwand die Gruppe in die Entscheidungsfindung und deren anschließende Umsetzung investiert, desto stärker wird ihre Bindung an die einmal getroffene Entscheidung sein; desto weniger bereit ist die Gruppe, von der Entscheidung abzurücken. Anders ausgedrückt, eskaliert die Bindung an eine einmal getroffene Entscheidung mit der Höhe des in die Entscheidungsfindung und -umsetzung investierten Aufwands. Dieses Phänomen wird als *Eskalierendes Commitment* bezeichnet (vgl. Whyte 1993). Eine eskalierte Bindung an eine einmal getroffene Entscheidung führt dazu, dass Gruppen selbst dann nicht von einer einmal getroffenen Entscheidung abrücken, wenn bereits deutlich zu erkennen ist, dass diese Entscheidung nicht zum erhofften Erfolg führt. Infolge der sich abzeichnenden Probleme mit der einmal getroffenen Entscheidung neigen Gruppen sogar dazu, ihren Aufwand in die Entscheidungsumsetzung zu erhöhen, wodurch sich die Bindung an die Entscheidung weiter verstärkt.

Eskalierendes Commitment kann beispielsweise erklären, warum die Kosten einiger Bauprojekte im Nachhinein oftmals explodieren und sich am Ende als sehr viel höher erweisen als ursprünglich geplant. Bereits die Entscheidung für ein Bauprojekt mag viel Aufwand verschlungen haben. Mit Beginn der Umsetzung des Bauvorhabens entstehen weitere Kosten (z. B. für den Kauf des Grundstücks, bereits bestellte Gewerke, Bildung einer Bauprojektgruppe usw.). Wird im Laufe des Bauprojekts absehbar, dass das zuvor kalkulierte Budget aufgrund zuvor nicht berücksichtigter Vorkommnisse nicht ausreichen wird, wird das Bauprojekt nicht etwa gestoppt. Letzteres würde bedeuten, dass die bis dahin getätigten Investitionen unwiderruflich verloren wären. Die Entscheider, die den Bau zu verantworten haben, müssten sich eingestehen, eine Fehlentscheidung getroffen zu haben und dafür die Verantwortung übernehmen. Da dies das Selbstbild der Gruppe der Entscheidungsfinder extrem belasten würde, wird an der einmal getroffenen Entscheidung festgehalten. Das Budget wird neu kalkuliert und aufgestockt. Ist auch das nachkalkulierte Budget vor der Fertigstellung des Baus aufgebraucht, wäre das Eingeständnis einer Fehlentscheidung aufgrund der gestiegenen Investitionen noch schmerzhafter für die Gruppe, schließlich ist man jetzt kurz vor dem Ziel bzw. der Beendigung des Projektes. Das Budget wird nochmals nachkalkuliert und erneut aufgestockt, was die Bindung an das Bauprojekt weiter verstärkt. Rückblickend betrachtet muss die Entscheidung für das Bauprojekt also eine Fehlentscheidung gewesen sein. Schließlich kann der Kostenrahmen nicht eingehalten werden und es wäre wohl besser gewesen, das Projekt gar nicht erst zu beginnen. Die Gruppe will sich dies nachträglich aber nicht eingestehen, da sie dann die Verantwortung für die bereits versenkten Kosten übernehmen müsste. In der Ökonomie ist das Phänomen des Eskalierenden Commitments daher auch als *Sunk-Cost-Prinzip* bekannt (vgl. Sofis/Jarmolowicz/Hudnall/Reed 2015).

5.3 Kommunikation in Organisationen

Menschen wollen sich Gruppen anschließen. Sie wollen Beziehungen mit anderen eingehen und sich mit ihnen austauschen. Eine wesentliche Bedeutung kommt dabei der Kommunikation zu. Die Art und Weise, wie andere mit uns kommunizieren, nutzen wir, um mehr über deren Charakter (siehe Kapitel 2) zu erfahren. Der Wunsch nach Kommunikation selbst ist Ausdruck der persönlichen Motive, hier speziell des Anschlussmotivs (siehe Kapitel 3). Wie wir selbst mit anderen kommunizieren, ist das Ergebnis von Lernprozessen (siehe Kapitel 4). Kommunikation kann sowohl Auslöser von Konflikten sein als auch für die Konfliktlösung eingesetzt werden (hierzu Kapitel 6.1). Auch in der Durchführung von Veränderungen (hierzu Kapitel 6.2) sowie im internationalen Kontext (hierzu Kapitel 6.3) spielt die Kommunikation eine entscheidende Rolle. Kommunikation ist also sehr eng mit dem menschlichen Verhalten und dem Verhalten in Organisationen verbunden.

5.3.1 Formen und Phasen der Kommunikation

Bei dem Begriff Kommunikation mag man zuallererst an den Austausch von Wörtern in Form eines Dialoges mit anderen Personen denken. Bei der mündlichen Kommunikation handelt es sich jedoch lediglich um eine Form der menschlichen Kommunikation. Ein erheblicher Teil der menschlichen Kommunikation findet nonverbal statt. Zudem kommunizieren Menschen auch auf schriftlichem Wege miteinander. Folgende drei Formen der Kommunikation können daher unterschieden werden:
- *Verbale Kommunikation*: z. B. Dialoge, Diskussionen, Reden und Ansprachen
- *Schriftliche Kommunikation*: z. B. Briefe, Protokolle, Formulare
- *Nonverbale Kommunikation*: z. B. Gesichtsausdruck, Körpersprache, aber auch: Architektur, Büroeinrichtungen

Die drei Formen der Kommunikation stehen miteinander in Beziehung und ergänzen sich gegenseitig. Es ist schwer, die Einflüsse von Mimik und Gestik eines Gesprächspartners vollkommen auszublenden und sich allein auf sein gesprochenes Wort zu konzentrieren. Die Ausstattung des Büros, in dem der Vorgesetzte mit seinen Mitarbeitenden die Gespräche führt, wird auch beeinflussen, für wie angenehm oder unangenehm die Mitarbeitenden das Gespräch mit ihrem Vorgesetzten empfinden. Selbst beim Lesen eines Briefes entscheidet mitunter die Art des Briefpapiers oder das Schriftbild darüber, wie das Gelesene vom Leser interpretiert wird.

Kommunikation ist ein Austausch von Informationen zwischen einem Sender und einem Empfänger, wobei die Rollen des Senders und Empfängers permanent wechseln. Dabei kann zwischen zwei *Phasen der Kommunikation* unterschieden werden (vgl. Allen 2017, S. 60 ff.):
- *Kodierungsphase*: Die Phase, in der der Sender entscheidet, wie er seine Nachricht an den Empfänger übermitteln will. Dies schließt sowohl die Art und Weise als auch die Wahl des Kommunikationsmediums mit ein.
- *Dekodierungsphase*: Die Phase, in der der Empfänger die gesendete Nachricht entschlüsselt und interpretiert.

Die Übertragung einer Nachricht kann mittels unterschiedlicher Kommunikationsmedien geschehen (hierzu Kapitel 5.3.2). Der Sender einer Nachricht muss zunächst ein Medium für die Übermittlung seiner Nachricht auswählen. Sowohl in der Kodierungsphase als auch in der Dekodierungsphase wirken individuelle Wahrnehmungsfilter auf Seiten des Senders und des Empfängers. Die Reaktion, die die Nachricht des Senders beim Empfänger auslöst, dient dem Sender als Feedback bzw. Antwort auf seine Nachricht. Veranschaulicht werden kann dieser Kommunikationsprozess in dem in Abbildung 5.6 skizzierten *Sender-Empfänger-Modell* nach Shannon und Weaver (1964).

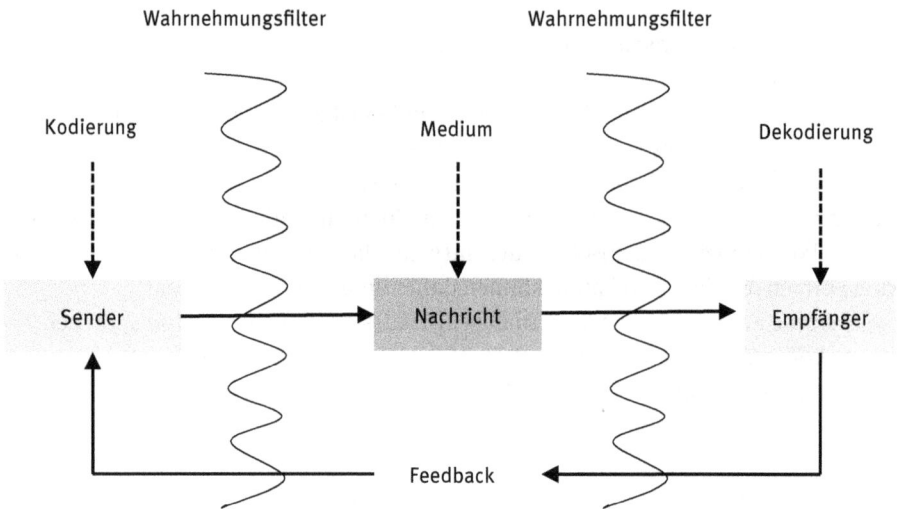

Abb. 5.6: Sender-Empfänger-Modell nach Shannon und Weaver (eigene Darstellung).

Die Interpretation des Gehörten, Gesehenen oder Gelesenen kann zu Missverständnissen im Kommunikationsprozess führen. Die Ursachen für aufkommende Missverständnisse können bereits in der Kodierung einer Nachricht liegen. Es kann vorkommen, dass der Sender seine Nachricht über ein Medium an den Empfänger richtet, das vom Empfänger nicht dekodiert werden kann. Ein Beispiel dafür wäre, wenn der Sender sein Anliegen per Skype-Telefonat an den Empfänger richtet, technische Verbindungsprobleme aber dafür sorgen, dass die Nachricht nicht vollständig an den Empfänger übermittelt wird.

Die Art und Weise, wie Personen Nachrichten kodieren und dekodieren, wird von ihrem Wissen, ihren Einstellungen, Persönlichkeitsmerkmalen, Motiven, Sorgen und Ängsten beeinflusst. Diese Aspekte wirken als *Wahrnehmungsfilter* zwischen dem Sender und dem Empfänger. Wahrnehmungsfilter beeinflussen sowohl die Art der Vermittlung als auch den Empfang einer Nachricht. Stellen Sie sich vor, der Vorgesetzte richtet sich zum Jahresende mit folgenden Worten an seinen Mitarbeitenden: „Das nächste Jahr wird schwierig für uns". Diese Nachricht erreicht den Wahrnehmungsfilter des Mitarbeitenden. Hier entscheidet beispielsweise dessen Wissen um die Firmensituation, die Art seines Arbeitsvertrags (befristet oder unbefristet), seine Persönlichkeitseigenschaften (ängstlich und besorgt oder unbekümmert und selbstsicher) und seine Beziehung zum Vorgesetzten (distanziert oder freundschaftlich) darüber, wie er die Nachricht seines Vorgesetzten auffasst. Versteht er die Nachricht als Warnung, seinen Job verlieren zu können; vermutet er in der Nachricht eine persönliche Kritik oder nimmt er die Nachricht als Herausforderung und Ansporn für stärkere Leistungen im nächsten Jahr? Die Nachricht des Vorgesetzten wird beim Mitarbeitenden eine Reaktion hervorrufen. Damit wird der Mitarbeitende vom Empfänger einer Nachricht zum Sender einer neuen Nachricht. Der Vorgesetzte wiederum erhält durch die Reaktion seines Mitarbeitenden ein Feedback auf die von ihm gesendete Nachricht. Die Reaktion des Mitarbeitenden trifft bei seinem Vorgesetzten wiederum auf einen Wahrnehmungsfilter und wird subjektiv interpretiert.

5.3.2 Kommunikationsmedien

Der Sender einer Nachricht sieht sich einer breiten Auswahl an unterschiedlichen Kommunikationsmedien gegenüber. Die Medien unterscheiden sich hinsichtlich
- der Menge, der durch sie prinzipiell transportierbaren Kommunikationselemente,
- ihrem persönlichen Fokus (formal oder informal) sowie
- der Möglichkeit, Reaktionen der Empfänger einer übermittelten Nachricht an den Sender zurückzuspielen (vgl. Dennis/Kinney 1998, S. 257 f.).

Damit ermöglichen Medien eine mehr oder weniger umfassende, persönliche und direkte Interaktion zwischen Sender und Empfänger. Dies wird auch als *Medienreichhaltigkeit* (media richness) bezeichnet (siehe Tabelle 5.3).

Tab. 5.3: Merkmale reichhaltiger und weniger reichhaltiger Kommunikationsmedien (vgl. Robbins/Judge 2019, S. 439).

Kommunikationsmedien mit geringer Reichhaltigkeit ...	Kommunikationsmedien mit hoher Reichhaltigkeit ...
können nur eine geringe Anzahl von Kommunikationselementen simultan übermitteln,	übertragen viele Kommunikationselemente simultan,
erlauben kein direktes Feedback,	ermöglichen rasches Feedback,
sind sehr unpersönlich.	sind sehr persönlich.

Die Medienreichhaltigkeit kann auf einem Kontinuum von gering bis hoch variieren. Auf diesem lassen sich die unterschiedlichen Kommunikationsmedien entsprechend ihrer Reichhaltigkeit eingruppieren (siehe Abbildung 5.7). An einem Ende des Kontinuums steht die direkte Kommunikation (Face-to-Face) mit der höchsten Reichhaltigkeit. Formale Schriftstücke, Berichte und Protokolle (z. B. formale Amtsschreiben oder amtliche Formulare) markieren hingegen das Ende des Kontinuums mit der geringsten

Reichhaltigkeit. Bei letzteren Medien wendet sich die Kommunikation einseitig nur in eine Richtung, vom Sender zum Empfänger. Letzterer hat keine Möglichkeit, dem Sender direkt auf dessen Nachricht zu antworten. Zudem ist es bei derartigen Medien nicht möglich, neben den geschriebenen Buchstaben, weitere Kommunikationselemente – wie Mimik und Gestik – zu übertragen. Informationen, die über Medien mit einer geringen Reichhaltigkeit übermittelt werden, richten sich in der Regel an mehrere Empfänger. Aus diesem Grund sind die Nachrichten zumeist auch sehr sachlich und unpersönlich verfasst. Bei der direkten Kommunikation in Form eines persönlichen Gesprächs (von Angesicht zu Angesicht) können Sender und Empfänger dagegen eine Vielzahl unterschiedlicher Kommunikationselemente austauschen. Darunter sowohl verbale Kommunikationselemente – wie Stimmlage, Lautstärke, Sprechtempo – als auch nonverbale Kommunikationselemente – wie Mimik, Gestik und weitere physische Merkmale. Im direkten Gespräch erhält der Sender durch die Beobachtung des Empfängers seiner Nachricht zudem ein direktes Feedback. Weil die direkte Interaktion jedoch nur mit einem relativ kleinen Adressatenkreis möglich ist, handelt es sich bei einem direkten Gespräch um ein sehr persönliches Kommunikationsmedium.

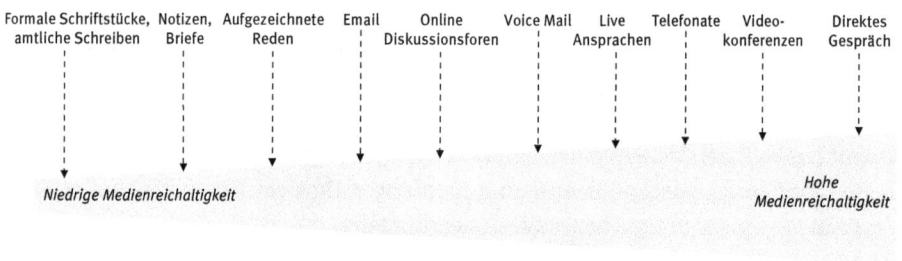

Abb. 5.7: Medienreichhaltigkeit unterschiedlicher Kommunikationskanäle (eigene Darstellung in Anlehnung an Robbins/Judge 2019, S. 439).

Richard Daft und Robert Lengel (1986) argumentieren in ihrer Medienreichhaltigkeitstheorie (Media Richness Theory), dass die Wahl des Kommunikationsmediums in Anbetracht der situativen Erfordernisse sowie der Zielsetzung des Senders einer Nachricht erfolgen muss. Das Kommunikationsmedium sollte in Abhängigkeit des Adressatenkreises, der Zielsetzung und der Bedeutung des direkten Feedbacks gewählt werden:
- *Adressatenkreis*: Wer soll mit einer bestimmten Nachricht erreicht werden?
- *Zielsetzung*: Wie kann sichergestellt werden, dass die Nachricht im Sinne des Senders verstanden wird?
- *Reaktion*: Wie wichtig ist dem Sender ein direktes Feedback vom Empfänger?

Nehmen wir an, Folgendes wäre der Geschäftsführung eines Unternehmens bei der Übermittlung ihrer Nachricht an die Angestellten wichtig:

- Sie möchte möglichst viele Angestellte gleichzeitig erreichen.
- Alle Angestellte sollen die gleichen Informationen erhalten.
- Ein direktes Feedback auf die Nachricht ist nicht erforderlich.

In diesem Fall würde sich ein formales Anschreiben als Medium besser eignen als das zwar wesentlich reichhaltigere, aber dafür auch aufwendigere direkte Gespräch mit jedem einzelnen Angestellten. Mit dem Schreiben kann sich die Geschäftsführung gleichzeitig an die gesamte Belegschaft wenden. Dadurch, dass alle Angestellten das gleiche formale Schriftstück erhalten, verfügen auch alle über die gleichen, nicht durch zusätzliche Kommunikationselemente verzerrten Informationen. Zwar muss die Geschäftsführung auf ein direktes Feedback ihrer Angestellten verzichten, da sie das Anschreiben ja nicht jedem persönlich übergeben und dabei dessen Reaktionen beobachten kann. Ein direktes Feedback mag aber auch gar nicht erwünscht sein, da sie auf die direkten Antworten des sehr großen Empfängerkreises gar nicht angemessen reagieren könnte.

Ein Beispiel für die Kommunikation über ein Medium mit einer geringen Reichhaltigkeit in der Praxis ist der Jahresabschlussbericht eines Unternehmens. Dieser richtet sich an eine Vielzahl von Stakeholdern des Unternehmens (z. B. Anteilseigner, Lieferanten, Banken, Behörden). Es soll gewährleistet sein, das alle Stakeholder den Bericht zur gleichen Zeit erhalten. Zielgruppenspezifische Variationen der Informationen im Jahresabschlussbericht sind nicht erwünscht. Da sich die Adressaten des Jahresabschlussberichtes dennoch voneinander unterscheiden und Missverständnisse aufgrund unterschiedlicher Wahrnehmungsfilter der Empfänger vermieden werden sollen, müssen die im Jahresabschlussbericht enthalten Informationen sachlich und unpersönlich formuliert werden. Ein Feedback zum Jahresabschlussbericht kann und soll nicht direkt erfolgen. Zur Kommunikation wichtiger Unternehmenskennzahlen aus dem Jahresabschlussbericht könnte ein Unternehmen auch auf das Medium einer Videokonferenz zurückgreifen. Da hierbei aber neben den rein sachlichen Informationen eine ganze Reihe weiterer – insbesondere nonverbaler – Kommunikationselemente übermittelt werden, die wiederum Spielraum für subjektive Interpretationen bieten, ist dies nicht ohne Risiko für den Sender. Ein bloßes Ablesen der Kennzahlen könnte von den Zuschauern als mangelnde Sachkenntnis des Sprechers/Senders interpretiert werden. Die Veränderung der Tonlage und/oder des Sprechtempos könnten Zuschauer als Hinweis für Schwierigkeiten des Unternehmens fehlinterpretieren.

Geht es darum, wichtige Informationen in der Organisation an kleine, eindeutig identifizierbare Gruppen von Personen weiterzugeben, und ist dem Sender ein direkter Austausch mit den Empfängern seiner Nachricht wichtig, dann sollte ein reichhaltigeres Medium zur Übermittlung der Nachricht gewählt werden. Es bietet sich beispielsweise ein Telefonat an. Dabei kann die Nachricht persönlich übermittelt werden. Der Empfänger der Nachricht hat zudem die Möglichkeit, direkt zu antworten. Da bei einem Telefonat jedoch viele nonverbale Kommunikationselemente, z. B. Gestik und Mimik, nicht übermittelt werden können, ist auch dessen Reichhaltigkeit eingeschränkt. Für sehr sensible Themen in Organisationen sollte daher das persönliche Gespräch gesucht werden. Bei großen Umstrukturierungsmaßnahmen in Organisationen, die nicht selten mit einem Personalabbau einhergehen, eignet sich beispielsweise das direkte Gespräch mit den Mitarbeitenden eher als ein formales Anschreiben. Da eventuell auch nicht jeder Mitarbeitende in der gleichen Art und Weise von den Umstrukturierungsmaßnahmen betroffen ist, kann im direkten Gespräch auch persönlich auf jeden Mitarbeitenden eingegangen werden. Zudem können im direkten Gespräch die Reaktionen der Mitarbeitenden auf die Umstrukturierungsmaßnahmen und deren Sorgen und Ängste aufgenommen und eventuell entkräftet werden. Zwar ließe sich auch in Newslettern oder per Email über derartige Projekte berichten. Die Gefahr ist aber groß, dass die dort veröffentlichten Informationen missverstanden werden und aufgrund der fehlenden Möglichkeit zur Nachfrage, eine Richtigstellung nicht erfolgen kann. In Form des Flurfunks zirkulieren entstandene Gerüchte und Spekulationen dann in Organisationen und führen womöglich zu Konflikten. Als Daumenregel gilt:

Je sensibler die zu übermittelnden Informationen, desto höher sollte die Reichhaltigkeit des gewählten Kommunikationsmediums sein.

5.3.3 Kommunikationsbarrieren

Wahrnehmungsfilter sind sowohl in der Kodierungsphase auf der Seite des Senders als auch in der Dekodierungsphase auf der Seite des Empfängers aktiv. Ein Kollege mag seine Nachricht beispielsweise in eine ganze Menge von Fachbegriffen kodieren, weil er davon ausgeht (und darin zeigt sich die Aktivität seines Wahrnehmungsfilters in der Kodierungsphase), dass sein Gesprächspartner in dem gleichen Fachgebiet arbeitet wie er und die Fachbegriffe versteht. Der Empfänger der Nachricht mag in der verwendeten Fachsprache des Senders aber womöglich eine Demonstration geistiger Überlegenheit des Senders sehen. Letztere Interpretation ist das Ergebnis des Wahrnehmungsfilters des Empfängers in der Dekodierung der Nachricht vom Sender. Auf die in Fachtermini verkleidete Nachricht des Senders reagiert der Empfänger daher entsprechend verärgert.

Wahrnehmungsfilter in der Kodierungs- und Dekodierungsphase können also leicht zu Missverständnissen führen, woraus dann ernsthafte Konflikte im organisationalen Alltag entstehen können (hierzu Kapitel 6.1). Einige im organisationalen Alltag häufig anzutreffende Kommunikationsbarrieren sind mit Beispielen und Hinweisen zu deren Vermeidung in der folgenden Tabelle 5.4 aufgeführt.

Geht man der Wirkung von Kommunikation genauer nach, stellt man schnell fest, dass der *emotionalen Ebene* einer Nachricht weitaus mehr Bedeutung beigemessen wird als den sachbezogenen Inhalten. Entsprechend dem Pareto-Prinzip ist davon auszugehen, dass nur 20 % einer Nachricht der *Sachebene* zuzurechnen sind.

Tab. 5.4: Kommunikationsbarrieren (vgl. Scharlau/Rossié 2014, S. 26 ff.).

Fehler	Beispiel	Lösung
Gedacht ist nicht gesagt!	Der Vertriebsleiter beobachtet, dass seine Mitarbeitenden auf einer Verkaufsmesse nicht aktiv auf die Messebesucher am Verkaufsstand zugehen und ihnen die Angebote vorstellen. Der Vertriebsleiter wertet dies als mangelndes Engagement der Mitarbeitenden. Er hält die aktive Ansprache der Messebesucher für eine Selbstverständlichkeit. Gesagt hat er dies den Mitarbeitenden aber zuvor nicht.	Klarheit schaffen! – *Sender*: Äußern Sie die Erwartungen an andere Personen diesen gegenüber klar und deutlich. – *Empfänger*: Vergewissern Sie sich, welche Erwartungen an Sie gestellt werden.
Gesagt ist nicht gehört!	In einem Meeting hat ein Vorgesetzter den einzelnen Mitarbeitenden Aufgaben zugeteilt. Einige der Mitarbeitenden haben an dem Meeting jedoch nicht teilgenommen. Der Vorgesetzte geht davon aus, dass die fehlenden Mitarbeitenden die Information trotzdem irgendwie erhalten haben und ist später erstaunt, dass diese die besprochenen Aufgaben nicht ausgeführt haben.	Informationsfluss sicherstellen! *Sender*: Fragen Sie sich, ob diejenigen, die verantwortlich sind, auch alle Informationen bekommen haben, die sie benötigen. Lassen Sie sich – wenn nötig – die Kenntnisnahme von der Information abzeichnen. *Empfänger*: Holen/Fordern Sie Informationen aktiv ein.
Gehört ist nicht verstanden!	An dem ersten Arbeitstag eines neuen Mitarbeitenden verwenden dessen Kollegen im gemeinsamen Meeting die im Unternehmen üblichen Abkürzungen für einzelne Sachverhalte. Der neue Mitarbeitende versteht diese jedoch nicht und kann seine Aufgaben daher auch nicht korrekt ausführen.	Konkrete Anweisungen geben! *Sender*: Versetzen Sie sich in die Rolle Ihres Gesprächspartners, wenn Sie Ihre Nachricht kodieren. *Empfänger*: Geben Sie Verständnisschwierigkeiten offen zu und bitten Sie, um präzise Informationen.
Verstanden ist nicht einverstanden!	Wegen der schwachen Umsätze weist der Vertriebsleiter seinen Mitarbeitenden zu mehr Telefonanrufen bei potenziellen Kunden an. Der Mitarbeitende hat den Arbeitsauftrag zwar verstanden, hält diesen aber nicht für sinnvoll und setzt ihn daher auch nicht um.	Meinungen einholen! *Sender*: Fragen Sie Ihre Gesprächspartner nach deren Meinungen und seien Sie offen für Gegenvorschläge. *Empfänger*: Machen Sie Ihre Ziele klar und äußern Sie Ihre Bedenken.

Tab. 5.4: (Fortsetzung)

Fehler	Beispiel	Lösung
Einverstanden ist nicht ausgeführt!	Ein Vorgesetzter diskutiert mit seinem Mitarbeitenden über Maßnahmen zur Umsatzsteigerung. Beide sind sich einig, welche Maßnahmen zur Steigerung des Umsatzes geeignet scheinen. Der Vorgesetzte geht daher davon aus, dass der Mitarbeitende die Maßnahmen umsetzen wird und umsetzen kann. Der Mitarbeitende hat die Einigkeit in den besprochenen Maßnahmen aber nicht als persönlichen Arbeitsauftrag aufgefasst.	Unterstützen Sie! *Sender:* Erkundigen Sie sich wie und wo Sie unterstützen können. *Empfänger:* Bitten Sie aktiv um Unterstützung, wenn sie diese benötigen.
Ausgeführt ist nicht beibehalten!	Eine Vorgesetzte einigt sich mit ihren Mitarbeitenden darauf, dass diese zur Neukundengewinnung jede Woche fünf potenzielle Neukunden anrufen und zu einem Gesprächstermin einladen. Die Mitarbeitenden halten sich zunächst an die Vereinbarung. Da die Vorgesetzte die Gesprächstermine nach der dritten Woche aber nicht mehr wöchentlich nachhält, verzichten die Mitarbeitenden schon bald ganz auf die Neukundenakquise.	Verbindlichkeit herstellen! *Sender:* Etablieren Sie verbindliche Meilensteine in der Umsetzung von Projekten und halten Sie deren Erreichung konsequent nach. *Empfänger:* Setzen Sie sich selbst Ziele und kontrollieren Sie deren Erreichung eigenständig.

Die Sachebene wird durch die sachlichen Informationen (Fakten) einer Nachricht offen sichtbar. Der überwiegende Anteil einer Nachricht, die verbleibenden 80 %, übermittelt emotionale Informationen, die nicht offen sichtbar sind und lediglich subjektiv von dem Empfänger einer Nachricht interpretiert werden (vgl. Bohinc 2014, S. 16). Es handelt sich dabei um die nicht konkret beobachtbaren Motive, Gefühle und Einstellungen des Senders einer Nachricht, die dessen Nachricht begleiten und, die der Empfänger zu einem großen Teil aus den nonverbalen Merkmalen des Senders erschließt. Dieser nicht sichtbare Teil bildet die *Beziehungsebene* in der Kommunikation und beinhaltet Informationen darüber, in welchem Verhältnis sich die Gesprächspartner zueinander sehen. Um sich diese verborgenen Informationen vom jeweils anderen zu erschließen, gewichten Personen das *wie* etwas gesagt wird häufig sehr viel stärker, als das *was* gesagt wird.

Auch in der Interpretation der Beziehungsebene wirken wiederum Wahrnehmungsfilter. Wie wir unsere Beziehung zu unseren Gesprächspartnern sehen, beeinflusst stark, wie wir deren Nachrichten aufnehmen und darauf reagieren. Besonders deutlich wird dies in dem Modell von Schulz von Thun (1981), dem zufolge jede Nachricht vier unterschiedliche Seiten beinhaltet (vgl. Nerdinger 2012, S. 155):

- *Sach-Seite*: Diese enthält die tatsächlichen Fakten dessen was gesagt wurde und gibt den Bedeutungsinhalt einer Nachricht wieder.
- *Appell-Seite*: Diese umfasst den Aufforderungscharakter der Nachricht. Damit verbunden ist die Einflussnahme des Senders auf den Empfänger. Ersterer möchte durch seine Nachricht Letzteren dazu bringen, etwas Bestimmtes zu tun, zu denken oder zu fühlen.
- *Beziehungs-Seite*: Jede Nachricht enthält Informationen über das persönliche Verhältnis zwischen Sender und Empfänger. Insofern sagt jede Nachricht etwas darüber aus, was der Sender über den Empfänger denkt und was er von diesem hält. Insbesondere die Tonlage, mit der der Sender seine Nachricht an den Empfänger übermittelt, wird vom Empfänger einer kritischen Beziehungsanalyse unterzogen.
- *Selbstoffenbarungs-Seite*: Dabei geht es um das, was die Nachricht über den Sender aussagt. Der Sender kommuniziert mit seiner Nachricht (oftmals unbewusst), wie er sich fühlt oder wie er nach außen wirken möchte. Spricht jemand hektisch, zeigt sich darin, dass er gerade sehr gestresst ist. Verspricht sich jemand häufig, offenbart dies seine Unsicherheit.

Dazu folgendes Beispiel: Ein Mitarbeitender verabschiedet sich an einem Freitagnachmittag ins Wochenende. Sein Kollege ruft ihm beim Verlassen des Büros zu: „Hast du schon wieder einen halben Tag Urlaub?". Betrachten wir nun die *vier Seiten einer Nachricht* von Schulz von Thun und versuchen wir herauszufinden, wie der Mitarbeitende die Aussage seines Kollegen verstanden haben könnte.

- Sach-Seite: *Mein Kollege geht davon aus, dass ich wiederholt einen halben Tag Urlaub genommen habe.*

- Appell-Seite: *Mein Kollege möchte, dass ich noch nicht ins Wochenende gehe, sondern noch bleibe.*
- Beziehungs-Seite: *Mein Kollege hält sich wohl für etwas Besseres, dass er mir mit solchen Sprüchen kommen kann.*
- Selbstoffenbarungs-Seite: *Der ist schon wieder neidisch, weil er kein Privatleben hat und hier noch am Freitagnachmittag rumsitzen muss.*

Natürlich handelt es sich hier lediglich um Interpretationsbeispiele dessen, was der eine Kollege dem anderen zugerufen hat. Es wäre ebenso denkbar, dass der Zuruf lediglich der Ausdruck eines sehr freundschaftlichen Verhältnisses zwischen beiden Kollegen ist und derlei Neckereien vom Empfänger der Nachricht nicht negativ aufgefasst werden. Die vier Seiten einer Nachricht verdeutlichen aber auch, warum manches von dem was gesagt wird, von anderen nicht so aufgefasst bzw. gehört wird, wie es gemeint war und folglich Missverständnisse entstehen. Nachrichten mit gleichem Sachinhalt können höchst unterschiedliche Reaktionen bei verschiedenen Gesprächspartnern hervorrufen. Dies ist abhängig von dem Verhältnis der Gesprächspartner zueinander (bzw. wie dieses Verhältnis subjektiv von beiden Gesprächspartnern bewertet wird), was dem Gespräch vorausgegangen ist, welche nonverbalen Kommunikationselemente die Nachricht begleiten und unter welchen situativen Bedingungen die Nachricht übermittelt wird.

Bereits bei der Kodierung seiner Nachricht passt der Sender diese zumeist unbewusst an seine subjektive Wahrnehmung der Beziehung zum Empfänger an. Der Sender mag zwar davon ausgehen, dass er dem Empfänger eine sachliche Information unmissverständlich und neutral geäußert hat. Er kann aber leicht übersehen haben, wie viele Informationen über die wahrgenommene Beziehung zu seinem Gesprächspartner in den vier Seiten seiner Nachricht mitschwingen bzw. herauszuhören sind (daher wird das Modell von Schulz von Thun häufig auch als *Vier-Ohren-Modell* bezeichnet). So mag der Vorgesetzte zum Beispiel davon ausgehen, dass er in den Gesprächen mit seinen Mitarbeitenden mit diesen stets auf Augenhöhe kommuniziert. Den starken Befehlston gegenüber seinen Mitarbeitenden bemerkt er schlichtweg nicht.

Die Bereitschaft und Fähigkeit zur Übernahme der Perspektive des Gesprächspartners ist eine wesentliche Grundlage erfolgreicher Kommunikation. Mögliche nicht intendierte Wirkungen einer Nachricht, sind bei der Übermittlung von Informationen stets mit zu berücksichtigen, um Missverständnisse gar nicht erst entstehen zu lassen. Diese und ähnliche soziale Fähigkeiten werden auch als Merkmale der sozialen Intelligenz angesehen.

5.3.4 Nonverbale Kommunikation und Soziale Intelligenz

Wie ausgeführt wurde, ist häufig das, wie wir etwas sagen, bedeutender als das, was wir sagen. Umgangssprachlich sagt man auch „Der Ton macht die Musik". Die Tonart, mit der wir eine Nachricht an eine andere Person richten, ist aber nur eine Art der nonverbalen Kommunikation. Vielmehr sind all unsere menschlichen Sinne am Kommunikationsprozess beteiligt, sowohl in der Rolle als Empfänger als auch in der Rolle als Sender einer Nachricht (vgl. Buchanan/Huczynski 2019, S. 224):

- *Auditiv*: Als nonverbales Element umfasst dies die Tonlage und die Betonung einzelner Worte sowie das Sprechtempo, die Sprechpausen, den Sprechrhythmus, den Dialekt und die Stimme des Senders. All dies wird vom Empfänger gehört und beeinflusst seine Interpretation der Nachricht. Auditive Elemente der Kommunikation werden auch als *paraverbale Kommunikation* bezeichnet.
- *Optisch*: Damit ist die Körpersprache des Senders gemeint. Auch wenn nicht gesprochen wird, werden über die Körpersprache (nonverbale) Signale gesendet. Auch der Empfänger einer Nachricht reagiert mit seiner Körpersprache auf die Nachricht des Senders, auch wenn er nicht verbal antwortet. Zu den optischen nonverbalen Kommunikationselementen gehören der Augenkontakt, die Mimik und Gestik sowie die Körperhaltung.
- *Taktil*: Dies umfasst den Körperkontakt zwischen Sender und Empfänger, wie etwa die Stärke des Händedrucks bei der Begrüßung, eine Umarmung oder das Schulterklopfen.

Zudem umfasst eine weniger spezifische Kategorie *weitere nonverbale Elemente*, die sich nicht direkt dem Hör-, Seh- und Berührungssinn zuordnen lassen. Hierzu gehört der Körpergeruch des Kommunikationspartners von dem ebenso Kommunikationssignale ausgehen (z. B. die Nutzung eines Parfüms). Diese Signale sind dem Riechsinn zuzuordnen. Beim Kleidungsstil, bei Schmuck und der Frisur handelt es sich ebenfalls um optische Kommunikationselemente, die sich auf die Erscheinung einer Person beziehen. Das *äußere Erscheinungsbild* einer Person beeinflusst ebenso die Kommunikation. Beispielsweise wird die gleiche Nachricht, einmal übermittelt von einer Person im Businessoutfit (z. B. einen Anzug) und einmal übermittelt von einer Person in Lumpen, unterschiedlich wahrgenommen. Der Armutsklage einer mit teurem Schmuck behangenen Person im adretten Businessoutfit würde wohl weniger Wahrheitsgehalt beigemessen werden, als der klagenden Person in Lumpen. In den Medien zeigen sich Firmengründer auch gerne sportlich leger gekleidet, wenn sie über ihre Ideen und Visionen berichten, um als besonders engagiert und visionär zu wirken. Mit der Kleidung können wir dem, was wir sagen, einen stärkeren Ausdruck verleihen. Wie die äußere Erscheinung dabei auf andere wirkt, ist aber individuell unterschiedlich und variiert stark mit der Situation. Die Wahrnehmung anderer wird immer auch von der eigenen Persönlichkeit und den persönlichen Vorlieben beeinflusst. Erfolgreiche Redner machen sich diesen Effekt zunutze, wenn sie ihren Kleidungsstil dem Publikum anpassen. Gleiche Kleidung zwischen Sender und Empfänger baut eine Nähe auf, wohingegen starke Unterschiede im Kleidungsstil eher Distanz zwischen den Kommunikationspartnern verursacht, was in manchen Situationen aber ebenso erwünscht sein kann.

Während bei einem Telefonat lediglich den auditiven nonverbalen Signalen verstärkte Beachtung geschenkt werden kann, stehen in einem direkten Gespräch zusätzlich auch Informationen durch optische und womöglich auch taktile Signale (z. B. der Händedruck) zur Verfügung. Im direkten Gespräch können wir unserem Gesprächspartner direkt in die Augen schauen. Schaut dieser während des Gesprächs konsequent weg, würden wir dies womöglich als mangelndes Interesse oder mangelnde Wertschätzung uns gegenüber auffassen. Der meidende Blickkontakt kann aber auch Ausdruck von Unsicherheit des Gesprächspartners sein, dem die Situation vielleicht unangenehm ist. Vielleicht muss er uns eine unangenehme Nachricht überbringen und möchte uns dabei lieber nicht in die Augen sehen. Vielleicht möchte er aber auch einfach nur seinen Gesichtsausdruck vor uns verbergen, weil dieser gerade mehr von seiner inneren Gefühlswelt preisgibt, als ihm lieb ist. Bei vielen Menschen färbt sich das Gesicht rot, wenn diese nervös sind. Es handelt sich dabei um eine physische Körperreaktion, die nur schwer zu kontrollieren ist.

Ebenso schwer lassen sich unsere *Augenbewegungen* willentlich kontrollieren. Während wir mit anderen kommunizieren bewegen sich unsere Augen permanent, ohne dass wir uns den konkreten Bewegungen bewusst sind. Ein Zusammenhang zu inneren Gefühlszuständen und den Augenbewegungen liegt daher nahe. Tatsächlich konnten Untersuchungen zeigen, dass Augenbewegungen innere Gefühlszustände, wie z. B. Angst, anzeigen können (vgl. Zheng/Liu/Lu/LuCichocki 2019). Verständlich, dass Pokerspieler ihre Augen hinter dunklen Sonnenbrillen vor den Mitspielenden verbergen wollen. Sie befürchten, dass ihre unbewussten Augenbewegungen dem Gegenspieler verraten könnten, dass sie aufgrund ihres schlechten Blattes nervös sind oder bluffen. Verlässliche Belege dafür, dass die Augenbewegungen verraten, ob eine Person die Wahrheit spricht oder nicht, ließen sich in Studien jedoch nicht ausmachen (vgl. Wiseman et al. 2012).

Wegen ihres starken Einflusses in der Kommunikation kommt der korrekten Interpretation nonverbaler Kommunikationselemente eine entscheidende Bedeutung für die erfolgreiche Interaktion mit anderen zu. Diese und weitere soziale Fähigkeiten werden unter der *Sozialen Intelligenz* subsumiert. In Abgrenzung zur Kognitiven Intelligenz, die das Ausmaß geistiger Fähigkeiten bezeichnet, handelt es sich bei der Sozialen Intelligenz um das Ausmaß sozialer Fähigkeiten. Soziale Intelligenz befähigt dazu „Gefühle, Gedanken und Verhaltensweisen von Personen – auch sich selbst – zu verstehen und auf der Basis dieses Verständnisses adäquat zu handeln" (Rost 2010, S. 38). Personen mit einer hohen sozialen Intelligenz können sich in die Gefühlslage anderer Personen hineinversetzen und deren Perspektiven übernehmen, was auch als *Empathie* bezeichnet wird. Durch das Fühlen und Denken wie andere, werden deren Argumente und Standpunkte nachvollziehbar. Das beugt Missverständnissen vor und erleichtert den Umgang mit anderen, den Aufbau sozialer Beziehungen und das Leben in einer Gesellschaft (vgl. Praditsang/Hanafi/Walters 2015, S. 99 f.). Soziale Intelligenz lässt sich in zwei Faktoren differenzieren (siehe Tabelle 5.5), die sich wiederum in einzelne Subfacetten untergliedern (vgl. Goleman 2006).

Tab. 5.5: Zwei Faktoren der sozialen Intelligenz (eigene Darstellung in Anlehnung an Praditsang/ Hanafi/Walters 2015, S. 100).

Soziale Wahrnehmung (Social Awareness)	*Primäre Empathie* (primal empathy)	Nonverbale Signale anderer Personen richtig deuten und wie andere Personen empfinden zu können.
	Abstimmung (attunement)	Anderen volle Aufmerksamkeit schenken, ihnen zuhören und sich auf sie einstellen können.
	Empathische Präzision (empathic accuracy)	Gefühle, Absichten und Gedanken anderer verstehen zu können.
	Soziale Kognition (social cognition)	Verständnis von der Funktionsweise der sozialen Welt und davon, welches Verhalten in bestimmten Situation erwartet wird.
Soziale Gewandtheit (Social Facility)	*Synchronität* (synchrony)	Begleitung der Interaktion durch passende nonverbale Kommunikationselemente (insbesondere Gestik).
	Selbstdarstellung (self-presentation)	Die effektive Darstellung der eigenen Person.
	Einfluss (influence)	Das Ergebnis sozialer Interaktionen selbst gestalten können.
	Fürsorge (concern)	Die Sorgen und Nöte anderer wahrnehmen, sich darum kümmern und Achtsam sein.

5.3.5 Die Transaktionsanalyse

Eric Berne entwickelte sein Modell der Transaktionsanalyse als Kommunikationsmodell für psychotherapeutische Anwendungen (vgl. Berne 1996). Bei einer Transaktion handelt es sich, Berne zufolge, um die kleinste Kommunikationseinheit zwischen zwei Personen. Eine solche *Transaktion* besteht aus einem *Reiz* und einer *Reaktion*. Ein Reiz kann beispielsweise eine Frage sein („Wie geht es dir?") auf die eine Reaktion als Antwort erfolgt („Mir geht es gut."). Reiz und Reaktion können dabei gleichwohl verbal als auch nonverbaler Natur sein. Bei einem Gespräch reihen sich Transaktionen aneinander.

Innerhalb der Transaktionsanalyse werden drei *Ich-Zustände* unterschieden. Ein jeder Ich-Zustand umfasst Charakteristika des Denkens, Fühlens und Verhaltens des Kommunikators (vgl. Berne 1996, S. 154). Damit beeinflussen die Ich-Zustände auch die Art und Weise wie kommuniziert wird:

- Das *Kind-Ich*: Dieser Ich-Zustand basiert auf Gefühlen aus der Kindheit und umfasst Erlebnisse von der Geburt an bis ungefähr zum sechsten Lebensjahr. In dieser Zeit der egoistischen Bedürfnisbefriedigung erlebte Gefühlszustände kommen im Erwachsenenalter insbesondere in Stresssituationen und Krisen zum Vorschein. Erwachsene, die sich im Zustand des Kind-Ichs befinden, verhalten sich wie ein Kind und leben ihre inneren Gefühlszustände ungehemmt aus. Beispielsweise lachen oder weinen sie ausgelassen, sind albern, verängstigt, aggressiv, impulsiv oder manipulativ. Das Kind-Ich kennt drei unterschiedliche Arten: Das *freie Kind-Ich*, das *angepasste Kind-Ich* und das *rebellische Kind-Ich* (siehe Tabelle 5.6, 5.7, 5.8).

- Das *Eltern-Ich*: Dieser Ich-Zustand basiert auf Lernerfahrungen aus der Kindheit und wird unmittelbar von den Erfahrungen im Umgang mit engen Bezugspersonen geprägt. Das Eltern-Ich repräsentiert alle Regeln, Gebote und Verbote, die eine Person in seiner Kindheit vornehmlich von seinen Eltern (aber auch anderen Bezugspersonen) vermittelt bekommen hat. Die von den Bezugspersonen vermittelte Regeln, Gebote und Verbote werden vom Kind zumeist unhinterfragt übernommen, weil bei diesem die Fähigkeit zur Reflexion noch nicht voll ausgebildet ist. Ungeprüft können sich die Regeln, Gebote und Verbote im weiteren Verlauf der Entwicklung als feste Glaubenssätze in der Person festsetzen und so unbewusst das Verhalten im Erwachsenenalter beeinflussen. Eine Person ist dann übertrieben pedantisch, weil sie von den Eltern stets zur Ordentlichkeit ermahnt wurde. Eine andere Person zeigt sich sehr verbissen, weil sie als Kind stets darauf hingewiesen wurde, dass man niemals aufgibt und nur herausragende Leistungen wirklich zählen. Das Eltern-Ich kennt zwei unterschiedliche Arten: Das *fürsorgliche Eltern-Ich* und das *kritische Eltern-Ich* (siehe Tabelle 5.9 und 5.10).
- Das *Erwachsenen-Ich*: Dieser Ich-Zustand basiert auf Reflexion und repräsentiert faktenbasiertes Wissen, schlussfolgerndes Denken und Entscheidungsfreiheit. Das Erwachsenen-Ich kann die Rolle des Vermittlers zwischen den Glaubenssätzen des Eltern-Ichs und den Gefühlen des Kind-Ichs einnehmen. Es motiviert zur aktiven Informationsbeschaffung und -beurteilung. Personen im Zustand des Erwachsenen-Ichs halten sich an Fakten, denken logisch und sind konsequent (siehe Tabelle 5.11).

Tab. 5.6: Charakterisierung des *freien Kind-Ichs* (eigene Darstellung in Anlehnung an Gührs/ Nowak 2014, S. 82 ff.).

Denken	*Ich bin okay, die anderen sind auch okay, wenn sie mitmachen!*
Verhalten	spontan, ungehemmt, sprunghaft, rücksichtslos, neugierig, weinen, lachen, jubeln, Ich-betont, emotional, bedürfnisorientiert, lustvoll
Sprechen	gefühlsbetont, hingebungsvoll, erfinderisch, bilderreich, kurze Sätze, rasches Sprechtempo, häufige Verwendung von „Ich", helle und laute Stimme, reiche Stimmmodulation
Auftreten	lebhafte Gestik, entspannt, offener Mund, wache und leuchtende Auge, energisch, expressiv
Stärken/Schwächen	Positiv: Phantasievoll, locker, charmant, authentisch, unternehmenslustig, mitreißend Negativ: Impulsiv, egoistisch, sorgt für Chaos, propagiert Ellenbogenmentalität, kümmert sich nicht um Handlungsfolgen

Tab. 5.7: Charakterisierung des *angepassten Kind-Ichs* (eigene Darstellung in Anlehnung an Gührs/ Nowak 2014, S. 82 ff.).

Denken	*Ich bin nicht okay, die anderen können alles besser!*
Verhalten	ängstlich, sorgenvoll, schüchtern, höflich, unterordnend, schuldbewusst, beschämt, opportunistisch, manipulierend, schmollen
Sprechen	defensiv, zögernd, ausweichend, passiv, abwartend, zurückgezogen, redet anderen nach dem Mund, monoton, häufige Verwendung von Konjunktiven, abgebrochene Sätze, seufzen, jammern, leise Stimme, weinerliche Stimme
Auftreten	hängende oder stark hochgezogene Schultern, geduckte Körperhaltung, häufiges Nicken, gesenkter Blick, verdeckte Hände, aufgerissene Augen, zerknirscht, bettelnd, quengeln
Stärken/Schwächen	Positiv: Beachtet Normen und Richtlinien, kann sich auf andere einstellen, kommt gut mit Anweisungen klar, ist kompromissbereit Negativ: Stellt eigene Bedürfnisse zurück, gibt schnell auf, hat Angst vor Fehlern, ist passiv-aggressiv, agiert hinter dem Rücken, verhindert Innovation

Tab. 5.8: Charakterisierung des *rebellischen Kind-Ichs* (eigene Darstellung in Anlehnung an Gührs/ Nowak 2014, S. 82 ff.).

Denken	*Ich bin okay, das werde ich den anderen schon zeigen!*
Verhalten	aufmüpfig, ständig dagegen, wachsam, aufsässig, auf Krawall gebürstet, abgrenzend, selbstüberschätzend, ständig auf der Hut, mürrisch
Sprechen	kämpfend, beharrend, provozierend, verweigernd, (latent) aggressiv, trotzige Stimme, laut, grummeln, widersprechen, infrage stellen
Auftreten	zurücklehnen, hinlümmeln, Arme verschränken, Faust ballen, Kinn und Unterlippe vorschieben, verschlossene Mimik und Gestik, Grimassen schneiden
Stärken/Schwächen	Positiv: Kann sich wehren, deckt Widersprüche auf, hat Mut für eigene Wege, initiiert wichtige Veränderungen Negativ: Ist wenig kompromissbereit, neigt zu abwertenden Unterstellungen, blockiert wichtige Entscheidungen/Handlungen, ist unbequem, kostet viel Energie

Tab. 5.9: Charakterisierung des *fürsorglichen Eltern-Ichs* (eigene Darstellung in Anlehnung an Gührs/Nowak 2014, S. 81ff.).

Denken	*Ich bin okay, die anderen brauchen mich!*
Verhalten	liebevoll, zugewandt, einfühlsam, verantwortlich, fürsorglich, ausgleichend, sorgenvoll, nachsichtig, hilfsbereit, aufopfernd
Sprechen	einfühlsam, anteilnehmend, beruhigend, harmonisierend, beschwichtigend, ermutigend, lobend, verständnisvoll, leise Stimme, melodische Stimme mit Tendenz zum Sing-Sang
Auftreten	zugewandt, vorgebeugt, zunickend, Kopf schräghalten, geöffnete Arme und Hände, Schulter und Kopf des Gesprächspartners tätschelnd
Stärken/Schwächen	Positiv: Wirkt ermutigend, fördert Wohlergehen, unterstützt, trägt zur Harmonie bei Negativ: Verhindert Initiative und Selbständigkeit, hält andere klein und abhängig, vermeidet Konfrontation, verhindert Konfliktklärung

Tab. 5.10: Charakterisierung des *kritischen Eltern-Ichs* (eigene Darstellung in Anlehnung an Gührs/Nowak 2014, S. 81ff.).

Denken	*Ich bin okay, die anderen sind nicht okay, sie machen viele Fehler!*
Verhalten	traditionsbewusst, prinzipientreu, verantwortlich, überlegen, streng, autoritär, kritisch, misstrauisch, andere bloßstellend
Sprechen	belehrend, moralisierend, mahnend, kurz und knapp angebunden, anordnend, anweisend, Grenzen setzend, wertend, Vorschriften machend, kontrollierend, kritisierend, zurechtweisend, erhobene Stimme
Auftreten	aufgerichtet, erhobener Zeigefinger, Faust auf den Tisch, Stirn runzeln, Kopf schütteln, Nase rümpfen, Augen verdrehen
Stärken/Schwächen	Positiv: Sorgt für Struktur/Disziplin/Ordnung, bringt sinnvolle Normen zur Geltung, gibt klare Anweisungen, entscheidet in Notsituationen rasch und konsequent Negativ: Lehnt Neues ab, ist intolerant, ist abwertend, reagiert mit Aggression und Macht, sorgt für ein Klima von Anpassung/Risikoscheue/Angst

Tab. 5.11: Charakterisierung des *Erwachsenen-Ichs* (eigene Darstellung in Anlehnung an Gührs/ Nowak 2014, S. 81 ff.).

Denken	*Ich bin okay, die anderen sind auch okay!*
Verhalten	realitätsbezogen, genau, objektiv, logisch, unparteiisch, konzentriert, beobachtend, prüfend, planend
Sprechen	ziel- und ergebnisorientiert, konzentriert, präzise, Einnahme der Meta-Perspektive, häufiges Nachfragen, verknüpfend, erörternd, schlussfolgernd, Verweis auf Konsequenzen, sachlich, klare und deutliche Stimme
Auftreten	aufrecht und gerade Körperhaltung, ruhiger Blickkontakt, klarer und offener Blick, flexible Gestik und Mimik
Stärken/Schwächen	<u>Positiv</u>: Orientiert sich an der Realität, geht Ursachen auf den Grund, sucht nach Lösungen, trifft Vereinbarungen und hält sich daran, löst Konflikte durch Metareflexion <u>Negativ</u>: Zeigt wenig Gefühle, kann distanziert und kontrolliert wirken, trägt wenig zum Aufbau einer guten Beziehung bei

Da eine Transaktion den Austausch von Stimulus und Reaktion zwischen den Gesprächspartnern bezeichnet, spielt neben der Analyse des eigenen Ich-Zustands die *Diagnose des Ich-Zustands* des Gesprächspartners eine besondere Rolle für eine konfliktfreie Kommunikation. Durch den eigenen Ich-Zustand und dem Ich-Zustand des Gesprächspartners ergeben sich verschiedene Konstellationsmöglichkeiten von Transaktionen. Ganz allgemein kann dabei zwischen komplementären und gekreuzten Transaktionen unterschieden werden (vgl. Berne 1996, S. 156):

– *Komplementäre Transaktionen*: Bei dieser Art von Transaktionen kommunizieren die Gesprächspartner aus den Ich-Zuständen heraus, die vom jeweils anderen adressiert wurden. Wenngleich die Gesprächsqualität zwischen einzelnen Ich-Zuständen variiert, verläuft das Gespräch bei komplementären Transaktionen wie vom jeweiligen Gegenüber erwartet. Unterhalten sich zwei Personen auf der Ebene des kritischen Eltern-Ichs, wirken die Aussagen des jeweils anderen zwar häufig bestätigend. Das Gespräch als solches ist aber selten wirklich lösungsorientiert. Häufig entsteht in komplementären Transaktionen lediglich eine negative Kommunikationsspirale bis hin zu einem Rundumschlag an Kritik, wie das folgende Beispiel zeigt:

Person A (kritisches Eltern-Ich): „Das Verhalten, das Politiker zeigen, gehört sich einfach nicht."

Person B (kritisches Eltern-Ich): „Ja, die sind faul und korrupt. So etwas darf doch nicht sein."

Person A (kritisches Eltern-Ich): „Wir dürften dafür gar keine Steuern mehr zahlen."

Person B (kritisches Eltern-Ich): „Ganz genau. Es wird ohnehin alles teurer und die Politik tut nichts dagegen."

Bei einem solchen Gespräch kann es sich auch einfach nur um belanglosen Small-talk handeln. Komplementäre Transaktionen können aber auch verschiedene Ich-Zustände umfassen. Beispielsweise mag der sich höflich auf die Kritik seines Vor-gesetzten entschuldigende Mitarbeitende im angepassten Kind-Ich so reagiert ha-ben, wie dies sein Vorgesetzter im kritischen Eltern-Ich von ihm erwartet hat. Da-mit könnte das Gespräch zwischen dem Vorgesetzten und dem Mitarbeitenden beendet sein. Setzt sich die Rollenverteilung zwischen kritischem Eltern-Ich (Vor-gesetzter) und angepassten Kind-Ich (Mitarbeitender) auch in nachfolgenden Ge-sprächssituationen fort, kann dies die Beziehung zwischen beiden nachhaltig be-lasten (z. B. weil bei dem Mitarbeitenden durch die anhaltende Kritik seines Vor-gesetzten immer mehr Selbstzweifel entstehen). Ebenso sollte die komplementäre Transaktion zwischen einem Mitarbeitenden im fürsorglichen Eltern-Ich und des-sen jammernden Kollegen im angepassten Kind-Ich auch nur solange für beide Seiten produktiv sein, wie der jammernde Kollege die Unterstützung vom fürsorg-lichen Eltern-Ich auch tatsächlich benötigt und einfordert. Dauerhaft produktiv wirken komplementäre Transaktionen zumeist nur aus dem produktiven Zustand des Erwachsenen-Ichs heraus. Spricht das Erwachsenen-Ich zum Erwachsenen-Ich, handelt es sich um ein Gespräch auf Augenhöhe nach dem Motto „Ich bin okay, du bist okay!".

– *Gekreuzte Transaktionen*: Diese Art der Transaktion liegt vor, wenn der Empfän-ger einer Nachricht nicht aus dem Ich-Zustand heraus reagiert, der vom Sender adressiert wurde. Damit reagiert der Empfänger der Nachricht nicht so, wie vom Sender der Nachricht erwartet. Dies wird bei Letzterem im Allgemeinen für Ver-wirrung sorgen und womöglich eine Wendung des Gesprächsverlaufs zur Folge haben.

Als ein Beispiel für eine gekreuzte Transaktion lässt sich an einen Mitarbeiten-den denken, der sich aus dem Erwachsenen-Ich heraus ganz förmlich bei sei-nem Kollegen für dessen freundliche Unterstützung in einer wichtigen Aufgabe bedankt. Damit mag der Mitarbeitende auf das Erwachsenen-Ich seines Kollegen zielen, von dem er jetzt eine ebenso förmliche Antwort erwartet. Der Kollege mag nun aber nicht wie erwartet aus dem angesprochenen Erwachsenen-Ich heraus antworten, sondern nimmt das rebellische Kind-Ich ein, dass aufmüpfig zum El-tern-Ich spricht. Schnell könnte die rebellische Antwort des Kollegen nun den Ge-sprächspartner seinerseits zu einer Reaktion aus einem für die Situation unpro-duktiven Ich-Zustand heraus veranlassen. So wird er sich womöglich provoziert fühlen und tatsächlich aus dem kritischen Eltern-Ich heraus antworten. Der Ge-sprächsablauf stellt sich bis hierhin also wie folgt dar:

Mitarbeitender (Erwachsenen-Ich): „Besten Dank für Deine Unterstützung bei der Erstellung des Schulungsmaterials, Du hast mir damit sehr geholfen."

Kollege (Rebellisches Kind-Ich): „Das war sehr zeitintensiv. Ich werde das nicht noch einmal tun. Immer muss ich die Arbeit machen. Geh' nächstes Mal zu jemanden anderen und lass' mich damit in Ruhe."

Mitarbeitender (Kritisches Eltern-Ich): „Hier in der Abteilung unterstützt man sich gegenseitig. Das ist also auch Dein Job. Meckern gehört sich da überhaupt nicht."

Das Gespräch könnte von nun an zwar komplementär, aber nicht lösungsorientiert verlaufen. In solch einem Fall ist es ratsam, nicht auf mögliche Provokationen des Gesprächspartners einzugehen. Stattdessen sollte die Antwort aus dem produktiven Zustand des Erwachsenen-Ichs erfolgen. Der Mitarbeitende könnte beispielsweise herausstellen, dass er zukünftig nur ungern auf die wertvolle Expertise seines Kollegen verzichten würde, er es aber bedauert, wenn der Kollege jetzt wegen seiner Aufgaben im Zeitverzug ist. Da der Kollege nun vielleicht seinerseits Unterstützung benötigt, könnte der Mitarbeitende ihm diese anbieten. Lässt sich der Kollege trotz der Versuche nicht auf einen produktiven Ich-Zustand bringen, ist es besser, das Gespräch zu vertagen, bis sich die Emotionen etwas gelegt haben.

Das Erwachsenen-Ich sollte sich in den überwiegenden Fällen als *produktivster Zustand* in der Kommunikation mit anderen erweisen. Deshalb bietet es sich bei gekreuzten Transaktionen auch als erste Zielebene für die positive Lenkung eines Gesprächs an. In bestimmten Situationen kann sich jedoch auch das freie Kind-Ich oder das fürsorgliche Eltern-Ich als sehr produktiv im Gespräch mit anderen erweisen. Die Kommunikation aus dem fürsorglichen Eltern-Ich heraus ist beispielsweise besonders in Gesprächssituationen produktiv, in denen der Gesprächspartner Unterstützung und Verständnis erwartet. Das freie Kind-Ich kann beispielsweise besonders produktiv sein, wenn es um die Kommunikation von neuen Ideen und Visionen geht, bei denen die Gesprächspartner mitgerissen werden sollen. Auch die übrigen Ich-Zustände haben ihre positiven Seiten (siehe Tabellen 5.5 bis 5.11). Anstatt also pauschal einem Ich-Zustand den Vorzug zu geben, wäre es besser, sich der einzelnen Ich-Zustände situationsadäquat zu bedienen.

5.4 Macht und Einfluss in Organisationen

In Organisationen und Unternehmen konzentrieren sich Macht und Einfluss in Personen und Positionen. In zentralisierten Organisationsstrukturen verteilt sich die (Entscheidungs-)Macht auf einzelne wenige Personen, die den nicht (entscheidungs-)mächtigen Personen überstellt sind (vgl. Hage/Aiken 1967, S. 72 ff.). In weniger stark hierarchisch organisierten Unternehmen ist die (Entscheidungs-)Macht zumeist auf mehrere Personen verteilt, die mehr oder weniger gleichberechtigt bzw. gleichmächtig sind. Die Zuweisung von Macht ist in Organisationen aber kein rein formaler Prozess. Um Macht und Einfluss in Organisationen wird gestritten. Organisationen bieten eine Bühne für den Kampf um Macht und Einfluss.

Häufig vollzieht sich der Kampf um Macht und Einfluss in Organisation sehr subtil im Hintergrund des Geschehens. Dann wird ähnlich taktiert, wie dies häufig im politischen Tagesgeschäft zu beobachten ist. Damit können ernsthafte Konflikte einhergehen, die den Organisationserfolg gefährden. Politische Taktiken im Verhalten von Organisationsmitgliedern zu erkennen und angemessen darauf reagieren zu können, ist somit von entscheidender Bedeutung für den Fortbestand der Organisation.

5.4.1 Einflussnahme und Macht

Der überwiegende Teil der Aufgaben in Organisationen kann nicht von einer Person alleine ausgeführt werden, sondern setzt die Beteiligung von anderen voraus. Nicht immer sind sich alle Organisationsmitglieder hinsichtlich der zu ergreifenden Maßnahmen, der verfolgten Ziele und der zu treffenden Entscheidungen einig. Unterschiedliche Meinungen und Erwartungen sind in Organisationen eher die Regel denn die Ausnahme. Häufig mag es gar unmöglich sein, dass alle in Organisationen getroffenen Entscheidungen und durchgeführten Aktivitäten, den Erwartungen aller Organisationsmitglieder gleichermaßen gerecht werden. Bevor also Entscheidungen getroffen, Ziele abgestimmt und Maßnahme umgesetzt werden, muss in Organisationen mitunter *Einfluss* ausgeübt werden. Dabei wird gezielt auf das Denken, die Einstellungen und das Handeln von Personen eingewirkt. Um andere Personen in ihrem Denken, ihren Einstellungen und ihrem Handeln zu beeinflussen, stehen folgende Beeinflussungstechniken zur Verfügung (vgl. Cialdini 2013, S. 5):

- *Herstellung einer gegenseitigen Verpflichtung* (Reziprozitätsprinzip): Die Wahrscheinlichkeit, der Bitte einer anderen Person nachzukommen, ist größer, wenn uns diese Person zuvor ein Geschenk, einen Gefallen oder ein sonstiges Zugeständnis gemacht hat. Jemandem, der uns etwas Gutes getan hat, fühlen wir uns emotional verpflichtet. Diese Verpflichtung kann eingelöst werden, wenn wir uns bei dieser Person revanchieren können, sodass dadurch wieder ein Zustand der Equity entsteht (siehe Kapitel 3.3.8). Werbegeschenke von Unternehmen zielen genau auf diese Art der sozialen Verpflichtung ab: Ein geschenkter Kugelschreiber als Gegenleistung für den Kauf der Produkte. Auch die der Restaurantrechnung beiliegenden Bonbons haben womöglich nur ein Ziel: Bonbons gegen Trinkgeld.
- *Verweis auf die soziale Norm*: Die Wahrscheinlichkeit, der Bitte einer Person nachzukommen ist größer, wenn andere Personen dieser Bitte auch nachkommen. Gleiches Verhalten anderer rechtfertigt unser eigenes Verhalten. Straßenmusikanten machen sich dieses Prinzip zunutze, indem sie keinen leeren Spendenkorb aufstellen, sondern bereits ein paar Münzen oder Scheine in den Spendenkorb legen. Dies suggeriert den Passanten, dass andere auch bereits gespendet haben und die Spende daher eine gute Sache sein muss.

- *Herstellung von Sympathie* (Freundschaft): Die Wahrscheinlichkeit, der Bitte einer Person nachzukommen ist größer, wenn wir diese Person mögen. Dem Vorgesetzten wird es erheblich leichter fallen, dem Wunsch eines ihm sympathischen Mitarbeitenden nach einer Gehaltserhöhung nachzukommen, als wenn ihm der Mitarbeitende vollkommen unsympathisch ist.
- *Verweis auf einen Mangel*: Die Wahrscheinlichkeit, der Bitte einer Person nachzukommen ist größer, wenn damit eine einmalige Gelegenheit verbunden ist. Gelegenheiten werden als umso wertvoller erachtet, je seltener sie sind. Der Hinweis, dass ein Angebot nur solange verfügbar ist, wie der Vorrat reicht, soll beispielsweise suggerieren, dass es sich bei dem Angebot um eine einmalige Gelegenheit handelt. Der Verweis, dass es sich bei einem Stellenangebot im Unternehmen um eine einmalige Gelegenheit handelt, kann die Attraktivität dieser Stelle ebenfalls erhöhen.
- *Nutzung der Autorität*: Die Wahrscheinlichkeit, der Bitte einer anderen Person nachzukommen, ist größer, wenn die Bitte von einer legitimierten Autorität kommt. Autoritäten werden weniger kritisch hinterfragt als Personen ohne legitimierte Autorität. Häufig veranlasst bereits ein Doktortitel oder die Attribution wissenschaftlicher Autorität zu blindem Gehorsam (vgl. Blass 2012).

Tabelle 5.12 listet einige gezielte Techniken zur Beeinflussung anderer, sogenannte Einflusstaktiken, auf. Die Möglichkeit, in Organisationen Einfluss auszuüben, ist abhängig von den jeweiligen Machtpotenzialen, die eine Person besitzt. Macht bezeichnet das Potenzial, Einfluss auf andere auszuüben, sodass diese in Übereinstimmung mit den eigenen Wünschen und Zielen handeln (vgl. Burak/Bashshur/Moore 2015). Der deutsche Soziologe Max Weber definiert Macht wie folgt:

„Macht bedeutet jede Chance, innerhalb einer sozialen Beziehung den eigenen Willen auch gegen Widerstreben durchzusetzen, gleichviel worauf diese Chance beruht." (Weber 1980, S. 28)

Die Beeinflussung anderer durch die Nutzung von Macht umfasst auch die Ausübung von Zwang. Es handelt sich in der Beziehung zwischen mächtigen und nicht mächtigen Personen somit um eine Art *Fremdbestimmung* des oder der Nicht-Mächtigen durch den oder die Mächtigen. Die Machtbeziehung zwischen zwei Personen lässt sich über deren *Abhängigkeitsverhältnis* bestimmen. Eine Person wird dadurch mächtig, dass sie etwas besitzt, was eine andere Person wünscht oder benötigt. Der Vorgesetzte, der über die Verteilung des Bonus' unter den Mitarbeitenden entscheidet, hat Macht über diese, weil er ihnen den Bonus auch entziehen kann. Er besitzt damit die Kontrolle über etwas, was den Mitarbeitenden wichtig ist. Seine Macht kann der Vorgesetzte dazu einsetzen, seinen eigenen Willen auch gegen die Überzeugungen der Mitarbeitenden durchzusetzen.

Macht zu besitzen bedeutet nicht gleich, diese auch einzusetzen. Eine Person kann lediglich über *Machtpotenziale* verfügen, ohne diese einsetzen zu müssen. In vielen Fällen genügt bereits das Wissen darüber, dass eine Person mächtig ist, um deren Aufforderungen nachzukommen (vgl. Nerdinger 2012, S. 136 f.). Der beispielhafte Vorgesetzte, der prinzipiell über Macht gegenüber seinen Mitarbeitenden verfügt, weil er deren Bonus kontrolliert, muss diese Macht nicht zwangsläufig für die Erfüllung seiner eigenen Interessen einsetzen. Fällt aber die Abhängigkeit zwischen Personen

Tab. 5.12: Einflusstaktiken (Yukl/Falbe 1990, S. 133).

Taktik	Beschreibung	Beispiele
Rationale Überzeugung	Erbringung von Belegen und logischen Argumenten, die die eigenen Forderungen unterstützen und schwer zu widerlegen sind.	„Das deutsche Wirtschaftsinstitut zeigt in seinem aktuellen Bericht, dass sich die Wirtschaft in einer Rezession befindet. Wir müssen folglich sparen."
Konsultation	Die anderen Personen selbst darüber entscheiden lassen, wann sie der Forderung nachkommen wollen und Personen an Entscheidungen mitarbeiten lassen.	„Ihr müsst nächsten Monat 20 Überstunden machen, aber ihr könnt selbst entscheiden, wann."
Inspirativer Appell	An die Werte, Ideale und Hoffnungen anderer appellieren und damit bei diesen eine emotionale Reaktion hervorrufen.	„Es geht nicht nur darum, unbezahlte Überstunden zu machen, es geht darum, zum Wohle der Weltwirtschaft beizutragen."
Tauschgeschäft	Gegenleistungen für den Fall anbieten, dass man den Forderungen nachkommt.	„Wenn Sie zustimmen sollten, die Leitung des Projektes zu übernehmen, dann werde ich sie in jeder Phase unterstützen und mich dafür einsetzen, dass Sie in Ihren übrigen Aufgaben entlastet werden."
Druck	Dem Anliegen durch beständige Wiederholung und angedeutete negative Konsequenzen verbalen Nachdruck verleihen.	„Wie ich bereits zuvor schon mehrmals gesagt habe, hängt sehr viel davon ab, dass Sie morgen erstklassige Arbeit abliefern."
Koalitionsbildung	Andere für die Unterstützung des eigenen Anliegens mobilisieren und darauf verweisen.	„Die gesamte Abteilung außer ihnen hat meinem Vorschlag bereits zugestimmt."
Hinzuziehung höher gestellter Personen	Die Unterstützung von höher gestellten Personen für das eigene Anliegen gewinnen, um mit deren Autorität andere mitzuziehen.	„Ich kann Sie anscheinend nicht überzeugen, daher schlage ich vor, wir fragen einmal Ihren Vorgesetzten, was er davon hält."
Verweis auf die Legitimation des eigenen Anliegens	Die Forderung auf die eigene Position, geltende Regeln oder Vorgaben beziehen.	„In meiner Verantwortung als Leiter des Projektes fordere ich Sie auf, Ihren Urlaub zu verschieben, bis das Projekt abgeschlossen ist. Dies ist unsere geltende Firmenpolitik."

weg, geht damit auch das Machtpotenzial in deren Beziehung verloren. Dies wäre beispielsweise bereits dann der Fall, wenn den Mitarbeitenden ein vom Vorgesetzten kontrollierter Bonus überhaupt nicht wichtig wäre; sie also genauso gut auf den Bonus verzichten könnten.

5.4.2 Grundlagen der Macht

Während einige Personen in Organisationen über mehr Macht bzw. Machtpotenziale verfügen, um andere zu beeinflussen, sind andere mit weniger Macht bzw. Machtpotenziale ausgestattet. Macht in Organisationen kann auf die Gewährung von Belohnungen, die Durchsetzung von Bestrafungen, die Kontrolle von Informationen oder auf die Legitimation zur Ausübung der Macht (sogenannte Amtsautorität) basieren (vgl. French/Raven 1959). Bei diesen Grundlagen der Macht handelt es sich um formale Machtbasen, die eng mit Positionen in Organisationen verbunden sind (vgl. Yukl/Falbe 1991). Gründet die Macht dagegen auf den Expertenstatus einer Person, der Identifikation anderer mit der Macht ausübenden Person oder dem Charisma der mächtigen Person, handelt es sich dabei um personale Machtbasen (vgl. French/ Raven 1959; Yukl/Falbe 1991). Schließlich gelingt es einigen Personen, andere durch reines Argumentationsgeschick davon zu überzeugen, sich so verhalten, wie sie es gerne hätten (siehe Tabelle 5.13). Auch dabei ist die Quelle der Macht innerhalb der Person zu verorten.

Tab. 5.13: Formale und personale Machtbasen (eigene Darstellung in Anlehnung an French/ Raven 1959, Yukl/Falbe 1991; vgl. auch Nerdinger 2012, S. 137 ff. sowie Weibler 2016, S. 138 f.).

Formale Macht:	Personale Macht:
Macht resultiert aus der Position, die die mächtige Person in der Organisation einnimmt.	Macht resultiert aus dem individuellen Charakter/der Persönlichkeit, dem Wissen oder der Leistung der mächtigen Person.
Belohnungsmacht: Basiert auf der Möglichkeit, Belohnungen an andere verteilen zu können, die diese wertschätzen.	*Expertenmacht*: Basiert auf Expertise, spezielle Kenntnisse und/oder Wissen.
Bestrafungsmacht: Basiert auf der Möglichkeit, andere bestrafen zu können.	*Identifikationsmacht*: Basiert auf die Bewunderung anderer aufgrund bestimmter Persönlichkeitseigenschaften und/oder dem Charisma.
Informationsmacht: Basiert auf der Kontrolle von Informationen, die für andere Personen wichtig sind.	*Charismatische Macht*: Basiert auf die von anderen zugeschriebene Ausstrahlung und die Fähigkeit, andere begeistern zu können.
Legitime Macht: Basiert auf das formale Recht zur Kontrolle und Nutzung organisationaler Ressourcen aufgrund der hierarchischen Position in der Organisation.	*Überzeugungsmacht*: Basiert auf geschickte Argumentation.

Formale Macht und persönliche Macht schließen sich nicht gegenseitig aus, können aber unabhängig voneinander sein. Studien haben ergeben, dass die personalen Machtbasen effektiver in der Beeinflussung anderer sind als die formalen Machtbasen (vgl. Robbins/Judge 2019, S. 392). So zeigte sich insbesondere die Expertenmacht aber auch die Identifikationsmacht von positivem Einfluss auf die Bindung der Mitarbeitenden an ihren Arbeitgeber sowie die Leistung der Mitarbeitenden und deren Zufriedenheit mit ihren Vorgesetzten. Nerdinger (2012, S. 139) berichtet davon, dass die charismatische Macht nur schwer steuerbar ist, da das Charisma einer Person von der Zuschreibung anderer abhängt. Die Wahrnehmung anderer entscheidet also darüber, ob eine Person Charisma besitzt oder nicht. Zudem scheint charismatische Macht die Arbeitsleistung und -zufriedenheit nur unter ganz bestimmten Umständen positiv zu beeinflussen.

Belohnungsmacht kann die Zufriedenheit und Leistung steigern. Da aber relativ rasch eine Gewöhnung bzw. Sättigung an gewährte Belohnungen eintritt (siehe Kapitel 4.2.1), müssen Mitarbeitende folglich immer stärker belohnt werden, damit der positive Effekt der Belohnungsmacht nicht nachlässt. Während die legitime Macht aufgrund der Position – man spricht hierbei auch von *Amtsautorität* – lediglich zu gehorsamen Verhalten führt, zeigt die Bestrafungsmacht nur einen kurzfristigen Einfluss auf ein gehorsames Verhalten. Langfristig sollte die Angst vor Bestrafungen zu Unzufriedenheit und schlechten Leistungen in Organisationen führen.

Wie in Kapitel 3.3 erläutert, hat bereits McClelland darauf verwiesen, dass sich Menschen hinsichtlich der Ausprägung ihres Machtmotivs entscheiden. Diese charakterlichen Unterschiede äußern sich auch in der Körperhaltung sowie einer Reihe weiterer nonverbaler Kommunikationselemente von stärker machtmotivierten, dominanten Personen und eher unterwürfigen Personen (vgl. Burgoon/Dunbar 2006, S. 287 ff.). So spreizen *dominante Personen* während des Sitzens oder auch im Stehen die Beine weiter auseinander als *unterwürfige Personen*. Letztere nehmen mit einer eng am Körper anliegenden Positionierung von Armen und Beinen eine eher in sich gezogene und gebeugte Körperhaltung ein. Dominante Personen verschaffen sich durch ihre Körperhaltung also mehr Raum, wohingegen sich unterwürfige Personen kleiner machen. Dominante Personen lächeln zudem weniger häufig, da sie Lächeln als eine Art Beschwichtigungsgeste ansehen. In der Konversation mit anderen wenden dominante Personen häufig ihren Blick demonstrativ vom Redner weg, wohingegen sich unterwürfige Personen eher dem Sprachstil und Sprechrhythmus ihres Gesprächspartners anpassen. Während dominante Personen in Konversationen zumeist als erste das Wort ergreifen, andere häufig unterbrechen, aber Unterbrechungsversuchen von anderen standhalten, zeigen sich unterwürfige Personen in Gesprächen eher zögerlich und zurückhaltend (vgl. Buchanan/Badham 2020, S. 23 ff.).

5.4.3 Politisches Taktieren

Wir können festhalten, dass Macht in Organisationen auch häufig dazu eingesetzt wird, die eigenen Interessen gegen die Interessen anderer durchzusetzen. Insofern ist die Ausführung von Macht eng mit dem politischen Taktieren verbunden (vgl. Harris/Kacmar/Zivnuska/Shaw 2007). Politisches Taktieren bezeichnet den Einsatz von bestimmten Methoden der Einflussnahme auf andere, um die eigenen Interessen oder die Interessen der Organisation gegen die Interessen anderer durchzusetzen. Sowohl die Ausübung von Macht als auch die eingangs erwähnten Einflusstechniken sind darauf ausgerichtet, andere zu beeinflussen. Bei der Anwendung politischer Taktiken geht es also nicht ausschließlich und allein darum, Macht auszuüben. Politische Taktiken können auch dann angewendet werden, wenn eine Person über keine der klassischen Machtbasen verfügt. In Organisationen neigen Mitarbeitende insbesondere dann verstärkt zu politischem Taktieren, wenn

- die zu treffenden Entscheidungen unstrukturiert und komplex sind,
- keine klaren Entscheidungsregeln existieren,
- Unsicherheit vorliegt,
- ein erhöhtes Wettbewerbsklima zwischen den Mitarbeitenden herrscht,
- Mitarbeitende ein starkes persönliches Machtbedürfnis haben (vgl. Buchanan/Huczynski, 2019, S. 775 f.).

Inwiefern Personen das politische Taktieren beherrschen, ist eine Frage ihrer *politischen Fertigkeiten*. Zu diesen gehören (vgl. Ferris et al. 2007, S. 292 f.):
- *Soziale Gewandtheit*: Die Fertigkeit, Absichten anderer aus deren Verhalten korrekt zu erschließen. Dies setzt selbstredend eine scharfsinnige Verhaltensbeobachtung voraus. Sozial gewandte Personen sind sehr sensibel für die Wahrnehmung der Gefühle und Bedürfnisse anderer. Umgangssprachlich würde man sagen, sie haben sehr feine Antennen für die Wahrnehmung der Stimmung anderer (siehe Soziale Intelligenz in Kapitel 5.3.4).
- *Interpersonaler Einfluss*: Die Fertigkeit, andere überzeugen zu können. Grundlage dafür ist, dass sich interpersonal einflussreiche Personen flexibel auf andere Personen und Situationen einstellen können, was dazu führt, dass sie schnell von anderen gemocht werden. Interpersonal einflussreichen Personen gelingt es, Übereinstimmung mit anderen herzustellen.
- *Beziehungsgestaltung*: Die Fertigkeit, schnell Beziehungen zu anderen aufzubauen und diese Netzwerke auch effektiv zu nutzen. Personen mit starken Netzwerker-Fertigkeiten schmieden wertvolle Allianzen mit anderen und verschaffen sich dadurch Zugang zu Unterstützung und wertvollen Ressourcen.
- *Aufrichtigkeitsdarstellung*: Die Fertigkeit, sich anderen gegenüber als authentisch und aufrichtig darstellen zu können. Personen, die einen solchen Eindruck bei anderen hinterlassen, werden von diesen als besonders verlässlich und vertrauenswürdig betrachtet.

Personen mit ausgeprägten politischen Fertigkeiten wenden häufig die in Tabelle 5.14 aufgeführten politischen Taktiken an.

Tab. 5.14: Politische Taktiken (Buchanan 2008 sowie Buchanan/Badham 2020, S. 54 ff.).

Taktik	Beschreibung
Imagepflege	Demonstration eines ausgeprägten Selbstbewusstseins sowie eines klaren Bekenntnisses zu Gruppennormen (Linientreue) und der demonstrative Eintritt für das Gute.
Informationsspielchen	Gezielte Informationszurückhaltung, Zurechtbiegen der Wahrheit, zeitversetze Informationsweitergabe sowie Überforderung anderer mit komplexen technischen Details.
Strukturspielchen	Erschaffung neuer Rollen, um Unterstützer zu fördern und Abschaffung alter Rollen, um Gegenspieler zu schwächen.
Sündenbock-Debatten	Andere für Fehler und Probleme verantwortlich machen und persönliche Verantwortung zurückweisen.
Allianzen schmieden	Geheime Deals mit einflussreichen anderen aushandeln, um eine Koalition für die Unterstützung eigener Ideen herzustellen.
Netzwerken	Die eigene Sichtbarkeit erhöhen und Informationen sammeln.
Kompromisse eingehen	In einer Sache nachgeben und die Gegenseite dazu verpflichten, sich beim nächsten Mal dafür zu revanchieren.
Rollenspielchen	Anliegen von anderen aufgrund deren Nichteinhaltung der Amtswege ablehnen, wohingegen die Gewährung ähnlicher Anliegen mit dem Verweis auf die spezielle Situation gerechtfertigt wird.
Positionierung der eigenen Person	Beteiligung an Projekten und Einnahme von Rollen, die die eigene Sichtbarkeit erhöhen und die eigene Person erfolgreich aussehen lassen. Dagegen Rückzug von scheiternden Projekten. Ebenso gehört dazu die Einnahme eines gut sichtbaren Platzes im Meeting oder die Platzierung neben einflussreichen anderen im Meeting.
Akzente setzen	Anderen die eigenen Pläne und Ideen attraktiv verkaufen.
Schmutzige Tricks	Dunkle Geheimnisse anderer ausspionieren und diese für Erpressungsversuche nutzen. Gegner diskreditieren. Falsche Gerüchte in Umlauf bringen und den schädlichen Flurfunk anheizen.

5.4.4 Impression Management

Eine besondere Fertigkeit, über die politisch versierte Personen verfügen, ist die Präsentation des eigenen Selbst in einem günstigen Licht. Diese Fertigkeit lässt sich mit dem Begriff „Impression Management" bezeichnen, was so viel bedeutet wie, die eigene Wirkung auf andere gezielt zu gestalten (vgl. Harris/Kacmar/Zivnuska/Shaw 2007, S. 278 f.). Die Kunst dabei besteht allerdings darin, auf andere nicht unnatürlich zu wirken, wohlwissentlich, dass derjenige, der Impression Management betreibt, zumeist nicht in vollkommener Übereinstimmung mit seiner eigenen Persönlichkeit und seinen eigenen Einstellungen handelt. Es geht den Personen, die Impression Management betreiben, darum, auf andere positiv zu wirken, auch wenn das bedeutet, anderen etwas vorzuspielen. Impression Management umfasst die folgenden Merkmale (vgl. Bolino/Kacmar/Turnley/Gilstrap 2008, S. 1082):

- *Herstellung von Konformität*: Mit einer anderen Person übereinstimmen, um deren Wohlwollen zu erlangen.
- *Gefälligkeiten übernehmen*: Anderen einen Gefallen tun oder Geschenke machen, um bei diesen gut anzukommen.
- *Scheinheilige Entschuldigungen*: Sich für einen Fehler entschuldigen/verantwortlich zeichnen und dessen Schwere gleichzeitig herunterspielen.
- *Selbst Marketing*: Positive Eigenschaften der eigenen Person hervorheben und Defizite herunterspielen.
- *Selbst Erhöhung*: Die eigene Leistung überbetonen und darauf verweisen, dass diese wertvoller ist, als andere glauben.
- *Schmeicheln*: Anderen Komplimente machen, um dadurch die eigene Beliebtheit zu steigern.
- *Überhöhtes Engagement*: Mehr tun als gewünscht, um damit die außerordentliche Bindung zur Organisation bzw. Gruppe zu verdeutlichen.
- *Rechtfertigen*: Negative Ereignisse mit Einflüssen außerhalb der eigenen Person erklären, um Kritik zu entgehen.
- *Prahlen*: Mit Beziehungen zu erfolgreichen Personen angeben.

Sich so zu verhalten, dass dadurch bei anderen ein positiver Eindruck von der eigenen Person entsteht, ist eine Strategie zur Durchsetzung eigener Absichten. Zum Beispiel: Ein Mitarbeitender, der seinem Vorgesetzten unmittelbar vor dem Gehaltsgespräch ein Kompliment macht, das aber gar nicht ernst gemeint ist, sondern den Vorgesetzten lediglich wohlwollend stimmen soll. Ein Mitarbeitender, der unmittelbar vor der anstehenden Leistungsbeurteilung seine Erfolge der letzten Wochen betont, die Misserfolge aber gekonnt herunterspielt. Der für den Vorsitz in einem Gremium kandidierende Kollege, der seinen potenziellen Wählern kurz vor der Wahl scheinbar ganz uneigennützig kleine Aufmerksamkeiten macht, dabei aber betont, dass ihm sehr viel an einer fairen Wahl liegt. In allen diesen beispielhaften Fällen zielt das Impression Management darauf ab, sich das Wohlwollen anderer zu erschleichen, um die eigenen Absichten verwirklichen zu können.

Personen, die über ausgeprägte politische Fertigkeiten verfügen, beherrschen das Impression Management zumeist sehr gut, sodass anderen ihr vorgespieltes Verhalten nicht auffällt. Die Einschätzung, ob es sich um ein Impression Management handelt, im Rahmen dessen eine Person andere über ihre wahren Absichten und Einstellungen täuscht, setzt eine scharfsinnige Verhaltensbeobachtung und -analyse voraus. Insbesondere über einen längeren Zeitraum betrieben, ist Impression Management für die Person, die es betreibt, sehr anstrengend. Die emotionalen und kognitiven Anstrengungen, die für die Täuschung im Rahmen einer gezielten Eindrucksbildung aufgewendet werden müssen, äußern sich insbesondere im nonverbalen Verhalten derjenigen Person, die Impression Management betreibt bzw. täuscht (vgl. Forrest/Feldman 2000). Zu den Verhaltensweisen, anhand derer sich Impression Management erkennen lässt, gehören die Folgenden (vgl. Griffin/Phillips/Gully 2020, S. 455):

– *Erhöhte Stimmlage*: Diese entsteht, weil das Täuschen über Tatsachen eine Stressreaktion des Körpers hervorruft.
– *Unterbrechung durch Sprechpausen*: Diese werden benötigt, um über die Aussagen (Täuschung) nachzudenken.
– *Verzögerungslaute*: Fülllaute wie „Ähm" werden genutzt, um Sprechpausen zu überbrücken.
– *Verneinung und Vermeidung von Ich-Aussagen*: Stattdessen nutzen Personen häufig die dritte Person, um Unwahrheiten auszusprechen (z. B. „Man könnte denken, dass ...") und verwenden negative Aussagen wie „nein", „nicht", „kann nicht", „will nicht".
– *Mikro-Gesten*: Diese zeigen blitzschnell die Nervosität, von Personen an, wenn deren Aussagen nicht den Tatsachen entsprechen (z. B. ein Lächeln andeutende Mundwinkel beim Aussprechen des Bedauerns, was anzeigt, dass der Sprecher sein Bedauern nicht ernst meint).
– *Vermeidung von Blickkontakt*: Oftmals scheuen Personen beim Lügen vor dem Blickkontakt mit anderen zurück, weil sie Angst davor haben, dass ihr Blick die Lüge verraten könnte.
– *Erweiterung der Pupillen*: Die Pupillen erweitern sich, wie dies auch beim Eintritt in dunkle Räume zu beobachten ist.
– *Häufiges Blinzeln*: Personen, die lügen, blinzeln wesentlich häufiger als nicht lügende Personen.
– *Zappeln und Herumspielen mit Gegenständen*: Darin äußert sich, wie unangenehm der Person die Täuschung ist und wie gern sie die Situation verlassen würde. Zudem ist die unkontrollierte Bewegung von Beinen, Armen und Händen ein Ausdruck der durch das Lügen über die wahren Absichten und Einstellungen ausgelösten Stressreaktion. Die Nervosität der täuschenden Person wird dabei auf das Herumspielen unmittelbar griffbereiter Gegenstände (z. B. Stifte) kanalisiert. Die Person versucht sich damit selbst zu beruhigen.
– *Übersprungshandlungen/unbewussten Gesten*: Häufig äußern sich diese im Tätscheln der Haare, der Ohren oder dem Kratzen an der Stirn. Diese Gesten dienen dem Stressabbau. Tendenziell sprechen Personen, die andere täuschen, weniger mit Händen und halten ihren Kopf relativ unbewegt.

5.5 Zusammenfassung

Bereits evolutionsgeschichtlich lassen sich die Vorteile von Gruppen gegenüber den Leistungen des Einzelnen belegen. Nicht jede Ansammlung von Personen erfüllt auch gleichzeitig die Merkmale einer Gruppe, die auf die Erreichung eines gemeinsamen Ziels hinarbeitet (Kapitel 5.1.1). Letzteres trifft jedoch auf Organisationen zu. Ungeachtet der Bündelung gemeinsamer Kräfte und Kompetenzen tragen Gruppen wesentlich zu unserem Selbstbild bei (Kapitel 5.1.2). Menschen begreifen sich als Teil unterschiedlicher Gruppen und grenzen sich und andere durch ihre Gruppenzugehörigkeit voneinander ab. Neben formalen und informalen Gruppen sind in Organisationen auch immer häufiger virtuelle Gruppen anzutreffen (Kapitel 5.1.3). Diese unterscheiden sich hinsichtlich ihrer Gestaltungsmerkmale und Führungsanforderungen von den klassischen Arbeitsgruppen. Soziale Netzwerke in Unternehmen bestehen dabei sowohl aus analogen/physischen als auch virtuellen/digitalen Verbindungen zwischen ihren Mitgliedern. In der Entwicklung und Gestaltung von Gruppen in Organisationen sind jeweils unterschiedliche Rahmenbedingungen und situative Erfordernisse zu berücksichtigen (Kapitel 5.1.4). Eine besondere Bedeutung kommt dabei auch der Zusammensetzung von Gruppen in Form unterschiedlicher, sich ergänzender Persönlichkeitsprofile zu.

Obschon mannigfaltiger Vorteile von Gruppen lassen sich auch negative Aspekte des kollektiven Verhaltens benennen, die die Gruppenleistung als solche und Organisationen als Ganzes bedrohen können. Sei es durch die Leistungszurückhaltung einzelner, die dann von anderen Gruppenmitgliedern durch massive Anstrengung kompensiert werden muss (Kapitel 5.2.1), oder durch Druck auf Andersdenkende. Letztere werden sich als Folge des verspürten Drucks, mit der Anführung notwendiger Alternativvorschläge zurückhalten (Kapitel 5.2.2). Auch die komplexe Erscheinung des Gruppendenkens, das häufig zu schwerwiegenden Fehlentscheidungen von Gruppen führt, kann den Organisationserfolg nachhaltig gefährden (Kapitel 5.2.3).

Besondere Bedeutung in Organisationen kommt der Kommunikation der Gruppenmitglieder untereinander zu. Dabei sind unterschiedliche Formen und Phasen der Kommunikation zu unterscheiden (Kapitel 5.3.1). Alle Formen und Phasen der Kommunikation unterliegen dem Risiko von Fehlern bei der Kodierung und Dekodierung von Nachrichten. Die Theorie der Medienreichhaltigkeit kann wesentliche Hinweise dazu liefern, welches Kommunikationsmedium in Abhängigkeit zum Inhalt und der Zielsetzung einer Nachricht eingesetzt werden sollte (Kapitel 5.3.2). Zu berücksichtigen sind – unabhängig von der Nutzung des Mediums – bestimmte Kommunikationsbarrieren, die nicht zuletzt auch mit den unterschiedlichen Bestandteilen von Nachrichten zusammenhängen (Kapitel 5.3.3). Letztere Bestandteile umfassen auch nonverbale Kommunikationselemente, die eng mit der Persönlichkeit und hier mit dem Konstrukt der Sozialen Intelligenz verbunden sind (Kapitel 5.3.4). Der persönliche Kommunikationsstil offenbart sich auch in dem jeweiligen dominanten Ich-Zustand einer Person im Sinne der Transaktionsanalyse. Mit jedem Ich-Zustand sind unterschiedliche verbale und nonverbale Charakteristika des Verhaltens verbunden (Kapitel 5.3.5).

Dort, wo Menschen in Gruppen miteinander interagieren, sind sie Beeinflussungsversuchen anderer ausgesetzt. Die Einflussnahme kann über die rationale Überzeugung hinausgehen und Machtpotenziale aufgreifen, die in Organisationen unterschiedlich verteilt sind (Kapitel 5.4.1). Macht wiederum kann sich sowohl auf formale als auch personale Merkmale beziehen und je nachdem unterschiedlich effektiv in der Anwendung sein (Kapitel 5.4.2). Einflussnahme und Machtausübung machen Organisationen zu politischen Bühnen. Organisationsmitglieder bedienen sich dabei unterschiedlicher politischer Taktiken und zeigen unterschiedliche politische Fertigkeiten (Kapitel 5.4.3). Fähigkeiten, die Wirkung der eigenen Person auf andere gezielt zu steuern, kulminieren schließlich im Impression Management (Kapitel 5.4.4). Personen in der Verfolgung von eigennützigen Interessen zu überführen, eröffnet die Möglichkeit, politisches Verhalten mit seinen eventuell destruktiven Folgen für Organisationen zu entdecken und derartigen Verhaltensweisen Einhalt zu gebieten.

5.6 Fallstudie 4

Die Phantasia GmbH steckt in einer Krise. Die letzten Produktentwicklungen brachten nicht den erwünschten Erfolg. Die Geschäftsführung hat alle sechs Bereichsleiter sowie die Personalleitung der einzelnen Firmenstandorte zu einem gemeinsamen Meeting geladen. In dem Meeting sollen wichtige Entscheidungen für die Zukunft des Unternehmens getroffen werden. Bevor es losgeht, trinken die beiden Bereichsleiter Frau Trens und Herr Lurch noch einen Kaffee in der Cafeteria der Firmenzentrale.

„Da wird es gleich heiß hergehen", sagt Herr Lurch. „Ich wette, dass wieder ein Personalabbau diskutiert wird."

„Davon gehe ich auch aus", antwortet Frau Trens. „Ich halte das aber nicht für den richtigen Weg. Die Probleme, die wir haben, liegen nicht beim Personal, sondern in der Art und Weise, wie wir unsere Projekte durchführen."

„Wie meinst Du das?", will Herr Lurch wissen.

„Ich war in den letzten zwei Monaten in fünf bereichsübergreifenden Projekten und musste mich immer wieder auf neue Kollegen einstellen. In keinem der Projekte wurde wirklich effektiv zusammengearbeitet. Wir waren nur damit beschäftigt, zu debattieren. Oftmals habe ich gar nicht verstanden, was die Kollegen aus den anderen Abteilungen überhaupt wollten. Wir kamen gar nicht richtig zur Aufgabenbearbeitung, weil wir nur mit uns selbst beschäftigt waren. Ständig dieses *Wer macht was? Wer kann was am besten? Wie wollen wir vorgehen? Wo wollen wir hin?* Es gab einige, die haben die Projekte gar nicht ernst genommen und sich beinahe Null beteiligt. Da wir am Ende aber immer ein Ergebnis vorlegen mussten und ich nicht mit leeren Händen dastehen wollte, habe ich meistens kurz vor der Deadline noch alles selbst abgearbeitet. Ich habe mich dann immer geärgert, weil da selten etwas Verwertbares bei herausgekommen ist. Hat aber scheinbar auch keinen interessiert. Nach den ersten zwei, drei Projektsitzungen hat sich die Geschäftsführung immer noch bei mir nach dem Projektstand erkundigt. Danach war Schluss und es kam gar nichts mehr von der Geschäftsführung. Ich bin mir nicht sicher, ob die Geschäftsführung die Projekte überhaupt noch auf dem Schirm hat, daher treffen wir uns in den Projektgruppen mittlerweile auch gar nicht mehr, obwohl die offiziell alle noch laufen."

Herr Lurch nickt zustimmend. „Ich habe auch den Eindruck, dass es bei der Gestaltung der Projektarbeit wirklich noch viel Verbesserungspotenzial gibt. Ich habe jetzt eine Projektgruppe mit sechs Spezialisten aus unterschiedlichen Fachbereichen besetzt. Alle sind Experten auf ihrem Gebiet. Ich erhoffe mir viel davon und bin auf die Ergebnisse gespannt. Irgendwie fehlt mir persönlich aber ein Forum, in dem ich mich als IT-Experte mit Gleichgesinnten aus anderen Unternehmen austauschen kann. Wir kochen hier immer unser eigenes Süppchen und tüfteln so vor uns hin. Jetzt noch Personal abzubauen halte ich da überhaupt nicht für sinnvoll. Im Gegenteil, wir brauchen hier mal frischen Wind."

Mit strengem Blick und gerunzelter Stirn sagt Frau Trens: „Der Geschäftsführung müsste man mal ordentlich die Meinung sagen."

„Die verzapfen wirklich viel Mist", pflichtet ihr Herr Lurch bei und haut dabei so fest mit der Faust auf den Tisch, dass der darauf abgestellte Kaffee von Frau Trens etwas überschwappt.

Frau Trens nickt Herrn Lurch zu und rümpft die Nase. „Und dafür haben die im letzten Jahr auch noch den bisher höchsten Bonus in unserer Firmengeschichte kassiert und sich selbst eine Gehaltsteigerung gegönnt."

„Die meinen, dass sie sich alles erlauben können. So etwas macht man einfach nicht", sagt Herr Lurch mit ernster Miene und belehrendem Ton.

In dem Moment tritt Frau Klann zu den Zweien und berichtet von ihrem Gespräch mit dem Assistenten der Geschäftsführung und der Leiterin der Kommunikationsabteilung neulich im gemeinsamen Tennisclub. „Der Daniel, also Herr Karow, hat mir schon gesteckt, dass der Personalabbau bereits beschlossen ist. Die Geschäftsführung will darüber gleich nur noch der Form halber mit uns abstimmen. Es ist auch schon ein Schreiben in Vorbereitung, dass dann an alle Mitarbeitenden per Post verschickt werden soll, und das über die Umsetzung des Personalabbaus informiert. Die Niederlassung in Kamen trifft es am härtesten. Da soll dem Infoschreiben an einigen Mitarbeitenden auch gleich ein Abfindungsangebot beiliegen. Das hat mir alles die Lisa aus der Kommunikation gesteckt."

„Also Sabine und ich werden gleich ganz klar gegen einen Personalabbau stimmen", sagt Herr Lurch.

Frau Klann winkt ab. „Ihr kennt ja die Geschäftsführung, die wird ihre Muskeln spielen lassen. Die haben doch sowieso das letzte Wort und können den Personalabbau durchdrücken, wenn sie das wollen. Wie beim letzten Personalabbau. Da wollte der Betriebsrat auch nicht zustimmen. Kurz vorher hat die Geschäftsführung dem Wunsch des Betriebsrats nach einer betrieblichen Altersversorgung nachgegeben und daraufhin hat der dann doch dem Personalabbau zugestimmt."

Frau Trens nippt an ihrem Kaffee. „Der Müller wird da aber nicht mitmachen. Der hat beim letzten Personalabbau schon heftig protestiert. Der wollte das Unternehmen sogar verlassen. Wenn jetzt noch einmal ein Personalabbau kommt, dann ist er weg.

Mit seinem Expertenwissen kann sich das die Geschäftsführung eigentlich nicht leisten."

„Ach ja, das könnt ihr ja auch noch nicht wissen", sagt Frau Klann mit einem verschmitzten Lächeln. „Dem Müller hat man einen Posten als dritten Geschäftsführer angeboten. Der wird sich in der Abstimmung nicht gegen seine künftigen Kollegen stellen.

Herr Lurch schaut auf die Uhr. „Kurz vor drei, wir sollten schon einmal zum Konferenzraum gehen."

Im Konferenzraum sitzen alle 6 Bereichsleiter sowie die Personalleitung aus den drei Unternehmensstandorten am Konferenztisch. Vorne am Kopf des Tisches sitzen die Geschäftsführerin Frau Kranzler, der Geschäftsführer Herr Westkamp und Frau Dr. Quackwesel. Als externe Unternehmensberaterin berät Letztere die Geschäftsführung bei strategischen Fragen. Sie hat in der Vergangenheit schon häufig Aufträge für das Unternehmen übernommen. Herr Karow als Assistent der Geschäftsführung protokolliert das Meeting.

Herr Westkamp eröffnet den Termin. „Schön, dass wir heute alle vollzählig sind. Anlass des Termins sind die erneut schlechten Quartalszahlen. Leider hat sich unsere Situation seit unseren letzten Maßnahmen nicht verbessert."

Mit aufrechter Körperhaltung schaut Frau Kranzler ernst in die Runde. „Wir, die Geschäftsführung, hatten Sie, liebe Bereichsleiter, das letzte Mal in dieser Runde um Ideen gebeten. Es kam nur sehr wenig von Ihnen und obwohl Sie von uns alle Unterstützung bekommen haben, die wir als Geschäftsführung aufbringen konnten, haben Ihre Projekte die Ziele verfehlt. Sie können sich nicht vorstellen, wie enttäuscht wir davon sind. Die Geschäftsführung steht voll hinter Ihnen, aber das, was von Ihnen bisher gekommen ist, reicht einfach nicht. Man erwartet da wesentlich mehr von Ihnen. Deswegen müssen wir heute schon wieder hier zusammensitzen und schmerzhafte Entscheidungen treffen."

Herr Westkamp legt auf einmal ein breites Grinsen auf. „Zuerst aber eine erfreuliche Nachricht: Herr Müller, also Lutz, wird als dritter Geschäftsführer bestellt. Das ist schon beim Aufsichtsrat durch. Damit: Herzlich willkommen in der Geschäftsführung Lutz! Wir, Gudrun und ich, freuen uns, dass wir zukünftig noch enger mit dir zusammenarbeiten dürfen. Du bist ein gutes Beispiel dafür, dass sich Loyalität in unserem Unternehmen auszahlt."

Frau Kranzler schaut dagegen wieder ernst. „Jetzt aber das weniger Schöne. Unserer Meinung nach, und da stütze ich mich auf die wirklich außerordentlich sorgfältige Analyse von Frau Dr. Quackwesel, kommen wir um einen erneuten Personalabbau nicht herum. Der Standort ..."

Frau Kranzler wird von Frau Schlager, Personalleiterin am Standort Kamen und Unna, unterbrochen. Mit hochrotem Kopf springt diese von ihrem Platz auf und stampft dabei wütend mit ihrem rechten Bein auf dem Boden. Mit erhobener Stimme übertönt sie Frau Kranzler. „Nicht mit uns. Nicht schon wieder. Im Personalbereich analysieren wir die Produktivität unserer Mitarbeitenden jeden Monat. In den letzten sechs Monaten haben wir die Produktivität um durchschnittlich 25 % gesteigert. Unsere Leute arbeiten am Anschlag und so sollen sie jetzt dafür belohnt werden? Da mache ich nicht mit."

Herr Maurer, Personalleiter am Standort Leverkusen und Burscheid, meldet sich ebenso zu Wort. „Ich habe unsere neusten Personalkennzahlen hier. Wir können uns die gerne anschauen. Der Vertrieb kommt mit den Kundenterminen kaum nach. Die Nachfrage ist also da. Hier Personal abzubauen wäre der absolut falsche Weg." Herr Maurer reicht Frau Dr. Quackwesel den Kennzahlenbericht. „Hier schauen Sie! Im Oktober hat jeder unserer Vertriebler im Durchschnitt 12 neue Kunden hinzugewonnen und da wäre noch mehr drin, wenn ... "

Frau Dr. Quackwesel winkt Herrn Maurer ab. „Wir haben unsere eigenen Analysen. Die sind verlässlich. Glauben Sie mir, ein Personalabbau ist der einzige Weg, um das Unternehmen zurück in die Erfolgsspur zu bringen."

Frau Schmale, Personalleiterin am Standort Kassel und Willingen, kommt ihrem Kollegen zur Unterstützung. „Jetzt schauen Sie sich doch die Zahlen erst einmal an. Für was werten wir die Kennzahlen denn jeden Monat aus und erstellen unsere monatlichen Berichte, wenn diese gar nicht berücksichtigt werden?"

„Ich sagte es schon", erwidert Frau Dr. Quackwesel, „ich habe die Situation gründlich analysiert. Die Sachlage ist eindeutig. Da gibt es nichts schönzureden."

„Also ich denke ich spreche hier auch für die gesamte Personalleitung", sagt Frau Schmale. „Wir Personalleiter werden dem Personalabbau nicht zustimmen."

Frau Schlager steht immer noch mitten im Konferenzraum und hat die Arme fest vor ihrer Brust verschränkt. Ihre Beine hat sie weit auseinander gestellt. „Ganz richtig. Mit uns nicht. Dann machen wir mit dem Betriebsrat mobil."

Herr Westkamp würdigt die Personalleiter keines Blickes. Stattdessen blickt er in Richtung der Bereichsleiter. „Das ist keine Entscheidung, die die Personalleitung zu treffen hat. Wir müssen mit den Bereichsleitern abstimmen. Wenn ihr euer Okay gebt, dann wird auch der Betriebsrat zustimmen."

„So ist es!", bestätigt ihn Frau Kranzler. „Frau Dr. Quackwesel hat die jetzige Situation einmal in einigen Präsentationscharts zusammengestellt. Ich schlage vor, wir schauen uns die einmal an."

Frau Dr. Quackwesel präsentiert insgesamt 73 Folien mit unterschiedlichen Grafiken. An einigen Folien verdeutlicht sie die schlechte Marktsituation. Die Mehrheit der Folien zeigen aber die Entwicklungen der Personalkosten. Diese haben demnach einen sehr steilen Anstieg genommen haben.

„Wo haben Sie die Zahlen aus dem Personalbereich denn her?", möchte Frau Schmale wissen. „Die haben wir doch gar nicht erstellt und die passen auch gar nicht zu unseren Zahlen."

„Liebe Frau Schmale", antwortet Frau Dr. Quackwesel, „sie können hier alles anzweifeln, aber es ist nun mal so, wie ich es hier dargestellt habe. Lassen Sie mich doch einfach meinen Job machen und vertrauen Sie meinen Analysen."

Herr Maurer schaut streng. „In der Hochschule habe ich mal gelernt, dass man seine Quellen offenlegen muss."

Frau Dr. Quackwesel will gerade antworten, aber Herr Westkamp kommt ihr zuvor: „Das bringt uns so nicht weiter. Frau Dr. Quackwesel arbeitet mit den führenden Wirtschaftsinstituten zusammen und erstellt ihre Analysen nach den aktuellsten wissenschaftlichen Standards. Ich würde jetzt gerne mit den Bereichsleitern die Lage diskutieren und eine Entscheidung über den Personalabbau treffen. Ich bitte die Personalleitung um Zurückhaltung. Sie können auch gerne in der Zwischenzeit ein Kaffee trinken gehen. Wir holen Sie dann nach der Abstimmung wieder rein, um die operative Umsetzung des Programms mit ihnen zu besprechen."

Frau Schlager lacht demonstrativ und sagt in einem trotzigen Unterton: „Wir denken ja gar nicht daran. Wir müssen die Entscheidung schließlich hinterher unseren Leuten verkaufen. Wir werden schön hier bleiben."

Frau Kranzler verdreht die Augen. „Na schön! Wie Sie wollen. Gefordert seid jetzt ihr, liebe Bereichsleiter, auf euch kommt es an. Lasst uns ganz offen diskutieren und denkt dabei bitte wirtschaftlich. Schließlich geht es auch um eure Bereiche. Wir möchten keinen der Bereiche vollständig aufgeben. Wir können jetzt das Ruder herumdrehen, wenn wir in jedem Bereich etwas sparen. Gelingt uns das nicht, müssen wir das nächste Mal darüber entscheiden, welchen Bereich wir komplett dicht machen. Ich muss Euch ja nicht erklären, was das für euch bedeutet."

Es folgt eine sehr zurückhaltende Diskussion. Herr Müller, bisher bekannt als *Enfant terrible* und wegen seines hitziges Diskussionsverhaltens von der Geschäftsführung gefürchtet, bleibt vollkommen still. Er nickt nur dann und wann, wenn Argumente für einen Personalabbau fallen.

„Ich denke die Zurückhaltung hier zeigt, dass wir prinzipiell einer Meinung sind", bricht Frau Kranzler das entstandene Schweigen. „Das ist uns als Geschäftsführung sehr wichtig. Wir möchten in dieser Sache Geschlossenheit mit allen Bereichsleitern symbolisieren."

Frau Schlager schaut mit verfinsterter Mine und hat noch immer ihre Arme fest vor ihrer Brust verschränkt: „Na klar, ohne Einstimmigkeit wird es ja auch schwer mit der Zustimmung des Betriebsrats. Warum ist der heute eigentlich nicht dabei?"

„Der Betriebsrat ist selbstverständlich über dieses Meeting informiert und war auch eingeladen. Leider kollidierte unser Meeting mit einem Teamevent, das wir für den Betriebsrat zum Dank für die produktive Zusammenarbeit organisiert haben. Wir hätten unser Meeting ja verschoben, aber die neusten Zahlen von Frau Dr. Quackwesel dulden keinen Aufschub. Sie, liebe Frau Schlager, können aber versichert sein, dass der Betriebsrat das Protokoll zugesendet bekommt und dann über die Einstimmigkeit unserer Entscheidung unterrichtet ist."

„Noch haben wir gar nicht abgestimmt. Also unsere Zustimmung bekommen Sie nicht. Soviel ist sicher", sagt Herr Maurer.

Frau Kranzler seufzt demonstrativ laut und verdreht erneut die Augen. „Wir brauchen ihre Zustimmung auch nicht lieber Herr Maurer. Wie ich schon sagte, es kommt auf die Stimmen der Bereichsleiter an und hier erkenne ich einen klaren Konsens in der Entscheidung für den geplanten Personalabbau, richtig?"

Alle sechs Bereichsleiter haben ihren Blick auf den Tisch gesenkt und schweigen, nur Herr Müller ergreift jetzt endlich das Wort: „Ich denke, das können wir dann als einstimmige Entscheidung ansehen. Das ist sehr vernünftig. Leider lässt uns die derzeitige Situation keine andere Wahl, als das vorhandene Personal im heute besprochenen Umfang abzubauen. Ich stelle fest, dass es keine Gegenstimmen der Bereichsleitung gibt. Damit können wir die einstimmige Entscheidung auch ganz formal im Protokoll vermerken."

„Finde ich toll, dass wir uns so schnell einig geworden sind. Jeder soll wissen, dass wir hier ein offenes Diskussionsklima leben", lobt Herr Westkamp mit einem breiten Grinsen. „Das spricht aber auch wieder einmal für die erstklassige Vorarbeit von Frau Dr. Quackwesel. Ich darf dann auch noch verkünden, dass wir ab nächsten Monat Frau Dr. Quackwesel ganz exklusiv für uns haben werden. Frau Dr. Quackwesel wird hier die Stabsstelle „Strategie" übernehmen. Frau Dr. Quackwesel grinst demonstrativ in Richtung der Personalleitung und reibt sich die Hände.

Beim Verlassen des Konferenzraumes tauschen sich Frau Trens und Herr Lurch über den beschlossenen Personalabbau aus. Beide sind sich nun einig, dass es keinen Weg am Personalabbau vorbei gibt, die Fakten seien eindeutig. Der Personalabbau müsse nun so schnell wie möglich durchgezogen werden. Erstaunt stellt Frau Klann fest, dass Frau Trens und Herr Lurch noch vor dem Meeting eine ganz andere Meinung vertreten haben. Sie flüstert beiden mit einem Augenzwinkern zu: „Na, da habt ihr es der Geschäftsführung ja mal so richtig gezeigt mit eurer Meinung gegen den Personalabbau."

Aufgabe 4.1: Frau Trens beklagt sich, dass es in ihren letzten Projekten nicht richtig voranging und sie viele Aufgaben allein erledigen musste.

a.   In welcher Phase der Teamentwicklung nach Tuckman befanden sich die Projektgruppen nach der Schilderung von Frau Trens und warum könnte dies der Grund dafür sein, dass es mit den Projektaufgaben nicht voranging?

b.   Wie könnte die Entwicklung der Projektgruppen in dieser Phase durch die Leitung unterstützt werden?

c.   Wie würden Sie den verminderten Arbeitseinsatz der Mitarbeitenden in den Projekten erklären?

d.   Wie hat Frau Trens auf den verminderten Arbeitseinsatz der übrigen Projektgruppenmitglieder reagiert und wie könnte dies in zukünftigen Projekten vermieden werden?

e.   Welche Kommunikationshürde hat dafür gesorgt, dass die Projektgruppe ihre Arbeit gänzlich eingestellt hat?

Aufgabe 4.2: Herr Lurch hat eine Projektgruppe mit ausgewiesenen Experten unterschiedlicher Fachrichtungen besetzt. Argumentieren Sie mit der Rollentheorie von Raymond Belbin, warum diese Gruppe wahrscheinlich nicht erfolgreich sein wird.

Aufgabe 4.3: Herr Lurch würde sich gerne mit anderen IT-Experten aus anderen Unternehmen zu fachspezifischen Themen austauschen. Welches Gruppenformat halten Sie dazu für geeignet?

Aufgabe 4.4: In welchen Ich-Zuständen sprechen Frau Trens und Herr Lurch über die Geschäftsführung?

Aufgabe 4.5: Welche Beziehungsstruktur besteht zwischen Frau Klann, der Leiterin der Unternehmenskommunikation und dem Assistenten der Geschäftsführung?

Aufgabe 4.6: Was spricht der Medienreichhaltigkeitstheorie zufolge gegen die Information über den Personalabbau in einem formalen Schreiben?

Aufgabe 4.7: Laut Frau Klann wird die Geschäftsführung ihre Muskeln spielen lassen.
a. Worauf gründet Frau Klann zufolge die Durchsetzungsstärke der Geschäftsführung?
b. Welche Beeinflussungstechnik hat die Geschäftsführung, Frau Klann zufolge, wohl beim letzten Personalabbau angewendet, um den Betriebsrat zur Zustimmung zu bewegen.

Aufgabe 4.8: Über welche Machtbasis verfügt Herr Müller, wenn es sich das Unternehmen nicht leisten kann, ihn bzw. sein Expertenwissen zu verlieren?

Aufgabe 4.9: Wie hat sich die Geschäftsführung die Unterstützung von Herrn Müller gesichert und wie nutzt Herr Westkamp dies, um die Gefolgschaft der übrigen Bereichsleiter sicherzustellen?

Aufgabe 4.10: Laut Frau Kranzler sind erneut schmerzhafte Entscheidungen notwendig, weil die letzten Ideen der Bereichsleiter ihr Ziel verfehlt haben.
a. Aus welchem Ich-Zustand heraus spricht Frau Kranzler die Gruppe an und an welchen Ich-Zustand der Bereichsleiter wendet sie sich damit?
b. Welche Hinweise auf eine mögliche In-group – Out-group-Differenzierung können Sie ihrer Ansprache entnehmen?

Aufgabe 4.11: Aus welchem Ich-Zustand heraus reagiert Frau Schlager auf die Ankündigung eines Personalabbaus?

Aufgabe 4.12: Im Protokoll der Sitzung wird eine einstimmige Entscheidung der Bereichsleiter für den Personalabbau vermerkt sein. Erklären Sie anhand des Modells des Gruppendenkens von Janis, wie es zu der einstimmigen Entscheidung zum Personalabbau gekommen ist.

Aufgabe 4.13: Wie erklären Sie sich, dass Frau Trens und Herr Lurch vor der Konferenz noch gegen den Personalabbau waren, sich dann aber der Entscheidung angeschlossen haben?

6 Anwendungsfelder des Managements von Verhalten in Organisationen

Die Vielfalt organisationaler Zielsetzungen und Rahmenbedingungen ist groß. Ebenso vielfältig sind die Problemstellungen in Organisationen, bei denen verhaltenswissenschaftliche Konzepte, Methoden und Instrumente für die Steuerung des Verhaltens zum Einsatz kommen. Bereits zu Beginn wurde ein Schwerpunkt der verhaltenswissenschaftlichen Organisations- und Managementforschung darin ausgemacht, Lösungen für das Entscheidungsdilemma zwischen individuellen Bedürfnissen und kollektiven Zielen zu entwickeln (siehe Kapitel 1). Individuell erlebte Widersprüche zwischen den eigenen Bedürfnissen und den kollektiven Zielen der Organisation können schnell auf die kollektive Ebene übergreifen. Dort führen derartige Dilemmata häufig zu Konflikten, die gelöst werden müssen (hierzu Kapitel 6.1). Konflikte in Organisationen verdeutlichen, dass Organisationen keine statischen Gebilde sind, sondern vielfältigen Veränderungen ausgesetzt sind. Diese Veränderungen zu antizipieren und den Umgang mit ihnen aktiv zu gestalten kann einen wesentlichen Beitrag zur Weiterentwicklung der Organisation leisten (hierzu Kapitel 6.2). Veränderte Marktbedingungen (z. B. Globalisierung) sowie soziale Entwicklungen (z. B. Migration) sorgen zudem für eine stärkere kulturelle Vielfalt in Organisationen. In Kapitel 4 wurde bereits herausgestellt, wie stark das menschliche Verhalten von soziokulturellen Einflüssen geprägt wird. Organisationen müssen sich daher auch mit den Herausforderungen unterschiedlicher kultureller Wertvorstellungen, Erwartungen und Verhaltensgewohnheiten auseinandersetzen (hierzu Kapitel 6.3). Das im Rahmen individueller Lernerlebnisse gewonnene Wissen (siehe Kapitel 4.1) kann in Organisationen erst dann einen Nutzen entfalten, wenn es dort auch eingesetzt wird. Wie Organisationen an das Wissen ihrer Mitarbeitenden gelangen und als Kollektiv lernen, wird in Kapitel 6.4 näher betrachtet. Besonders deutlich zeigen sich Veränderungen in der Flexibilisierung des Arbeitseinsatzes (Kapitel 6.5). Die voranschreitende Flexibilisierung der Arbeit birgt Konfliktpotenziale. Sie stimuliert Lernprozesse und ist gleichzeitig auch Lernergebnis. Optionen der Arbeitsflexibilisierung beeinflussen die Kommunikation bzw. Interaktion sowie das Erleben von Arbeit in Organisationen.

6.1 Management von Konflikten in Organisationen

Bevor ausführlicher auf das Konfliktmanagement eingegangen werden kann, ist es sinnvoll, zunächst eine Eingrenzung des Konfliktkonstrukts vorzunehmen. Bereits zum Einstieg in die verhaltenswissenschaftliche Organisationsforschung wurde das Organisationsdilemma, bestehend aus einer Diskrepanz zwischen individuellen und kollektiven Bedürfnissen, skizziert. Wir können darin einen Konflikt zwischen dem Individuum und der Organisation sehen, insofern die individuellen Bedürfnisse ei-

https://doi.org/10.1515/9783110734447-006

nes Mitarbeitenden mit den kollektiven Bedürfnissen der Organisation kollidieren und sich (zunächst) als unvereinbar gegenüberstehen. Ein derartiger Konflikt kann aber auch einzig und allein im Individuum, dem einzelnen Mitarbeitenden, selbst bestehen. Man spricht dann auch von einem *intraindividuellen Konflikt*. Ein solcher liegt beispielsweise vor, wenn sich der Mitarbeitende morgens zum Aufstehen entscheiden muss, obwohl er viel lieber ausschlafen würde. Den Konflikt muss der Mitarbeitende zunächst mit sich selbst, also intraindividuell, ausmachen (vgl. Kilbourne/Richardson 1988, S. 2). Die Steuerung intraindividueller Konflikte ist nicht Bestandteil des vorliegenden Kapitels. Erst wenn mindestens eine zweite Partei (Person oder Gruppe) hinzutritt, handelt es sich um einen *interindividuellen Konflikt* (vgl. Kilbourne/Richardson 1988, S. 3), dem der Fokus in diesem Kapitel gilt. Ein solcher Konflikt liegt beispielsweise dann vor, wenn sich der Mitarbeitende die überwiegende Zeit dafür entscheiden würde, tagsüber im Bett zu bleiben und nicht zur Arbeit zu gehen, was dem Arbeitgeber missfällt. In diesem Fall verbleibt der Konflikt also nicht in der Person selbst, sondern greift auf das soziale Umfeld der Person über. Man spricht dann auch von einem *sozialen Konflikt* (vgl. Pruitt 1998).

Ein sozialer Konflikt setzt voraus, dass die Konfliktparteien eine Unvereinbarkeit ihrer Interessen wahrnehmen. Im aufgeführten Beispiel sieht der Arbeitgeber im Fernbleiben des Arbeitnehmers einen Verstoß gegen die Interessen der Organisation. Ein sozialer Konflikt weißt demnach folgende Merkmale auf (vgl. Glasl 2020, S. 18 f.):
–   mindestens zwei *Akteure* (Personen, Gruppen, Organisationen u. a.),
–   erlebte *Unvereinbarkeit* der Ansichten, der Gefühle oder Absichten zwischen den Akteuren,
–   erlebter *Spannungszustand*,
–   *Aktivitäten*, um diesen Spannungszustand zu reduzieren.

Für die Entstehung eines Konfliktes ist nicht entscheidend, ob eine Unvereinbarkeit der Ansichten, Gefühle und Absichten der Parteien tatsächlich, also objektiv, vorliegt. Es reicht bereits aus, wenn dies lediglich subjektiv von einer Konfliktpartei so erlebt wird. Sieht sich eine Partei in der Verwirklichung ihrer Absichten, ihrem Denken und Fühlen von der anderen Partei beeinträchtigt, führt dies zu Spannungen zwischen den Parteien (vgl. Glasl 2020, S. 17). Letztere können offen oder verdeckt zutage treten (hierzu Kapitel 6.1.1).

6.1.1 Konfliktarten, -wirkungen und -symptome

Als unterschiedliche Konfliktarten können die in Tabelle 6.1 genannten aufgeführt werden (vgl. hierzu auch Deeg/Küpers/Weibler 2010, S. 70 f.). In einer empirischen Studie von DeDreu und Weingart (2003) wurden *aufgabenorientierte Konflikte* von *beziehungsorientierte Konflikte* unterschieden. Obwohl beide Konfliktarten einen negativen Einfluss auf die Zufriedenheit innerhalb von Gruppen ausübten, führten insbesondere die beziehungsorientierten Konflikte zu erhöhter Unzufriedenheit in der Gruppe. Beziehungsorientierte Konflikte beeinflussen die Gruppenzufriedenheit scheinbar stärker, weil diese persönlicher und emotionaler geführt werden und den Selbstwert der Person stärker tangieren als rein aufgabenorientierte Konflikte. Sowohl aufgabenorientierte als auch beziehungsorientierte Konflikte wirkten sich negativ auf die Gruppenleistung aus.

Tab. 6.1: Konfliktarten in Organisationen (Wicher 2015, S. 127 ff.).

Konflikt	Beschreibung
Zielkonflikt	Konfliktparteien verfolgen unterschiedliche Zielsetzungen. Zum Beispiel möchte das Management Kosten einsparen, wohingegen die Produktion die Produktqualität steigern möchte.
Bewertungskonflikt	Unterschiedliche Auffassungen hinsichtlich der zur Zielerreichung einzusetzenden Methoden. Zum Beispiel ist man sich zwar einig darüber, dass Kosten gespart werden müssen, der Vertriebsleiter will dies jedoch durch Entlassungen erreichen, der Controller dagegen durch die Senkung der Marketingausgaben.
Verteilungskonflikt	Unterschiedliche Auffassung hinsichtlich der Verteilung technischer, finanzieller oder sonstiger Ressourcen. Zum Beispiel herrscht im Management Uneinigkeit darüber, welche Abteilung einen Bonus bekommen sollte und welche nicht.
Beziehungskonflikt	Probleme zwischen den Konfliktparteien auf der persönlichen und zwischenmenschlichen Ebene. Zum Beispiel fühlt sich ein Mitarbeitender im Meeting durch die ständige Unterbrechung eines anderen Mitarbeitenden gestört.
Rollenkonflikt	Probleme hinsichtlich der Erfüllung divergierender Rollenerwartungen und -anforderungen. Zum Beispiel steigt der Arbeitskollege zum Vorgesetzten auf, wird aber in dieser neuen Rolle nicht von seinen ehemaligen Kollegen akzeptiert.
Normenkonflikt	Probleme aufgrund divergierender Regeln, z. B die Verfolgung einer hohen Rendite gegenüber der Verpflichtung zur Vermeidung risikoreicher Geldanlagen.
Führungskonflikt	Nicht-Akzeptanz von Führungsentscheidungen. Zum Beispiel werden vom Vorgesetzten delegierte Aufgaben nicht ausgeführt.
Herrschaftskonflikte	Unterschiedliche Meinungen von Institutionen und Professionen, z. B der Streit zwischen dem Produktionsleiter und dem Marketingleiter um die Gestaltung des Produktdesigns.

Im Alltag verbinden wir Konflikte zumeist mit negativen Erlebnissen. Dies auch deswegen, weil Konflikte mit Gefühlen des Unbehagens und der Feindseligkeit einhergehen. Konflikte haben aber auch einen funktionalen Charakter. Sie sind ein Anzeichen für die Lebendigkeit und Dynamik sozialer Gebilde und tragen zur Weiterentwicklung von Organisationen bei (vgl. Weibler 2016, S. 377). Wir können demnach zwischen funktionalen und dysfunktionalen Konflikten unterscheiden (vgl. Buchanan/ Huczynski 2019, S. 721):

- *Funktionaler Konflikt*: Ein Konflikt, der die Erreichung organisationaler Ziele unterstützt und die organisationale Leistung stärkt.
- *Dysfunktionaler Konflikt*: Ein Konflikt, der die Erreichung organisationaler Ziele behindert und die organisationale Leistung beeinträchtigt.

Funktional sind Konflikte in Organisationen insbesondere deshalb, weil sie die Aufmerksamkeit auf wichtige Sachverhalte legen und diesbezüglich zum Handeln anregen. Ohne einen Konflikt würden kritische Sachverhalte vielleicht gar nicht erkannt werden und erforderliche Handlungen ausbleiben. Welchen Grund zur Steigerung der Qualität eines Produktes würde ein Unternehmen wohl sehen, wenn die Produktbeschwerden und Reklamationen seitens der Kunden ausblieben? Wie wäre es um ein Unternehmen bestellt, dessen Mitarbeitende ohne Sanktionen und bei voller Bezahlung einfach zuhause bleiben könnten? In beiden Fällen lenkt die Öffnung des Konfliktes, d. h. die offene Aussprache divergierender Interessen und die Handlungsrealisierung (z. B. Abmahnung bei unerlaubten/unentschuldigten Fernbleiben von der Arbeit im einen Beispiel und Erstattungsforderungen von Kunden im anderen Beispiel), die Aufmerksamkeit auf wichtige Probleme, die dringend gelöst werden müssen. Weitere Nutzenaspekte von Konflikten sind in Tabelle 6.2 aufgeführt.

Damit Konflikte eine funktionale Wirkung entfalten können, ist es zunächst erforderlich, deren Ursachen zu ergründen. Wird ein Konflikt wahrgenommen, sollten folgende Fragen beantwortet werden:

- *Wer ist an dem Konflikt beteiligt?*
- *Was will uns/mir der Konflikt mitteilen?*
- *Was ist der Kern des Konfliktes?*
- *Worauf müssen wir/muss ich besonders Acht geben?*

Häufig bereitet die Identifizierung eines Konflikts Schwierigkeiten. Ein Konflikt ist kein einzelnes Ereignis, das mit einem Mal da ist, sondern entwickelt sich über die Zeit. Allein das macht es äußerst schwierig, einen Konflikt unmittelbar zu Beginn seines Verlaufs zu identifizieren. Genau dort bestehen aber die besten Chancen, den Konflikt erfolgreich zu lösen und von dessen Funktionalität zu profitieren. Konflikte können sich in Symptomen auf den folgenden Ebenen äußern (vgl. Wicher 2015, S. 131):

- *Verbale Ebene*: Zum Beispiel Beleidigungen und Beschimpfungen.
- *Nonverbale Ebene*: Zum Beispiel Stirnrunzeln und böse Blicke.

Zudem können *Konfliktsymptome* verdeckt oder offen in Erscheinung treten. Beispiele für *verdeckte Konfliktsymptome* können die starre Einhaltung bestimmter Regeln oder die zynischen Randbemerkungen eines Kollegen sein. Hier wäre nicht offensichtlich, dass diesen Verhaltensweisen ein ungelöster Konflikt zugrunde liegt, weil der Konflikt nicht offen angesprochen wird. Ferner kann sich ein Konflikt in *passivem Verhaltensweisen* oder *aktiven Verhaltensweisen* zeigen (vgl. Dijkstra et al. 2009). Das bloße

Absitzen der Arbeitszeit oder der Dienst nach Vorschrift wären eher passive Konflikt-symptome, wohingegen der offene Streit zwischen den Konfliktparteien die aktivere Variante darstellt. Die Konfliktparteien sind sich häufig nicht bewusst, dass ihr ge-zeigtes Verhalten auf einen ungelösten Konflikt zurückgeht. Das Sprechen hinter dem Rücken anderer kann beispielsweise aus einem verdeckten Konflikt hervorgehen, oh-ne dass der vorausgegangene Konflikt den handelnden Parteien bewusst ist.

Tab. 6.2: Nutzen von Konflikten nach Berkel (eigene Darstellung in Anlehnung an Wicher 2015, S. 147 f.).

Wirkung	Beschreibung
Signalwirkung	Ein Konflikt deutet auf Probleme und einen Veränderungsbedarf hin. Ohne den Konflikt bliebe alles beim Alten und wichtige Entwicklungen/Veränderungen blieben aus.
Dringlichkeitsappell	Konflikte rufen zum unmittelbaren Handeln auf und machen deutlich, dass bestimmte Sachverhalte keinen Aufschub dulden.
Bindungsfunktion	Eine gesunde Konfliktkultur kann die Zusammenarbeit und das gegenseitige Vertrauen fördern. Personen/Gruppen, die gemeinsam Konflikte erfolgreich gelöst haben, fühlen sich stärker aneinander gebunden.
Lerneffekt	Konflikte fordern dazu auf, sich mit den Sichtweisen der anderen (Konfliktpartei) auseinanderzusetzen. Dadurch können neue Einsichten hinzugewonnen werden. Zudem fördert das Versetzen in die Sichtweise anderer die eigene Fähigkeit zur Empathie.
Innovationsmotor	Aus den im Zuge des Lerneffektes hinzugewonnenen Einsichten können neue Problemlösungen und Ideen entstehen.
Sozialkompetenzförderung	Die Beschäftigung mit den Sichtweisen anderer im Rahmen von Konflikten fördert die Menschenkenntnis und die Sozialkompetenz im Umgang mit unterschiedlichen Persönlichkeiten.
Verbesserung der Entscheidungsqualität	Jede Konfliktpartei wird aufgefordert, ihre Argumente intensiv zu durchdenken, wodurch sich die Entscheidungsqualität verbessern kann.

Das symptomatische Konfliktverhalten kann, insbesondere wenn es über eine länge-re Zeit andauert, eine starke dysfunktionale Wirkung in Organisationen entfalten. Bei einem Konflikt handelt es sich um ein dynamisches Ereignis. Es ist davon auszuge-hen, dass sich die Konfliktsymptome verstärken, je länger der Konflikt andauert. Die gänzliche Vermeidung von Konflikten empfiehlt sich dennoch nicht für Organisatio-nen. Damit würde die Organisation auf vielfältige Chancen für ihre Weiterentwicklung verzichten. Bereits die Ausführungen zum Gruppendenken (siehe Kapitel 5.2) haben aufgezeigt, was passieren kann, wenn Konflikte nicht offen ausgetragen, sondern einfach verdrängt werden. In Organisationen, in denen Abteilungen und Mitarbeitende ein starkes Bedürfnis nach Harmonie verspüren und aufgrund dessen Konflikten eher aus dem Weg gehen, kann gar eine gezielte *Konfliktstimulierung* sinnvoll sein (van de Vliert/de Dreu 1994). Zumeist entspricht es auch in vermeintlich konfliktfreien Organisationen nicht der Realität, dass der Arbeitsalltag vollkommen konfliktfrei wäre. Konflikte werden lediglich nicht offen ausgetragen, um die Harmonie nach außen zu wahren. Das Brodeln des Konfliktherds unter der Oberfläche kann aber weit schwerwiegendere Folgen für alle Beteiligten haben, als den Konflikt in einem frühen Stadium aktiv aufzuarbeiten. Im Folgenden wird der Konfliktverlauf genauer betrachtet, um davon ausgehend Möglichkeiten der *Konfliktlösung* – auch Konfliktresolution genannt – aufzuzeigen.

6.1.2 Modelle des Konfliktverlaufs

Auf einer Meta-Konfliktebene kann zwischen einem kalten und einem heißen Konflikt unterschieden werden (vgl. Glasl 2020, S. 79 ff.):
- *Kalter Konflikt*: Hierbei handelt es sich um einen Konflikt, der nicht offen in Erscheinung tritt. Stattdessen schlucken die Konfliktparteien ihren Ärger und Frust herunter. Dies führt im weiteren Verlauf zu einer zynischen und kalten Atmosphäre zwischen den Konfliktparteien. Oftmals bewegen sich Organisationen oder Abteilungen, die sich in der kalten Konfliktphase befinden, nicht vorwärts, da keine der Parteien der anderen einen Anlass zur offenen Kritik geben will. Eine direkte Kommunikation zwischen den Parteien kommt in der kalten Konfliktphase kaum zustande. Stattdessen kommunizieren die Konfliktparteien ausschließlich schriftlich, per Email oder über Dritte.
- *Heißer Konflikt*: Hierbei handelt es sich um einen offenen und zumeist für alle sichtbaren Konflikt. Die Konfliktparteien streben förmlich danach, den Konflikt auf offener Bühne auszutragen. Gegenteilige Meinungen werden offen ausgesprochen und die direkte Konfrontation mit der jeweiligen Gegenpartei wird gesucht.

Während es bei einem kalten Konflikt eher unterschwellig zwischen den Konfliktparteien brodelt und oftmals (noch) nicht erkannt wird, dass ein Konflikt vorliegt, ist ein heißer Konflikt emotional und in Organisationen auch für nicht direkt am Konflikt Beteiligte sichtbar (vgl. Kreyenberg 2005, S. 45 ff.). Gerade das Erkennen des Konflikts sowie die gegenseitige Konfrontation der Konfliktparteien ist eine wesentliche Voraussetzung für die Konfliktlösung. Damit kann vermieden werden, dass sich Konflikte verhärten und nachhaltige Schäden in der Organisation anrichten. Kalte Konflikte müssen daher oftmals zunächst stimuliert werden (vgl. Kuster et al. 2019, S. 442). Erst wenn der Konflikt auch als solcher erkannt wird, legen die Konfliktparteien schließlich ihre jeweiligen Absichten offen und verhalten sich kommunikativ (vgl. Glasl 2011, S. 125), was für eine erfolgreiche Konfliktarbeit unverzichtbar ist. Anzeichen für kalte und heiße Konflikte sind in Tabelle 6.3 aufgeführt.

Tab. 6.3: Erkennen und Lösen von kalten und heißen Konflikten nach Berkel (Kreyenberg 2005, S. 47).

	Kalte Konflikte	Heiße Konflikte
Symptomebene	Tendenziell nonverbal, verdeckt, passiv, unbewusst	Tendenziell verbal, offen, aktiv, bewusst
Anzeichen	– Geringe äußere Emotionalität – Überengagement – Überzeugungsversuche – Enttäuschung, Selbstzweifel – Blockaden – Glaube an Unlösbarkeit – Tiefe Aversionen gegeneinander – Kontaktvermeidung – Formalisierung	– Hohe Emotionalität – Direkte Konfrontation – Keine Trennung von Mensch und Sache – Überlegenheitsdünkel – Aufgeheizte Atmosphäre – Verteidigen eigener Ziele – Ignorieren von Regeln und Vereinbarungen
Bewältigungsstrategien	– Verschärfen – Bewusst und besprechbar machen – Visionen für die Zukunft entwickeln – Zur Zusammenarbeit strukturell zwingen	– Entschärfen – Abstand gewinnen – Beziehungen vor Sachthemen klären – Offene Aussprache

Nach Jutta Kreyenberg (2005, S. 64 ff.) bewegt sich ein Konflikt zwischen den Polen kalt und heiß und verläuft über insgesamt vier Phasen (siehe Abbildung 6.1):

– *Anbahnung*: Konflikte sind zumeist nicht von Beginn an heiß, sondern zeigen sich in ihrem Ursprung eher im Verborgenen. In dieser Phase denken die Konfliktbeteiligten zumeist noch nicht in Konfliktkategorien, obwohl bereits die Voraussetzungen für einen Konflikt vorhanden sind. Vergleichbar ist dies mit einem Kitzeln in der Nase, bei dem Sie sich nicht sicher sind, ob dies nur ein einmaliges Ereignis ist oder sich eine Erkältung ankündigt. Anzeichen für den Konflikt in dieser Phase sind eine aufkommende Missstimmung und verstärktes Debattieren der designierten Konfliktparteien. Stellen Sie sich eine Abteilung vor, die eine neue Kollegin bekommt. Alle gehen höflich mit der neuen Kollegin um und dennoch meinen die alten Kollegen, dass sich die Stimmung irgendwie verändert hat: Die Meetings sind nun irgendwie etwas zäher als zuvor. Bei der Abstimmung untereinander kommt es hin und wieder zu Missverständnissen, was vorher auch nicht der Fall war. Das Verhalten der Führungskraft scheint sich auch mit einem Mal irgendwie verändert zu haben.

- *Rationalisierung*: Diese Phase befindet sich am Übergang zwischen einem offenen und einem verdeckten Konflikt. Obwohl die Beteiligten das Gefühl haben, dass etwas nicht stimmt, versuchen sie, sich in der Situation rational und sachlich zu verhalten. Dies gelingt aber nur bis zu einem gewissen Punkt, weil die Beziehungsebene immer stärker in den Vordergrund rückt. Anzeichen für den Konflikt in dieser Phase ist ein verstärktes Misstrauen und die Bildung von Koalitionen. In der Abteilung mit der neuen Kollegin könnte sich beispielsweise der Eindruck verhärten, dass diese einen Anteil an der als negativ empfundenen Situation hat. Die Kollegen versuchen dennoch sachlich mit der neuen Kollegin zu kommunizieren und Verständnis für sie aufzubringen. Dies gelingt ihnen mit der Zeit immer weniger. Die Kollegen gelangen mehr und mehr zu der Überzeugung, dass, obwohl man doch alles dafür getan hat, die neue Kollegin gut ins Team zu integrieren, diese sich einfach nicht integrieren will. Also versorgt man sie nur noch mit den nötigsten Informationen und lässt den Dingen ihren Lauf. Auch die neue Kollegin erkennt nun, dass etwas nicht stimmt und fühlt sich mehr und mehr von der Gruppe ausgegrenzt. Sie beginnt Kontakte zu anderen Mitarbeitenden außerhalb ihrer Abteilung aufzubauen, um eine Gegenkoalition zu ihren Abteilungskollegen zu bilden.
- *Emotionalisierung*: In dieser Phase brechen sich die Gefühle Bahn, wohingegen die Vernunft mehr und mehr in den Hintergrund rückt. Die Positionen der Konfliktparteien verhärten sich. Die Bereitschaft, von den eigenen Standpunkten abzurücken, verringert sich hingegen. Keine der Konfliktparteien möchte schließlich nachgeben, denn dies würde einem Gesichtsverlust gleichkommen. Anzeichen des Konflikts in dieser Phase sind plötzliche Entgleisungen und ausgesprochene Drohungen. Stellen wir uns vor, dass sich die neue Kollegin im Meeting mit ihren Kollegen zu Wort meldet, aber von diesen ignoriert wird. Wutentbrannt verlässt sie daraufhin das Meeting. In ihrem Büro stellt sie ihre Kollegen anschließend zur Rede. Die neue Kollegin kocht innerlich und trifft sich danach erst einmal auf einen Kaffee mit zwei Kolleginnen aus der Nachbarabteilung, um ihrem Ärger Luft zu verschaffen.
- *Offener Kampf*: In dieser letzten Konfliktphase kann ein kleiner Funke das Fass zur Explosion bringen. Der Konflikt ist nun auch für alle anderen in der Organisation offen sichtbar. Streitgespräche werden nicht mehr im Büro hinter verschlossenen Türen, sondern bewusst auf offener Bühne geführt. Im Zentrum der Gespräche stehen keine Sachthemen mehr. Stattdessen konfrontieren sich die Konfliktparteien gegenseitig mit Vorwürfen. Anzeichen von Konflikten in dieser Phase sind zum Teil physische, in Organisationen aber häufiger psychische Gewalt und Handlungen, die auf die Vernichtung der jeweils anderen Partei ausgerichtet sind. Der Konflikt ist extrem heiß. Bleiben wir bei unserem Beispiel und stellen uns vor, die neue Kollegin hätte soeben ihren Urlaubsantrag genehmigt bekommen. Ihren Urlaubswunsch hatte sie zuvor aber nicht mit ihren Kollegen besprochen, was in der Abteilung üblich ist, der neuen Kollegin aber nicht bekannt war. Als die Kollegen

davon Wind bekommen, stellen sie ihre neue Kollegin noch in der Kaffeeküche zur Rede. Es stört die Kollegen nicht im Geringsten, dass die Kaffeeküche gerade gut besucht ist: *Sollen doch alle mitbekommen, wie hinterlistig die neue Kollegin ist.* Die Kollegen verschaffen ihrem Ärger lautstark Ausdruck. Die neue Kollegin hält ebenso lautstark dagegen und verweist darauf, dass die Kollegen doch ohnehin keinen Urlaub verdient hätten, da sie sowieso nicht arbeiten würden. Schnell eilen andere Kollegen, die auch noch ein Hühnchen mit den alten Kollegen aus der Abteilung zu rupfen haben, der neuen Kollegin zur Unterstützung. Die Fronten sind verhärtet. Ein Vorwurf jagt den nächsten. Eine Zusammenarbeit mit der neuen Kollegin scheint innerhalb der Abteilung nicht mehr möglich zu sein. Denkbar ist aber auch, dass sich in dieser Phase eine der Konfliktparteien zurückzieht. Beispielsweise kann die neue Kollegin zu der Einsicht gelangen, dass sie vor der geschlossenen Gruppe ihrer Kollegen ohnehin das Nachsehen hätte. Anstatt zum verbalen Gegenschlag auszuholen, entschließt sie sich zum *Rückzug* und versucht, den Kollegen, so gut es geht, aus dem Weg zu gehen. Damit mag für den Augenblick Ruhe einkehren. Der Konflikt ist jedoch noch nicht gelöst. Es besteht nun vielmehr die Gefahr, dass sich der Konflikt verhärtet und es zu einer *Konfliktchronifizierung* kommt. Dann brodelt der Konflikt unter der Oberfläche der Organisation vor sich hin. Bei nächster Gelegenheit genügt ein falsches Wort und der Konflikt ist direkt heiß. Als offener Kampf tritt er dann wieder für alle sichtbar in Erscheinung.

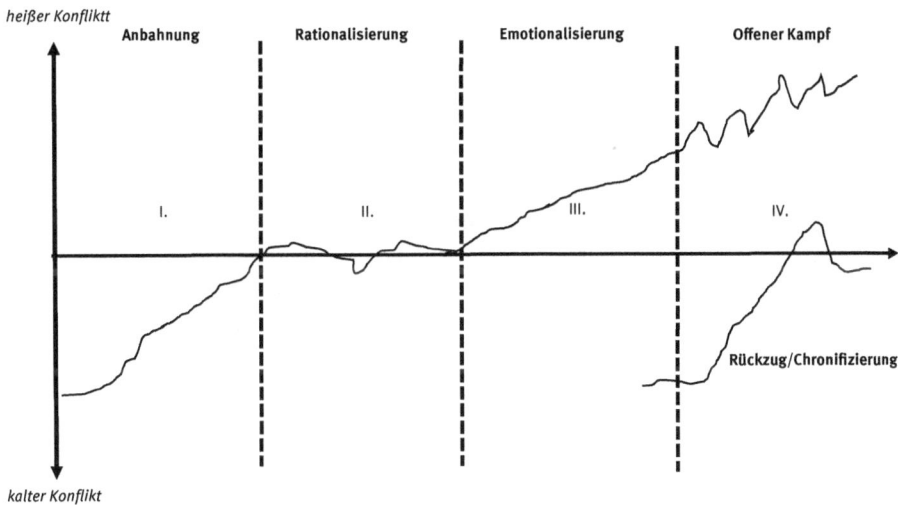

Abb. 6.1: Konfliktmodell nach Kreyenberg (Kreyenberg 2005, S. 66).

Verhärtete Konflikte entstehen in Organisationen häufig dadurch, dass sich die Konfliktparteien lediglich meiden, aber den Konflikt nicht aktiv bearbeiten. Man erkennt verhärtete Konflikte an der Art der Kommunikation. Diese ist häufig sehr zynisch und ironisch, mitunter sogar sarkastisch. Verhärtete Konflikte fallen auch dadurch auf, dass die im Konflikt überstimmte Partei anschließend auf die strikte Einhaltung der zuvor vehement abgelehnten Absichten der Gegenpartei sowie aller damit verbundenen Normen besteht. Bereits der geringste Verstoß der Gegenpartei gegen ihre eigenen, durchgesetzten Absichten wird von der unterliegenden Partei zum Anlass für Kritik genommen. Ebenso weist der starre Dienst nach Vorschrift auf einen verhärteten und eventuell chronisch verlaufenden Konflikt hin. Zu denken wäre hier an die Entscheidung der Kollegen einer Abteilung, den Arbeitsbeginn von 9:00 Uhr auf 8:00 Uhr zu verlegen, obwohl ein Kollege dies kategorisch ablehnt. Da sich der Kollege aber der Gruppenentscheidung fügen muss, kommentiert er bereits die kleinste Verspätung der anderen Kollegen regelmäßig mit schnippischen Bemerkungen. Er ist auch nicht mehr bereit, auch nur eine Minute über seine reguläre Arbeitszeit zu arbeiten, denn schließlich fängt er ja jetzt auch eine Stunde früher mit der Arbeit an.

Eine Konfliktchronifizierung kann nur verhindert werden, indem der Konflikt zunächst erkannt wird und anschließend gemeinsam oder auch unter Hinzuziehung Dritter an einer Lösung des Konflikts gearbeitet wird. Dabei ist es von Bedeutung, dass beide Konfliktparteien den Konflikt auch als solchen wahrnehmen. Ist Letzteres der Fall, dann handelt es sich um einen *symmetrischen Konflikt*. Um einen *asymmetrischen Konflikt* handelt es sich dagegen, wenn lediglich eine der beiden Konfliktparteien einen Konflikt wahrnimmt, die andere aber nicht (vgl. Weibler 2016, S. 380). Um ein Beispiel für einen asymmetrischen Konflikt handelt es sich, wenn ein Vorgesetzter mit einer von ihm getroffenen Entscheidung bei seinen Mitarbeitenden aneckt, dies aber selbst nicht bemerkt. Die Mitarbeitenden, die die Entscheidung des Vorgesetzten missbilligen, aber dies nicht offen äußern, wären in Folge dessen vielleicht weniger motiviert und würden nur noch das Nötigste tun. Vom Vorgesetzten unbemerkt kann der Konflikt sehr lange unter der Oberfläche weiterbrodeln und dann in einer ganz anderen Situation in Erscheinung treten. Ein Beispiel dafür wäre die überzogen negative Beurteilung des Vorgesetzten in der jährlichen Vorgesetztenbeurteilung. Rückschlüsse der negativen Vorgesetztenbeurteilung auf das Entscheidungsverhalten des Vorgesetzten in der Vergangenheit werden nicht gezogen. Die damalige Situation mag gar nicht mehr präsent sein; bei den Mitarbeitenden ist davon womöglich nur ein unbehagliches Gefühl übriggeblieben.

Glasl (2020, S. 243 ff.) illustriert den Konfliktverlauf als eine Art Treppe. Konfliktparteien beschreiten die Treppe im Konfliktverlauf über insgesamt neun *Eskalationsstufen* von oben nach unten (siehe Abbildung 6.2). Zwischen den Konfliktstufen bestehen Unterschiede im Denken der Konfliktparteien übereinander, sodass jeweils drei aufeinanderfolgende Konfliktstufen zu Konfliktphasen zusammengefasst werden können. Auf den ersten drei Stufen des Konfliktes kommt es zur Wahrnehmung von sachbezogenen Differenzen der Konfliktparteien. Diese können prinzipiell noch konstruktiv gelöst werden. In der darauffolgenden Phase konzentriert sich die Aufmerksamkeit bereits stärker auf die persönliche Ebene der Konfliktparteien. Auf den letzten drei Konfliktstufen behandeln die Konfliktparteien letztendlich auch Beziehungsaspekte lediglich wie Dingfragen. Mit der Gegenpartei wird ohne menschliche

Regungen verfahren. Je nach Konfliktphase bieten sich unterschiedliche Möglichkeiten der Konfliktlösung an (vgl. Glasl 2020, S. 420 ff.; Kuster 2019, S. 447 ff.):

– *Win-win-Phase*: Zu Beginn des Konflikts ist eine konstruktive Konfliktlösung sehr gut möglich, da sich beide Konfliktparteien auf faktische Argumente des Konflikts beziehen. Anfänglich erschweren Spannungen zwischen den Konfliktparteien die Zusammenarbeit. Den Spannungen wird mit verstärktem Debattieren begegnet, bevor dann mehr und mehr Taten statt Worte folgen. In dieser Phase haben beide Konfliktparteien ein Interesse daran, dass der Konflikt sowohl für die eigene als auch der anderen Seite zufriedenstellend geklärt wird. Daher rührt der Name win-win-Phase. Da der Konflikt aber insbesondere auf der dritten Konfliktstufe auf die persönliche Ebene überzugreifen droht, empfiehlt sich die Hinzuziehung neutraler Dritter in den Konfliktlösungsprozess. Unter der sachlichen *Moderation* einer Person aus der Organisation, die nichts mit dem Konflikt zu tun hat, könnten beispielsweise in einem Workshop mit den Konfliktparteien die Konfliktursachen ergründet, die jeweiligen Absichten offengelegt und Alternativen für die Konfliktlösung erarbeitet werden.

– *Win-lose-Phase*: Da die schädigenden Handlungen auf den folgenden drei Konfliktstufen ausgebaut werden, beginnen sich die Konfliktparteien Sorgen um ihr Image zu machen und sich gegen einen möglichen Gesichtsverlust zur Wehr zu setzen. Dabei werben sie aktiv um die Unterstützung anderer und versuchen, sich mit der Gründung von Koalitionen in Stellung zu bringen. Daher greift der Konflikt in dieser Phase häufig auf andere, bisher am Konflikt unbeteiligte Personen über. Auf der letzten Stufe in dieser Phase unternehmen die Konfliktparteien schlussendlich gezielte Einschüchterungsversuche. Das Denken der Konfliktparteien hat sich von einem Interesse an einer für beide Seiten befriedigenden Konfliktlösung zu einer auf die Durchsetzung der eigenen Interessen ausgerichteten Konfliktlösung verändert. Der Konflikt nimmt in dieser Phase einen destruktiven Verlauf an und die persönliche Ebene gerät in den Fokus der Konfliktparteien. Da die Gefahr des Übergreifens des Konflikts auf weitere Personen sehr groß ist, sollte von einer Hinzuziehung von indirekt mit den Konfliktparteien in Verbindung stehenden Moderatoren abgesehen werden. Vielmehr empfiehlt sich die Hinzuziehung gänzlich neutraler, externer Experten als eine Art *Prozessbegleitung* in der Konfliktlösung. Da die Fronten beider Konfliktparteien schon stark verhärtet sind, kommen Organisationen in dieser Phase des Konflikts häufig nicht um ein *Mediations*-Verfahren und den Einsatz eines organisationsexternen, neutralen Vermittlers (sogenannte Mediatoren) herum.

– *Lose-lose-Phase*: In der letzten Konfliktphase treten die eigentlichen Interessen der Konfliktparteien bzw. die anfänglichen Konfliktursachen gänzlich in den Hintergrund. Da den Konfliktparteien bewusst ist, dass sie nicht mehr als Gewinner aus dem Konflikt hervorgehen werden, richtet sich ihre Zielsetzung darauf, die jeweils andere Partei maximal zu schädigen. Sich dabei selbst zu zerstören, wird in Kauf genommen. Die Beziehung zwischen den Konfliktparteien ist kalt und emotionslos. In dieser Phase kann nur ein *Machteingriff* von höherer Instanz innerhalb der Organisation oder ein *Schiedsverfahren* die weitere Eskalation des Konflikts verhindern. Die Konfliktparteien müssen in der Organisation z. B. räumlich getrennt werden. Versetzungen der Parteien in andere Abteilungen oder gar Abmahnungen und Kündigungen sind ebenso Instrumente, die in dieser selbstzerstörerischen Phase eingesetzt werden können, um Schlimmeres für die Gesamtorganisation zu verhindern.

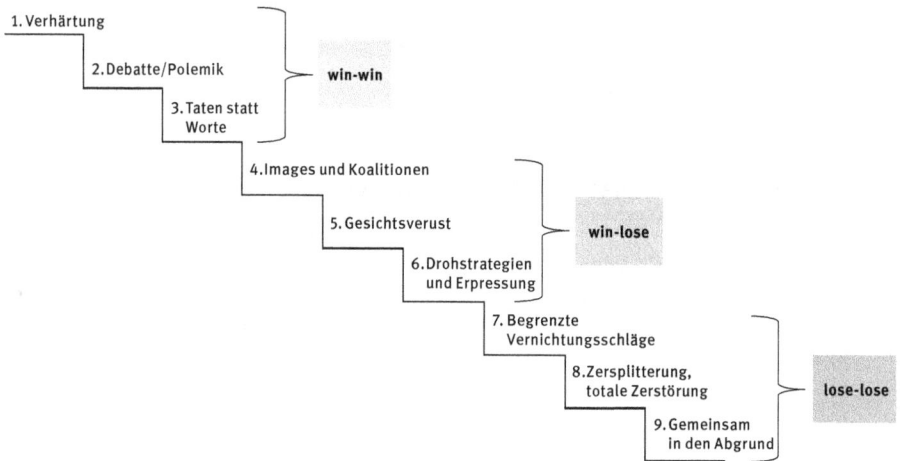

Abb. 6.2: Eskalationsstufen nach Glasl (eigene Darstellung in Anlehnung an Glasl 2020, S. 243 f.).

Häufig fällt die Konfliktlösung in den Aufgabenbereich von Führungskräften, auch wenn die Konfliktursache nicht bei ihnen selbst liegt. Es wird von ihnen erwartet, sich in *lateralen Konflikten*, d. h. in Konflikten, in denen sie lediglich indirekt involviert sind (z. B. ein Konflikt zwischen zwei Mitarbeitenden in ihrer Abteilung), unparteiisch zu verhalten. Die Führungskraft soll dazu beitragen, eine für alle Seiten gleichermaßen akzeptable Lösung herbeizuführen. Führungskräfte laufen dabei stets Gefahr, direkt in den Konflikt einbezogen zu werden, wodurch aus einem für die Führungskraft zunächst lateralen Konflikt ein *direkter Konflikt* wird. Dann eben ist es der Führungskraft nicht mehr möglich, neutral im Konflikt zu vermitteln. In diesen Fällen sollte auf unparteiische Dritte innerhalb und außerhalb der Organisation zurückgegriffen werden.

6.1.3 Konfliktlösungsansätze

Das Ziel der Konfliktlösung ist es, den Konflikt zu beenden. In seinem ursprünglichen Modell der Konfliktlösung klassifizierte Kenneth Thomas (1992) Konfliktlösungsansätze anhand der zwei Dimensionen Kooperation und Selbstbehauptung:

- *Kooperation*: Diese Dimension bildet die Orientierung an den Interessen der Gegenpartei ab. Je höher das Ausmaß an Kooperation, desto mehr Priorität wird der Erfüllung der Interessen der Gegenpartei eingeräumt.
- *Selbstbehauptung*: Diese Dimension bildet die Durchsetzung der eigenen Interessen ab. Je stärker die Selbstbehauptung, desto stärkeres Gewicht wird auf die Durchsetzung der eigenen Interessen gelegt.

In Tabelle 6.4 sind einzelne Konfliktlösungsansätze inhaltlich skizziert und in Abbildung 6.3 entsprechend ihrer Orientierung an den eigenen Interessen sowie der Orientierung an den Interessen der Gegenpartei aufgeführt. Bei der *Konfliktvermeidung* handelt es sich um einen Ansatz, der durch eine geringe Kooperations- wie Selbstbehauptungsorientierung gekennzeichnet ist. Die Konfliktvermeidung zielt darauf ab, jeglichen Konflikten aus dem Weg zu gehen. Eigene Interessen sowie die Interessen der Gegenpartei werden unberücksichtigt gelassen. Es handelt sich strenggenommen also nicht um einen Ansatz der Konfliktlösung, weil durch die Vermeidung mögliche Konfliktursachen überhaupt nicht angesprochen werden bzw. Konfliktursachen verdrängt werden. Damit erhöht sich die Gefahr der Konfliktchronifizierung (siehe Kapitel 6.1.2). Positive Konfliktimpulse für die Weiterentwicklung von Organisationen bleiben bei einer Konfliktvermeidung ebenso aus.

Tab. 6.4: Vergleich der Konfliktlösungsansätze (eigene Darstellung in Anlehnung an Buchanan/ Huczynski 2019, S. 736 sowie Rahim/Buntzman/White 1999).

Ansatz	Prinzip	Mögliches Ergebnis
Konkurrenz	Es ist besser, Konflikte auszuhalten, als von den eigenen Forderungen abzurücken.	Sie fühlen sich als Sieger, aber die Gegenpartei fühlt sich als Verlierer und gegebenenfalls erniedrigt.
Vermeidung	Meinungsverschiedenheiten sind von vorneherein schlecht, weil sie zu Spannungen führen.	Zwischenmenschliche Probleme werden nicht gelöst, was mittelfristig zu Frustration und Motivationsverlust führen kann, was wiederum den Organisationserfolg bedroht.
Kompromiss	Anhaltende Konflikte lenken von der Arbeit ab und sorgen für negative Emotionen.	Die Konfliktparteien einigen sich nur auf die zweitbeste denn beste Lösung.
Nachgeben	Die Aufrechterhaltung harmonischer Beziehungen hat die oberste Priorität.	Die nachgebende Partei wird als schwach erlebt, was zur Ausnutzung führen kann.
Kollaborieren	Beide Interessen sind wertvoll, wenn auch nicht gleichwertig. In einem von beiden Seiten als fair und transparent erlebten Entscheidungsprozess soll sich die für alle beste Lösung durchsetzen.	Beide Seiten fühlen sich fair behandelt und bekennen sich zur Problemlösung.

Gibt eine der Konfliktparteien nach, dann verzichtet sie in der Regel auf die Durchsetzung der eigenen Interessen zugunsten der Durchsetzung der Interessen der Gegenpartei. Damit zeigt sich die nachgebende Konfliktpartei hoch kooperativ, gleichzeitig werden eigene, für wichtig erachtete Interessen, dem Frieden mit der Gegenpartei geopfert. Dies mag nicht immer sinnvoll sein, zumal ein direktes *Nachgeben* als Schwäche und mangelnde Konfliktfähigkeit ausgelegt werden kann. Die Bereitschaft, für die eigenen Interessen einzutreten und an Überzeugungen auch bei Kritik festzuhalten, ist nicht vorhanden.

Bei der *Kollaboration* als Konfliktlösung werden sowohl den eigenen Interessen als auch den Interessen der Gegenpartei Bedeutung eingeräumt. Die Vereinbarkeit der Durchsetzung der eigenen Interessen mit der Erfüllung der Interessen der Gegenpartei wird als prinzipiell möglich erachtet. Das Beispiel eines Geschwisterstreits um eine Orange verdeutlicht diese Art der Konfliktlösung ganz gut: Beide Geschwister streiten um den Besitz der Orange. Die Trennung der Organe in zwei gleichgroße Hälften wäre die offensichtliche Lösungsalternative, um beiden Geschwistern gerecht zu werden. Da aber eines der Geschwister lediglich ein Interesse an dem Saft der Orange hat, eine Hälfte aber zu wenig Saft hergibt, und das andere Geschwister die Schalen einer ganzen Orange zum Backen benötigt, wäre eine kollaborative Konfliktlösung weit besser geeignet. So kann der Konflikt unter der Berücksichtigung beiderseitiger Interessen gelöst werden, wenn das eine Geschwister zunächst den Saft der Orange auspressen und das andere Geschwister anschließend die Schale der ausgepressten Orange verwerten darf.

Jedem Geschwister in dem oben genannten Beispiel eine Hälfte der Orange zu überlassen wäre ein *Kompromiss*. Dabei muss jede Konfliktpartei auf einen Teil ihrer Forderungen zugunsten eines Teils der Forderungen der Gegenpartei verzichten. Jeder gewinnt und verliert zugleich. Ein Kompromiss ist immer dann besonders schwer zu erzielen, wenn jede Partei davon überzeugt ist, im Recht zu sein und nicht bereit ist, von ihren Forderungen abzurücken. Letzteres mag durchaus berechtigt sein: Sich beispielsweise nur zur Hälfte an einer Straftat zu beteiligen bedeutet dennoch, eine Straftat zu begehen. In vielen Fällen scheint es aber sinnvoll, der Gegenpartei etwas in ihren Forderungen entgegenzukommen, wohlwissentlich, dass diese es ihnen gleichtut.

Sind die Konfliktparteien nicht bereit, von ihren Forderungen ganz oder auch nur teilweise abzurücken und scheint eine Erfüllung beiderseitiger Interessen nicht möglich, dann begeben sich die Parteien in *Konkurrenz* zueinander. Ziel ist es dabei, die jeweils eigenen Interessen durchzusetzen und sich gegenüber der anderen Partei zu behaupten. Wählt die Gegenpartei die gleiche Strategie, kann sich der Konflikt schnell hochschaukeln. Es mag aber durchaus gute Gründe dafür geben, an seinen eigenen Interessen festzuhalten. Vorrang vor der Durchsetzung der eigenen Interessen sollte daher zunächst die Klärung der Interessen der Gegenpartei haben. Hier besteht ja immer auch die Möglichkeit, dass sich die jeweiligen Interessen nicht ausschließen und somit eine kollaborative Konfliktlösung möglich ist.

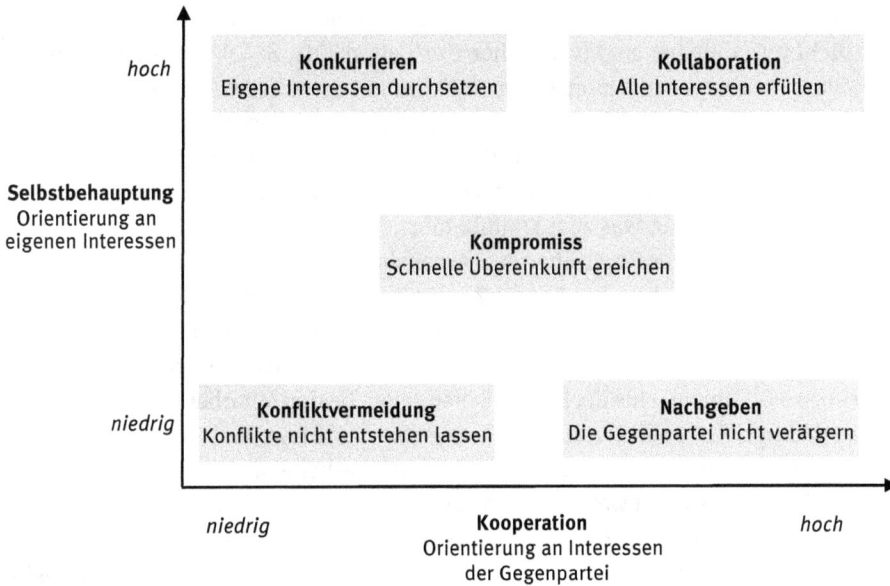

Abb. 6.3: Konfliktlösung anhand der Orientierung an den eigenen Interessen und den Interessen der Gegenpartei (eigene Darstellung in Anlehnung an Thomas 1992, S. 266).

Ganz allgemein können vier essenzielle Voraussetzungen für die Konfliktklärung festgehalten werden, deren Einhaltung auch im Rahmen des Harvard Verhandlungskonzeptes (*Harvard Negotiation Approach*) empfohlen wird (vgl. Fisher/Ury/Patton 2011):

- Offenlegung der Interessen anstatt der Positionen.
- Trennung der Sach- von der Beziehungsebene.
- Erarbeitung von Lösungsalternativen.
- Beurteilung der Lösungsalternativen anhand objektiver Kriterien.

Weil Spannungen aufgrund von divergierenden Verhaltensweisen, Erwartungen und/oder nicht von allen Seiten geteilten Entscheidungen in Organisationen oftmals nicht direkt angesprochen werden, ist – wie bereits geschrieben – die Gefahr groß, dass der eigentliche Konfliktauslöser zunächst unerkannt bleibt. Damit vermindert sich die Chance auf eine erfolgreiche Konfliktlösung, da im zeitlichen Verlauf die anfänglichen Konfliktursachen mehr und mehr in den Hintergrund treten und in Vergessenheit geraten. Die Konfliktparteien können dann später gar nicht mehr genau benennen, wie der Konflikt überhaupt zustande gekommen ist. Ist es so weit gekommen, dann sind die Fronten zumeist schon derart verhärtet, dass es den Konfliktparteien nicht mehr um die Durchsetzung ihre jeweiligen Interessen geht, sondern beide Seiten lediglich auf ihren Positionen beharren.

Der Unterschied zwischen *Interessen* und *Positionen* besteht darin, dass Positionen nicht verhandelbar sind (vgl. Fisher/Ury/Patton 2011, S. 42). Stellen Sie sich vor, ein Mitarbeitender möchte morgens um 7:00 Uhr mit der Arbeit beginnen (Position A), wohingegen der andere einen Arbeitsbeginn um 9:00 Uhr vorzieht (Position B). Der Vorgesetzte verlangt, dass sich beide Mitarbeitende auf eine Uhrzeit für den gemeinsamen Arbeitsbeginn einigen. Dabei zeigen sich die Positionen der beiden Mitarbeitenden als unvereinbar, was zum Konflikt führt. Ist keiner der Mitarbeitenden bereit, nachzugeben, wird der Streit über den Arbeitsbeginn andauern. Dem Vorgesetzten wird es schwerfallen, hier zur Konfliktlösung beizutragen. Handelt es sich für den Vorgesetzten zunächst lediglich um einen lateralen Konflikt, in den er nicht direkt involviert ist, würde er sich mit seiner Fürsprache für einen Arbeitsbeginn um 7:00 Uhr oder eben 9:00 Uhr auf eine der beiden Seiten seiner beiden Mitarbeitenden stellen. Es würde dadurch eine Koalition aus dem Vorgesetzten und jeweils einem der beiden Mitarbeitenden entstehen. Der alleine verbleibende Mitarbeitende würde womöglich von der Koalition überstimmt werden und müsste sich deren Druck beugen. Den dadurch entstandenen Ärger würde der Mitarbeitende zunächst vielleicht herunterschlucken. Mittelfristig könnte die dadurch entstandene Unzufriedenheit dann aber zum Auslöser für weitere Konflikte werden.

Teilziel jeder erfolgreichen Konfliktbearbeitung sollte es daher sein, dass beide Seiten die von ihnen verfolgten Interessen hinter ihren Positionen offenlegen. Die jeweiligen Interessen sind ins Zentrum der Konfliktbearbeitung zu rücken. Die beteiligten Personen sind von den Sachproblemen der Konflikte zu trennen (vgl. Fisher/Ury/Patton 2011, S. 19). Konflikte geraten häufig auch deshalb außer Kontrolle, weil sie schnell auf die Beziehungsebene übergreifen. Die Kommunikation verschiebt sich dann von der Sach-Ebene auf die Beziehungsebene (siehe Kapitel 5.3.3 und 5.3.5). Gegenstand der Gespräche und Verhandlungen im Rahmen der Konfliktbewältigung sind dann nicht mehr die von den Personen vertretenen Interessen, sondern lediglich ihre Positionen, die mit den Personen verknüpft werden. In der Politik ist dies sehr gut zu beobachten: Häufig bewerten Wähler die von Politikern propagierten Themen nicht sachbezogen, sondern rein personenbezogen. Die Wahlentscheidung erfolgt dann nicht auf Grundlage der konkreten Inhalte eines politischen Programms, sondern anhand der zur Wahl stehenden Personen bzw. Parteien und den ihnen zugeschriebenen Positionen (*Partei X steht für Umweltschutz, Partei Y ist die Partei der Besserverdienenden*).

In dem skizzierten Beispiel könnte der Vorgesetzte ein Machtwort sprechen. Da er sich dabei möglichst neutral verhalten möchte, entscheidet er sich für einen Kompromiss aus Position A und B. Der tägliche Arbeitsbeginn wird daher auf 8:00 Uhr festgelegt. Damit könnten dann beide Mitarbeitende unzufrieden sein und ihre entstandene Verärgerung direkt gegen den Vorgesetzten richten. Der Vorgesetzte hat bei seiner Entscheidung unberücksichtigt gelassen, dass durch den Kompromiss womöglich keiner der Mitarbeitenden seine Interessen verwirklichen kann. Der eine Mitarbeitende wollte gerne um 07:00 Uhr mit der Arbeit beginnen, da er dann seine Tochter nachmittags pünktlich aus der Kita abholen kann. Diese schließt am Freitag nämlich schon zwei Stunden früher. Weswegen der Mitarbeitende bei einem Arbeitsbeginn am Freitag um 09:00 Uhr, nicht pünktlich an der Kita sein würde. Der andere Mitarbeitende möchte erst um 09:00 Uhr beginnen, da er seinen Sohn morgens in der Schule absetzen muss. Da der Mitarbeitende dann noch einen längeren Anfahrtsweg zur Arbeit vor sich hat, ist ihm ein Arbeitsbeginn vor 09:00 Uhr nicht möglich. Nachdem nun beide Mitarbeitenden ihre mit dem Arbeitsbeginn verfolgten Interessen offengelegt haben (Interesse A: *Pünktliche Abholung des Kindes aus der Kita am Freitag* versus Interesse B: *Beförderung des Sohnes zur Schule*), kann konstruktiv an einer Lösung gearbeitet werden, die beide Interessen berücksichtigt.

Jede Partei sollte sich vor dem Einstieg in die Verhandlung mit der Gegenpartei Gedanken darüber machen, was sie von ihren Interessen auf jeden Fall durchsetzen will und worauf zu verzichten sie bereit wäre. Dies wird auch als *Beste Alternative in der Konfliktverhandlung* (im Englischen *Best Alternative to a Negotiated Agreement*, kurz: *BATNA*) bezeichnet (vgl. Sebenius 2017). Werden im Rahmen der Konfliktlösung nun mehrere Lösungsalternativen aufgestellt, sind diese nach objektiven Kriterien anhand der Interessen der jeweiligen Konfliktparteien zu bewerten. Jede Partei muss zudem entscheiden, ob die jeweilige Lösungsalternative mindestens der zuvor aufgestellten besten Alternative in der Konfliktverhandlung (BATNA) entspricht. Die Einigung sollte dann auf die Alternative fallen, bei der der Gewinn aller Konfliktparteien maximal ist, d. h. alle Beteiligten ihre Interessen bestmöglich verwirklichen können.

Da die Kita in unserem Beispiel an allen Tagen außer Freitag länger geöffnet hat, macht dem einen Mitarbeitenden der Arbeitsbeginn an diesen Tagen um 09:00 Uhr gar nichts aus. Er schafft es auch dann noch, seine Tochter pünktlich aus der Kita abzuholen. Der andere Mitarbeitende ist dagegen bereit, am Freitag zwei Stunden eher mit der Arbeit zu beginnen. An diesem Tag ist seine Frau ohnehin zuhause und kann den Sohn in die Schule bringen. Es wird sich also darauf geeinigt, von Montag bis Donnerstag um 09:00 Uhr mit der Arbeit zu beginnen und am Freitag bereits um 07:00 Uhr zu starten. Beide Seiten können so ihre jeweiligen Interessen durchsetzen. Die Mitarbeitenden freuen sich, Montag bis Donnerstag zwei Stunden länger schlafen und Freitag bereits am frühen Nachmittag ins Wochenende gehen zu können.

6.2 Management von Veränderungen in Organisationen

Während sich Veränderungen in Organisationen auf bestimmte Prozesse oder einzelne Aspekte des Handelns in Organisationen beziehen, wird unter *Wandel* im organisationalen Kontext häufig eine umfassendere Neuausrichtung der Gesamtorganisation inklusive der darin enthaltenen Strukturen verstanden (vgl. Weibler 2016, S. 468). Mittlerweile hat sich auch im deutschen Sprachraum der Begriff *Change* für die Bezeichnung von Wandel und Veränderung von Organisationen etabliert, wobei eine

Differenzierung anhand der Tiefe und Form erfolgt (hierzu Kapitel 6.2.2), weniger aber anhand der Begrifflichkeiten Wandel und Veränderung. So wird auch im weiteren Verlauf des Kapitels nicht streng zwischen Wandel und Veränderung differenziert, sondern beide Begrifflichkeiten werden abwechselnd verwendet.

In journalistischen und populärwissenschaftlichen Medien wird häufig der Eindruck erweckt, dass es sich bei Veränderungen bzw. Wandel in der Wirtschaft im Allgemeinen und in Organisationen im Speziellen um recht junge Phänomene handelt. Dabei entsteht zu Unrecht der Eindruck, als hätten Organisationen in der Vergangenheit unter stabilen Umweltbedingungen agiert, in denen sie keinem Veränderungsdruck ausgesetzt waren. Doch auch in der Vergangenheit mussten Organisationen auf zum Teil dramatische gesellschaftliche, wirtschaftliche und technologische Veränderungen reagieren. Es lassen sich denn auch genügend Beispiele von Unternehmen finden, die sich in ihrer Historie mehrmals und teils sogar radikal erfolgreich gewandelt haben (z. B. der in der Holzverarbeitung gegründete einstige Gummiproduktehersteller und heutige Telekommunikationskonzern Nokia oder der ursprüngliche Anbieter von Root Beer, die heutige Hotelkette Marriott). Die Aufforderung zur Veränderung ist für Organisationen zwar nicht neu, allerdings lässt der Blick auf die durchschnittlichen Lebenszyklen neu gegründeter amerikanischer Unternehmen darauf schließen, dass die Geschwindigkeit, mit der sich Veränderungen im Kontext von Organisationen vollziehen, seit den 1930er Jahren rapide zugenommen hat (vgl. Foster/Kaplan 2001, S. 13). Kamen gegen Ende der 1930er Jahre neu gegründete amerikanische Unternehmen noch auf eine durchschnittliche Lebensdauer von mehr als 75 Jahren, hatte sich die Lebensdauer bei Ende der 1970er Jahre gegründeten Unternehmen mit ca. 30 Jahren bereits mehr als halbiert. Zur Jahrtausendwende wurde eine durchschnittliche Lebensdauer neu gegründeter amerikanischer Firmen von ca. 15 Jahren erwartet. Der Lebenserwartung neu gegründeter Unternehmen wird eine weitere Verringerung auf zukünftig nur noch etwa 10 Jahre prognostiziert.

Organisationen scheinen sich heute wesentlich häufiger und in immer kürzeren Zeitabständen mit den Herausforderungen eines sich verändernden Umfelds auseinandersetzen zu müssen, was von ihnen eine permanente Veränderungsbereitschaft erfordert (vgl. Vahs 2019, S. 263 ff.). Diese Dynamik lässt sich auch an der Geschwindigkeit von Technologiezyklen ablesen. Gemeinhin wird der Aufruf zu einem permanenten Wandel von Organisationen mit der gestiegenen Volatilität (Volatility), Unsicherheit (Uncertainty), Komplexität (Complexity) und Mehrdeutigkeit (Ambiguity), kurz: *VUCA*, begründet.

Wohingegen technologische Entwicklungen ein Unternehmen von außen zur Veränderung und zum Wandel auffordern, lassen sich auch eine ganze Reihe von Aspekten innerhalb von Organisationen identifizieren, die Anlass zum Wandel und zur Veränderung geben (siehe Tabelle 6.5). Externe Auslöser von Veränderungen spürt man am besten im Rahmen einer *PESTEL*-Analyse (siehe Kapitel 1) auf. Eine interne *Stärken-Schwächen-Analyse* unter Einbezug von Mitarbeiterbefragungen kann dagegen bei der Identifizierung interner Veränderungsbedarfe helfen.

Tab. 6.5: Auslöser von Veränderungen in Organisationen (Krüger 2014, S. 15 ff.).

Interne Auslöser von Veränderungen	Externe Auslöser von Veränderungen
– Neu entwickelte Produkte und Services	– Bedingungen im wirtschaftlichen Umfeld
– Niedrige Leistung und geringe Arbeitsmotivation, hoher Stress und hohe Fluktuation	– Rechtliche und politische Bedingungen
– Austausch des Top Managements	– Kulturelle und sozialgesellschaftliche Veränderungen
– Fehlendes Know-how	– Neue Technologien
– Wechsel des Unternehmensstandortes	– Demografische Entwicklungen
– Neuorganisation der Verantwortung im Unternehmen	– Veränderungen des Konsumentenverhaltens
– Neue Ideen von Mitarbeitenden	– Handlungen und Innovationen von Wettbewerbern

6.2.1 Barrieren organisationaler Veränderungen

Nicht alle Organisationen schaffen es, sich erfolgreich zu verändern. Einige scheitern bereits daran, die Notwendigkeit für Veränderungen zu erkennen. Sie halten zu lange an Bekanntem und in der Vergangenheit Bewährtem fest und verpassen es dadurch, sich neuen Gegebenheiten anzupassen und sich erfolgreich auf zukünftige Entwicklungen einzustellen. Beispielsweise hat Kodak, eines der führenden Unternehmen im Bereich der analogen Fotografie, den sich abzeichnenden technologischen Wandel zur digitalen Fotografie lange Zeit ignoriert. Als Konsequenz daraus war das Unternehmen, nachdem es nur wenige Jahre zuvor noch zu den wertvollsten Unternehmen der Welt gezählt wurde, insolvent.

Es sind häufig gerade die großen und alteingesessenen Unternehmen, die die Aufforderung zum Wandel nicht erkennen. Die Gründe hierfür liegen häufig in der *Organisationalen Trägheit* (Organisational Inertia). Letztere verstärkt sich mit zunehmender Größe und steigendem Alter der Organisation (vgl. Hannan/Freeman 1984). Insbesondere große und seit langer Zeit bestehende Organisationen versuchen, ihren Status quo beizubehalten, anstatt sich zu verändern. Weil bei der Umsetzung von Veränderungen verlässliche Routinen aufgegeben und durch neue Handlungen und Strukturen ersetzt werden müssen, scheuen gerade diese Organisationen den Aufwand und das Risiko, dabei ins Chaos zu stürzen. Große Organisationen mit langer Historie verfügen zumeist über eine gewachsene hierarchische Struktur sowie ein umfangreiches Normengefüge. Die Strukturen und Normen sollen in der Organisation für Verlässlichkeit sorgen und die Produktivität und Effizienz sichern. Die Veränderung oder gar Zerstörung dieser Strukturen und Normen wird als Gefahr des Verlusts von Effizienz und Produktivität gesehen. Eine ausgeprägte hierarchische Struktur behindert häufig auch den Informationsfluss, sodass in stark hierarchischen Organisationen notwendige Impulse für Veränderungen gar nicht erst die verantwortlichen Entscheidungsträger erreichen. Weil auch die Gesellschaft hohe Anforderungen an die Zuverlässigkeit von Organisationen stellt (z. B. die korrekte Bearbeitung amtlicher Vorgänge, die Entwicklung sicherer Automobile), schätzen Organisationen den verlässlichen Status quo mehr als die unsicheren Erfolgsaussichten von Veränderungen. Organisationale Trägheit wird durch die folgenden fünf, teilweise miteinander in Wechselwirkung stehenden, Merkmale begünstigt (vgl. Hannan/Freeman 1984, S. 154 ff.):

- *Steile hierarchische Struktur*: Je steiler die Hierarchie in Organisationen, desto größer die Organisationale Trägheit.
- *Hohes Ausmaß an starren Routinen*: Routinemäßige Handlungen führen zu steigender Organisationaler Trägheit.
- *Organisationsgröße*: Größere Organisationen verlieren an Flexibilität.
- *Organisationsalter*: Mit zunehmendem Alter entwickeln einige Organisationen eine *Betriebsblindheit*. In der Ausführung ihrer Arbeitstätigkeiten folgen Mitarbeitende dann häufig festen Schemata, ohne diese zu hinterfragen (siehe Kapitel 4.3.1). Dies verhindert, das Erkennen notwendiger Veränderungsbedarfe.
- *Konzentration auf Beständigkeit*: Organisationen, die sich auf die Sicherstellung zuverlässiger Ergebnisse ausrichten, bemühen sich, ihren Status quo beizubehalten. Letzterer erscheint verlässlicher und planbarer. Die Situation nach der Durchführung von Veränderungen kann hingegen nicht valide prognostiziert werden und ist mit Unsicherheit behaftet. Diese Unsicherheit wird als Bedrohung der Zuverlässigkeit gesehen.

Routinemäßige Handlungen in Organisationen entstehen auch deshalb, weil sich derartige Handlungen in der Vergangenheit bewährt haben. Was liegt da näher, als an diesen Handlungen auch in Zukunft festzuhalten und auf bekannten Pfaden zu bleiben? Durch vergangene Erfolge baut sich bei den Organisationen die Überzeugung auf, sich auf dem Erfolgspfad zu befinden. Dies führt häufig zur *Organisationalen Pfadabhängigkeit*. Pfadabhängige Organisationen schreiben ihre – in der Rückschau bewerteten – sicheren Erfolge aus der Vergangenheit in die Zukunft fort. An Handlungen, die in der Vergangenheit zum Erfolg geführt haben, wird dann starr festgehalten. Impulse für notwendige Veränderungen werden ignoriert oder durch eine Wahrnehmungsverzerrung (siehe Kapitel 4.3) derart umgedeutet, dass sie ein Festhalten an gewohnten Pfaden rechtfertigen (siehe auch kollektive Rationalisierung im Rahmen des Gruppendenkens im Kapitel 5.2.3).

Ausgerechnet der Erfolg von Organisationen kann die Pfadabhängigkeit fördern und damit besonders trügerisch für Organisationen sein. Man spricht hier vom *Paradox des Erfolges* (vgl. Audia/Locke/Smith 2000). Gerade erfolgsverwöhnte Unternehmen verzichten häufig auf die Entwicklung von Innovationen, weil ihr gegenwärtiger Erfolg das Festhalten an dem eingeschlagenen Pfad verstärkt. Solange sie der Überzeugung sind, mit ihren bisherigen Handlungen, Strategien und Produkten auf dem Erfolgspfad zu sein, sehen sie keinen Anlass, irgendetwas daran zu verändern, geschweige denn, neue und risikoreiche Produktinnovationen zu entwickeln. Die Bedeutung von Entwicklungen im Umfeld (z. B. neue technische Standards, Innovationen von Wettbewerbern) für die eigene Geschäftstätigkeit wird von pfadabhängigen Unternehmen verkannt. Der sich abzeichnende Umsatzrückgang wird beispielsweise nicht auf die nachlassende Attraktivität der angebotenen Produkte mit veralteten technischen Standards zurückgeführt, sondern mit einer konjunkturbedingten Nachfrageschwäche begründet. Anzeichen für Veränderungen werden häufig aber auch bewusst kleingeredet. In technischen Trends wird beispielsweise nur eine Modeerscheinung gesehen, die sich nicht nahhaltig durchsetzen wird, wobei mittelfristig dann alles beim Alten bleibt.

Organisationen, die davon überzeugt sind, auf dem Erfolgspfad zu sein, sind relativ immun gegen das Erkennen von Veränderungsanzeichen. Sie halten häufig selbst dann noch an ihren gewohnten Pfaden fest, wenn bereits klar erkennbar ist, dass diese zukünftig nicht mehr zum Erfolg führen werden. Hier kann noch einmal beispielhaft das Unternehmen Kodak aufgegriffen werden. Aufgrund der Überzeugung des Managements, dass sich die digitale Fotografie nicht flächendeckend durchsetzen werde, hat sich Kodak zunächst nicht und nachher dann zu spät auf den Pfad der digitalen Fotografie begeben. Eine eigens bei Kodak entwickelte Digitalkamera wurde auf die gesehene Gefahr der Substitution des analogen Kerngeschäfts von Kodak bewusst vom Markt ferngehalten.

Unternehmen, die langfristig erfolgreich sein wollen, sollten also ihre gewählten Pfade von Zeit zu Zeit kritisch überprüfen und bereit sein, diese zu verlassen. Das Verlassen altbekannter Pfade ist die Voraussetzung für die Entwicklung von Innovationen, mit denen sich Unternehmen von ihrer Konkurrenz absetzen können. Anstatt mit eigenen Innovationen aus dem Strom der Konkurrenz auszuscheren, jagen Unternehmen jedoch überwiegend ihren Konkurrenten hinterher. Entscheidungen und Handlungen der branchenbesten Unternehmen, sogenannter Benchmarks, werden genauestens beobachtet und dann kopiert. Nach dem Motto „Was die anderen können, können wir auch" steigen Unternehmen in ein Wettrennen mit ihren Konkurrenten ein. Dadurch gelingt es einem Unternehmen bestenfalls, seinen relativen Platz im Wettbewerb zu behalten; es kann der Konkurrenz aber nicht entkommen. Dieser Effekt ist auch als *Roter Königinnen-Effekt* bekannt (vgl. Derfus/Maggitti/Grimm/Smith 2008). Die Bezeichnung ist eine Metapher für das aussichtslose Hinterherjagen des jeweils Branchenbesten in Anlehnung an das Rennen zwischen Alice und der Roten Königin in der Verfilmung des Klassikers von Lewis Carroll *Alice hinter den Spiegeln*. In der besagten Szene läuft Alice mit der Roten Königin so schnell sie kann, allerdings ohne sich dabei von der Stelle zu bewegen. Die Rote Königin klärt Alice daraufhin auf, dass man dortzulande so schnell Rennen muss, wie man kann, um dort zu bleiben, wo man ist. Als Bild spricht der Rote Königinnen-Effekt die gegenseitige Orientierung von Unternehmen in unterschiedlichen Märkten an: Die Produkte, Strategien und Handlungen der Konkurrenz werden als Benchmark für die eigenen Produkte, Strategien und Handlungen herangezogen. Dadurch entstehen schnell Standards im Wettbewerb auf verschiedenen Märkten, die – da sie von allen Unternehmen eingehalten werden – keine eigenen Wettbewerbsvorteile darstellen. Zu denken ist hier beispielsweise an die immer kürzer werdenden Versandzyklen im Onlinehandel. Mussten Kunden bei der Katalogbestellung vor dem Onlinehandel noch mehrere Tage bis zu Wochen auf ihre bestellte Ware warten, ist die taggleiche Versendung der bestellten Ware bei vielen Händlern mittlerweile Standard. Der zügige Warenversand mag keinen wirklichen Wettbewerbsvorteil im Versandhandel darstellen, mit dem alleine sich ein Händler von der Konkurrenz absetzen kann. Jeder läuft bzw. versendet so schnell er kann, um im Wettbewerb mit den anderen dort zu bleiben, wo er ist.

6.2.2 Arten organisationaler Veränderungen

Organisationale Trägheit, Pfadabhängigkeit und die enge Orientierung an der Konkurrenz können in Organisationen dazu führen, dass notwendige Veränderungen ausbleiben. Um sich erfolgreich zu verändern, müssen Unternehmen ihre Trägheit überwinden, altbekannte Pfade verlassen und den Mut aufbringen, anders zu sein als die Konkurrenz. Veränderungen gehören in Organisationen zur Tagesordnung. Nicht alle Veränderungen in Organisationen stellen jedoch gleich deren Existenz in Frage und nicht alle Veränderungen berühren die gesamte Organisation und alle Mitarbeitenden.

Von Organisationen vollzogene Veränderungen unterscheiden sich in ihrer Tiefe und ihrem Ausmaß. Die Einführung einer neuen Software in einer Abteilung der Organisation stellt ebenso eine Veränderung dar wie der Wandel eines Unternehmens von der Industriegüterproduktion hin zu einem Dienstleistungsanbieter. Beide Arten des Wandels bzw. der Veränderung unterscheiden sich jedoch in ihrer Tiefe, mit der sie in die Organisation eindringen. Gelegentliche Anpassungen der Strukturen und Systeme in Organisationen (z. B. die Einführung einer neuen Software) berühren die Gesamtorganisation nur an ihrer Oberfläche. Derartige Veränderungen zielen auf die Steigerung der Effizienz der Organisation. Je tiefer die Veränderungen in die Gesamtorganisation vordringen, desto kostenintensiver, zeitaufwändiger, risikobehafteter und konfliktreicher wird deren Umsetzung. Während in Organisationen zumeist mehrere Veränderungen von geringerer Tiefe in verschiedenen Abteilungen simultan stattfinden, vollziehen sich fundamentale, die Gesamtorganisation betreffende tiefe Veränderungen – wenn überhaupt – nur sehr selten in Organisationen. Tabelle 6.6 gibt einen Überblick über die unterschiedlichen Tiefen organisationaler Veränderungen. Die vorgenommene Differenzierung von Veränderungen nach ihrer Tiefe versteht sich lediglich als Synthese einer Vielzahl derlei in der Literatur vorhandener Systematiken (vgl. hierzu auch Vahs 2019, S. 269 f.).

Die tiefste Form der Veränderungen in Organisationen wird auch als *transformationaler Wandel* bezeichnet. Dabei handelt es sich um einen radikalen Paradigmenwechsel in der Organisation (vgl. hierzu z. B. Weerakkody/Janssen/Dwivedi 2011). Dieser ist insbesondere dann erforderlich, wenn eine Organisation beispielsweise ihr Betätigungsfeld radikal verändert oder sich, z. B. aus einer Krise heraus, vollkommen neu erfindet.

Tab. 6.6: Tiefe von Veränderungen in Organisationen (eigene Darstellung).

seichte Veränderungen	*Fine-Tuning*: Veränderungen zielen auf eine Steigerung der Effizienz durch Veränderungen von Prozessen, Systemen, Ressourcen.
	Beispiele: Optimierung von Abläufen, Stellenabbau/-aufbau, Einführung einer neuen Betriebssoftware.
tiefergehende Veränderungen	*Strategieanpassung:* Veränderungen zielen auf eine Steigerung von Effizienz und Flexibilität durch ein Umdenken in der Organisation.
	Beispiele: Neuentwicklung oder Umgestaltung von Geschäftsfeldern, Aufbau von Kooperationen mit anderen Unternehmen.
tiefe Veränderungen	*Umgestaltung*: Veränderungen zielen auf die langfristige Überlebensfähigkeit der Organisation durch die Neudefinition des organisationalen Selbstverständnisses einhergehend mit der Veranlassung zum Aufbau neuer Fähigkeiten, Handlungsweisen und Überzeugungen der Organisationsmitglieder sowie neuer Normen und Werte der Organisation.
	Beispiele: Entwicklung einer neuen Unternehmensvision und -mission, Wechsel der Geschäftsführung einhergehend mit einem neuen Führungsstil und neuen Leistungszielen, Abbau hierarchischer/bürokratischer Strukturen zugunsten der Ausweitung von Selbstorganisation und Eigenverantwortung der Mitarbeitenden.

Mit der Tiefe des Wandels in Organisationen eng verbunden ist das Ausmaß der Veränderungen. Bei einem Tiefen oder gar transformationalen Wandel sind viele Bereiche bis hin zur gesamten Organisation von Veränderungen betroffen. Seichte Veränderungen vollziehen sich dagegen lediglich in einzelnen Abteilungen oder sind auf einzelne Mitarbeitende beschränkt. Veränderungsmaßnahmen von geringem Ausmaß werden auch als *Wandel 1. Ordnung* bezeichnet. Es handelt sich dabei um kleinere Anpassungen der Prozesse und Strukturen, die sich lediglich auf einzelne Abteilungen oder Gruppen von Mitarbeitenden beziehen. Die Veränderungen vollziehen sich langsam, quasi evolutionär, sind gut zu steuern sowie bereits im Vorhinein gut planbar. Impulse für einen Wandel 1. Ordnung kommen häufig aus den operativen Einheiten bzw. den Mitarbeitenden selbst (vgl. Vahs 2019, S. 267 f.). Demgegenüber handelt es sich beim *Wandel 2. Ordnung* um Veränderungen größeren, quasi revolutionären Ausmaßes. Hier schlagen die Veränderungen auf die Kultur und die strategische Ausrichtung des gesamten Unternehmens durch. Initiator derartiger Veränderungen ist zumeist das Top Management. Das hohe Ausmaß an Veränderungen im Unternehmen verleiht dem Wandel 2. Ordnung eine hohe Komplexität, weswegen dessen Verlauf im Vorhinein nur schlecht geplant werden kann (siehe Tabelle 6.7).

Tab. 6.7: Wandel 1. Ordnung und 2. Ordnung (eigene Darstellung in Anlehnung an Levy/Merry 1986, S. 3 ff. sowie Vahs 2019, S. 267 f.).

	Wandel 1. Ordnung	Wandel 2. Ordnung
Ausmaß der Veränderung	evolutionär, inkrementell	revolutionär
Richtung der Veränderung	bottom-up	top-down
Umsetzung der Veränderung	geplant, rational, kontinuierlich	erscheint ungeplant, diskontinuierlich
Fokus der Veränderung	– wenige Organisationsbereiche (Abteilungen, Einheiten) – wenige Ebenen (Mitarbeitende oder einzelne Gruppen) – wenige Verhaltensaspekte (Einstellungen, Werte)	– viele Organisationsbereiche bis hin zur gesamten Organisation – viele Ebenen (Mitarbeitende und Gruppen) – alle Verhaltensaspekte (Einstellungen, Normen, Werte, Wahrnehmungen, Überzeugungen, Weltanschauung, Verhaltensweisen)
Beispiel	Prozessverbesserung in einer Abteilung durch die Einführung einer neuen Software	Wechsel des Geschäftsfeldes, der Branche, der Gesamtaufgabe

6.2.3 Umgang mit Widerstand gegen Veränderungen

Veränderungen in Organisationen mögen einen technischen Ursprung haben (z. B. die Einführung einer neuen Software, der Einsatz einer neuen Produktionsmaschine) oder sie betreffen die Organisationsstrukturen und -abläufe (z. B. Schließung einer Abteilung, Einführung einer neuen Führungsebene). In jedem Fall ändern sich dadurch die Arbeitsbedingungen und Handlungsabläufe der Mitarbeitenden, was bei diesen nicht immer Begeisterungsstürme auslöst. Widerstand ist eine normale menschliche Reaktion auf Veränderungen. Veränderungen in Organisationen bilden hier keine Ausnahme. Die Umsetzung von Veränderungen in Organisationen ist daher keine rein technische oder strukturelle Aufgabe, sondern vor allem eine psychologische (vgl. Jones/Van de Ven 2016, S. 482 f.). Bei der Einführung der neuen Software etwa kann zuvor sichergestellt werden, dass diese zuverlässig funktioniert. Ob die Mitarbeitenden auch mit der neuen Software arbeiten wollen und diese auch nutzen werden, lässt sich hingegen im Vorhinein nur vage prognostizieren. Die Schließung einer Abteilung und Freisetzung von Mitarbeitenden mag formal schnell erledigt sein. Die Unzufriedenheit bei den verbliebenen Mitarbeitenden, z. B. durch Mehrarbeit und den Verzicht auf liebgewonnene Kollegen, mag deren Arbeitsmotivation nachhaltig negativ beeinflussen. Ebenso kann eine neue Führungsebene in den Unternehmensstrukturen eingezogen werden und mit neuen Führungskräften besetzt werden. Werden diese Führungskräfte jedoch nicht von ihren Mitarbeitenden als solche anerkannt, kann es schnell zu Konflikten kommen, die einer Veränderung zum Positiven entgegenstehen.

In der Durchführung von Veränderungen in Organisationen ist den von den Veränderungen Betroffenen besondere Aufmerksamkeit zu schenken. Nicht zuletzt sie entscheiden darüber, ob eine Veränderung, die initiiert wurde, auch tatsächlich eine Veränderung zum Positiven ist oder am Widerstand scheitert. Wie Menschen auf Veränderungen reagieren, ist zum Teil in ihrer Persönlichkeit verankert. Die Offenheit für Erfahrungen als ein Merkmal der Big Five Persönlichkeitseigenschaften (siehe Kapitel 2.2.1) sagt viel darüber aus, wie veränderungsfreudig eine Person ist, ob sie sich gerne Neuem zuwendet oder eher stabile Rahmenbedingungen präferiert. Personen mit einer hohen Ausprägung in der Persönlichkeitseigenschaft Neurotizismus (ebenfalls ein Merkmal der Big Five) geraten schnell in Sorge und sind leicht aus der Ruhe zu bringen (siehe Kapitel 2.2.1). Sie sollten daher auch Veränderungen gegenüber eher kritisch eingestellt sein, da die damit verbundene Unsicherheit, Ängste in Bezug auf zukünftige Ereignisse auslösen kann.

Wie Personen Veränderungen gegenüber eingestellt sind, ist also aufgrund der charakterlichen Veranlagung von außen nicht leicht zu beeinflussen. Widerstand der Mitarbeitenden gegen Veränderungen in Organisationen sollte als etwas ganz Natürliches im Veränderungsprozess verstanden werden. Obschon Widerstand – insbesondere, wenn dieser aktiv ist – auch als Energiequelle für Veränderungen und als wichtiges Feedback im Wandelprozess genutzt werden kann, blockiert er häufig die Umsetzung von Veränderungen (vgl. Ford/Ford/D'Amelio 2008). Widerstand als Reaktion auf Veränderungen in Organisationen lässt sich auf folgende Ursachen zurückführen:

– *Eigeninteresse*: Personen reagieren mit Widerstand gegen Veränderungen, weil sie befürchten, durch die Veränderung erworbene Privilegien, den eigenen Status, ihre Sicherheit, ihre Macht oder ihr Ansehen in der Organisation zu verlieren. Da unklar ist, wie sich die Situation für sie nach der Veränderung darstellt, versuchen sie, den verlässlichen Status quo zu verteidigen und den Wandel zu verhindern.

– *Bequemlichkeit*: Personen reagieren mit Widerstand gegen Veränderungen, weil es bequemer für sie ist, alles beim Alten zu belassen, als sich mühevoll in einer neuen (veränderten) Situation einzufinden. Für die Veränderungen müssen liebgewonnene Routinen aufgegeben sowie neues Wissen und neue Handlungen erlernt werden. Dies fällt gerade zu Beginn der Veränderung schwer, weil die neuen Verhaltensweisen nicht so flüssig ablaufen wie die gewohnten Routinen (siehe Kapitel 4.1). Verglichen mit dem Verbleib in der eigenen *Komfortzone* werden Veränderungen daher häufig als unbequem empfunden.

– *Unverständnis*: Personen reagieren mit Widerstand gegen Veränderungen, weil sie deren Notwendigkeit nicht verstehen. Es fehlen Informationen darüber, warum es überhaupt einer Veränderung bedarf und was durch die Veränderung besser wird. Das Unverständnis kann daraus resultieren, dass Informationen über den Veränderungsbedarf in Organisationen nicht geteilt werden, d. h., dass die

Informationen die Betroffenen erst gar nicht erreichen oder von diesen nicht verstanden werden (siehe Kommunikationsbarrieren in Kapitel 5.3.3).

- *Misstrauen*: Personen reagieren mit Widerstand gegen Veränderungen, weil Sie den Versprechungen der Wandelinitiatoren nicht vertrauen. Mitarbeitende werden Veränderungen nur dann umsetzen, wenn sie auch überzeugt davon sind, dass diese Veränderungen zu positiven Konsequenzen für sie selbst führen (siehe Valenzen der Handlungsergebnisfolgen in der VIE-Theorie; Kapitel 3.3.5). Da diese Konsequenzen im Vorhinein nur ungenau vorhergesagt werden können, müssen Mitarbeitende darauf vertrauen, dass diesbezügliche Versprechungen auch tatsächlich eintreten werden.

- *Angst*: Personen reagieren mit Widerstand gegen Veränderungen aufgrund ihrer Neigung zur Ängstlichkeit und Besorgnis (niedrige *Veränderungstoleranz*). Die ungenaue Prognose der Situation nach der Veränderung schürt Ängste gegen Veränderungen. Es wird ein hohes Risiko darin gesehen, dass sich die eigene Situation durch die Veränderungen verschlechtern könnte (z. B. Privilegien wegfallen). Angst kann aber auch aus der Überzeugung heraus entstehen, mit der veränderten Situation nicht umgehen zu können, die Veränderungen nicht meistern zu können. Die mit den Veränderungen einhergehende Notwendigkeit zum Erwerb neuen Wissens und dem Erlernen neuer Kompetenzen kann Mitarbeitende überfordern, sodass sie sich den Veränderungen gegenüber nicht gewachsen fühlen. Die Selbstzweifel führen dann dazu, die Veränderungen abzulehnen oder sie mit allen Möglichkeiten zu verhindern. Die beängstigenden Veränderungen müssen dann nicht vollzogen werden (vgl. Steiger/Hug 2013, S. 255 ff.).

- *Beschränkung der Selbstbestimmung*: Werden Personen von außen zur Veränderung aufgefordert, erleben sie dies als Einschränkung ihrer Selbstbestimmung. Sie reagieren dann mit Reaktanz (siehe Kapitel 4.5). Dabei richtet sich ihr motivierter Widerstand auf die Wiedererlangung ihrer Selbstbestimmung. Zur Veränderung aufgeforderte Personen zeigen häufig Verhaltensweisen, die ganz offensichtlich konträr zu den an sie gerichteten Erwartungen stehen. Damit demonstrieren sie ihre Selbstbestimmung.

- *Unterschiedliche Maßstäbe*: Einige Personen reagieren mit Widerstand gegen Veränderungen, weil sie diese negativer bewerten als andere Personen. Mag beispielsweise das Top Management von den selbst initiierten Veränderungen überzeugt sein, sehen die Mitarbeitenden diese häufig kritischer. Letztere müssen die beschlossenen Veränderungen schließlich umsetzen und sind häufig direkter von ihnen betroffen als das Top Management. Gewinne und Verluste durch Veränderungen werden subjektiv beurteilt. So kann die angekündigte Veränderung (z. B. die Verlegung des Unternehmensstandorts von Bochum nach Leipzig) bei einem Mitarbeitenden Begeisterung auslösen (weil dieser vielleicht seinen Lebensmittelpunkt in Leipzig hat und sich fortan das Pendeln nach Bochum spart) und bei einem anderen Widerstand hervorrufen (weil dieser nun seinen Wohnort von Bochum nach Leipzig verlegen muss).

Neben den genannten individuellen Gründen für Widerstand gegen Veränderungen lassen sich mit der *Veränderungsverpuffung* und der *Veränderungsmüdigkeit* zwei von Organisationen selbst verursachte Treiber von Widerstand gegen Veränderungen ausmachen (vgl. Buchanan et al. 2005):

– *Veränderungsverpuffung* (initiative decay): Die Ziele und Ergebnisse von immer kürzer aufeinanderfolgenden Veränderungsprojekten verpuffen, weil sich in jedem Veränderungsprojekt die Aufmerksamkeit auf neue Prioritäten und Belange verschiebt. Dabei geht der Fokus verloren und Veränderungen können sich nicht nachhaltig im Verhalten der Mitarbeitenden und in den Strukturen und Prozessen der Organisation stabilisieren. Die Absicht der Mitarbeitenden, Veränderungen im Verhalten und in der Organisation zu konservieren, führt dazu, dass neue Veränderungsinitiativen, die die vorausgegangenen Veränderungen wieder infrage stellen, blockiert werden.

– *Veränderungsmüdigkeit* (initiative fatigue): Sich vom Gewohnten zu trennen und neue Verhaltensweisen, Abläufe und Fähigkeiten zu erlernen, um alte Gewohnheiten und Handlungsroutinen zu ersetzen, macht Veränderungsprojekte sehr zeitintensiv und anstrengend. Müssen Veränderungen von den Mitarbeitenden zusätzlich zum normalen Tagesgeschäft vollzogen werden, kann dies starken Stress verursachen. Ein zu hohes Ausmaß an Veränderungen in Organisationen kann letztendlich zu einer kollektiven Erschöpfung führen (siehe Beschleunigungsfalle). Mitarbeitende gehen Veränderungsprojekte dann nicht mehr mit dem benötigten Enthusiasmus an oder blockieren diese.

Wissenschaft wie Praxis betonen stets den starken Veränderungsdruck, dem Organisationen und ihre Mitarbeitenden ausgesetzt sind, und der ihnen eine Bereitschaft zum permanenten Wandel abfordert. Mitarbeitende, die permanent einem starken Veränderungsdruck ausgesetzt sind, finden sich schnell in der *Beschleunigungsfalle* wieder. Das Erleben, dass sich ständig alles um einen herum verändert und dies eben eine permanente Anpassung des eigenen Verhaltens erfordert, kann zu einer Art *chronischer Überlastung* führen. Diese kann auf eine Vielzahl der Mitarbeitenden oder gar die ganze Organisation übergreifen und zu *kollektiven Erschöpfungserscheinungen* führen. Letztere äußern sich auf der psychologischen Ebene beispielsweise in Demotivation und Desinteresse der Mitarbeitenden und auf der ökonomischen Ebene in verstärkter Fluktuation und höherem Absentismus. Die Beschleunigungsfalle in Organisationen lässt sich anhand folgender Merkmale feststellen (vgl. Bruch/ Menges 2010):

– *Überlastung*: Die Mitarbeitenden sind in zu vielen Aktivitäten involviert, verfügen aber nicht über ausreichend Zeit und Ressourcen, um all ihre Aktivitäten auch ausführen zu können.

– *Multibelastung*: Die Mitarbeitenden arbeiten parallel an sehr vielen unterschiedlichen Aktivitäten, was zum Verlust des Fokus' auf die wirklich wichtigen Aktivitäten führt.

– *Konstante Belastung*: Die Mitarbeitenden haben keine Möglichkeit zur Erholung, weil ihre Aufgaben nicht weniger werden. Ein Projekt folgt dem nächsten. Um überhaupt noch durchatmen zu können, versuchen Mitarbeitende, ihre Anstrengung in der Durchführung ihrer Aufgaben zurückzufahren und ihre Aufgabenbearbeitung zeitlich zu strecken.

Die Beantwortung von fünf der in Tabelle 6.8 aufgeführten Fragen mit „Ja" legt nahe, dass sich die Organisation in der Beschleunigungsfalle befindet. Es könnte dann in der Organisation eine Beschleunigungskultur vorliegen, die in der Folge zu einem ausgeprägten Widerstand gegen Veränderungen führen kann.

Tab. 6.8: Fragen zur Diagnose der Beschleunigungsfalle in Organisationen (Bruch/Menges 2010, S. 5, frei übersetzt).

Frage	*Ja*	*Nein*
1. Werden Aktivitäten sehr zügig in Angriff genommen?		
2. Ist es schwierig, die wichtigsten Aufgaben zu erledigen, weil viele andere Aktivitäten die Aufmerksamkeit ablenken?		
3. Ist die Beendigung einer Aufgabe/eines Projekts ein Zeichen von Schwäche?		
4. Werden Projekte und Aufgaben zum Schein weitergeführt, obwohl diese eigentlich schon beendet sind?		
5. Besteht die Tendenz, die Organisation kontinuierlich an ihre Kapazitätsgrenzen zu bringen?		
6. Haben Mitarbeitende vor lauter Arbeit Schwierigkeiten, ein Licht am Ende des Tunnels zu sehen?		
7. Wird die starre Anwesenheit im Büro und in Meetings mehr geschätzt als die eigentliche Leistung und Zielerreichung?		
8. Schätzt die Organisation die Demonstration harter Arbeit mehr als tatsächlich erreichte Ergebnisse?		
9. Müssen sich Mitarbeitende schuldig fühlen, wenn sie ihre Arbeit eher verlassen?		
10. Wird Betriebsamkeit der Mitarbeitenden wertgeschätzt?		
11. Unterhalten sich Mitarbeitende oft darüber, wie hoch ihre Arbeitsbelastung ist?		
12. Wird von Führungskräften erwartet, ein Rollenmodell für die Beteiligung an vielen Projekten zu sein?		
13. Ist Nein-Sagen ein Tabu auch für Mitarbeitende, die bereits stark ausgelastet sind?		
14. Wird in der Organisation erwartet, dass Mitarbeitende innerhalb weniger Minuten auf Emails reagieren?		
15. Setzen Mitarbeitende viele Personen routinemäßig in Kopie (in CC) ihrer Emails, um sich abzusichern?		
16. Nehmen Mitarbeitende Arbeitsanrufe auch in ihrem Feierabend an und kontrollieren und beantworten sie Emails auch in ihrer Freizeit, weil sie das Gefühl haben, ständig erreichbar sein zu müssen?		

Die Einstellung von Mitarbeitenden gegenüber geplanten Veränderungen in Unternehmen variiert im Zeitverlauf. Je nach subjektiv eingeschätztem Ausmaß der Veränderung durchlaufen Mitarbeitende bei Konfrontation mit Veränderungen unterschiedliche Phasen mit mentalen Höhen und Tiefen, begleitet von Kompetenzzweifeln (vgl. Abbildung 6.4). Für den Umgang mit Widerstandsreaktionen der Mitarbeitenden in Veränderungsprozessen ist es entscheidend zu erkennen, in welcher Phase der Veränderungskonfrontation sie sich befinden. Da Mitarbeitende das Ausmaß von Veränderungen unterschiedlich einschätzen, durchlaufen sie die Phasen nicht synchron.

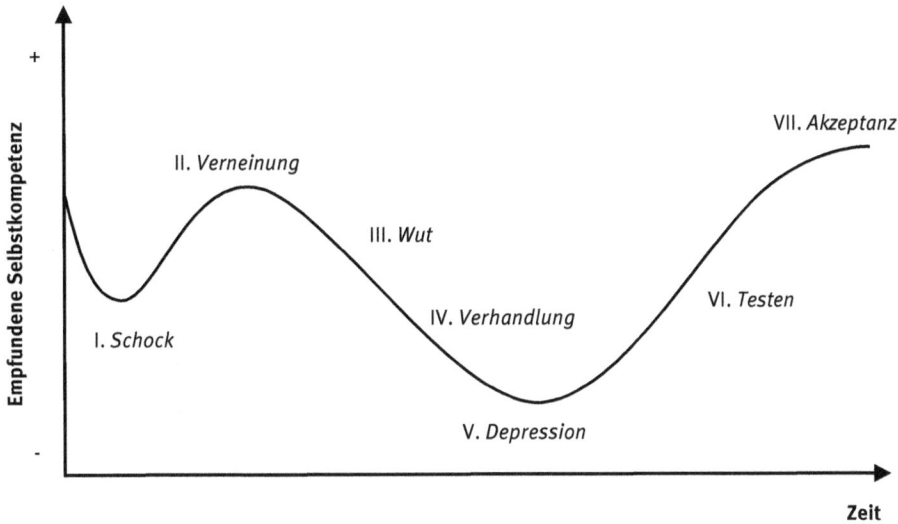

Abb. 6.4: Reaktionen im Verlauf von Veränderungsprozessen (eigene Darstellung in Anlehnung an Leybour 2016, S. 23 sowie Streich 1997, S. 243, zit. nach Scherm/Pietsch 2007, S. 268).

Die Phasen gehen auf die Forschungen von Elisabeth Kübler-Ross zurück (vgl. Leybourne 2016, S. 31 ff.). Kübler-Ross untersuchte, wie Patienten die Nachricht von einer unheilbaren Erkrankung verarbeiteten. Anhand der von ihr im *Copingzyklus* differenzierten Phasen lässt sich der Umgang mit Veränderungen wie folgt illustrieren (vgl. Leybourne 2016, S. 31 ff.; Scherm/Pietsch 2007, S. 268):
- *Schock*: Unmittelbar nachdem die Person von einer für sie tiefgreifenden Veränderung erfährt, reagiert sie mit einer Art Schockzustand. Die Person fühlt sich von der angekündigten Veränderung überrascht oder auch überrumpelt. Sie hat diese nicht erwartet und befürchtet, damit nicht umgehen zu können. Das Vertrauen in die eigenen Kompetenzen zur Bewältigung der Veränderungen ist gering. Sorgen und Ängste in Bezug auf die unsichere Situation nach der Veränderung entstehen. Dazu folgendes Beispiel: Ein Mitarbeitender erfährt davon, dass sein Unternehmen in eine andere Stadt, 300 Kilometer vom jetzigen Standort entfernt, umzieht.

Die Entscheidung, die er im Zuge der angekündigten Veränderung treffen muss, ist, entweder mit dem Unternehmen zu ziehen oder das Unternehmen zu verlassen. Beides erfüllt ihn mit Sorgen, da die Einschnitte in die Lebensgewohnheiten des Mitarbeitenden massiv sind. Zieht er mit dem Unternehmen, muss er sein gewachsenes soziales Umfeld verlassen, sich in einer neuen Umgebung zurechtfinden, eine neue Wohnung suchen usw. Verlässt er das Unternehmen, muss er sich einen neuen Arbeitgeber suchen. Er ist sich unsicher, ob er so schnell überhaupt eine neue Anstellung finden wird. Wenn er diese gefunden hat, dann muss er sich in neue Aufgaben einarbeiten, Beziehungen zu neuen Kollegen aufbauen usw.

– *Verneinung*: Ist der erste Schock überwunden, so lässt sich häufig feststellen, dass Personen scheinbar schlagartig wieder Zuversicht erlangen. Häufig lässt sich dies allein darauf zurückführen, dass die herannahenden Veränderungen einfach ausgeblendet oder in ihrer Bedeutung für die eigene Person heruntergespielt werden, sodass die Veränderungen weniger bedrohlich wirken. Die eigene Wahrnehmung wird dabei verzerrt (siehe Kapitel 4.3). Dies gilt es bei der Umsetzung von Veränderungen in Organisationen zu erkennen, um nicht fälschlicherweise davon auszugehen, dass Mitarbeitende die geplante Veränderung bereits akzeptiert haben. Mitarbeitende setzen ihre Energie in dieser Phase nicht dafür ein, die Veränderungen umzusetzen, sondern Gründe dafür zu finden, warum die Veränderungen nicht eintreten werden (siehe Dissonanzreduktion im Kapitel 4.5). Durch die dadurch gewonnene Zuversicht steigt das Vertrauen in die eigenen Kompetenzen wieder auf das Ursprungsniveau an. Der Mitarbeitende im obigen Beispiel könnte sich einreden, dass er da wohl irgendetwas falsch verstanden hat oder die Nachricht – sofern diese noch nicht offiziell ist – als Gerücht abtun. Vielleicht ist er aber auch davon überzeugt, mit einer kleinen Zweigstelle des Unternehmens am jetzigen Standort bleiben zu können, sodass sich durch den Umzug des Unternehmens für ihn persönlich gar nicht viel verändern wird.

– *Wut*: Lässt sich die angekündigte Veränderung nicht mehr verneinen oder einfach ausblenden, führt diese Erkenntnis häufig zu Frustration und Wut. Die damit einhergehenden, sehr emotionalen Reaktionen richten sich im Allgemeinen direkt gegen die ausgemachten Initiatoren der Veränderung. Diese werden sowohl offen als auch verdeckt beschuldigt und für die eigenen negativen Emotionen verantwortlich gemacht. Das Vertrauen in die eigenen Kompetenzen fällt stark ab. Selbstzweifel werden von Ungerechtigkeitsempfindungen begleitet. Mitarbeitende sehen sich in dieser Phase als hilfloses Opfer (*Warum passiert das ausgerechnet mir?*). Die Wut und Anschuldigungen des Mitarbeitenden im obigen Beispiel werden sich womöglich direkt gegen den eigenen Vorgesetzten oder das Top Management richten. In dieser Phase ist es wichtig zu erkennen, dass die Ursache für die Wut nicht etwa der Vorgesetzte, das Top Management oder die Veränderung als solche ist. Die Ursache liegt vielmehr in der mangelnden Kompetenzüberzeugung seiner eigenen Person begründet. Von Veränderungen Betroffene nehmen sich als nicht ausreichend kompetent im Umgang mit der Veränderung war, was bei diesen zu Sorgen und Ängsten führt. Letztere entladen sich dann in Wut und

Frustration. Für die Durchführung von Veränderungsmaßnahmen ist diese Phase entscheidend. Es muss gelingen, die vorhandene Energie des Mitarbeitenden von der reinen Wut in eine vertiefte Auseinandersetzung mit der Veränderung zu überführen. Häufig reagieren die Verantwortlichen für die Durchführung von Veränderungen auf die Wut der Betroffenen mit ebensolcher Wut. Sorgen und Ängste der betroffenen Mitarbeitenden müssen aber ernstgenommen werden, um sie sodann durch geeignete Maßnahmen abzubauen und die wahrgenommene Selbstkompetenz der Betroffenen zu stärken.

- *Verhandlung*: Nachdem Personen ihrer Wut gegen die Initiatoren der Veränderungen Luft verschafft haben, starten sie häufig einen letzten Versuch, um die Veränderungen trotzdem noch abzuwenden oder zumindest zu mildern. Sie treten dazu in Verhandlungen mit den Verantwortlichen für die Veränderungen. Dabei versuchen sie, das Beste für sich selbst herauszuholen. Die Einsicht der Betroffenen, dass sich die Veränderungen nicht mehr aufhalten lassen, setzt sich mehr und mehr durch, womit die Selbstkompetenz weiter abnimmt. Im oben genannten Beispiel würde der Mitarbeitende seinem Vorgesetzten Vorschläge unterbreiten, die das Ausmaß der Veränderungen für ihn reduzieren. Wäre es beispielsweise möglich, die Arbeit vom Homeoffice aus fortzuführen, dann könnte auf einen Umzug oder gar eine Kündigung verzichtet werden. Wenn schon die komplette Arbeit nicht aus dem Homeoffice heraus erledigt werden kann, dann wäre vielleicht eine reduzierte Anwesenheit am neuen Unternehmensstandort an ein oder zwei Tagen in der Woche eine Option, mit der der Mitarbeitende noch leben könnte.
- *Depression*: Die Einsicht, dass die Veränderungen auch durch Verhandlungen nicht mehr abgewendet werden können, geht mit starken Selbstzweifeln einher. In diesem *Tal der Tränen* schlägt die Realität voll durch. Den Betroffenen wird bewusst, dass sie sich an die neue Situation anpassen und die Veränderungen akzeptieren müssen. Wie genau sie dies bewerkstelligen sollen, ist den Betroffenen noch unklar, was deren Sorgen und Ängste verstärkt. Die selbst eingeschätzte Kompetenz ist in dieser Phase auf ihrem Tiefpunkt. Im aufgeführten Beispiel betrachtet der Mitarbeitende den Umzug des Unternehmens als beschlossen. Damit muss er nun die Entscheidung treffen, ob er mit dem Unternehmen umzieht oder das Unternehmen verlässt und sich einen neuen Arbeitgeber sucht.
- *Testen*: Erste Versuche, sich an die veränderte Situation anzupassen, werden unternommen. Teilerfolge sorgen dafür, dass die von den Veränderungen Betroffenen wieder Zutrauen in ihre Fähigkeiten erlangen. Nehmen wir an, der Mitarbeitende aus dem Beispiel hat sich dazu entschieden, das Unternehmen zu verlassen. Auf die ersten Bewerbungen erhält er eine positive Resonanz und führt bald die ersten Bewerbungsgespräche. Er erkennt, dass seine Kompetenzen auch bei anderen Unternehmen gefragt sind und diese attraktive Arbeitsbedingungen bieten. Seine Zuversicht, mit der neuen Situation fertig zu werden, steigt.
- *Akzeptanz*: Teilerfolge in der Anpassung an die Veränderungen führen zu der Feststellung, dass die neue Situation beherrschbar ist. Anfängliche Ängste und Sorgen werden mehr und mehr als Herausforderungen begriffen. Mit der Zeit findet

dann eine vollständige Anpassung an die neue Situation statt. Die vollzogenen Veränderungen werden von den Betroffenen im Rückblick häufig auch als wertvolle Erfahrung und persönliche Weiterentwicklung empfunden. Der Mitarbeitende im hier genannten Beispiel hat womöglich das Auswahlgespräch in einem Unternehmen erfolgreich durchlaufen und wird das ihm unterbreitete Jobangebot annehmen. Er akzeptiert die Veränderungen und kann darin vielleicht sogar etwas Gutes finden. Er findet sich gut im neuen Unternehmen ein und fühlt sich um einiges an Erfahrung reicher als vor der Veränderung.

Inwiefern die Betroffenen die zuvor dargestellten Phasen der Reaktionen auf Veränderungen durchlaufen und wie stark sie dabei mit Widerstand reagieren, ist unterschiedlich. Vorgesetzte können ihre Mitarbeitenden aber in jeder Phase aktiv unterstützen und so zu einer Veränderungsbewältigung ihrer Mitarbeitenden beitragen. Dies sollte gleichzeitig auch dabei helfen, Widerstände gegen Veränderungen abzubauen. In dem obigen Beispiel hätte dem Mitarbeitenden eine Exkursion zum neuen Firmenstandort angeboten werden können. Es hätte ihm aufgezeigt werden können, welche interessanten Möglichkeiten sich ihm durch die Standortverlagerung im Unternehmen bieten. Ebenso hätte die Organisation Unterstützung bei der Wohnungssuche am neuen Standort anbieten können.

Widerstand kann verbal und nonverbal sowie aktiv oder passiv geäußert werden (vgl. Tabelle 6.9). Einer zumeist kleinen Gruppe von aktiven Widerständlern (< 5 % der von den Veränderungen Betroffenen), die ihrer Ablehnung der Veränderungen verbal oder nonverbal offen Ausdruck verleihen, gegen die Veränderungen opponieren und die Veränderungen zu bremsen versuchen (vgl. Klimmer 2020, S. 236), steht eine zumeist ebenso kleine Gruppe an Veränderungsbegeisterten gegenüber, die die Umsetzung der Veränderungen aktiv unterstützen (ebenfalls < 5 % der von den Veränderungen Betroffenen).

Tab. 6.9: Anzeichen von Widerstand (Doppler/Lauterburg 2019, S. 357).

	verbal (Reden)	*nonverbal* (Handeln)
aktiv (Angriff)	**Widerspruch**	**Aufregung**
	Gegenargumente	Unruhe
	Vorwürfe	Streit
	Drohungen	Intrigen
	Polemik	Gerüchte
	Sturer Formalismus	Cliquenbildung
passiv (Flucht)	**Ausweichen**	**Lustlosigkeit**
	Schweigen	Unaufmerksamkeit
	Bagatellisieren	Müdigkeit
	Blödeln	Fernbleiben
	Ins Lächerliche ziehen	Innere Emigration
	Unwichtiges debattieren	Krankheit

Das Gros der Mitarbeitenden, die von Veränderungen betroffen sind, wird den Veränderungen neutral bis skeptisch gegenüberstehen (vgl. Klimmer 2020, S. 236). Sie sind weder von den Veränderungen begeistert, noch versuchen sie, den Veränderungsprozess aktiv zu bremsen. Oftmals warten sie erst einmal ab und arbeiten weiter wie bisher. Um diese große Gruppe an Mitarbeitenden von den Veränderungen im Unternehmen zu überzeugen, sind die Verantwortlichen auf Mithilfe aus der Belegschaft angewiesen. Hierzu eignet sich als erstes die Gruppe der Veränderungsbegeisterten. Diese gilt es, zu identifizieren, und als aktive Promotoren für das Veränderungsvorhaben zu gewinnen (siehe hierzu auch das Promotorenmodell in Kapitel 6.2.4). Für die Identifizierung von Promotoren bietet sich eine gründliche *Stakeholder-Analyse* an (vgl. Brugha/Varvasovszky 2000). Ziel dabei ist es, genauere Kenntnis von den betroffenen Mitarbeitenden bzw. Gruppen sowie von deren Gewinnen und Verlusten im Falle der Veränderung zu erlangen. Es empfiehlt sich folgendes Vorgehen:

- Zunächst sind alle von den Veränderungen betroffenen Personen und Gruppen innerhalb und außerhalb der Organisation (die sogenannten Stakeholder) zu identifizieren.
- Sodann ist zu ergründen, was jeder der Stakeholder im Falle der Veränderungen gewinnen oder verlieren wird.
- Mit den potenziellen Gewinnen kann aktiv für die Unterstützung des Veränderungsvorhabens geworben werden.
- Um die Bedenken derjenigen Stakeholder zu entkräften, die durch die Veränderungen Verluste erfahren (könnten), gilt es, im Vorfeld Lösungen zu erarbeiten. Diese sollten die Umgestaltung der Beschaffenheit der Veränderungen selbst oder eben die Reduktion der Verluste im Zuge der Veränderungen umfassen.

Sollte die Gesamtschau ergeben, dass für die Mehrzahl der Betroffenen die Verluste durch die Veränderungen größer sind als deren Gewinne, dann zeigt dies Nachbesserungsbedarf bei den geplanten Veränderungen an. Ein einfaches Durchziehen von Veränderungen, die mehr Nachteile als Vorteile bringen, dürfte am Widerstand der von den Veränderungen Betroffenen scheitern. Neben dem Interesse der Betroffenen an den geplanten Veränderungen, ist deren Machtpotenzial in der Umsetzung der Veränderungen von besonderer Bedeutung (vgl. Varvasovszky/Brugha 2000). In der Stakeholder-Analyse sollten die Betroffenen daher auch entsprechend ihres Einflusses auf den Veränderungsprozess klassifiziert werden. Je mehr Einfluss Stakeholder auf die Umsetzung der geplanten Veränderungen haben (d. h. je mächtiger sie sind), desto wichtiger sind diese für die Umsetzung der Veränderungen. Diesen Stakeholdern muss besondere Aufmerksamkeit geschenkt werden, da sie die geplanten Veränderungen auch stoppen können. Mit ihrer Macht können sie aber die Veränderungen auch wesentlich vorantreiben (z. B. indem sie benötigte Ressourcen zur Verfügung stellen). Es empfiehlt sich daher, sehr mächtige Stakeholder von Beginn an in die Planung der Veränderungen einzubeziehen.

Ausgehend von

- einer fundierten Analyse der Ursachen von Widerstandsreaktionen,
- der Identifizierung von Stakeholdern,
- der Ermittlung von Gewinnen und Verlusten im Zuge der Veränderungen sowie
- der Einflussanalyse der Stakeholder auf die Umsetzung der geplanten Veränderungen,

kann die eigentliche Umsetzung der Veränderungen beginnen. Je nach Zielsetzung und Umfang der Veränderungen ist dabei zu kommunizieren, qualifizieren und motivieren, um Widerstände abzubauen und den Wandel erfolgreich zu meistern. Dazu bieten sich die in Tabelle 6.10 aufgeführten Instrumente an, deren Einsatz mit den situativen Erfordernissen abzustimmen ist.

Tab. 6.10: Methoden zum Umgang mit Widerständen gegenüber Veränderungen (Kotter/ Schlesinger 2008).

Methode	Vorteile	Nachteile	Einsatz bei ...
Aufklärung: Geplante Veränderungen begründen und die Veränderungsmaßnahmen kommunizieren!	Verständnis fördert die Unterstützung der Veränderungsmaßnahmen.	Beansprucht viel Zeit bei größeren Gruppen.	Missverständnissen und mangelnder Information über die geplanten Veränderungsmaßnahmen.
Partizipation: Potenzielle Widerständler in Veränderungsprojekte einbinden (Betroffene zu Beteiligten machen)!	Erhöht die Bindung an die Veränderungsdurchführung.	Beansprucht viel Zeit und die von den eingebundenen Mitarbeitenden gestalteten Veränderungsmaßnahmen können unangemessen sein.	einflussreichen Stakeholdern sowie der Notwendigkeit von Unterstützung bei der Veränderungsdurchführung.
Förderung: Schulungen durchführen und emotionale Unterstützung anbieten!	Steigert die Selbstkompetenz.	Beansprucht viel Zeit, kann hohe Kosten verursachen und scheitern.	Sorgen und Ängste bei der Bewältigung der Veränderungen.
Verhandlung: Anreize/Belohnungen für die Umsetzung der Veränderungen bieten!	Kann dabei helfen, starken Widerstand zu reduzieren.	Kann hohe Kosten verursachen, kann andere ebenso zu Verhandlungen ermutigen.	einflussreichen Stakeholdern, die etwas durch die geplanten Veränderungen verlieren.
Zwang: Androhung von Sanktionen bei Veränderungsunwilligkeit!	Kann schnell umgesetzt werden und jeglichen Widerstand brechen.	Kann zu intensivem Ärger und Wut gegen die Initiatoren der Veränderung führen.	Erfordernis schneller Veränderungen.

6.2.4 Modelle des Veränderungsmanagements

Eines der ersten Modelle zur erfolgreichen Durchführung von Veränderungen in Organisationen ist das in Abbildung 6.5 skizzierte Drei-Stufen-Modell der Veränderung von Kurt Lewin (vgl. Hussain et al. 2018). Danach wird eine nachhaltige Veränderung von Verhaltensweisen nur für möglich erachtet, wenn zuvor alte Gewohnheiten und Routinen abgelegt wurden. Erst durch Letzteres öffnet sich eine Person für neue Verhaltensweisen. Nachdem die neuen Verhaltensweisen erlernt wurden, müssen sich diese im Verhalten stabilisieren. Durch die Stabilisierung entstehen dann neue Verhaltensgewohnheiten, die das Verhaltensrepertoire nachhaltig erweitern. Kurt Lewin unterscheidet drei Stufen der Verhaltensänderung (vgl. Burnes 2004, S. 985 f.):

1. *Auftauen*: Bevor eine Veränderung des Verhaltens stattfinden kann, müssen Gewohnheiten und Routinen im Mitarbeiterverhalten identifiziert werden, die verändert werden sollen. Erst wenn Mitarbeitende bereit sind, ihre Verhaltensgewohnheiten und Routinen abzulegen, kann die Verhaltensänderung eingeleitet werden. Kurt Lewin spricht hier auch von einem Auftauen und Verlernen vorhandener Verhaltensgewohnheiten und Routinen, ohne dem keine Veränderung stattfinden kann. Vergleichbar ist dies mit dem Bild eines Eiswürfels, der von einer eckigen Form in eine runde Form verändert werden soll. Dieser muss zunächst aufgetaut werden, bevor die Form verändert werden kann. Gelingt es nicht, den Eiswürfel aufzutauen, dann ist eine Veränderung seiner Form nicht möglich.

2. *Bewegen*: Sind die Verhaltensgewohnheiten und Routinen aufgetaut, können neue Verhaltensweisen und Fertigkeiten erlernt werden. Um im Bild des aufgetauten Eiswürfels zu bleiben, muss dieser, nachdem er aufgetaut wurde, in die gewünschte Form gegossen (bzw. bewegt) werden. Für das Training neuer Verhaltensweisen und Fertigkeiten können Organisationen auf eine ganze Reihe von Instrumenten und Konzepten zurückgreifen (z. B. Workshops, Coachings, Trainings). Es sollte damit gerechnet werden, dass die Leistungen der Mitarbeitenden in der Lernphase zurückgehen, d. h. unter das Ausgangsniveau vor der Veränderungsdurchführung fallen. Dies liegt daran, dass die Mitarbeitenden die neuen Verhaltensweisen noch nicht verinnerlicht haben und Übung benötigen. In der Erprobungsphase werden Fehler gemacht. Zudem werden die zu erlernenden Handlungsabläufe anfangs langsamer ausgeführt als die routinierten Handlungsabläufe zuvor (siehe Lernkurve in Kapitel 4.1). Es ist daher nicht sinnvoll, Veränderungsinitiativen in Phasen akuter Arbeitsbelastungen zu starten. Die mangelnde Geschwindigkeit in der Ausführung der neuen Handlungsabläufe wird dazu führen, dass Mitarbeitende dem hohen Arbeitsaufkommen nicht nachkommen können. Dies führt zu Frustration und Stress und verstärkt die Tendenz, in die alten Gewohnheiten und Routinen zurückzufallen. In der Phase des Erlernens neuer Verhaltensweisen und Fertigkeiten sollten solche Frustrationsmomente vermieden werden. Dazu müssen die Arbeitsbedingungen und das Arbeitsaufkommen auf die Lernphase abgestimmt werden.

3. *Einfrieren*: Nach Beendigung der Phase des Erlernens neuer Verhaltensweisen, sollte das Leistungsniveau über dem Ausgangsniveau liegen. Schließlich soll die Veränderung zu etwas Besserem geführt haben. Ist dies der Fall, dann ist dafür zu sorgen, dass sich die erlernten Verhaltensweisen und Fertigkeiten im Verhalten der Mitarbeitenden stabilisieren, damit daraus neue Verhaltensgewohnheiten und Routinen werden. Die Möglichkeit des Rückfalls in alte Gewohnheiten ist dabei solange gegeben, wie sich die neuen Verhaltensweisen und Fertigkeiten noch nicht vollständig im Verhalten stabilisiert haben bzw. eingefroren sind. Inwieweit dies gelungen ist, ist nach der Lernphase zu evaluieren. Erst wenn Mitarbeitende die neu erlernten Verhaltensweisen und Fertigkeiten auch wie selbstverständlich anwenden, kann die Veränderungsmaßnahme als erfolgreich abgeschlossen betrachtet werden. Bildlich gesprochen muss das Wasser des aufgetauten und in die runde Form gegossenen Eiswürfels wieder eingefroren werden. Damit der Eiswürfel eventuell nicht zu früh aus der Form genommen wird, muss dessen gefrorener Zustand immer wieder kontrolliert werden.

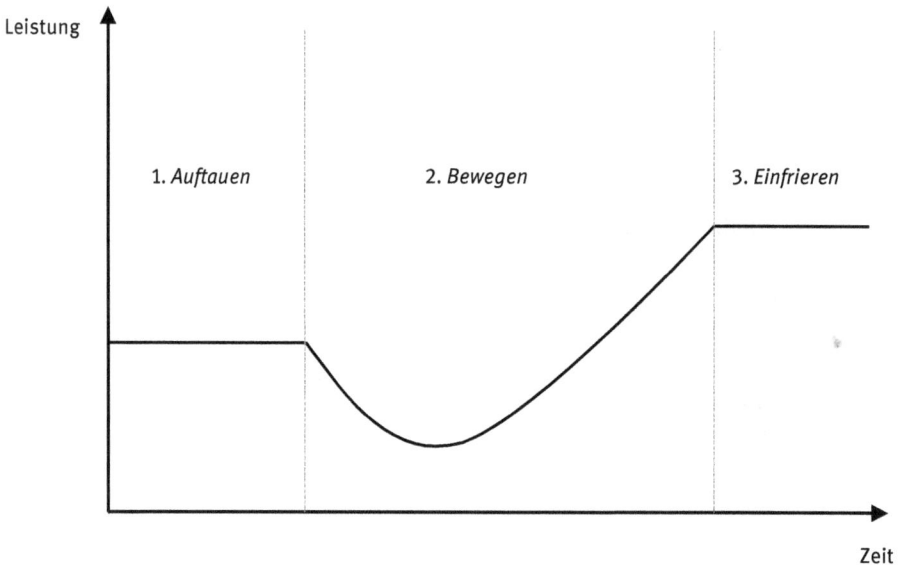

Abb. 6.5: 3-Stufen der Veränderung nach Kurt Lewin (eigene Darstellung).

Während Kurt Lewin in seinem Veränderungsmodell lediglich drei Phasen unterscheidet, unterteilt Wilfried Krüger erfolgreiche Wandelprozesse in insgesamt fünf Phasen. In diesen Phasen sind jeweils spezifische Aufgaben in der Umsetzung von Veränderungen zu lösen (vgl. Krüger/Petry 2005, S. 13 f.):

1. *Initialisierung*: Hier gilt es, zunächst den Veränderungsbedarf zu identifizieren und die Veränderungsträger zu aktivieren. Einfacher gestaltet sich die Umset-

zung von Veränderungen in Organisationen, wenn die Veränderungen vom Top-Management initiiert werden, als wenn diese von den unteren Hierarchieebenen ausgehen. Daher sollte zunächst auch das Top-Management von den geplanten Veränderungen überzeugt und dessen aktive Unterstützung für die Umsetzung der Veränderungen gewonnen werden. Darüber hinaus empfiehlt es sich, mit Hilfe der bereits vorgestellten Stakeholder-Analyse weitere Unterstützer für das Veränderungsprojekt zu identifizieren und zu gewinnen. Diese sollten dann von Beginn an in die Planung und Durchführung der Veränderungen einbezogen werden.

2. *Konzeption*: In dieser Phase wird die Zielsetzung der Veränderungen festgelegt und es werden Maßnahmen zur Erreichung der Veränderungsziele entwickelt. Die Ziele sollten spezifisch, klar/überzeugend und für jedermann verständlich formuliert werden. Zudem sollten sich die Ziele nicht gegenseitig ausschließen bzw. widersprechen. Stehen die Ziele fest, sind Maßnahmen zu entwerfen, mit denen diese erreicht werden können.

3. *Mobilisierung*: In dieser Phase geht es um die Kommunikation des Veränderungskonzeptes und die Gestaltung der Veränderungsbedingungen in der Organisation. Die zuvor festgelegten Veränderungsziele müssen an die von den Veränderungen betroffenen Personen und Gruppen kommuniziert werden. Es gilt, andere von der Notwendigkeit der geplanten Veränderungen zu überzeugen und sie für das Veränderungsvorhaben zu begeistern. Konkrete Aufgaben in der Umsetzung der Veränderungen müssen auf einzelne Mitarbeitende und Gruppen verteilt werden. Neben der Projektdokumentation, dem Projektcontrolling und der Personalplanung sollte sich in dieser Phase auch der möglicherweise notwendigen Überarbeitung bestehender Anreizsysteme in der Organisation gewidmet werden.

4. *Umsetzung*: In dieser Phase steht die konkrete Durchführung der Veränderungsmaßnahmen an. Die einzelnen Projekte und Teilaufgaben, die im Veränderungsprozess zu bearbeiten sind, müssen entsprechend ihrer Dringlichkeit priorisiert werden. Dies muss anhand ihrer sachlichen Bedeutung für den Veränderungsprozess als Ganzes, der Ressourcenverfügbarkeit sowie ihres Risikos und der möglichen Realisierung kurzfristiger Erfolge geschehen.

5. *Verstetigung*: In der letzten Phase von erfolgreichen Wandelprozessen geht es darum, die Veränderungsergebnisse in der Organisation zu verankern sowie die Veränderungsbereitschaft und -fähigkeit für zukünftige Veränderungsprojekte zu sichern. Im Gegensatz zu dem Modell von Lewin, das mit der Stabilisierung der Veränderungen endet, fordert das Modell von Krüger Organisationen dazu auf, eine Veränderungsbereitschaft auch nach einem gerade beendeten Veränderungsprozess beizubehalten. Zwar sollen die veränderten Strukturen, Handlungen und Bedingungen in der Organisation zur Routine werden. Die Organisation und ihre Mitglieder sollen darüber hinaus aber auch offen für zukünftige Veränderungen bleiben und nicht „in einen Zustand der Organisationsruhe verfallen" (Krüger/Petry 2005, S. 14).

Krüger lehnt sein Modell an das *Change-Modell* von John Kotter an (vgl. Krüger/ Petry 2005, S. 13), das noch einmal drei weitere Phasen in der Durchführung von Veränderungen in Organisationen differenziert. Die Phasen adressieren die häufigsten und bedeutsamsten Fehler in der Umsetzung von Veränderungen in Organisationen (vgl. Kotter 1995). Um diese Fehler in der Durchführung von Veränderungsprojekten in Organisationen zu vermeiden (siehe Tabelle 6.10), müssen die folgenden acht Stufen erfolgreich bewältigt werden (vgl. Robbins/Judge 2019, S. 628):

1. *Veränderungsdruck erzeugen*: Im ersten Schritt gilt es, einen Veränderungsdruck bei allen Beteiligten zu erzeugen. Wenn Organisationsmitglieder keinen Druck zur Veränderung verspüren, dann sind sie auch nicht motiviert, sich selbst bzw. die Organisation zu verändern. Sind Personen zufrieden mit der gegenwärtigen Situation, dann werden sie verstärkt mit Widerstand auf Versuche von außen reagieren, diese Situation verändern zu wollen. Um die Organisationsmitglieder von der Notwendigkeit der Veränderungen zu überzeugen, muss bei diesen eine Unzufriedenheit mit dem derzeitigen Status quo geschaffen werden. Erst durch die Unzufriedenheit mit dem gegenwärtigen Status quo gelangen die Organisationsmitglieder zu der Einsicht, dass sich etwas zum Positiven verändern muss.

2. *Mächtige Koalitionen bilden*: Im zweiten Schritt sind Gruppen/Koalitionen von Personen zu etablieren, die gemeinsam über ausreichende Machtpotenziale verfügen, um die Veränderungen umzusetzen. Lediglich ein oder zwei Personen in der Organisation können keinen tiefen organisationalen Wandel steuern. Für die Steuerung des Wandels in Organisationen wird eine starke Projektgruppe benötigt, die sowohl über breite Expertise und Organisationsgeschick sowie entsprechenden Einfluss in der Organisation verfügt (hierzu das Promotorenmodell in Kapitel 6.2.4).

3. *Visionen und Maßnahmen entwickeln*: Im dritten Schritt sind eine motivierende Vision von der (besseren) Wirklichkeit nach der Veränderung sowie Maßnahmen zur Umsetzung der Vision zu entwickeln. Ohne ein klares und verständliches Bild von der zukünftigen Situation wird ein Veränderungsprojekt wirr und unübersichtlich. Eine klare und leicht verständliche Vision von der Zeit nach der Veränderung sorgt für die notwendige Orientierung im Veränderungsprozess.

4. *Visionen und Maßnahmen kommunizieren*: Im vierten Schritt ist die Vision innerhalb der Organisation zu kommunizieren. Die einmalige Information über ein Veränderungsprojekt ist nicht ausreichend. Veränderungen sind schwer greifbar und häufig abstrakt. Mit den Organisationsmitgliedern sollte sich regelmäßig über die Fortschritte im Veränderungsprozess ausgetauscht und die Vision kommuniziert werden. Den Organisationsmitgliedern ist eine klare Richtung aufzuzeigen. Es ist ihnen zu erläutern, was von ihnen im Rahmen des Veränderungsprozesses erwartet wird. Art und Medium der Kommunikation sind auf die einzelnen Zielgruppen der Veränderungen abzustimmen (siehe Media-Richness-Theorie in Kapitel 5.3.2)

5. *Veränderungsbarrieren beseitigen*: Im fünften Schritt müssen die Organisationsmitglieder durch den Abbau von Veränderungsbarrieren sowie die Ausstattung mit benötigten Ressourcen und Fähigkeiten in die Lage versetzt werden, zur Er-

reichung der Vision beitragen zu können. Die Vernachlässigung der Anpassung von Strukturen, Aufgabenbereichen, Beurteilungs- und Entlohnungssystemen sowie die fehlende Schulung von benötigten Kompetenzen kann die Umsetzung von Veränderungen behindern. Darüber hinaus werden in Veränderungsprozessen trotz sorgfältiger Planung immer wieder Rückschläge zu verkraften sein. Eventuelle Hindernisse im Veränderungsprozess müssen daher identifiziert und abgebaut werden. Das Management muss Rückschläge offensiv angehen und willens sein, daraus zu lernen, anstatt sich lediglich mit der Zuschreibung von Verantwortlichkeiten für Fehlschläge zu beschäftigen.

6. *Kleine Erfolge feiern*: Veränderungen brauchen Zeit. Veränderungsprozesse verlieren an Schwung, wenn nicht ab und an Fortschritte verzeichnet werden können. Die Umsetzung von Veränderungen im sechsten Schritt ist so zu planen, dass kleine Erfolge (sogenannte *Quick-Wins*) auf dem Weg zum Zielzustand schnell sichtbar werden. Diese Erfolge sollen ausgiebig in der Organisation gefeiert werden, damit das Engagement für die Umsetzung der Veränderungen erhalten bleibt und das Gesamtziel nicht aus dem Fokus gerät.

7. *Erreichtes stabilisieren und Anpassungen vornehmen*: Im siebten Schritt sind die kleineren Fortschritte zu festigen und die Veränderungsmaßnahmen gegebenenfalls an veränderte Anforderungen anzupassen. Veränderungsprozesse sind nicht bereits mit dem ersten Auftreten von Verbesserungen beendet, sondern müssen nachhaltig in der Organisation gefestigt werden. Veränderungsprojekte sollten daher nicht für beendet erklärt werden, bevor sich die Veränderungen nicht auch tatsächlich in der Organisation stabilisiert haben. Veränderungsprojekte enden nicht mit dem Ergebnis, sondern mit dessen Evaluation.

8. *Erfolge verankern*: Im achten Schritt gilt es, die erreichten Veränderungen durch den Verweis auf die erreichten Erfolge als direkte Konsequenz der vollzogenen Veränderungen in der Organisation zu verankern. Der Zusammenhang zwischen den neuen Verhaltensweisen, Prozessen und Strukturen in der Organisation und dem Erfolg der Organisation muss für alle Beteiligten klar erkennbar sein. Veränderungsprozesse, deren Vorteile nach der Durchführung nicht als solche erkannt werden, zerfallen. Dadurch sinkt auch die Bereitschaft, sich nachfolgend an Veränderungsprozessen zu beteiligen. Häufig werden in Organisationen initiierte Veränderungen nach einem Austausch des Managements nicht weitergeführt, was die bis dahin erreichten Veränderungen ebenfalls zunichtemacht. Eventuelle Nachf olger im Management der Organisation müssen sich für die Fortführung/ Beibehaltung der von ihren Vorgängern initiierten Veränderungen einsetzen.

Wenn die Umsetzung von Veränderungen in Organisationen scheitert, hat dies nur selten rein technische Ursachen. Die Mehrzahl von Veränderungsprojekten in Unternehmen scheitert am Widerstand der Mitarbeitenden. Veränderungsprojekte in Organisationen kommen häufig nicht über die Konzeptionsphase hinaus. Notwendige Veränderungen werden somit gar nicht erst angegangen. Veränderungsprojekte – insbesondere solche, die einen tiefgreifenden Wandel im Unternehmen erfordern – in die alleinige Verantwortung einer einzigen Person zu legen, kann der Komplexität der damit verbundenen Aufgaben nicht gerecht werden. Das *Promotorenmodell organisationaler Veränderungen* empfiehlt, Fach- und Prozesspromotoren in der Umsetzung von Veränderungsprojekten, einen Machtpromotor zur Seite zu stellen (vgl. Klimmer 2020, S. 267). Aufgrund seiner hierarchischen Positionierung im Unternehmen kann der Machtpromotor einem Veränderungsprojekt die notwendige Bedeutung und Rückendeckung verleihen. Prozesspromotoren behalten dagegen den Gesamtprozess der Veränderung mit all seinen Teilaufgaben und -zielen im Blick. Sie entwickeln, verwalten und überwachen Budgets und Projektpläne und stellen benötigte Ressourcen zur Verfügung. Fachpromotoren unterstützen die Umsetzung der Veränderungen aktiv mit ihren Fachkenntnissen (siehe Tabelle 6.11).

Tab. 6.11: Promotorenmodell organisationaler Veränderungen (Klimmer 2020, S. 267).

	Machtpromotor	Fachpromotor	Prozesspromotor
Grundlage	Hierarchische Macht bzw. Durchsetzungsstärke	Fachliche Fähigkeiten und Kenntnisse	Organisations- und Führungsfähigkeiten
Aufgaben	– erteilt Projektauftrag – formuliert Ziele – stellt Ressourcen bereit – trifft grundlegende Entscheidungen – hilft bei Überwindung von Widerstand einflussreicher Gegner	– initiiert und steuert die Suche nach fachlichen Lösungen – arbeitet Detaillösungen aus und setzt sie um	– analysiert Gewinne und Verluste von Stakeholdern und berücksichtigt diese – untergliedert Projektziele in Teilziele sowie Teilaufgaben und Teilprojekte – legt Arbeitsfolgen sowie Termine und Budgets fest und überwacht sie
Einbindung in die Projektorganisation	Mitglied oder Vorsitzender des Steuerungsgremiums	Mitglied von Projektteams, Mitglied oder Leitung von Teilprojekten, Mitglied von Unterstützungseinheiten, Beratender	Programm- oder Gesamtprojektleitung

Bereits eingangs wurde darauf verwiesen, dass Veränderungen von und in Organisationen keine Einzelphänomene sind. In Organisationen vollziehen sich kontinuierlich Veränderungen, die allerdings in ihrem Ausmaß und ihrer Tiefe variieren. Veränderungen stellen einen wesentlichen Teil der Entwicklung von Organisationen dar. Diese Entwicklung wird, solange die Organisation besteht, niemals vollständig abgeschlossen sein. Anstatt durch die Begriffe Veränderung oder Wandel irrtümlich zu suggerieren, dass es sich dabei um einmalige Phänomene mit klar definierten Start- und Endpunkten handelt, verweist die Perspektive der *Organisationsentwicklung* treffender darauf, dass Organisationen gefordert sind, beständig nach Entwicklungsmöglichkeiten Ausschau zu halten und diese für sich zu nutzen.

6.3 Management von Kulturunterschieden in Organisationen

Im ersten Kapitel wurde angemerkt, dass Organisationen in einer Austauschbeziehung mit ihrer Umwelt stehen. Die Umwelt von Organisationen ist nicht auf nationale Grenzen festgelegt. In der heutigen globalen Wirtschaftswelt ist ein grenzüberschreitender Personaleinsatz in Organisationen keine Seltenheit. Zudem setzen Organisationen ihre Produkte und Dienstleistungen auch auf ausländischen Märkten ab. Dabei interagieren Mitarbeitende mit ausländischen Zulieferern, Behörden, Auftragnehmern, Geschäftspartnern und Kunden. Dies alles sorgt für eine wachsende kulturelle Vielfalt in und um Organisationen herum. Auch Organisationen, die sich nicht international engagieren, sehen sich einer kulturellen Vielfalt innerhalb ihrer Belegschaft und möglicher Interaktionspartner gegenüber. Kulturtypische Sozialisations- und Lernerfahrungen prägen die Einstellungen, Motive, Werte und Verhaltensweisen von Personen und mitunter auch deren Wahrnehmung. Konflikte mit Angehörigen fremder Kulturen entstehen häufig dann, wenn kulturelle Besonderheiten in der Interaktion unberücksichtigt bleiben oder nicht verstanden werden. Eine gewisse Sensibilität für kulturelle Unterschiede kann Missverständnisse in der Interaktion mit Angehörigen fremder Kulturen vermeiden. Ein Grundverständnis von landeskulturellen Unterschieden und deren Einfluss auf das Handeln und die Kultur in Organisationen ist dafür erforderlich.

6.3.1 Der Kulturbegriff

Kultur bezeichnet die Gesamtheit der Grundannahmen, Normen, Werte, Einstellungen und Überzeugungen einer sozialen Einheit (vgl. Kutschker/Schmid 2011, S. 674). Die Kultur übernimmt die folgenden Funktionen:
- *Orientierungsfunktion*
- *Sinnstiftungsfunktion*
- *Motivationsfunktion*
- *Identitätsstiftungsfunktion*
- *Koordinations- und Integrationsfunktion*
- *Ordnungsfunktion*

Stellen wir uns die *Landeskultur* als eine Art Eisberg vor, können wir einen sichtbaren Teil von einem nicht sichtbaren Teil der Landeskultur unterscheiden (siehe Abbildung 6.6). Der nicht sichtbare Teil umfasst die sogenannten *Concepta*. Dieser unterhalb der Wasseroberfläche liegende Teil der Kultur enthält die in einer Kultur gültigen Grundannahmen, Einstellungen, Normen, Werte und Überzeugungen (vgl. Osgood 1951). Die *Percepta* bilden den sichtbaren Teil des Eisbergs. Dies ist der Teil einer Kultur, bei dem sich die Concepta nach außen – in Verhaltensweisen und Artefakten – zeigen. Dieser Teil der Landeskultur ist auch für Personen wahrnehmbar, die nicht Teil der Kultur sind. Dazu gehören Dinge wie die Musik, der Kleidungsstil, spezifische Speisen, Tänze, Begrüßungsrituale und insbesondere auch die Architektur eines Kulturkreises (vgl. Rothlauf 2012, S. 31). Die Bedeutung dieser wahrnehmbaren Erscheinungsformen einer Kultur bzw. der Percepta wird nur durch die ihnen zugrundeliegenden Concepta klar. In der Reflexion des sichtbaren Teils einer Kultur müssen demnach Aspekte wie die Weltsicht der Kultur, deren Regeln für die Beziehungsgestaltung und Kommunikation, kulturelle Einstellungen gegenüber bestimmten Sachverhalten (z. B. Familienleben, Veränderungen, Risiken) und vorhandene religiöse Überzeugungen berücksichtigt werden.

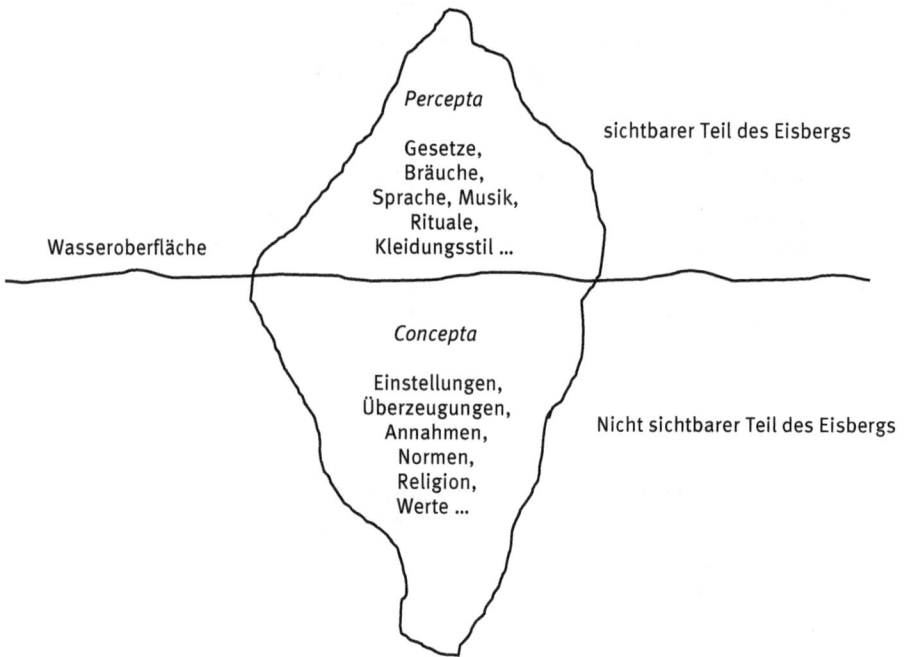

Abb. 6.6: Eisbergmodell der Kultur (Quelle: eigene Darstellung in Anlehnung an Rothlauf 2012, S. 31).

Länder unterscheiden sich teils erheblich in ihrer kulturellen Ausprägung voneinander. Für den Kulturanthropologen Edward T. Hall ist Kultur gleich Kommunikation, was sowohl Wörter (Medien der Kommunikation) und materielle Dinge (Indikatoren von Macht und Status) als auch Verhaltensweisen (Rückmeldung über Gefühle) einschließt (vgl. Hall/Hall 1990, S. 3). Interkulturelle Problemstellungen werden von Hall auf die folgenden Kulturdimensionen zurückgeführt (vgl. Hall/Hall 1990, S. 4 f.; hierzu auch Gutting 2016, S. 47 ff.):

- *Raumorientierung*: Diese bezieht sich auf das Ausmaß an Nähe, die in einem Kulturkreis als angenehm oder unangenehm empfunden wird. In nordeuropäischen Ländern beispielsweise nimmt die Privatsphäre einen relativ hohen Stellenwert ein. Angehörige dieses Kulturkreises halten einen größeren Abstand zueinander. In südeuropäischen Ländern berühren sich die Menschen weitaus häufiger und die physische Distanz untereinander ist geringer. Dies kann insbesondere bei Verhandlungen im internationalen Kontext wichtig sein. Jede Person verfügt über individuelle Komfortzonen hinsichtlich der Distanz bzw. der Nähe zu anderen. Die Komfortzonen geben Auskunft darüber, wie viel physische Nähe zu anderen, als angenehm oder unangenehm empfunden wird. Sie würden es womöglich als sehr unangenehm empfinden, wenn Sie ein Kunde direkt beim ersten Treffen umarmt. Mit der Umarmung übertritt der Kunde Ihre Komfortzone. Die Nähe einer Umarmung ist in unseren Kulturkreisen eher engen Freunden und Verwandten vorbehalten. Im Umgang mit Fremden fühlen wir uns wohler, wenn der physische Abstand zu ihnen etwas größer ist. In anderen Ländern ist die Umarmung zur Begrüßung dagegen akzeptiert, auch wenn man sich noch nicht gut kennt. Zur Raumorientierung zählt Edward T. Hall aber auch die Symbolik territorialer Machtverhältnisse. Demnach drücken Räume und deren Positionierung das Ausmaß an Macht einer Person oder einer Position innerhalb der Organisation aus (z. B. die Chefetage im obersten Stockwerk des Bürogebäudes und die Büros für die niederen Angestellten im Erdgeschoss; das eigene Büro für den Chef und das Großraumbüro für die Angestellten).

- *Geschwindigkeit der Informationsübermittlung*: Hierunter ist die Vorliebe oder Abneigung für eine tiefe und gründliche Informationsverarbeitung und -weitergabe zu verstehen. Während einige Kulturen eine schnelle – wenn auch weniger gründliche – Weiterleitung und Verarbeitung von Informationen bevorzugen und ausleben, geben andere Kulturen (darunter viele europäische Länder) einer langsameren und gründlicheren Informationsübermittlung und Verarbeitung den Vorzug. Einem Amerikaner mögen die umfangreichen und detailreichen Berichte seines deutschen Geschäftspartners als langatmig erscheinen (sogenannte *German Gründlichkeit*). Seinen deutschen Geschäftspartner empfindet er als sehr behäbig, weil er nicht schnell genug auf den Punkt kommt. Dem deutschen Geschäftspartner sind dagegen die kurzen Aussagen des Amerikaners viel zu oberflächlich. Die Vorliebe für eine schnelle oder langsame Informationsübermittlung drückt sich auch in der Art sozialer Beziehungen aus. So ist es in den USA relativ leicht, schnell neue Bekanntschaften zu schließen. Diese sind aber nicht immer vergleichbar mit den tiefen Bekanntschaften, wie sie die meisten Europäer pflegen, sondern eher oberflächlicher und informeller Natur: Es werden schnell ein paar freundliche, aber unverbindliche Worte ausgetauscht, ohne dass daraus eine tiefere Bekanntschaft entsteht.

- *Kontextbezug*: Der Begriff Kontext bezieht sich auf den Informationsgehalt um eine übermittelte Botschaft herum. Ist der Kontext hoch, dann liegt viel Informationsgehalt in der Person des Senders einer Nachricht. Ist der Kontext niedrig, dann ist die Botschaft, die der Sender übermitteln will, explizit in dem, was gesagt wird, enthalten. Bei einem hohen Kontext geht also viel Information davon aus, wie etwas gesagt wird und wer etwas sagt (siehe auch die vier Seiten einer Nachricht in Kapitel 5.3.3). Bei einem niedrigen Kontext ist hingegen das, was gesagt wird, entscheidender. Kulturen unterscheiden sich in der Präferenz ihrer Angehörigen für explizite, direkte und klare Aussagen (*niedriger Kontext*) und der Präferenz für eine eher indirekte, implizite Art der Kommunikation und Interaktion (*hoher Kontext*). Angehörige mittel- und nordeuropäischer Kulturen sowie der USA bevorzugen es, Dinge direkt beim Namen zu nennen, d. h., direkt zu kommunizieren. Die meisten asiatischen Kulturen sowie Personen aus arabischen und mediterranen Ländern sind es dagegen gewohnt, wenn Dinge (insbesondere Kritik) nicht offen und direkt ausgesprochen werden. Hier weiß man, wie jemand etwas gemeint hat, auch ohne dass dies offen ausgesprochen wurde. Ein deutscher Mitarbeitender hält es beispielsweise für selbstverständlich, dass ihm sein Vorgesetzter Fehler in der Aufgabenerledigung genauestens erläutert und ihm sagt, wie er die Fehler beim nächsten Mal vermeidet. Eine solch direkte Kritik sind viele asiatische Mitarbeitende nicht gewohnt. Dort würde die direkte Kritik einem Gesichtsverlust gleichkommen. Gut möglich, dass sich ein asiatischer Vorgesetzte bei seinem Mitarbeitenden für die Aufgabenerledigung bedankt, auch wenn dieser in der Aufgabenausführung Fehler gemacht hat. Dass der Vorgesetzte mit seiner Arbeit nicht zufrieden war, schließt der Mitarbeitende dann daraus, dass der Vorgesetzte ihm anschließend eine Aufgabe mit geringerer Verantwortung zuweist. Zu Meetings in deutschen Unternehmen werden beispielsweise Personen entsprechend ihrer für das Meeting benötigten Kompetenzen eingeladen. Bei Meetings in japanischen Unternehmen zeigt dagegen die Anzahl der Teilnehmenden am Meeting sowie deren Status den Stellenwert des Meetings an. Dies kann leicht zu Missverständnissen in einem Geschäftsmeeting aus Deutschen und Japanern führen. Wohingegen die Deutschen ein oder zwei Fachexperten ins Meeting schicken, nimmt das gesamte Top Management des japanischen Unternehmens am Meeting teil. Letzteres fühlt sich durch den geringen Status und die geringe Teilnehmerzahl der Deutschen brüskiert. Die deutschen Teilnehmenden des Meetings fühlen sich womöglich im Meeting unwohl, weil das japanische Top Management nicht über die erwartete Expertise in ihrem Fachgebiet verfügt.
- *Zeitorientierung*: Hierunter verbirgt sich die Unterscheidung zwischen Monochronismus und Polychronismus. Unter *Monochronismus* ist ein lineares Zeitverständnis zu verstehen, demzufolge Dinge nacheinander, d. h. in einer klaren zeitlichen Abfolge, erledigt werden. *Polychronismus* steht im genauen Gegensatz dazu und bedeutet, mehrere Dinge gleichzeitig erledigen zu können bzw. in der Erledigung verschiedener Dinge hin und her zu wechseln. In monochro-

nen Kulturen (z. B. Deutschland, Singapur, Japan, China und skandinavische
Länder) nimmt die Einhaltung von Zeitvorgaben einen hohen Stellenwert ein.
Zusagen werden genauestens terminiert und Dinge nacheinander abgearbeitet.
Termine und Zeitpläne werden minutiös eingehalten. In polychronen Kulturen
(z. B. Malaysia, Philippinen, Indien, Lateinamerika, arabische und mediterra-
ne Kulturen) werden die Erledigung von Aufgaben sowie die Einhaltung von
Terminen und Zusagen den sozialen Beziehungen untergeordnet. Termine werden als etwas Unverbindliches betrachtet und flexibel gehandhabt. Zeitpläne
können selten eingehalten werden, da nebenher noch viele andere Sachen erledigt werden. Tabelle 6.12 gibt einen Überblick über die Unterschiede zwischen
Personen mit einem monochronen und Personen mit einem polychronen Zeitverständnis.

Tab. 6.12: Unterschiede zwischen Personen mit monochronem und Personen mit polychronem Zeitverständnis (Hall/Hall 1990, S. 15).

Monochrone Personen ...	Polychrone Personen ...
erledigen eins nach dem anderen.	erledigen viele Dinge zur gleichen Zeit.
konzentrieren sich auf ihre Aufgaben.	lassen sich leicht ablenken.
nehmen Terminzusagen ernst und sehen diese als verbindlich an.	betrachten Terminzusagen als eine unverbind-liche Orientierung, die einzuhalten ist, wenn es möglich ist.
sind niedrig im Kontext und benötigen viel expli-zite Informationen.	sind hoch im Kontext und verfügen über alle Informationen, die wichtig sind.
fühlen sich ihren Aufgaben verpflichtet.	fühlen sich sozialen Beziehungen mit anderen (insbesondere der Familie) verpflichtet.
halten an Plänen fest.	ändern Pläne schnell und häufig.
bemühen sich, andere nicht zu stören; halten Regeln der Privatsphäre und gegenseitiger Rück-sichtnahme ein.	bemühen sich stärker um die Einbeziehung en-ger Freunde und Verwandter denn um Privatheit.
respektieren Privateigentum; leihen und verlei-hen seltener.	leihen und verleihen viele Dinge oft.
betonen zügiges Handeln.	binden zügiges Handeln an die Beziehungsqua-lität.
sind kurze Beziehungen gewöhnt.	zeigen eine starke Tendenz zum Aufbau lebens-langer Beziehungen.

Die Kulturstudie von Geert Hofstede aus den 1970er Jahren wird oft als Meilenstein
in der Kulturforschung bezeichnet. Ziel der Studie war es, kulturelle Einflüsse auf
die Unternehmensführung zu identifizieren. Mittels standardisierter Befragungen von
mehr als 100.000 Mitarbeitenden des Unternehmens IBM aus über 50 verschiedenen

Ländern identifizierte Hofstede fünf Dimensionen zur Beschreibung arbeitsbezogener Wertvorstellungen innerhalb unterschiedlicher Kulturen (vgl. Hofstede 2011, S. 6). Durch Folgestudien wurden die Angaben immer wieder aktualisiert (vgl. Hofstede/Hofstede/Minkov 2017):

- *Machtdistanz*: Hierunter ist die gesellschaftliche Akzeptanz/Legitimation ungleicher Machtverhältnisse zu verstehen. Bei hoher Machtdistanz werden starke Unterschiede in den Privilegien zwischen hierarchisch höher gestellten Mitarbeitenden und Mitarbeitenden auf niedrigeren Hierarchiestufen einer Organisation akzeptiert. Gegen Entscheidungen höherer Machtinstanzen wird nicht offen interveniert. Die Entscheidungen werden eher stillschweigend hingenommen.

- *Unsicherheitsvermeidung*: Damit wird das Ausmaß einer Gesellschaft bezeichnet, sich von unbekannten und mehrdeutigen Situationen bedroht zu fühlen oder tolerant gegenüber solchen Situationen zu sein. Bei starker Unsicherheitsvermeidung besteht der Wunsch nach formalen Vorschriften, einer langfristigen Karriereplanung und lebenslanger Beschäftigung. In Gesellschaften mit hoher Unsicherheitsvermeidung haben Arbeitsplatzgarantien sowie anforderungsabhängige Vergütungssysteme eine hohe Bedeutung. Bei geringer Unsicherheitsvermeidung wird dagegen ein häufiger Arbeitsplatzwechsel als unproblematisch angesehen.

- *Individualismus versus Kollektivismus*: Individualismus umfasst das Ausmaß der Verfolgung von Eigeninteressen und dem Bedürfnis nach Selbstverwirklichung einer Gesellschaft. Angehörige individualistischer Kulturen gehen eher lockere Verbindungen ein und sorgen für sich und ihre unmittelbare Familie. Kollektivistische Kulturen zeichnen sich dagegen durch ein ausgeprägtes Wir-Bewusstsein aus. Bereits mit der Geburt wird eine Person in die jeweils geschlossenen Gruppen integriert. Diese In-groups bestehen teilweise ein Leben lang und schützen ihre Gruppenmitglieder. Dafür verlangen sie aber auch bedingungslose Loyalität. In stark kollektivistischen Ländern wird verstärkt in Arbeitsgruppen unter Anwendung gruppenorientierter Beurteilungsverfahren gearbeitet. Individualistische Länder betonen dagegen betriebliche Aufstiegsmöglichkeiten und gewähren individuelle Leistungslöhne.

- *Maskulinität versus Femininität*: Diese Dimension beschreibt das Ausmaß klarer Geschlechterdifferenzierungen (Maskulinität) gegenüber der Überschneidung von Geschlechterrollen (Femininität). In maskulinen Gesellschaften müssen Männer materiell orientiert, hart und bestimmt sein, wohingegen Frauen sensibel, bescheiden und freizeitorientiert zu sein haben. In femininen Gesellschaften gelten die femininen Werte sowohl für Frauen als auch für Männer. Frauen wie Männer betonen die Lebensqualität, zwischenmenschliche Beziehungen und legen Wert auf eine Balance zwischen Familie und Arbeit. Sozialleistungen, flexible Arbeitszeiten und anregende Arbeitsinhalte haben einen hohen Stellenwert. In maskulinen Kulturen rangiert dagegen die Arbeit vor der Familie, monetäre Anreize und betriebliche Statussymbole spielen eine herausragende Rolle.

- *Langfristige Orientierung versus kurzfristige Orientierung*: Langfristig orientierte Gesellschaften richten ihre Handlungen auf zukünftige Erfolge aus. Sie schätzen Ausdauer, Beharrlichkeit und Sparsamkeit. Kurzfristig orientierte Gesellschaften respektieren Traditionen und sehen die Erfüllung sozialer Pflichten als besonders bedeutungsvoll an. Bei einer langfristigen Orientierung gewinnen Personalentwicklung sowie eine an langfristigen Kriterien orientierte Entgeltpolitik an Bedeutung, wohingegen flexible Leistungsanreize eher von geringer Bedeutung sind.
- *Genuss versus Zurückhaltung*: Diese Dimension beschreibt das kulturelle Ausmaß, Bedürfnisse relativ frei auszuleben oder diese stärker zu kontrollieren. In genussorientierten Kulturen können eigene Bedürfnisse relativ frei befriedigt werden, um das Leben zu genießen und Spaß zu haben. Angehörige dieser Kulturen erleben eine stärkere Selbstkontrolle und räumen der Freizeit einen höheren Stellenwert ein. In zurückhaltenden Kulturen ist die Befriedigung eigener Bedürfnisse beschränkt und durch strenge soziale Normen geregelt. Es gelten strengere sexuelle Normen. Angehörige dieser Kulturen fühlen sich weniger selbst für ihr eigenes Schicksal verantwortlich und messen der Freizeit weniger Bedeutung zu.

Tabelle 6.13 zeigt die Ausprägungen der einzelnen Kulturdimensionen im Ländervergleich (eine vollständige Übersicht findet sich bei Hofstede/Hofstede/Minkov 2017 sowie bei Holtbrügge/Welge 2015, S. 316 f.). Wie der Tabelle zu entnehmen ist, bestehen teils erhebliche Unterschiede in der Ausprägung der einzelnen Kulturdimensionen zwischen den Ländern, wohingegen sich einige Länder in Bezug auf einzelne Kulturdimensionen weniger stark voneinander unterscheiden. Auch ersichtlich ist, dass in einzelnen Kulturdimensionen eine große geographische Distanz nicht immer auch eine große kulturelle Distanz bedeutet.

Obwohl stark in der Kulturforschung verankert, ist die Arbeit von Hofstede nicht ohne Kritik geblieben (vgl. hierzu z. B. Holtbrügge/Welge 2015, S. 318 f.). Moniert wird, dass die Erhebung der Kulturdimensionen mittels standardisierter Fragebögen nicht gut geeignet sei, um kulturelle Einstellungen zu erfassen. Untersucht wurden genaugenommen lediglich Länder und nicht Kulturen (vgl. Baskerville 2003). Es wird auch angemerkt, dass die hohe *Multikulturalität* einzelner Länder (z B. Schweiz, USA) und die wachsenden ökonomischen Verflechtungen im Rahmen der Globalisierung nicht ausreichend berücksichtigt wurden. Ein Teil der erhobenen Kulturdaten gilt zudem als recht alt. Es erscheint fragwürdig, inwiefern die damals erhobenen Daten tatsächlich noch die aktuellen Gegebenheiten einzelner Landeskulturen widerspiegeln. Die ursprüngliche von Hofstede untersuchte Stichprobe von IBM-Mitarbeitenden mag darüber hinaus auch keine repräsentative Gruppe von Vertretern der jeweiligen Landeskulturen gewesen sein.

Trotz der Kritik haben die Untersuchungen von Geert Hofstede, insbesondere auch durch die Klassifizierung und Quantifizierung von Kulturdimensionen, eine zentrale Bedeutung für die Kulturforschung erlangt. Nicht zuletzt deshalb werden die Ergebnisse immer wieder auch von nachfolgenden Untersuchungen aufgegriffen. So zum Beispiel im Rahmen des *GLOBE*-Projekts (vgl. House et al. 2002), bei dem eine Reihe internationaler Führungsforscher Zusammenhänge zwischen der Kultur und dem Führungsverhalten sowie Führungserfolgsgrößen in 61 Nationen untersucht haben (vgl. hierzu Chokar/Brodbeck/House 2007; Dorfman et al. 2012; Szabo et al. 2012).

Tab. 6.13: Ausprägungen der Kulturdimensionen nach Hofstede für ausgewählte Länder (Holtbrügge/ Welge 2015, S. 316 f.; vgl. auch Hofstede/Hofstede/Minkov 2017).

	Macht-distanz	Unsicherheits-vermeidung	Individua-lismus	Maskulini-tät	Langfristige Orientierung	Genuss
Arabische Länder	80	68	38	53	23	34
Australien	36	51	90	61	21	71
Brasilien	69	76	38	49	44	59
China	80	30	20	66	87	24
Dänemark	18	23	74	16	37	70
Deutschland	35	65	67	66	83	40
Frankreich	68	86	71	43	63	48
Großbritannien	35	35	89	66	51	69
Indien	77	35	89	66	51	69
Iran	58	59	41	43	14	40
Italien	50	75	76	70	61	30
Japan	54	92	46	95	88	42
Kanada	39	48	80	52	36	68
Niederlande	38	53	80	14	67	68
Norwegen	31	50	69	8	35	55
Ostafrika	64	52	27	41	32	40
Österreich	11	70	55	79	60	63
Polen	68	93	60	64	38	29
Russland	93	95	39	36	81	20
Schweden	31	29	71	5	53	78
Schweiz	34	58	68	70	74	66
Südkorea	60	85	18	39	100	29
Thailand	58	64	20	34	32	45
Türkei	66	85	37	45	46	49
USA	40	46	91	62	26	68
Vietnam	70	30	20	40	57	35
Westafrika	77	54	20	46	9	78

6.3.2 Kultur in Organisationen

Ebenso wie in der Landeskultur werden auch in Organisationen bestimmte Einstellungen, Werte und Normen von den Mitarbeitenden geteilt und gelebt. Dadurch bildet sich in jeder Organisation eine eigene Kultur heraus, die sogenannte *Organisationskultur*. Wie sich die Kultur zwischen einzelnen Ländern unterscheidet, so unterscheiden sich auch Organisationen in ihrer Kultur voneinander. Edgar Schein differenziert in seinem Modell drei Ebenen der Organisationskultur (vgl. Schein 2018, S. 14 ff.). Auch hier lassen sich die Ebenen der Organisationskultur anhand des sichtbaren und unsichtbaren Teils eines Eisbergs darstellen. Die Ebenen verfügen – wiederum wie ein Eisberg – über einen sichtbaren und einen unsichtbaren Teil (siehe Abbildung 6.7). Zwischen den unbewussten und unsichtbaren Basisannahmen und den sichtbaren, aber teilweise interpretationsbedürftigen, Artefakten (Symbolen) eines Unternehmens, fasst Edgar Schein die in einem Unternehmen gültigen Normen, Standards und Überzeugungen als eine separate Ebene auf. Merkmale auf dieser Ebene werden nur zum Teil sichtbar. Häufig entziehen sie sich einer direkten Beobachtung. Im Bild des Eisbergs liegen die Normen, Standards und Überzeugungen also teilweise über und teilweise unter der Wasseroberfläche.

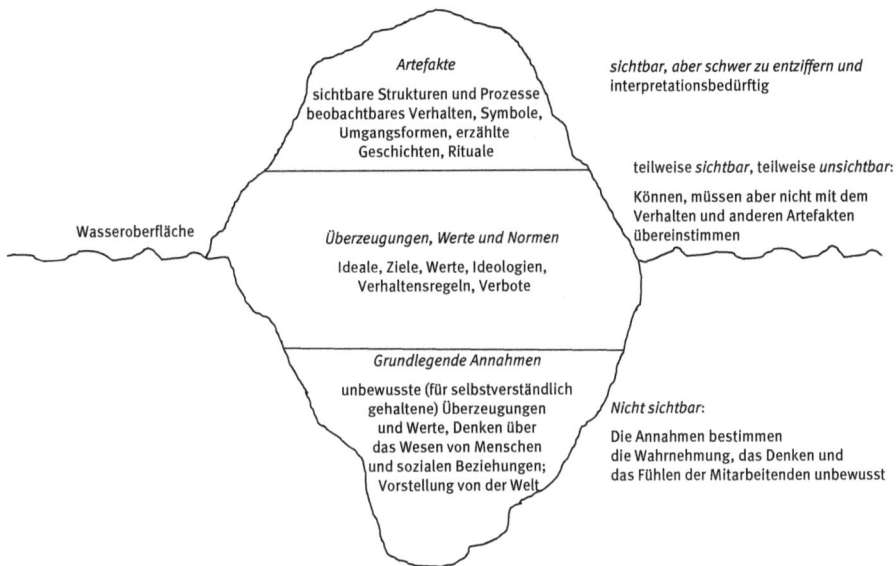

Abb. 6.7: Drei-Ebenen-Modell der Organisationskultur (eigene Darstellung in Anlehnung an Schein 2018, S. 14 ff.).

Wie die Landeskultur, so schafft auch die Organisationskultur einen Orientierungsrahmen für das Handeln ihrer Mitglieder. Zudem verschafft die Organisationskultur ihren Mitgliedern eine eigene Identität. Auch dies hat die Organisationskultur mit der Landeskultur gemeinsam. Mit ihrer *Corporate Identity* grenzen sich Organisationen bzw. deren Mitglieder von anderen Organisationen ab (siehe In-group/Out-group in Kapitel 5.1.2). Durch die gezielte Gestaltung des sichtbaren Teils der Organisationskultur gestalten Unternehmen ihre Corporate Identity häufig gezielt, sodass nach außen hin ein einheitliches und stimmiges Selbstbildnis der Organisation präsentiert wird (vgl. Gutting 2016, S. 114). Visuelle Gestaltungsmittel im Sinne eines *Corporate Designs* werden dazu ebenso planvoll eingesetzt wie Kommunikationsinstrumente im Rahmen der *Corporate Communication*. Ergänzt um das in Übereinstimmung mit der Corporate

Identity stehende Verhalten der Mitarbeitenden in der Öffentlichkeit (*Corporate Behavior*) wird die Identität der Organisation nach außen hin als *Corporate Image* sichtbar. Bei dem Corporate Design, der Corporate Communication und dem Corporate Behavior in Form des Corporate Images handelt es sich allerdings um bewusst gestaltete Kulturelemente bzw. Artefakte. Die Organisation präsentiert sich nach außen hin so, wie sie gerne gesehen werden möchte. Die nicht sichtbaren grundlegenden Annahmen sowie der nicht sichtbare Teil der Überzeugungen, Normen und Werte drücken sich in dem expliziten Corporate Image hingegen nicht aus.

Eine Organisation ist in die jeweilige *Landeskultur* ihres Standortes eingebettet und wird von dieser beeinflusst. Die Stärke des Einflusses der Landeskultur auf die Organisationskultur variiert zwischen Organisationen. Bei internationalen Organisationen variiert der Einfluss der Landeskultur auf die Organisationskultur auch zwischen einzelnen Organisationseinheiten (z. B. Tochterunternehmen, Standorten, Teams). Neben der Landeskultur beeinflussen eine Reihe weiterer Kulturen die *Hauptkultur* in Organisationen (siehe Abbildung 6.8), darunter *Generationenkulturen* (z. B. Generation X und Generation Y), *Branchenkulturen* (z. B. Investmentbanking, Medizin), *Professionskulturen* (z. B. technische Kultur, kaufmännische Kultur), *Abteilungskulturen* (z. B. Buchhaltung, Vertrieb). All diese einzelnen Kulturfelder formen die einzigartige Kultur einer Organisation sowie die – zusätzlich durch die verschiedenen Landeskulturen beeinflusste – Hauptkultur internationaler Organisationen (vgl. Kutschker/Schmid 2011, S. 678 ff.).

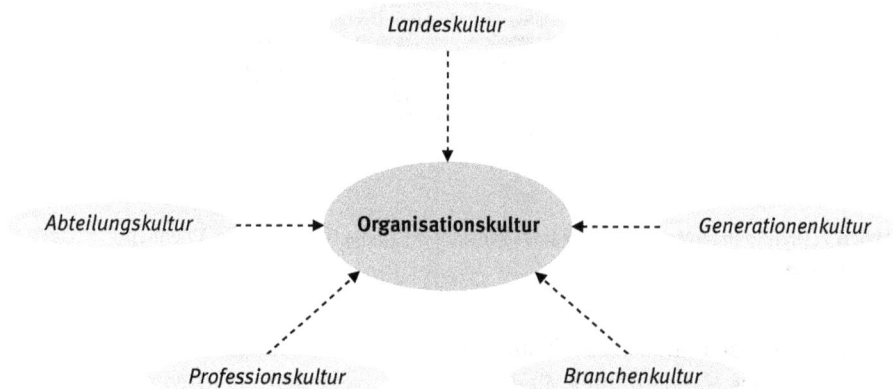

Abb. 6.8: Kulturfelder in Organisationen (eigene Darstellung in Anlehnung an Kutschker/ Schmid 2011, S. 678 ff.).

Einzelne Gruppen oder Abteilungen in Organisationen grenzen sich häufig durch eine eigene Kultur von der vorherrschenden Hauptkultur ab (z. B. die Anzugträger, die Blaumänner, die Alten, die Jungen usw.). Hier spricht man auch von *Subkulturen*, die sich in ihren je spezifischen Werten und Normen von der Hauptkultur der Organisation unterscheiden. Je stärker sich diese Gruppen von anderen Gruppen oder Abteilungen in der Organisation abgrenzen, desto stärker ist deren eigene Kultur ausgeprägt, desto mehr weicht die Subkultur von der Hauptkultur der Organisation ab. Organisationen mit vielen Subkulturen weisen eine relativ schwache Hauptkultur auf. In diesen Unternehmen besteht dann oftmals kein gemeinsames Wir-Gefühl, da sich die einzelnen Mitarbeitenden stärker der eigenen Gruppe oder Abteilung verbunden fühlen als der Gesamtorganisation. Es können Loyalitätskonflikte entstehen, wenn die einzelnen Subkulturen mit ihren eigenen Zielsetzungen von den Zielen der Gesamtorganisation abweichen. Insbesondere internationale Unternehmen sind aufgrund der unterschiedlichen Landeskulturen dem Risiko ausgesetzt, durch starke Subkulturen geschwächt zu werden. Wie bereits oben dargestellt, unterscheiden sich Landeskulturen hinsichtlich ihrer Ausprägung in den fünf Kulturdimensionen nach Hofstede. Diese Kulturausprägungen haben wiederum einen Einfluss auf die Zusammenarbeit in der Organisation des jeweiligen Landes (siehe Tabelle 6.14).

Tab. 6.14: Implikationen von Hofstedes Kulturdimensionen auf die Organisation (Müller/Gelbrich 2015, S. 99 ff.; modifiziert).

Geringe Machtdistanz	Hohe Machtdistanz
– Hierarchie bedeutet situative Ungleichheit aus funktionalen Gründen	– Hierarchie bedeutet dauerhafte existenzielle Ungleichheit
– Partizipation an Entscheidungen wird erwartet	– Klare Anweisungen und Regeln werden erwartet
– Delegation von Entscheidung und Verantwortung	– Zentralisation von Entscheidung und Verantwortung
– Demokratische Führungskraft als Führungsideal	– Verständnisvoller Autokrat als Führungsideal (guter Vater)
– Mitbestimmung	– Autokratie

Geringe Unsicherheitsvermeidung	Hohe Unsicherheitsvermeidung
– Zurückweisung von fixierten Regeln und Vorschriften	– Bedürfnis nach fixierten Regeln und Vorschriften
– Flache Hierarchien und geringe Statusunterschiede	– Strenge Hierarchien und Statusdenken
– Bedeutung von generalistischem Wissen und gesundem Menschenverstand	– Bedeutung von Expertentum
– Spontane horizontale und vertikale Kommunikation	– Einhaltung offizieller Kommunikations-/Dienstwege
– Flexible Aufgabengestaltung	– Formalisierung und Standardisierung
– Verträge regeln nur Rahmenbedingungen (Einzelheiten werden nachverhandelt)	– Verträge regeln alle Einzelheiten und müssen eingehalten werden
– Innovationsbereitschaft	– Widerstand gegen Veränderungen

Tab. 6.14: (Fortsetzung)

Individualismus	Kollektivismus
– Gleichbehandlung aller Mitarbeitenden	– Unterschiedliche Maßstäbe für In-group und Out-group
– Beurteilung nach Fähigkeiten	– Beurteilung nach Gruppenzugehörigkeit
– Aufgaben sind wichtiger als zwischenmenschliche Beziehungen (Leistungsprinzip)	– Zwischenmenschliche Beziehungen sind wichtiger als Aufgaben (Harmonieprinzip)
– Chancengleichheit und Leistungsbezug bei Positionsbesetzung	– Bevorzugung von Mitgliedern der In-group bei Positionsbesetzungen
– Arbeitgeber/Arbeitnehmer-Beziehung ist zweckbezogen und vertraglich fundiert	– Arbeitgeber/Arbeitnehmer-Beziehung ist moralisch fundiert (lebenslange Beschäftigung ist Idealfall)
– Management führt Individuen	– Management führt Gruppen
– Karriereentwicklung bestimmt Personalentwicklung	– Gruppenziele bestimmen Personalentwicklung

Feminität	Maskulinität
– Selbstbewusstes Verhalten wird verhöhnt	– Selbstbewusstes Verhalten wird anerkannt
– Bereitschaft, sich anzupassen	– Durchsetzung
– Sich unter Wert verkaufen (Understatement)	– Eigene Verdienste überbetonen (Imponiergehabe)
– Lebensqualität spielt wichtige Rolle	– Karriere spielt wichtige Rolle
– Einfühlungsvermögen	– Leistungsorientierung
– Arbeiten, um zu Leben	– Leben, um zu arbeiten
– Kooperation; bereit zu Kompromissen	– Wettbewerb; vorbereitet auf Konflikte
– Intuitive Problemlösung	– Analytische Problemlösung

Kurzfristige Orientierung	Langfristige Orientierung
– Normativismus	– Pragmatismus
– Ungeduld	– Beharrlichkeit und Ausdauer
– Streben nach kurzfristigen Erfolgen	– Verfolgung langfristiger Ziele
– Investieren, um Entwicklungen zu beschleunigen (Verschuldung)	– Haushalten, um Zukunft zu sichern (Sparen)

Angesichts der jeweiligen landeskulturellen Prägung ihrer Tochterunternehmen haben es insbesondere internationale Organisationen schwer, eine gemeinschaftliche Organisationskultur zu entwickeln. Dies kann insbesondere ein großes Problem bei der Fusion von Unternehmen aus unterschiedlichen Ländern darstellen. Hier treten oftmals Länderegoismen in Erscheinung, die die Zusammenarbeit der Mitarbeitenden aus den fusionierten Unternehmen belasten. Ein reales Beispiel dafür ist die in den 1990er Jahren durchgeführte und wenig später gescheiterte Fusion von Daimler und Chrysler. Für das Scheitern der Fusion wurden nicht zuletzt kulturelle Unterschiede im Management der beiden Unternehmen mitverantwortlich gemacht.

6.3.3 Interkulturelle Kompetenzentwicklung

Werden Mitarbeitende zu Einsätzen ins Ausland (dem Gastland) entsendet, kann eine gute Vorbereitung auf den Gastlandeinsatz zum Erfolg des Auslandseinsatzes beitragen. Diese beginnt bereits mit der Auswahl des zu entsendenden Mitarbeitenden und nimmt ihren weiteren Verlauf in spezifischen Schulungen zur Förderung der *Internationalen Anpassung* noch vor dem eigentlichen Auslandseinsatz. Die Entwicklung der Internationalen Anpassung sollte aber auch vor Ort im Gastland unterstützt werden (vgl. Black/Mendenhall/Oddou 1991, S. 305 ff.):

– *Anpassung vor Beginn des Einsatzes*: In der Auswahl von Kandidaten für einen Auslandseinsatz sollte neben der fachlichen Eignung der Kandidaten auch deren grundsätzliche Passung zum Gastland sowie der Organisation, in der der Einsatz erfolgt, geprüft werden. Schulungsmaßnahmen und internationale Vorerfahrungen eines Kandidaten können darüber hinaus zum Abbau von Sorgen und falschen Erwartungen an den Auslandseinsatz beitragen.

– *Anpassung vor Ort*: Im Gastland vor Ort sollte eine erfolgreiche Anpassung des Kandidaten an das Gastland, die Organisation und den zu erledigenden Aufgaben aktiv unterstützt werden. In dieser Phase wird der Grad der Anpassung wesentlich von individuellen Merkmalen (z. B. Selbstwirksamkeit) des Entsendeten, den Aufgabenmerkmalen vor Ort (z. B. Rollenklarheit), den Merkmalen der Organisationskultur (z. B. soziale Unterstützung), aber auch den organisationalen Sozialisationsmaßnahmen beeinflusst. Zusätzlich beeinflusst auch die kulturelle Ferne des Gastlandes zur eigenen Kultur des Entsendeten, wie schnell oder wie sehr sich dieser den Gegebenheiten vor Ort anpasst bzw. anpassen kann.

Schulungsmaßnahmen vor einem Auslandseinsatz sollten sich auf den Aufbau von Kompetenzen konzentrieren, die sowohl eine Anpassung an die Umfeldbedingungen im Gastland als auch eine Anpassung an den Umgang mit den dortigen Einheimischen und den (neuen) Aufgaben in der Organisation im Gastland fördern (vgl. Black/ Mendenhall/Oddou 1991, S. 303 ff.):

– *Anpassung an die Arbeit*: Bezieht sich auf die Anpassung an die beruflichen Anforderungen im Gastland, die sich hinsichtlich der Verantwortung (z. B. Übernahme von Führungsverantwortung) und auch des Arbeitsbereiches (z. B. anderer Produktschwerpunkt) erheblich von der Arbeit im Heimatland unterscheiden können.

– *Anpassung an das Umfeld*: Hier spielt insbesondere die Anpassung an die Wohnverhältnisse im Gastland eine besondere Rolle. Angepasst werden muss sich aber auch an veränderte Bedingungen im Gesundheitswesen, den Speisegewohnheiten oder auch den kulturellen Unterhaltungsprogrammen im Gastland.

– *Anpassung an die Interaktion*: Schließlich muss auch die Interaktion mit den Einheimischen des Gastlandes eine Anpassung erfahren. Auch außerhalb des Arbeitsplatzes sollten sich entsendete Fach- und Führungskräfte in das Leben des Gastlandes integrieren (können).

Ziel eines *interkulturellen Trainings* ist der Erwerb interkultureller Kompetenz, die ein kulturadäquates und effektives Handeln in verschiedenen kulturellen Kontexten ermöglicht. Es geht darum, Mitarbeitende zu befähigen, ihre beruflichen Aufgaben unter fremden Kulturbedingungen ausführen und mit Kollegen und/oder Geschäftspartnern unterschiedlichster kultureller Prägung interagieren zu können. In Tabelle 6.15 sind die dafür erforderlichen affektiven, kognitiven und verhaltensorientierten interkulturellen Kompetenzen aufgeführt (vgl. Holtbrügge/Welge 2015, S. 356):

- *Affektive Kompetenzen*: Hierunter sind Verhaltensweisen zu verstehen, die über die allgemeinen Anforderungen an international tätige Fach- und Führungskräfte hinausgehen. Dazu gehört die emotional positive Haltung gegenüber abweichenden Einstellungen und Verhaltensweisen von Personen anderer Kulturen. Die Bereitschaft, andere Kulturen zu akzeptieren und zu respektieren sowie diese kennenlernen zu wollen, muss vorhanden sein. Affektive Kompetenzen ermöglichen es, emotionale Regungen sowie Einstellungen und Werte aus dem Verhalten kulturell differenter Personen korrekt deuten zu können.
- *Kognitive Kompetenzen*: Diese Dimension umfasst das Wissen um die eigene und die fremde Kultur sowie die Kenntnis interkultureller Handlungsprozesse. Dabei ist rein faktenorientiertes Wissen um erklärendes Wissen der eigenen und der fremden Kultur zu ergänzen. Ferner ist ein konkretes Wissen über Handlungen im Umgang mit Kulturunterschieden wichtig, um einschätzen zu können, wie der Interaktionsprozess mit Personen anderer Kulturen verlaufen wird. Kognitive Kompetenzen schaffen ein Verständnis von interkulturellen Situationen sowie von Personen fremdländischer Kulturen.
- *Verhaltensorientierte Kompetenzen*: Diese Dimension ist die Voraussetzung dafür, dass das Wissen und die prinzipielle Handlungsbereitschaft auch in konkrete Handlungen innerhalb einer fremden Kultur umgesetzt werden können. Verhaltensorientierte Kompetenzen befähigen dazu, sowohl verbal als auch nonverbal erfolgreich mit Personen fremder Kulturen zu kommunizieren. Sie sind die Voraussetzung dafür, sich überhaupt in interkulturellen Situationen zurechtfinden und angemessen reagieren zu können.

Ein interkulturelles Training sollte alle drei Ebenen interkultureller Kompetenzen adressieren und diese mit entsprechenden Übungen fördern. Interkulturelle Trainings können kulturübergreifend (bzw. landesübergreifend) oder kulturspezifisch (bzw. auf ein Land ausgerichtet) gestaltet sein. Sie können sowohl klassische Lehr- und Lernmethoden als auch Selbsterfahrungstechniken beinhalten (siehe Abbildung 6.9).

Tab. 6.15: Interkulturelle Kompetenzen (eigene Darstellung in Anlehnung an Lloyd/Härtel 2010, S. 847 ff.).

Affektive Kompetenzen	Kognitive Kompetenzen	Verhaltensorientierte Kompetenzen
Offenheit für Unterschiede: Unterschiede als etwas Positives betrachten sowie aus der Verschiedenheit anderer lernen und deren Perspektive übernehmen wollen.	*Kognitive Komplexität*: Differenzierte Wahrnehmung und Interpretation von Situationen und den in ihnen handelnden Personen.	*Interkulturelle Kommunikation*: Beherrschung von Fremdsprachen sowie die Berücksichtigung kulturunterschiedlicher Kommunikationsregeln in der Interaktion.
Ambiguitätstoleranz: Fähigkeit, sich in unsicheren und komplexen Situationen zurecht zu finden und sich wohlzufühlen.	*Zielorientierung*: Fähigkeit, auch bei Hindernissen weiter auf die Erreichung eines gesetzten Ziels hinzuarbeiten.	*Emotionsmanagement*: Eigene Gefühle und Gefühle anderer korrekt interpretieren und steuern können.
Kulturelles Einfühlungsvermögen: Fähigkeit, sich in andere Personen hineinversetzen zu können und deren Handlungsabsichten erkennen sowie darauf reagieren zu können, ohne die eigene kulturelle Identität aufzugeben.		*Konfliktmanagement*: Unstimmigkeiten zwischen Personen erkennen und beseitigen können.

Bei dem *Cultural Assimilator-Training* handelt es sich um eine kognitive Lernmethode. Im Rahmen des Trainings werden aber auch die affektive und verhaltensorientierte Dimension interkultureller Kompetenzen geschult. Es handelt sich um ein Training zur Sensibilisierung für kulturelle Einflüsse (vgl. Thomas/Hagemann/Stumpf 2013, S. 255). Ziel des Trainings ist es, interkulturelle Interaktionen aus dem Blickwinkel verschiedener Kulturen zu bewerten und zu verstehen, um in ähnlichen Situationen angemessen agieren zu können. Das Training besteht aus Schilderungen realer Missverständnisse in interkulturellen Situationen (sogenannte *Critical Incidents*) sowie mehreren Handlungsalternativen oder Erklärungen für die dort dargestellten kulturbedingten Probleme. Eine der Handlungsalternativen oder Erklärungen enthält die Perspektive der eigenen Kultur des am Training Teilnehmenden, eine andere hingegen die Perspektive des Interaktionspartners aus der fremden Kultur (vgl. Bhawuk/Brislin 2000, S. 169). Die weiteren angebotenen Handlungsalternativen oder Erklärungen enthalten einen Mix aus beiden Kulturen, sind aber für das Handeln in der geschilderten Situation weniger gut geeignet. Aufgabe ist es, die Alternativen in Bezug auf die jeweils geschilderte Problemsituation zu bewerten. Anschließend erhält der am Training Teilnehmende eine (zumeist schriftliche) Erläuterung der einzelnen Handlungsalternativen oder Erklärungen für die geschilderte Problemsituation. Anhand der Erläuterung kann die gewählte Alternative reflektiert werden.

Selbsterfahrung
(entdeckend)

Selbsterfahrung – kulturübergreifend
z. B. gruppendynamische Trainings, Interkultureller
Kommunikations-Workshop, Simulationen

Selbsterfahrung – kulturspezifisch
z. B. bi-kulturelles Training, Modelllernen,
Rollenspiele

kulturübergreifend ◄──────────────────────────► kulturspezifisch

Didaktik – kulturübergreifend
z. B. (akademische) Vorträge, Seminare

Didaktik – kulturspezifisch
z. B. länderspezifische Vorbereitungskurse,
Sprachkurse, Cultural Assimilator Training

Didaktik
(erklärend)

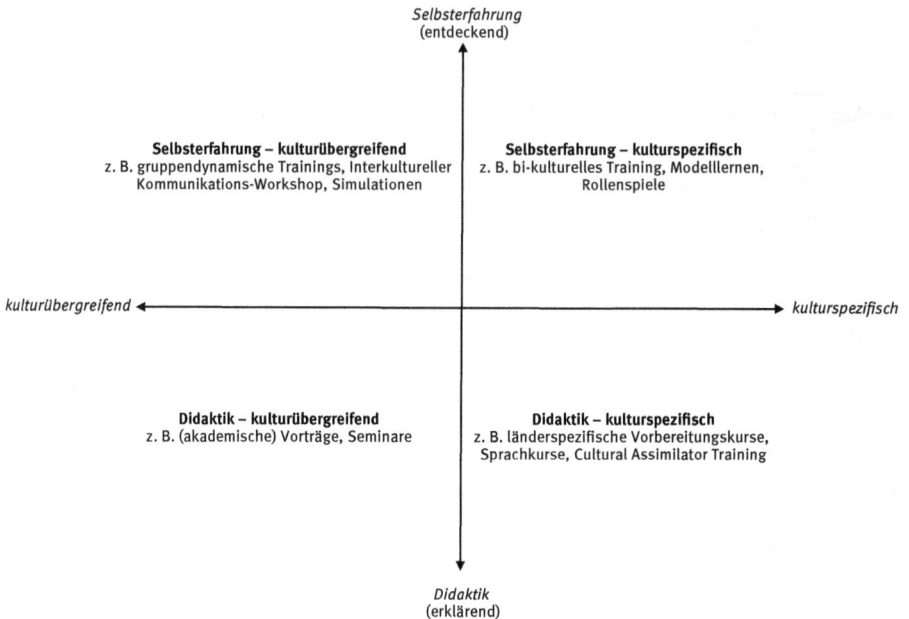

Abb. 6.9: Methoden interkultureller Trainings (eigene Darstellung in Anlehnung an Gudykunst/ Hammer 1983).

6.3.4 Interkulturelle Kommunikation

Bereits die Kommunikation in der Heimatsprache ist nicht frei von Missverständnissen (siehe Kapitel 5.3). Kommen dann auch noch Sprachbarrieren aufgrund mangelnder Fremdsprachenkenntnisse sowie die Unkenntnis kulturspezifischer Interaktionsmuster hinzu, können aus Missverständnissen leicht tiefere Konflikte werden. Letztere können die Beziehung zu internationalen Geschäftspartnern, Kunden und Arbeitskollegen empfindlich belasten. In Meetings mit internationaler Zusammensetzung empfiehlt es sich in der Regel, mit Small-Talk einzusteigen. Fragen Sie sich jetzt, wie lange die Phase des Small-Talks am Beginn einer geschäftlichen Besprechung idealerweise sein sollte, kann dies ein Beleg für Ihre monochrone Zeitauffassung sein (siehe Kapitel 6.3.1). Demnach würden Sie den Small-Talk lediglich als eine Phase von weiteren Gesprächsphasen ansehen, die es nacheinander abzuarbeiten gilt. Allzu mechanisch sollten Sie den Small-Talk nicht behandeln, da er wesentlich zum Aufbau einer Vertrauensbasis zwischen den Interaktionspartnern beitragen kann.

Nicht alle Themen eigen sich für den Small-Talk. Je nach Land sollten einzelne Themenbereiche ganz aus dem Gespräch ausgeklammert werden. Wohingegen generell der Hinweis gegeben werden kann, religiöse Themen und auch die Politik des Gastlandes in Geschäftsterminen besser nicht anzusprechen, besitzen manche Themen – je nach Land – ein unterschiedlich starkes Konfliktpotenzial (siehe

Tabelle 6.16). Wie der Auflistung zu entnehmen ist, eignen sich insbesondere die Themen Literatur und Sport für den lockeren Einstieg in Gespräche mit ausländischen Geschäftspartnern und Arbeitskollegen. Für den Small-Talk geeignete Themen unterliegen aber auch einem zeitlichen Wandel und werden stark vom aktuellen Weltgeschehen geprägt.

Tab. 6.16: Gesprächsthemen für den Small-Talk (Chaney/Martin 1995, S. 102, zitiert nach Rothlauf 2012, S. 208).

Land	Geeignete Gesprächsthemen	Ungeeignete Gesprächsthemen
Frankreich	Musik, Sport, Literatur, Theater	Preise, Arbeit, Alter, Einkommen
Großbritannien	Geschichte, Architektur, Gartenarbeit	Politik, Geld, Preise
Japan	Geschichte, Kultur, Kunst	Zweiter Weltkrieg, Regierungspolitik zum Ausschluss ausländischer Konkurrenten
Mexiko	Familie, soziales Umfeld	Politik, Steuer- und Inflationsprobleme, Gewalt an der Grenze
Vietnam	Musik, Literatur, Fußball, eigene Familie	Kommunismus, Vietnamkrieg, aktuelle Politik
Saudi-Arabien	Arabische Sprichwörter, Falkenjagd, Kamelrennen, Fußball	Familie, Politik, Religion

Bei der *fernmündlichen Kommunikation* per Telefon oder Videochat kommt es nicht selten auch aufgrund technischer Unzulänglichkeiten (z. B. Verbindungsprobleme, zeitliche Verzögerung in der Signalübertragung) zu Missverständnissen. Hier kann sich ein unterschiedliches Sprachniveau zwischen den Gesprächspartnern zusätzlich negativ auf den Verlauf des Gesprächs auswirken. Ohnehin ist die fernmündliche Kommunikation auch schon deshalb erschwert, weil der visuelle Kontakt und darin enthaltene non-verbale Signale des Interaktionspartners fehlen oder eingeschränkt sind (siehe hierzu auch die Reichhaltigkeit unterschiedlicher Kommunikationsmedien im Kapitel 5.3.2). Rothlauf (2012, S. 209) verweist darauf, dass es in Telefonaten mit ausländischen Geschäftspartnern hilfreich ist, sich durch aktives Nachfragen (sogenanntes *Paraphrasieren*) beim Gesprächspartner zu vergewissern, ob auch alles richtig verstanden wurde (z. B.: „Habe ich es richtig verstanden, dass…"). Zudem ist darauf zu achten, kurze und leicht verständliche Sätze zu bilden und öfter Pausen zwischen den Sätzen einzulegen. Die wesentlichen Inhalte des Telefongesprächs im Anschluss zusammenzufassen und per Email an den Gesprächspartner zu versenden, kann zusätzlich eventuellen Missverständnissen vorbeugen. Werden Letztere in der schriftlichen Dokumentation sichtbar, dann lassen sie sich direkt klären. Für Gespräche mit ausländischen Gesprächspartnern werden die folgenden Hinweise gegeben (vgl. Rothlauf 2012, S. 209):

- *Wortwechsel zulassen*: Die interkulturelle Kommunikation wird dadurch verein-facht, dass nach der Aussprache eines Arguments die Antwort des Gesprächspart-ners abgewartet wird.
- *Umgangssprache/Slang vermeiden*: Auch der sprachbegabteste Ausländer wird nicht über ein vollständiges Verständnis von umgangssprachlichen Redewen-dungen und Sprichwörtern in der jeweiligen Fremdsprache verfügen. Umgangs-sprache bzw. Redewendungen und Sprichwörter bergen die Gefahr, dass die Worte zwar verstanden werden, die Bedeutung aber fehlinterpretiert wird.
- *Langsam sprechen*: Auch der in der Fremdsprache geübte Sprecher sollte in ei-nem ruhigen Tempo sprechen und sich um eine deutliche Betonung und klare Aussprache bemühen.
- *Fragen voneinander trennen*: Versuchen Sie, doppelte Fragen zu vermeiden (z. B. „Möchtest du weitermachen oder sollen wir hier aufhören?"). Ihr ausländischer Gesprächspartner könnte lediglich die erste oder die zweite Frage verstanden ha-ben. Lassen Sie immer nur eine Frage zur selben Zeit beantworten.

Mitarbeitende hierzulande sind es gewohnt, eine Rückmeldung zu ihrer Arbeitsleis-tung zu bekommen. Bleibt ein solches Feedback aus, fordern Sie es oft aktiv ein (siehe auch Job Characteristics Model in Kapitel 3.4). Kritik wird als eine Möglichkeit für die persönliche Weiterentwicklung angesehen. In vielen asiatischen Kulturen wird Kritik hingegen häufig als Gesichtsverlust empfunden. Aus diesem Grund wird eine negati-ve Rückmeldung häufig nicht verbalisiert. Das heißt jedoch nicht, dass in derartigen Kulturen auf Kritik verzichtet wird. Anstatt andere offen zu kritisieren oder ihnen zu widersprechen, werden deren Argumente übergangen, das Gespräch auf andere Sach-verhalte gelenkt oder einfach geschwiegen (vgl. Rothlauf 2012, S. 215). Auch die direk-te Erwiderung eigener Alternativen, ohne die vorherigen offen abgelehnt zu haben, zeugt in anderen Kulturen zumeist von fehlendem Einverständnis mit den gemachten Vorschlägen.

Kulturelle Einflüsse auf die nonverbale Kommunikation zeigen sich in insgesamt vier Spracharten (vgl. Rothlauf 2012, S. 214 ff.):

- *Zeitsprache*: Diese Art der Sprache bezieht sich auf die kulturunterschiedliche Einstellung zur Zeit (siehe Zeitorientierung in Kapitel 6.3.1). Während in Deutsch-land und Amerika eine monochrone Einstellung hinsichtlich der Zeit vorherrscht, wird in vielen asiatischen und arabischen Ländern Zeit nicht als ein linear ablau-fendes Konzept betrachtet (polychrone Einstellung). Dadurch ergeben sich zum Teil drastische Unterschiede in der Strukturierung eines Arbeitstages und in der Durchführung von Geschäftsterminen mit ausländischen Partnern und Kollegen. Während in Deutschland die Pünktlichkeit als eine Tugend gilt, ist es in Indien durchaus üblich, Termine nicht bereits nach der ersten Vereinbarung wahrzuneh-men. Die dahinterstehende Auffassung ist folgende: Zeit ist etwas, dass sich stän-dig wiederholt. Damit wiederholen sich auch einzelne Gelegenheiten. Ein Termin wird womöglich nicht wahrgenommen, weil der Termin in die Mittagszeit gelegt wurde, in der dort zu hohe Temperaturen herrschen. Vielleicht hat auch das Mittagessen mit der Familie länger gedauert, sodass man es nicht pünktlich zum Termin geschafft hat. Dahinter sollte nicht direkt eine beabsichtigte Geringschätzung des versetzten Gesprächspartners vermutet werden. Da sich Gelegenheiten wiederholen, wird sich auch eine Gelegenheit für einen neuen Gesprächstermin bieten. In Saudi-Arabien ist es üblich, einen Geschäftstermin für die Morgenstunden zu vereinbaren. Beabsichtigte Verhandlungen werden oftmals aber erst in den Abendstunden geführt. Die Zeit dazwischen nutzen die saudischen Geschäftspartner für die Erledigung der übrigen Arbeiten im Beisein des ausländischen Gastes (z. B. Telefonate, Schriftverkehr). Für derartige Termine sollte also auch viel Zeit eingeplant werden. Üblich ist es auch, den Termin für Gebete zu unterbrechen und später fortzuführen.

- *Raumsprache*: Bei der Raumsprache handelt es sich zum einen um die von Personen akzeptierte physische Nähe zu anderen Personen, die sich kulturbedingt unterscheidet (siehe Raumorientierung in Kapitel 6.3.1). Während Japaner durch die Verbeugung zur Begrüßung bereits deutlich auf Distanz zum jeweils anderen gehen, schätzen Chinesen eine sehr viel engere Nähe zu ihren Gesprächspartnern. Raumsprache äußert sich nicht zuletzt aber auch in der kulturtypischen Architektur und Bürogestaltung. Japaner schätzen beispielsweise die Arbeit in Großraumbüros, damit Informationen zwischen den Mitarbeitenden schnell ausgetauscht werden können. In Saudi-Arabien arbeiten Frauen und Männer in getrennten Büros. Hier gilt das *Prinzip der offenen Tür*, um zu symbolisieren, dass Probleme jederzeit direkt vorgetragen werden können. In China ist es nicht unüblich, Gebäude unter Hinzuziehung eines Astrologen zu errichten, der zuvor die optimale Lage und Ausrichtung des Gebäudes nach Feng-Shui-Prinzipien bestimmt. Einige Gebäude weisen gar große Öffnungen auf, wie z. B. ein dafür berühmt gewordener Apartmentkomplex am Repulse Bay in Hong Kong. Die Öffnungen sollen es Drachen ermöglichen, durch die Gebäude hindurch fliegen zu können.

- *Vertragssprache*: Hier unterscheiden sich besonders die Amerikaner von Landsleuten des mittleren Ostens. Während Amerikaner auf einer schriftlichen Dokumentation von Gesprächsinhalten bestehen (und oftmals direkt einen Anwalt zu Gesprächen hinzuziehen), wird in Ländern des Mittleren Ostens eine mündliche Vereinbarung als ebenso bindend wie ein schriftlicher Vertrag erachtet. Japanern und Arabern ist es sehr wichtig, Verhandlungspartner zunächst besser kennenzulernen, bevor Verträge geschlossen werden. Ungeduld bei einem langsamen Beziehungsaufbau bzw. die Beharrung auf einem schnellen Geschäftsabschluss sind dabei fehl am Platz.

- *Körpersprache*: In Thailand sollte man es tunlichst vermeiden, mit den Schuhen auf den Gesprächspartner zu zeigen. Dies passiert beispielsweise, wenn die Beine so übereinandergeschlagen werden, dass der Unterschenkel des einen Beines auf dem Oberschenkel des anderen Beines aufliegt und der Körper dem Gesprächspartner zugewandt ist. Thailändische und auch arabische Gesprächspartner könnten sich durch eine solche Sitzposition abgewertet fühlen, da der auf sie gerichtete Fuß den niedrigsten Körperteil darstellt. Bedeutet ein Kopfschütteln in Deutschland und Amerika ein Nein, wird damit in Bulgarien die Zustimmung zum Ausdruck gebracht. Ein Nicken wiederum kennzeichnet in China, dass der Gesprächspartner verstanden hat, aber nicht, dass er auch zustimmt (siehe Kommunikationsbarrieren in Kapitel 5.3.3). Auch in der Begrüßung zeigen sich zum Teil deutliche Unterschiede in der Körpersprache zwischen den Ländern und Kulturen. Wobei es sowohl in Deutschland und in Frankreich üblich ist, sich per Händedruck zu begrüßen, wird in Deutschland ein fester und in Frankreich ein eher weicherer Händedruck präferiert. In Asien ist dagegen der *Namaste*-Gruß üblich, bei dem die Handinnenflächen vor dem Körper gegeneinandergedrückt werden. In Japan ist die Verbeugung als Begrüßungsgeste üblich, wobei die Tiefe der Verbeugung mit den Rängen der sich Begrüßenden und den Anlässen variiert. Sollten Sie dennoch einen Japaner mit Handschlag begrüßen, ist darauf zu achten, dass der Abstand beim Händeschütteln eine gestreckte Armlänge beträgt. Zu viel Nähe in der Begrüßung wird womöglich als unangemessen empfunden. In Deutschland und Amerika ist es ferner üblich, dass in Gesprächen ein direkter Blickkontakt gehalten wird, was in Japan und einigen anderen asiatischen Ländern die Privatsphäre verletzt. Japaner schauen im Gespräch aneinander vorbei, was nicht fälschlicherweise als Unsicherheit der Redner interpretiert werden sollte.

Verhandlungen zwischen zwei oder mehreren Parteien machen einen erheblichen Teil der interkulturellen Kommunikation aus. Genaugenommen bezeichnet Verhandeln die
- „Kommunikation über einen Verhandlungsgegenstand,
- um einen Interessenausgleich, einen Austausch (oder eine Aufteilung)
- knapper Ressourcen oder die Lösung von Problemen zu ermöglichen,
- zwischen mindestens zwei Verhandelnden,
- mit dem Ziel einer Einigung der Beteiligten" (Gutting 2016, S. 199).

Somit werden in Verhandlungen über mangelnde Fremdsprachenkompetenzen hinaus auch kulturelle Unterschiede wirksam, die ein für beide Seiten positives Verhandlungsergebnis gefährden können.

Rothlauf (2012, S. 207) berichtet davon, dass es insbesondere in südostasiatischen Ländern üblich ist, dass der Gastgeber eine Geschäftsbesprechung mit einer kleinen Rede einleitet, worauf der Leiter der gesendeten/besuchenden Delegation eine kurze Antwort gibt. Diese kurze Einleitung der Geschäftsbesprechung endet mit einem beiderseitigen Toast, in dem sich gegenseitig Erfolg für die anstehenden Verhandlungen gewünscht wird. Während jedoch im westlichen Verhandlungskontext ein Redner insbesondere dann als kompetent wahrgenommen wird, wenn er selbstbewusst auftritt und seine Aussagen durch eine klare und deutliche Gestik unterstreicht, schätzt man im chinesischen Kontext bescheiden auftretende Redner, die ihre eigenen Leistungen eher klein reden sowie Gesten nur sehr eingeschränkt verwenden und auch eher leise sprechen (vgl. Gutting 2016, S. 209 f.). Das häufige Schwören arabischer Geschäftspartner zur Unterstützung der eigenen Aussagen dürfte bei deutschen Geschäftspartnern wohl auch eher das Gegenteil des intendierten Vertrauens erwecken. Auch der Einsatz von Humor sollte an die kulturspezifischen Rahmenbedingungen angepasst werden. Es wird geraten, obschon einer guten Vorbereitung auf den jeweiligen Verhandlungspartner und dessen kulturelle Wertvorstellungen, authentisch zu bleiben. Im Zweifelsfall sollte auf die eigene Kulturgebundenheit hingewiesen werden.

Bei internationalen Verhandlungen spielt das gegenseitige Vertrauen eine große Rolle. Für Verhandlungspartner aus westlichen Ländern ist Vertrauen das Endergebnis eines vorausgegangenen Verhandlungsprozesses. Bei dieser Art des *Systemvertrauens* wird dem Rechtssystem vertraut. Verträge besitzen Rechtsgültigkeit und sind von allen Vertragsparteien einzuhalten, andernfalls drohen juristische Konsequenzen. In asiatischen Ländern ist Vertrauen dagegen personengebunden und lässt sich nicht in schriftlichen Verträgen fixieren, geschweige denn vertraglich einfordern. Als Ausdruck eines *personalen Vertrauens* wird Personen aufgrund von Gemeinsamkeiten oder vorherigen Gefälligkeiten vertraut. Vertrauen stellt dabei die Grundvoraussetzung für eine Verhandlung dar und ist nicht lediglich das Resultat des Verhandlungsprozesses. Um nachfolgenden Missverständnissen im Rahmen der Vertragsgestaltung vorzubeugen, ist es Doris Gutting (2016, S. 215) zufolge ratsam, im Vorhinein zu reflektieren, welche der beiden Vertrauensarten in der jeweiligen Kultur des Verhandlungspartners vorherrscht. Das Ziel einer Verhandlung muss dabei nicht immer in einem schriftlich fixierten Vertragswerk festgehalten werden. Im Vordergrund steht zunächst einmal die Einigung der beiden Verhandlungsparteien. Um diese zu erreichen, müssen Verhandlungsstrategien entwickelt und Umgesetzt werden.

Es kann grundsätzlich zwischen integrativen und distributiven Verhandlungsstrategien unterschieden werden (vgl. Abigail/Eden/Ideris 2018). Eine *distributive Verhandlungsstrategie* ist kompetitiv ausgelegt. Sie zielt darauf, das eigene Ergebnis zu maximieren und sich gegen die andere Partei durchzusetzen. Eine *integrative Verhandlungsstrategie* ist dagegen kooperativ ausgerichtet und sucht nach dem für alle Verhandlungspartner besten Ergebnis. Eine integrative Verhandlungsstrategie kann ebenso wenig erfolgreich sein wie eine distributive Verhandlungsstrategie. Welche der beiden Strategien in einer Verhandlung zielführend ist, hängt ab von den kulturellen Hintergründen der Verhandlungspartner. Dies kann beispielhaft wie folgt verdeutlicht werden:

- Nehmen wir an, dass ein deutsches Unternehmen sein Produkt einem niederländischen Unternehmen anbietet. Der Verkäufer wird dem potenziellen Käufer einen fairen Preis für sein Produkt nennen. Rabatte – beispielsweise bei höheren Orderzahlen – sind möglich. Der Verkäufer tritt hier mit einer *integrativen Verhandlungsstrategie* in das Verkaufsgespräch ein. Weil der potenzielle Käufer den Marktpreis der angebotenen Produkte kennt, kann er den angebotenen Preis des

Verkäufers als marktgerecht einschätzen. Der Käufer ist sich der integrativen Verhandlungsstrategie des Verkäufers bewusst und akzeptiert diese. Ein Kauf des Produktes ist wahrscheinlich. Hätte der Verkäufer in diesem Beispiel eine distributive Strategie gewählt, hätte er den Preis für sein Produkt sehr viel höher angesetzt, um seinen Gewinn zu maximieren. Dabei wäre er aber das Risiko eingegangen, dass der potenzielle Käufer den im Vergleich zu anderen Anbietern viel zu hohen Preis für das Produkt bemerkt. Wäre dies der Fall gewesen, hätte sich der Käufer womöglich aus dem Verkaufsgespräch zurückgezogen und die Verhandlungen wären gescheitert.

– Nehmen wir an, das deutsche Unternehmen verhandelt mit einem Unternehmen aus einem Land, in dem das berühmte *Feilschen* üblich ist. Wieder würde das deutsche Unternehmen einen fairen Preis für sein Produkt nennen. Diesmal hat das ausländische Unternehmen jedoch einen Mitarbeitenden in die Preisverhandlung entsendet, der in der Verhandlung – seiner Kultur entsprechend – auf einen hohen Preisnachlass zielt. Aufgrund des bereits sehr fair angesetzten Preises sieht das deutsche Unternehmen jedoch keinen Spielraum für Verhandlungen und kann den erhofften Preisnachlass nicht gewähren. Würde der potenzielle Käufer nachgeben und den festgesetzten Preis des deutschen Unternehmens akzeptieren, wird dies in seinem Unternehmen womöglich als Misserfolg in der Verhandlung gewertet. Schließlich hat er bereits das erste Angebot akzeptiert und es nicht geschafft, einen besseren Preis auszuhandeln. Das Geschäft wäre so vielleicht gar nicht zustande gekommen. Anders sähe es in diesem Beispiel aber aus, wenn Käufer und Verkäufer aus einem Land bzw. Kulturkreis kommen, in dem Feilschen üblich ist. Demnach würde der Verkäufer mit einer *distributiven Verhandlungsstrategie* in das Verkaufsgespräch gehen und einen Preis nennen, der deutlich über einem fairen Preis für das Produkt liegt. Der Käufer wiederum würde sich ermutigt sehen, ein weit niedrigeres Gebot abzugeben. Schon würde eine aktive Preisverhandlung zwischen Käufer und Verkäufer beginnen. Je nach Verhandlungsgeschick wird der Käufer vielleicht nicht den besten Preis in der Verhandlung erzielen. Weil er seinen Verhandlungserfolg aber auch an dem ausgehandelten Preisnachlass auf das Einstandsgebot festmacht, wird er am Ende womöglich dennoch mit dem erzielten Ergebnis zufrieden sein.

Die im Kapitel 6.1.3 zur Konfliktlösung vorgestellte *Harvard-Verhandlungsmethode* (vgl. Fisher/Ury/Patton 2011) verfolgt eine integrative Verhandlungsstrategie und hat sich auch in internationalen Verhandlungen bewährt. Die Methode kann aber nur dann erfolgreich sein, wenn sie auch von allen Verhandlungspartnern angewendet wird. Da sie einen kooperativen Verhandlungsstil voraussetzt, kann die Methode nicht funktionieren, wenn bereits einer der Verhandlungspartner kompetitiv verhandelt. Die Methode sollte somit nur dann eingesetzt werden, wenn zwischen den Verhandlungspartnern ein gegenseitiges Vertrauensverhältnis besteht.

6.4 Management des Lernens und Wissens in Organisationen

Lernen und Wissen auf der individuellen Ebene (siehe Kapitel 4.1 und 4.3) ist eng mit dem Lernen und Wissen auf der kollektiven Ebene in Organisationen verknüpft. Wird der Blick auf kollektives Lernen in Organisationen gerichtet, dann wird auch von organisationalem Lernen gesprochen. Das Ergebnis organisationalen Lernens ist organisationales Wissen. Lernen in bzw. von Organisationen ist kein Automatismus und organisationales Wissen ist kein Zufallsprodukt. Beim Lernen von Gruppen und dem dadurch entstehenden Wissen handelt es sich um emergente Phänomene. Demnach lässt sich die organisationale Wissensbasis nicht lediglich als die Summe des individuellen Wissens der einzelnen Mitarbeitenden bemessen. Durch die Wissensteilung und Anwendung in Organisationen entsteht etwas Neues, dass – frei nach Aristoteles – mehr ist als die Summe seiner Teile.

6.4.1 Organisationales Lernen

„Organisationales Lernen steht für einen von der Organisation regulierten kollektiven Lernprozess, bei dem organisationsrelevante individuelle und gruppenbezogene Lernerfahrungen in organisationale Routinen, Prozesse und Strukturen überführt werden, die auf zukünftiges Lernen einzelner Mitglieder rückwirken" (Kluge/Schilling 2007, S. 761).

Im Zuge des organisationalen Lernens wird die organisationale Wissensbasis dadurch erweitert, dass bestehende Annahmen
- bestärkt,
- modifiziert oder
- aufgegeben werden (vgl. von der Oelsnitz/Hahmann 2003, S. 66).

Mitarbeitende lernen als Vertreter ihrer Organisation (vgl. Kluge/Schilling 2007, S. 761 f.). Um damit zu einer Erweiterung der organisationalen Wissensbasis beizutragen, muss das von ihnen erworbene Wissen in der Organisation gespeichert werden. Gespeichert werden kann Wissen in Form von Verfahrensanweisungen, Prozessen, Routinen, schriftlichen oder digitalen Dokumenten sowie in Form von Regeln und Strukturen. Das bedeutet, dass ein gegenseitiges Abhängigkeitsverhältnis zwischen individuellem Lernen und organisationalem Lernen besteht: Ergebnisse individuellen Lernens müssen in Organisationen gespeichert werden, während Organisationen mit ihren Routinen, Regeln, Strukturen, Prozessen und ihrer Kultur auf das Lernen ihrer Mitarbeitenden einwirken.

Wissen wird zum wichtigsten Produktionsfaktor von Organisationen (vgl. hierzu Lehner 2008, S. 5 ff.). Damit gehen auch neue Ansprüche an die Mitarbeitenden als Wissensträger einher. Mitarbeitenden kommt eine stärkere Eigenverantwortung für ihre Kompetenzentwicklung zu. Lernprozesse müssen häufiger selbständig organisiert und gesteuert werden (vgl. Schaper/Friebe/Wilmsmeier/Hochholdinger 2006). Eine *Lernkultur* in Organisationen, die die Kompetenzentwicklung ihrer Mitarbeitenden fördert, zeichnet sich durch folgende Merkmale aus (vgl. hierzu auch Friebe 2005):

- Lernen nimmt einen hohen Stellenwert in der Organisation ein.
- Lernbezogene Werte, Normen, Einstellungen und Erwartungen vermitteln die Lernkultur der Organisation und ihrer Mitarbeitenden.
- Neue Lernformen sowie unterstützende (Rahmen-)Bedingungen fördern das Lernen auf der individuellen, kollektiven und organisationalen Ebene.
- Lernorientierte Mitarbeiter- und Unternehmensziele, die die Schwerpunkte auf die Kompetenzentwicklung und den Wissenserwerb sowie einer gesteigerte Innovations- und Veränderungsbereitschaft legen.

Schaper et al. (2006) haben ein *Lernkulturinventar* entwickelt, das die Analyse und die Bewertung einer lernförderlichen Organisationskultur ermöglicht. Das Inventar liegt in einer Expertenversion (z. B. für Personalentwickler und Weiterbildungsbeauftragte) sowie einer Version für Mitarbeitende vor. In der Expertenversion umfasst das Inventar Fragen zu folgenden Hauptdimensionen:

- *Lernen als Teil der Unternehmensphilosophie*: Das Vorhandensein, die Ausprägung und die Umsetzung von Leitlinien und Erwartungen in Bezug auf das Lernen in der Organisation (Beispielaussage: *Wir haben im Unternehmen konkrete Leitlinien über zukünftige Ziele und Wege des Lernens entwickelt*).
- *Organisationale Rahmenbedingungen für Lernen im Unternehmen*: Erfasst formale und strukturelle Organisationsmerkmale, die sich lernförderlich oder -behindernd auswirken (Beispielaussage: *Unsere organisationalen Strukturen ermöglichen einen bereichsübergreifenden Informationsaustausch*).
- *Aspekte der Personalentwicklung im Unternehmen*: Erfasst Merkmale einer systematischen und strategieorientierten Personalentwicklung in der Organisation (Beispielaussage: *Die Ausrichtung unserer Personalentwicklungsstrategie wird regelmäßig überprüft und angepasst*).
- *Kompetenzentwicklung der Mitarbeitenden*: Erfasst Konzepte zur lernunterstützenden Messung und Entwicklung von Kompetenzen in der Organisation (Beispielaussage: *Bei unserer Personalentwicklungsarbeit spielt die Kompetenzmessung und -entwicklung eine große Rolle*).
- *Lern- und Entwicklungsmöglichkeiten im Unternehmen*: Erfasst die Bedeutung sowie den Umgang mit neuen Lernformen (Beispielaussage: „Bei uns wird learning-on-the-job systematisch unterstützt und gefördert.").
- *Lernorientierte Führungsleitlinien und -aufgaben*: Erfasst den Stellenwert und die Ausprägung lernorientierter Führungsarbeit in der Organisation (Beispielaussage: „Meine Führungskraft unterstützt mich beim Lernen.").
- *Information und Partizipation in Unternehmen*: Erfasst die Partizipationsmöglichkeiten der Mitarbeitenden und den Informations- und Wissensaustausch in der

Organisation (Beispielaussage: „Unsere Mitarbeiter werden in grundlegende Entscheidungen zu Lernen und Personalentwicklung mit einbezogen.").
- *Lernkontakte des Unternehmens mit seiner Umwelt*: Erfasst Formen des externen
  Wissensaustausches der Organisation, z. B. Kontakte mit anderen Unternehmen
  und/oder Hochschulen (Beispielaussage: „Unsere Mitarbeiter zeigen große Eigeninitiative beim Ausbau und bei der Pflege von Kontakten mit externen Personen
  und Institutionen.").

Die einzelnen Hauptdimensionen gliedern sich zum Teil in mehrere Subdimensio-
nen. Das Lernkulturinventar ermöglicht eine wissenschaftlich fundierte Aufnahme
des Ist-Zustandes der Lernkultur in Organisationen. Sein Einsatz ist dabei nicht an
bestimmte Branchen oder Berufsgruppen gebunden und kann sowohl in großen als
auch in mittelständischen Unternehmen angewendet werden. Es lassen sich damit
Stärken und Schwächen der jeweiligen Lernkultur offenlegen, um daraus Gestal-
tungs- und Handlungsempfehlungen für das Lernen in der Organisation abzulei-
ten.

Die Art und Weise, wie Organisationen lernen, unterscheidet sich innerhalb und
zwischen Organisationen. Wie genau Lernprozesse in Organisationen ablaufen und
welche Qualität und Tiefe diese aufweisen, lässt sich anhand der von Argyris und
Schön (1978) vorgelegten Differenzierung organisationaler Lernprozesse veranschaulichen. Danach können *drei Ebenen organisationalen Lernens* unterschieden werden
(vgl. Kluge/Schilling 2007, S. 764; Tosey/Visser/Saunders 2012):
- *Single-loop-Lernen*: Diese Art des Lernens kennzeichnet eine einfache Lernschlei-
  fe zwischen der Fehlerfeststellung und der Fehlerbehebung. Durch die Fehlerbehebung werden Prozesse in der Organisation, Standards und Vorgehensweisen
  verbessert, weswegen sich diese Art des Lernens insbesondere gut zur Erhöhung
  der unternehmerischen Effizienz eignet. Im Allgemeinen spricht man auch vom
  Feedback-Lernen. Ein Beispiel dafür ist die aufgrund eines Fehlers in der Adresse
  unzustellbare Nebenkostenabrechnung eines Immobilienmieters. Erhält der Sender diese als unzustellbar zurück, wird er den Fehler in der Adresse beheben und
  die Abrechnung erneut versenden.
- *Double-loop–Lernen*: Beim Single-loop-Lernen werden lediglich Verbesserungen
  an organisationalen Verfahrensweisen, Prozessen, Strukturen und Standards vorgenommen. Beim Double-loop-Lernen stellen die geltenden Verfahrensweisen,
  Prozesse und Standards selbst das Objekt des Lernens dar. Deren Zweckmäßigkeit
  wird kritisch hinterfragt, um sie gegebenenfalls durch neue, effektivere Lösungen zu ersetzen. Double-loop-Lernen, das auch als *Erneuerungslernen* bezeichnet wird, zielt auf die Erhöhung der Effektivität organisationaler Handlungen.
  Im Rahmen eines Double-Loop-Lernens im oben genannten Beispiel könnte die
  Zweckmäßigkeit des postalischen Versands von Nebenkostenabrechnungen infrage gestellt werden. Mit der Hilfe technischer Lösungen können digitale Nebenkostenabrechnungen womöglich wesentlich ökonomischer und schneller an die

Mieter versendet werden. Allerdings erfordert dies, sich sowohl eingehender mit den technischen Möglichkeiten der digitalen Nebenkostenerstellung und -versendung, den rechtlichen Bestimmungen im Umgang mit den anfallenden Daten sowie den Wünschen und Bedenken seitens der Mieter auseinanderzusetzen. Im Zuge eines Double-loop-Lernens finden also wesentlich umfangreichere Lernprozesse statt als beim Single-loop-Lernen.

– *Deutero-Lernen*: Diese höchste Form des organisationalen Lernens bezeichnet das Lernen des Lernens. Dabei setzen sich Organisationen kritisch mit ihren Lernerfolgen und -misserfolgen auseinander. Dadurch gewinnen sie an Wissen bzw. Erfahrungen in der Durchführung organisationaler Lernprozesse, womit das kollektive Lernen gezielt gestaltet werden kann. Lernen wird so zu einem Hebel für mehr Flexibilität und Innovation. Beispielsweise könnte es in der Einführung der digitalen Nebenkostenabrechnung zu einer hohen Fehlerrate in den Nebenkostenabrechnungen sowie einem zeitlichen Verzug im Versand der Abrechnungen gekommen sein. Im Nachgang der Einführung wären dann die Ursachen für die hohe Fehlerrate und den zeitlichen Verzug zu ergründen. Vielleicht wurde bei der Einführung der neuen Abrechnungssoftware eine ausreichende Information und Schulung der Mitarbeitenden versäumt. Dadurch könnte es in der Folge nicht nur zu Fehlern in der Anwendung der Software, sondern auch zu starken Widerständen der Mitarbeitenden gegen den Einsatz der Software gekommen sein (siehe Kapitel 6.2.3). Für die Gestaltung nachfolgender Prozessveränderungen kann daraus die Lehre gezogen werden, Mitarbeitende stärker und früher in die Entwicklung neuer Prozesse einzubeziehen.

Beim Single-loop-Lernen lernt die Organisation also lediglich dadurch, dass Fehler behoben werden, damit sich diese anschließend nicht wiederholen. Beim Double-loop-Lernen lernt die Organisation dagegen durch neu hinzugewonnene Einsichten infolge der probleminduzierten kritischen Auseinandersetzung mit den vorhandenen Prozessen, Strukturen und Standards und deren Erneuerung. Sowohl das Single-Loop-Lernen als auch das Double-Loop-Lernen erfolgen reaktiv: Ein Lernprozess wird von den (fehlerhaften oder nicht zufriedenstellenden) Handlungsergebnissen in Gang gesetzt. Das Deutero-Lernen steht dagegen für proaktive Lernprozesse in Organisationen. Dabei bildet das Lernen in der Organisation selbst den Gegenstand einer kritischen Reflexion, weswegen im Zusammenhang mit dem Deutero-Lernen auch vom *Meta-Lernen* gesprochen wird (vgl. Visser 2007, S. 663 f.). Entwicklungen im Umfeld der Organisation werden antizipiert und auf ihren Veränderungsbedarf in der Organisation hin überprüft. Die notwendigen Veränderungen werden dann anschließend umgesetzt. Sowohl die Umsetzung als auch die daraus hervorgehenden Ergebnisse werden wiederum im Prozess des Deutero-Lernens einbezogen und reflektiert. Resultate dieser Reflexion gehen wiederum als Lernerfahrung in die organisationale Wissensbasis ein (siehe Abbildung 6.10).

Deutero-Lernen
Lernendes Lernen durch die kritische Reflexion von Lernprozessen und Lernergebnissen,
um Veränderungen proaktiv zu gestalten und die *Flexibilität und Innovation* zu steigern

Single-loop-Lernen
Problemlösung durch Fehlerbehebung zur
Steigerung der *Effizienz*

Annahmen	**Strategien und Handlungen**	**Ergebnisse**
Warum wir tun, was wir tun	Was wir tun	Was wir erhalten

Double-loop-Lernen
Hinterfragen von bestehenden Prozessen, Standards und Strukturen,
um die *Effektivität* zu erhöhen

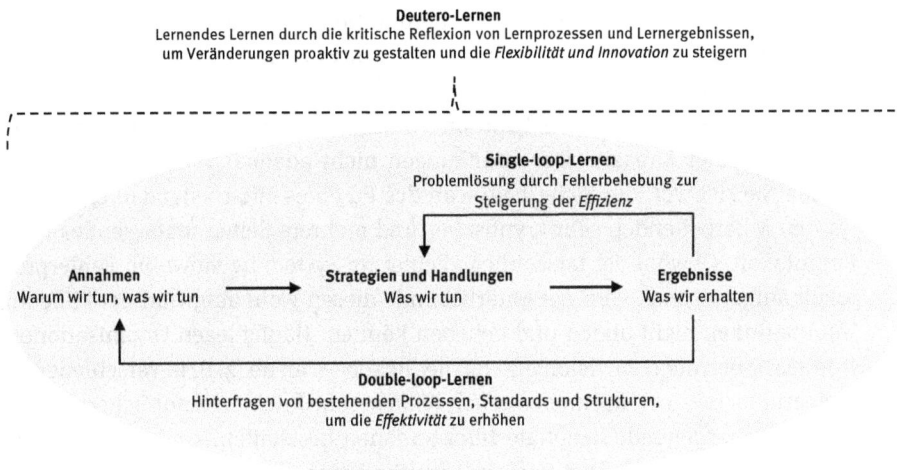

Abb. 6.10: Ebenen Organisationalen Lernens nach Argyris und Schön (eigene Darstellung).

Nur wenige Unternehmen beherrschen die höchste Stufe des Lernens, das Deutero-Lernen. Zumeist beschränkt sich das Lernen in Organisationen lediglich auf die Behebung von Fehlern. Mitverantwortlich dafür ist nicht zuletzt die Anwendung beliebter Instrumente des Strategischen Managements, die sich primär an den etablierten Verfahren des Wettbewerbs orientieren und den Erhalt des Status quo eines Unternehmens bzw. einer Branche fördern (z. B. das Benchmarking im Rahmen der Wettbewerbsanalyse; siehe Rote-Königinnen-Effekte in Kapitel 6.2.1). Der Verbesserung bestehender Betriebsprozesse, Strukturen und Standards wird der Vorzug gegenüber einer grundlegenden und tiefgreifenden Erneuerung eingeräumt. Einige Ursachen organisationaler *Lernschwächen* können konkret genannt werden (vgl. von der Oelsnitz/ Hahmann 2003, S. 90 ff.):

– *Strategische Kurzsichtigkeit*: Unternehmen geben der Verbesserung bestehender Betriebsprozesse, Strukturen, Kompetenzen und Produkten den Vorzug gegenüber einer kostspieligen und risikoreichen Entwicklung von Innovationen. Stellen Sie sich dazu folgende Situation vor: Auf dem Markt ist eine neue Verwaltungs-Software für eine Beispielorganisation verfügbar. Weil die Einführung dieser Software jedoch einige Kosten verursacht (z. B. Lizenzgebühren, Schulungen der Mitarbeitenden, Umrüstung der IT), wird auf die Einführung der neuen Software verzichtet. Stattdessen wird ein letztmaliges Update der bereits vorhandenen, aber technisch überholten und daher zukünftig vom Anbieter nicht mehr aktualisierten, Software durchgeführt. Durch das Update kann die Leistung der vorhandenen Software zwar verbessert werden. Das stark eingeschränkte Leistungsspektrum der bestehenden Software bleibt jedoch weit hinter dem Leistungsspektrum der neuen Software zurück. Weil die alte Software zukünftig auch nicht mehr vom Anbieter aktualisiert wird, kommt die Organisation mittelfristig ohnehin nicht um die Einführung einer neuen Software herum. Dennoch scheut die Organisation den Aufwand für die Einführung der neuen Software und macht weiter wie bisher.

- *Informationsüberlastung*: Die Fülle an vorhandenen Informationen kann aufgrund mentaler Kapazitätsbeschränkungen nicht adäquat verarbeitet werden. Stellen Sie sich vor, der Sicherheitsscan des PC eines Mitarbeitenden ergibt ein für den Mitarbeitenden sehr kryptisches und mehrere Seiten umfassendes Fehlerprotokoll. Obwohl der tatsächliche Fehler im System irgendwo im Fehlerprotokoll aufgeführt ist, wird der Mitarbeitende diesen wohl aufgrund der Fülle an Informationen nicht finden und beheben können. Häufig legen Organisationen Informationen auch an vielen unterschiedlichen Orten ab (z. B. in verschiedenen Ordnern, im Intranet, in einem eigenen Wiki, in schriftlichen Handbüchern). Wollen sich Mitarbeitende benötigte Informationen beschaffen, sind sie gefordert, alle möglichen Ablageorten nach Informationen zu durchsuchen. Dabei stehen sie vor dem Problem, eine Fülle an Informationen miteinander vergleichen und daraus eine Auswahl treffen zu müssen.
- *Fehlselektionen*: Menschen sammeln und interpretieren Informationen aufgrund ihrer eigenen Überzeugungen. Dabei erfahren Informationen, die mit den eigenen Überzeugungen oder Vorstellungen nicht übereinstimmen, häufig keine Berücksichtigung (siehe Schemagesteuertes Wahrnehmen und Denken in Kapitel 4.3.1). Dass beispielsweise ein Kunde das versendete Schreiben nicht erhalten hat, wird beispielsweise auf Fehler in der postalischen Zustellung, nicht aber auf einen selbst verursachten Fehler in der Adressierung des Anschreibens zurückgeführt.
- *Ressortdenken*: Abteilungen verschließen sich gegenüber Informationen aus anderen Abteilungen. Der Bauleiter könnte die Umsetzung der Vorgaben des Architekten beispielsweise von Vornherein ablehnen, weil er diese für unnütze Spielerein und nicht funktional hält.
- *Gezielte Informationszurückhaltung*: Abteilungen oder einzelne Mitarbeitende halten Informationen bzw. ihr Wissen gezielt zurück, um ihren Status als Wissensträger in der Organisation nicht zu verlieren. Dies ist insbesondere bei stark hierarchisch organisierten Unternehmen zu beobachten, deren Anreizsysteme nicht zur Eigeninitiative und zum Wissensaustausch anregen. Denken Sie an einen Kollegen, der bereits über die für ein anstehendes Meeting benötigten Kennzahlen verfügt, Ihnen diese aber verschweigt, um vor den Augen der anderen als alleiniger Wissensträger zu glänzen.

Insbesondere für kleine und mittelständische Unternehmen ist ein aktives Wissensmanagement von großer Bedeutung. Diese Unternehmen weisen oftmals eine starke Spezialisierung auf und sind in vielen Bereichen von dem Wissen einiger weniger Spezialisten abhängig (vgl. Jaspers 2008, S. 4).

6.4.2 Wissensmanagement

Das Wissensmanagement soll die zielorientierte Nutzung und Entwicklung von Wissen und Fähigkeiten in Organisationen sicherstellen (vgl. Lehner 2008, S. 29 ff.; von der Oelsnitz/Hahmann 2003, S. 45). Durch die Verknüpfung von Informationen entsteht Wissen, das – den Willen der handelnden Person vorausgesetzt – in das Handeln der Person einfließt (vgl. Mescheder/Sallach 2012, S. 9). Die Wissenstreppe von Klaus North (2016a, S. 273 ff.) illustriert den Weg zu einer wissensorientierten Unternehmensführung anhand unterschiedlicher Stufen. Mit jeder Stufe gewinnt das Wissen in Organisationen an Bedeutungsinhalt, bis es Eingang in die Kompetenzen der Mitarbeitenden findet und dadurch die Wettbewerbsfähigkeit der Organisation steigert (siehe Abbildung 6.11).

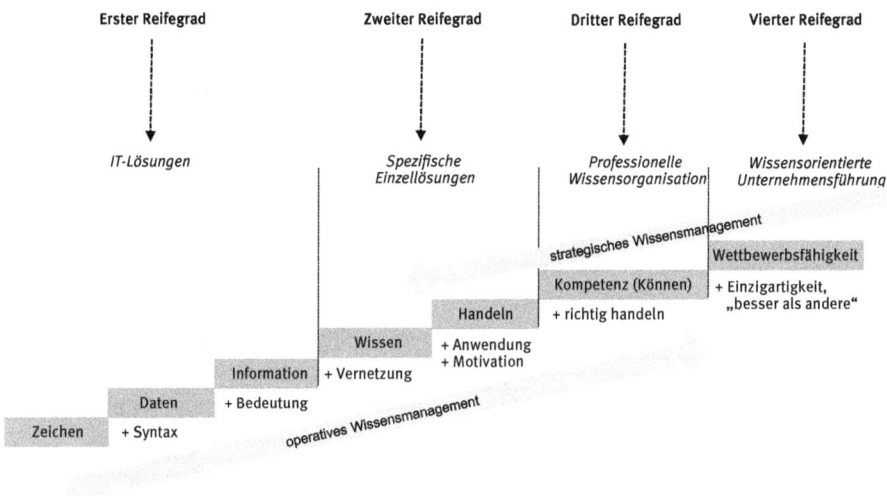

Abb. 6.11: Wissenstreppe nach North (North 2016a, S. 273; modifiziert).

Die Wissenstreppe verdeutlicht, dass sich Wissen aus den Komponenten Zeichen, Daten und Informationen zusammensetzt. Zeichen bilden die Grundlage von Wissen. Sie erhalten einen Sinn und können erst dann verstanden werden, wenn sie durch die *Syntaktische Verknüpfung* nach bestimmten Regeln in eine Ordnung gebracht werden. Ein Beispiel dafür ist die regelbasierte Zusammensetzung von Buchstaben zu Wörtern. Werden *Zeichen* mittels festgelegter syntaktischer Regeln miteinander verknüpft, entstehen *Daten*. Der Informationsgehalt von Daten ergibt sich aus einem Bedeutungskontext. Je nach Bedeutungskontext handelt es sich bei einer Datenreihe von Zeichen (z. B. 14,5 %) beispielsweise um eine *Information* über die Umsatzsteigerung, die Fluktuation oder die Produktivität einer Organisation. Informationen stellen so lange noch kein *Wissen* im eigentlichen Sinne dar, wie sie in Organisationen nicht miteinander vernetzt werden. Klaus North spricht hier von Wissen als „Prozess der zweckdienlichen Vernetzung von Informationen" (North 2016a, S. 273). Eine Information muss beispielsweise mit den in der vorhandenen Wissensbasis der Organisation gespeicherten Informationen verglichen werden, bevor sie für wahr oder falsch beurteilt und in die Wissensbasis aufgenommen wird (wo sie die bereits vorhandenen Informationen ergänzt). Erst wenn das Wissen einen konkreten *Anwendungsbezug* in Organisationen erhält, kann es auch von den Mitarbeitenden angewendet werden. Wissen, dass zur korrekten Durchführung von *Handlungen* befähigt, bezeichnet *Kompetenzen*. Letztere stärken die *Wettbewerbsfähigkeit* der Organisation, wenn sie einzigartig sind.

Im Zuge eines *strategischen Wissensmanagements* beschreitet eine Organisation die Wissenstreppe von oben nach unten. Aus den Unternehmenszielen werden Wissensziele abgeleitet. Dabei sind die Kernkompetenzen der Organisation in Abgrenzung zu den Wettbewerbern zu definieren und folglich das zur Anwendung der Kernkompetenzen benötigte Wissen und Können zu identifizieren. Auf jeder Stufe der Wissenstreppe müssen eventuelle Defizite identifiziert und behoben werden.

Im *operativen Wissensmanagement* liegt der Schwerpunkt auf der Vernetzung von Informationen zu Wissen, dem Aufbau von Kompetenzen und dem Können. Dies beinhaltet auch die Gestaltung geeigneter Prozesse zum Transfer individuellen Wissens in kollektives Wissen und umgekehrt. Das schließt Fragen der Umwandlung von implizitem Wissen in explizites Wissen sowie der Umwandlung von explizitem Wissen in implizites Wissen ein (siehe zu den Wissensarten Kapitel 4.1). Zudem müssen Rahmenbedingungen und Anreize so ausgestaltet werden, dass sie zum Wissensaufbau anregen und die Wissensanwendung und -teilung in der Organisation fördern.

Die Wissenstreppe ist in vier Reifegrade unterteilt (vgl. North 2016b, S. 40 ff.): Organisationen, die auf der Wissenstreppe den *ersten Reifegrad* erreichen, konzentrieren ihre Aktivitäten überwiegend auf die technische Wissensverwaltung mit Hilfe von Datenbanken und Dokumenten. Sie fördern die Informationstransparenz und schaffen es, Prozesse zu beschleunigen sowie Redundanzen zu vermeiden. Davon geht in der Regel ein positiver Einfluss auf die Qualität der angebotenen Produkte und Dienstleistungen aus. Der *zweite Reifegrad* kennzeichnet Organisationen, die eine wissensorientierte Organisationsführung in Teilbereichen (z. B. Abteilungen, Geschäftsbereichen) etabliert haben. Einzelne Organisationsbereiche verfügen beispielsweise über Helpdesks oder Expertensysteme, die vorhandenes Wissen sammeln und auch anderen Organisationsbereichen zur Verfügung stellen. Prozesse in der Organisation lassen sich dadurch beschleunigen, dass Wissen nicht immer wieder neu erworben werden muss. Organisationen im *dritten Reifegrad* lassen sich anhand folgender Merkmale charakterisieren:

- flächendeckende Informations- und Kommunikationsinfrastruktur,
- klar definierte Reaktionsprozesse und organisationale Verantwortlichkeiten für Wissensinhalte,
- förderliche Rahmenbedingungen für die Wissensteilung,
- Wissensmanagement als integraler Bestandteil der Geschäftsprozesse,

- Unterstützung des Wissensaustauschs durch Communities of Practice (siehe Kapitel 5.1.3) und Kompetenzcenter,
- Messung des Nutzens des Wissensmanagements.

Der *vierte Reifegrad* steht für eine wissensorientierte Organisationsführung. Organisationen, die diesen Reifegrad erreichen, sind gekennzeichnet durch einen abteilungs- und grenzüberschreitenden Wissensaustausch, eine offene und vertrauensvolle Organisationskultur sowie eine aktive Suche nach Innovationen. Sie lernen nicht nur von innen, sondern insbesondere auch von außen (z. B. von Märkten, Technologien, Lieferanten und Wettbewerbern). Die technischen Informations- und Kommunikationssysteme sind so weit entwickelt, dass diese eine wissensorientierte Organisationskultur unterstützen. Führungskräfte und Mitarbeitende leben eine wissensorientierte Organisationskultur vor und wirken als Rollenmodelle für die Verarbeitung und Verteilung von Wissen (siehe Kapitel 4.2.2 zum Modelllernen).

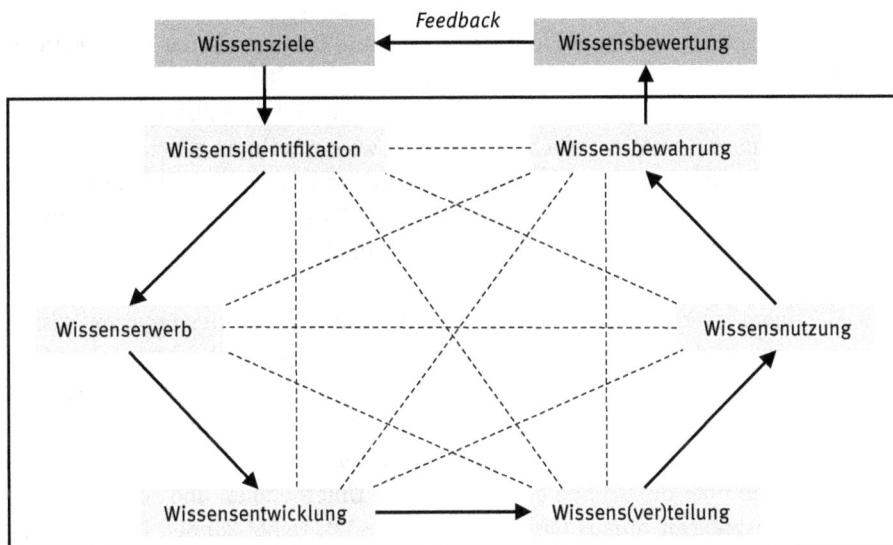

Abb. 6.12: Regelkreis des Wissensmanagements (Probst/Raub/Romhardt 2012, S. 34).

Aktivitäten, die im Rahmen eines Wissensmanagements anfallen, werden von Probst/ Raub/Romhardt (2012, S. 30) als Kernprozesse des Wissensmanagements bezeichnet (siehe Abbildung 6.12). Die Autoren verweisen darauf, dass die Kernprozesse in enger Verbindung zueinander stehen. Maßnahmen des Wissensmanagements können zwar auch isoliert in einzelnen Kernprozessen umgesetzt werden. Aufgrund der engen Verbindung der Kernprozesse untereinander werden derartige Einzelmaßnahmen aber auch Auswirkungen auf die anderen Kernprozesse haben. Die Autoren sprechen sich daher für eine ganzheitliche Optimierung der Kernprozesse aus. Eine solche ganzheitliche Optimierung muss die folgenden *Bausteine des Wissensmanagements* berücksichtigen (vgl. Probst/Raub/Romhardt 2012, S. 30 ff.):

– *Wissensziele*: Legen fest, auf welchen Ebenen der Organisation welche Kompetenzen und Fähigkeiten entwickelt werden sollen.
– *Wissensidentifikation*: Schaffung von Transparenz über intern und extern vorhandenes Wissen und Ermittlung des Bedarfs an zukünftigem Wissen.
– *Wissenserwerb*: Umsetzung von Strategien zur Erschließung der Wissenspotenziale anderer Marktteilnehmer, externer Wissensträger oder Stakeholder. Hierzu gehören auch die Rekrutierung von Experten und die Akquisition/Fusion von Unternehmen.
– *Wissensentwicklung*: Generierung von neuem Wissen, z. B. im Rahmen von Forschung und Entwicklung in Unternehmen oder der Marktforschung, insbesondere auch durch die Nutzung von Mitarbeiterideen.
– *Wissens(ver)teilung*: Wissen denjenigen zugänglich machen, die das Wissen benötigen.
– *Wissensnutzung*: Wissen produktiv einsetzen und Barrieren in der Nutzung fremden Wissens identifizieren und abbauen.
– *Wissensbewahrung*: Wissen selektieren, speichern und aktualisieren, um zu verhindern, dass einmal erworbene Fähigkeiten wieder verloren gehen.
– *Wissensbewertung*: Messen, ob die operativen und strategischen Wissensziele erreicht wurden und nötige Kurskorrekturen am Wissensmanagement vornehmen. In den Bewertungsergebnissen äußert sich dann die Qualität der Wissensziele.

Eine Herausforderung im Wissensmanagement besteht darin, das *implizite Wissen* (tacit knowledge) der Mitarbeitenden für das Unternehmen nutzbar zu machen (vgl. Lehner 2008, S. 41 ff.). Dazu muss implizites Wissen in *explizites Wissen* umgewandelt werden (siehe zu den Wissensarten Kapitel 4.1). Nach Nonaka und Takeuchi (1997) vollzieht sich die Wissensentwicklung spiralförmig von der individuellen Ebene des Mitarbeitenden über die Gruppe auf das gesamte Unternehmen und sogar über die Unternehmensgrenzen hinaus (siehe Abbildung 6.13). Dabei können folgende Formen der Wissensumwandlung unterschieden werden (vgl. Nonaka/Takeuchi 2012, S. 78 ff.):

– *Sozialisierung*: Im Rahmen der Sozialisation wird Erfahrungswissen weitergegeben, ohne dass das übertragene Wissen verbalisiert, d. h. explizit kommuniziert, wird (siehe Kapitel 4 zur Sozialisation). Implizites Wissen wird hier also in implizites Wissen übertragen. Der Erwerb von implizitem Wissen findet dabei weitgehend durch die Beobachtung und Nachahmung statt (siehe Kapitel 4.2.2 zur Lernen durch Beobachtung und Nachahmung). Als Beispiel wird in diesem Zusammenhang auf den japanischen Hersteller von Brotbackautomaten Matsushita hingewiesen. Die Entwickler des Brotbackautomats kamen der korrekten Knettechnik des Teigs nur durch die Beobachtung des Knetvorgangs eines Bäckers auf die Spur. Der Bäcker selbst konnte seine Art, Teig zu kneten, nicht explizit äußern, weil dieses Wissen von Bäcker zu Bäcker implizit weitergegeben wurde. Erst als die Entwickler beobachteten, dass der Bäcker den Teig nicht nur dehnte, sondern auch drehte, konnten sie den Knetvorgang technisch nachahmen.

- *Externalisierung*: Bei der Externalisierung wird implizites Wissen in explizites Wissen übertragen. Dies ist sehr schwierig, da implizites Wissen zu einem weiten Teil unbewusst ist. Hier ist eine intensive Kommunikation unter Nutzung von Metaphern und Analogien nötig, um durch die bildliche Sprache eine Verbalisierung des impliziten Erfahrungswissens zu erreichen. Der japanische Hersteller von Brotbackautomaten Matsushita beispielsweise nutzte die Metapher vom Hotelbrot, um damit zu verdeutlichen, dass es das schmackhafteste Brot in Japan in Hotels gibt. Gleichzeitig nutzte das Unternehmen die Analogie vom Chefbäcker des Osaka International Hotels für die Entwicklung des Drehteigs in seinem Brotbackautomaten.
- *Kombination*: Die Verknüpfung expliziter Wissensbestandteile mit weiteren expliziten Wissensbestandteilen wird als Kombination bezeichnet. Die Übertragung muss nicht mündlich ablaufen, sondern kann auch digital oder schriftlich erfolgen. So wird beispielsweise die Neuregelung der Maklerprovision bei der Wohnungsvermietung auf die eigene Geschäftspraxis eines Maklerunternehmens übertragen und Verträge und Angebotsdokumente entsprechend angepasst. Auch Sie werden möglicherweise Wissen, das Sie in Ihrer Ausbildung oder Ihrem Studium erworben haben, explizit an Ihre Kollegen weitergeben (z. B. in Form eines Vortrags, einer Schulung oder eines Blogs).
- *Internalisierung*: Hierbei wird explizites Wissen im Zeitverlauf mehr und mehr zu implizitem Wissen. Ein Beispiel wäre die Einführung einer neuen Software. Zu Beginn der Einführung benötigen die Mitarbeitenden im Umgang mit der Software die schriftliche Unterstützung eines Handbuchs oder die expliziten Erläuterungen und Hilfestellungen eines – im Umgang mit der Software versierten – Kollegen. Mit der Zeit wird die Anwendung der neuen Software für die Mitarbeitenden immer mehr zur Routine, sodass explizite Hinweise zur Anwendung der Software nicht mehr benötigt werden. Mit stärkerer Routine fällt es den Mitarbeitenden dann sogar schwer, ihren Umgang mit der Software wieder explizit zu machen, d. h. zu verbalisieren oder zu dokumentieren (z. B. für die Einarbeitung neuer Kollegen), da die einzelnen Handgriffe mittlerweile zu einem großen Anteil unbewusst ablaufen.

Mit der Weitergabe von implizitem Wissen im Rahmen der Sozialisation ist prinzipiell das Risiko der *Betriebsblindheit* verknüpft. Die routinemäßige Beherrschung von Handlungsprozessen kann Mitarbeitende blind gegenüber wichtigen Veränderungen machen (siehe Kapitel 6.2.1). Für Organisationen ist es daher von entscheidender Bedeutung, implizites Wissen zu externalisieren. Erst die Externalisierung von implizitem Wissen ermöglicht dessen Speicherung in Systemen und Dokumenten, wie z. B.

Wikis, Handbücher und Verfahrensanweisungen. In dieser Form kann das Wissen auch den übrigen Mitarbeitenden in der Organisation zugänglich gemacht werden. Als zentrale Herausforderung für das Wissensmanagement in Organisationen lässt sich demnach formulieren, das Wissen aus den Köpfen der einzelnen Mitarbeitenden zu bekommen, um es der gesamten Organisation zugänglich zu machen. Dafür kann eine Organisation auf die im folgenden Abschnitt vorgestellten Instrumente zurückgreifen.

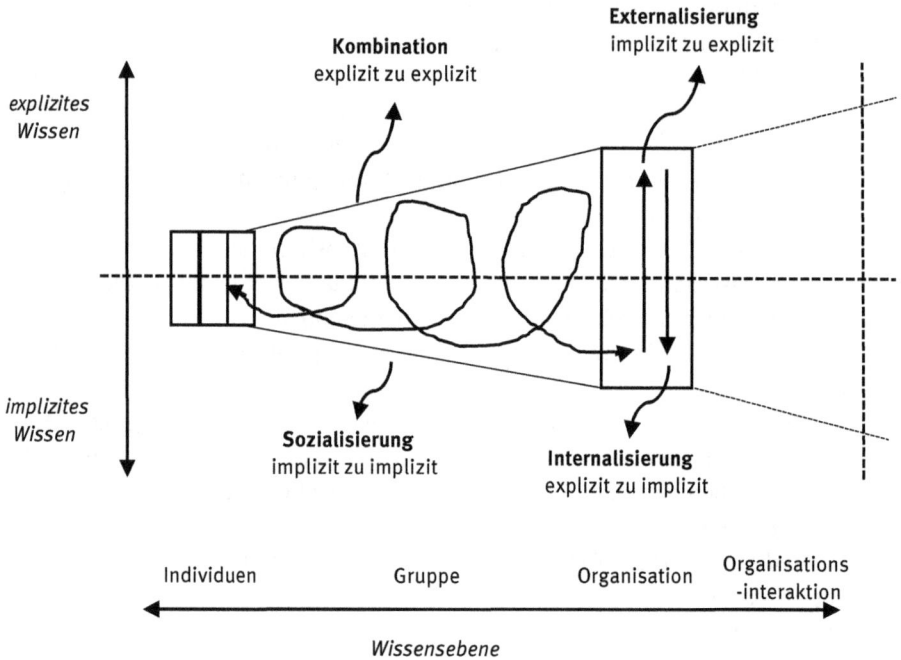

Externalisierung
implizit zu explizit

Kombination
explizit zu explizit

explizites Wissen

implizites Wissen

Sozialisierung
implizit zu implizit

Internalisierung
explizit zu implizit

Individuen   Gruppe   Organisation   Organisations -interaktion

Wissensebene

Abb. 6.13: Wissensspirale nach Nonaka und Takeuchi (Nonaka/Takeuchi 2012, S. 92).

6.4.3 Instrumente des Organisationalen Lernens und Wissensmanagements

Die Quantität und Qualität des Wissenserwerbs für Organisationen hängt von ihrer vorhandenen Wissensbasis ab. Erst durch die genaue Kenntnis des verfügbaren Wissens in Organisationen und dessen Abgleich mit den situativen Erfordernissen kann der Bedarf an neuem Wissen bestimmt werden. Letzterer ist umso höher, je größer die identifizierten Wissenslücken der Organisation sind, die durch den Erwerb neuen Wissens geschlossen werden müssen. Die Identifikation des vorhandenen Wissens sowie die Diagnose von Wissenslücken bildet daher den Beginn des operativen Wissensmanagements nach dem Regelkreismodell von Gilbert Probst, Steffen Raub und Kai Romhardt (siehe Abbildung 6.12). Flankiert werden müssen die Wissensidentifikation sowie der anschließende Wissenserwerb, die Wissensentwicklung, -verteilung, -nutzung und -bewahrung von strategischen Wissenszielen. Die Instrumente, denen sich Organisationen in den einzelnen Bausteinen des Wissensmanagements bedienen können, sind zahlreich (siehe Tabelle 6.17). Der Einsatz der Instrumente lässt sich zumeist nicht ausschließlich auf einen Baustein des Wissensmanagements reduzieren. Einzelne Instrumente, wie die in Kapitel 5.1.3 vorgestellten Communities of Practice, decken gleich mehrere Aufgaben im Regelkreis des Wissensmanagements ab.

Tab. 6.17: Instrumente des Wissensmanagements (eigene Darstellung in Anlehnung an Probst/ Raub/Romhardt 2012; vgl. auch von der Oelsnitz/Hahmann 2003, S. 114 ff.).

Baustein im Wissensmanagement	Instrumente
Wissensziele definieren	– Entwicklung eines Wissensleitbildes – Management by Knowledge Objectives
Wissen identifizieren	– Benchmarking – Expertenverzeichnisse – Wissenskarten
Wissen erwerben	– Customer Relationship Management – Zukauf von Wissen (Fusion, Neueinstellung) – Benchmarking – Communities of Practice – Netzwerke mit anderen/Strategische Allianzen – Digitale Technologien (Nutzung von Big Data)
Wissen entwickeln	– Kreativitätstechniken – Szenariotechnik – Think Tanks – Ideenmanagement
Wissen (ver)teilen	– E Learning (Podcasts, Videoclips, Blogs) – Intranet/Wikis – Betriebsversammlungen – Schulungen – Meetings – Communities of Practice
Wissen bewahren	– Informationsdatenbanken – Intranet/Wikis – Verfahrensanweisungen /Handbücher/Templates
Wissen bewerten	– Balanced Scorecard

Bei dem Wissensleitbild und dem Management by Knowledge Objectives handelt es sich um zwei Instrumente, die sich für die Definition von Wissenszielen in Organisationen eignen. Das *Wissensleitbild* soll die Ziele des Wissensmanagements in der Organisation auf der normativen, strategischen und operativen Ebene miteinander verknüpfen. Es soll verdeutlichen, warum der Erwerb, der Austausch und die Konservierung des Wissens in der Organisation von strategischer Bedeutung sind. Das Leitbild muss so formuliert sein, dass es von den Führungskräften und den Mitarbeitenden vorgelebt werden kann. Die in Verbindung mit dem Wissensleitbild stehenden

Wissensziele sollen zudem messbar sein. Bei dem *Management by Knowledge Objectives* werden Zielsetzungen um Wissensaspekte angereichert (siehe Kapitel 3.3.6 zur Zielsetzungstheorie). Von der Führungskraft und den Mitarbeitenden in gemeinsamen Zielvereinbarungen festgelegte Qualifizierungsziele sind periodisch zu messen und an die Wissenserfordernisse anzupassen. Dabei soll dem Erwerb und der Erweiterung der persönlichen Kompetenzen ein besonderer Stellenwert eingeräumt werden.

Im Rahmen des *Benchmarkings* findet ein Vergleich der vorhandenen Wissensbasis der Organisation mit dem Wissen von Wettbewerbern statt. Durch die Analyse von best practices der Wettbewerber kann eine Organisation eigene Wissenslücken identifizieren (siehe hierzu aber kritisch den Rote-Königinnen-Effekt in Kapitel 6.2.1). Expertenverzeichnisse und Wissenskarten eignen sich dagegen für die Identifizierung bereits in der Organisation vorhandenen Wissens. Im Rahmen der Erstellung eines *Expertenverzeichnisses* werden Wissensträger für bestimmte Problembereiche ermittelt und in einem zentralen Verzeichnis zusammengefasst. Mitarbeitende in der Organisation können bei entsprechenden Problemen auf das Verzeichnis zurückgreifen und erhalten so einen direkten Zugriff auf die interne Expertise der Organisation. Expertenverzeichnisse empfehlen sich besonders für große und weitverzweigte Organisationen. Bei den verzeichneten Experten kann es sich aber auch um Wissensträger außerhalb der Organisation handeln. Bei *Wissenskarten* handelt es sich um die Visualisierung von Wissensquellen, Wissensstrukturen und Wissensbeständen. Wissenskarten fördern die Transparenz des Wissens in Organisationen. Zugleich erleichtern sie die Einordnung von neuem Wissen in die organisationale Wissensbasis. Auch bei den in Organisationen visualisierten *sozialen Netzwerken* (siehe Kapitel 5.1.3) handelt es sich um Wissenskarten, in denen Wissensträger bzw. Informationsgeber und -nehmer in Organisationen, z. B. in Form eines Soziogramms, sichtbar gemacht werden.

Im Gegensatz zum selbständigen, informellen Erwerb von Wissen innerhalb von organisationsinternen *Communities of Practice* (siehe Kapitel 5.1.3), kann Wissen auch von außerhalb der Organisation akquiriert werden. Organisationen lernen durch ein aktives Beschwerdemanagement im Rahmen des *Customer Relationship Managements*, die Bedürfnisse des Kunden besser zu verstehen. Das gewonnene Wissen fördert die Optimierung der Produkte und Dienstleistungen. Eine Organisation kann Wissen auch zukaufen. Durch den Zusammenschluss von zuvor eigenständigen Unternehmen bei einer *Fusion* wird neues Wissen (das Wissen des integrierten Unternehmens) erworben. Auch durch die *Rekrutierung* neuer Mitarbeitender erwirbt die Organisation neues Wissen. Hierbei ist jedoch zu beachten, dass zugekauftes Wissen von außen erst dann die organisationale Wissensbasis bereichert, wenn es auch in der Organisation geteilt und angewendet wird. Kooperationen mit anderen Partnerorganisationen sind ebenso dazu geeignet, sich neues Wissen von außerhalb der Organisation zu erschließen. Hier sind *Strategische Allianzen* und *Netzwerke* mit anderen Organisationen als wesentliche Formen der kooperativen Wissensgewinnung zu nennen. Darüber hinaus dürfte die Unterstützung von Wissensmanagementprozessen durch *digitale Technologien* in Organisationen zukünftig noch weiter zunehmen. Bereits heute schon unterstützen komplexe Algorithmen, die auf umfangreiche Mengen an Kundendaten (*Big Data* genannt) zurückgreifen, sowie Systeme der *künstlichen Intelligenz* (z. B. Chatbots) Organisationen in der Entscheidungsfindung und Handlungsdurchführung.

Organisationales Wissen wird auch durch den Wissensaustausch zwischen den Mitarbeitenden einer Organisation selbständig entwickelt. Auch dies kann in Organisationen gezielt unterstützt werden. Hierzu bieten sich diverse *Kreativitätstechniken* an. Kreativitätstechniken zielen auf die Anregung alternativer Denkansätze. Beim *Brainstorming* werden Ideen und Vorschläge zunächst unkommentiert gesammelt. Erst nachdem die Ideen und Vorschläge frei zusammengetragen wurden, werden diese kommentiert und bewertet. Unbedingte Voraussetzung dafür ist die freie Assoziation sowie eine offene Kommunikation, um den Denkprozess nicht durch Vorgaben oder Einschränkungen in eine spezifische Richtung zu lenken bzw. den kreativen Ideenfluss zu behindern (siehe Ankerheuristik in Kapitel 4.3.2). Mit der *Szenariotechnik* können alternative Zukunftsbilder entwickelt werden. Die vorhandene Wissensbasis der Organisation wird dann in Bezug auf die Bewältigung der prognostizierten Herausforderungen bewertet. Die Szenariotechnik eignet sich sowohl für die Identifizierung von Wissenslücken in der Organisation als auch für die Wissensentwicklung. Bei der Erarbeitung zumeist mehrerer Zukunft-Szenarien (z. B. bestcase- und worstcase-Szenario) wird das Wissen über zukünftige Herausforderungen gemeinsam entwickelt. Unterschiedliche Überzeugungen und Erwartungen werden dabei für die Kommunikation und Diskussion in der Organisation geöffnet. Durch ein *Ideenmanagement* – auch als betriebliches Vorschlagswesen bezeichnet – verschaffen sich Organisationen Zugang zu den kreativen Ideen ihrer Mitarbeitenden. Insbesondere in großen Organisationen mit langen Entscheidungsketten kann die zentrale Ideensammlung im Rahmen eines Ideenmanagements sinnvoll sein. Hier dringen die Ideen der Mitarbeitenden oftmals nur mühsam oder überhaupt nicht zum entscheidungsfähigen Management der Organisation vor. Häufig verhindert auch die gezielte Informationszurückhaltung in Organisationen (siehe Lernschwächen in Kapitel 6.4.1) die Ideenweitergabe von der operativen Basis an das Top Management der Organisation. Ein Ideenmanagement bietet den Vorteil, Ideen zunächst bei einer neutralen Instanz einreichen zu können. Dort werden sie bewertet und – bei positiver Evaluation – an die Entscheidungsträger in der Organisation weitergeleitet.

Die Frage, ob die Einreichung von Ideen in Organisationen finanziell/materiell belohnt werden sollte, fällt nicht leicht und kann an dieser Stelle nicht abschließend beantwortet werden. Es scheint zumindest nicht abwegig, dass finanziell angeregte Motive die Kreativität bei der Ideenentwicklung seitens des Ideengebers einschränken. Oftmals bleiben die entwickelten Ideen bei einer finanziellen Incentivierung eher im Umfeld des bereits Bekannten (im Sinne der strategischen Kurzsichtigkeit; siehe Kapitel 6.4.1). Die Ideenbeiträge sind darauf ausgerichtet, möglichst schnell und sicher an die finanzielle Belohnung zu kommen. Eine gewisse Bedeutung für die Erhöhung des Stellenwerts des Ideenmanagements in Organisationen kann der Ideenprämierung dagegen nicht abgesprochen werden.

Bei *Think Tanks* handelt es sich um zumeist interdisziplinär zusammengesetzte Teams, die, losgelöst vom allgemeinen Tagesgeschäft, projektbezogen an der Entwicklung neuer Produkte oder Prozesse arbeiten. Einige Automobilhersteller haben beispielsweise Think Tanks als eigenständige Geschäftsbereiche ausgegliedert, um dort innovative Produktmodelle zu entwickeln. Ein Beispiel für einen Think Tank im Umfeld von Immobilienunternehmen wäre eine Gruppe aus Bautechnikern, Architekten, Maklern und Verwaltern, die zusammen an dem Entwurf der Wohnimmobilie der Zukunft arbeiten.

Mit *E-Learning-Tools* lässt sich eine große Anzahl von Personen erreichen. Daher eignen sich diese Instrumente gut, um Wissen in kurzer Zeit in der Organisation zu verteilen. Wichtige Informationen lassen sich beispielsweise in einem *Podcast* an die Mitarbeitenden kommunizieren. Für die Übermittlung komplexerer Sachverhalte eignen sich *Videoclips*. Erfahrungswerte können in *Blogs* taggleich aufbereitet und den Mitarbeitenden zugänglich gemacht werden. Ein weiterer Vorteil der Nutzung derartiger Instrumente ist, dass es sich dabei auch um Speichermedien des Wissens handelt. Durch die Nutzung von E-Learning-Tools ist das Wissen zugleich explizit in der Organisation aufbewahrt und – sofern eine entsprechende Systematik vorhanden ist – auch jederzeit auffindbar. Je nach Art des zu verteilenden Wissens können sich auch analoge Kommunikationsinstrumente in Form von *Betriebsversammlungen*, *Schulungen*, *Meetings* oder auch *Communities of Practice* anbieten. Die Nutzung der jeweiligen Instrumente zur Wissensverteilung sollte unter Berücksichtigung des Adressatenkreises, der notwendigen Geschwindigkeit der Informationsübermittlung und der Bedeutung eines direkten Feedbacks auf die übermittelten Informationen im Sinne der Medienreichhaltigkeitstheorie erfolgen (siehe Kapitel 5.3.2).

Für die Aufbewahrung und Ablage digitaler Wissens-Dokumente – wie z. B. die soeben genannten Podcasts, Videoclips und Blogs – bietet sich das *Intranet* oder ein internes *Wiki* an. Es ist wichtig, dass alle Organisationsmitglieder Zugriff auf die gespeicherten Wissensmedien haben und diese schnell auffindbar sind. Dafür eignet sich ein zentraler Ablageort besser als die Ablage von Wissensdokumenten an unterschiedlichen Orten (z. B. im Intranet und einem Wiki und zusätzlich in einzelnen Ordnern der Abteilungen). Letzteres erschwert die Aktualisierung und Synchronisierung der Wissensdokumente, da mehrere Dokumente und Systeme zu pflegen sind.

6.5 Management der Arbeitsflexibilisierung

Im Kapitel 6.2 wurde bereits darauf verwiesen, dass Veränderungen zum organisationalen Alltag gehören und kein Phänomen der Neuzeit sind. Durch technologische Entwicklungen verändern sich nicht nur die Lebensbedingungen von Mitarbeitenden in Organisationen. Auch Arbeitsbedingungen passen sich dem technologischen Fortschritt an. Letztlich ermöglichen es neue Technologien, anders als zuvor zu arbeiten, was Effizienzvorteile verspricht. Neuartige Technologien lassen aber auch eine Steigerung der Effektivität organisationaler Handlungen erwarten. Daher scheint gerade den im Zuge der Digitalisierung aufkommenden Technologien ein großes Potenzial zur Flexibilisierung der Arbeitserbringung zuzukommen. In der Führung und Gestaltung von Organisationen sieht man sich mit einer Reihe schillernder Begrifflichkeiten wie Agilität, Holokratie, Open Work Space und Desksharing konfrontiert. Allgemein und wenig differenzierend wird die Diskussion unter dem Begriff *New Work* geführt. Derartige Konzepte stellen etablierte Organisations-und Managementprinzipien infrage und fordern teils eine radikale Neugestaltung bestehender Strukturen, Prozesse, Handlungsweisen und Denkmuster von Organisationen.

In der Praxis mag die kreative Benennung von Konzepten der Arbeitsflexibilisierung häufig über deren begrenzte wissenschaftliche Neuartigkeit hinwegtäuschen. Da, wo dies nicht der Fall ist und tatsächlich Neuartiges propagiert wird, müssen Organisationen oftmals auf valide Erfolgsbelege verzichten. Häufig treten vermeintlich innovative Vorreiter aus der Masse der konservativ am Alten festhaltenden Organisationen hervor. Dabei entsteht leicht der Eindruck, Organisationen seien umso erfolgreicher, je radikaler ihre neuen Strukturen, Prozesse und Handlungen vom gegenwärtigen Status quo abweichen. Aufkommende Modestrukturen und Managementmoden werden zum State-of-the-Art erklärt und zum nachzueifernden Benchmark für die Arbeitsgestaltung erhoben.

Der Hinweis, dass sich viele der neuartigen Konzepte der Arbeitsflexibilisierung noch in der Erprobung befinden, sich in der Praxis also erst noch bewähren müssen, mag als wissenschaftlicher Konservatismus gewertet werden. Zu den Aufgaben der verhaltenswissenschaftlichen Organisations- und Managementforschung gehört es aber auch, Trends in der Führung und Gestaltung von Organisationen wissenschaftlich zu evaluieren. Die gewonnenen Erkenntnisse sollen Organisationen schließlich in der Gestaltung ihrer Arbeitsbedingungen unterstützen und (kostspielige) Fehlentwicklungen verhindern. Auch darin lässt sich der starke Anwendungsbezug dieser Forschungsdisziplin erkennen.

6.5.1 Formen der Arbeitsflexibilisierung und ihr Einfluss in Organisationen

Der Neuigkeitsgehalt von Konzepten zur Flexibilisierung von Arbeit wird häufig an deren Abweichung vom Normalarbeitsverhältnis festgemacht. Ein Normalarbeitsverhältnis kann wie folgt charakterisiert werden (vgl. Glaser/Palm 2016, S. 83):
- Auf Dauer angelegter (unbefristeter) Arbeitsvertrag
- Vollzeit
- Existenzsicherndes Einkommen
- Feste Arbeitszeiten (in der Regel tagsüber Montag bis Freitag)

In diesem Zusammenhang wird auf eine seit den 1980er Jahren voranschreitende Veränderung des Normalarbeitsverhältnisses durch eine Zunahme an atypischen Beschäftigungsverhältnissen verwiesen. Dazu gehören:

- Teilzeitarbeit
- geringfügige Beschäftigung
- befristete Beschäftigung
- Leiharbeit
- freie Mitarbeit

Atypische Beschäftigungsverhältnisse sind das Ergebnis einer zunehmenden temporalen und numerischen Flexibilisierung von Arbeit. Teilzeit-Arbeitsphasen und Vollzeit-Arbeitsphasen wechseln sich in modernen Erwerbsbiografien ebenso ab wie Phasen befristeter und unbefristeter Anstellungen oder auch Phasen der Leiharbeit und der freien Mitarbeit. Neben der temporalen und numerischen Flexibilisierung lassen sich weitere Formen der Arbeitsflexibilisierung voneinander unterscheiden (siehe Tabelle 6.18).

Tab. 6.18: Formen der Arbeitsflexibilisierung (Glaser/Palm 2016, S. 84).

Flexibilisierungsform	Intern	Extern
Numerisch	– Beschäftigungssichernde Arbeitszeitveränderungen – Zeitkonten	– Entlassungen und Einstellungen (Kündigungsschutz) – Leiharbeit – Beschäftigungsbefristung
Temporal	– Geringfügige Beschäftigung/Mini-Jobs – Teilzeitarbeit	
Räumlich	– Großraumbüros – Shared Desks	– Arbeit im privaten Haushalt – Arbeit beim Kunden – Arbeit in öffentlichen Einrichtungen
Funktional	– Weiterbildung – Arbeitsorganisation	– Transfergesellschaft
Monetär	– Tarifliche Öffnungsklauseln – Betriebliche Bündnisse – Geringfügige Beschäftigung/Mini-/Midi-Jobs – Leistungsbezogene Entgelte	– Lohnkostenzuschüsse bzw. -subventionen

Obschon die übrigen Formen der Arbeitsflexibilisierung ebenso im Fokus der verhaltenswissenschaftlichen Organisations- und Managementforschung stehen, konzentrieren sich die folgenden Ausführungen auf die Darstellung der räumlichen und funktionalen Flexibilisierung von Arbeit sowie deren Auswirkungen auf das Verhalten in Organisationen. Insbesondere hier hat der fortschreitende Einsatz digitaler Arbeitstechnologien teils zu massiven Veränderungen in der Art und Weise geführt, wie Arbeit innerhalb und außerhalb von Organisationen erbracht wird (vgl. Nachtwei/ Sureth 2020). Damit werden hier besonders die Bedingungen in der Ausführung von Büroarbeiten bzw. der Dienstleistungserbringung fokussiert, wohlwissentlich, dass sich auch für die Arbeit in der Produktion zahlreiche Veränderungen beobachten lassen.

Die Flexibilisierung der Zusammenarbeit in Organisationen bezieht sich in diesem Kapitel auf folgende Bereiche:

– *Flexibilisierung des Arbeitsraumes* (hierzu Kapitel 6.5.2): Durch die Umgestaltung der Bürofläche zu offenen und modernen Bürolandschaften wird vielen Organisationen mittlerweile ein hoher Freizeitwert zugeschrieben. Das moderne Büro bzw. Office verzichtet auf feste Wände sowie fest zugeteilte Einzelbüros. Dadurch wird der Raum im *Open Office* flexibel nutzbar, d. h. multifunktional (*Multifunctional Space*). Kreative Projektgruppenarbeit ist hier ebenso möglich wie der informelle Austausch der Mitarbeitenden untereinander, die Durchführung von gemeinsamen Events, sportlichen Aktivitäten oder der Rückzug in eigens dafür eingerichtete Ruheräume (sogenannten *Denkzellen*). Die Flexibilität in der Wahl des Arbeitsortes sorgt wiederum dafür, dass die Organisation nicht für jeden Mitarbeitenden einen festen Arbeitsplatz vorhalten muss. Je nach Verfügbarkeit positioniert sich der Mitarbeitende dort im Office, wo er gerade einen freien Arbeitsplatz findet. Einen Anspruch auf einen festen Arbeitsort im Bürogebäude hat der Mitarbeitende bei diesem *Free Seating*-Konzept freilich nicht. Dies wäre auch nicht sinnvoll, da sich die ortsflexible Belegschaft auf unterschiedliche Arbeitsorte aufteilt und somit immer nur ein Teil der Belegschaft in den Büroräumlichkeiten des Arbeitgebers anwesend sein sollte. Mitarbeitende teilen sich stattdessen die vorhandenen Arbeitsplätze im Büro, was als *Desk Sharing* bezeichnet wird.

– *Flexibilisierung des Arbeitsortes und der Arbeitszeit* (hierzu Kapitel 6.5.3): In der erweiterten Flexibilität des Arbeitsortes versteht sich die Präsenz in der Organisation lediglich als ein Angebot an die Mitarbeitenden. Mehr und mehr kommt den Räumlichkeiten in der Organisation der Charakter einer sozialen Begegnungsstätte denn eines Ortes für die ausschließliche Arbeitsverrichtung zu. Ausgestattet mit der gängigen Informations- und Kommunikationstechnologie ist eine starre Anbindung an einen zentralen Arbeitsort (dem Büro in der Organisation) nicht mehr nötig. Gearbeitet werden kann von überall aus, sei es vom Heimarbeitsplatz (dem *Homeoffice*), im Café oder von unterwegs in der Bahn. Dabei werden oftmals auch private Gerätschaften für betriebliche Zwecke eingesetzt (*Bring Your own Device*; kurz: *BYOD*). Telefonanrufe werden beispielsweise mit dem privaten Handy angenommen, gedruckt wird mit dem privaten Drucker am Heimarbeitsplatz. Durch die ständige Verfügbarkeit der Arbeitsmittel sind der Arbeit in technischer Hinsicht auch keine zeitlichen Grenzen mehr gesetzt. Sowohl auf der Arbeitgeber- als auch der Arbeitnehmerseite ist eine zunehmend flexiblere Handhabung der Arbeitszeiten zu beobachten. Arbeitstage nehmen stärker individuelle Verläufe an, die sich flexibel an den Präferenzen und zeitlichen Verfügbarkeiten der Mitarbeitenden orientieren. Scheint die Ausstattung im Homeoffice einmal nicht ausreichend für die Ausübung der Arbeitsaufgaben oder setzen die Arbeitsaufgaben die physische Interaktion mit Projektpartnern voraus, kann auch auf eines der mittlerweile zahlreichen *Co-Working-Spaces* zurückgegriffen werden. Dabei handelt es sich um Büroräume, die lediglich zeitweise angemietet und genutzt werden (vgl. Vornholz 2021, S. 158 ff.). Das Angebot an unterschiedlich ausgestatteten Räumlichkeiten in den Co-Working-Spaces wird zumeist durch ein zusätzliches Serviceangebot ergänzt, aus dem der Mieter bedarfsgerecht auswählen kann (z. B. Sekretariatsarbeiten, Bewirtung).

– *Flexibilisierung der Organisationsstrukturen* (hierzu Kapitel 6.5.4): Kürzer werdende Produktlebenszyklen lassen auch langfristige Planungszyklen in Organisationen obsolet erscheinen. Auf Verlässlichkeit und Stabilität ausgelegte hierarchische Aufbaustrukturen von Organisationen können die Geschwindigkeit eines derart dynamischen Umfelds scheinbar nicht erfolgreich abbilden und beschneiden die *Agilität* von Organisationen (gemeint ist damit die Beweglichkeit der Organisation in Form schneller und dynamischer Entscheidungsprozesse sowie flexibler Handlungsmuster). Gefordert wird ein Ausbau selbstorganisierter Projektarbeit in Organisationen. Strukturen ebenso wie das Verhalten der Mitarbeitenden sollen sich jederzeit offen für Veränderungen zeigen, um sich fluide an die jeweiligen Erfordernisse anpassen zu können. Auf den Aufbau hierarchischer Strukturen mit einer hohen Anzahl an Führungspositionen wird von vornherein verzichtet, um die Abläufe in Organisationen möglichst schlank zu halten. Stattdessen wird auf informelle Netzwerke in Organisationen (siehe Kapitel 5.1.3) und Selbstorganisation der Mitarbeitenden gesetzt. Letztere werden mit mehr Endscheidungsbefugnissen ausgestattet und organisieren sich und ihre Arbeit selbst. Vorgaben von führenden Instanzen beschränken sich auf unbedingte Notwendigkeiten (u. a. gesetzliche Vorgaben). Selbst die Anbindung der Mitarbeitenden an die jeweilige Organisation wird häufig auf die Projektdauer beschränkt. Je nach Kompetenzen und Bedarfen sowie ungeachtet regionaler Begrenzungen stellen sogenannte *Crowdworker* ihre Arbeitskraft einer Organisation lediglich projektbasiert zur Verfügung. Das Leistungsverhältnis wird aufgelöst, sobald das Projekt abgeschlossen ist. *Crowdworking* schafft für Organisationen die Möglichkeit, flexibel – ohne Rücksichtnahme auf örtliche und zeitliche Beschränkungen – aus einer Masse an verfügbaren Arbeitskräften, die für das jeweilige Projekt geeignetsten Arbeitskräfte zu gewinnen. Zudem entfällt die Notwendigkeit, die Crowdworker auch nach Beendigung des Projektes noch weiter beschäftigen zu müssen.

6.5.2 Auswirkungen offener Bürokonzepte auf das Arbeitsverhalten und -erleben

Der gestiegene Anteil an Dienstleistungsarbeit, die heute oftmals direkt beim Kunden vor Ort ausgeführt wird, sowie die Möglichkeiten zur Arbeitserbringung außerhalb des Unternehmens im Zuge des technologischen Fortschritts haben dazu geführt, dass Mitarbeitende immer weniger Zeit an ihrem festen Büroarbeitsplatz in der Organisation verbringen. Einen solchen für jeden Mitarbeitenden vorzuhalten scheint daher nicht mehr notwendig und auch ökonomisch nicht sinnvoll. Zu häufig bliebe der Arbeitsplatz schließlich ungenutzt, wenn Mitarbeitende, anstatt im eigenen Büro, beim Kunden vor Ort, im Homeoffice oder von anderen Orten aus arbeiten. Teilen sich Mitarbeitende Arbeitsplätze in den Büroräumlichkeiten, verringert sich der Bedarf an benötigter Arbeitsfläche in der Organisation, wodurch Arbeitsplatzkosten gesenkt und verfügbare Flächen anderweitig genutzt werden können (vgl. Vornholz 2021, S. 147 ff.). Die Senkung der Arbeitsplatzkosten ist zumeist nicht das alleinige Ziel von Organisationen, die auf abgetrennte Büroräume verzichten und ihre Räumlichkeiten stattdessen zu modernen, offen Bürolandschaften umgestalten. Häufig wird im Einreißen der Bürowände sinnbildlich das Einreißen verkrusteter, starrer Kommunikations- und Arbeitsstrukturen gesehen. Eine gänzlich offene Raumgestaltung (im Sinne eines *Open Office*) soll den Kommunikationsfluss zwischen den Mitarbeitenden fördern sowie zu mehr Zusammenarbeit und Kreativität anregen. Gemeinsam ist vielen dieser modernen Großraumbüros, dass sie Rückzugsmöglichkeiten für die einzelnen Mitarbeitenden einschränken, wodurch die Anzahl der zur gleichen Zeit in einem Raum Arbeitenden häufig höher ist als in klassischen Einzel- oder Zweierbüros.

Das *Großraumbüro* steht als „Sammelbegriff für eine Vielzahl unterschiedlicher Konfigurationen von Büroräumen, denen gemeinsam ist, dass eine größere Anzahl an Mitarbeitern auf einer gemeinsamen Fläche arbeiten, ohne dass sie durch feste Wände voneinander getrennt sind" (Herbig/Schneider/Nowak 2016, S. 72). Bei der Arbeit im Großraumbüro lassen sich die folgenden Auswirkungen auf das Arbeitsverhalten und -erleben der Mitarbeitenden feststellen (vgl. Herbig et al. 2016):

– Erhöhte Ablenkung
– Verlust von Privatheit
– Kontrollverlust

Die *erhöhte Ablenkung* kommt durch den höheren Lärmpegel der im Großraumbüro Arbeitenden und deren Interaktion zustande. Die Konzentration der Mitarbeitenden wird dadurch gestört, wodurch Fehler in der Aufgabenausführung zunehmen. Organisationen sind daher gut beraten, Rückzugsmöglichkeiten für konzentriertes Arbeiten zu schaffen. Hierzu eignen sich flexible Trennwände, mit denen der Arbeitsplatz bei Bedarf gegen Störungen abgeschirmt werden kann. Derartige Trennwandsysteme reduzieren nicht nur die visuelle Ablenkung, sondern blenden auch störende Geräuschquellen aus. Einige Organisationen stellen abseits des Großraumbüros eine geringe Anzahl eigens für die konzentrierte Stillarbeit geeignete Räumlichkeiten (z. B. Bibliotheken, Denkzellen) zur Verfügung.

In Großraumbüros erleben die Mitarbeitenden den *Verlust von Privatheit*. Weil sie ständig den Blicken anderer ausgesetzt sind (*fehlende visuelle Privatheit*), fühlen sie sich stärker kontrolliert. Die fehlende physische Trennung zu den Kollegen erschwert zudem die Durchführung von persönlichen Gesprächen, weil andere prinzipiell mithören können (*fehlende auditive Privatheit*). Flexible Trennwände eignen sich auch hier für eine bedarfsorientierte Abgrenzung bzw. die Herstellung von visueller und auditiver Privatheit. Häufig lässt sich in Großraumbüros auch beobachten, dass Mitarbeitende zur akustischen Ausblendung von Hintergrundgeräuschen auf Kopfhörer zurückgreifen.

Der erlebte *Kontrollverlust* bei der Arbeit in Großraumbüros ist insbesondere darauf zurückzuführen, dass die Temperatur, Beleuchtung und Belüftung derartiger Arbeitsstätten in der Regel zentral gesteuert wird. Die fehlenden Möglichkeiten zur selbständigen Steuerung der physischen Umgebungsbedingungen (beispielsweise hinsichtlich Licht, Akustik und Luftqualität) werden von Mitarbeitenden als Einschnitt ihrer Selbstbestimmung erlebt. Den empfundenen Kontrollverlust im Großraum vollends auszugleichen kann nicht gelingen. Wohl lässt sich der Kontrollverlust in Bezug auf die Beleuchtung des Arbeitsplatzes mittels Schreibtischlampen etwas dämpfen. Hinsichtlich der Belüftung und Temperaturregelung scheint dies in Großraumbüros mit einer steigenden Anzahl an Mitarbeitenden jedoch nicht mehr möglich zu sein.

In den von Herbig et al. (2016) gesichteten Studien finden sich Hinweise auf eine mit der Anzahl von Personen pro Fläche steigende Anzahl von Krankheitstagen. Insgesamt zeigte sich in den Studien eine geringere Leistung und Zufriedenheit der Mitarbeitenden mit den Umgebungsbedingungen im Großraumbüro im Vergleich zur Arbeit in kleinen Büros. Zudem war das psychische und physische Wohlbefinden der Arbeitenden im Großraumbüro geringer als bei Mitarbeitenden in Einzelbüros und kleinen Büroeinheiten. Die von den Autoren ausgewerteten Studien zeichnen zwar ein eher negatives Bild von den Auswirkungen der Arbeit in Großraumbüros auf das Arbeits- und Leistungsverhalten von Mitarbeitenden. Die Vielfalt an Arbeitsaufgaben konnte jedoch in den vorliegenden Untersuchungen zur Wirkung von Arbeit in Großraumbüros nicht vollumfänglich berücksichtigt werden. Die zu erledigenden Arbeitsaufgaben sollten eine nicht unerhebliche Rolle für die Eignung bzw. Wirkung von Großraumbüros spielen. Eine flächendeckende Empfehlung der Arbeit in Großraumbüros für alle möglichen Arbeiten lässt sich aus dem vorliegenden Forschungsstand nicht ableiten. Einem gänzlichen Verzicht auf Arbeiten in Großraumbüros kann hier aber ebenso wenig das Wort geredet werden. Bisher ist noch offen, bei welchen Tätigkeiten die Arbeit in Großraumbüros ihr positives Potenzial ausschöpfen kann und für welche Aufgaben sich die Arbeit in Großraumbüros eher weniger eignet.

Als ein Vorteil der offenen Bürogestaltung wird der gesteigerte Kommunikationsfluss infolge der fehlenden räumlichen Trennung der Mitarbeitenden ins Feld geführt.
Bei Arbeiten, die viel Kommunikation und Interaktion zwischen den Mitarbeitenden
voraussetzen, sollen offene Bürokonzepte vorteilhafter sein als die Arbeit in getrennten
Büros. Hinsichtlich der Wirkung offener Bürolandschaften auf das Kommunikations-
und Interaktionsverhalten von Mitarbeitenden ist die bisherige empirische Befundlage
allerdings noch recht spärlich. Schlussfolgerungen lassen sich nur mit großer Vorsicht
ziehen. Eine amerikanische Studie hat das Kommunikationsverhalten der Mitarbeitenden eines Unternehmens vor und nach der Umgestaltung getrennter Büros zu einer offenen modernen Bürolandschaft genauer untersucht (vgl. Bernstein/Turban 2018). In
der untersuchten Organisation verringerte sich die direkte Kommunikation zwischen
den Mitarbeitenden nach der Umgestaltung zur offenen Bürolandschaft um 70 %. Bei
der Kommunikation über elektronische Medien (Email und Instant Messaging) konnte
nach der Öffnung der Büroräume dagegen ein Anstieg um 20–50 % beobachtet werden.
Anstatt direkt miteinander zu sprechen, kommunizierten die Mitarbeitenden im Großraumbüro also verstärkt über elektronische Medien. Die Autoren der Studie erklären
die verstärkte Nutzung elektronischer Kommunikationsmedien anstelle der direkten
Kommunikation in offenen Büroräumen mit dem Bedürfnis der Mitarbeitenden nach
Privatheit. Diese sei im Großraumbüro gerade nicht gegeben, weswegen Mitarbeitende alternative Strategien zur Herstellung von Privatheit entwickeln: Durch die offene
Raumgestaltung haben sich die Kollegen jederzeit im Blick. Sie sehen, ob ein Kollege
am Arbeitsplatz konzentriert arbeitet oder nicht. Ein direktes Gespräch mit dem Kollegen an dessen Arbeitsplatz im Großraumbüro sollte dann eher als Störung empfunden
werden, weil es den Kollegen und die anderen in ihrer Arbeit ablenken könnte. Die
Kommunikation über Email oder Instant Messaging führt dagegen zu weniger Störungen und ermöglicht zudem den Austausch von vertraulichen Informationen, die nicht
von anderen mitgehört werden sollen. Dazu passt der Befund, dass die Mitarbeitenden nach der Umgestaltung in ein Open Office deutlich weniger Zeit mit der direkten
Interaktion untereinander verbrachten als vor der Umgestaltung. Der erhoffte positive
Effekt auf die gemeinschaftliche Produktivität innerhalb der offenen Bürolandschaft
blieb aus. Letzteres führen die Autoren auf die *Überstimulierung* in offenen Büroräumlichkeiten zurück, die die Konzentration der Mitarbeitenden beeinträchtigt.

Moderne Bürokonzepte fordern häufig auch, dass Mitarbeitende ihren territoria-
len Anspruch auf einen festen, eigenen Arbeitsplatz im Büro aufgeben. Durch die
Umsetzung mobil flexiblen Arbeitens sinkt die Nachfrage nach Arbeitsplätzen in den
Räumlichkeiten der Organisation. Bei Letzteren handelt es sich ja nur noch um einen
Arbeitsort neben anderen. Eine permanente Präsenz aller Mitarbeitenden in der Organisation erscheint dabei nicht länger notwendig. Folglich können sich Mitarbeitende
die vorhandenen Arbeitsplätze in den Räumlichkeiten der Organisation auch teilen
(Desk-Sharing). Die Öffnung der Büroräumlichkeiten kann in Organisationen leicht
zu Widerständen innerhalb der Belegschaft führen, weil dabei eine Reihe der Mitar-

beitenden ihren fest zugewiesenen (persönlichen) Arbeitsplatz und ihre gewohnte Arbeitsumgebung verlieren. Fortan auf einen fest zugewiesenen Arbeitsplatz verzichten zu müssen, kann mit folgenden negativen Empfindungen einhergehen:

- *Verlust von Struktur*: Zu beachten ist, dass durch den Verzicht eines fest zugewiesenen Arbeitsplatzes auch gewohnheitsmäßige Strukturen wegfallen (z. B. der kurze Weg zur Toilette, die Kollegen in unmittelbarer Reichweite). Dies ist vor allem ein Problem für Mitarbeitende, die ein starkes Bedürfnis nach festen Strukturen haben und von ihrer Persönlichkeit her eher weniger offen für neue Erfahrungen sind (siehe Kapitel 2).
- *Zunahme an Unsicherheit*: Arbeiten Mitarbeitende nicht an einem festen Arbeitsort in der Organisation, dann sind sie zum Arbeitsbeginn zunächst gefordert, sich einen Arbeitsplatz je nach Verfügbarkeit zu suchen. Der Arbeitstag beginnt demensprechend mit der Unsicherheit in Bezug auf den Arbeitsort in der Organisation. Typische Fragen, die der Mitarbeitende sich in diesem Zusammenhang stellt, sind: *Wo werde ich heute sitzen? Kann ich dort konzentriert arbeiten? Werde ich mich dort wohlfühlen? Wo sitzen meine Kollegen?* Insbesondere bei Mitarbeitenden mit einem stärker ausgeprägten Neurotizismus (siehe Kapitel 2) sollte die tägliche Arbeitsplatzsuche auf wenig Begeisterung stoßen. Aufgrund ihrer Charaktereigenschaften (u. a. ängstlich, besorgt) sollten sie weniger gut mit der täglich aufkommenden Unsicherheit und auch dem Wegfall verlässlicher Strukturen zurechtkommen.
- *Verlust von Status*: Besonders für Führungskräfte ist das eigene Büro oftmals ein Ausdruck ihres erworbenen Status' in der Organisation. Sich fortan mit allen anderen Mitarbeitenden auf die tägliche Suche nach einem verfügbaren Arbeitsplatz in der Organisation zu begeben, kann von ihnen als Degradierung und Verlust von Prestige aufgefasst werden. Vor allem problematisch ist dies auch für Mitarbeitende mit einem ausgeprägten Machtbedürfnis, denen die Demonstration ihrer herausragenden Position in der Organisation besonders wichtig ist (siehe Kapitel 3.3.3).
- *Verzicht auf Individualität*: Um sich an ihrem Arbeitsplatz wohlzufühlen, verleihen Mitarbeitende diesem gerne eine gewisse Individualität. Mit Familienfotos, Glücksbringern, der eigenen Schreibtischunterlage oder auch dem auf das eigene Komfortgefühl eingestellten Bürostuhl verbinden Mitarbeitende ein Stück Privatheit im öffentlichen Raum der Organisation. Sie ziehen damit eine Grenze zwischen ihrem privaten Raum und dem öffentlichen Raum in der Organisation. Für derlei Individualisierung des Arbeitsplatzes lässt das Shared-Desk-Prinzip keinen Platz. Jeder Arbeitsplatz ist so zu hinterlassen, dass er jederzeit auch von anderen genutzt werden kann. Dass Mitarbeitende in offenen Bürolandschaften ohne feste Platzzuordnung dennoch ihren Arbeitsplatz mit Privatgegenständen (z. B. Familienfotos, Schreibutensilien, benutzte Kaffeetassen usw.) ausstatten, kann als Ausdruck ihres Widerstands gegen derartige Bürokonzepte verstanden werden. Zum Schutz vor der Okkupierung des Arbeitsplatzes durch andere soll zudem der Eindruck erweckt werden, der Arbeitsplatz sei bereits belegt. Indem sich Mitarbeiten-

de den formalen Regeln des Desk-Sharings widersetzen, versuchen sie, die Selbstbestimmung über die Wahl ihres Arbeitsortes zurückzugewinnen (siehe Reaktanz in Kapitel 4.5). Vergleichbar ist dieses Verhalten mit der Reservierung der Sonnenliege am Hotelpool, was in den meisten Hotels zwar untersagt ist, die Hotelgäste dennoch (oder gerade deswegen) nicht davon abhält.

Um Widerstände bei der Einführung eines Open Offices von insbesondere einflussreichen Gruppen in Organisationen zu vermeiden (siehe Stakeholder-Analyse im Kapitel 6.2.3), nehmen Organisationen nicht selten einzelne Gruppen von Mitarbeitenden davon aus (z. B. Führungskräfte). Begründet wird dies damit, dass es sich bei diesen Gruppen um Mitarbeitende handelt, deren Arbeitstätigkeiten Konzentration und Diskretion verlangen, was nur Einzelbüros gewährleisten können. Eine solch widersprüchliche Argumentation verstärkt lediglich die Unzufriedenheit bei Mitarbeitenden, die sich ihre Arbeitsplätze teilen müssen, und verdeutlicht eine starke hierarchische Trennung innerhalb der Belegschaft.

Aufgrund des hohen Widerstandpotenzials bei der Einführung des Shared-Desk-Prinzips kann es ratsam sein, die Anzahl der Mitarbeitenden, die sich einen oder mehrere Arbeitsplätze teilen, festzulegen. Beispielsweise könnten sich vier Mitarbeitende, die zuvor jeweils über ein Einzelbüro verfügten, anschließend ein Büro mit lediglich zwei Arbeitsplätzen teilen. Oder den vier Mitarbeitenden werden zwei Arbeitsplätze innerhalb der offenen Bürolandschaft fest zugewiesen. Beides verlangt aber wiederum nach Absprachen der Mitarbeitenden hinsichtlich ihrer Arbeitszeiten vor Ort, was die Flexibilität des Desk-Sharings einschränkt.

Wie im Kapitel 6.2.3 zum Umgang mit Widerständen ausgeführt wurde, sollte auch bei der Einführung des Desk-Sharings mit den Gewinnen für die Mitarbeitenden geworben werden. Mitarbeitende gewinnen durch die freie Platzwahl mehr *Flexibilität* und *Autonomie*. Dieser Vorteil kann dadurch verstärkt werden, dass das Design und die Nutzungsmöglichkeiten innerhalb einzelner Zonen der Bürolandschaft variiert werden. Anstatt mehrere Einzelbüros lediglich zu einem Großraumbüro umzufunktionieren, wird die Arbeitsfläche in Zonen aufgeteilt, die verschiedene Funktionen erfüllen. In solchen *Multifunctional-Spaces* haben Mitarbeitende beispielsweise die Wahl zwischen

- Räumen, die konzentriertes Arbeiten ermöglichen (z. B. Bibliothek, ruhige Denkzellen);
- Räumen, die kreatives Arbeiten in Gruppen ermöglichen (z. B. mit gängigen Moderations-Tools ausgestattete Projekträume);
- Räumen, die sich für Besprechungen in größerer Runde anbieten (z. B. multimedial ausgestattete Besprechungsräume);
- Zonen für die Begegnung und den informellen Austausch mit Kollegen (z. B. Kaffeeküchen, Kickerecke);
- Zonen für Erholung und Entspannung (z. B. Ruheräume, Lounge-Ecken);
- Zonen für den sportlichen Ausgleich (z. B. Fitnessräume).

Ferner muss die Autonomie in der Wahl des Arbeitsortes nicht auf die Räumlichkeiten innerhalb der Organisation beschränkt sein, sondern kann um die Option, Arbeitstätigkeiten auch von zuhause (im Homeoffice) zu erbringen, erweitert werden. Gerade Letzteres lässt sich ins Feld führen, wenn Mitarbeitende im Zuge der Gestaltung eines modernen Großraumbüros über fehlende Möglichkeiten zum konzentrierten Arbeiten klagen. Erwecken offene und multifunktional gestaltete Bürolandschaften auch eher den Eindruck von Freizeit- denn Arbeitsstätten, so verfolgen sie doch das Ziel, den kreativen Austausch innerhalb der Belegschaft zu fördern und zu einem gesteigerten Ideenfluss beizutragen. Zusammen mit einer möglichen Senkung der Arbeitsplatzkosten (durch das Desk-Sharing) handelt es sich also um Instrumente zur Erhöhung der organisationalen Effektivität und Effizienz.

6.5.3 Auswirkungen zeit- und ortsunabhängiger Arbeit auf das Arbeitsverhalten und -erleben

Zeit- und ortsunabhängige Arbeitskonzepte werden seit den 1990er Jahren unter dem Begriff *Telearbeit* verstärkt diskutiert. Im Zuge der Technologieentwicklung haben sich vielfältige Arten der Telearbeit entwickelt (vgl. Büssing/Aumann 1996; Glaser/Palm 2016, S. 85):

- Teleheimarbeit
- Mobile Telearbeit (z. B. auf Reisen, beim Kunden vor Ort, im Café)
- Kollektive Telearbeit (z. B. in sog. Co-Working-Spaces)
- Alternierende Telearbeit (Wechsel zwischen Arbeit innerhalb und außerhalb des Büros)

Die *alternierende Telearbeit* als Wechsel zwischen Arbeit innerhalb des Büros in der Organisation und der Arbeitserbringung zuhause kommt dem heutigen Verständnis von Homeoffice-Arbeit am nächsten. Glaser und Palm (2016, S. 85) berichten sowohl von Vorteilen wie Nachteilen der Telearbeit für Arbeitgeber. Zu den Vorteilen gehören beispielsweise Kosteneinsparungen bei Raumflächen, Betriebskosten und Überstunden sowie die Steigerung der Arbeitgeberattraktivität durch Telearbeitsangebote. Als nachteilig werden u. a. die Kosten für die Bereitstellung und Pflege der technischen Infrastruktur sowie die erschwerte Koordination der Arbeitsabläufe genannt. Führungskräfte befürchten zudem häufig einen Kontrollverlust durch den erschwerten direkten Zugriff auf ihre Mitarbeitenden. Letzterer ergibt sich dadurch, dass Mitarbeitende in der Telearbeit nicht mehr im unmittelbaren bzw. direkt beobachtbaren Umfeld ihrer Vorgesetzten arbeiten. Befürchtet wird zudem, dass Mitarbeitende aufgrund fehlender Kontrolle in der Teleheimarbeit gezielt Arbeitsleistung zurückhalten könnten.

Bisherige Studien weisen überwiegend positive Auswirkungen raum- und zeitunabhängigen Arbeitens auf die Mitarbeitenden aus (vgl. hierzu Gajendran/Harri-

son 2007; Joyce/Pabayo/Critchley/Bambra 2010; Nijp et al. 2012). Orts- und zeitunabhängiges Arbeiten
- erhöht die wahrgenommene Autonomie,
- führt zu weniger Konflikten zwischen Arbeit und Familie,
- steigert die Arbeitszufriedenheit,
- verstärkt die Bindung an den Arbeitgeber,
- wirkt sich positiv auf Gesundheit und Wohlbefinden aus.

Von besonderer Bedeutung scheint die eigenständige Einflussnahme des Mitarbeitenden auf die Wahl des Arbeitsortes und der Arbeitszeit zu sein, d. h. der Grad der erlebten
Selbstbestimmung in der Arbeitserbringung. Die oben aufgeführten positiven Effekte
zeitlich und räumlich flexibler Arbeit sind vor allem dann zu erwarten, wenn Mitarbeitende selbst über ihren Arbeitsort und ihre Arbeitszeit bestimmen können. Für eine
fremdbestimmte Arbeitsflexibilisierung, bei der allein der Vorgesetzte die Arbeitsorte
und Arbeitszeiten festlegt, lassen sich dagegen sogar negative Effekte auf das Arbeits-
und Leistungsverhalten der Mitarbeitenden feststellen (vgl. hierzu Glaser/Palm 2016).
   Negativ wirkte sich in einzelnen Studien auch die erweiterte berufliche Erreichbarkeit auf die psychische Gesundheit und das Privatleben von Arbeitnehmern aus
(siehe z. B. Prangert/Schüpbach 2015). Zwar kann das gelegentliche Bearbeiten einer
arbeitsbedingten Email oder das Führen eines Arbeitstelefonats außerhalb der regulären Arbeitszeit auch entlastend sein (z. B. wenn vor dem Start ins Wochenende noch
schnell eine wichtige Information weitergeleitet werden kann), die örtliche und räumliche Arbeitsflexibilisierung erschwert prinzipiell aber die *Grenzsetzung zwischen Ar-
beits- und Privatleben*. Das Arbeitsverhalten ragt dabei zumindest zeitweise in den Privatbereich hinein und vice versa. Pangert und Schüpbach (2013, S. 9) sprechen von
einer *arbeitsbezogenen erweiterten Erreichbarkeit*, wenn Beschäftigte mittels Informa-
tions- und Kommunikations-Medien außerhalb des regulären Arbeitsortes und der regulären Arbeitszeit für Arbeitsbelange zur Verfügung stehen. Sind dabei keine ausrei-
chenden Erholungspausen möglich, kann dies die eigene Gesundheit gefährden. In
den dazu gesichteten Studien wird davon berichtet, dass mit der steigenden Anzahl
der Erledigung von Arbeitsangelegenheiten im Privatbereich
- Konflikte zwischen Arbeits- und Privatleben sowie
- arbeitsbedingte Beeinträchtigungen wie Burnout, Stress und Nicht-Abschalten-
  Können zunehmen.

Anrufe sowie Mailkontakt im Feierabend erschweren das mentale Abschalten von der
Arbeit und können eine Erholung von der Arbeit verhindern. Krause et al. (2015) verweisen auf das Problem eines *selbstgefährdenden Arbeitsverhaltens* bei mobil flexibler Arbeit. Um den beruflichen Anforderungen gerecht zu werden – häufig auch um
Schuldgefühle durch die Erledigung privater Angelegenheiten während des Arbeitstages zu kompensieren –, arbeiten mobil flexible Mitarbeitende länger oder auch am Wochenende. Notwendige Erholungspausen werden ignoriert. Der eigene Gesundheits-

zustand wird damit einer akuten Gefährdung ausgesetzt. Selbst in Krankheitsphasen arbeiten mobil flexible Mitarbeitende oftmals weiter, weswegen bei Homeoffice-Arbeit nicht selten auch die krankheitsbedingten Fehlzeiten in Organisationen abnehmen.

Insbesondere durch die als positiv erlebte Autonomie in der Wahl des Arbeitsortes und der Arbeitszeit wird ein selbstgefährdendes Verhalten begünstigt. Der Verzicht auf eine verbindliche Reglementierung mobil und zeitlich flexibler Arbeit und die fehlenden organisatorischen Strukturen ermöglichen es dem Mitarbeitenden überhaupt erst, sich durch sein gesteigertes Arbeitsverhalten selbst zu gefährden. Die negativen gesundheitlichen Auswirkungen für den sich selbstgefährdenden Mitarbeitenden liegen auf der Hand. Aber auch für Arbeitgeber sollte der falsch verstandene Ehrgeiz der Mitarbeitenden mittelfristig negative Auswirkungen auf den Krankenstand und die Fluktuation innerhalb der Organisation haben. Aufgrund der psychischen Erschöpfung durch das selbstgefährdende Arbeitsverhalten kann es zu vermehrten Fehlern in der Aufgabenbearbeitung kommen. Dem Arbeits- und Gesundheitsschutz bei mobiler Arbeit (vgl. hierzu Sandrock/Stahn 2020) sowie dem Betrieblichen Gesundheitsmanagement (vgl. hierzu Uhle/Treier 2019) kommt aus diesen Gründen eine besonders hohe Bedeutung zu.

Erste Arbeiten zu den Ursachen einer erschwerten Grenzsetzung zwischen Arbeit und Freizeit deuten auf zwei unterschiedliche Verhaltensstrategien hin (vgl. Glaser/ Palm 2016, S. 88 ff.):

– *Segmentierer-Verhalten*: Sogenannten Segmentierern ist eine klare Grenze zwischen Privatbereich und Arbeitsbereich wichtig. Eine Überlappung der beiden Lebensbereiche ist von ihnen nicht gewünscht und häufig auch in den von ihnen ausgeübten Berufen nicht möglich (z. B. Arbeiten im Strafvollzug, in der Pflege, in der Produktion). Häufig lässt sich ein Segmentierer-Verhalten an den vollzogenen Ritualen zum Übergang zwischen Privat- und Arbeitsbereich erkennen. Beispielsweise wird mit dem Feierabend-Cocktail der Übergang vom Arbeits- in den Privatbereich eingeleitet. Das Anziehen der Arbeitskleidung kennzeichnet ebenso den Übergang vom Privatbereich in den Arbeitsbereich. Der Arbeitsweg wird von Mitarbeitenden, die die Segmente Arbeit und Privat stärker voneinander trennen, dafür genutzt, mental von dem einen in den anderen Bereich zu wechseln.

– *Integrierer-Verhalten*: Bei sogenannten Integrierern verschwimmen Privat- und Arbeitsbereich stärker miteinander. Arbeitsaufgaben werden für die Erledigung von privaten Angelegenheiten unterbrochen, ebenso wie Arbeitsaufgaben während der Freizeit erledigt werden. Eine Trennung von Arbeits- und Privatbereich ist diesen Personen weniger wichtig, da ihre Arbeit häufig privaten Bedürfnissen ähnelt (etwa Künstler, die ihre Leidenschaft zum Beruf gemacht haben, oder Inhaber einer familiengeführten Pension).

In einer Studie konnte nachgewiesen werden, dass Integrierer sowie Beschäftigte, die der Arbeit den Vorzug vor dem Privatleben gaben, im Gegensatz zu Beschäftigten, die das Private der Arbeit vorzogen, über Beeinträchtigungen in der Erholung von der Arbeit berichteten (vgl. Kinnunen et al. 2016). Problematisch beim mobil flexiblen Arbeiten ist der ständige Wechsel zwischen der Rolle als Privatmensch und der Rolle als Arbeitnehmer bzw. zwischen Arbeits- und Privatbereich, auch als *Boundary Management* bezeichnet (vgl. Ashfort/Kreiner/Fugate 2000). Die Rollen, die im Privatbereich eingenommen werden (z. B. Ehepartner, Vater/Mutter, Sportkamerad), unterscheiden sich von den Rollen, die im Arbeitsbereich eingenommen werden (z. B. Kollege, Teammitglied, Führungskraft). Unterschiede ergeben sich in Bezug auf das geforderte Verhalten in den jeweiligen Bereichen (z. B. nachgiebiger Vater versus autoritäre Führungskraft). Ein ständiger Wechsel zwischen den Rollen ist anstrengend und kann zu Konflikten sowohl im privaten als auch im beruflichen Umfeld führen. Dies wäre beispielsweise der Fall, wenn die autoritäre Führungskraft ihren Partner ebenso autoritär zu führen versucht wie ihre Mitarbeitenden. Ein anderes Beispiel für Konflikte im Zusammenhang mit der Diffusion privater und beruflicher Rollen wäre ein Mitarbeitender im Vertrieb, die in seinen Geschäftsverhandlungen ähnlich nachgiebig ist wie gegenüber seinen Kindern.

Auch für die Grenzsetzung im Rahmen mobil flexibler Arbeit spielt die Gewährung von Autonomie und Selbstkontrolle eine gewichtige Rolle (vgl. Glaser/Palm 2016, S. 91). Die Entscheidung, inwieweit eine Verschmelzung von Arbeits- und Privatleben zugelassen und wie mobil flexibles Arbeiten ausgestaltet wird, sollte den Beschäftigten selbst überlassen werden[1]. Studien zum Boundary Management weisen darauf hin, dass sich Beschäftigte hinsichtlich ihrer Präferenz zur Trennung oder Integration von Arbeits- und Privatleben unterscheiden. Unterschiede zwischen Beschäftigten sollten demnach auch in deren Wunsch nach orts- und zeitunabhängiger Arbeit bestehen. Dies muss bei der Entwicklung des Angebots mobil flexibler Arbeitsoptionen unbedingt bedacht werden. Letztere sind weder von jedem gewünscht, noch für jedermann geeignet.

Für den Fall, dass orts- und zeitunabhängiges Arbeiten zwar gewünscht ist, eine Grenzsetzung zwischen Arbeits- und Privatbereich aber nicht gelingt oder gar ein selbstgefährdendes Arbeitsverhalten zu erwarten ist, sind sogenannte *Selbstmanagementkompetenzen* – wie Selbstorganisation, Zeit- und Erholungsmanagement – zu schulen. Dabei kommt auch den Normen und Werten der Unternehmenskultur (siehe Kapitel 6.3.2) sowie der Führung in Organisationen eine entscheidende Bedeutung für die Grenzsetzung zwischen Arbeits- und Privatbereich zu. Organisationen mit einer ausgeprägten *Präsenzkultur*, die viel Wert auf Präsenz und Sichtbarkeit ihrer Mitar-

---

1 Dies war in vielen Organisationen während der Corona-Pandemie nicht der Fall. Die Beschäftigten wurden vom Arbeitgeber (und diese von der Regierung) angewiesen, im Homeoffice zu arbeiten, ohne dies selbst frei entscheiden zu können. Dies wurde als fehlende Entscheidungskontrolle von vielen Beschäftigten erlebt, was eine Ursache dafür gewesen sein dürfte, warum sie sich viele Beschäftigte mit der ausschließlichen Arbeit im Homeoffice verstärkt unzufrieden zeigten.

beitenden legen, werden die Vorteile mobil flexiblen Arbeitens wohl nicht für sich entdecken. Zumindest sollten sie große Schwierigkeiten haben, ihre Mitarbeitenden vom mobil flexiblen Arbeiten überzeugen zu können. Eine starke Leistungskultur kann zudem ein selbstgefährdendes Arbeitsverhalten fördern.

Die insbesondere bei Führungskräften implizit vorhandene Sorge, Führungsaufgaben würden bei mobil flexibler Arbeit obsolet, weil mobile Mitarbeitende nicht mehr in ihrem unmittelbaren Sichtfeld agieren, scheint unbegründet. Eine Kernherausforderung für Führungskräfte besteht vielmehr darin, Steuerungsmöglichkeiten zu entwickeln und umzusetzen, mit denen räumliche Distanzen in der Personalführung überwunden werden können (siehe hierzu Weibler 2021). Vieles, aber nicht alles, kann hier über elektronische Kommunikationsmedien erfolgen (siehe Medienreichhaltigkeitstheorie in Kapitel 5.3.2). Im Gegensatz zu tayloristischen Managementprinzipien (z. B. klarer Aufgabenzuschnitt, enge Leistungskontrolle) setzt mobil flexibles Arbeiten das gegenseitige Vertrauen zwischen Arbeitnehmer und Arbeitgeber als unabdingbar voraus. Führungskräfte sind gefordert, ihren Mitarbeitenden dieses Vertrauen entgegenzubringen und mobil flexible Mitarbeitende stärker zur *Selbstführung* anzuleiten.

6.5.4 Auswirkungen moderner Organisationsstrukturen auf das Arbeitsverhalten und -erleben

Sowohl für die zeitliche und örtliche Flexibilisierung von Arbeit als auch für die Gestaltung moderner Arbeitsumgebungen gilt resümierend, dass Autonomie und Selbstkontrolle wichtige Voraussetzungen darstellen. Nimmt die Zentralisierung von Entscheidungen und eine enge hierarchische Kontrolle einen hohen Stellenwert in der Organisation ein, dann muss mit der räumlichen bzw. örtlichen Flexibilisierung von Arbeit auch eine Flexibilisierung der Organisationsstrukturen einhergehen (vgl. Weichbrodt 2016, S. 27). Gefordert wird ein Abbau hierarchischer Strukturen in Organisationen. Im Zuge dessen fallen Führungspositionen weg, wohingegen die *Selbstorganisation* der Mitarbeitenden zunimmt. Die Organisationsstrukturen werden dadurch insgesamt flacher. Ein Ausbau der Selbstorganisation wird auch deshalb erforderlich, weil mehr und mehr Aufgaben in Organisationen in projektbasierten Teams und weniger von Mitarbeitenden alleine erledigt werden. Formale Vorgesetzte sind zumeist nicht direkt in die Projektarbeiten ihrer Mitarbeitenden eingebunden und im Zuge der örtlichen Flexibilisierung zumeist auch physisch weiter von ihren Mitarbeitenden entfernt. Die Übertragung von Verantwortung im Zuge eines Ausbaus der Selbstorganisation kann zu einer Verschlankung der Abläufe in Organisationen beitragen. Folgende Ziele werden mit dem Ausbau der Selbstorganisation verfolgt:
–   Erhöhung der Reaktionsgeschwindigkeit
–   Steigerung der Innovativität
–   Steigerung der Motivation der Mitarbeitenden

Mit der *Erhöhung der Reaktionsgeschwindigkeit* ist der Gewinn an Agilität gemeint. Agilität bezeichnet die Kompetenz von Organisationen, sich den dynamischen Anforderungen der Umwelt schnell anpassen zu können (vgl. Jochmann/Stein 2019). Durch den Verzicht auf zeitaufwendige Abstimmungsschleifen mit zentralen Entscheidungsinstanzen (Führungskräften) kann eine Beschleunigung notwendiger Entscheidungen sowie deren Umsetzung erreicht werden. Mitarbeitende können Entscheidungen dezentral selbständig treffen und diese anschließend auch direkt umsetzen (z. B. beim Kunden vor Ort). Anstatt lediglich separate Einzelaufgaben an Mitarbeitende zu delegieren, deren Arbeitsergebnisse anschließend vom Vorgesetzten eingesammelt und zu einem Gesamtergebnis zusammengefasst werden, erledigen Mitarbeitende Arbeitsaufgaben projektbasiert. Die Verantwortung für die Organisation und Umsetzung der im Projekt anfallenden Aufgaben wird den Projektmitgliedern übertragen.

Häufig stehen bürokratische Prozesse einer *Steigerung der Innovativität* von Organisationen im Wege. Durch den Abbau von Bürokratie, d. h. von formalen Regelungen, kann die Reaktionsgeschwindigkeit der Organisation erhöht werden. Dadurch lässt sich ebenfalls der Ideenfluss anregen, was zu mehr Innovationen führt. Der informelle Austausch innerhalb der Belegschaft und über Abteilungsgrenzen hinaus soll durch einen weitgehenden Verzicht auf formale Aufbau- und Ablaufstrukturen gefördert werden. Erwartet wird, dass sich die vielfältigen Kompetenzen einer heterogenen Belegschaft innerhalb der projektbasierten Zusammenarbeit sowie in informellen Netzwerken gegenseitig ergänzen und so neue Einsichten und Problemlösungen gewonnen werden. Wohingegen Formalismen die Kreativität der Mitarbeitenden insgesamt einschränken, weil sie kaum die Entwicklung eigener Problemlösungen zulassen, fördern abteilungsübergreifende Netzwerke den Wissensfluss innerhalb der Belegschaft.

Durch den Ausbau der Projektarbeit und Selbstorganisation in modernen Organisationen wird eine *Motivationssteigerung* der Mitarbeitenden erwartet. Insbesondere sollen von der Ausweitung der Projektarbeit und Selbstorganisation positive Einflüsse auf die intrinsische Motivation der Mitarbeitenden (siehe Kapitel 3.1) ausgehen. Dies sollte sich wiederum positiv auf die Zufriedenheit und Arbeitsleistung der Mitarbeitenden auswirken. Im Zuge der projektorientierten Gestaltung der Arbeit lassen sich wechselnde Einblicke in immer neue Aufgabenbereiche gewinnen, was die Anforderungsvielfalt steigert (siehe Job Characteristics Model in Kapitel 3.4). Die Verantwortung für Arbeitsprozesse – vom Anfang bis zum Ende – sowie der hohe Grad an Selbstorganisation in der Planung und Umsetzung der Projekte lassen hingegen die wahrgenommene Autonomie sowie die Aufgabenganzheitlichkeit und –bedeutsamkeit ansteigen.

Grundei und Kaehler (2018) kritisieren, dass die bisherigen Konzepte moderner Organisationsgestaltung in ihren Gestaltungsempfehlungen recht vage bleiben. Gemeinsam ist den überwiegenden Konzepten die Forderung nach
- flachen Hierarchien,
- Steigerung der Selbstorganisation,

- Ausweitung der (projektbasierten) Teamarbeit,
- Abbau von Bürokratie.

Hinsichtlich der konkreten Ausgestaltung der einzelnen Punkte besteht massiver Spielraum. Fragen ergeben sich hinsichtlich des (optimalen) Bedarfs an klassischen Führungspositionen und damit an Hierarchien in modernen Organisationen. Das Modell der *Holokratie* propagiert, vollständig auf Hierarchien und zentrale Entscheidungsinstanzen in Organisationen zu verzichten. Stattdessen sollen Mitarbeitende ermutigt werden, Entscheidungen selbst zu treffen, Organisationen sollen kollegial geführt werden (vgl. Robertson 2015). Die Breite der Verantwortlichkeiten projektbasierter Teams variiert ebenfalls in der Praxis. Mal beschränkt sich die für Projektgruppen geforderte Verantwortlichkeit nur auf die Aufgabenausführung, mal reicht sie bis hin zur Besetzung, Ausstattung, Steuerung und Entlohnung der Projektteams. In der Wahrnehmung umfassender Verantwortung zeichnen Mitarbeitenden dann selbst für die Auswahl neuer Kollegen verantwortlich, verplanen Projektbudgets selbstständig und entscheiden innerhalb des Teams, wie ein eventueller Bonus aufgeteilt wird. Fragwürdig ist, ob die Voraussetzungen eines derart demokratischen Führungsprozesses in Organisationen überhaupt erfüllbar sind.

Ferner ist anzumerken, dass durch den Abbau von Führungspositionen die Aufbaustruktur von Organisationen zwar flacher wird. Durch die geforderten projektbasierten Netzwerke entstehen aber lediglich neue Strukturen. Diese führen nicht notwendigerweise zu weniger Bürokratie. So wird darauf hingewiesen, dass gerade die Projektarbeit häufig recht bürokratisch organisiert ist (vgl. Ramin 2019). Selbst die viel zitierte und oftmals als synonym für Agilität verwendete *Scrum*-Methodik verzichtet nicht gänzlich auf formale Regeln und Strukturen, sondern kennt eine ganze Reihe von Umsetzungsprinzipien und Rollendefinitionen. Gerade die demokratische Verteilung der Verantwortlichkeit auf alle Projektmitglieder birgt das Risiko, dass sich keiner wirklich vollständig in der Verantwortung sieht (siehe Verantwortungsdiffusion in Kapitel 5.2.3). Werden formale Strukturen in Organisationen lediglich durch informale Strukturen ersetzt, sollte auch die erschwerte Steuerung dieser informellen Netzwerke bedacht werden (siehe Kapitel 5.1.3). Ob eine gezielte Steuerung dieser Netzwerke überhaupt erfolgen kann, wenn zuvor keine klare Verantwortlichkeit für deren Steuerung festgelegt wurde, ist fraglich.

Um ein Mindestmaß an Leistungsfähigkeit am Markt garantieren zu können, sollten auch moderne Organisationen nicht vollkommen ohne geregelte Abläufe und formale Strukturen auskommen (vgl. Grundei/Kaehler 2018, S. 430). Letzteres würde auch definitionsgemäß das Ende der Organisation als Institution bedeuten und wäre mit folgenden negativen Konsequenzen verbunden:

- *Verlust an Orientierung*: Kernziel des Organisierens ist es, der gemeinschaftlichen Zusammenarbeit Stabilität zu bieten und für Orientierung zu sorgen, sodass eine koordinierte, auf ein gemeinschaftliches Ziel hin abgestimmte Aufgabenbewältigung möglich wird. Auch aus den rechtlichen Anforderungen an die erwerbsmäßige Zusammenarbeit (z. B. im Rahmen der Anforderungen an das Compliance Management) lässt sich letztlich ein Anspruch an Regeln und festen Strukturen begründen. Durch eine stärkere Dynamik in der Organisationsumwelt mag der Anspruch an die Aufgabe des Organisierens eher steigen als sinken. Geltende Regeln und Strukturen müssen womöglich häufiger überdacht und angepasst werden als dies unter stabileren Umweltbedingungen der Fall ist. Dabei gilt es, Unsicherheit und Chaos zu vermeiden und Verlässlichkeit herzustellen. In der Hierarchie sind Über- und Unterstellungen in der Belegschaft und Befugnisse der Mitarbeitenden in Form einer Rangordnung geregelt. Hierarchien sorgen hier für Ordnung und Transparenz. Fehlt eine solche Ordnung, wird es Mitarbeitenden erschwert, sich innerhalb der komplexen Umwelt und in der Organisation zu orientieren. Die Ordnung bzw. Zuordnung von (Weisungs-)Befugnissen und Aufgaben hilft letztendlich auch Doppelarbeiten zu vermeiden und kann Abstimmungsproblemen vorbeugen. Rein informelle Strukturen sind dagegen weit weniger verlässlich und können die Entscheidungsfindung stark verzögern. Zudem lässt sich ein rein informeller Entscheidungsprozess im Nachhinein nicht mehr zurückverfolgen, was insbesondere die Diagnose und Behebung von Fehlern oder die Klärung von Verantwortlichkeiten bei Haftungsfragen behindert. Die Aufarbeitung von Fehlern im Rahmen organisationaler Lernprozesse (siehe Kapitel 6.4.1) wird dadurch ebenso verhindert.

– *Geringere Bindung*: Durch die Entkoppelung der Mitarbeitenden von klaren Aufgabenprofilen wird ein flexiblerer Einsatz der Personalressourcen angestrebt. Im Idealfall werden Einsatz und Aufgabengebiete der Mitarbeitenden bedarfsgerecht immer wieder neu ausgehandelt. Gleiches gilt für die damit im engen Zusammenhang stehenden Arbeits- und Beziehungsstrukturen. Diese müssen ebenso von Auftrag zu Auftrag bzw. Projekt zu Projekt neu entwickelt werden. Das sogenannte *Crowdworking* verkörpert diese Flexibilitätsoption für Organisationen in Reinkultur. Nicht nur wo und wie die Kompetenzen der Mitarbeitenden in der Organisation eingesetzt werden, wird jedes Mal neu ausgehandelt, sondern auch, ob Crowdworker überhaupt von der Organisation eingesetzt bzw. weiterbeschäftigt werden. Aufgaben werden lediglich in Form zeitlich befristeter Projekte an Crowdworker vergeben. Bezahlt wird nach Arbeitseinsatz und ausschließlich für die Dauer des Projektes. Der Einsatz nach Projektende ist ungewiss, weswegen Crowdworker zumeist parallel an mehreren Projekten arbeiten und für mehrere Organisationen tätig sind. Die Bindung (im Englischen als *Commitment* bezeichnet) und Identifikation der Crowdworker mit ihren Auftraggebern ist gering und abhängig vom jeweiligen Projekteinsatz. Über den Projekteinsatz hinausgehende Loyalität zur Organisation sowie ein über das definierte und vergütete Leistungsmaß hinausgehender Arbeitseinsatz ist von Crowdworkern eher nicht zu erwarten. Zudem können die jeweils befristeten Arbeitsverhältnisse mit zunehmender Dauer für finanzielle Unsicherheit und Unzufriedenheit bei Crowdworkern führen.

– *Zunahme an Überlastung*: Sich nicht auf hierarchische Beziehungen, feste Strukturen und geregelte Abläufe festzulegen, soll Organisationen offen für eine flexible Anpassung an neue Erfordernisse halten. Ebenso flexibel sollen sich auch die Mitarbeitenden hinsichtlich ihrer Arbeitsinhalte und Kompetenzen zeigen. Was von bestimmten Persönlichkeitstypen durchaus als spannend und abwechslungsreich erachtet wird, kann in anderen Teilen der Belegschaft zur Überlastung führen. Für die Entwicklung entlastender Routinen bleibt keine Zeit (siehe Beschleunigungsfalle in Kapitel 6.2.3). Anhaltende Arbeitsbelastungen können zu ernsthaften Stresserkrankungen führen und dadurch Mitarbeitende und Organisationen nachhaltig schädigen (vgl. hierzu Uhle/Treier 2019).

Grundei und Kaehler schlussfolgern, dass das Organisieren und Planen auch unter volatilen Umweltbedingungen nicht obsolet wird. Die Autoren verweisen darauf, „dass sowohl Über- als auch Unterorganisation zu Agilitätsverlusten führen können" (Grundei/Kaehler 2018, S. 431).

Als moderne, aber nicht gänzlich neue Organisationsprinzipien lassen sich die Folgenden anführen:

– *Reflexion*: Anstatt einseitigen Modestrukturen zu folgen, sind Organisationen besser beraten, die eigenen Strukturen, Regeln und Abläufe beständig kritisch zu hinterfragen, deren Erfolgsbeitrag zu messen und sie gegebenenfalls an neue Erfordernisse anzupassen. Die Wirkungsmessung muss sowohl die Sicht der Organisation als auch die Sicht der Mitarbeitenden und gegebenenfalls weiterer Stakeholder (z. B. Kunden, Lieferanten) umfassen. Die *Reflexionsfähigkeit* dürfte die zukünftig wohl bedeutsamste Kompetenz für Organisationen sein, die sich kontinuierlich weiterentwickeln und beständig dazulernen wollen (vgl. Gherardi/Cozza/Poggio 2018).

– *Ambidextrie*: Organisieren bedeutet nicht zwangsläufig, ein Struktur- und Ablaufmodell auf die gesamte Organisation zu übertragen. Stattdessen muss bereichsspezifisch die jeweils beste Organisationsstruktur gefunden werden. Die Objekte der Organisationsgestaltung werden damit kleiner (von der Gesamtorganisation zu Abteilungen und Gruppen), was die Vielfalt an unterschiedlichen Strukturtypen in Organisationen ansteigen lässt. Organisationen sehen sich häufig widersprüchlichen Anforderungen gegenüber. So gilt es zum einen, die Effizienz zu erhöhen (z. B. durch die Einsparung von Kosten), wohingegen zum anderen, (finanzielle) Ressourcen für risikoreiche Innovationen und Investments eingesetzt werden. Das Modell der ambidextren Organisation erkennt Widersprüche zwischen verschiedenen strukturellen Erfordernissen in Organisationen an und schlägt organisationale wie führungsbezogene Konzepte zu deren Auflösung vor (vgl. hierzu Keller 2020; Keller/Weibler 2014; Weibler/Keller 2015). Ein Beispiel dafür, wie Ambidextrie auf der strukturellen Ebene von Organisationen erreicht werden kann, ist der hohe Formalisierungsgrad zur Effizienzsteigerung in der einen Organisationseinheit (z. B. Kerngeschäft) und die informelle Beziehungs-struktur in einer anderen Einheit (z. B. Innovationsentwicklung). Die Auflösung des Spannungsfelds zwischen Innovationsentwicklung und Effizienz besteht hier also in der strukturellen Trennung der Organisationseinheiten mit je unter-schiedlichen Anforderungen, wohingegen andere Konzepte gar die Herstellung von Ambidextrie im Verhalten der Mitarbeitenden selbst propagieren (vgl. Gib-son/Birkinshaw 2004; Keller/Weibler 2015; Weibler/Keller 2011). Die individuelle Ausführung von Ambidextrie würde es dann jedem Mitarbeitenden ermöglichen, beständig zwischen Bekanntem (Routine) und Neuem (Innovation) zu wechseln, was einer erhöhten Flexibilität des Arbeitsverhaltens gleichkommt.

– *Experimentieren*: Die Übertragbarkeit von best practices der Organisationgestal-tung ist insofern erschwert, als dass es keine zwei völlig identischen Organi-sationen gibt. Wie Organisationsprinzipien die Zielerreichung beeinflussen, ist abhängig von zahlreichen Faktoren, die sich von Organisation zu Organisation unterscheiden (u. a. den Mitarbeitenden, Kunden, Produktangeboten). Prinzipi-en, die sich für den Erfolg einer Organisation als positiv erwiesen haben, müssen nicht dieselbe Erfolgswirkung bei anderen Organisationen haben. Der Erfolg von Prinzipien in der Vergangenheit lässt nicht den Schluss zu, dass sich dieser auch in die Zukunft fortschreiben lässt (siehe Paradox des Erfolges in Kapitel 6.2.1). Organisationen sollten sich vielmehr in einer Phase des konsequenten Experi-mentierens begreifen. Besonders große Organisationen sind gut beraten, neue Organisationsprinzipien zunächst im kleinen, überschaubaren Rahmen (z. B. einzelne Arbeits- oder Projektgruppen, Abteilungen) umzusetzen, bevor sie diese in der gesamten Organisation ausrollen.

6.6 Zusammenfassung

Die Zusammenarbeit in Organisationen birgt Konfliktpotenzial. Dort treffen Men-schen aufeinander, deren Überzeugungen, Handlungsziele und Erwartungen sich unterscheiden, was zum Auslöser unterschiedlicher Konflikte werden kann (siehe Kapitel 6.1.1). Mitunter führen Differenzen in Organisationen zu Spannungen, die lange Zeit unentdeckt bleiben, sich scheinbar plötzlich emotional entladen und auf die gesamte Organisation übergreifen (siehe Kapitel 6.1.2). Einer erfolgreichen Kon-fliktlösung, wie in Kapitel 6.3 behandelt, kommt daher eine besondere Bedeutung zu. Dadurch lässt sich eine Konfliktchronifizierung vermeiden. Nicht immer ist es jedoch sinnvoll, Konflikten gänzlich aus dem Weg zu gehen. Konflikte können auch positive Einflüsse auf die Weiterentwicklung von Organisationen haben (siehe Kapi-tel 6.1.1).

Die Stimulierung von Konflikten kann beispielsweise dabei helfen, Barrieren des organisationalen Wandels zu überwinden (siehe Kapitel 6.2.1). Die angezeigte

Notwendigkeit für Veränderungen kann ein gezieltes Veränderungs- bzw. Change-Management erfordern, dessen Umfang der Tiefe und dem Ausmaß der Veränderungen in Organisationen entsprechen muss (siehe Kapitel 6.2.2). Je nach Ausmaß und Tiefe des Wandels ist mit Widerstand aus der Organisation zu rechnen. Dieser kann auf unterschiedliche Ursachen zugrückgehen (siehe Kapitel 6.2.3). Letztere sind zunächst näher zu ergründen, bevor Methoden und Instrumente zum Einsatz kommen können, die zum Ziel haben, den Widerstand in eine Begeisterung für Veränderungen zu überführen. Hierzu wurde eine Auswahl an unterschiedlichen Modellen des Veränderungsmanagements behandelt (siehe Kapitel 6.2.4).

Die globalisierte Geschäftswelt fordert Organisationen gleichsam zum Wandel auf und sorgt durch eine verstärkte kulturelle Vielfalt in Organisationen – und um Organisationen herum – ebenso für Konfliktpotenzial aufgrund kulturell bedingter Unterschiede im Verhalten und Denken der Organisationsmitglieder und Stakeholder. Nicht immer sind diese Unterschiede leicht zu erkennen (siehe Kapitel 6.3.1). Auch Organisationen verfügen über eine je eigene Kultur, die neben der Landeskultur der Organisation von einer Reihe weiterer Merkmale beeinflusst wird (siehe Kapitel 6.3.2). Um in einem internationalen Kontext möglichst konfliktfrei interagieren zu können, sind bestimmte interkulturelle Handlungskompetenzen erforderlich. Schulungen dieser Kompetenzen bilden den Inhalt interkultureller Trainings (siehe Kapitel 6.3.3). Eine besondere Bedeutung im internationalen Kontext kommt darüber hinaus der interkulturellen Kommunikation zu (siehe Kapitel 6.3.4).

Bei dieser Art von Schulungen handelt es sich um Formen des individuellen Lernens. Organisationen als Kollektiv lernen, indem Mitarbeitende ihr Wissen untereinander teilen und es der Gesamtorganisation zur Verfügung stellen (siehe Kapitel 6.4.1). Oftmals erschweren Lernschwächen der Organisation die erfolgreiche Integration neuen Wissens in die organisationale Wissensbasis. Hier kann ein durchdachtes Wissensmanagement in Organisationen Abhilfe schaffen. Ein solches sollte den gesamten Zyklus organisationalen Lernens von der Festlegung der Wissensziele über den Wissenserwerb und die Wissensverteilung bis hin zur Wissensspeicherung und -bewertung im Blick haben (siehe Kapitel 6.4.2). Für jeden dieser Bausteine des Wissensmanagements stehen der Organisation verschiedene Instrumente zur Verfügung (siehe Kapitel 6.4.3).

Organisationen sehen sich insbesondere durch eine zunehmende Flexibilisierung der Arbeit mit neuen Herausforderungen konfrontiert. Neben einer ganzen Reihe unterschiedlicher Formen der Arbeitsflexibilisierung (siehe Kapitel 6.5.1) üben insbesondere die räumliche und funktionale Flexibilisierung einen starken Einfluss auf das Verhalten in Organisationen aus. Letztere verändern unmittelbar die Art und Weise, wie, wo und wann Arbeit verrichtet wird. Obschon die Auswirkungen moderner Organisationskonzepte auf das Verhalten in Organisationen empirisch noch nicht weitreichend genug erschlossen sind, können bereits jetzt einzelne negative Auswirkungen berichtet werden (siehe Kapitel 6.5.2, 6.5.3 und 6.5.4). Die Befunde sollten bei der Gestaltung flexibler Arbeitsbedingungen berücksichtigt werden, um Widerstand und

Konflikte sowie negative Auswirkungen auf weitere Erfolgskriterien von Organisationen zu vermeiden. Maßnahmen der räumlichen und funktionalen Flexibilisierung von Arbeit werden nach derzeitigem Kenntnisstand insbesondere dann von Mitarbeitenden positiv bewertet, wenn diese ein Mitspracherecht dabei haben. Der Grad einer solchen Autonomie und Selbstbestimmung muss dabei freilich mit den vorhandenen organisationalen Möglichkeiten abgestimmt werden.

6.7 Fallstudie 5

„So geht es nicht weiter", stand in der Email, die Sie von Frau Kranzler, der Geschäftsführerin der Phantasia GmbH bekommen haben. Die geplante Umstrukturierung im Unternehmen stockt. Grund ist der massive Widerstand in der Belegschaft gegen die Pläne der Geschäftsführung. Dabei wollte man doch neben allen harten Einschnitten auch den Wünschen der Mitarbeitenden nach mehr Flexibilität in der Arbeit entgegenkommen. Sogar ein Fitnessstudio in der Firmenzentrale war geplant. Doch die Umsetzung der Pläne kommt einfach nicht voran.

Sie haben einen Gesprächstermin mit der Geschäftsführung vereinbart. Die Büros der Geschäftsführung befinden sich im obersten Stockwerk der Firmenzentrale. Am Empfang im Eingangsbereich haben Sie einen Code für den persönlichen Aufzug in die Geschäftsführungsetage erhalten. Sie bemerken, dass die Tür des Aufzugs in die Geschäftsführungsetage beinahe doppelt so groß ist wie die Tür des Aufzugs, der von den übrigen Angestellten genutzt wird. Sie geben den erhaltenen Aufzugs-Code ein und betreten den mit Marmor ausgekleideten Aufzug. Der Aufzug bringt Sie direkt in die oberste Etage. Dort werden Sie von einem freundlichen Portier begrüßt. Dieser erzählt Ihnen, dass Sie froh sein können, den Aufzug der Geschäftsführung benutzen zu dürfen, da der Aufzug für die Angestellten ständig stecken bleibt.

Sie werden vom Portier in das Büro der Geschäftsführerin, Frau Kranzler, begleitet. Das große Büro (sie schätzen es auf ca. 50 bis 60 Quadratmeter) ist hochwertig eingerichtet. An der Wand moderne Kunst, ein 85-Zoll Flatscreen, eigene Kaffeeküche mit Loungemöbeln, Massageecke. Alles wirkt aufgeräumt und ordentlich, aber auch ein bisschen steril. Von der Geschäftsführung ist noch keiner zu sehen. Diese kommt erst mit etwa 10-minütiger Verspätung und bittet Sie von der Loungeecke an den langen Konferenztisch. Frau Kranzler setzt sich an das eine Ende des Konferenztisches. Links und rechts neben ihr nehmen Herr Westkamp und Herr Müller, ebenfalls Geschäftsführer der Phantasia GmbH, Platz. Man bittet Sie, gegenüber von Frau Kranzler am anderen Ende des Tisches Platz zu nehmen. Der Portier bringt eine Karaffe mit sprudelndem Wasser und eine Karaffe mit stillem Wasser und schenkt Ihnen sowie der Geschäftsführung frischen Kaffee ein. Es dauert dann noch einmal 5 Minuten, bis die Besprechung endlich losgehen kann, weil die Geschäftsführer noch einige Dokumente unterzeichnen müssen. Sie bemerken, dass alle drei einen goldenen Montblanc-Kugelschreiber nutzen. Sie vermuten, dass dieser aus Echtgold gefertigt ist.

Frau Kranzler kommt schnell zum Anliegen des Gesprächs mit Ihnen. „Schön, dass Sie so schnell kommen konnten. Ich hatte Ihnen ja schon geschrieben, worum es geht. Beschlossen wurde in einem Meeting mit allen Bereichsleitern, dass wir an einzelnen Standorten Personal abbauen und strukturelle Veränderungen vornehmen müssen. Schon bei der Verkündung der Pläne hat sich damals die Personalabteilung quer gestellt. Die Bereichsleiter und der Betriebsrat hatten den Plänen aber einstimmig zugestimmt. Dass die Personalabteilung nicht begeistert sein wird, war uns schon von vornherein klar. Ein Personalabbau stört natürlich die Harmonie im Unternehmen, was die Personalleitung verhindern will. Die denken halt immer noch, dass wir hier eine Wohltätigkeitsorganisation sind. Deswegen sind wir immer die Bösen und die Personalleitung gehört zu den Guten. Damit sind wir bisher aber ganz gut klargekommen. Meistens lassen wir sie vor sich hin grummeln, dann beruhigen die sich irgendwann auch wieder. Dieses Mal sind wir ihnen sogar mit der Umsetzung der Wünsche unserer Mitarbeitenden nach mehr Flexibilität entgegengekommen."

Hier ergreift Herr Müller das Wort: „Ja genau, das war die Idee von Frau Dr. Quackwesel aus der Strategieabteilung. Sie meinte, dass wir zusätzlich Kosten sparen könnten, wenn wir hier alles offener gestalten. Bisher arbeiten hier alle in Einzel- oder Zweierbüros. Frau Dr. Quackwesel hat ausgerechnet, was wir an Arbeitsplatzkosten sparen, wenn wir stattdessen eine offene Bürofläche gestalten und unsere Mitarbeitenden dann gemeinsam an Projekttischen zusammenarbeiten, anstatt in getrennten Büros. Die Mitarbeitenden im Vertrieb sollen komplett von unterwegs oder aus dem Homeoffice arbeiten. Deren Büro stand ja sowieso die meiste Zeit leer. Für alle anderen Mitarbeitenden haben wir bereits einen Homeoffice-Plan ausgearbeitet. Jeder Mitarbeitende sollte einen Tag in der Woche im Homeoffice arbeiten. Wir haben die Mitarbeitenden nach Gruppen zusammengefasst, sodass nicht alle am gleichen Tag im Homeoffice sind. Dadurch können wir auch viel Fläche für Arbeitsplätze einsparen. Die frei werdenden Büroflächen wollen wir für ein eigenes Fitnessstudio nutzen."

„Ist ja jetzt hinfällig", sagt Herr Westkamp mit hochrotem Kopf. „Wenn die Mitarbeitenden nicht bereit sind, auf ihre Büros zu verzichten, dann kann es auch kein Fitnessstudio, Sabbatical-Programm, Homeoffice oder was weiß ich noch was geben. Der Personalabbau wird trotzdem durchgezogen. Dafür brauchen wir jetzt Sie."

Sie erkundigen sich nach Frau Dr. Quackwesel, die ja anscheinend als Leiterin der Strategieabteilung am Stellenabbau- und Flexibilisierungsprogramm mitgearbeitet hat.

„Die ist nicht mehr hier", sagt Herr Müller. „Ihre Stabsstelle hatten wir neu geschaffen und das Ganze als Experiment gesehen. Frau Dr. Quackwesel hatte die volle Verantwortung für die Durchführung der anstehenden Veränderungen übertragen bekommen. Dazu gehörte sowohl die Umstrukturierung mit dem Personalabbau als auch die Umgestaltung der Büroräumlichkeiten. Frau Dr. Quackwesel kam als Person aber überhaupt nicht bei ihren Kollegen im Unternehmen an. Jemand der Excel-Tabellen erstellt und mit bunten PowerPoint-Folien um sich wirft, brauchen wir hier nicht. Wir sind hier pragmatisch, ein Doktortitel allein reicht da nicht aus. Ich bin jetzt 20 Jahre hier im Unternehmen und habe noch nie einen Doktortitel gebraucht."

„Wir möchten gerne, dass sie die Umstrukturierung in unserem Unternehmen durchführen", sagt Frau Kranzler. „Wir geben Ihnen selbstverständlich die benötigte Rückendeckung und unterstützen Sie, wo wir können. In welchen Bereichen Personal abgebaut werden soll und wer bereits ein Abfindungsangebot bekommen, aber noch nicht angenommen hat, haben wir Ihnen in einem Ordner zusammengestellt. Wenn Sie den Auftrag annehmen, dann bekommen Sie alle Informationen von uns, die Sie benötigen. Wir erwarten dann aber auch, dass Sie das Projekt zügig umsetzen. Wir haben schon viel Zeit damit verloren und müssen uns selbst aus der operativen Umsetzung rausziehen."

Bevor Sie sich entscheiden, ob Sie den Auftrag annehmen, möchten Sie noch mit den Personalleitern sprechen, um genauer einschätzen zu können, wie groß die Widerstände gegen die geplanten Maßnahmen sind.

„Wie lange brauchen Sie denn dafür?", geht Herr Müller Sie ziemlich forsch an. „Wir können Ihnen genau sagen, wer hier gegen die Maßnahmen mauert. Das sind immer dieselben. Ein Gespräch mit denen hat keinen Sinn. Wir ziehen das jetzt einfach durch. Wenn das der Personalleitung nicht passt, dann müssen die eben auch gehen. Dafür können wir dann wieder mehr Vertriebler einstellen, da haben wir ohnehin mehr von."

Sie bekommen dennoch die Möglichkeit für ein Gespräch mit der Personalleitung und sitzen wenige Tage später mit der Personalleitung der einzelnen Standorte der Phantasia GmbH – Frau Schlager, Frau Schmale und Herr Maurer – in einem dunklen und recht kalten Konferenzraum im Keller des Bürogebäudes. Ein Fenster gibt es hier nicht, alles ist sehr beengt. Es riecht muffig. Die Büromöbel sind verschlissen und die Wände kahl. Um den kleinen Konferenztisch herum stapeln sich Kisten mit Büromaterial. Bevor Sie sich setzen können, muss Ihnen Herr Maurer erst noch Platz verschaffen. Er räumt dafür einige Flipchart-Ständer und Metaplanwände zur Seite.

„Entschuldigen Sie bitte", sagt Herr Maurer, „wir platzen hier unten aus allen Nähten und müssen unseren Konferenzraum auch als Lager nutzen. Eigentlich gar nicht konform mit der Arbeitsstättenverordnung."

„Jetzt haben wir gar keine Getränke", bemerkt Frau Schlager. „Ich hole eben welche aus der Kantine."

Herr Maurer protestiert: „Da ist jetzt Mittagszeit und Du stehst mindestens eine halbe Stunde an der Kasse an. Schick doch einen der Referenten los, der soll uns was besorgen. Möchten Sie Kaffee oder lieber Wasser."

Sie bedanken sich höflich, aber verzichten gerne auf ein Getränk. Die anderen tun es Ihnen gleich und so kann das Meeting losgehen. Sie bitten alle Beteiligten, die derzeitige Situation im Unternehmen zu schildern.

Frau Schmale beginnt mit ihrer Schilderung der Situation und zeigt sich nervös. „Das ist derzeit alles andere als eine vertrauensvolle Zusammenarbeit. Die Geschäftsführung will nicht mehr mit uns reden. Die haben damals die Entscheidung zur Umstrukturierung mit den Bereichsleitern einfach durchgedrückt, das war von vornherein beschlossene Sache. Wir haben uns klar gegen einen Personalabbau ausgesprochen und das hat der Geschäftsführung missfallen. Die suchen jetzt nur Gründe, um uns loszuwerden. Gedroht haben sie damit ja schon."

„Es ist ja nicht nur der Personalabbau. Es sind die Alleingänge der Geschäftsführung, ohne die Mitarbeitenden in ihre Entscheidungen einzubeziehen oder ihre Entscheidungen zumindest zu begründen", sagt Herr Maurer.

Hier bitten Sie um konkrete Beispiele, worauf Ihnen Frau Schlager antwortet. „Die Sache mit der Umgestaltung der Büroräume zum Beispiel. Frau Dr. Quackwesel, die jetzt nicht mehr hier ist, hat einen Plan dafür ausgearbeitet, inklusive einer Aufstellung mit Namen von Mitarbeitenden, die an verschiedenen Tagen im Homeoffice arbeiten sollten – oder dürfen, wie das die Geschäftsführung genannt hat. Das Ganze wurde dann auf einer Belegschaftsversammlung präsentiert. Keiner wusste, warum das Bürogebäude umgestaltet werden sollte oder warum man jetzt unbedingt an einem festen Tag in der Woche im Homeoffice arbeiten muss. Frau Sichler aus der Buchhaltung z. B. sollte jeden Mittwoch von zuhause aus arbeiten, wohnt aber in einer WG, wo sie gar nicht ungestört arbeiten kann. Die Geschäftsführung ist darauf gar nicht eingegangen. Jetzt noch auf die Wohnsituation von Einzelnen Rücksicht zu nehmen, könne man nicht. Wir sollten stattdessen froh sein, dass wir von zuhause arbeiten dürften. Zweites Beispiel Großraumbüro oder Open Office, wie es Frau Dr. Quackwesel nannte: Alle Mitarbeitenden sollten sich Arbeitsplätze in der ersten und zweiten Etage der Firmenzentrale teilen. In der obersten Etage sollten die drei repräsentativen Einzelbüros der Geschäftsführung erhalten bleiben. Zusätzlich sollte dort ein Fitnessstudio eingerichtet werden. Dreimal dürfen Sie raten, für wen die Einzelbüros gedacht waren. Die Geschäftsführung braucht schließlich Ruhe für Verhandlungen mit wichtigen Kunden, hieß es. Die kriegen immer eine Extrawurst. Ich darf hier morgens mit meinem Wagen rumkurven, weil alle Parkplätze belegt sind. Die drei Parkplätze direkt vor dem Haupteingang sind meistens frei, aber stellen Sie sich da mal hin. Dann kommt sofort der Pförtner und zeigt Ihnen ein großes Schild: „Reserviert für die Geschäftsführung."

„Vielleicht noch etwas zu den aktuellen Umstrukturierungsplänen der Geschäftsführung", sagt Frau Schmale. „Wir könnten eine wirtschaftliche Notwendigkeit eines Personalabbaus ja durchaus verstehen und würden das dann auch mittragen, aber es hat uns bisher keiner erklären können, warum der Abbau überhaupt notwendig ist und was danach besser werden soll. Seit drei Jahren wird uns erzählt, dass wir eine große Transformation durchmachen. Es wird ein Veränderungsprojekt nach dem anderen begonnen. Kaum haben wir uns auf etwas Neues eingestellt, kommt auch schon wieder etwas Anderes. Und immer wieder heißt es nur, Veränderungen sind notwendig. Ich frage mich, wann das alles denn mal abgeschlossen sein wird und was wir bzw. die Mitarbeitenden davon haben?"

Herr Maurer: „Die Mitarbeitenden sind da auch auf unserer Seite. Aber nicht alle bekennen sich offen dazu. Diejenigen, die das Unternehmen verlassen sollen, die bringen ihre Wut mittlerweile auch offen zum Ausdruck. Von denen, die bleiben dürfen, traut sich jetzt natürlich keiner, seine Unzufriedenheit offen auszudrücken. Er oder sie könnte ja dann ebenso auf der Abschussliste stehen. In der IT-Abteilung haben wir viele asiatische Mitarbeitende. Davon soll mehr als die Hälfte gehen, weil man die IT an externe Crowdworker auslagern will. Die Mitarbeitenden dort sagen aber gar nichts dazu, sind total still und sollen wohl auch schon die Aufhebungsverträge unterschrieben haben. Die sind sowieso etwas sonderbar. Bleiben auch lieber unter sich, sind fleißig, aber auch unnahbar. Die grüßen nicht, wenn Sie denen überm Weg laufen, sondern schauen zum Boden. Naja, Freundlichkeit ist eben nicht jedem in die Wiege gelegt."

„Wieder andere Kollegen sind total am Boden zerstört", sagt Frau Schmale. „Herr Bernd zum Beispiel, war erst total geschockt, als er von den Kündigungen gehört hat. Er hat das Schreiben von der Geschäftsführung lange Zeit gar nicht geöffnet und so getan, als würde alles beim Alten bleiben. Als er dann das lächerliche Abfindungsangebot gesehen hat, ist er mächtig laut geworden. Der war so wütend, dass wir dachten, der rastet komplett aus. Dann hat er sich wieder etwas beruhigt und versucht, mit uns auszuhandeln, dass er doch noch bleiben kann. Wir konnten da aber absolut nichts für ihn tun. Dann ist er direkt zur Geschäftsführung gegangen, wurde aber auch dort abgewiesen. Der war dann total fertig. Ist hier mitten vor versammelter Mannschaft in Tränen ausgebrochen. Jetzt ist er schon seit einiger Zeit krankgeschrieben."

„Die Bereichsleiter, die sich eigentlich um ihre Leute kümmern sollten, tun das nicht", sagt Herr Maurer. „Die verstecken sich hinter ihren operativen Aufgaben. Frau Trens und Herrn Lurch, deren Bereiche ich betreue, haben ihren Mitarbeitenden lediglich gesagt, dass die Entscheidung, wer aus ihren Bereichen gehen muss, noch nicht final getroffen sei. Die halten ihre Mitarbeitenden hin, weil sie ja auch noch auf deren Arbeitseinsatz angewiesen sind. Ein gutes Druckmittel, um auch in der jetzigen Situation, noch einmal das Letzte aus den Mitarbeitenden rauszuholen. Alle arbeiten jetzt am Anschlag, obwohl schon feststeht, dass viele von ihnen nicht bleiben werden. Sie können hier auch um 11 oder 12 Uhr abends noch am Bürogebäude vorbeigehen und sehen noch in vielen Büros das Licht brennen. Das lassen die Mitarbeitenden extra an, wenn sie gehen, damit keiner denkt, dass sie im Feierabend sind. Die haben Angst, dass ihnen ein pünktlicher Feierabend als Leistungsschwäche ausgelegt wird. Herr Müller ist das beste Beispiel, den hat man in die Geschäftsführung berufen, weil das ein Workaholic ist. Der arbeitet ständig, ist immer im Büro, auch am Wochenende, lässt seinen Urlaubsanspruch verfallen. Genau solche Typen will das Unternehmen, das hat Herr Westkamp auf der letzten Bereichsleitersitzung explizit betont."

„Solche Statements merken sich die Mitarbeitenden natürlich", sagt Frau Schmale. „Die zeigen sich dann eben auch beschäftigt, weil sie davon ausgehen, dass das so gewollt ist. Zeit für Projekte zwischendurch ist dann nicht vorhanden. Mal eben ein Projekt zum Diversity-Tag durchführen ist nicht drin, weil die Mitarbeitenden ihre anderen Projekte noch nicht abgeschlossen haben. Das ist dann natürlich ein Argument, wo auch die Geschäftsführung sagt, dass die operativen Aufgaben vorgehen. Sie selbst überschütten uns aber mit immer neuen Projekten, die dann sofort umgesetzt werden müssen."

Herr Maurer schlägt die Hände über den Kopf zusammen. „Stellen Sie sich vor, bei all dem, was hier gerade los ist, sollen wir jetzt noch ein Konzept für die Schulung interkultureller Kompetenzen erstellen, weil internationale Kunden für das Unternehmen immer wichtiger werden. Das ist ja an sich ein spannendes Projekt, aber in der aktuellen Situation haben wir in der Personalabteilung andere Prioritäten."

„Das ist aber typisch für die Geschäftsführung", sagt Frau Schlager. „Auch die anderen Umstrukturierungen sind nie glatt gelaufen. Wir machen immer wieder die gleichen Fehler und lernen nichts daraus. Sicherlich haben wir da in der Personalabteilung auch etwas gepennt und hätten alles von Beginn an stärker dokumentieren sollen."

Frau Schmale nickt zustimmend. „Das Management hält sich mit Informationen aber auch immer sehr bedeckt. Auch die Bereichsleiter sind zumeist nicht wirklich bereit, ihr Wissen mit uns zu teilen. Da sind einige dabei, die schon lange hier sind und es sicher auch besser wissen. Die behalten das aber lieber für sich, weil sie befürchten, die anderen Bereiche könnten Kapital aus ihrem Wissen schlagen. Frau Dr. Quackwesel hat mal angefangen, alle Wissensdokumente aus dem Unternehmen zu sammeln und in einer zentralen Datei abzulegen. Wegen der Fülle unterschiedlicher und oft auch widersprüchlicher Informationen hat sie das dann aber sehr schnell aufgegeben. Hier kocht jede Abteilung ihr eigenes Süppchen, wie man so schön sagt. Das hinterherlaufen der Informationen, als ich hier eingestiegen bin, hat mich fast wahnsinnig gemacht. Jedes Mal, wenn ich genauer wissen wollte, warum die Mitarbeitenden eine Tätigkeit so ausführen und nicht anders, hieß es nur: ‚Wird hier immer schon so gemacht!'. Da denkt jede Abteilung nur an sich und arbeitet nach ihrem eigenen Schema. Keine Abteilung will von einer anderen lernen, weil das ja so aussieht, als würden sie es selbst nicht hinbekommen."

Sie merken an, dass das Gespräch etwas abschweift. Herr Maurer stimmt Ihnen zu und entschuldigt sich dafür. „Entschuldigen Sie. Wir wollten über den Stand des Umstrukturierungsprojektes sprechen. Also nichts gegen Sie, aber so leicht werden wir den Forderungen der Geschäftsführung nicht nachgeben. Die denken, sie können uns einfach übergehen, da sie den Betriebsrat auf ihrer Seite haben. Wir haben uns aber mit den Beschäftigten zusammengetan. Viele wollen jetzt gegen ihren Rauswurf klagen und wir unterstützen sie dabei. Die Geschäftsführung hat uns zwar angewiesen, das zu unterlassen, weil damit die Existenz des Unternehmens auf dem Spiel steht. Hier geht es uns aber um Gerechtigkeit, deswegen ziehen wir das jetzt durch."

Aufgabe 5.1: Anwendungsfeld *Management von Konflikten in Organisationen*
a. Ordnen Sie den Konflikt zwischen der Geschäftsführung und der Personalabteilung einer Stufe im Konfliktmodell nach Glasl zu.
b. Handelt es sich Ihrer Ansicht nach um einen kalten oder einen heißen Konflikt?
c. Was würden Sie hinsichtlich der Konfliktlösung empfehlen?

Aufgabe 5.2: Anwendungsfeld *Management von Veränderungen in Organisationen*
a. Welchen Fehler hat die Geschäftsführung bei der alleinigen Übertragung der Verantwortung für die Umsetzung der Veränderungen an Frau Dr. Quackwesel und der Kommunikation der geplanten Veränderungen begangen? Beziehen Sie sich in Ihrer Antwort auf das Change-Modell von John Kotter sowie das Promotorenmodell organisationaler Veränderungen.
b. Hat die Geschäftsführung wohl aus diesem Fehler gelernt?
c. Finden sich Hinweise in der Fallstudie dafür, dass sich das Unternehmen in der Beschleunigungsfalle befindet?
d. In welcher Phase des Reaktionsverlaufs in Veränderungsprozessen befindet sich wohl Herr Bernd und wie könnte das Unternehmen Herrn Bernd und Kollegen in ähnlicher Situation im Umgang mit den Veränderungen unterstützen?

Aufgabe 5.3: Anwendungsfeld *Management von Kultur in Organisationen*
a. Charakterisieren Sie die Organisationskultur der Phantasia GmbH.
b. Wie könnte die Landeskultur der asiatischen Mitarbeitenden deren stillschweigende Akzeptanz der Aufhebungsverträge erklären?
c. Wieso könnte es aus der kulturellen Perspektive zu kurz greifen, den fehlenden Blickkontakt der asiatischen Mitarbeitenden bei der Begrüßung als eine Demonstration der Geringschätzung aufzufassen?
d. Wie würden Sie ein interkulturelles Training für das Unternehmen aufbauen, was der – von Herrn Maurer berichteten – Entwicklung Rechnung trägt, dass internationale Kunden für die Phantasia GmbH immer wichtiger werden?

Aufgabe 5.4: Anwendungsfeld *Management des Lernens und Wissens in Organisationen*
a. Welche Art des Organisationalen Lernens nach Nonaka und Takeuchi hat nach Aussage von Frau Schlager in den vergangenen Umstrukturierungsprojekten nicht stattgefunden?
b. Wie hätte ein Wissensmanagement unter der Berücksichtigung des Regelkreises des Wissensmanagements und der Wissensspirale nach Nonaka und Takeuchi beim Lernen aus vergangenen Umstrukturierungsprojekten helfen können?
c. Finden Sie in den Aussagen von Frau Schmale zum Umgang mit Wissen und Informationen Hinweise zu eventuellen Lernschwächen des Unternehmens?

Aufgabe 5.5: Anwendungsfeld *Management der Arbeitsflexibilisierung*
a. Warum ist es der Geschäftsführung bisher nicht gelungen, die Mitarbeitenden für die geplanten Flexibilisierungsmaßnahmen in der Arbeitsausführung und die Büroumgestaltung zu begeistern?

b. Wie beeinflusst die Entscheidung der Geschäftsführung, sich selbst von der offenen Bürogestaltung auszunehmen und das Fitnessstudio in der Geschäftsführungsetage zu platzieren, den Widerstand gegen die Modernisierung der Büroräume?

c. Was könnte hinsichtlich der derzeitigen Organisationskultur gegen die Einführung von Homeoffice-Arbeit sprechen?

d. Welches Vorgehen würden Sie in der Umgestaltung des Büroraums und der Einführung von Homeoffice-Arbeit vorschlagen?

7 Lösungshinweise zu den Fallstudien

Bei den folgenden Ausführungen zu den Fallstudienaufgaben handelt es sich um Lösungshinweise, die Ihnen den Abgleich mit den Ergebnissen Ihrer eigenen Bearbeitung ermöglichen sollen. Zudem können Sie den Lösungshinweisen auch Beispiele für die Anwendung verhaltenswissenschaftlicher Theorien, Konzepte, Modelle und Instrumente entnehmen. Eindeutig richtige oder falsche Lösungen kann es hinsichtlich der Qualität der gestellten Aufgaben und der inhaltlichen Beschränkungen in der Fallstudiendarstellung nicht geben. Nutzen Sie die Lösungshinweise zur Reflektion ihrer eigenen Aufgabenbearbeitung sowie zur Überprüfung Ihres Wissens in den jeweils behandelten Teilbereichen der verhaltenswissenschaftlichen Organisations- und Managementforschung.

7.1 Lösungshinweise zur Fallstudie 1

Zu Aufgabe 1.1

Entsprechend der Navigationskarte für die Beschreibung, Erklärung und Steuerung von Verhalten in Organisationen können wir in der Ursachenanalyse zwischen außerhalb der Organisation liegenden Ursachen und in der Organisation liegenden Ursachen für ein Verhalten oder ein Ereignis unterscheiden. Ursachen außerhalb von Organisationen können politischen, ökologischen, sozialen, technologischen, ökonomischen und rechtlichen Einflüssen (*PESTEL*) zugeordnet werden. Ursachen innerhalb der Organisation können in der Person selbst (Individuum), der Gruppe, der Strukturen und/oder dem Management liegen.

Zunächst sammeln wir mögliche Einflüsse außerhalb des Unternehmens, die als Ursache für die hohe Fluktuation im Unternehmen der Fallstudie infrage kommen. Einflüsse auf die Fluktuation können hier u. a. im ökonomischen, technologischen und sozialen Umfeld ausgemacht werden (siehe Tabelle 7.1).

Wie zu erkennen ist, hängen die hier aufgeführten Ursachen eng zusammen. Keine unternehmensexterne Ursache und kein einzelner Bereich kann womöglich für

Tab. 7.1: Analyse externer Einflüsse auf das Verhalten in Organisationen.

Einflussbereich	Erklärung für die hohe Fluktuation
Ökonomie	Das gute konjunkturelle Umfeld sorgt für eine hohe Nachfrage nach Arbeitskräften. Gut ausgebildete Fachkräfte finden demnach sehr schnell eine neue Anstellung, wenn sie das Unternehmen verlassen, oder sie bewerben sich erst gar nicht beim Unternehmen aus dem Fallbeispiel, weil sie attraktivere Angebote haben. Auch ist die Hemmschwelle, selbst ein bestehendes Arbeitsverhältnis zu kündigen, in Zeiten eines erhöhten Fachkräftebedarfs geringer, da Mitarbeitende schnell einen alternativen Arbeitsplatz finden können. Das gute ökonomische Umfeld käme damit als Ursache für die hohe Fluktuation in Betracht.

https://doi.org/10.1515/9783110734447-007

Tab. 7.1: (Fortsetzung)

Einflussbereich	Erklärung für die hohe Fluktuation
Technologie	Im Zuge der technologischen Entwicklung ist eine Reihe von sozialen Netzwerken, wie z. B. XING und LinkedIn, im Internet entstanden. Diese unterstützen Arbeitnehmer und Arbeitgeber bei der Arbeits- bzw. Personalsuche. Damit fällt es Arbeitnehmern leichter, einen neuen Arbeitsplatz zu finden. Die Ursache für die hohe Fluktuation wäre damit in den Möglichkeiten der sozialen Netzwerke zu finden.
Sozial	Arbeitgeber wie Arbeitnehmer nutzen ihre sozialen Netzwerke aktiv bei der Arbeits- und Personalsuche. In Zeiten eines erhöhten Fachkräftemangels, der wiederum seine Ursachen in sozialen bzw. demografischen Entwicklungen oder auch dem guten ökonomischen Umfeld haben kann, ist es wahrscheinlich, dass die guten Kundenberater des Unternehmens von Konkurrenzunternehmen aktiv abgeworben werden. Das Kommunikationsverhalten in sozialen Netzwerken bzw. die Anwerbung von Mitarbeitenden des Unternehmens aus der Fallstudie wäre damit eine Erklärung für die hohe Fluktuation.

sich alleine die hohe Fluktuation im Fallbeispiel vollständig erklären. Ebenso suchen wir auch in den übrigen unternehmensexternen Bereichen – dem politischen, ökologischen und rechtlichen Umfeld – nach plausiblen Erklärungen für die hohe Fluktuation. Anschließend wird sich der Analyse der unternehmensinternen Einflussbereiche gewidmet (siehe Tabelle 7.2).

Tab. 7.2: Analyse interner Einflüsse auf das Verhalten in Organisationen.

Einflussbereich	Erklärung für die hohe Fluktuation
Individuelle Einflüsse	Hier kommen gleich mehrere Ursachen in Betracht. Die Ursachen laufen darauf hinaus, dass die Mitarbeitenden, die das Unternehmen wieder verlassen, feststellen, dass die Aufgaben in der Kundenberatung nicht zu ihrem Eigenschafts- und Kompetenzprofil passen. Im weiteren Verlauf der Analyse müssten die individuellen Gründe der Mitarbeitenden für deren Kündigung genauer untersucht bzw. erfragt werden. Eventuell entsteht dadurch ein Muster. Mitarbeitende könnten beispielsweise eine Überforderung als Kündigungsgrund angeben. Dies wäre dann gleichzeitig ein Hinweis darauf, einmal genauer nach strukturellen und managementbezogenen Einflüssen zu suchen, die für die Überforderung einzelner Mitarbeitender verantwortlich sein könnten. Die Aussagen der Geschäftsführung könnten in diesem Sinne so zu verstehen sein, dass die Mitarbeitenden, die das Unternehmen schnell wieder verlassen, eben nicht dem klassischen Kundenberatungstyp entsprechen. Sie verfügen also nicht über die erforderlichen Eigenschaften und Kompetenzen, die für die Ausführung der Aufgaben in der Kundenberatung notwendig sind. Dieser Umstand könnte sie dazu veranlassen, das Arbeitsverhältnis wieder zu kündigen. (Hier ergibt sich dann aber eine Verbindung zu strukturellen und managementbezogenen Ursachen. Insbesondere ist dabei die Frage zu klären, warum Mitarbeitende, die den Anforderungen der Position nicht gewachsen sind, überhaupt eingestellt werden. Ferner ist der Frage nachzugehen, warum fehlende Kompetenzen nicht im Rahmen der Einarbeitung geschult werden.)

Tab. 7.2: (Fortsetzung)

Einflussbereich	Erklärung für die hohe Fluktuation
Gruppen-bezogene Einflüsse	Hier könnten beispielsweise Gruppenkonflikte vorliegen, die die Mitarbeitenden zur Kündigung veranlassen. Beispielsweise könnten es neue Mitarbeitende schwer haben, von den bereits bestehenden Mitarbeitenden akzeptiert zu werden. Aufgrund derartiger Ausgrenzungen verlassen die neuen Kollegen dann das Unternehmen wieder. Um dieser Annahme nachzugehen, reicht das Gespräch mit der Geschäftsführung nicht aus. Nur eine Beobachtung der Mitarbeitenden im Unternehmen oder eine anonyme Befragung sollten darüber Aufschluss bringen, ob die hohe Fluktuation ursächlich auf ein konfliktträchtiges Betriebsklima zurückzuführen ist.
Strukturelle Einflüsse	Hierzu haben wir bereits ein paar Hinweise von der Geschäftsführung erhalten. So fehlt dem Personalauswahlprozess des Unternehmens eine professionelle Struktur. Hier scheint nichts richtig aufeinander abgestimmt zu sein. Eine qualifizierte Analyse der Eigenschaften und Kompetenzen, verbunden mit einem Anforderungsabgleich, scheint nicht stattzufinden. Stattdessen wird annähernd jedem Bewerber ein Arbeitsvertrag vorgelegt. Dadurch könnte es zur Einstellung von Bewerbern kommen, die nicht über die zur Ausführung der Vertriebsposition benötigten Eigenschaften und Kompetenzen verfügen. Weil die Mitarbeitenden dann merken, dass sie den Jobanforderungen nicht gewachsen sind, kündigen sie. Ebenso haben wir erfahren, dass es keine strukturierte Einarbeitung der neuen Kundenberater gibt. Neu eingestellte Kundenberater sind im Erlernen des Vertriebsgeschäfts auf sich allein gestellt. Dies kann sehr schnell zu Frustration und Unzufriedenheit führen, insbesondere dann, wenn die gewünschte Anzahl an Kundenterminen im ersten Monat nicht erreicht wird und sich die neuen Berater gegenüber der Geschäftsführung dafür verantworten müssen. Dies mag auf den ersten Blick ein individueller Beweggrund zur Kündigung sein. Die eigentliche Ursache dafür liegt jedoch in den mangelnden Einarbeitungsstrukturen. Womöglich verfügen einige der Mitarbeitenden über das Potenzial für eine erfolgreiche Vertriebsarbeit. Aufgrund fehlender Einarbeitungsstrukturen kann sich dieses Potenzial jedoch nicht optimal entfalten. Hier müsste zur Reduzierung der Fluktuation also nicht bei der Person des Kundenberaters, sondern bei der Entwicklung von Einarbeitungsstrukturen angesetzt werden.
Management-bezogene Einflüsse	Mit dem Management ist in unserem Fallbeispiel gleichzeitig auch die Geschäftsführung gemeint. Eine Führungsebene unterhalb der Geschäftsführung scheint es nicht zu geben. Damit können die strukturellen Mängel direkt der Geschäftsführung angelastet werden. Aus dem Gespräch heraus drängt sich die Annahme auf, dass die neuen Mitarbeitenden nicht ausreichend vom Management unterstützt werden. Lediglich, wenn die gewünschte Anzahl an Kundenterminen nicht erreicht wird oder es zu Kundenbeschwerden kommt, bittet die Geschäftsführung zum (Kritik-)Gespräch. Dies sollte wiederum Frust und Unzufriedenheit bis hin zu Ängsten bei den neuen Mitarbeitenden verursachen, die dann das Unternehmen wieder verlassen.

Alle im Rahmen unserer Analyse identifizierten Ursachen bzw. Erklärungen für die hohe Fluktuation würden zu unterschiedlichen Maßnahmen bzw. Lösungsansätzen veranlassen. Daher erscheint es an dieser Stelle noch nicht sinnvoll, Lösungskonzepte für das Unternehmen in der Fallstudie zu erarbeiten. Der Aufwand wäre schlichtweg zu hoch. Wir hätten nachher womöglich einen bunten Blumenstrauß an Lösungskonzepten, von denen wir nicht sicher sein können, dass damit auch tatsächlich die Fluktuationsursachen beseitigt werden können. Die Ergebnisse der Ursachenanalyse sind daher zunächst nur als Annahmen zu verstehen. Unsere daraus abgeleiteten Erklärungen bleiben solange rein hypothetisch, wie wir sie nicht durch stichhaltige Fakten bestätigen können.

Wie aber zu erkennen ist, können die Ursachen für das zu erklärende Ereignis mit der Ursachenanalyse auf einzelne Bereiche reduziert werden. Die Navigationskarte gibt der Ursachenanalyse eine klare Struktur und reduziert die Komplexität möglicher Ursachen auf zentrale Bereiche, die für eine Ereigniserklärung infrage kommen. Ausgehend von den identifizierten Erklärungsalternativen wären diese nun im Folgenden weiter zu überprüfen. Hierzu könnten Sie die folgenden Maßnahmen einsetzen:

- *Gespräche* mit den Mitarbeitenden, die das Unternehmen verlassen, um mehr über deren Kündigungsgründe zu erfahren.
- Durchführung einer *Mitarbeiterbefragung* mit besonderem Schwerpunkt auf Gruppenkonflikte und der Zufriedenheit mit den (Ein-)Arbeitsstrukturen.
- *Beobachtung* des Verhaltens der Mitarbeitenden untereinander im betrieblichen Alltag (z. B. Begleitung der Kundenberater).

Die Ergebnisse sollten es Ihnen ermöglichen, den Kreis möglicher Ursachen für die hohe Fluktuation weiter einzugrenzen.

Zu Aufgabe 1.2
Die Geschäftsführung gibt an, keinen bestimmten Mitarbeitertypen zu suchen. Es ist ihr vielmehr wichtig, dass sich die Mitarbeitenden den Entwicklungen des Unternehmens anpassen. Sofern diese Anpassung die stabilen Persönlichkeitseigenschaften der Mitarbeitenden betreffen, ist dies problematisch. Auch die Aussage von Frau Theiler lässt darauf schließen, dass diese davon ausgeht, sich Mitarbeitende nach ihren Vorstellungen zurechtbiegen zu können. Da es sich bei der menschlichen Persönlichkeit um relativ überdauernde Eigenschaften (Traits) handelt, sind diese jedoch nicht beliebig formbar. Von Versuchen, die Persönlichkeit der Mitarbeitenden zu verändern, sollte die Geschäftsführung besser Abstand nehmen. Solche Versuche sollten starken Widerstand bei den Mitarbeitenden hervorrufen. Die Kündigungen der Mitarbeitenden könnten eine Folge des Widerstands sein. Aussichtsreicher ist es, durch gezielte Personalentwicklungsmaßnahmen eine Verhaltensänderung herbeizuführen. Verhaltensweisen sind wesentlich flexibler als Persönlichkeitseigenschaften. Eine Verhaltensänderung wäre daher auch eher über geeignete Schulungsmaßnahmen zu errei-

chen als eine Persönlichkeitsänderung. Anstatt in der Entwicklung der Mitarbeitenden an nicht beobachtbaren und stabilen Persönlichkeitseigenschaften anzusetzen, sollte sich besser auf konkret beobachtbare Verhaltensweisen zu konzentriert werden.

Zu Aufgabe 1.3

Die von Frau Ziegler genannten Eigenschaften Selbstdisziplin und Leistungsorientierung sind Ausdruck einer stark ausgeprägten *Gewissenhaftigkeit*. Die von Frau Theiler genannte Kreativität, Offenheit und Neugier kennzeichnen ein hohes Ausmaß an *Offenheit für Erfahrungen*. Geselligkeit, Durchsetzungsfähigkeit und Kontaktfreude sind bei einem hohen Ausmaß an *Extraversion* zu erwarten. Herr Krause wiederum berichtet, dass interessante Bewerber leichtfertig und sorglos sein sollten. Dies wäre für ein geringes Ausmaß des Traits *Gewissenhaftigkeit* charakteristisch.

Die Eigenschaften Offenheit, Extraversion und Gewissenhaftigkeit scheinen der Geschäftsführung bei den Bewerbern besonders wichtig zu sein. Was die Offenheit und Extraversion angeht, scheint ein höheres Ausmaß gewünscht zu sein. In Bezug auf die Ausprägung der Gewissenhaftigkeit ergibt sich jedoch kein einheitliches Bild. Während die Aussage von Frau Ziegler auf den Wunsch eines erhöhten Ausmaßes dieser Persönlichkeitseigenschaft schließen lässt, spricht sich Herr Krause für ein niedrigeres Ausmaß an Gewissenhaftigkeit aus. Hier besteht somit Klärungsbedarf, bevor ein einheitliches Persönlichkeitsprofil der Wunschkandidaten entwickelt werden kann. Die Geschäftsführung sollte zunächst hinsichtlich ihrer widersprüchlichen Vorstellungen aufgeklärt werden. In der Erstellung eines konkreten Anforderungsprofils sollte wie in Aufgabe 1.6 vorgegangen werden.

Zu Aufgabe 1.4

Im ersten Schritt hat die Geschäftsführung im engen Verwandten- und Bekanntenkreis nach geeigneten Mitarbeitenden gesucht. Aufgrund der engen Beziehung zu Verwandten und engen Bekannten können deren Gewohnheiten, Vorlieben und Interessen zumeist ganz gut eingeschätzt werden. Wir wissen sozusagen, was wir von ihnen erwarten können, und können uns darauf verlassen. In der Personalakquise ist die Ansprache von Verwandten und Freunden ein probates Mittel für die Deckung des Personalbedarfs. Vollkommen ohne einen Anforderungs-Eignungs-Abgleich hinsichtlich der zu besetzenden Stellen sollte die Auswahl dennoch nicht erfolgen. Zwar können wir in der Einschätzung von Freunden und Verwandten auf Informationen aus vielen Interaktionen mit diesen zurückgreifen. Überwiegend handelt es sich dabei jedoch um Verhaltensbeobachtungen im privaten Bereich. Wie sich diese Personen im beruflichen Kontext verhalten, lässt sich dagegen weit weniger verlässlich einschätzen. Hier fehlen schlichtweg die Erfahrungswerte, da die Personen in diesem Umfeld noch nicht hinreichend beobachtet werden konnten.

Aus den weiteren Informationen der Geschäftsführung erfahren wir, dass der primäre Grund für die Anzeigenschaltung in Onlinestellenbörsen die Unternehmenswerbung ist. Daraus kann die Annahme abgeleitet werden, dass sich die Informationen in der Unternehmensbeschreibung auch primär an potenzielle Kunden denn Bewerber richten. Eine konkrete Jobbeschreibung scheint ebenfalls nicht Inhalt der Anzeigen zu sein. Interessierte Kandidaten haben lediglich die Möglichkeit, sich per Email über die Anzeige beim Unternehmen zu bewerben. Kein oder auch ein nur sehr allgemeines Anforderungsprofil fordert quasi jede Person zur Bewerbung auf, ungeachtet ihrer Qualifikationen. Dies mag insbesondere für unbekannte Unternehmen den Vorteil bieten, aus einer höheren Anzahl an Bewerbern auswählen zu können. Sollte jedoch ein spezifisches Bewerberprofil gesucht werden, dann führt der Verzicht auf ein konkretes Anforderungsprofil zu unnötiger Mehrarbeit. Diese besteht in der Verarbeitung von Bewerbungen, deren Absender nicht dem gewünschten Kandidatenprofil entsprechen. Zudem fühlen sich oftmals diejenigen, deren Profil optimal auf die Stelle passt, von sehr allgemein gehaltenen Anzeigen gar nicht erst angesprochen. Auch potenzielle Bewerber gleichen ihr Qualifikationsprofil mit den Stellenanforderungen ab. Die Bereitschaft, eine Bewerbung einzureichen, ist höher, je besser die Stellenanforderungen zum eigenen Persönlichkeits- und Kompetenzprofil passen. Spezialisten bewerben sich demnach eher auf Anzeigen, die suggerieren, dass eben ihre Spezialkenntnisse auch erforderlich sind. Es gilt, je spezifischer das in einer Stellenanzeige kommunizierte Anforderungsprofil ist, desto enger ist der Bewerberkreis bzw. desto geringer ist die Bewerberrate, aber desto besser sollten die Bewerber zu den Stellenanforderungen passen.

Da es sich bei dem Unternehmen aus der Fallstudie um ein junges und noch unbekanntes Unternehmen handelt, was noch dazu einen hohen Personalbedarf hat, kann eine hohe Bewerbungsquote sinnvoll sein. Die Geschäftsführung lässt aber auch durchblicken, dass sie bei der Personalauswahl nicht sonderlich wählerisch ist. Ein spezifisches Qualifikationsprofil scheint nicht zu existieren. Fast jeder, der eine Bewerbung einreicht, bekommt einen Arbeitsvertrag vorgelegt. Die kontinuierliche Verschlankung des Auswahlgesprächs von anfänglich gemeinsam durchgeführten Bewerbungsgesprächen auf eine Gesprächsdauer von 15 bis 30 Minuten und zuletzt auf ein 10-minütiges Telefoninterview wirkt wenig professionell. Zum einen sollte es schwierig sein, in einem 10-minütigen Telefoninterview die zur Einschätzung eines Kandidaten benötigten Informationen über dessen Persönlichkeit zu erlangen. Zum anderen ermöglicht es das kurze Telefoninterview dem Bewerber nicht, mehr über das Unternehmen zu erfahren. So kann auch auf der Kandidatenseite kein Abgleich der eigenen Erwartungen mit den Rahmenbedingungen des Unternehmens vor Antritt der Stelle erfolgen. Dieser Abgleich findet dann erst nach dem Eintritt ins Unternehmen statt. Erst hier lernt der Kandidat das Unternehmen zum ersten Mal persönlich kennen. Es ist naheliegend, dass einige Kandidaten nach dem Eintritt ins Unternehmen feststellen, dass die Stelle/das Unternehmen nicht zu ihnen passt. In einem professionellen Auswahlprozess (mit ausreichend Gelegenheit zum Kennenlernen des Unternehmens) bietet sich den Bewerbern bereits vor Antritt der Stelle die Möglichkeit, zu entscheiden, ob das Unternehmen zu ihnen passt oder nicht. Aufgrund der radikalen Verschlankung des Auswahlprozesses im Unternehmen der Fallstudie verschiebt sich diese Entscheidungsfindung auf die ersten Tage nach dem Eintritt ins Unternehmen. Daher ist die hohe Rate an Kündigungen unmittelbar nach Eintritt in das Unternehmen auch nicht verwunderlich. Hierbei handelt es sich wahrscheinlich um Kandidaten, die bei einem professionelleren Auswahlprozess bereits frühzeitig erkannt hätten, dass die Stelle/das Unternehmen nicht zu ihnen passt.

Es wird wohl eher dem zwar schlanken, aber unprofessionell – gar unseriös – wirkenden Auswahlprozess geschuldet sein, dass insbesondere die gut ausgebildeten Kandidaten den Arbeitsvertrag nicht annehmen. Auf diese mag der Auswahlprozess abschreckend wirken. Dass sich nun nur noch wenige Akademiker bei dem Unternehmen bewerben, kann daran liegen, dass das Unternehmen dabei ist, sich bei dieser Kandidatengruppe einen schlechten Ruf aufzubauen. Das negative Image schreckt diese Zielgruppe ab, weswegen sich Akademiker nicht mehr bewerben. Das Ergebnis der (Blind-)Auswahl der Bewerber mit akademischem Abschluss, ohne diese zuvor kennengelernt zu haben, äußert sich nun auch in der Enttäuschung der Geschäftsführung und Kunden über die Leistungen der Mitarbeitenden mit akademischem Abschluss. Die Bandbreite an akademischen Studienabschlüssen ist groß. Ein akademischer Abschluss allein sollte daher kein Garant für die erfolgreiche Ausübung einer Vertriebsposition sein.

Zu Aufgabe 1.5
Da sich viele Kunden über die Unzuverlässigkeit der Kundenberater beschwert haben, können wir daraus schließen, dass ein hohes Ausmaß an Zuverlässigkeit gewünscht ist. Hinter Zuverlässigkeit verbirgt sich der Trait *Gewissenhaftigkeit*. Der ideale Kundenberater sollte daher über ein hohes Ausmaß an Gewissenhaftigkeit verfügen. Zudem wird in einer unorganisierten Arbeitsweise die Ursache für eine lange Bestelldauer ausgemacht. Dies sorgt ebenso für Unmut unter den Kunden. Eine unorganisierte Arbeitsweise spricht für ein geringes Ausmaß an Gewissenhaftigkeit. Stark gewissenhafte Personen sind verantwortungsbewusst und organisiert, wie sich dies die Kunden wünschen.

Ein hohes Ausmaß an Gewissenhaftigkeit allein wird noch keinen erfolgreichen Vertriebstypen ausmachen. Aus Untersuchungen zu den *Big Five-Traits* geht hervor, dass Mitarbeitende im Vertrieb über ein hohes Ausmaß an Extraversion verfügen sollten. Personen mit einem hohen Ausmaß an Extraversion sind gesprächig, aktiv und durchsetzungsfähig. Dabei handelt es sich um Eigenschaften, die dem Produktvertrieb und der Produktberatung förderlich sind. Vorsicht wäre allerdings bei einem zu hohen (extremen) Ausmaß an *Extraversion* geboten. Ist ein Kundenberater zu gesprächig, kann dies auch schnell als Geschwätzigkeit von den Kunden wahrgenommen werden. Dies mag dann auch dazu führen, dass extrem gesprächige Typen einseitig kommunizieren und andere nicht zu Wort kommen lassen. Umgangssprachlich sagt man auch „Über den Mund fahren", wenn andere ständig unterbrochen werden und man sie nicht ausreden lässt. Ein solches Verhalten dürfte für die Kundenberatung des Unternehmens nicht wünschenswert sein. Bei aller Gesprächigkeit könnten stark extravertierte Menschen auch schnell vergessen, dass es im Vertrieb darauf ankommt, ein Geschäft zum Abschluss zu bringen.

Ein gewisses Ausmaß von *Verträglichkeit* ist sicherlich auch für einen erfolgreichen Mitarbeitenden im Vertrieb relevant. Verträglichkeit umfasst Eigenschaften, die dafür verantwortlich sind, dass Personen mit anderen Personen klarkommen. Zu extrem darf die Verträglichkeit jedoch auch nicht ausgeprägt sein, weil dies dazu führen könnte, Kunden gegenüber sehr schnell Zugeständnisse zu machen. Ein überaus verträglicher Mitarbeitender würde Kunden womöglich zu hohe Rabatte einräumen oder jeglichen Kundenwünschen nachkommen, um sich bei diesen beliebt bzw. nicht unbeliebt zu machen.

Auch mit dem Ausmaß an *Offenheit* gilt es, Maß zu halten. Zwar gelten sehr offene Personen als besonders neugierig und kreativ, genau dies könnte im Vertrieb aber zu Problemen führen. Geht es um den Vertrieb von Standardprodukten, finden stark offene Personen vielleicht nicht die Herausforderungen, um ihre Kreativität und Neugierde auszuleben. Dies kann zu Frustration und Unzufriedenheit führen.

In Bezug auf den Trait *Neurotizismus* würden wir von dem idealen Vertriebstypen ein geringes Ausmaß erwarten. Personen mit einem geringen Ausmaß an Neurotizismus gelten als ruhig, zufrieden und selbstsicher. Eigenschaften, die im Vertrieb vorteilhafter sein sollten als die Eigenschaften von Personen mit hoher Ausprägung an Neurotizismus: ängstlich, emotional labil und launisch.

Bei der Erstellung des Persönlichkeitsprofils unseres idealen Vertriebstypen haben wir uns jetzt vordergründig auf die uns zur Verfügung stehenden Informationen aus dem Kundenfeedback und unserem bisherigen Wissen zur Persönlichkeit beschränkt. Hierbei sollte sich der Begrenztheit der Informationen bewusst sein. Die Kunden mögen eine sehr viel genauere Vorstellung vom idealen Vertriebstypen des Unternehmens in der Fallstudie haben, als dies die Geschäftsführung im Gespräch äußert. Zudem handelt es sich bei der Persönlichkeitsforschung um ein recht breites Forschungsfeld mit einer breiten Anzahl empirischer Untersuchungen. Von diesen Untersuchungen konnten hier nur einige Erkenntnisse berichtet werden. Bei der Übertragung dieser Ergebnisse auf den Kontext des Unternehmens aus der Fallstudie dürfen wir die Einzigartigkeit des Unternehmens und dessen Umfeld nicht außer Acht lassen. Für das spezifische Produktangebot, das jeweilige Unternehmen selbst und/oder dessen Umfeld können einzelne Persönlichkeitseigenschaften sehr viel bedeutsamer sein, als dies generische Studien darstellen. Hier wäre eine wesentlich tiefere Analyse der Persönlichkeitseigenschaften der erfolgreichen Mitarbeitenden des Unternehmens aus der Fallstudie angeraten (siehe hierzu auch das *Fünf-V-Modell* in Kap. 2.3).

Zu Aufgabe 1.6

Als Grundlage eines professionellen Personalauswahlverfahrens sollte ein valides Anforderungsprofil dienen. Dieses ist in Anlehnung an die jeweils zu besetzende Position im Unternehmen zu formulieren. Ausgangsfrage sollte sein, welche persönlichen Eigenschaften, Fähigkeiten und Qualifikationen ein Mitarbeitender benötigt, um die Stelle erfolgreich auszufüllen. Einen wertvollen Beitrag zur Beantwortung der Fragestellung können Persönlichkeitstests leisten. Den Persönlichkeitseigenschaften ist im Rahmen von Auswahlprozessen besondere Beachtung zu schenken.

Als *Persönlichkeitstest* wurden im Kapitel 2 das *NEO-Persönlichkeitsinventar* zur Messung der *Big Five-Traits* dargestellt. Dieser Test gilt als eine Art Breitbandtest für die Messung grundlegender Persönlichkeitseigenschaften und wird auch häufig in wissenschaftlichen Untersuchungen eingesetzt. Dem Test fehlt allerdings ein engerer Bezug zum beruflichen Kontext. Ein Test, der Persönlichkeitseigenschaften in Bezug zum beruflichen Kontext misst, ist das *Bochumer Inventar zur berufsbezogenen Persönlichkeitsbeschreibung*. Als weiteres Testverfahren haben wir die in der Unternehmenspraxis beliebte *Discovery-Analyse* kennengelernt. Alle Tests stellen bestimmte Voraussetzungen an deren Einsatz sowie an die Auswertung und Interpretation der erhobenen Daten. Die Antworten auf Fragen in Persönlichkeitstests können nicht als richtig oder falsch bewertet werden. Vielmehr bemisst sich das in den einzelnen Eigenschaften erreichte Ausmaß immer an entsprechenden Kriterien. Diese müssen ebenso operationalisiert, d. h. messbar gemacht werden.

In unserem Fallbeispiel erscheint es als sinnvoll, im Rahmen der Personalauswahl die Persönlichkeitseigenschaften zu berücksichtigen, die einen erfolgreichen Kundenberater ausmachen. Bevor die Persönlichkeit der Bewerber gemessen wird und die Ergebnisse anschließend interpretiert werden, sollte in Erfahrung gebracht werden, über welche Persönlichkeitseigenschaften ein erfolgreicher Kundenberater im Unternehmen des Fallbeispiels verfügen sollte. Nach dem *Fünf-V-Modell* der Potenzialdiagnostik wird empfohlen, den Persönlichkeitstest vor dessen Einsatz in der Personalauswahl, zuvor einzelnen Mitarbeitenden zur Bearbeitung vorzulegen. Zu den an dem Persönlichkeitstest teilnehmenden Mitarbeitenden sollten dann auch eindeutige Leistungsinformationen vorliegen. Es ließe sich so feststellen, welche Persönlichkeitsmerkmale bei den Leistungsträgern der Organisation besonders stark ausgeprägt sind. Diesen Merkmalen wäre in der Personalauswahl besondere Aufmerksamkeit zu schenken.

Zeigen erfolgreiche Mitarbeitende ein homogenes Persönlichkeitsprofil, dann wären die für den Vertriebserfolg gesuchten Persönlichkeitsmerkmale identifiziert. Das Persönlichkeitsprofil der Bewerber, die im Rahmen des Auswahlprozesses den gleichen Persönlichkeitstest bearbeiten, wäre dann mit den Persönlichkeitsprofilen erfolgreicher und weniger erfolgreicher Kundenberater zu vergleichen. Deckt sich das Persönlichkeitsprofil der Bewerber mit dem Persönlichkeitsprofil der erfolgreichen Kundenberater, wäre davon auszugehen, dass diese Bewerber über die zur erfolgreichen Kundenberatung erforderlichen Persönlichkeitseigenschaften verfügen. Aus der eventuellen Tatsache, dass das Persönlichkeitsprofil eines Bewerbers nicht mit dem Persönlichkeitsprofil erfolgreicher Kundenberater des Unternehmens korrespondiert, sollte nicht vorschnell der Schluss gezogen werden, dass diese Bewerber gänzlich ungeeignet für die Position sind. Eine vollständige Überschneidung der Persönlichkeitsprofile wäre ohnehin nicht zu erwarten, da es sich bei der menschlichen Persönlichkeit – wie erläutert – um ein einzigartiges Muster von Persönlichkeitsmerkmalen handelt. Es ist hier eher eine tendenzielle Übereinstimmung der Persönlichkeitsprofile gemeint. Bewerber mögen auch nicht in allen Persönlichkeitseigenschaften mit dem Profil aller erfolgreichen Kundenberater übereinstimmen (so wie dies bei den erfolgreichen Kundenberatern auch nicht der Fall sein wird). Es gilt dann zu prüfen, wie stark die jeweiligen Abweichungen sind bzw. ob diese noch in einem definierten Toleranzbereich liegen. Auch bei Persönlichkeitstests handelt es sich schließlich nur um eine einzelne Informationsquelle. Die Informationen über die Persönlichkeit der Bewerber ist gegebenenfalls durch weitere Informationen (z. B. aus dem persönlichen Gespräch, der Lebenslaufanalyse, einem Assessment Center) zu ergänzen. Es ist auch erwähnenswert, dass die Messung der menschlichen Persönlichkeit nicht fehlerfrei ist. Die Beantwortung von derartigen Testverfahren kann prinzipiell durch die Motive und Stimmungen derjenigen beeinflusst werden, die den Test bearbeiten. Aber auch diejenigen, die das Testmaterial aushändigen oder die Testdurchführung beaufsichtigen, können mit ihrem Verhalten und den Testinstruktionen das Testergebnis beeinflussen.

Bitte berücksichtigen Sie auch, dass neben den Informationen über die Persönlichkeit weitere Informationen zu den Bewerberqualifikationen und Fähigkeiten eingeholt werden sollten. Hierzu kann es erforderlich sein, weitere Testverfahren einzusetzen und dabei ähnlich wie im Rahmen der Persönlichkeitsmessung vorzugehen. Dabei sind stets die Datenschutzbestimmungen einzuhalten. Stimmt der Bewerber der Durchführung des jeweiligen Tests nicht zu, darf dieser auch nicht durchgeführt werden. Zudem sind die erhobenen Daten streng vertraulich. Immer aber sollten Sie die Ergebnisse solcher Messungen mit den Bewerbern nachfolgend besprechen und ein angemessenes Feedback geben bzw. dieses anbieten. Das gilt auch für die Bewerber, deren Persönlichkeitsprofile nicht zu den Stellenanforderungen passen. Zwar kann die Absage für Bewerber sehr enttäuschend sein, mit Verweis auf die Ergebnisse des Persönlichkeitstests mag der Ausschluss aus dem Auswahlverfahren den Bewerber jedoch vor größeren Enttäuschungen bewahren. Schließlich erspart es sich der Bewerber, eine Tätigkeit ausführen zu müssen, die seinen persönlichen Neigungen und Präferenzen nicht entspricht.

Zu Aufgabe 1.7
Um diese Frage zu beantworten, müssen wir uns erneut mit der Personalarbeit in dem Unternehmen der Fallstudie beschäftigen. Wir konnten den Eindruck gewinnen, dass mehr oder weniger jeder Bewerber ungeachtet seines Persönlichkeits-, Kompetenz- und Fähigkeitsprofils auch einen Anstellungsvertrag als Kundenberater erhalten hat. Vorkenntnisse spielten für die Ausübung der Tätigkeit anscheinend keine Rolle. Wir

können davon ausgehen, dass einige der neuen Mitarbeitenden keine Vorerfahrungen mit vertriebsähnlichen Positionen hatten. Eine Einarbeitung des neuen Personals fand nicht statt. *Learning by doing*, wie dies Frau Theiler nannte.

Nach der *Situational Strength-Theorie* von Walter Mischel ist es gut möglich, dass es sich bei der Tätigkeit als Kundenberater für eine Vielzahl der neuen Mitarbeitenden um eine schwache Situation handelt. Demnach sollten den neuen Kundenberatern konkrete Hinweise zu den an sie gestellten Verhaltenserwartungen fehlen. Sie verhalten sich daher in der Kundenberatung entsprechend ihrer Persönlichkeit, so wie sie es in anderen Situationen eben für gewöhnlich auch tun. Dass einige der Kundenberater nicht professionell wirkten, mag seine Ursache darin haben, dass ihnen die an sie gestellten Verhaltenserwartungen zuvor nicht klar kommuniziert wurden. Auch mag die Verwendung der Bestellformulare nicht selbsterklärend sein. Um nicht bereits am Anfang durch Nachfragen negativ aufzufallen, haben die neuen Mitarbeitenden dann gänzlich auf die Anwendung der für sie unverständlichen Formulare verzichtet.

Die Situational Strength-Theorie empfiehlt, schwache Situationen in starke Situationen umzugestalten. Starke Situationen beinhalten eine ganze Reihe wertvoller Hinweise zu dem in der jeweiligen Situation erwarteten Verhalten. Dafür sollte das Unternehmen neues Personal in der Kundenberatung zuvor ausreichend schulen. In der Schulung müssen Hinweise zum erwarteten Verhalten in der Kundenberatung klar kommuniziert werden. Sich dann den Erwartungen anzupassen setzt nicht voraus, die eigene Persönlichkeit zu ändern. Lediglich das Verhalten ist mit den kommunizierten Erwartungen abzustimmen. Darüber hinaus können die Kundenberater so bleiben, wie sie sind.

7.2 Lösungshinweise zur Fallstudie 2

Zu Aufgabe 2.1a

McClelland zufolge handelt es sich bei Motiven um Präferenzen für bestimmte Empfindungen. Motive sind mit bestimmten Gefühlen verbunden. Situationen werden danach unterschieden, inwiefern sie dem Erleben dieser Gefühle förderlich oder hinderlich sind. McClelland unterscheidet das *Leistungsmotiv*, das *Anschlussmotiv* und das *Machtmotiv*. Die drei Motive gelten als Basismotive, die bei Menschen unterschiedlich stark ausgeprägt sind. Das Motiv mit der höchsten Ausprägung kann als das dominante Motiv einer Person bezeichnet werden. Das dominante Motiv gibt Aufschluss darüber, welche Gefühle eine Person für gewöhnlich präferiert. Damit wird auch gleichzeitig der Anreizgehalt von unterschiedlichen Situationen festgelegt. Nimmt die Person die Situation als günstig für das Erleben der präferierten Affekte wahr, dann besitzt diese Situation einen hohen Anreizgehalt und fordert die Person zum Handeln auf. Befürchtet die Person, die gewünschten Gefühle in der Situation nicht erleben zu können, kommt der Situation ein niedriger Anreizgehalt zu. Derartige Situationen sollten nicht zum Handeln anregen oder sogar aktiv gemieden werden.

Um Kenntnis über das dominante Motiv einer Person zu erlangen, müssen deren Aussagen über die von ihr präferierten Gefühle und Erlebnisse analysiert werden. Von Frau Markmann erfahren wir, dass sie sich mit ihrer Promotion ein ambitioniertes Ziel gesetzt hat. Davon fühlt sie sich angetrieben. Sie war bereits einmal im Ausland und möchte auch gerne noch ein weiteres Mal ins Ausland reisen. Auch hier geht es ihr primär darum, sich selbst etwas zu beweisen. Dies passt auch zu ihrem Hobby, dem Marathonlaufen. Sie verfolgt dabei nicht das Ziel, die Schnellste zu sein und über andere zu triumphieren (dies wäre charakteristisch für das Machtmotiv), sondern ihrem eigenen Leistungsmaßstab gerecht zu werden (bzw. die eigene Bestleistung ständig zu schlagen). Dies ist für hoch leistungsmotivierte Personen charakteristisch. Erlebt sie hier einen Erfolg, empfindet sie Stolz. Die Aussicht, Stolz empfinden zu können, scheint demnach der primäre Motivator für Frau Markmann zu sein. Als dominantes Motiv für Frau Markmann käme demnach das *Leistungsmotiv* in Frage. Folglich wird sie sich stark von (Leistungs-)Situationen angereizt fühlen. Ihr Handeln in diesen Situationen wird sie an ihrem eigenen Leistungsmaßstab ausrichten, den sie beständig zu übertreffen versucht, um anschließend Stolz zu empfinden. Derartige Situationen wird sie auch aktiv aufsuchen und gestalten.

Zu Aufgabe 2.1b

Wir erfahren von Frau Markmann, dass sich ihr Aufgabenbereich nach Beendigung des Studiums nicht verändert hat. Obwohl sich zwar ihre Kenntnisse und Fähigkeiten erweitert haben, sind ihre Arbeitsanforderungen gleich geblieben. Sie sagt auch selbst darüber, dass sie für die Erledigung ihrer Arbeitsaufgaben kein Studium benötigt. Die *Anforderungsvielfalt* scheint lediglich sehr gering ausgeprägt zu sein. Zudem erfahren wir, dass sie die hohe Autonomie bei der Arbeitszeitgestaltung und der Aufgabenerledigung als sehr positiv erlebt. Frau Markmann sollte also einen hohen Grad an *Autonomie* in ihrem Aufgabenbereich erleben.

Hinsichtlich der *Aufgabenganzheitlichkeit, Aufgabenbedeutsamkeit* und *Rückmeldung* lassen sich dem Gespräch keine konkreten Hinweise entnehmen. Hier muss die Beobachtung spekulativ und damit unwissenschaftlich bleiben. Es ist anzunehmen, dass eine Arbeitsaufgabe, die vorher von einer studentischen Aushilfe ausgeführt wurde, einer eher geringen Verantwortungsstufe entspricht. Hat sich die Verantwortung mit Abschluss des Studiums nicht erhöht, wird wahrscheinlich die wahrgenommene Bedeutsamkeit der Aufgabe niedrig ausgeprägt sein. Besser als reine Spekulation wäre es jedoch, im Sinne der Analyse noch einmal gezielte Informationen zur Aufgabenbedeutsamkeit, Aufgabenganzheitlichkeit und Rückmeldung bei Frau Markmann einzuholen.

Die Hinweise von Frau Markmann lassen darauf schließen, dass sie sich bei ihren derzeitigen Arbeitsaufgaben unterfordert fühlt. So wie sie ihren Arbeitsbereich darstellt, besitzt dieser lediglich ein geringes Motivationspotenzial. Mit ihrem Promotionsstudium hat sich Frau Markmann aber eine Situation geschaffen, die zu ihrem

Leistungsmotiv passt. Das geringe Motivationspotenzial ihrer derzeitigen Arbeitsaufgaben kann dadurch ein Stück weit durch ihr Promotionsstudium substituiert werden.
Das bedeutet aber auch, dass ihr Arbeitgeber wertvolles Leistungspotenzial von Frau
Markmann bisher nicht abruft. Sie könnte sich ja wesentlich mehr einbringen, aber
angesichts ihres fordernden Promotionsstudiums ist sie mit dem derzeitigen Status
quo zufrieden. Sollte das Promotionsstudium abgeschlossen sein und blieben dann
nur die aktuellen Arbeitsaufgaben übrig, dann wäre Frau Markmann in dieser Situation wohl unterfordert und nicht zufrieden. Von einer solchen Situation dürfte nur
ein sehr geringer Anreizgehalt für Frau Markmann ausgehen. Folglich wäre das Motivationspotenzial im Aufgabenbereich von Frau Markmann durch entsprechende Gestaltungsmaßnahmen zu erhöhen. Eine besondere Beachtung muss dabei die *Anforderungsvielfalt* erfahren. Diese gilt es, an die durch das Promotionsstudium hinzuge-
wonnenen Fähigkeiten und Kenntnisse von Frau Markmann anzupassen. Gelingt dies
nicht, dann ist damit zu rechnen, dass Frau Markmann die Situation verlassen wird
und sich einer Situation mit höherem Anreizgehalt zuwendet. Letzteres wird sie wahrscheinlich zu einem Arbeitgeberwechsel veranlassen.

Ökonomisch wäre die Leistungszurückhaltung von Frau Markmann in der aktuellen Arbeitssituation nur dann zu rechtfertigen, wenn auch der Arbeitgeber von ihrem
Promotionsstudium profitieren würde. Dann könnte das Studium als Qualifizierungs-
maßnahme betrachtet werden, deren Inhalte Frau Markmann anschließend wieder
ihrem Arbeitgeber zur Verfügung stellt. Zwar wissen wir nicht, ob Frau Markmann tatsächlich weniger engagiert arbeitet als ohne die Teilnahme am Promotionsstudium.
Allerdings erklärt sie selbst, dass sich inhaltlich an ihren Arbeitsaufgaben nach dem
erfolgreichen Abschluss ihres Studiums nichts geändert hat. Das Gehalt wurde jedoch
angehoben. Die gleiche Arbeit wird nun also höher vergütet. Kündigt Frau Markmann
nach erfolgreichem Abschluss ihres Promotionsstudiums bzw. stellt sie die erlernten Kompetenzen und Fähigkeiten ihrem derzeitigen Arbeitgeber nicht zur Verfügung,
dann könnte dies aus Sicht des Unternehmens unwirtschaftlich sein. Da Frau Markmann bereits während des Promotionsstudiums neue Kompetenzen und Fähigkeiten
erwerben wird, ist ihr Arbeitgeber gut beraten, diese auch schon vor dem Abschluss
des Promotionsstudiums abzurufen. Dies würde für eine Anpassung des Aufgabenbe-
reiches von Frau Markmann noch vor Abschluss ihres Promotionsstudiums sprechen.
Frau Markmann könnte dies auch als klares Zeichen einer Karriereförderung verstehen, was ihre Motivation zusätzlich positiv beeinflussen dürfte.

Zu Aufgabe 2.1c
Empfehlenswert wäre es, Frau Markmann die gewünschten internationalen Optionen
aufzuzeigen. Optimal für beide Seiten könnte ihre Entsendung ins Ausland sein, z. B.
im Rahmen der Erweiterung der Geschäftstätigkeit des Unternehmens. Hinsichtlich der
drei Komponenten des 3K-Modells erfahren wir, dass ein Auslandsaufenthalt von Frau
Markmanns Motiven gestützt wird. Die Tätigkeit im Ausland würde ihr Freude bereiten.

Könnte der Arbeitgeber Frau Markmann auch den Mehrwert eines Auslandseinsatzes für ihre Karriereentwicklung im Unternehmen aufzeigen, wäre von einer Überschneidung der beiden Komponenten *Motive* (Spaß am Auslandseinsatz) und *Ziele* (Karrierewunsch) auszugehen. Um ein optimal motiviertes Handeln zu ermöglichen, muss Frau Markmann aber auch mit den benötigten *Fähigkeiten* für einen Auslandseinsatz ausgestattet werden. Letzteres scheint bei der Vorbereitung des Auslandseinsatzes ihrer besten Freundin nicht erfolgt zu sein. Diese wurde ohne Vorbereitung ins Ausland gesendet, was dazu geführt haben könnte, dass sie sich vor Ort nicht wohl fühlt. Mangelnde Vorbereitung auf den Auslandseinsatz erhöht das Risiko für einen Abbruch des Entsendungsprogramms. Einen solchen Abbruch des Entsendungsprogramms würde Frau Markmann wohl als persönlichen Misserfolg empfinden. Ihre Arbeitsmotivation würde sich daraufhin reduzieren. Im Falle einer Entsendung ins Ausland sollte Frau Markmann also gut auf die jeweiligen Gepflogenheiten, Sitten und Gebräuche des Gastlandes vorbereitet werden. Dies gilt einmal mehr bei einer Entsendung in Länder mit einer dem Heimatland sehr differenzierten Kultur (siehe Kapitel 6.4). In einem *interkulturellen Training* können derartige Fähigkeiten geschult werden. Ein *Sprachtraining* vermittelt darüber hinaus die erforderlichen Fremdsprachenkenntnisse.

Zu Aufgabe 2.2a

Herr Saure deutet an, dass seine Arbeitsaufgaben lediglich eine geringe *Anforderungsvielfalt* für ihn aufweisen. Dass er sich neben seiner Vertriebstätigkeit in der Auseinandersetzung mit strategischen Themen engagiert, zeigt an, dass er sich nicht optimal gefordert fühlt. Dazu passt, dass Herr Saure den reinen Vertrieb als recht eintönig empfindet. Ebenso scheint die *Aufgabenganzheitlichkeit* für Herrn Saure gering ausgeprägt zu sein. Er gibt an, nicht zu wissen, was der Innendienst mit seinen Kunden bespricht. Wichtige Informationen im gesamten Vertriebsprozess scheinen ihm zu fehlen. Die Geschäftsführung möchte zudem, dass sich der Vertrieb ausschließlich auf die Durchführung von Kundenterminen konzentriert. Im Gegensatz dazu spricht Herr Saure seinen Vertriebsaufgaben eine hohe *Bedeutsamkeit* für das Unternehmen zu. Er sieht in dem Vertrieb gar die Grundsäule des Unternehmens, was ihn mit Stolz erfüllt. Die erlebte *Autonomie* scheint lediglich gering ausgeprägt zu sein. Herr Saure empfindet nur geringe Freiheitsgrade in der Ausführung seiner Aufgaben. Dies gilt insbesondere für die Terminplanung. Die *Rückmeldung* nimmt er wiederum als beson-

Tab. 7.3: Bewertung des Aufgabenbereichs von Herrn Saure nach dem Job Characteristics Modell (eigene Darstellung).

Anforderungsvielfalt	*niedrig*
Aufgabenganzheitlichkeit	*niedrig*
Aufgabenbedeutsamkeit	hoch
Autonomie	*niedrig*
Rückmeldung	hoch

ders stark ausgeprägt war. Herr Saure gibt an, dass er den Geschäftsabschluss als direktes Leistungsfeedback betrachtet. Nach dem Job Characteristics Modell würde sich für den Aufgabenbereich von Herrn Saure das in Tabelle 7.3 aufgeführte Bild ergeben.

Zu Aufgabe 2.2b

Herrn Saures Arbeitsmotivation und die Bindung zu seinem Arbeitgeber lassen sich steigern, indem man den Aufgabenbereich auf seine Interessen und Fähigkeiten zuschneidet. Man spricht in diesem Fall auch von *Job Sculpting*. Hierzu sollten zunächst die konkreten Interessen und Anforderungswünsche von Herrn Saure in Bezug auf die Arbeitsaufgaben identifiziert werden. Anschließend wäre der Aufgabenbereich von Herrn Saure auf die zuvor identifizierten Interessen und Anforderungswünsche zuzuschneiden. Herr Saure äußert beispielsweise ein starkes Interesse an der Psychologie sowie an strategischen Themen. Zwar hat er seine Pläne für ein Studium vorerst zurückgestellt, aber es scheint möglich, dass er sie in naher Zukunft umsetzen wird. Dann wird sich für ihn sicherlich die Frage stellen, ob sich seine Studiumspläne mit seinem derzeitigen Arbeitgeber verwirklichen lassen. Ein von seinem Arbeitgeber unterstütztes berufsbegleitendes Studium käme Herrn Saure vielleicht gelegen. Zudem sollte in Erwägung gezogen werden, ihn an strategischen Aufgaben mitarbeiten zu lassen und seinen Aufgabenbereich diesbezüglich zu erweitern. Käme sogar eine Ausweitung seines Verantwortungsbereichs in Frage, würde man in diesem Fall von einem *Job Enrichment* sprechen.

Zu Aufgabe 2.2c

Hinsichtlich der drei Komponenten des Modells von Hugo Kehr erfahren wir von Herrn Saure, dass es ihm Spaß macht, sich mit strategischen Themen auseinanderzusetzen. Die Geschäftsführung möchte allerdings, dass sich Herr Saure voll und ganz auf seine Vertriebsaufgaben konzentriert. Sein Engagement für strategische Themen sollte somit von der Kopfseite (noch) nicht voll unterstützt werden. In Bezug auf sein Engagement in der Arbeit an strategischen Themen besteht ein Konflikt zwischen seiner intrinsischen Motivation in der Mitarbeit an strategischen Themen und seinen derzeitigen Aufgabenzielen: Wenn Herr Saure ausschließlich das tun könnte, was ihm Spaß macht, würde er sehr wahrscheinlich seine operativen Ziele verfehlen und gegen die kommunizierten Interessen seines Arbeitgebers verstoßen. Die Diskrepanz zwischen Motiv und Ziel sorgt dafür, dass Herr Saure den strategischen Fragestellungen nicht mit voller Motivation nachgehen kann. Hinsichtlich seines Engagements in der Bearbeitung strategischer Themen haben wir es mit einer *Motivationsbarriere von der Kopfseite* zu tun (beachte: steht bei der Analyse das Motivationspotenzial für die reine Vertriebstätigkeit im Fokus, dann läge die Motivationsbarriere womöglich auf Seiten der Motive). Das Ganze kann wie in Abbildung 7.1 visualisiert werden.

Der Arbeitgeber von Herrn Saure wäre gut beraten, die Arbeitsaufgaben so zu gestalten, dass die Motive und Ziele von Herrn Saure zueinander passen bzw. sich überlappen. So könnten beispielsweise die operativen Vertriebsziele zugunsten weiterer Zielsetzungen im strategischen Bereich etwas heruntergesetzt werden. Mittelfristig wäre es vielleicht sogar eine Option, Herrn Saure komplett aus dem operativen Vertrieb herauszunehmen, damit er sich auf die Entwicklung von Vertriebsstrategien konzentrieren kann, da er daran offensichtlich am meisten Spaß hat. Zu prüfen ist jedoch, ob Herr Saure auch über das notwendige Handwerkszeug verfügt, um strategische Themen angemessen bearbeiten zu können. Ist dies nicht der Fall, wären entsprechende *Schulungsmaßnahmen* erforderlich. Das bereits oben angesprochene berufsbegleitende Studium könnte hier eine vielversprechende Maßnahme zur Erweiterung der Handlungskompetenzen von Herrn Saure darstellen.

Motive (Bauch):

Spaß an
strategischen
Themen

Ziele (Kopf):

Erreichung der
Vertriebsziele

Fähigkeiten (Hand):

*Ausreichende
Kompetenzen
vorhanden?*

Abb. 7.1: Bewertung des Aufgabenbereichs von Herrn Saure nach dem 3K-Modell (eigene Darstellung).

Zu Aufgabe 2.3a

Frau Schwacke präsentiert sich als sehr kontaktfreudig. Sie scheint sehr viel Wert auf den Umgang mit Menschen zu legen. Mit ihren überaus umfangreichen Freizeitaktivitäten ist sie stark im sozialen Leben außerhalb des Unternehmens eingebunden. Sie ist sehr stolz auf ihren breiten Bekanntenkreis. Situationen, die das Risiko der Einsamkeit bergen (z. B. die angebotene Teamleitungsposition), werden von ihr gemieden. Situationen mit der Möglichkeit, Kontakt zu anderen Personen aufzubauen (z. B. die Arbeit am Empfang, der Stadtbesuch), besitzen dagegen einen hohen Anreizwert für

Frau Schwacke. Den Informationen aus dem Gespräch zufolge sucht Frau Schwacke das Gefühl der *Zugehörigkeit* durch Beziehungen zu anderen Personen. Bei dem dominanten Motiv von Frau Schwacke würde es sich demnach um das *Anschlussmotiv* handeln.

Zu Aufgabe 2.3b

Das Motivationspotenzial von Frau Schwacke nach dem Job Characteristics Modell von Hackman und Oldham erhöhen zu wollen, erscheint *nicht sinnvoll*. Hackman und Oldham merken an, dass die von ihnen identifizierten Tätigkeitsmerkmale nur dann zu den positiven Resultaten führen, wenn Mitarbeitende ein starkes *Bedürfnis nach persönlicher Entfaltung* haben. Frau Schwacke sucht in ihrem Arbeitsbereich in erster Linie der Anschluss an andere Personen. Sie lässt keine starke Karriereorientierung erkennen. Vielleicht wird sie die persönliche Entfaltung außerhalb ihres Arbeitsbereiches suchen, z. B. beim Tangounterrichten. Die Aufgabenbewertung nach dem Job Characteristics Modell ist eine hoch subjektive Angelegenheit. Es zählt hier nicht die Einschätzung des Arbeitsbereichs aus Sicht externer Experten, sondern ausschließlich die Wahrnehmung des Positionsinhabers. Als solche scheint sich Frau Schwacke in ihrem Aufgabenbereich optimal gefordert zu sehen. Sie zeigt sich zufrieden mit ihren Arbeitsaufgaben, weshalb kein Anlass zur Umgestaltung ihres Aufgabenbereichs bestehen sollte.

Zu Aufgabe 2.3c

Victor Vroom sieht in seiner Valenz-Instrumentalitäts-Erwartungs-Theorie (VIE-Theorie) die Stärke der Motivation als abhängig von der Bewertung der Folgen eines erzielten Handlungsergebnisses. Nicht das Ergebnis einer Handlung entscheidet demnach alleine über die Stärke der Motivation. Den Folgen, die das Handlungsergebnis nach sich zieht, kommt eine zusätzlich hohe Bedeutung zu. Die Bewertung dieser Handlungsergebnisfolgen drückt sich in deren *Valenz*, d. h. Wertigkeit, aus. Die Folgen von Handlungsergebnissen können für das Individuum eine hohe oder eine niedrige Wertigkeit/Valenz aufweisen. Das Ausmaß der subjektiv eingeschätzten *Instrumentalität* drückt die Wahrscheinlichkeit aus, dass ein bestimmtes Handlungsergebnis auch zu den entsprechenden Folgen mit hoher oder niedriger Valenz führt. Zudem bildet sich eine *Erwartung* darüber aus, inwiefern ein bestimmtes Ergebnis einer Handlung überhaupt durch die eigene Anstrengung erreicht werden kann. Die Motivation, eine bestimmte Handlung auszuführen, ist dann hoch, wenn die Person erwartet, ein bestimmtes Ergebnis, das mit hoher Wahrscheinlichkeit (hohe Instrumentalität) zu positiv bewerteten Folgen führt (hohe Valenz), auch mit eigenen Mitteln herbeiführen zu können (hohe Erwartung).

Vroom geht von einer multiplikativen Verknüpfung von Valenz, Instrumentalität und Erwartung aus. Nimmt einer der Faktoren den Wert Null an (niedrigste Ausprägung), dann liegt keine Motivation zum Handeln vor. In unserem Gespräch mit Frau

Schwacke erfahren wir, dass diese befürchtet, bei der Übernahme von Führungsverantwortung den Kontakt zu ihren Kollegen zu verlieren. Aufgrund ihres ausgeprägten Anschlussmotivs werden die Folgen der Führungsübernahme (Handlungsergebnis) von Frau Schwacke also negativ beurteilt. Die Handlungsergebnisfolgen (Einsamkeit, Rückzug der Kollegen) erhalten somit eine geringe oder sogar negative Valenz. Dies kann erklären, warum sie sich gegen die Annahme der Führungsposition entschieden hat. Auch wenn sie überzeugt davon wäre, die Führungsposition ausführen zu können (hohe Erwartung), wären die daraus mit hoher Wahrscheinlichkeit hervorgehenden Folgen (hohe Instrumentalität) für sie nicht erstrebenswert (geringe Valenz).

Zu Aufgabe 2.4a

Herr Ribbeck versteht es, seine erbrachten Leistungen und Erfolge herauszustellen. Er betont, dass er sein MBA-Studium als Jahrgangsbester abgeschlossen hat. Er verweist auf seine lange Berufs- und Führungserfahrung. Er scheint derzeit unzufrieden, weil er von der Geschäftsführung nicht die Wertschätzung erfährt, die er für angemessen hält. Zudem scheint er Probleme damit zu haben, Weisungen von anderen – jüngeren Kollegen – anzunehmen und umzusetzen, weil er sich seinen Kollegen überlegen fühlt. Sehr viel in der beruflichen Laufbahn von Herrn Ribbeck scheint sich darum zu drehen, anderen Personen etwas beweisen zu müssen. Herr Ribbeck möchte Entscheidungen im Unternehmen selbst treffen und Einfluss und Kontrolle ausüben. Dies ist charakteristisch für Personen mit einem dominanten *Machtmotiv*.

Zu Aufgabe 2.4b

Das Gespräch lässt darauf schließen, dass sich Herr Ribbeck in seinem Entscheidungsspielraum stark eingeschränkt fühlt. Die wahrgenommene *Autonomie* wird daher sehr wahrscheinlich gering sein. Durch die fehlenden Gespräche mit der Geschäftsführung wird ihm auch eine *Rückmeldung* zu seinen Leistungen fehlen. Er selbst fühlt sich in seiner jetzigen Rolle nicht wohl, da er deren *Bedeutsamkeit* für das Unternehmen als gering erachtet. Er kritisiert auch die fehlenden Kontaktmöglichkeiten zum Vertriebsaußendienst, was auf eine als gering wahrgenommene *Ganzheitlichkeit* in seinem Arbeitsbereich schließen lässt. Da er seine Führungskompetenz im derzeitigen Aufgabenbereich nicht beweisen kann, wird die wahrgenommene *Anforderungsviel-*

Tab. 7.4: Bewertung des Aufgabenbereichs von Herrn Ribbeck nach dem Job Characteristics Modell (eigene Darstellung).

Anforderungsvielfalt	*niedrig*
Aufgabenganzheitlichkeit	*niedrig*
Aufgabenbedeutsamkeit	*niedrig*
Autonomie	*niedrig*
Rückmeldung	*niedrig*

falt ebenfalls gering ausgeprägt sein. Folglich wird der Aufgabenbereich von Herrn Ribbeck ein nur sehr geringes Motivationspotenzial aufweisen (siehe Tabelle 7.4).

Zu Aufgabe 2.4c

Wird die Kündigung der Führungsposition von Herrn Ribbeck im alten Unternehmen als Handlung betrachtet, befindet sich Herr Ribbeck während des Gesprächs in der *postaktionalen Motivationsphase* des Rubikon-Modells. In dieser prüft er kritisch, ob die zuvor gebildeten Handlungsabsichten und gesetzten Ziele durch die Umsetzung seiner Handlung auch erreicht werden konnten. Das mit der Umsetzung der Kündigung verfolgte Ziel, Erfolg in einer neuen Position zu haben, konnte Herr Ribbeck nach eigenen Aussagen bisher nicht erreichen. So zeigt er sich mit dem Ergebnis seiner Kündigungsentscheidung auch nicht zufrieden. Er macht sich nun Gedanken über sein weiteres Vorgehen.

Das Ergebnis dieser Handlungsbewertung stellt gleichzeitig den Beginn einer neuen Absichtsbildung dar. In dieser *prädezisionalen Motivationsphase* des Rubikon-Modells werden wiederum verschiedene Handlungsmöglichkeiten gegeneinander abgewogen, bevor letztendlich eine dieser Handlungsoptionen ausgewählt und damit der Rubikon erneut überschritten wird. Aufgrund seiner zuvor getroffenen Entscheidung und den daraus resultierenden Konsequenzen für seine derzeitige Karriere wird Herr Ribbeck bei einer erneuten Entscheidung sicherlich noch intensiver zwischen den verschiedenen Alternativen abwägen. Diesbezüglich führt er an, dass er nicht schon wieder vorschnell entscheiden will.

Wir erfahren im Nachhinein, dass Herr Ribbeck gekündigt und bereits einen neuen Arbeitgeber gefunden hat. Herr Ribbeck hat somit erneut den Rubikon überschritten und sein bestehendes Arbeitsverhältnis aufgelöst. Er befindet sich sodann in der *aktionalen Phase* des Rubikon-Modells. In dieser setzt er nun seine Entscheidung in die Tat um. (Beachte: Zwar wurde die Kündigung schon eingereicht. Für die Bewertung dieser Handlung ist aber ganz entscheidend, wie es nun in der neuen Position für Herrn Ribbeck weitergeht, weswegen er auch seine Erfahrungen bei dem dann neuen Arbeitgeber in seine Beurteilung der Kündigung einbeziehen wird.)

Zu Aufgabe 2.4d

Während des Gesprächs mit Ihnen befindet sich Herr Ribbeck in der Abwägung seines weiteren Vorgehens, d. h. in der *prädezisionalen Phase* des Rubikons. Noch hat er keine finale Entscheidung bezüglich seines weiteren Vorgehens im jetzigen Job getroffen. Er ist dabei, mögliche Alternativen gedanklich zu prüfen („In Gedanken gehe ich ständig verschiedene Optionen durch, [...]"). Vielleicht schaut er sich auch schon aktiv nach Alternativen um. Er hat sich aber noch nicht für eine konkrete Alternative entschieden. Am Ende des Gesprächs führt er jedoch an, dass er nun wisse, was er zu tun hat. Diese Aussage lässt darauf schließen, dass er kurz davor ist, den Rubikon der Entscheidungsfindung zu überqueren. Dies hat ja – wie Sie nachfolgend erfahren – auch kurze Zeit später stattgefunden, indem Herr Ribbeck die Kündigung eingereicht und sich damit (unwiderruflich) für eine der möglichen Alternativen entschieden hat. Wahrscheinlich hat er den Rubikon gleich mehrfach in dieser Hinsicht überschritten, denn Sie erfahren auch, dass Herr Ribbeck bereits ein neues Stellenangebot angenommen hat. Hier würde beispielsweise die Unterzeichnung des neuen Arbeitsvertrages den Übergang von der prädezisionalen in die präaktionale Phase anzeigen. Von dort an muss Herr Ribbeck nicht nur sein Ausscheiden bei seinem noch aktuellen Arbeitgeber planen und umsetzen, sondern auch den Einstieg bei seinem neuen Arbeitgeber organisieren.

Zu Aufgabe 2.4e

In dem Gespräch mit Herrn Ribbeck finden sich Hinweise darüber, dass – aus Sicht von Herrn Ribbeck – insbesondere gegen die *distributive* und *interaktionale Fairness* verstoßen wurde. So wurde Herrn Ribbeck im Vorstellungsgespräch anscheinend in Aussicht gestellt, dass er aufgrund seiner jahrelangen Führungserfahrung einen anderen Status im Unternehmen einnehmen wird als seine Kollegen. Zudem wurde ihm die Perspektive eröffnet, die Leitung des Innendienstes zu übernehmen. In der Erwartung, dass diese Versprechungen auch eingehalten werden, hat Herr Ribbeck den Arbeitsvertrag unterzeichnet und ist ins Unternehmen eingestiegen. Seine Erwartungen haben sich bisher aber nicht erfüllt. Herrn Ribbeck wurde weder der erwartete Status zuerkannt, noch hat man ihm die erhoffte Leitung des Vertriebsinnendienstes übertragen. (Beachte: Durchaus kann man darin auch einen Verstoß gegen die prozedurale Fairness sehen. So kann Herr Ribbeck den gesamten Auswahlprozess als unfair wahrgenommen haben, da ihm etwas Versprochen wurde, was nicht eingehalten wurde.) Dass Herr Ribbeck nach drei Monaten immer noch keinen Termin bei der Geschäftsführung bekommen hat, belastet die wahrgenommene interaktionale Fairness. Herr Ribbeck fühlt sich von der Geschäftsführung ungerecht behandelt, da diese ihm nicht die erwartete Wertschätzung entgegenbringt.

Zu Aufgabe 2.4f

Nach der Equity-Theorie bewerten Mitarbeitende ihren geleisteten Aufwand und den erhaltenen Ertrag mit dem Aufwand- und Ertrags-Quotienten anderer (im Unternehmen sind dies in der Regel die unmittelbaren Kollegen). Unterschiede der verglichenen Quotienten aus Aufwand und Ertrag führen zu Ungerechtigkeitsempfindungen, die wiederum Unzufriedenheit auslösen und zur Behebung ebensolcher motivieren. Herr Ribbeck bewertet seinen bisher geleisteten Aufwand höher als den geleisteten Aufwand seiner Kollegen. So bringt er mehr Berufserfahrung, Führungskenntnisse und eine Menge Expertise mit, die – seiner Meinung nach – seine Kollegen nicht besitzen. Betrachten wir als Ertrag seines Aufwands nicht nur sein Gehalt, sondern seinen Status im Unternehmen, wird klar, warum er sich ungerecht behandelt fühlt. Obwohl seine Kollegen weniger Expertise und Erfahrung mitbringen, deren Leistung/Input also geringer ist, steht Herr Ribbeck dennoch mit ihnen auf der gleichen Statusebene im

Unternehmen. Die erlebte Ungerechtigkeit wird zusätzlich dadurch verstärkt, dass seine Kollegen ihm Aufgaben übertragen wollen. Dadurch sieht er sich in seiner Position und Person zusätzlich degradiert.

Zu Aufgabe 2.5a

Dem Gespräch mit Frau Kern nach zu urteilen empfindet diese ihre Arbeitsaufgaben als monoton und einseitig. Die *Anforderungsvielfalt* scheint sehr gering ausgeprägt zu sein. Darüber, was nach der Markierung fehlerhafter Rechnungen mit diesen passiert, hat Frau Kern keine Kenntnisse. Ihre Abteilung bekommt von den Prozessen drum herum nichts mit. Die *Aufgabenganzheitlichkeit* scheint daher ebenso begrenzt zu sein. Aufgrund der zynischen Antwort auf Ihre Frage können wir nur mutmaßen, dass Frau Kern ihre Arbeitstätigkeit als nicht besonders bedeutsam erachtet. Die wahrgenommene *Autonomie* scheint eher gering zu sein. So bekommt sie die an einem Arbeitstag zu prüfenden Rechnungen vorgegeben. Da sie auch keine Rückmeldung bekommt, was mit den fehlerhaften Rechnungen geschieht, erfährt sie letztendlich auch nichts über die Qualität ihrer Arbeit. So sollte die erlebte *Rückmeldung* im Tätigkeitsbereich von Frau Kern ebenso gering sein (siehe Tabelle 7.5).

Tab. 7.5: Bewertung des Aufgabenbereichs von Frau Kern nach dem Job Characteristics Modell (eigene Darstellung).

Anforderungsvielfalt	*niedrig*
Aufgabenganzheitlichkeit	*niedrig*
Aufgabenbedeutsamkeit	*niedrig*
Autonomie	*niedrig*
Rückmeldung	*niedrig*

Zu Aufgabe 2.5b

Bei der hier angesprochenen Arbeitsgestaltungsmaßnahme – Aushelfen in anderen Abteilungen – handelt es sich um eine Form der Arbeitserweiterung (*Job enlargement*). Durch die Hospitation in anderen Bereichen würde sich der Tätigkeitsraum von Frau Kern erweitern, zumindest dann, wenn die Hospitation auch mit konkreten Arbeitseinsätzen verbunden und fest im Tätigkeitsprofil von Frau Kern verankert wäre. So könnte die Tätigkeit von Frau Kern rein quantitativ um weitere Aufgaben erweitert werden. Bei der Arbeitserweiterung handelt es sich dann aber um zusätzliche Aufgaben, die den eigentlichen Aufgaben im Anforderungs- und Verantwortungsniveau ähnlich sind. Geht mit den zusätzlichen Aufgaben die Übernahme von mehr Verantwortung einher, spricht man in diesem Fall vom *Job enrichment* (Aufgabenbereicherung). Würden Mitarbeitende ihre Aufgaben untereinander in einer festgelegten Reihenfolge tauschen, wie dies ebenso von Frau Kern geäußert wurde, dann handelt es sich um eine Form der *Job rotation*.

7.3 Lösungshinweise zur Fallstudie 3

Zu Aufgabe 3.1

Im Zuge der Sozialisation im Unternehmen findet eine Anpassung des Verhaltens (und Denkens) an die geltenden Verhaltens- und Verfahrensstandards des Unternehmens (bzw. der Unternehmenskultur) statt. Die neuen Mitarbeitenden lernen dabei, welches Verhalten im Unternehmen von ihnen erwartet wird, was akzeptiert wird und was nicht.

Tab. 7.6: Argumente für und gegen eine schnelle Sozialisation im Unternehmen (eigene Darstellung).

Für eine schnelle Sozialisation in Unternehmen spricht:	Gegen eine schnelle Sozialisation in Unternehmen spricht:
Werden mit der Übernahme der geltenden Verhaltens- und Verfahrensstandards verbundene Lernprozesse unmittelbar zu Beginn eines neuen Arbeitsverhältnisses, z. B. durch ein strukturiertes Einarbeitungsprogramm, in Gang gesetzt, kann unmittelbar eine Abgleichung der Verhaltenserwartungen des Unternehmens mit den eigenen Erwartungen erfolgen. Im Zuge dessen kann jeder Mitarbeitende für sich entscheiden, ob das Unternehmen zu ihm passt – den Verhaltenserwartungen des Unternehmens entsprochen wird – oder nicht. Stimmen die Verhaltenserwartungen des Unternehmens nicht mit den Vorstellungen des neuen Mitarbeitenden überein, würde letzterer das Unternehmen womöglich recht schnell wieder verlassen. Eine Beendigung des Arbeitsverhältnisses würde zu Beginn wesentlich geringere Trennungskosten verursachen, als wenn beide Seiten erst spät feststellen, dass ihre Erwartungen nicht zueinander passen. Übernehmen neue Mitarbeitende die Verhaltens- und Verfahrensstandards des Unternehmens zügig, sind die Voraussetzungen für eine Integration in die Gruppe der Kollegen erfüllt. Neue Mitarbeitende können dadurch schnell zu einem festen Teil der Belegschaft werden und auch ihr Verhalten wird berechenbarer. Das Risiko für Abweichungen von den geltenden Verhaltens- und Verfahrensstandards im Unternehmen lässt sich durch eine schnelle Sozialisation bereits zu Beginn des Arbeitsverhältnisses reduzieren.	Eine schnelle Sozialisation kann eine tiefere Reflexion geltender Unternehmensnormen und -werte aufseiten der neu eintretenden Mitarbeitenden einschränken. Ein wertvoller Blick auf das Unternehmen von außen, den die noch durch die geltenden Verhaltensstandards und Normen unbelasteten neuen Mitarbeitenden besitzen, wird dadurch unterbunden. Neu in ein Unternehmen eintretende Mitarbeitende sind zumeist noch frei von einer sogenannten *Betriebsblindheit*. Sie nehmen vorhandene Missstände und Defizite in Unternehmensabläufen eher wahr, als Mitarbeitende, die diese Abläufe über die Zeit schon fest verinnerlicht haben und dadurch nicht mehr hinterfragen. Häufig verfügen neue Mitarbeitende aus ihrer Betriebspraxis auch über Wissen zu alternativen Vorgehensweisen. Dieses Wissen kann zu einer Anpassung der Standards und Verfahren des neuen Arbeitgebers genutzt werden. Übernehmen die neuen Mitarbeitenden die geltenden Verhaltens- und Verfahrensstandards aber zu schnell, könnte das Unternehmen die Chance verpassen, von den bisherigen Erfahrungen der Mitarbeiter zu lernen. Durch die schnelle Sozialisation werden die vorhandenen Standards des neuen Arbeitgebers bereits übernommen, bevor neue Mitarbeitende ihr Wissen zu möglichen Alternativen überhaupt weitergeben können. Neuen Mitarbeitenden sollte daher zuvor die Möglichkeit eingeräumt werden, ihr bisher erworbenes Wissen weitergeben zu können. Dadurch kann sich das Unternehmen insgesamt weiterentwickeln und lernen (siehe Kapitel 6.4).

Zu Aufgabe 3.2

Herr Normann hat ein recht *negatives Menschenbild* von osteuropäischen Arbeitskräften. Er attestiert ihnen eine lasche Arbeitsmoral. Er geht also davon aus, dass die neuen Mitarbeitenden von sich aus eher wenig engagiert bei der Arbeit sind und eng kontrolliert werden müssen. Er will sie daher persönlich im Blick behalten. Durch die enge Kontrolle könnten sich die neuen Mitarbeitenden bevormundet und im Vergleich zu der übrigen Belegschaft ungerecht behandelt fühlen. Gut möglich, dass einige daraufhin der Arbeit fernbleiben und wieder kündigen werden, um sich dadurch der strengen Kontrolle zu entziehen. Letzteres würde Herr Normanns vorurteilsbehafteten Wahrnehmung der osteuropäischen Arbeitskräfte bestätigen; seine Prophezeiung wäre eingetreten.

Herr Normann sollte zunächst über die Gefahren einer Sich-selbst-erfüllenden-Prophezeiung aufgeklärt werden. Anschließend wäre genauer zu ergründen, worauf die vorurteilsbehaftete, stereotype Wahrnehmung osteuropäischer Arbeitskräfte bei ihm gründet. Sollte diese nur auf Einzelpersonen oder gar Hörensagen zurückgehen, wäre Herr Normann darüber aufzuklären, wie negativ dies seine Einstellung und sein Verhalten der gesamten Gruppe osteuropäischer Arbeitskräfte gegenüber beeinflusst. Erfolgreicher für die Zusammenarbeit wäre es, den neuen ausländischen Mitarbeitenden unvoreingenommen zu begegnen und ihnen die gleichen Freiräume bei der Ausführung ihrer Arbeit einzuräumen wie den übrigen Mitarbeitenden. Ein eventuelles Fehlverhalten eines Mitarbeitenden sollte dabei auch nur dem jeweiligen Mitarbeitenden und nicht der gesamten Gruppe, die er angehört, zugerechnet werden.

Zu Aufgabe 3.3

Tab. 7.7: Attribution der Ursachen für die Studienleistungen des Juniorchefs und der Arbeitsleistung des Seniorchefs aus Sicht von Herrn Lammer (eigene Darstellung).

Beobachtetes Verhalten/ Verhaltensergebnis	Distinktheit	Konsensus	Konsistenz	Ursache
Ausgezeichneter Universitätsabschluss des Juniorchefs.	Nur beim Studium hat der Juniorchef eine herausragende Leistung gezeigt. Bei der Arbeit ist von herausragenden Leistungen nichts zu sehen. Die Distinktheit seines Leistungsverhaltens ist daher *hoch*!	Alle anderen Studierenden haben ebenso einen herausragenden Abschluss an der Universität erreicht. Der Konsensus seines Leistungsverhaltens ist daher *hoch*!	Während des Studiums ist der Juniorchef nur herumgereist und konnte gar keine konstant guten Leistungen zeigen. Die Konsistenz seines Leistungsverhaltens ist daher *niedrig*!	Die Ursachen für den ausgezeichneten Studienabschluss werden nicht der eigenen Leistung des Juniorchefs zugeschrieben. Die Ursachen werden *external attribuiert*. Glück oder eben die Bezahlung des Studiums haben zu dem ausgezeichneten Abschluss geführt.
Starker Arbeitseinsatz des Seniorchefs	Sowohl in der Produktion als auch in der Verwaltung zeigt der Seniorchef erstklassige Leistungen. Er hat immer neue Ideen und packt auch mit an. Die Dinstinktheit seines Leistungsverhaltens ist daher *niedrig*!	Der Seniorchef zeigt auch dann noch ein außerordentliches Leistungsverhalten, wenn alle anderen Führungskräfte schon schlapp machen. Der Konsensus seines Leistungsverhaltens ist daher *niedrig*!	Der Seniorchef war schon immer leistungsstark. Die Konsistenz seines Leistungsverhaltens ist daher *hoch*!	Die Ursachen für den starken Arbeitseinsatz des Seniorchefs werden seiner eigenen Leistung zugeschrieben. Die Ursachen werden *internal attribuiert*. Seine Fähigkeiten, Eigenschaften und seine Anstrengung sind verantwortlich für den starken Arbeitseinsatz des Seniorchefs.

Zu Aufgabe 3.4

Seinen eigenen Aussagen nach hatte sich Herr Lammer einmal dazu entschlossen, ein Studium zu absolvieren. Es ist davon auszugehen, dass er das Studium auch erfolgreich abschließen wollte. Er selbst beschreibt sich diesbezüglich als recht zielstrebig und ehrgeizig. Das abgebrochene Studium passt hier nicht in das Selbstbild, das Herr Lammer von sich hat. Möglicherweise bedauert Herr Lammer den Abbruch seines Studiums mehr, als er sich das selbst eingestehen will. Um sein *Dissonanzempfinden* abzubauen, sucht er nach Gründen für seinen Misserfolg außerhalb seiner eigenen Person. So wird seine Abwertung der akademischen Ausbildung (und allen daran beteiligten Personen) nachvollziehbar. Handwerkliche Kompetenzen und seinen eingeschlagenen Karriereweg wertet er hingegen auf und stellt ganz bewusst deren Vorzüge heraus.

Für Herrn Lammer mag diese Art der *Dissonanzreduktion* befriedigend sein. Die Abwertung der akademischen Ausbildung überträgt er jedoch scheinbar auf alle Personen, die über einen akademischen Abschluss verfügen. Deren Kompetenzen wertet er ebenso von vornherein ab. Darin kann eine Art Selbstschutz von Herrn Lammer vermutet werden (in Form einer *narzisstischen Selbstwahrnehmung*). Es handelt sich dabei um die bewusste Verzerrung der Wahrnehmung einer Personengruppe (hier: Akademiker). Das negative Denken über die Personengruppe scheint Herrn Lammers Verhalten gegenüber Personen, die dieser Gruppe angehören, zu beeinflussen. Aufgrund seiner Voreingenommenheit meidet er den Kontakt mit Akademikern. Er ist auch nicht bereit, mit den (akademischen) Beratern von *Norcon* zusammenzuarbeiten.

Zu Aufgabe 3.5

Herr Lammer beschreibt die Arbeit in der Produktion als *Learning by doing*. Dieses Argument könnten Sie aufgreifen, um sich Herrn Lammers Unterstützung für das von Ihnen konzipierte Einarbeitungsprogramm zu sichern. Aufgrund der hohen Anzahl der neu einzuarbeitenden Mitarbeitenden sowie der Auslastung der Produktionsmaschinen in der Woche ist es nicht möglich, jeden neuen Mitarbeitenden individuell an den Maschinen einzuweisen. Zudem soll jeder Mitarbeitende alle Maschinen bedienen können.

Nach der Auffassung des *kognitivistischen Lernansatzes* lernen Menschen neue Verhaltensweisen durch die Beobachtung anderer. Dafür würde sich im vorliegenden Fall die Beobachtung der Handlungsabläufe an den zu bedienenden Maschinen in einem Video eignen. Hier könnten die neuen Mitarbeitenden die Handlungsabläufe des Modells (einen erfahrenen Mitarbeitenden) bei der Bedienung der Maschinen zunächst ganz in Ruhe beobachten (Schritt 1: *Beobachtung*). Ein erfahrener Mitarbeitender könnte dazu noch weitere Erklärungen geben und so die neuen Mitarbeitenden in der mentalen Verarbeitung des Modellverhaltens unterstützen (Schritt 2: *Mentale Verarbeitung*). Ideal wäre es, wenn die neuen Mitarbeitenden die Handlungsabläufe in einem anschließenden Training auch aktiv nachmachen könnten, sodass sich die Handlungsabläufe auch motorisch verfestigen können (Schritt 3: *Reproduktion*). Hier bieten sich zunächst Trockenübungen in der sicheren Lernumgebung an, bevor es dann an die Maschinen in der Fertigungshalle geht. Hier sollte jeweils ein erfahrener Mitarbeitender pro Maschine für die Einarbeitung der neuen Mitarbeitenden bereitstehen. Der erfahrene Mitarbeitende soll die neuen Mitarbeitenden in der Bedienung der Maschinen beobachten, ihnen Feedback geben und Handgriffe gegebenenfalls noch einmal vormachen (Schritt 4: *Feedback*).

Eine rein schriftliche Verfahrensanweisung wäre zur Einarbeitung der neuen Mitarbeitenden in der Produktion nicht geeignet, da es sich bei dem zu vermittelnden Wissen mehrheitlich um *implizites Wissen* in Form von Handlungsabläufen handelt. Dieses lässt sich am besten in einem *prozeduralen Lernprozess* vermitteln. Gleiches gilt auch für die Einarbeitung der neuen Mitarbeitenden in der Verwaltung. Auch hierfür eignet sich das Lernen von Modellen besser als das Lernen aus schriftlichen Dokumenten. Beim *Modelllernen* ist in der Regel die Aufmerksamkeit der Lernenden größer. Dies belegt auch die Aussage von Frau Ludwig, dass die Verfahrensanweisungen im Intranet nur sehr selten angeklickt werden. Zudem fällt es häufig schwer, Handlungsabläufe allein mit Worten zu beschreiben. Denkbar zur Einarbeitung der neuen Mitarbeitenden in der Verwaltung wäre der Einsatz erfahrener Mitarbeitender, die als (Einarbeitungs-)Mentoren für die neuen Arbeitskräfte fungieren. Dadurch ließe sich auch die Sozialisation der neuen Mitarbeitenden erleichtern. Im engen Austausch mit den Mentoren lernen die neuen Mitarbeitenden die Gepflogenheiten des Unternehmens kennen.

Um die Sozialisation beider Gruppen von Mitarbeitenden (Verwaltung und Produktion) voranzutreiben, würden sich gemischte Veranstaltungen mit Angehörigen beider Gruppen anbieten. Teil der Veranstaltungen könnte eine allgemeine Unternehmenspräsentation sein, bei der die Kenntnis über die Firmenhistorie und dem Produktprogramm geschult werden. Dabei empfiehlt es sich, die neuen Mitarbeitenden aktiv einzubeziehen (z. B. in Workshops, Gruppenübungen und spielerischen Team-bildenden Maßnahmen). Das Auftreten gegenüber Kunden könnte beispielsweise spielerisch in Form von Rollenspielen eingeübt werden. Wichtige Verhaltensstandards und Normen könnten durch Gruppendiskussionen und einem Wissensquiz vertieft werden. Dabei sollte auch ausreichend Raum für das gegenseitige Kennlernen der neuen Arbeitskräfte untereinander und das Knüpfen von Kontakten mit bereits im Unternehmen arbeitenden Mitarbeitenden eingeplant werden. Die Mitteilung der vorhandenen Erfahrungen der neuen Mitarbeitenden sollte aktiv eingefordert werden, z. B. durch Reflexionsgespräche.

Teil des gemeinsamen Einarbeitungsprogramms für die neuen Arbeitskräfte muss auch eine Sicherheitsschulung sein. Diese ist sowohl für die Mitarbeitenden aus der Produktion als auch der Verwaltung obligatorisch. Auch hier sollte sich die Unternehmensleitung nicht einfach auf die Aushändigung schriftlicher Sicherheitsanweisungen verlassen. Es muss sichergestellt sein, dass die Anweisungen nicht nur von allen gelesen, sondern auch verstanden wurden. Erst Letzteres entscheidet im Ernstfall über die Umsetzung der Sicherheitsstandards. Ein Testat über die zuvor geschulten Sicherheitsstandards kann hier im Sinne des *behavioristischen Lernansatzes* als Feedback im Lernprozess wirken. Das Bestehen der Prüfung sollte dann als *Belohnung* wahrgenommen werden. Ein nicht erfolgreiches Testat würde dagegen eine Nachschulung erforderlich machen und als eine Art *Bestrafung* wirken.

Zu Aufgabe 3.6

Die Systeme in der Produktion melden nur Fehler. Die Fehler werden in einem Arbeitskonto nachgehalten und bis zum Fehlerverursacher (dem jeweiligen Mitarbeitenden) zurückverfolgt. Eine gewisse Fehlerrate zieht ein ernstes Gespräch mit dem stellvertretenden Produktionsleiter nach sich. Den Aussagen zufolge handelt es sich bei dem Gespräch um eine Art erste Verwarnung. Es wird hier also allein dem *Bestrafungsprinzip* gefolgt. Gibt die Fehlerrate eines Mitarbeitenden dann erneut Anlass für ein zweites Gespräch, hat dies offenbar die Kündigung als harte Sanktion für ein Fehlverhalten zur Folge.

Ein Feedback zu seinem Arbeitsverhalten erhält der Mitarbeitende also nur dann, wenn er etwas falsch gemacht hat. Die Lernforschung hat gezeigt, dass Bestrafungen zu *Angst und Unsicherheit* führen, wodurch das Erlernen neuer Verhaltensweisen behindert wird. Aus Angst, weitere Fehler zu machen, könnten sich Mitarbeitende übervorsichtig oder gar inaktiv verhalten („Besser gar nichts machen, als noch einen Fehler zu riskieren!"). Beides wäre für *Norpro* kontraproduktiv. Anstatt Fehler direkt zu sanktionieren, wäre zunächst die Suche nach den Ursachen für die Fehler sinnvoll. Hierzu bietet sich der *Kelley-Würfel* an. Mit diesem kann festgestellt werden, ob ein Fehlverhalten auf die Person oder die Situation zurückzuführen ist. Kann das Fehlverhalten auf die Person des Mitarbeitenden zurückgeführt werden (z. B. fehlende Kompetenzen), sollte Unterstützung beim Abbau des Fehlverhaltens angeboten werden. Fortschritte in Richtung des erwünschten Verhaltens sind zu honorieren (z. B. in Form eines Lobes). Liegen die Gründe für das Fehlverhalten in der Situation (z. B. Übermüdung durch häufige Doppelschichten), wäre das Management gefordert, die Situation entsprechend umzugestalten.

Zu Aufgabe 3.7

Frau Ludwig sieht die größte Herausforderung für das Unternehmen in dem Umgang mit der Digitalisierung. Da sie hierzu gerade auch einen Artikel gelesen hat, ist die Antwort nicht verwunderlich. Das Gelesene ist Frau Ludwig unmittelbar präsent und wirkt in ihrer Antwort als *Anker*. Die Antwort von Frau Ludwig lässt sich diesbezüglich auch gut mit der *Heuristik der Zugänglichkeit* erklären. Der Heuristik zufolge werden Informationen, die unmittelbar aus dem Gedächtnis abrufbar sind, übergewichtet. Weil sich der gelesene Artikel mit der Automobilbranche beschäftigt, mag Frau Ludwig auch genau hier ein vielversprechendes Geschäftsfeld für ihr Unternehmen sehen.

Zu Aufgabe 3.8

Frau Ludwigs Denken über die Generation Y ist ein gutes Beispiel für das Urteilen über andere Personen anhand der *Heuristik der Repräsentativität*. Die Heuristik der Repräsentativität ist eng verknüpft mit dem *Schema-Denken* und der *Stereotypisierung*. Frau Ludwig generalisiert das beobachtete Verhalten ihres jungen Kollegen auf alle anderen jungen Leute. Die an ihrem Kollegen negativ wahrgenommenen Einstellungen und Verhaltensweisen werden von ihr als typisch für die gesamte junge Generation angesehen. Der junge Kollege stellt demnach Frau Ludwigs Prototyp der gesamten jungen Generation dar.

Die Information, dass die neuen Arbeitskräfte in der Verwaltung derselben Generation wie ihr junger Kollege angehören, aktiviert ihr Schema von der Generation. Ihr vorurteilsbehaftetes Verhalten kann zu einer *Sich-selbst-erfüllenden-Prophezeiung* werden. Frau Ludwig geht beispielsweise davon aus, dass die neuen Mitarbeitenden die Arbeit nicht ernst nehmen werden. Davon vorbelastet, wird sie den neuen Mitarbeitenden womöglich auch nicht viel zutrauen. Die neuen Mitarbeitenden fänden daraufhin keine Möglichkeiten, um sich beweisen zu können. Dadurch werden sie demotiviert. Genau diese Einstellung hatte Frau Ludwig aber ohnehin von Vertretern der Generation Y erwartet.

Zu Aufgabe 3.9

Es handelt sich hierbei um den *fundamentalen Attributionsfehler*. Demzufolge werden in der Verhaltenserklärung in der Person liegende Ursachen für das beobachtete Verhalten übergewichtet und situationsbedingte Ursachen vernachlässigt. Dieser Fehler tritt insbesondere bei der Erklärung von negativen Verhaltensweisen und Misserfolgen anderer auf. Negative Verhaltensweisen und Misserfolge werden der Person selbst zugeschrieben (d. h. ihren Fähigkeiten, ihrem Charakter, ihrer Anstrengung). Dass sich der Bewerber beim Vorstellungsgespräch verspätet hat, könnte aber auch Ursachen geschuldet sein, die dieser nicht selbst zu verantworten hat. So könnte es zu Verzögerungen beim Einlass auf das Werksgelände gekommen sein. Auch könnten dem Bewerber übermittelte Informationen zum Auffinden des Gesprächsraumes fehlerhaft gewesen sein. Wären diese Umstände einmalig, dann würde sich womöglich auch das unter diesen Umständen gezeigte Verhalten des Bewerbers zukünftig nicht wiederholen. Wenn Frau Ludwig den Kandidaten aber aufgrund seiner einmaligen Verspätung als unzuverlässig charakterisiert, geht sie davon aus, dass sich das beobachtete Verhalten auch in der Zukunft fortsetzen wird.

Zu Aufgabe 3.10

Die Sozialisation findet hier vorwiegend informal statt. Die Normen und gewünschten Verhaltensstandards werden per Modellverhalten an die neuen Mitarbeitenden weitergegeben. Die Seniorberater werden von Frau Sahlfeld und Herrn Krings als Modelle akzeptiert. Wahrscheinlich hat deren Erfolg die Aufmerksamkeit von Frau Sahlfeld und Herrn Krings auf das Verhalten der Seniorberater gezogen. Frau Sahlfeld und Herr Krings haben sich von den Seniorberatern und den übrigen Kollegen abgeschaut, welches Verhalten bei *Norcon* als wünschenswert gilt. So enthielten auch die Aussagen von Christine Herrn Krings gegenüber direkte Hinweise zu den Normen und erwünschten Verhaltensstandards bei *Norcon* („Kannst dir wohl schon einmal einen Flug nach Schweden buchen."). Die von Frau Sahlfeld und Herrn Krings als wünschenswert betrachteten Verhaltensstandards (z. B. hohes Arbeitstempo, permanente Einsatzbereitschaft, Verzicht auf Freizeit zugunsten der Beratungsaufgaben) werden nicht offiziell kommuniziert (siehe z. B. die Absage der Zeugnisfeier, ohne dass dies von Herrn Blum so angeordnet wurde). Diese informale Weitergabe von Normen und Verhaltensstandards kann auch zu Missverständnissen und Problemen führen. Die Ableitung der Verhaltenserwartungen aus der reinen Beobachtung ist subjektiv, d. h. stark von der Interpretation der Beobachter abhängig. Die Wahrnehmung Letzterer mag verzerrt sein. Eventuell schaffen die Seniorberater mit ihrem vorgelebten Arbeitsverhalten eine dermaßen starke Leistungskultur, die bei einigen Kollegen zur Erschöpfung führt und egoistisches anstatt teamfähiges Verhalten fördert (siehe Persönlichkeitstyp A in Kapitel 2). Wahrscheinlich sind sich die Seniorberater darüber aber nicht im Klaren, da auch sie ihr eigenes Verhalten nur subjektiv wahrnehmen.

Zu Aufgabe 3.11

Ab einer Leistungsbewertung von 3,0 werden Mitarbeitende bei *Norcon* nicht weiter aktiv in Beratungsprojekte eingesetzt. Stattdessen wird ihnen eine Weiterbildung empfohlen, die anteilig (mindestens zu 50 %) selbst finanziert werden muss. Die Nicht-Erreichung der Leistungsstandards wird hier also mit dem Entzug der Beratungsprojekte und der Finanzierung der Weiterbildung sanktioniert. Darin kann eine zweifache *Bestrafung* unerwünschten Verhaltens bzw. verminderter Leistung der Mitarbeitenden gesehen werden, was Ängste gegen die Leistungsbewertung schüren kann. Letztere könnten ihr Verhalten defensiv auf die Vermeidung von Fehlern ausrichten. Sollten sich die Mitarbeitenden gegen die Weiterbildung entscheiden, bekommen sie praktisch keine Möglichkeit, die Seniorberater erneut von sich zu überzeugen. Die Seniorberater scheinen Minderleistungen allein den Mitarbeitenden anzulasten, obwohl Leistungsdefizite auch situative Ursachen haben könnten. Die Aussagen von Herrn Krings passen hier gut ins Bild. So wollte sich Herr Krings beim gemeinsamen Projekt mit Herrn Blum in Schweden keine Blöße geben, indem er Erholungszeit für sich einfordert. Zudem hat er für sich beschlossen, dass es besser ist, die Seniorberater nicht warten zu lassen.

Auch Christine ordnet ihre Prioritäten den Erwartungen der Seniorberater unter. Sie tut dies womöglich, um keine schlechte Leistungsbewertung zu riskieren. Vielleicht herrscht ein Kommunikationsklima vor, das wenig Raum für Kritik an denjenigen zulässt, die die Leistungsbewertung vornehmen (hier die Seniorberater). Das Vertrauen untereinander wird ferner dadurch geschwächt, dass das Fortkommen bei *Norcon* sehr stark von der Gunst der Seniorberater abhängig ist. Das Fehlverhalten anderer Kollegen kann beispielsweise als eigener Vorteil gesehen werden (siehe *Kontrasteffekt*). Aus Angst, bei einem Widerspruch mit einer schlechten Leistungsbewertung bestraft zu werden, könnten Mitarbeitende die Meinungen der Seniorberater unreflektiert übernehmen (siehe *Mitläufereffekt*). Zudem könnten sich die Mitarbeitenden dazu aufgefordert sehen, allein durch Sympathie eine positive Leistungsbewertung zu erhalten (siehe *Sympathie-Effekt*).

Zu Aufgabe 3.12

Dass der Mitarbeitende bei Norcon eine Rückmeldung zu seinem Leistungsverhalten nur alle sechs Monate erhält, erschwert das Erlernen neuer Verhaltensweisen. Fehlverhalten bzw. die Nicht-Erfüllung von Leistungserwartungen sollte direkt angesprochen werden, damit der Mitarbeitende eine *Kontingenz* zwischen dem von ihm gezeigten Verhalten und einer entsprechenden Reaktion darauf (Kritik und eventuelle Bestrafung) wahrnehmen kann. Ist der Zeitraum zwischen einem gezeigten Verhalten und einer sich darauf beziehenden Reaktion zu lang, wird der Mitarbeitende Schwierigkeiten haben, das Feedback direkt mit dem weit zurückliegenden Verhalten in Zusammenhang bringen zu können.

Zudem sollte es auch für die Seniorberater schwierig werden, die Leistungsbewertung mit konkreten Beobachtungen zu belegen, weil letztere eventuell bereits sechs Monate zurückliegen und auch den Beurteilern nicht mehr in allen Details bekannt sind. Allgemeine Kritik (z. B. wenn Aufgaben in der Vergangenheit nicht pünktlich erledigt wurden) kann dadurch schlecht mit konkret beobachteten Verhaltensweisen verknüpft werden. Dem Mitarbeitenden sollte dann nicht klarwerden, was er falsch gemacht hat bzw. er anders machen muss. Frau Sahlfeld als Verantwortliche für den Beurteilungsprozess ist diesbezüglich auch lediglich an den Beurteilungsnoten interessiert, nicht aber an deren Begründung. Dass sie Herrn Blum und Frau Kasel auch häufig zur Einreichung der Beurteilungsnoten anmahnen muss, könnte ein weiterer Hinweis auf Schwierigkeiten und Verzerrungen im Beurteilungsprozess sein.

Zu Aufgabe 3.13

Tab. 7.8: Attribution der Ursachen für den Erfolg von Frau Normann aus Sicht von Frau Sahlfeld (eigene Darstellung).

Beobachtetes Verhalten/ Verhaltensergebnis	Distinktheit	Konsensus	Konsistenz	Ursache
Erfolg von Frau Normann	Sowohl als Dozentin als auch als Beraterin hat sich Frau Normann als sehr leistungsorientiert gezeigt. In allem was sie tut, ist sie sehr zielstrebig. Frau Sahlfeld kennt keinen Bereich, in dem Frau Normann nicht erfolgreich ist. Die Distinktheit des wahrgenommenen Verhaltens ist daher *niedrig*!	Laut Frau Sahlfeld hebt sich Frau Normann mit ihren Leistungen klar von den anderen Beratern ab. Der Konsensus des wahrgenommenen Verhaltens ist daher *niedrig*!	Frau Normann lebt den Erfolg kontinuierlich vor. Die Konsistenz des wahrgenommenen Verhaltens ist daher *hoch*!	Die Ursachen für den Erfolg von Frau Normann werden *internal attribuiert* und ihrer Person (Kompetenz, Persönlichkeitseigenschaften, Anstrengung) zugeschrieben.

7.4 Lösungshinweise zur Fallstudie 4

Zu Aufgabe 4.1a

Den Phasen der Gruppenentwicklung zufolge scheinen die Projektgruppen von Frau Trens über die *Storming-Phase* nicht hinaus gekommen zu sein. Die von Frau Trens beschriebenen Konflikte sind typisch für diese Phase der Teamentwicklung und sorgen dafür, dass Gruppen den Konflikten mehr Aufmerksamkeit schenken als der eigentlichen Aufgabenbearbeitung. Die Gruppenmitglieder scheinen sich noch nicht im Klaren über ihre jeweiligen Rollen und die zu erledigenden Aufgaben zu sein. Stabile Beziehungen der Projektmitglieder untereinander scheinen sich ebenso noch nicht entwickelt zu haben, sodass auch kein Wir-Gefühl in den Gruppen vorhanden ist. Erst in der darauffolgenden *Norming-Phase* entwickeln Gruppe Verhaltensregeln und Standards, die das gegenseitige Vertrauen fördern und die Voraussetzung für die produktive Performing-Phase bilden. Erst hier kann sich die Gruppe dann der eigentlichen Aufgabenbearbeitung widmen.

Zu Aufgabe 4.1b

Bereits in der *Forming-Phase* der Gruppenentwicklung, beim ersten Aufeinandertreffen der designierten Gruppenmitglieder, können diese beim gegenseitigen Kennenlernen unterstützt werden. Laut Frau Trens war es ja gerade ein Problem, dass sie sich in ihren Projekten immer wieder auf neue Kollegen einstellen musste. Hier wäre dem gegenseitigen Kennlernen oberste Priorität einzuräumen und die eigentlichen Aufgaben erst einmal zurückzustellen. Die Projektgruppenleitung sollte in dieser Phase als guter Gastgeber agieren. Die obligatorische *Vorstellungsrunde* kann interessanter gestaltet werden, indem sich die Mitglieder nicht nur anhand ihrer fachlichen Fähigkeiten und Aufgaben vorstellen, sondern auch etwas über ihre Hobbys außerhalb der Arbeit mitteilen. Jeweils in Paaren könnten die Gruppenmitglieder beispielsweise zunächst gegenseitige Charakterisierungen anfertigen, die dann anschließend der gesamten Gruppe vorgestellt werden (dies schult gleichzeitig auch das Aktive Zuhören). Auch *spielerische Elemente* können sich in der Forming-Phase positiv auf die Gruppendynamik auswirken. So kann beispielsweise ein gemeinsamer Besuch in einem Klettergarten das *Wir-Gefühl der Gruppe stärken*, weil das gemeinsame Erlebnis die Gruppe zusammenschweißt.

Eine bessere Kenntnis des jeweils anderen kann die Bewältigung der anschließenden Storming-Phase beschleunigen. Stärken und Schwächen des Einzelnen sind womöglich schon in der Kennlernphase zum Vorschein gekommen. Diese Kenntnis kann dabei helfen, den Gruppenmitgliedern ihren Stärken und Schwächen entsprechende Aufgaben und Rollen zuzuweisen. Aufkommende Konflikte müssen in der Storming-Phase offengelegt und bewältigt werden. Dabei sollte die Gruppenleitung die *Rolle des Moderators* einnehmen. Die Kenntnis über Konfliktverläufe ist vorteilhaft, um die Ursachen des Konflikts zu ergründen und den Konflikt einzugrenzen (siehe Kapitel 6.1). Auch bereits vermutete Konflikte müssen offen angesprochen werden. Alle Gruppenmitglieder sind in den aufkommenden Diskussionen einzubeziehen. Insgesamt sollte dabei auf einen wertschätzenden und sachlichen Umgang miteinander geachtet werden. Werden die Konflikte in der Gruppe zu heiß, dann kann es geboten sein, zunächst unkritischere Themen zu behandeln, bei denen ein Konsens leichter zu erreichen ist.

Zu Aufgabe 4.1c

Hierbei handelt es sich wohl um *Soziales Faulenzen* einzelner Gruppenmitglieder. Frau Trens spricht davon, dass sich einige Kollegen „beinahe Null" an der Aufgabenbearbeitung beteiligten und das Projekt nicht ernst nahmen. Ein verminderter Arbeitseinsatz im Sinne des Sozialen Faulenzens tritt insbesondere dann auf, wenn ausschließlich das Gruppenergebnis im Vordergrund steht und der individuelle Leistungsbeitrag der einzelnen Gruppenmitglieder nicht beachtet wird oder nicht gemessen werden kann.

Zu Aufgabe 4.1d
Frau Trens hat sich bemüht, den verminderten Arbeitseinsatz ihrer Kollegen durch die Steigerung ihres Arbeitseinsatzes auszugleichen. Man spricht hier von *Sozialer Kompensation*. Um das Risiko des *Sozialen Faulenzens* zu verringern und Gruppenmitglieder vor einer erschöpfenden Kompensation zu schützen, empfiehlt es sich, nicht zu große Gruppen zu bilden. Das Risiko für Soziales Faulenzen nimmt mit der Gruppengröße zu, weil größere Gruppen dem einzelnen Mitglied mehr Möglichkeiten bieten, sich hinter der Leistung der anderen zu verstecken. Schwierigkeiten in der *Messung individueller Leistungsbeiträge* nehmen mit steigender Gruppengröße ebenfalls zu.

Soziales Faulenzen sollte zudem geringer ausfallen, wenn das Gruppenergebnis für die einzelnen Mitglieder eine hohe Relevanz hat. Die *Zielrelevanz* für die einzelnen Gruppenmitglieder muss also für diese klar erkennbar sein, um zukünftig Soziales Faulenzen in den Projektgruppen von Frau Trens zu verringern. Die Steigerung der Relevanz lässt sich über die gezielte *Setzung von Anreizen* (siehe Kapitel 3.2) erreichen, sodass dadurch anschließend die Erreichung des Gruppenergebnisses jedem Gruppenmitglied ein eigenes Anliegen ist. Wird neben dem Gruppenergebnis dann auch noch der individuelle Leistungsbeitrag des Einzelnen gemessen und gewürdigt, sollte das Ausmaß Sozialen Faulenzens geringer ausfallen.

Zu Aufgabe 4.1e
Es scheint, als habe das nachlässige Nachfassen der Geschäftsführung stark dazu beigetragen, dass die Projektaufträge nicht weiterverfolgt werden. *Ausgeführt ist nicht beibehalten*: Zwar haben die Mitarbeitenden im Projekt die Anweisungen anfänglich noch ausgeführt. Da die Geschäftsführung die Projektumsetzung dann aber nicht mehr kontrolliert hat, haben die Mitarbeitenden sich nicht mehr an den Projektauftrag gebunden gefühlt. Die Geschäftsführung hat nicht nachhaltig für die benötigte Verbindlichkeit in der Projektbearbeitung gesorgt und so dazu beigetragen, dass die Ausführung nicht beibehalten wurde.

Zu Aufgabe 4.2
Herr Lurch wäre gut beraten, seine Projektgruppe auch mit Kollegen zu besetzen, die über ausgeprägte Handlungs- und Sozialorientierung verfügen. Nach Raymond Belbin sind Gruppen mit heterogenen Fähigkeitsprofilen erfolgreicher als homogene Gruppen. Das Fähigkeitsprofil erfolgreicher Gruppen sollte über eine Handlungsorientierung, Sozialorientierung und Wissensorientierung verfügen. Die damit einhergehenden neun Rollen müssen auf unterschiedliche Personen verteilt werden.

Beim Experten bzw. Spezialisten handelt es sich lediglich um eine der *neun Rollen*. Diese ist der Wissensorientierung zugeordnet. Zwar ist davon auszugehen, dass die Experten spezielles Fachwissen in die Gruppe einbringen, sich fachlich engagieren und ihr Fachgebiet beherrschen. Experten verstricken sich aber häufig in technische

Details und neigen zu einem selbstbezogenen Verhalten. Da es sich bei der Projektgruppe von Herrn Lurch um Experten aus unterschiedlichen Disziplinen handelt, ist
das Risiko zudem groß, dass sich die Gruppe aufgrund der verschiedenen Fachkennt-
nisse in Debatten verstrickt. Zudem sollte die jeweils unterschiedliche Fachsprache,
die Kommunikation innerhalb der Projektgruppe erschweren.

Zu Aufgabe 4.3
Dazu würde sich die Bildung einer *Community of Practice* anbieten. Dabei handelt es
sich um eine Form informeller Gruppen, deren Mitglieder sich aufgrund gemeinsamer fachlicher Interessen zusammenfinden. Häufig arbeiten die Mitglieder von Communities of Practice in ähnlichen Fachbereichen unterschiedlicher Unternehmen, sodass in derartigen Gruppen ein informeller Austausch auch über Unternehmensgrenzen hinweg erfolgen kann. Herr Lurch könnte sich in einer Community of Practice mit
IT-Experten aus anderen Unternehmen zu den aktuellsten IT-Entwicklungen austauschen. Von dem so erhaltenen Wissen profitiert nicht nur Herr Lurch persönlich, sondern – vorausgesetzt Herr Lurch setzt das gewonnene Wissen auch in seinem Unternehmen ein (siehe Kapitel 6.4) – auch sein Arbeitgeber.

Zu Aufgabe 4.4
Beide unterhalten sich auf der Zustandsebene des *kritischen Eltern-Ichs*. Dies lässt sich
auch an den verbalen und nonverbalen Kommunikationssignalen ablesen:

Tab. 7.9: Kommunikationssignale von Frau Trens und Herrn Lurch.

Frau Trens	Herr Lurch
– strenger Blick	– haut mit der Faust auf den Tisch
– runzelt die Stirn	– ernste Miene
– rümpft die Nase	– belehrender Ton

Das Gespräch ist nicht lösungsorientiert, sondern wirkt auf den jeweils anderen lediglich bestätigend. Die Kritik an der Geschäftsführung wird nicht klar geäußert, sondern
pauschalisiert. Um Frau Trens und Herrn Lurch aus ihrer Wehklage herauszuholen,
könnte es sich beispielsweise anbieten, das Erwachsenen-Ich einzunehmen. Aus diesem Zustand heraus könnte dann beispielsweise genauer nachgefragt werden, welchen Mist Herr Lurch der Geschäftsführung genau zur Last legt und was Frau Trens
daran hindert, offen mit der Geschäftsführung zu sprechen. Voraussetzung dafür ist,
die Situation richtig einzuschätzen. Weil bei Gesprächen aus dem Erwachsenen-Ich
heraus viele Emotionen im Spiel sind, kann die sehr nüchterne und distanzierte Art
des Erwachsenen-Ichs in solchen Situationen aber auch eskalierend wirken.

Zu Aufgabe 4.5

Die drei sind über eine *informale Beziehungsstruktur* miteinander verbunden. Sie gehören unterschiedlichen Abteilungen bzw. verschiedenen formalen Gruppen im Unternehmen an. Ihr Austausch im Tennisclub verläuft daher rein informell. Hier hat der Arbeitgeber nur wenig Einfluss auf die Informationsweitergabe, sodass Frau Klann bereits Informationen erhält, die (noch) gar nicht für sie bestimmt waren.

Zu Aufgabe 4.6

Der Medienreichhaltigkeitstheorie zufolge, sollte das Medium zur Übermittlung einer Nachricht mit der Bedeutung der Nachricht abgestimmt werden. Durch das formale Anschreiben der Belegschaft kann zwar sichergestellt werden, dass alle Mitarbeitenden dieselben Informationen über den Personalabbau zur gleichen Zeit erhalten. Da aber nicht alle Mitarbeitenden gleichermaßen von dem Personalabbau betroffen sind, wäre ein Medium, mit dem gezielter informiert werden kann, besser geeignet. Zudem wird die schriftliche Benachrichtigung über den Personalabbau bei einigen Mitarbeitenden sehr emotionale Reaktionen hervorrufen, auf die die Geschäftsführung nicht direkt reagieren kann. Auch werden Fragen bei der Belegschaft aufkommen, die durch die schriftliche Benachrichtigung nicht direkt beantwortet werden können. Dies kann den *Flurfunk* anregen.

Dass einige Mitarbeitende zusätzlich mit dem Anschreiben ein Abfindungsangebot erhalten sollen, wäre ebenso der persönlichen Bedeutung des Sachverhalts nicht angemessen. Um alle Mitarbeitenden zunächst über den Personalabbau zu informieren, würde sich eine *Belegschaftsversammlung* wesentlich besser anbieten. Die Geschäftsführung könnte dabei ihre Pläne und den Zeitplan für die Umsetzung des Personalabbaus vorstellen und Fragen aus der Belegschaft direkt beantworten. Nach der Belegschaftsversammlung sollten *persönliche Gespräche* mit den jeweils vom Personalabbau betroffenen Mitarbeitenden geführt werden, um individuell auf deren Situation eingehen zu können.

Zu Aufgabe 4.7a

Die Macht der Geschäftsführung gründet Frau Klann zufolge auf deren Position. Es handelt sich somit um eine Art der *formalen Macht*. Die Geschäftsführung hält ihre Entscheidungen aufgrund ihrer hierarchischen Position für legitim (man spricht hier auch von *Amtsautorität*).

Zu Aufgabe 4.7b

Dem *Reziprozitätsprinzip* entsprechend hat die Geschäftsführung dem Wunsch des Betriebsrats nach einer betrieblichen Altersvorsorge nachgegeben, woraufhin dieser für den Personalabbau gestimmt hat. Womöglich hat sich der Betriebsrat aufgrund des Entgegenkommens der Geschäftsführung bei der betrieblichen Altersversorgung verpflichtet gefühlt, sich bei der Geschäftsführung mit der Zustimmung zum Personalabbau zu revanchieren. Wäre dies auch genau die Intention der Geschäftsführung gewesen, würde es sich dabei um *politisches Taktieren* handeln.

Zu Aufgabe 4.8

In diesem Fall gründet die Macht von Herrn Müller auf seine Expertise. Das Unternehmen ist auf die Expertise von Herrn Müller angewiesen, d. h. von seinem Wissen abhängig. Da das Machtpotenzial somit unmittelbar an Herrn Müller bzw. dessen Wissen geknüpft ist, handelt es sich um eine *personale Machtbasis*.

Zu Aufgabe 4.9

Die Geschäftsführung hat Herrn Müller in ihre Gruppe aufgenommen. Herr Müller gehört somit zur *In-group* der Geschäftsführung. Die politische Taktik der Geschäftsführung, eine Allianz mit einem möglicherweise unbequemen Herrn Müller zu schmieden und mit ihm zu koalieren, scheint funktioniert zu haben. Herr Müller unterstützt die Pläne der Geschäftsführung. Sicher fühlt sich Herr Müller entsprechend dem *Reziprozitätsprinzip* und dem *Konformitätsdruck* zur Geschlossenheit mit der Geschäftsführung verpflichtet. Da womöglich mit der neuen Position von Herrn Müller eine Gehaltssteigerung sowie eventuell weitere Privilegien verbunden sind, handelt es sich so gesehen auch um ein *Tauschgeschäft*: Status im Tausch gegen Gefolgschaft.

Herr Westkamp betont, wie wichtig Loyalität für den Aufstieg im Unternehmen ist und drückt damit zugleich aus, dass Abweichler keine Zukunft im Unternehmen haben. Damit schwört er die Bereichsleiter auf ihre Zustimmung zu den Plänen der Geschäftsführung ein und suggeriert diesen, dass sie bei loyalem Verhalten ebenso eine Belohnung erwarten können.

Zu Aufgabe 4.10a

Frau Kranzler wendet sich aus dem Zustand des *kritischen Eltern-Ichs* an die Bereichsleiter. Sie spricht streng und belehrend auf die Bereichsleiter ein und zeigt ihnen ihre Misserfolge auf. Sie äußert sich enttäuscht über deren geringe Leistungen, obwohl sie doch mit aller Kraft von der Geschäftsführung unterstützt werden. Zugleich appelliert sie an die Moral der Bereichsleiter, mehr zu tun als bisher. Für den Misserfolg des Unternehmens macht sie die Bereichsleiter verantwortlich und wendet damit gleichzeitig auch die *Sündenbock-Taktik* an. Die Geschäftsführung ist in ihren Augen voll okay, die Bereichsleiter sind es dagegen nicht. Damit bringt sie das Gefälle hinsichtlich Macht und Status zwischen Geschäftsführung und Bereichsleiter klar zum Ausdruck. Sie wendet sich damit an das *Kind-Ich* der Bereichsleiter. Womöglich erwartet sie, dass diese ihr Fehlverhalten bereuen und ihrer Aufforderung zu höherem Leistungseinsatz nachkommen. Dies wäre in erster Linie vom *angepassten Kind-Ich* zu erwarten.

Zu Aufgabe 4.10b

Auch sprachlich differenziert sie zwischen der Gruppe der Bereichsleiter und der Gruppe der Geschäftsführung. Bei Letzterer handelt es sich um ihre *In-group*, was daran festgemacht werden kann, dass sie für die Gruppe die Wir-Form verwendet. Die Gruppe der Bereichsleiter spricht sie förmlich mit „Sie" an und macht damit deutlich, dass die Bereichsleiter eine *Out-group* bilden. Damit schafft sie über ihre Sprache eine klare Distanz zwischen den Bereichsleitern und der Geschäftsführung. Dies verhindert womöglich die Entwicklung eines gemeinschaftlichen Wir-Gefühls im Unternehmen.

Zu Aufgabe 4.11

Frau Schlager reagiert aus dem Zustand des *rebellischen Kind-Ichs*. So protestiert sie aufsässig gegen die Argumente der Geschäftsführung, widerspricht der Aufforderung, die Besprechung zu verlassen und fragt kritisch nach dem Betriebsrat. Auch nonverbal bringt sie ihre Ablehnung gegen die Geschäftsführung zum Ausdruck: Sie verschränkt die Arme und spricht in einem trotzigen Unterton.

Zu Aufgabe 4.12

Hinsichtlich der Vorbedingungen des Gruppendenkens lässt sich feststellen, dass sich das Unternehmen in einem *provokativen situativen Kontext* befindet. Die Misserfolge dauern schon länger an. Auch bisher umgesetzte Maßnahmen konnten die Situation des Unternehmens nicht ändern. Dies setzt das Unternehmen und die Geschäftsführung im Besonderen unter *Erfolgsdruck*. Zwei für die Entscheidung wichtige, aber unbequeme Gruppen, die Personalleitung und der Betriebsrat, werden in die Abstimmung nicht einbezogen. Im Umgang der Geschäftsführung mit dem Betriebsrat scheint es sich um eine politische Taktik zu handeln. Womöglich wurde der Betriebsrat am Besprechungstag bewusst auf ein Teamevent geschickt, damit er die Bereichsleiter in der Besprechung nicht von einem Verzicht auf den Personalabbau überzeugt. Die Gruppe der Bereichsleiter wird zudem während der Besprechung in ein *moralisches Dilemma* gebracht, indem an ihre Verpflichtung dem Unternehmen gegenüber und ihrer Linientreue mit der Geschäftsführung appelliert wird. Zudem begünstigt das direktive und *nicht unparteiische Verhalten der Geschäftsführung* die *Suche nach Einstimmigkeit*.

Als Symptome des Gruppendenkens können die Folgenden beobachtet werden: Die Entscheidung scheint bereits schon vor dem Meeting mit den Bereichsleitern gefallen zu sein. In der Entscheidungsvorbereitung wird den Kennzahlen der Personalleitung keine Beachtung geschenkt. Es werden lediglich die von Frau Dr. Quackwesel recherchierten Informationen berücksichtigt, deren Quellen nebulös bleiben. Diesbezüglich verweist Herr Westkamp lediglich auf die Zusammenarbeit mit den führenden Wirtschaftsinstituten. Er deutet mit seinem Verweis die hohe Autorität der Quellen von Frau Dr. Quackwesel an, die keinen Zweifel zulassen. Die sehr einseitige Berücksichtigung von Quellen, die die Entscheidung der Geschäftsführung unterstützen, und die Nichtberücksichtigung der Berichte aus der Personalabteilung, lassen auf eine sehr *selektive Informationsaufnahme und -verarbeitung* schließen. Indem die Geschäftsführung bestimmt, welche Informationen die Gruppe in der Besprechung erhält, hat sie sich selbst zum *Bewusstseinswächter* ernannt. Alternativen, die die präferierte Entscheidung der Geschäftsführung infrage stellen, werden nicht diskutiert.

Die Zurückhaltung der Bereichsleiter im Meeting und der Ausschluss der Personalleiter von der Abstimmung erzeugt lediglich eine *Illusion der Einmütigkeit*. Die Bereichsleiter halten sich sehr wahrscheinlich nur aus Angst, aus der Gruppe ausgeschlossen zu werden, mit Gegenargumenten zurück. Auf die Bereichsleiter wird subtiler Druck ausgeübt, sich konform mit der Geschäftsführung zu verhalten. Eine so erzeugte *Konformität* würde einen rein *normativen Charakter* haben. Herr Müller schafft dann Fakten, die die von der Geschäftsführung favorisierte Entscheidung formal besiegeln, indem er das Schweigen der Bereichsleiter als Zustimmung zum Personalabbau wertet. Hier zeigt sich gleichzeitig eine Kommunikationshürde: *Verstanden ist nicht einverstanden*.

Zu Aufgabe 4.13

Wie sich das Denken von Frau Trens und Herrn Lurch nach der Besprechung verändert hat, bleibt ein Stück weit offen. Allein, dass sie nicht gegen den Personalabbau protestiert haben, kann in der Angst vor Sanktionen durch die Geschäftsführung begründet sein. Frau Trens und Herr Lurch scheinen nach der Besprechung tatsächlich Befürworter des Personalabbaus zu sein. Ein solcher Sinneswandel könnte auf die *Gruppenpolarisation* zurückgeführt werden. Demnach zeigen Teilnehmende an einer Diskussion in der Gruppe nachher häufig extremere Haltungen gegenüber den diskutierten Sachverhalten als vor der Diskussion. Zudem kommt es in Gruppen häufig zu einer *Verantwortungsdiffusion*, sodass sich Frau Trens und Herr Lurch im Rahmen der Gruppenentscheidung womöglich weniger stark selbst verantwortlich für den Personalabbau sehen.

7.5 Lösungshinweise zur Fallstudie 5

Zu Aufgabe 5.1a

Nach dem Eskalationsstufen-Modell von Glasl vollziehen sich Konflikte über insgesamt neun Stufen. Jeweils drei aufeinanderfolgende Stufen können zu einzelnen Konfliktphasen zusammengefasst werden. Die Phasen unterscheiden sich im Denken der Konfliktparteien übereinander sowie ihrem Verhalten zueinander.

Vieles in den Äußerungen der Geschäftsführung und der Personalabteilung deutet darauf hin, dass der Konflikt bereits weit fortgeschritten ist. Sowohl die Geschäftsführung als auch die Personalleitung beharren auf ihren Positionen (z. B. Herr Westkamp: „Der Personalabbau wird trotzdem durchgezogen" versus Herr Maurer: „Hier geht es uns aber um Gerechtigkeit, deswegen ziehen wir das jetzt durch."). Beide Seiten sehen ihre jeweiligen Positionen als unvereinbar an, weswegen davon auszugehen ist, dass sich der Konflikt in der *Win-lose-Phase* befindet. Dazu passt, dass die Geschäftsführung der Personalabteilung, laut der Aussage von Frau Schmale, auch schon mit der Kündigung gedroht hat. Durch den Zusammenschluss der Geschäftsführung mit dem Betriebsrat sowie dem Zusammenschluss der Personalleitung mit der Belegschaft haben sich zudem Koalitionen im Konflikt gebildet. Dies ist ebenso symptomatisch für Konflikte in der Win-lose-Phase. Dass die Personalleitung mit der Unterstützung von Klagen gar einen Niedergang des Unternehmens in Kauf nehmen würde, nur um die eigene Position durchzusetzen, kann sogar schon als Hinweis auf die letzte Eskalationsstufe der *Lose-lose-Phase* (Gemeinsam in den Abgrund) gedeutet werden.

Zu Aufgabe 5.1b
Aktuell scheint der Konflikt zwischen der Geschäftsführung und der Personalleitung *heiß*, d.h. *stark emotional*, zu sein. Gedacht wird in groben Kategorien („die" Geschäftsführung und „die" Personalleitung). Die Interessen der jeweils anderen Partei scheinen nicht bekannt zu sein, lediglich deren Positionen. Dem Konflikt geht bereits eine Entwicklung voraus, weswegen nicht auszuschließen ist, dass sich der Konflikt in der Vergangenheit immer mal wieder durch den Rückzug einer der Parteien abgekühlt hat. Eine gezielte Aufarbeitung des Konflikts scheint aber bisher noch nicht stattgefunden zu haben.

Zu Aufgabe 5.1c
Da der Konflikt schon weit fortgeschritten ist und bereits die emotionale Ebene erreicht hat, sollte ein neutraler Prozessbegleiter hinzugezogen werden. Letzterer sollte darauf hinarbeiten, dass die Geschäftsführung und die Personalleitung die *Sach- von der Beziehungsebene im Konflikt trennen*. Persönliche Angriffe müssen vom neutralen *Prozessbegleiter* erkannt und den Beteiligten (die sich ihrer persönlichen Angriffe häufig gar nicht mehr bewusst sind) angezeigt werden. Der neutrale Prozessbegleiter sollte zunächst Einzelgespräche mit den am Konflikt beteiligten Personen führen. Gut möglich, dass auch innerhalb der Gruppe der Geschäftsführung und der Personalleitung der Konflikt unterschiedlich wahrgenommen wird. Die Trennung von der Sach- und Beziehungsebene ist in weiteren Gesprächen der Konfliktparteien unbedingt einzuhalten.

Um tatsächlich auf der Sachebene des Konflikts zu bleiben, sollten beide Konfliktparteien ihre *Interessen hinter ihren Positionen offenlegen*. Es gilt, die Frage zu klären, welches Ziel die Geschäftsführung mit der Umstrukturierung verfolgt und warum dies die Personalleitung verhindern will. Es wäre auch möglich, dass sich die Interessen innerhalb der Konfliktparteien unterscheiden, weswegen auch hier zunächst Einzelgespräche mit den Beteiligten geführt werden sollten. An der Offenlegung der gegenseitigen Interessen dürfte die Konfliktlösung bislang gescheitert sein. Die Geschäftsführung will ihre Interessen scheinbar gegen den Willen der Personalleitung (und der Belegschaft) durchdrücken. Dies könnte der Geschäftsführung aufgrund ihres stärkeren Machtpotenzials auch durchaus gelingen, allerdings könnte dadurch die Zusammenarbeit im Unternehmen nachhaltig belastet werden und bis hin zu einer totalen Verweigerung der Belegschaft führen.

Erfolgversprechender ist es, zunächst nach Lösungsalternativen zu suchen, die die Verwirklichung beiderseitiger Interessen ermöglichen. Die Alternativen sind anhand möglichst objektiver Kriterien zu bewerten. Sollte sich eine der Konfliktparteien oder gar beide nicht gesprächsbereit zeigen und der Konflikt eine selbstzerstörerische Wirkung entfalten (Eskalationsstufen 7–9), wäre ein *Machteingriff* in Erwägung zu ziehen. Dies ist in diesem Fall recht schwierig, da die Geschäftsführung bereits die höchste Entscheidungsinstanz im Unternehmen bildet. Ein Macheingriff könnte dann lediglich nur noch durch die Gesellschafter erfolgen, wenn diese nicht selbst der Geschäftsführung angehören.

Die Begleitung der Konfliktbearbeitung als neutraler Prozessbegleiter erfordert vertiefte Kenntnisse in der Gesprächsführung und der Konfliktbewältigung, die zumeist in einer speziellen Ausbildung (z. B. zum Mediator oder Konfliktcoach) erworben werden. Ohne derartige Kenntnisse ist das Risiko groß, selbst in den Konflikt einbezogen zu werden und die geforderte Neutralität zu verlieren.

Zu Aufgabe 5.2a

Die von John Kotter in seinem Change-Modell aufgeführten Stufen eines erfolgreichen Veränderungsprozesses in Organisationen orientieren sich an den häufigsten Fehlern, an denen Veränderungsprojekte scheitern. Die zweite Stufe bezieht sich auf die konkrete Durchführung von Veränderungen. Die Umsetzung von Veränderungen scheitert häufig daran, dass diese in die Verantwortung von Einzelpersonen oder Gruppen gelegt werden, die nicht über die erforderlichen Machtpotenziale verfügen. Der Einfluss der Verantwortlichen ist dann schlichtweg zu gering, um den Widerstand gegen die Veränderungen zu brechen. Kotter schlägt vor, eine mächtige Koalition für die Durchführung von Veränderungsprojekten zu bilden, die über breite Entscheidungsbefugnisse und die benötigte Expertise verfügt.

Die Phantasia GmbH hat die Umsetzung der Veränderungen lediglich an Frau Dr. Quackwesel als *Einzelkämpferin* delegiert und sich selbst womöglich vollkommen aus der Verantwortung gezogen. Bei den geplanten, massiven Veränderungen hat dies zum Misserfolg des Veränderungsprozesses und wahrscheinlich auch zur Überforderung von Frau Dr. Quackwesel geführt. Das Promotorenmodell organisationaler Veränderungen empfiehlt, für die Umsetzung von Veränderungen eine starke Projektgruppe einzusetzen. Diese sollte sowohl aus *Macht-, Fach- und Prozesspromotoren* für die geplanten Veränderungen bestehen. Frau Dr. Quackwesel wird nicht alle vom Promotorenmodell geforderten Rollen ausgefüllt haben können. Mag sie auch eine gute Prozesspromotorin gewesen sein oder auch eine Expertin für die geplanten Veränderungen, dürfte es ihr an den benötigten Machtpotenzialen in der Umsetzung der Veränderungen gefehlt haben. Letztere wären von der Geschäftsführung in die Projektgruppe einzubringen. Die Aussagen von Herrn Müller deuten dagegen eher an, dass ein Konflikt zwischen ihm und Frau Dr. Quackwesel vorgelegen haben könnte. Hierfür spricht die Reduktion von Frau Dr. Quackwesel auf ihren akademischen Titel sowie auf die bunten Excel-Tabellen und PowerPoint-Folien.

Laut Aussagen der Personalleitung hat es die Geschäftsführung auch versäumt, die Notwendigkeit der geplanten Veränderungen gegenüber der Belegschaft näher zu begründen. Es wurde *kein Veränderungsdruck erzeugt*, wie dies die erste Stufe im Change-Modell von John Kotter empfiehlt. Es ist davon auszugehen, dass die Belegschaft den gegenwärtigen Status quo höher schätzt als den mit der Umstrukturierung einhergehenden Personalabbau. Von daher ist es die Aufgabe der Initiatoren der Veränderungen (die Geschäftsführung), den Mitarbeitenden aufzuzeigen, warum der Personalabbau notwendig ist und um wie viel besser sich die Situation nach den vollzogenen Veränderungen darstellt. Letzteres wurde laut Frau Schmale den Mitarbeitenden von der Geschäftsführung ebenso nicht aufgezeigt.

Zu Aufgabe 5.2b
Die Geschäftsführung hat anscheinend nicht aus ihren Fehlern in der Durchführung der Veränderungen gelernt. Wieder möchte sie die Umsetzung der geplanten Veränderungen an eine einzelne Person übertragen, sich selbst aber aus der operativen Umsetzung der Maßnahmen raushalten. Dieses Mal sollen Sie die auf massiven Widerstand in der Belegschaft treffenden Veränderungen alleine umsetzen. Es scheint fast so, als würde sich die Organisationsleitung vor der Belegschaft wegducken wollen. Möglicherweise liegt dies in einem *Dilemma* begründet: Die Entscheidung zur Umsetzung der Veränderungen wurde von der Geschäftsführung getroffen und muss nun auch von ihr vollzogen werden. Andererseits würde sich die Geschäftsführung unglaubwürdig machen und vor der Belegschaft als durchsetzungsschwach dastehen. Weil der Wiederstand aber so enorm ist, befürchtet die Geschäftsführung womöglich, noch stärker ins Kreuzfeuer der Belegschaft zu gelangen. Das Dilemma besteht hier also zwischen
- Veränderungen durchziehen und sich dem starken Widerstand der Belegschaft aussetzen oder
- auf die Umsetzung der Veränderungen verzichten und innerhalb der Organisation als durchsetzungsschwach angesehen werden.

Die Verantwortung für die Veränderungen an Sie abzugeben mag der Geschäftsführung als eine bequeme Lösung des Dilemmas erscheinen. Als Einzelkämpfer würden Sie allerdings Gefahr laufen, den Widerstand der Belegschaft auf sich zu ziehen. Ob

Sie sich der Rückendeckung der Geschäftsführung tatsächlich gewiss sein können, ist angesichts der vorausgehenden Ereignisse fraglich.

Zu Aufgabe 5.2c
Die Aussagen der Personalleitung geben Hinweise darauf, dass das Unternehmen in der Beschleunigungsfalle gefangen ist. So sagt Frau Schmale, dass sich das Unternehmen anscheinend seit drei Jahren in einer großen Transformation befindet, bei der *ein Veränderungsprojekt nach dem anderen* durchgeführt wird. Das Ritual, dass Mitarbeitende das *Licht in ihrem Büro* auch nach Arbeitsschluss brennen lassen, deutet ebenfalls in Richtung einer Beschleunigungsfalle. Ein pünktlicher Feierabend wird, laut Herrn Maurer, als Leistungsschwäche ausgelegt, *Anwesenheit dagegen positiv bewertet*. Zudem verweist Frau Schmale darauf, dass sich die Mitarbeitenden beschäftigt zeigen, weil sie denken, dass dies so gewollt ist und honoriert wird. Womöglich ist „*Sich beschäftigt zeigen*" die einzige Möglichkeit für die Mitarbeitenden, sich bei der kontinuierlichen Aneinanderreihung von Aufgaben und Projekten etwas Luft zu verschaffen. Auch dies lässt auf die Beschleunigungsfalle schließen.

Zu Aufgabe 5.2d
Nach dem, auf Elisabeth Kübler-Ross zurückgehenden Modell des Reaktionsverlaufs in Veränderungsprozessen, befindet sich Herr Bernd, den Schilderungen der Personalleitung zufolge, in der Phase *Depression*. Laut Frau Schmale hat Herr Bernd zunächst mit dem für die erste Phase des Verlaufsmodells typischen *Schock* auf die Nachricht von Kündigungen reagiert. Mit der Nichtöffnung des Schreibens von der Geschäftsführung hat Herr Bernd womöglich versucht, die herannahende Situation zu verdrängen (Phase II: *Verneinung*). Zwischenzeitlich erschien für ihn damit alles wie gehabt. Nachdem er das Abfindungsangebot dann aber tatsächlich gesehen hat, hat er mit der für die dritte Phase des Modells typischen *Wut* reagiert, bevor er dann Verhandlungsversuche mit der Personalabteilung und mit der Geschäftsführung unternommen hat (Phase IV: *Verhandlung*). Letztendlich ist er nach den gescheiterten Versuchen, die Veränderungen (Kündigung) doch noch abwenden zu können, in Tränen ausgebrochen und seitdem krankgeschrieben (Phase V: *Depression*).

Die Kündigung bedeutet für Herrn Bernd eine massive Veränderung. Er muss sich eine neue Anstellung suchen, liebgewonnene Kollegen und Tätigkeiten aufgeben. Sein täglicher Lebensrhythmus wird gestört. Zudem können ihn finanzielle Sorgen umtreiben, weil sein sicheres Einkommen durch die Kündigung bedroht ist. Die Suche nach einer neuen Anstellung lässt seine zukünftige Situation sehr unsicher erscheinen. Er könnte in dieser Situation von Selbstzweifeln geplagt sein. Auf der einen Seite wird er sich womöglich fragen, warum gerade er das Unternehmen verlassen muss und ob dies etwas mit mangelnden Kompetenzen zu tun haben könnte. Zum anderen mag er enttäuscht sein, dass ihm trotz seines Einsatzes für das Unternehmen gekündigt wurde. Derartige Gedanken sind als emotionale Reaktion in einer Extremsituation vollkommen normal, wenn sie ohne Unterbrechung lediglich einige Tage bis maximal zwei Wochen anhalten. Die Gefahr ist aber groß, dass sich Herr Bernd ohne Unterstützung nicht aus eigener Kraft von seinen Selbstzweifeln lösen und wieder neuen Mut fassen kann. Die starken Selbstzweifel und die damit verbundenen negativen Gedanken (z. B.: „In meinem Alter nimmt mich sowieso keiner mehr" oder „Wenn ich hier schon gekündigt wurde, dann kann ich auch woanders nicht mithalten") könnten die aktive Suche nach einer neuen beruflichen Herausforderung verhindern und Herrn Bernd vielleicht sogar in eine klinisch auffällige, länger andauernde Depression stürzen.

Zunächst wäre es wichtig, Herrn Bernd den Grund für die Kündigung zu erklären. Massenentlassungen, wie vermutlich im Fallbeispiel, werden auf der Grundlage sozialer Kriterien durchgeführt, sodass nicht die Leistung von Herrn Bernd der Grund für seine Kündigung gewesen sein muss. Gerade bei Entlassungen im größeren Ausmaß ist es zudem sinnvoll, diese Entlassungen durch geeignete *Outplacement*-Maßnahmen zu begleiten. Dabei können entsprechende Experten (z. B. Job-Coaches, Personalberater) bei der Verarbeitung der Kündigung sowie in der Suche nach einer neuen Anstellung unterstützen. In Bewerbungs-Trainings werden beispielsweise die Stärken und Interessen der Teilnehmenden identifiziert und ausgebaut. Zudem lernen die Teilnehmenden, die Anstellung in einem neuen Unternehmen als Herausforderung und eine Möglichkeit zur persönlichen Entwicklung zu begreifen sowie sich in Bewerbungsgesprächen selbstsicher zu präsentieren. Dadurch können sie sich an die zukünftige Situation herantasten. Häufig handelt es sich bei den Job-Coaches, die die Bewerbungstrainings durchführen, um Personalberater mit Kontakten zu anderen Unternehmen, die die Teilnehmenden direkt an andere Arbeitgeber vermitteln können. Würde Herr Bernd an solchen Maßnahmen teilnehmen können, dann würde er von der Phase der Depression in die Phase VI, *Testen*, eintreten. Durch die gezielte Unterstützung würde er die Veränderung womöglich schneller zu akzeptieren lernen (Phase VII: *Akzeptanz*).

Zu Aufgabe 5.3a

Die Organisationskultur beinhaltet sowohl einen sichtbaren als auch einen nicht sichtbaren Teil. Sichtbar wird die Organisationskultur in bestimmten *Artefakten* wie Strukturen, Prozesse, Verhaltensweisen, Symbole und Rituale. Die unterschiedliche Ausstattung des Büros der Geschäftsführerin Frau Kranzler, verglichen mit dem spärlich eingerichteten Konferenzraum der Personalleitung, könnte Ausdruck starker hierarchischer Unterschiede innerhalb des Unternehmens sein. Die Nutzung unterschiedlicher Aufzüge für die Geschäftsführung und die übrigen Angestellten sowie die Positionierung der Geschäftsführung im obersten Stockwerk und die Positionierung der Personalleitung im Keller des Gebäudes deuten ebenfalls eine starke hierarchische Differenzierung im Unternehmen an. Die Geschäftsführung profitiert scheinbar von zahlreichen Privilegien, die den übrigen Angestellten nicht zustehen (Parkplatz in vorderster Reihe, eigener Portier, eigener Aufzug, größere und modernere Büros). Dabei handelt es sich um Symbole, mit denen die Geschäftsführung ihren Einfluss und Status in der Organisation sichtbar macht bzw. ihre Macht demonstriert. Die kostbaren Kugelschreiber können ebenso als Symbole des Einflusses und Status' im Unternehmen angesehen werden.

Dass die Geschäftsführung Sie mehrere Minuten warten lässt, ohne sich dafür zu entschuldigen, mag verdeutlichen, dass diese ihren höheren Status als etwas Gegebenes und Natürliches hinnimmt; das eigene Verhalten nicht mehr bewusst reflektiert. Hier gelangt man zu der nicht sichtbaren Ebene von Organisationskulturen. Dazu gehören die *grundlegenden Annahmen*, die das Handeln in Organisationen unbewusst beeinflussen, für deren Erfassung einzelne Beobachtungen aber nicht ausreichen.

Da der Aufzug der Geschäftsführung nur mit einem bestimmten Code zu nutzen ist, kann darauf geschlossen werden, dass dessen Nutzung für die übrigen Angestellten nicht gestattet ist. Anhand dieser *Verhaltensregel* zeigt sich die Schwelle zwischen dem sichtbaren und nicht sichtbaren Teil der Organisationskultur. Ihnen mag aufgefallen sein, dass die Geschäftsführung und die übrigen Mitarbeitenden unterschiedliche Aufzüge nutzen. Einem Besucher, der nicht in die Geschäftsführung geladen ist, mag dies aber nicht auffallen, da er allein den Aufzug der übrigen Angestellten nutzt.

Aus den Gesprächen mit der Personalleitung erfahren Sie zudem, dass Leistung im Unternehmen aus der Anwesenheit bzw. Sichtbarkeit der Mitarbeitenden abgeleitet wird. Diese starke *Leistungs- und Präsenzkultur* findet sich auch in den kommunizierten Geschichten des Unternehmens wider. Eine ständige Präsenz wird bei der Phantasia GmbH scheinbar als Voraussetzung für einen hierarchischen Aufstieg wie bei Herrn Müller erachtet.

Zu Aufgabe 5.3b

Es könnte sich dabei um Angehörige von Kulturen mit hoher *Machtdistanz* handeln. Diese nehmen Entscheidungen höherer Machtinstanzen, z. B. der Unternehmensleitung, eher als legitim hin als Angehörige von Kulturen mit geringer Machtdistanz. Obschon die asiatischen Mitarbeitenden die Kündigungen nicht gutheißen müssen, erkennen sie diese dennoch als eine von höherer Machtinstanz legitimierte Entscheidung an und opponieren nicht öffentlich dagegen.

Zu Aufgabe 5.3c

Auch dabei könnte es sich eher um *kultur- denn eigenschaftsbedingte Einflüsse* handeln. Vielleicht wird ein direkter Blickkontakt in der Kultur der asiatischen Mitarbeitenden als eine Verletzung der Privatsphäre angesehen. Da es sich nach Angaben der Personalleitung um eine größere Gruppe an asiatischen Mitarbeitenden handelt, kann in dieser Gruppe auch ein Beispiel für eine *Subkultur* im Unternehmen gesehen werden.

Zu Aufgabe 5.3d

Ein solches Training sollte sowohl die affektiven als auch die kognitiven Kompetenzen im Umgang mit internationalen Kunden schulen. Zudem müssen auch verhaltensorientierte Kompetenzen, insbesondere die Kommunikation mit internationalen Kunden, entwickelt werden.

Zunächst sollte eine *Offenheit gegenüber Unterschieden* zwischen der eigenen und der fremden Kulturen geschaffen werden. Verhalten, dass der eigenen Kultur fremd ist, z. B. der fehlende Blickkontakt der asiatischen Mitarbeitenden im Gespräch mit anderen, sollte aus der Perspektive der jeweils anderen Kultur betrachtet und nicht pauschal als schlecht bewertet werden. Dazu ist eine differenzierte Wahrnehmung von Situationen und den in ihnen handelnden Personen erforderlich, die ebenso im Rahmen eines interkulturellen Trainings geschult werden kann (*Kognitive Komplexität*). Weil sich die Mitarbeitenden im Umgang mit internationalen Kunden womöglich häufiger in Situationen wiederfinden werden, die für sie fremd sind, aber ebenso von der fremden Kultur geprägt wurden (z. B. die Verhandlung mit japanischen Kunden nach dem Rang und nicht nach der Expertise), müsste zusätzlich ihre *Ambiguitätstoleranz* geschult werden. Es geht dabei auch darum, Ängste gegenüber fremd wirkenden Situationen abzubauen. Nur wenn sich die Mitarbeitenden auch in derartigen Situationen wohlfühlen, können sie zielorientiert handeln. Dabei geht es nicht darum, die eigene kulturelle Prägung abzulegen, sondern lediglich für kulturelle Unterschiede zu sensibilisieren und diese korrekt interpretieren zu können. Auch dieses *kulturelle Einführungsvermögen* sollte geschult werden.

Angesichts dessen, dass der internationale Kundenkreis des Unternehmens womöglich mehrere Landeskulturen umfasst, können die Mitarbeitenden nicht alle Fremdsprachen ihrer Kunden beherrschen. In der Schulung der *Verhaltensorientierten Kompetenzen* im Rahmen eines Interkulturellen Trainings sollte sich daher auf Unterschiede in der Interaktion bzw. Kommunikation fokussiert werden. Auch hier kann der Blickkontakt ein Beispiel für unterschiedliche Verhaltensregeln der *Interkulturellen Kommunikation* sein. Auch die Gefühlsarbeit bzw. das Erkennen und Interpretieren von Emotionen ist um das Wissen von kulturbedingten Einflüssen zu erweitern, um gezieltes *Emotionsmanagement* im Umgang mit interkulturellen Kunden betreiben zu können. Da womöglich Verhandlungen einen breiten Raum im Umgang mit internationalen Kunden des Unternehmens einnehmen werden, sollten dafür die benötigten Fähigkeiten zur *Lösung interkultureller Konflikte* geschult werden.

Zu Aufgabe 5.4a

Da Organisationen bei Umstrukturierungen neues Wissen gewinnen, also Lernerfahrungen machen, handelt es sich dabei um Maßnahmen des organisationalen Lernens. Durch die Umstrukturierung sollen Fehler in der operativen Durchführung von Handlungen nicht nur ausgebessert werden (*Single-loop-Lernen*), sondern fehlerhafte und nicht mehr zweckmäßige Prozesse und Strukturen durch effektivere Lösungen ersetzt werden (*Double-loop-Lernen*).

Laut Frau Schlager wiederholen sich die gleichen Fehler aus vergangenen Umstrukturierungsprojekten immer wieder. Wenn sich die gleichen Fehler bei Umstrukturierungen bzw. Lernprozessen wiederholen, dann lässt das darauf schließen, dass vergangene Umstrukturierungsprojekte nicht ausreichend reflektiert und aufgearbeitet wurden. *Deutero-Lernen*, bei dem vergangene Lernerfolge und -misserfolge kritisch aufgearbeitet wurden und die Ergebnisse dieser kritischen Auseinandersetzung dokumentiert und in nachfolgenden Handlungen berücksichtigt werden, scheint bei der Phantasia GmbH nicht stattgefunden zu haben.

Zu Aufgabe 5.4b

Die Dokumentation von Lernergebnissen ist entscheidend dafür, dass Organisationen das gewonnene Wissen auch in nachfolgenden Handlungen berücksichtigen können. Eine solche Dokumentation scheint bei den vergangenen Umstrukturierungen der Phantasia GmbH nicht erfolgt zu sein. Findet eine Dokumentation von Lernerfahrungen nicht statt, dann ist das gewonnene Wissen in Organisationen bestenfalls implizit und lediglich in den Köpfen einzelner Mitarbeitender vorhanden. (Dies ist im Fallbeispiel auch daran zu erkennen, dass Frau Schlager zwar um die gemachten Fehler weiß, diejenigen, die die Umstrukturierungsprojekte umsetzen, aber anscheinend nicht). Verlassen Mitarbeitende mit ihrem individuellen Wissen die Organisation oder sind sie nicht bereit dazu, ihr Wissen zu teilen/einzusetzen, dann kann die Organisation auch nicht davon profitieren. Auch ist bei Wissen, das an einzelne Mitarbeitende gebunden ist, die *Wissensidentifikation* erschwert. Die Einrichtung einer zentralen Stelle für die *Wissensbewahrung* (z. B. in einer Wissensdatenbank) wäre sinnvoll. Erst dann kann das durch vergangene Umstrukturierungsprojekte gewonnene Wissen (*Wissenserwerb*) auch von der gesamten Organisation genutzt werden.

Implizites und individuelles Wissen der Mitarbeitenden muss im Rahmen des Wissensmanagements zunächst explizit gemacht werden, um es der gesamten Organisation zugänglich zu machen und in die organisationale Wissensbasis überführen zu können. Das Wissen muss raus aus den Köpfen der einzelnen Mitarbeitenden. Nach der Wissensspirale von Nonaka und Takeuchi hat demnach eine *Externalisierung* zu erfolgen. Bereits dokumentiertes Wissen aus vergangenen Umstrukturierungsprojekten bzw. Lernprozessen muss mit neu erworbenem Wissen aus nachfolgenden Projekten verknüpft werden. Handelt es sich hierbei um eine Verknüpfung expliziten Wissens, sprechen Nonaka und Takeuchi von einer *Kombination*.

Zu Aufgabe 5.4c

Laut Frau Schmale sind einige Bereichsleiter nicht bereit, ihr Wissen mit anderen zu teilen, weil sie befürchten, dass andere ihr Wissen zum eigenen Vorteil verwenden. Die Bereichsleiter halten anscheinend gezielt Informationen zurück, weil sie vermuten, durch die Teilung ihres Wissens ihren Status als Wissensträger zu verlieren. Bei einer solchen *gezielten Informationszurückhaltung* kann es sich um eine Lernschwäche des Unternehmens handeln. Zudem deutet der aufgrund der Fülle an Informationen missglückte Versuch von Frau Dr. Quackwesel, alle Wissensdokumente aus dem Unternehmen in einer zentralen Datei abzulegen, auf eine *Informationsüberlastung* als weitere Lernschwäche hin. Dass jede Abteilung ihr eigenes Süppchen kocht und nicht von anderen Abteilungen lernen möchte, lässt auf ein ausgeprägtes *Ressortdenken* schließen.

Zu Aufgabe 5.5a

Bei der geplanten Büroumgestaltung handelt es sich für die Mitarbeitenden um eine starke Veränderung ihres Arbeitsalltags. Laut Frau Schlager wurde die Umgestaltung von der Geschäftsführung in Zusammenarbeit mit Frau Dr. Quackwesel beschlossen, ohne die Mitarbeitenden in die Planung einzubeziehen und deren Wünsche sowie individuellen Rahmenbedingungen (z. B. das Wohnumfeld von Frau Sichler in der WG) zu berücksichtigen. Mit Blick auf die Fehler in Veränderungsprojekten wurde versäumt, *einen Veränderungsdruck* zu erzeugen und der Belegschaft die positiven Folgen der Büroumgestaltung zu vermitteln. Dadurch, dass die Mitarbeitenden kein Mitentscheidungsrecht bei der Auswahl des Homeoffice-Tages hatten, fühlen sie sich womöglich massiv in ihrer Selbstbestimmung beschnitten. Der Widerstand gegen die Regelung kann daher als eine direkte Konsequenz auf die *mangelnde Kommunikation* und der fehlenden Berücksichtigung der Bedürfnisse der Mitarbeitenden bzw. ihres *geringen Grades an Selbstbestimmung* angesehen werden.

Zu Aufgabe 5.5b

Dass sich die Geschäftsführung selbst von der Umgestaltung zum Open Office ausnimmt und mit dem Fitnessstudio ein weiteres Privileg für sich einfordert, wird die Belegschaft als starke Ungleichbehandlung empfunden haben. Die *wahrgenommene Ungerechtigkeit* wird den Widerstand gegen die Umgestaltung noch verstärkt haben. Gut möglich, dass sich der Widerstand einiger Mitarbeitender gar nicht gegen das Open Office oder die Homeoffice-Arbeit an sich richtet, sondern lediglich gegen die Geschäftsführung. Diese geht sehr autoritär vor. Ihre Pläne in der Büroumgestaltung verleihen dem Statusdenken sowie dem Machtgefälle im Unternehmen nochmals verstärkt Ausdruck.

Zu Aufgabe 5.5c

In der Phantasia GmbH scheint eine starke *Präsenzkultur* vorzuherrschen (z. B. Mitarbeitende lassen das Licht im Büro auch im Feierabend brennen; ständige Anwesenheit wird honoriert). In Organisationen, in denen Anwesenheit mit Leistung gleichgesetzt wird, werden Mitarbeitende befürchten, dass sie bei der Arbeit im Homeoffice nicht mehr wahrgenommen werden. Sie fürchten folglich um ihren hierarchischen Aufstieg/ihre Karriere im Unternehmen. Besonders leistungs- und machtorientierte Mitarbeitende werden sich dann eher gegen die Möglichkeit zur Homeoffice-Arbeit entscheiden.

Zu Aufgabe 5.5d

Um ein Projekt der Arbeitsflexibilisierung erfolgreich durchzuführen, sollte die *Geschäftsführung als Rollenmodell* für den Umgang mit den geplanten Veränderungen im Unternehmen fungieren. Das heißt, die Arbeitsplatz- und Homeoffice-Regelungen sollten ebenso für die Geschäftsführung wie für die übrigen Angestellten gelten. In jedem Fall wäre die Belegschaft aber dezidiert über die Pläne und deren Zielsetzung zu *informieren*. Wünsche und Sorgen der Mitarbeitenden könnten vorab in einer *Mitarbeiterbefragung* gesammelt werden, um diese anschließend in der Konzepterstellung einer modernen Bürolandschaft berücksichtigen zu können. In die Entscheidung, ob und wann im Homeoffice gearbeitet wird, sollten die Mitarbeitenden *partizipativ* eingebunden werden. Nicht jede Wohnung bietet die für die Arbeit im Homeoffice erforderlichen Bedingungen. Nicht jeder Mitarbeitende wünscht sich zudem die Arbeit im Homeoffice und verfügt über die dafür erforderlichen Eigenschaften. Sogenannten Segmentierern sollte die Trennung zwischen Arbeits- und Privatangelegenheiten im Homeoffice schwerfallen. Wohingegen andere sich eventuell sogar mit einem übersteigerten Arbeitseinsatz im Homeoffice selbst gefährden. Hier wären die Maßnahmen der Arbeitsflexibilisierung durch entsprechende *Schulungsmaßnahmen* zu flankieren.

Mit dem aktiven Widerstand der Belegschaft gegen die Umstrukturierungspläne scheint der Zeitpunkt für die Durchführung von Arbeitsflexibilisierungsmaßnahmen im geplanten Ausmaß bei der Phantasia GmbH nicht gut gewählt. Zunächst sollte sich das Unternehmen auf den Umgang mit Widerständen gegen die geplanten Umstrukturierungsmaßnahmen konzentrieren. Bereits diese Maßnahmen werden zu massiven Veränderungen für die Belegschaft führen. Dem Veränderungsmodell von Kurt Lewin zufolge verlangen derartige Veränderungen zunächst das *Auftauen alter Gewohnheiten*, um letztere durch neue Handlungen ersetzen zu können. Dies kostet Kraft und Anstrengung, was die organisationale Leistung im Zuge der Veränderung phasenweise schwächen wird. Hier noch zusätzliche Veränderungen im Zuge der Arbeitsflexibilisierung durchzuführen, könnte das Unternehmen und deren Mitarbeitende überfordern. Weswegen von zu vielen, zu tiefen Veränderungen in kurzen Zeitabständen abgesehen werden sollte.

Literaturverzeichnis

Abigail, D. Y./Eden, D./Ideris, A. (2018): A review of distributive and integrative strategies in the negotiation process, in: *Malaysian Journal of Social Sciences and Humanities*, Jg. 3, Nr. 5, S. 68–74.

Achtziger, A./Gollwitzer, P. M. (2018): Motivation und Volition im Handlungsverlauf, in: J. Heckhausen/H. Heckhausen (Hrsg.): *Motivation und Handeln*, 5. Aufl., Berlin: Springer, S. 355–388.

Adams, J. C. (1965): Inequity in social exchange, in: *Advances in Experimental Social Psychology*, Jg. 2, S. 267–299.

Allen, J. (2017): Coding and decoding: Cultural communication and its impact on teacher/student relations, in: *Urban Education Research and Policy Annuals*, Jg. 4, Nr. 2, S. 58–69.

Al-Zawahreh, A./Al-Madi, F. (2012): The utility of equity theory in enhancing organizational effectiveness, in: *European Journal of Economics, Finance and Administrative Science*, Jg. 46, S. 158–170.

Amin, A./Roberts, J. (2008): Knowing in action: Beyond communities of practice, in: *Research Policy*, Jg. 37, S. 353–369.

Antoni, C. (2007): Gruppenarbeit, in: H. Schuler/K. Sonntag (Hrsg.): *Handbuch der Arbeits- und Organisationspsychologie*, Göttingen: Hogrefe, S. 679–689.

Argyris, C/Schön, D A. (1978): *Organizational Learning: A Theory of Action Perspective*, Reading, Ma: Addison-Wesley.

Aritzeta, A./Swailes, S./Senior, B. (2007): Belbin's team role model: Development, validity and applications for team building, in: *Journal of Management Studies*, Jg. 44, Nr. 1, S. 96–118.

Asch, S. E. (1956): Studies of independence and conformity: I. A minority of one against a unanimous majority, in: *Psychological Monographs: General and Applied*, Jg. 70, Nr. 9, S. 1–70.

Asendorpf, J. B. (2015): Idiographische und nomothetisch Ansätze in der Psychologie, in: *Zeitschrift für Psychologie*, Jg. 208, S. 72–90.

Ashfort, B. E./Kreiner, G. E./Fugate, M. (2000): All in a day's work: boundaries and micro role translations, in: *The Academy of Management Review*, Jg. 25, Nr. 3, S. 472–491.

Ashton, M. C./Lee, K./de Vries, R. E. (2014): The HEXACO honesty-humility, agreeable-ness, and emotionality factors: A review of research and theory, in: *Personality and Social Psychology Review*, Jg. 18, Nr. 2, S. 139–152.

Atkinson, D. (2012): Cognitivism, adaptive intelligence, and second language acquisition, in: *Applied Linguistics Review*, Jg. 3, Nr. 2, S. 211–232.

Atkinson, R. C./Shiffrin, R. M. (1968): Human memory: A proposed system and its control processes, in: K. W. Spence/J. T. Spence (Hrsg.): *The psychology of learning and motivation*, Volume 2, New York: Academic Press, S. 90–195.

Audia, P. G./Locke, E. A./Smith, K. G. (2000): The paradox of success: An archival and a laboratory study of strategic persistence following radical environmental change, in: *Academy of Management Journal*, Jg. 43, Nr. 5, S. 837–853.

Bandura, A. (1977): *Social Learning theory*, Englewood Cliffs, NJ: Prentice Hall.

Barrick, M. R./Mount, M. K. (1991): The big five personality dimensions and job performance: A meta-analysis, in: *Personnel Psychology*, Jg. 44, Nr. 1, S. 1–26.

Baskerville, R. F. (2003): Hofstede never studied culture, in: *Accounting, Organizations and Society*, Jg. 28, S. 1–14.

Belbin, R. M. (2010): *Team roles at work*, 2. Aufl., New York: Routledge.

Bendorf, M. (2002): *Bedingungen und Mechanismen des Wissenstransfers – Lehr- und Lern-Arrangements für die Kundenberatung in Banken*, Dissertation, Wiesbaden: Deutscher Universitätsverlag.

https://doi.org/10.1515/9783110734447-008

Berne, E. (1996): Principles of transactional analysis, in: *Indian Journal of Psychiatry*, Jg. 38, Nr. 3, S. 154–159.

Bernstein, E. S./Turban, S. (2018): The impact of the 'open' workspace on human collaboration, in: *Philosophical Transactions B*, 373, verfügbar unter: https://royalsocietypublishing.org/doi/10.1098/rstb.2017.0239 [07.06.2021].

Berry, Z./Frederickson, J. (2015): Explanations and implications of the fundamental attribution error: A review and proposal, in: *Journal of Integrated Social Science*, Jg. 5, Nr. 1, S. 44–57.

Beyer, J. M./Chattopadhyay, P./George, E./Glick, W. H./Pugliese, D. (1997): The selective perception of managers revisited, in: *Academy of Management Journal*, Jg. 40, Nr. 3, S. 716–737.

Bhawuk, D. P. S./Brislin, R. W. (2000): Cross-cultural trainings: A review, in: *Applied Psychology: An International Review*, Jg. 49, Nr. 1, S. 162–191.

Bierhoff, H. W. (2006): *Sozialpsychologie*, 6. Aufl., Stuttgart: Kohlhammer.

Black, S./Mendenhall, M./Oddou, G. (1991): Toward a comprehensive model of international adjustment: An integration of multiple theoretical perspectives, in: *Academy of Management Review*, Jg. 16, Nr. 2, S. 291–317.

Blass, T. (2012): A cross-cultural comparison of studies of obedience using the Milgram paradigm: A review, in: *Social and Personality Psychology Compass*, Jg. 6, Nr. 2, S. 196–205.

Bohinc, T. (2014): *Kommunikation im Projekt – Schnell, effektiv und ergebnisorientiert informieren*, Offenbach: Gabal.

Bohner, G./Dickel, N. (2011): Attitudes and attitude change, in: *Annual Review of Psychology*, Jg. 62, S. 391–417.

Bolino, M. C./Kacmar, K. M./Turnley, W. H./Gilstrap, J. B. (2008): A multi-level review of impression management motives and behaviors, in: *Journal of Management*, Jg. 34, Nr. 6, S. 1080–1109.

Bonebright, D. A. (2010): 40 years of storming: A historical review of Tuckman's model of small group development, in: *Human Resource Development International*, Jg. 13, Nr. 1, S. 111–120.

Brandstätter, V./Schnelle, J. (2007): Motivationstheorien, in: H. Schuler/K. Sonntag (Hrsg.): *Handbuch der Arbeits- und Organisationspsychologie*, Göttingen: Hogrefe, S. 51–58.

Bruch, H./Menges, J. I. (2010): The Acceleration Trap, in: *Harvard Business Review*, Nr. 4, S. 2–6.

Brugha, R./Varvasovsky, Z. (2000): Stakeholder analysis: a review, in: *Health policy and planning*, Jg. 15, Nr. 3, S. 239–246.

Buchanan, D./Fitzgerald, L./Ketley, D./Gollop, R./Jones, J. L./Lamont, S. S./Neath, A./Whitby, E. (2005): No going back: A review of the literature on sustaining organizational change, in: *International Journal of Management Reviews*, Jg. 7, Nr. 3, S. 189–205.

Buchanan, D. A. (2008): You stab my back, I'll stab yours: Management experience and perceptions of organization political behaviour, in: *British Journal of Management*, Jg. 19, S. 49–64.

Buchanan, D. A./Badham, R. J. (2020): *Power, politics, and organizational change*, 3. Aufl., London: Sage Publications.

Buchanan, D. A./Huczynski, A. A. (2019): *Organizational Behaviour*, 10. Aufl., Harlow: Pearson.

Burak, O./Bashshur, M. R./Moore, C. (2015): Speaking the truth to power: The effect of candid feedback on how individuals with power allocate resources, in: *Journal of Applied Psychology*, Jg. 100, Nr. 2, S. 450–463.

Burgoon, J. K./Dunbar, N. E. (2006): Nonverbal expressions of dominance and power in human relationships, in: V. Manusov/M. L. Patterson (Hrsg.): *The Sage handbook of nonverbal communication*, Thousand Oaks: Sage Publications, S. 279–297.

Burnes, B. (2004): Kurt Lewin and the planned approach to change: A Re-appraisal, in: *Journal of Management Studies*, Jg. 41, Nr. 6, S. 977–1002.

Büssing, A./Aumann, S. (1996): Telearbeit aus arbeitspsychologischer Sicht. Untersuchung von Telearbeit anhand von Kriterien humaner Arbeit, in: *Arbeit – Zeitschrift für Arbeitsforschung, Arbeitsgestaltung und Arbeitspolitik*, Jg. 2, Nr. 5, S. 133–153.

Butler, T./Waldroop, J. (1999): Job sculpting: The art of retaining your best people, in: *Harvard Business Review*, Jg. 77, Nr. 5, S. 144–152.

Catttell, R. B. (1946): *Description and measurement of Personality*, Oxford, England: Work Book Company.

Chhokar, J. S./Brodbeck, F. G./House, R. J. (2007): *Culture and leadership across the world: The GLOBE book on in-depth studies of 25 society*, Mahwah, New Jersey: Lawrence Erlbaum Associates.

Cialdini, R. (2013): The uses (and abuses) of influence, in: *Harvard Business Review*, Juli/August, S. 1–7.

Cohen, S. G./Gibson, C. B. (2003): In the Beginning: Introduction and Framework, in: C. B. Gibson/S. G. Cohen (Hrsg.): *Virtual Teams that work*, San Francisco: Jossey-Bass, S. 1–13.

Colquitt, J. A. (2012): Organizational justice, in: S. W. J. Kozlowski (Hrsg.): *The Oxford handbook of organizational psychology*, Volume 1, New York: Oxford University Press, S. 526–547.

Conway, S. (2001): Employing social network mapping to reveal tensions between informal and formal organisation, in: O. Jones/S. Conway/F. Steward (Hrsg.): *Social Interaction and Organisational Change*, London: Imperial College Press, S. 81–124.

Costa, P. T./McCrae, R. R. (1992): *Revised NEO Personality Inventory (NEO PI-RTM) and NEO Five-Factor Inventory (NEO-FFI) professional manual*, Odessa, FL: Psychological Assessment Resources.

Csikszentmihalyi, M. (2014): *Flow and the Foundations of Positive Psychology*, Dordrecht: Springer.

Daft, R. L./Lengel, R. H. (1986): Organizational information requirements, media richness and structural design, in: *Management Science*, Jg. 32, Nr. 5, S. 554–571.

De Raad, B. (2000): *The Big Five Personality Factors: The psycholexical approach to personality*, Seattle: Hogrefe & Huber publishers.

De Raad, B./Barelds, D. P. H./Timmermann, M. E./De Roover, K./Mladic, B./Church, A. T. (2014): Towards a pan-cultural personality structure: Input from 11 psycholexical studies, in: *European Journal of Personality*, Jg. 28, S. 497–510.

Dearborn, D. C./Simon, H. A. (1958): Selective perception: A note on the departmental identifications of executives, in: *Sociometry*, Jg. 21, Nr. 2, S. 140–144.

De Dreu, C. K. W./Weingart, L. R. (2003): Task versus relationship conflict, team performance, and team member satisfaction: A meta-analysis, in: *Journal of Applied Psychology*, Jg. 88, Nr. 4, S. 741–749.

Deeg, J./Küpers, W./Weibler, J. (2010): *Integrale Steuerung von Organisationen*, München: Oldenbourg.

Dennis, A. R./Kinney, S. T. (1998): Media richness theory in the new media, in: *Information Systems Research*, Jg. 9, Nr. 3, S. 256–274.

Derfus, P. J./Maggitti, P. G./Grimm, C. M./Smith, K. G. (2008): The red queen effect: Competitive actions and firm performance, in: *Academy of Management Journal*, Jg. 51, Nr. 1, S. 61–80.

Dienes, Z./Perner, J. (1999): A theory of implicit and explicit knowledge, in: *Behavioral and brain sciences*, Jg. 22, S. 735–808.

Dijkstra, M. T. M./De Dreu, C. K. W./Evers, A./van Dierendonck, D. (2009): Passive responses to interpersonal conflict at work amplify employee strain, in: *European Journal of Work and Organizational Psychology*, Jg. 18, Nr. 4, S. 406–423.

Doppler, K./Lauterburg, C. (2019): *Change Management – Den Unternehmenswandel gestalten*, 14. Aufl., Frankfurt/M.: Campus.

Dorfman, P./Javidan, M./Hanges, P./House, R. (2012): GLOBE: A twenty year journey into the intriguing world of culture and leadership, in: *Journal of World Business*, Jg. 47, S. 504–518.

Eberl, P./Clement, U./Möller, H. (2012): Socialising employees' trust in the organisation: an exploration of apprentices' socialisation in two highly trusted companies, in: *Human Resource Management Journal*, Jg. 22, Nr. 4, S. 343–359.

Eberspächer, M. (2012): Was macht ein gutes Projektteam aus?, in: *Projektmagazin*, Nr. 22, S. 1–14.

Eberspächer, M. (2013): Teamentwicklung im Projekt – so klappt's, in: *Projektmagazin*, Nr. 04, S. 1–8.

Ebrahim, N. A./Ahmed, S./Taha, Z. (2009): Virtual teams: A literature review, in: *Australian Journal of Basic and Allied Science*, Jg. 3, Nr. 3, S. 2653–2669.

Epstein, S. (1994): Trait Theory as Personality Theory: Can a part be as great as the whole?, in: *Psychological Inquirs*, Jg. 5, Nr. 2, S. 120–122.

Eysenck, H. J. (1998): *Dimensions of Personality*, New Brunswick: Transaction Publishing.

Fahey, L./Narayanan, V. K. (1986): *Macroenvironmental Analysis for Strategic Management*, St. Paul, Minnesota: West Publishing Company.

Ferris, G. R./Treadway, D. C./Perrewé, P. L./Brouer, R. L./Douglas, C./Lux, S. (2007): Political skill in organizations, in: *Journal of Management*, Jg. 33, Nr. 3, S. 290–320.

Festinger, L. (1957): *A theory of cognitive dissonance*, Stanford, CA: Stanford University Press.

Fischer, P./Asal, K./Krueger, J. (2013): *Sozialpsychologie für Bachelor*, Berlin: Springer.

Fisher, R./Ury, W./Patton, B. (2011): *Getting to yes*, London: Penguin Books.

Fisher, S. G./Hunter, T. A./MacRosson, W. D. K. (2001): A validation study of Belbin's team roles, in: *European Journal of Work and Organizational Psychology*, Jg. 10, Nr. 2, S. 121–144.

Fleeson, W./Jayawickreme, E. (2015): Whole Trait Theory, in: *Journal of Research in Personality*, Jg. 56, S. 82–92.

Ford, J. D./Ford, L. W./D'Amelio, A. (2008): Resistance to change: The rest of the story, in: *The Academy of Management Review*, Jg. 33, Nr. 2, S. 362–377.

Forrest, J. A./Feldman, R. S. (2000): Detecting deception and judge's involvement: Lower task involvement leads to better lie detection, in: *Personality and Social Psychology Bulletin*, Jg. 26, Nr. 1, S. 118–125.

Foster, R./Kaplan, S. (2001): *Creative destruction: Why companies are built to last, underperform the market – and how to successfully transform them*, New York: Currency.

French, J. R. P./Raven, B. (1959): The bases of social power, in: D. Cartwright (Hrsg.): *Studies in social power*, Ann Arbor, Mich.: Institute for Social Research, S. 150–167.

Friebe, J. (2005): *Merkmale unternehmensbezogener Lernkulturen und ihr Einfluss auf die Kompetenzen der Mitarbeiter*, Dissertation, Heidelberg.

Friedman, M. (1977): Type a behavior pattern: Some of its pathophysiological components, in: *Bulletin of the New York Academy of Medicine*, Jg. 53, Nr. 7, S. 593–604.

Frith, C./Dolan, R. J. (1997): Brain mechanisms associated with top-down processes in perception, in: *Philosophical Transactions of the Royal Society B*, Jg. 352, S. 1221–1230.

Gajendran, R. S./Harrison, D. A. (2007): The good, the bad, and the unknown about telecommunicating: Meta-analysis of psychological mediators and individual consequences, in: *Journal of Applied Psychology*, Jg. 92, Nr. 6, S. 1524–1541.

Gerrig, R.J: (2018): *Psychologie*, 21. Aufl., Hallbergmoos: Pearson.

Gherardi, S./Cozza, M./Poggio, B. (2018): Organizational members as storywriters: On organizing practices of reflexivity, in: *The Learning Organization*, Jg. 25, Nr. 1, S. 51–62.

Gibson, C. B./Birkinshaw, J. (2004): The antecedents, consequences, and mediating role of organizational ambidexterity, in: *Academy of Management Journal*, Jg. 47, Nr. 2, S. 209–226.

Gibson, C. B./Cohen, S. G. (Hrsg.) (2003): *Virtual Teams that work*, San Francisco: Jossey-Bass.

Glaser, J./Palm, E. (2016): Flexible und entgrenzte Arbeit – Segen oder Fluch für die psychische Gesundheit?, in: *Wirtschaftspsychologie*, Nr. 3, S. 82–99.

Glasl, F. (2011): Konfliktmanagement, in: B. Meyer (Hrsg.): *Konfliktregelung und Friedensstrategien*, Wiesbaden: Springer, S. 125–146.

Glasl, F. (2020): *Konfliktmanagement: Ein Handbuch für Führung, Beratung und Mediation*, 12. Aufl., Stuttgart: Haupt.

Goleman, D. (2006): *Social Intelligence: The new science of human relationships*, New York: Bantam Books.

Griffin, R. W./Phillips, J. M./Gully, S. M. (2020): *Organizational Behavior – Managing People and Organizations*, 13. Aufl., Boston: Cengage Learning.

Grundei, J./Kaehler, B. (2018): Wie erreichen Unternehmen mehr Agilität? Ein kritischer Blick auf „neue" Formen der Organisation, in: *zfo*, Jg. 87, Nr. 6, S. 427–434.

Grusec, J. E. (1992): Social learning theory and developmental psychology: The legacies of Robert Sears and Albert Bandura, in: *Developmental Psychology*, Jg. 28, Nr. 5, S. 776–786.

Gudykunst, W. B./Hammer, M. R. (1983): Basic Training Design: Approaches to intercultural training, in: v.D. Landis/R. W. Brislin (Hrsg.): *Handbook of intercultural Training*, Volume 1 (Issues in Theory and Design), New York: Pergamon Press, S. 118–154.

Gührs, M./Nowak, C. (2014): *Das konstruktive Gespräch*, Meezen: Limmer Verlag.

Gutting, D. (2016): *Interkulturelles Management, Diversity und internationale Kooperation*, Herne: NWB.

Hackman, J. R./Oldham, G. R. (1975): Development of the Job Diagnostic Survey, in: *Journal of Applied Psychology*, Jg. 60, Nr. 2, S. 159–170.

Hackman, J. R./Oldham, G. R. (1976): Motivation through the design of work: Test of a theory, in: *Organizational Behavior and Human Performance*, Jg. 16, S. 250–279.

Hackman, J. R./Oldham, G. R. (1980): *Work redesign*, Reading, MA.: Addison-Wesley.

Haddock, G./Maio, G. (2014): Einstellungen, in: K. Jonas/W. Stroeb/M. Hewstone (Hrsg.): *Sozialpsychologie*, 6. Aufl., Berlin: Springer, S. 197–229.

Hage, J./Aiken, M. (1967): Relationship of centralization to other structural properties, in: *Administrative Science Quarterly*, Jg. 1, Nr. 1, S. 72–92.

Hall, E. T./Hall, M. R. (1990): *Understanding cultural differences*, Boston: Intercultural Press.

Han, S./Pistole, M. C. (2017): Big Five personality factors and facets as predictors of openness to diversity, in: *The Journal of Psychology*, Jg. 151, Nr. 8, S. 752–766.

Hannan, M. T./Freeman, J. (1984): Structural inertia and organizational change, in: *American Sociological Review*, Jg. 49, Nr. 2, S. 149–164.

Harris, K. J./Kacmar, K. M./Zivnuska, S./Shaw, J. D. (2007): The impact of political skill on impression management effectiveness, in: *Journal of Applied Psychology*, Jg. 92, Nr. 1, S. 278–285.

Hassard, J. S. (2012): Rethinking the Hawthorne Studies: The Western Electric research in its social, political and historical context, in: *Human Relations*, Jg. 65, Nr. 1, S. 1431–1461.

Heckhausen, H. (1987): Wünschen – Wählen – Wollen, in: H. Heckhausen/P. Gollwitzer/F. E. Weinert (Hrsg.): *Jenseits des Rubikon – Der Wille in den Humanwissenschaften*, Berlin: Springer, S. 3–9.

Heckhausen, H./Gollwitzer, P. M. (1987): Thoughts contents and cognitive functioning in motivational versus volitional states of mind, in: *Motivation and Emotion*, Jg. 11, Nr. 2, S. 101–120.

Heckhausen, J./Heckhausen, H. (2018): Motivation und Handeln: Einführung und Überblick, in: J. Heckhausen/H. Heckhausen (Hrsg.): *Motivation und Handeln*, 5. Aufl., Berlin: Springer, S. 1–12.

Heider, F. (1958): *The psychology of interpersonal relations*, New York: Wiley.

Herbig, B./Schneider, A./Nowak, D. (2016): Gesundheit, Kommunikation und Leistung in Großraumbüros – Zusammenhänge mit Personenzahl, spezifischen Umgebungsbedingungen und allgemeinen Tätigkeitsmerkmalen, in: *Wirtschaftspsychologie*, Nr. 3, S. 71–81.

Herzberg, F. (1968): One more time: how do you motivate employees?, in: *Harvard Business Review*, Jg. 46, Nr. 1, S. 53–62.

Herzberg, F./Mausner, B./Snyderman, B. (1959): *The Motivation to Work*, New York: Wiley and Sons.

Highhouse, S./Thornbury, E. E./Little, I. S. (2007): Social-identity functions of attraction to organizations, in: *Organizational Behavior and Human Decision Processes*, Jg. 103, S. 134–146.

Hoegel, M. (2005): Smaller teams-better teamwork: How to keep project teams small, in: *Business Horizons*, Jg. 48, S. 209–214.

Hoegel, M./Parboteeah, K. P./Gemuenden, H. G. (2003): When teamwork really matters: task innovativeness as a moderator of the teamwork-performance relationship in software development projects, in: *Journal of Engineering and Technology Management*, Jg. 20, S. 281–302.

Hofstede, G. (2011): Dimensionalizing cultures: The Hofstede model in context, in: *Online Readings in Psychology and Culture, Unit 2*, Jg. 2, Nr. 1, verfügbar unter http://scholarworks.gvsu.edu/orpc/vol2/iss1/8 [07.06.2021].

Hofstede, G./Hofstede, G. J./Minkov, M. (2017): *Lokales Denken, globales Handeln – Interkulturelle Zusammenarbeit und globales Management*, München: dtv.

Holtbrügge, D./Welge, M. K. (2015): *Internationales Management*, 6. Aufl., Stuttgart: Schäffer Poeschel.

Hornsey, M. J. (2008): Social Identity Theory and Self-categorization Theory: A historical overview, in: *Social and Personality Psychology Compass*, Jg. 2, Nr. 1, S. 204–222.

Hossiep, R./Paschen, M. (2019): *Bochumer Inventar zur berufsbezogenen Persönlichkeitsbeschreibung*, 3. Aufl., Göttingen: Hogrefe.

Hossiep, R./Paschen, M./Mühlhaus, O. (2000): *Persönlichkeitstests im Personalmanagement*, Göttingen: Hogrefe.

House, R./Javidan, M./Hanges, P./Dorfman, P. (2002): Understanding cultures and implicit leadership theories across the globe: An introduction to project GLOBE, in: *Journal of World Business*, Jg. 37, S. 3–10.

Hussain, S. T./Lei, S./Akram, T./Haider, M. J./Hussain, S. H./Ali, M. (2018): Kurt Lewin's change model: A critical review of the role of leadership and employee involvement in organizational change, in: *Journal of Innovation & Knowledge*, Jg. 3, S. 123–127.

Ingham, A. G./Levinger, G./Graves, J./Peckham, V. (1974): The Ringelmann effect: Studies of group size and group performance, in: *Journal of Experimental Social Psychology*, Jg. 10, S. 371–384.

Jackson, S. S./Fung, M./Moore, M./Jackson, C. (2016): Personality and workaholism, in: *Personality and Individual Differences*, Jg. 95, S. 114–120.

Janis, E. (1982): *Groupthink: Psychological studies of policy decisions and fiascoes*, 2. Aufl., Boston/MA: Wadsworth.

Jaspers, W. (2008): Wissensmanagement ein Erfolgsfaktor für die Zukunft, in: W. Jaspers/G. Fischer (Hrsg.): *Wissensmanagement heute: Strategische Konzepte und erfolgreiche Umsetzung*, München: Oldenbourg, S. 1–6.

Jochmann, W./Stein, F. (2019): Agile HR-Transformation, in: *Personalführung*, Jg. 52, Nr. 5, S. 48–52.

John, O. P./Angleiter, A./Ostendorf, F. (1988): The lexical approach to personality: a hestorical review of trait taxonomic research, in: *European Journal of Personality*, Jg. 2, S. 171–203.

Johnson, W./Turkheimer, E./Gottesman, I. I./Bouchard, T. J. (2009): Beyond heritability: Twin studies in Behavioral Science, in: *Current Directions in Psychological Science*, Jg. 18, Nr. 4, S. 217–220.

Jones, S. L./Van de Ven, A. H. (2016): The changing nature of change resistance: An examination of the moderating impact of time, in: *The Journal of Applied Behavioral Science*, Jg. 52, Nr. 4, S. 482–506.

Joyce, K./Pabayo, R./Critchley, J. A./Bambra, C. (2010): Flexible working conditions and their effects on employee health and wellbeing, in: *The Cochrane Database of Systematic Reviews*, Jg. 2, doi:10.1002/14651858.

Jung, C. G. (1939): *The integration of the personality*, New York: Farrar & Rinehart.

Jung, C. G. (2014): *The development of personality*, New York: Routledge.

Kahneman, D. (2012): *Schnelles Denken, langsames Denken*, München: Siedler Verlag.

Kahneman, D./Tversky, A. (1979): Prospect theory: An analysis of decision under risk, in: *Econometrica*, Jg. 47, Nr. 2, S. 263–292.

Katz, F. E. (1965): Explaining informal work groups in complex organizations: The case for autonomy in structure, in: *Administrative Science Quarterly*, Jg. 10, Nr. 2, S. 204–223.

Kehr, H. M. (2015): Das 3K-Modell der Motivation, in: J. Felfe (Hrsg.): *Trends der psychologischen Führungsforschung*, Göttingen: Hogrefe, S. 103–113.

Kehr, H. M. (2004a): Integrating implicit motives, explicit motives, and perceived abilities: The compensatory model of work motivation and volition, in: *Academy of Management Review*, Jg. 29, Nr. 3, S. 479–499.

Kehr, H. M. (2004b): Implicit/explicit motive discrepancies and volitional depletion among managers, in: *Personality and Social Psychology Bulletin*, Jg. 30, Nr. 3, S. 315–327.

Kehr, H. M. (2005): Das Kompensationsmodell der Motivation und Volition als Basis für die Führung von Mitarbeitern, in: R. Vollmeyer/J. Brunstein (Hrsg.): *Motivationspsychologie und ihre Anwendungen*, Stuttgart: Kohlhammer, S. 131–150.

Kehr, H. M. (2008): Für Veränderungen motivieren mit Kopf, Bauch und Hand, in: *Organisationsentwicklung*, Nr. 3, S. 23–30.

Keller, T. (2018): Martin E. P. Seligman – Learned Optimism *(1991)*, in: H. E. Lück/R. Miller/G. Sewz (Hrsg.): *Klassiker der Psychologie*, 2. Aufl., Stuttgart: Kohlhammer, S. 339–349.

Keller, T. (2020): Ambidextrie als Verhaltensprofil – Ein Überblick, in: *J. Nachtwei (Hrsg.): Personalpsychologische Schriften*, Nr. 2, S. 5–8.

Keller, T./Weibler, J. (2014): Behind managers' ambidexterity – Studying personality traits, leadership, and environmental conditions associated with exploration and exploitation, in: *sbr – Schmalenbach Business Review*, Jg. 66, S. 309–333.

Keller, T./Weibler, J. (2015): What it takes and costs to be an ambidextrous manager: Linking leadership and cognitive strain to balancing exploration and exploitation, in: *Journal of Leadership & Organizational Studies*, Jg. 22, Nr. 1, S. 54–71.

Kelley, H. (1973): The process of causal attribution, in: *American Psychologist*, Jg. 28, S. 107–128.

Kilbourne, B./Richardson, J. T. (1988): Paradigm conflic, types of conversion, an conversion theories, in: *Sociological Analysis*, Jg. 50, Nr. 1, S. 1–21.

Kinnunen, U./Rantanen, J./de Bloom, J./Mauno, S./Feldt, T./Korpela, K. (2016): The role of work-non-work boundary management in work stress recovery, in: *International Journal of Stress Management*, Jg. 23, Nr. 2, S. 99–123.

Klimmer, M. (2020): *Unternehmensorganisation*, Herne: NWB.

Kluge, A./Schilling, J. (2007): Organisationales Lernen, in: H. Schuler/K. Sonntag (Hrsg.): *Handbuch der Arbeits- und Organisationspsychologie*, Göttingen: Hogrefe, S. 760–766.

Knight, L. (2002): Network learning: Exploring learning by interorganizational networks, in: *Human Relations*, Jg. 55, Nr. 4, S. 427–454.

Kotter, J. (1995): Leading change: Why transformation efforts fail, in: *Harvard Business Review*, Mai/Juni, verfügbar unter https://hbr.org/1995/05/leading-change-why-transformation-efforts-fail-2 [07.06.2021].

Kotter, J. P./Schlesinger, L. A. (2008): Choosing strategies for change, in: *Harvard Business Review*, Jg. 57, Nr. 2, S. 106–114.

Krause, A./Baeriswyl, S./Berset, M./Deci, N./Dettmers, J./Dorsemagen, C./Meier, W./Schraner, S./Stetter, B./Straub, L. (2015): Selbstgefährdung als Indikator für Mängel bei der Gestaltung mobil-flexibler Arbeit: Zur Entwicklung eines Erhebungsinstruments, in: *Wirtschaftspsychologie*, Nr. 1, S. 49–59.

Kravitz, D. A./Martin, B. (1986): Ringelmann rediscovered: The original article, in: *Journal of Personality and Social Psychology*, Jg. 50, Nr. 5, S. 936–941.

Kreyenberg, J. (2005): *Handbuch Konflikt-Management*, 2. Aufl., Berlin: Cornelsen.

Krüger, W. (2014): Das 3-W-Modell: Bezugsrahmen für das Wandlungsmanagement, in: Krüger W/N. Bach (Hrsg.): *Excellence in Change: Wege zur strategischen Erneuerung*, 5. Aufl., Wiesbaden: Springer, S. 1–32.

Krüger, W./Petry, T. (2005): 3W-Modell des Unternehmenswandels: Bezugrahmen für ein erfolgreiches Wandlungsmanagement, in: *soFid – Organisations- und Verwaltungsforschung*, Nr. 2, S. 11–18.

Kudret, S./Erdogan, B./Bauer, T. N. (2016): Self-monitoring personality trait at work: An integrative narrative review and future research directions, in: *Journal of Organizational Behavior*, Jg. 40, S. 193–208.

Kuster, J./Huber, E./Lippmann, R./Schmid, A./Schneider, E./Witschi, U./Wüst, R. (2019): *Handbuch Projektmanagement*, 4. Aufl., Berlin Heidelberg: SpringerGabler.

Kutschker, M./Schmid, S. (2011): *Internationales Management*, 7. Aufl., München: Oldenbourg.

Lee, K./Ashton, M. C. (2004): Psychometric Properties of the HEXACO Personality Inventory, in: *Multivariate Behavioral Research*, Jg. 39, Nr. 2, S. 329–358.

Lehner, F. (2008): *Wissensmanagement – Grundlagen, Methoden und technische Unterstützung*, München: Hanser.

Levine, J. M./Moreland, R. L./Hausmann, L. R. M. (2005): Managing group composition: Inclusive and exclusive role transitions, in: D. Abrams/M. A. Hogg/J. M. Marques (Hrsg.): *The Social Psychology of Inclusion and Exclusion*, New York: Psychology Press, S. 137–160.

Levy, A./Merry, U. (1986): *Organizational transformation – Approaches, strategies, theories*, New York: Praeger.

Leybourne, S. A. (2016): Emotionally sustainable change: two frameworks to assist with transition, in: *International Journal of Change Management*, Jg. 17, Nr. 1, S. 23–42.

Libby, R./Rennekamp, K. (2012): Self-serving attribution bias, overconfidence, and the issuance of management forecasts, in: *Journal of Accounting Research*, Jg. 50, Nr. 1, S. 197–231.

Lievens, F./Lang, J. W. B./De Fruyt, F./Corstjens, J./Van de Vijver, M./Bledow, R. (2018): The predictive power of people's intraindividual variability across situations: Implementing whole trait theory in assessment, in: *Journal of Applied Psychology*, Jg. 103, Nr. 7, S. 753–771.

Likert, R. (1981): System 4: A resource for improving public administration, in: *Public Administration Review*, Jg. 41, Nr. 6, S. 674–678.

Lloyd, S./Härtel, C. (2010): Intercultural competencies for culturally diverse work teams, in: *Journal of Managerial Psychology*, Jg. 25, Nr. 8, S. 845–875.

Locke, E. A./Latham, G. P. (1990): *A theory of goal setting and task performance*, Englewood Cliffs, NJ: Prentice-Hall.

Locke, E. A./Latham, G. P. (2006): New directions in Goal-Setting Theory, in: *Current directions in Psychological Science*, Jg. 15, Nr. 5, S. 265–268.

Luthans, F./Stajkovic, A./Luthans, B. C./Luthans, K. W. (1998): Applying behavioural management in Eastern Europe, in: *European Management Journal*, Jg. 16, Nr. 4, S. 466–475.

Marlow, S. L./Lacerenza, C. N./Salas, E. (2017): Communication in virtual teams: a conceptual framework and research agenda, in: *Human Resource Management Review*, Jg. 27, Nr. 4, S. 575–589.

Maslow, A. (1943): A theory of human motivation, in: *Psychological Review*, Jg. 50, S. 370–396.

McClelland, D. C. (1961): *The achieving society*, New York: D. Van Nostrand Company, Inc.

McClelland, D. C. (1965): N achievement and entrepreneurship: A longitudinal study, in: *Personality and Social Psychology*, Jg. 1, Nr. 4, S. 389–392.

McClelland, D. C. (1987): *Human Motivation*, Cambridge: University Press.

McClelland, D. C./Koester, R./Weinberger, J. (1989): How do self-attributed and implicit motives differ?, in: *Psychological Review*, Jg. 95, Nr. 4, S. 690–702.

McCrae, R. R./Scally, M./Terracciano, A./Abecasis, G. R./Costa Jr., P. T. (2010): An alternative to the search for single polymorphisms: Toward molecular personality scales for the Five-Factor model, in: *Journal of Personality and Social Psychology*, Jg. 99, Nr. 6, S. 1014–1024.

McGrath, A. (2017): Dealing with dissonance: A review of cognitive dissonance reduction, in: *Social and Personality Psychology Compass*, Jg. 11, Nr. 12, S. 1–17.

Mescheder, B./Sallach, C. (2012): *Wettbewerbsvorteile durch Wissen: Knowledge Management, CRM und Change Management*, Wiesbaden: Springer Gabler.

Miron, A. M./Brehm, J. W. (2006): Reactance theory – 40 years later, in: *Zeitschrift für Sozialpsychologie*, Jg. 37, Nr. 1, S. 9–18.

Mischel, W. (1973): Toward a cognitive social learning reconceptualization of personality, in: *Psychological Review*, Jg. 80, Nr. 4, S. 252–283.

Moorhead, G./Ferences, R./Neck, C. P. (1991): Group decision fiascoes continue: Space shuttle challenger and a revised groupthink framework, in: *Human Relations*, Jg. 44, Nr. 6, S. 539–550.

Morgan, T. J. H./Laland, K. N. (2012): The biological bases of conformity, in: *Frontiers in Neuroscience*, Jg. 6, S. 1–7.

Mostert, N. M. (2015): Belbin – the way forward for innovation teams, in: *Journal of Creativity and Business Innovation*, Jg. 1, S. 35–48.

Moutafi, J./Furnham, A./Crump, J. (2007): Is managerial level related to personality?, in: *British Journal of Management*, Jg. 18, Nr. 3, S. 272–280.

Müller, S./Gelbrich, K. (2015): *Interkulturelles Marketing*, 2. Aufl., München: Vahlen.

Munafò, M. R./Flint, J. (2011): Dissecting the genetic architecture of human personality, in: *Trends in Cognitive Sciences*, Jg. 15, Nr. 9, S. 395–400.

Nachtwei, J./Sureth, A. (Hrsg.) (2020): *Sonderband Zukunft der Arbeit (HR Consulting Reviews, Bd. 12)*, VQP, abrufbar unter https://www.researchgate.net/publication/345670805_Sonderband_Zukunft_der_Arbeit [07.06.2021].

Nachtwei, J./Uedelhoven, S./Von Bernstorff, C./Liebenow, D. (2017): Evidenz statt Voodoo, in: *Personalmagazin*, Jg. 12, S. 34–37.

Neiss, M. B./Sedikides, C./Stevenson, J. (2006): Genetic influences on level and stability of self-esteem, in: *Self and Identity*, Jg. 5, S. 247–266.

Nerdinger, F. W. (1995): *Motivation und Handeln in Organisationen – Eine Einführung*, Stuttgart: Kohlhammer.

Nerdinger, F. W. (2012): *Grundlagen des Verhaltens in Organisationen*, 3. Aufl., Stuttgart: Kohlhammer.

Nijp, H. H./Beckers, D. G. J./Geurts, S. A. E./Tucker, P./Kompier, M. A. J. (2012): Systematic review on the association between employee worktime control and work-non-work balance, health and well being, and job-related outcomes, in: *Scand J Work Environ Health*, Jg. 38, Nr. 4, S. 299–313.

Nohria, N./Groysberg, B./Lee, L.-E. (2008): Employee Motivation: A powerful new model, in: *Harvard Business Review*, Jg. 7–8, S. 78–84.

Nonaka, I./Takeuchi, H. (2012): *Die Organisation des Wissens. Wie japanische Unternehmen eine brachliegende Ressource nutzbar machen*, 2. Aufl., Frankfurt am Main: Campus Verlag.

North, K. (2016a): Interne Kommunikationssysteme und Wissensmanagement im Wandel, in: H. Klaus/H. J. Schneider (Hrsg.): *Personalperspektiven*, 12. Aufl., Wiesbaden: Springer Gabler, S. 267–289.

North, K. (2016b): *Wissensorientierte Unternehmensführung*, 6. Aufl., Wiesbaden: Springer Gabler.

Osgood, C. (1951): Culture: Its empirical and non-empirical character, in: *Southwestern Journal of Anthropology*, Jg. 7, Nr. 2, S. 202–214.

Ostendorf, F./Angleitner, A. (2004): *NEO-PI-R. Persönlichkeitsinventar nach Costa und McCrae. Revidierte Fassung*, Göttingen: Hogrefe.

Pangert, B/Schüpbach, H. (2013): *Die Auswirkungen arbeitsbezogener erweiterter Erreichbarkeit auf Life-Domain-Balance und Gesundheit*, Dortmund: BAUA.

Pangert, B/Schüpbach, H. (2015): Die Auswirkungen arbeitsbezogener erweiterter Erreichbarkeit auf Gesundheit und Life-Domain-Balance, in: *Wirtschaftspsychologie*, Nr. 4/1, S. 73–82.

Pendry, L. (2014): Soziale Kognition, in: K. Jonas/W. Stroebe/M. Hewstone (Hrsg.): *Sozialpsychologie*, 6. Aufl., Berlin: Springer, S. 107–140.

Pervin, L. A. (1994): A critical analysis of current trait theory, in: *Psychological Inquiry*, Jg. 5, Nr. 2, S. 103–113.

Praditsang, M./Hanafi, Z./Walters, T. (2015): The relationship among emotional intelligence, social intelligence and learning behaviour, in: *Asian Social Science*, Jg. 11, Nr. 13, S. 98–108.

Probst, Gilbert J. B./Raub, Steffen/Romhardt, Kai (2012): *Wissen managen*, 7. Aufl., Wiesbaden: Gabler.

Pruitt, D. G. (1998): Social conflict, in: D. T. Gilbert/S. T. Fiske/G. Lindzey (Hrsg.): *The Handbook of social Psychology*, Boston: McGraw-Hill, S. 470–503.

Rahim, M. A./Buntzmann, G. F./White, D. (1999): An empirical study of the stages of moral development and conflict management styles, in: *The International Journal of Conflict Management*, Jg. 10, Nr. 2, S. 154–171.

Rahman, H./Nurullah, S. M. (2014): Motivational need hierarchy of employees in public and private commercial banks, in: *Central European Business Review*, Jg. 3, Nr. 2, S. 44–53.

Ramin, P. (2019): HR als Gestalter, in: *Personalführung*, Jg. 52, Nr. 5, S. 16–19.

Rammstedt, B./Danner, D. (2016): Die Facettenstruktur des Big Five Inventory (BFI) – Validierung für die deutsche Adaptation des BFI, in: *Diagnostica*, Jg. 63, Nr. 1, S. 70–84.

Revelle, W. (2009): Personality structure and measurement: The contributions of Raymond Cattell, in: *British Journal of Psychology*, Jg. 100, S. 253–257.

Reynolds, D. B./Joseph, J./Sherwood, R. (2009): Risky shift versus cautious shift: Determining differences in risk taking between private and public management decision-making, in: *Journal of Business & Economics Research*, Jg. 7, Nr. 1, S. 63–78.

Robbins, S. P./Judge, T. A. (2019): *Organizational Behavior*, 18. Aufl., Harlow: Pearson.

Roberts, B. W. (2006): Personality development and organizational behavior, in: *Research in Organizational Behavior*, Jg. 27, S. 1–40.

Roberts, B. W./Luo, J./Briley, D. A./Chow, P. I./Su, R./Hill, P. L. (2017): A systematic review of personality trait change through intervention, in: *Psychological Bulletin*, Jg. 143, Nr. 2, S. 117–141.

Robertson, B. J. (2015): *Holacracy – The revolutionary management system that abolishes hierarchy*, London: Penguin.

Roethlisberger, F. J./Dickson, W. J. (1939): *Management and the worker: An account of a research program conducted by the Western Electric Company, Hawthorne Works, Chicago*, Cambridge: Harvard University Press.

Rose, J. D. (2011): Diverse perspectives on the groupthink theory – A literary review, in: *Emerging Leadership Journeys*, Jg. 4, Nr. 1, S. 37–57.

Rosenman, R. H. (1990): Type A behavior pattern: A personal overview, in: *Journal of Behavior and Personality*, Jg. 5, Nr. 1, S. 1–24.

Rosenman, R. H./Friedman, M. (1977): Modifying type a behavior pattern, in: *Journal of Psychosomatic Research*, Jg. 21, Nr. 4, S. 323–331.

Rost, D. H. (2010): Soziale Intelligenz, Emotionale Intelligenz, Praktische Intelligenz: Alternativen zum IQ, in: D. H. Rost (Hrsg.): *Intelligenz, Hochbegabung, Vorschulerziehung, Bildungsbenachteiligung*, Münster: Waxmann, S. 37–83.

Rothlauf, J. (2012): *Interkulturelles Management*, 4. Aufl., München: Oldenbourg.

Rudolph, U. (2013): *Motivationspsychologie kompakt*, 3. Aufl., Weinheim: Beltz.

Sandrock, S./Stahn, C. (2020): Arbeits- und Gesundheitsschutz bei mobiler Arbeit, in: ifaa – Institut für angewandte Arbeitswissenschaft e. V. (Hrsg.): *Ganzheitliche Gestaltung mobiler Arbeit*, Berlin: Springer, S. 3–9.

Schaper, N. (2007): Lerntheorien, in: H. Schuler/K. Sonntag (Hrsg.): *Handbuch der Arbeits- und Organisationspsychologie*, Göttingen: Hogrefe, S. 43–50.

Schaper, N./Friebe, J./Wilmsmeier, A./Hochholdinger, S. (2006): Das Lernkulturinventar LKI: Ein Instrument zur Erfassung unternehmensbezogener Lernkulturen, in: R. Rapp/P. Sedlmeier/G. Zunker-Rapp (Hrsg.): *Perspectives on Cognition*, Lengerich: Pabst Science Publishers, S. 175–197.

Scharlau, C./Rossié, M. (2014): *Gesprächstechniken*, 2. Aufl., Freiburg: Haufe.

Scheffer, D./Heckhausen, H. (2018): Eigenschaftstheorien der Motivation, in: J. Heckhausen/H. Heckhausen (Hrsg.): *Motivation und Handeln*, 5. Aufl., Berlin: Springer, S. 49–82.

Schein, E. (1984): Coming to a new awareness of organizational culture, in: *Sloan Management Review*, Jg. 25, Nr. 2, S. 3–16.

Schein, E. H. (2018): *Organisationskultur und Leadership*, 5. Aufl., München: Vahlen.

Scherm, E./Pietsch, G. (2007): *Organisation – Theorie, Gestaltung, Wandel*, München: Oldenbourg.

Schmidt, W. (2018): William Stern – Die Differentielle Psychologie, in: H. E. Lück/R. Miller/G. Sewz (Hrsg.): *Klassiker der Psychologie*, 2. Aufl., Stuttgart: Kohlhammer, S. 84–88.

Schulz von Thun, F. (1981): *Miteinander reden 1: Störungen und Klärungen. Allgemeine Psychologie der zwischenmenschlichen Kommunikation*, Hamburg: Rowohlt.

Sebenius, J. K. (2017): BATNAs in negotiation: Common errors and three kinds of "No", in: *Negotiation Journal*, Jg. 33, Nr. 2, S. 89–99.

Shannon, C. E./Weaver, W. (1964): *The mathematical theory of communication*, Illinois: Urbana.

Sofis, M. J./Jarmolowicz, D. P./Hudnall, J. L./Reed, D. D. (2015): On sunk costs and escalation, in: *The Psychological Record*, Jg. 65, Nr. 1, S. 487–494.

Sonntag, K. (2007): Theorien der Arbeitstätigkeit, in: H. Schuler/K. Sonntag (Hrsg.): *Handbuch der Arbeits- und Organisationspsychologie*, Göttingen: Hogrefe, S. 35–42.

Specht, J./Egloff, B./Schmukle, S. C. (2011): Stability and change of personality across the life course: The impact of age and major life events on mean-level and rank-order stability of the Big Five, in: *Journal of Personality and Social Psychology*, Jg. 101, Nr. 4, S. 862–882.

Staddon, J. (2014): *The New Behaviorism*, 2. Aufl., New York: Psychology Press.

Steiger, T./Hug, B. (2013): Psychologische Konsequenzen von Veränderungen, in: T. Steiger/E. Lippmann (Hrsg.): *Handbuch angewandte Psychologie für Führungskräfte*, Band 2, 4. Aufl., Berlin Heidelberg: Springer, S. 252–267.

Stemmler, G./Hagemann, D./Amelang, M./Spinath, F. M. (2016): *Differentielle Psychologie und Persönlichkeitsforschung*, 8. Aufl., Stuttgart: Kohlhammer.

Stern, W. (1911): *Die differentielle Psychologie in ihren methodischen Grundlagen*, Leipzig: Johann Ambrosius Barth.

Szabo, E./Brodbeck, F. C./Den Hartog, D. N./Reber, G./Weibler, J./Wunderer, R. (2002): The Germanic Europe cluster: where employees have a voice, in: *Journal of World Business*, Jg. 37, Nr. 1, S. 55–68.

Tajfel, H./Turner, J. (1979): An integrative theory of intergroup conflict, in: W. G. Austin/S. Worchel (Hrsg.): *The social psychology of intergroup relations*, Monterey, CA: Brooks/Cole, S. 33–47.

Tay, L./Diener, E. (2011): Needs and suvjective well-being around the world, in: *Journal of Personality and Social Psychology*, Jg. 101, Nr. 2, S. 354–365.

Taylor, F. W. (1913): *The principles of scientific Management*, New York: Harper & Brothers Publishers.

Ten Berge, T./Hezewijk, R. (1999): Procedural and declarative knowledge – An evolutionary perspective, in: *Theory & Psychology*, Jg. 9, Nr. 5, S. 605–624.

Thomas, A. (2006): Die Bedeutung von Vorurteil und Stereotyp im interkulturellen Handeln, in: *Interculture Journal: Online-Zeitschrift für interkulturelle Studien*, Jg. 5, Nr. 2, S. 3–20, abrufbar unter https://nbn-resolving.org/urn:nbn:de:0168-ssoar-454086 [07.06.2021].

Thomas, A./Hagemann, K./Stumpf, S (2013): Training interkultureller Kompetenzen, in: N. Bergemann/A. L. J. Sourisseaux (Hrsg.): *Interkulturelles Management*, 3. Aufl., Berlin: Springer, S. 237–272.

Thomas, K. W. (1992): Conflict and conflict management: Reflections and update, in: *Journal of Organizational Behavior*, Jg. 13, Nr. 3, S. 265–274.

Tietjen, M. A./Myers, R. M. (1998): Motivation and job satisfaction, in: *Management Decisions*, Jg. 36, Nr. 4, S. 226–231.

Toelch, U./Dolan, R. J. (2015): Informational and normative influences in conformity from a neurocomputational perspective, in: *Trends in Cognitive Science*, Jg. 19, Nr. 10, S. 579–589.

Tomic, W. (1993): Behaviorism and cognitivism in education, in: *Psychology*, Jg. 30, Nr. 3/4, S. 38–46.

Tosey, P./Visser, M./Saunders, M. N. (2012): The origins and conceptualizations of ‚triple-loop‘ learning: A critical review, in: *Management Learning*, Jg. 43, Nr. 3, S. 291–307.

Tuckman, B. W. (1965): Development sequence in small groups, in: *Psychological Bulletin*, Jg. 63, Nr. 6, S. 384–399.

Tuckman, B. W./Jensen, M. A. C. (1977): Stages of small-group development revisited, in: *Group & Organization Studies*, Jg. 2, Nr. 4, S. 419–427.

Tversky, A./Kahneman, D. (1974): Judgement under uncertainty: Heuristics and biases, in: *Science*, Jg. 185, Nr. 4157, S. 1124–1131.

Uhle, T./Treier, M. (2019): *Betriebliches Gesundheitsmanagement: Gesundheitsförderung in der Arbeitswelt – Mitarbeiter einbinden, Prozesse gestalten, Erfolge messen*, 4. Aufl., Berlin/Heidelberg: Springer.

Ulich, E. (2013): Arbeitssysteme als Soziotechnische Systeme – eine Erinnerung, in: *Journal Psychologie des Alltagshandelns*, Jg. 6, Nr. 1, S. 4–12.

Vahs, D. (2019): *Organisation: Ein Lehr- und Managementbuch*, 10. Aufl., Stuttgart: Schaeffer-Poeschel.

Van Bavel, J. J./Cunningham, W. A. (2010): A social neuroscience approach to self and social categorization: A new look at an old issue, in: *European Reviews of Social Psychology*, Jg. 21, Nr. 1, S. 237–284.

Van de Vliert, E./de Dreu, C. K. W. (1994): Optimizing Performance by conflict stimulation, in: *International Journal of Conflict Management*, Jg. 5, Nr. 3, S. 211–222.

Van Eerde, W./Thierry, H. (1996): Vroom's expectancy models and work-related criteria: A Meta-Analysis, in: *Journal of Applied Psychology*, Jg. 81, Nr. 5, S. 575–586.

Van Maanen, J./Schein, E. H. (1979): Toward a theory of organizational socialization, in: *Research in Organizational Behavior*, Jg. 1, S. 209–264.

Varvasovsky, Z./Brugha, R. (2000): How to do (or not to do) … a stakeholder analysis, in: *Health policy and planning*, Jg. 15, Nr. 3, S. 338–345.

Visser, M. (2007): Deutero-Learning in Organizations: A review and a reformulation, in: *Academy of Management Review*, Jg. 32, Nr. 2, S. 659–667.

von der Oelsnitz, D./Hahmann, M. (2003): *Wissensmanagement – Strategien und Lernen in wissensbasierten Unternehmen*, Stuttgart: Kohlhammer.

Vornholz, G. (2021): *Digitalisierung der Immobilienwirtschaft*, 2. Aufl., München: DeGruyter/Oldenbourg.

Vroom, V. (1964): *Work and motivation*, New York: Wiley.

Walsh, J. P. (1988): Selectivity and selective perception: An investigation of managers' belief structures and information processing, in: *Academy of Management Journal*, Jg. 31, Nr. 4, S. 873–896.

Weber, M. (1980): *Wirtschaft und Gesellschaft: Grundriss der verstehenden Soziologie*, 5. Aufl., Tübingen: Mohr.

Weerakkody, V./Janssen, M./Dwivedi, Y. K. (2011): Transformational change and business process reengineering (BPR): Lessons from the British and Dutch public sector, in: *Government Information Quarterly*, Jg. 28, S. 320–328.

Weibler, J. (2016): *Personalführung*, 3. Aufl., München: Vahlen.

Weibler, J. (2021): *Digitale Führung – Beziehungsgestaltung zwischen Sinnesarmut und Resonanz*, RHI-Position Nr. 16, München: Roman Herzog Institut.

Weibler, J./Keller, T. (2010): Ambidextrie – die organisationale Balance im Spannungsfeld von Exploration und Exploitation, in: *Wirtschaftswissenschaftliches Studium: WiSt*, Jg. 39, S. 260–262.

Weibler, J./Keller, T. (2011): Ambidextrie in Abhängigkeit von Führungsverantwortung und Marktwahrnehmung: Eine empirische Analyse des individuellen Arbeitsverhaltens in Unternehmen, in: *Zeitschrift für betriebswirtschaftliche Forschung*, Jg. 63, S. 155–188.

Weibler, J./Keller, T. (2015): Führungsverhalten im Kontext von Ambidextrie, in: J. Felfe (Hrsg.): *Trends der psychologischen Führungsforschung*, Göttingen: Hogrefe, S. 289–302.

Weichbrodt, J. (2018): Flexibilisierung von Arbeit, in: *Personalführung*, Jg. 3, S. 26–29.

Wenger, E. C./Snyder, W. M. (2000): Communities of practice: The organizational frontier, in: *Harvard Business Review*, Nr. 1/2, S. 139–145.

Wheelan, S. A. (2009): Group size, group development, and group productivity, in: *Small Group Research*, Jg. 40, Nr. 2, S. 247–262.

Whyte, G. (1993): Escalating commitment in individual and group decision making: A prospect theory approach, in: *Organizational Behavior and Human Decision Processes*, Jg. 54, S. 430–455.

Wicher, U. (2015): *Mangementkompetenzen*, Herne: NWB Verlag.

Williams, K. D./Karau, S. J. (1991): Social loafing and social compensation: The effects of expectations of co-worker performance, in: *Journal of Personality and Social Psychology*, Jg. 61, Nr. 4, S. 570–581.

Wiseman, R./Watt, C./ten Brinke, L./Porter, S./Couper, S.-L./Rankin, C. (2012): The eyes don't have it: Lie detection and neuro-linguistic programming, in: *Plos One*, Jg. 7, Nr. 7, S. 1–5, abrufbar unter https://journals.plos.org/plosone/article?id=10.1371/journal.pone.0040259 [07.06.2021].

Yukl, G./Falbe, C. M. (1990): Influence tactics and objectives in upward, downward, and lateral influence attempts, in: *Journal of Applied Psychology*, Jg. 75, Nr. 2, S. 132–140.

Yukl, G./Falbe, M. (1991): Importance of different power sources in downward and lateral relations, in: *Journal of Applied Psychology*, Jg. 76, Nr. 3, S. 416–423.

Zeffane, R. (2013): Need for achievement, personality and entrepreneurial potential: A study of young adults in the United Arab Emirates, in: *Journal of Enterprising Culture*, Jg. 21, Nr. 1, S. 75–105.

Zhao, H./Seibert, S. E. (2006): The big five personality dimensions and entrepreneurial status: A meta-analytical review, in: *Journal of Applied Psycholgy*, Jg. 91, Nr. 2, S. 259–271.

Zheng, W. L./Liu, W./Lu, Y./Lu, B.-L./Cichocki, A. (2019): EmotionMeter: A multimodal framework for recognizing human emotions, in: *IEEE Transactions on Cybernetics*, Jg. 49, Nr. 3, S. 1110–1122.

Zhu, D. H. (2013): Group polarization on corporate boards: Theory and evidence on board decisions about acquisition premiums, in: *Strategic Management Journal*, Jg. 34, Nr. 7, S. 800–822.

Abbildungsverzeichnis

Abb. 1.1   Navigationskarte für die Beschreibung, Erklärung und Steuerung von Verhalten in Organisationen. —— 6

Abb. 1.2   Das Organisationsdilemma als Wahl zwischen individuellen und kollektiven Bedürfnissen. —— 11

Abb. 2.1   Traits und Verhaltensweisen. —— 26

Abb. 2.2   Eigenschaften im Rahmen der Persönlichkeitstheorie von Hans Jürgen Eysenck. —— 28

Abb. 2.3   Persönlichkeitszirkel von Hans Jürgen Eysenck. —— 35

Abb. 2.4   Hierarchisches Persönlichkeitsmodell. —— 43

Abb. 3.1   Grundmodell der Motivation. —— 57

Abb. 3.2   Die Bedürfnispyramide nach Abraham Maslow. —— 60

Abb. 3.3   Das Rubikon-Modell. —— 68

Abb. 3.4   VIE-Theorie. —— 72

Abb. 3.5   Zielsetzungstheorie nach Locke und Latham. —— 74

Abb. 3.6   3K-Modell der Motivation. —— 77

Abb. 3.7   Zwei-Faktoren-Theorie der Arbeitszufriedenheit nach Frederick Herzberg. —— 83

Abb. 3.8   Job Characteristics Model. —— 84

Abb. 4.1   Lernkurve für manuelle (und in ähnlicher Weise auch kognitive) Fertigkeiten. —— 101

Abb. 4.2   Lernen durch Feedback. —— 103

Abb. 4.3   Verknüpfung von Informationen zur Erklärung menschlichen Verhaltens im Kelley-Würfel. —— 125

Abb. 5.1   Entwicklung der Sozialen Identität. —— 148

Abb. 5.2   Formale und informale Beziehungsstrukturen in Organisationen. —— 151

Abb. 5.3   Soziogramm eines (sozialen) Netzwerks in einer Organisation. —— 152

Abb. 5.4   Phasen der Teamentwicklung nach Tuckman. —— 159

Abb. 5.5   Modell des Gruppendenkens nach Janis. —— 170

Abb. 5.6   Sender-Empfänger-Modell nach Shannon und Weaver. —— 174

Abb. 5.7   Medienreichhaltigkeit unterschiedlicher Kommunikationskanäle. —— 176

Abb. 6.1   Konfliktmodell nach Kreyenberg. —— 217

Abb. 6.2   Eskalationsstufen nach Glasl. —— 220

Abb. 6.3   Konfliktlösung anhand der Orientierung an den eigenen Interessen und den Interessen der Gegenpartei. —— 223

Abb. 6.4   Reaktionen im Verlauf von Veränderungsprozessen. —— 237

Abb. 6.5   3-Stufen der Veränderung nach Kurt Lewin. —— 244

Abb. 6.6   Eisbergmodell der Kultur. —— 250

Abb. 6.7   Drei-Ebenen-Modell der Organisationskultur. —— 257

Abb. 6.8   Kulturfelder in Organisationen. —— 258

Abb. 6.9   Methoden interkultureller Trainings. —— 264

Abb. 6.10   Ebenen Organisationalen Lernens nach Argyris und Schön. —— 275

Abb. 6.11   Wissenstreppe nach North. —— 277

https://doi.org/10.1515/9783110734447-009

Abb. 6.12   Regelkreis des Wissensmanagements. —— 279
Abb. 6.13   Wissensspirale nach Nonaka und Takeuchi. —— 282

Abb. 7.1   Bewertung des Aufgabenbereichs von Herrn Saure nach dem 3K-Modell. —— 330

Tabellenverzeichnis

Tab. 1.1   Ergebnisse einer Verhaltensanalyse in Organisationen. —— 7
Tab. 1.2   Beispiele für Dilemmata in Organisationen. —— 11
Tab. 1.3   Forschungsziele, Implikationen und Probleme der verhaltenswissenschaftlichen Organisationsforschung. —— 15

Tab. 2.1   16 Persönlichkeitseigenschaften von Raymond Cattell. —— 27
Tab. 2.2   Trait-Klassen und Subfacetten des Big Five-Persönlichkeitsmodells. —— 29
Tab. 2.3   Persönlichkeitstypen A und B. —— 33
Tab. 2.4   Hauptfaktoren und Facetten des NEO-PI. —— 36
Tab. 2.5   Fünf-V-Modell der Potenzialdiagnostik. —— 41

Tab. 3.1   Triebe und Motive. —— 56
Tab. 3.2   Implikationen für das Management nach der Theorie der Emotionalen Bedürfnisse. —— 64
Tab. 3.3   Diagnosefragen im 3K-Modell. —— 79

Tab. 4.1   Belohnungspläne. —— 105
Tab. 4.2   Aufgabenbereiche und Lernpunkte für das Training „Soziale Kompetenz in der Gruppenarbeit". —— 112
Tab. 4.3   Sinnesorgane des Menschen mit auslösenden Reizen und Wahrnehmungserlebnissen. —— 114
Tab. 4.4   Wahrnehmungsverzerrungen. —— 123
Tab. 4.5   Beispiel der Kovarianzanalyse zur Erklärung menschlichen Verhaltens. —— 126

Tab. 5.1   Rollen der Teamleitung und Handlungsempfehlungen. —— 160
Tab. 5.2   Teamrollen mit ihren Stärken und Schwächen. —— 162
Tab. 5.3   Merkmale reichhaltiger und weniger reichhaltiger Kommunikationsmedien. —— 175
Tab. 5.4   Kommunikationsbarrieren. —— 179
Tab. 5.5   Zwei Faktoren der sozialen Intelligenz. —— 185
Tab. 5.6   Charakterisierung des *freien Kind-Ichs*. —— 186
Tab. 5.7   Charakterisierung des *angepassten Kind-Ichs*. —— 187
Tab. 5.8   Charakterisierung des *rebellischen Kind-Ichs*. —— 187
Tab. 5.9   Charakterisierung des *fürsorglichen Eltern-Ichs*. —— 188
Tab. 5.10   Charakterisierung des *kritischen Eltern-Ichs*. —— 188
Tab. 5.11   Charakterisierung des *Erwachsenen-Ichs*. —— 189
Tab. 5.12   Einflusstaktiken. —— 194
Tab. 5.13   Formale und personale Machtbasen. —— 195
Tab. 5.14   Politische Taktiken. —— 198

Tab. 6.1   Konfliktarten in Organisationen. —— 211
Tab. 6.2   Nutzen von Konflikten nach Berkel. —— 213
Tab. 6.3   Erkennen und Lösen von kalten und heißen Konflikten nach Berkel. —— 215
Tab. 6.4   Vergleich der Konfliktlösungsansätze. —— 221
Tab. 6.5   Auslöser von Veränderungen in Organisationen. —— 227
Tab. 6.6   Tiefe von Veränderungen in Organisationen. —— 231

https://doi.org/10.1515/9783110734447-010

Tab. 6.7   Wandel 1. Ordnung und 2. Ordnung. —— 232

Tab. 6.8   Fragen zur Diagnose der Beschleunigungsfalle in Organisationen. —— 236

Tab. 6.9   Anzeichen von Widerstand. —— 240

Tab. 6.10   Methoden zum Umgang mit Widerständen gegenüber Veränderungen. —— 242

Tab. 6.11   Promotorenmodell organisationaler Veränderungen. —— 248

Tab. 6.12   Unterschiede zwischen Personen mit monochronem und Personen mit polychronem Zeitverständnis. —— 253

Tab. 6.13   Ausprägungen der Kulturdimensionen nach Hofstede für ausgewählte Länder. —— 256

Tab. 6.14   Implikationen von Hofstedes Kulturdimensionen auf die Organisation. —— 259

Tab. 6.15   Interkulturelle Kompetenzen. —— 263

Tab. 6.16   Gesprächsthemen für den Small-Talk. —— 265

Tab. 6.17   Instrumente des Wissensmanagements. —— 283

Tab. 6.18   Formen der Arbeitsflexibilisierung. —— 288

Tab. 7.1   Analyse externer Einflüsse auf das Verhalten in Organisationen. —— 315

Tab. 7.2   Analyse interner Einflüsse auf das Verhalten in Organisationen. —— 316

Tab. 7.3   Bewertung des Aufgabenbereichs von Herrn Saure nach dem Job Characteristics Modell. —— 328

Tab. 7.4   Bewertung des Aufgabenbereichs von Herrn Ribbeck nach dem Job Characteristics Modell. —— 332

Tab. 7.5   Bewertung des Aufgabenbereichs von Frau Kern nach dem Job Characteristics Modell. —— 335

Tab. 7.6   Argumente für und gegen eine schnelle Sozialisation im Unternehmen. —— 336

Tab. 7.7   Attribution der Ursachen für die Studienleistungen des Juniorchefs und der Arbeitsleistung des Seniorchefs aus Sicht von Herrn Lammer. —— 338

Tab. 7.8   Attribution der Ursachen für den Erfolg von Frau Normann aus Sicht von Frau Sahlfeld. —— 345

Tab. 7.9   Kommunikationssignale von Frau Trens und Herrn Lurch. —— 348

Stichwortverzeichnis

Advocatus Diaboli 171
Agilität 290
Ambidextrie 304
Amtsautorität 195, 196
Angst vor Misserfolg 66
Anreize 55
– extrinsische 56, 108
– intrinsische 56
Anreizgehalt 57
Anschlussmotiv 65
Arbeitsflexibilisierung
– Bereiche 289
– Grenzsetzung 297
– Kontrollverlust 292
– Selbstgefährdung 297
Arbeitszufriedenheit 83
Asch-Experiment 166
Attributionsfehler, fundamentaler 2, 125
Attributionstheorie 124
– Kelley-Würfel 124
– Kovariationsprinzip 124
Atypische Beschäftigungsverhältnisse 288
Aufforderungscharakter der Situation 57
Aufgabenganzheitlichkeit 85
Augenbewegungen 184
Augenscheinvalidität 38
Autonomie 85
Autoritarismus 31

BATNA 225
Bedürfnispyramide 60
Bedürfnisse 60
– emotionale 63
Beeinflussungstechniken 192
Befragung 15
Behaviorismus 101
Belohnungspläne 104
Belohnungsschema
– fix 104
– variabel 104
Benchmarking 229, 284
Beobachtung 14
Beschleunigungsfalle 235
Bestrafungslernen 106
Betriebsblindheit 228
Big Data 285

Big Five 29, 36, 38, 233
– Eigenschaftsfacetten 29
– Haupteigenschaftsklassen 29
Bindung 156
Black-Box 102
Bochumer Inventar zur berufsbezogenen
    Persönlichkeitsbeschreibung 38
Bottleneck-Problematik 152
Boundary Management 299
Brainstorming 285
Bring Your Own Device 289
Buridans-Esel 10

Change 225
Charakter 20
Commitment 17, 156, 161, 303
– eskalierendes 171
Communities of Practice 153, 286
Corporate
– Behavior 258
– Communication 257
– Design 257
– Identity 257
– Image 258
Co-Working-Spaces 290
Crowdworking 290, 303
Cultural Assimilator-Training 263
Customer Relationship Management 284

Defizitbedürfnisse 60
Desk-Sharing 289, 293
Dissonanz 128
Dissonanzreduktion 130, 238
– Aufwertung und Abwertung 131
– Einstellungsänderung 128
– Selektive Informationssuche 131
– Verhaltensänderung 129
Dokumentenanalyse 15
Drei-Komponenten der Motivation 75

Ehrlichkeit-Bescheidenheit 38
Einflusstaktiken 194
Einstellungen 127
E-Learning-Tools 286
Emotional Needs-Theory 62
Empathie 184
Empfindung 113

https://doi.org/10.1515/9783110734447-011

Entscheidungsmacht 191
Equity-Theorie 79
Erwartung 71
Extraversion 27

Fairness 80
Feldstudien 17
Flow 77, 83
Free Seating-Konzept 289
Fünf-V-Modell der Potenzialdiagnostik 41

Gerechtigkeit 80
– distributive 81
– interaktionale 81
– prozedurale 81
Gliederung
– funktionale 150
– objektorientierte 150
GLOBE-Projekt 256
Großraumbüro 288, 291
Groupthink 168
– Rahmenbedingungen 168
– Symptome 168
– Vermeidung 170
Grundmotive nach David McClelland 65
Gruppen
– formale 150
– informale 150
– Kohäsion 146, 165
– Merkmale 145
Gruppendenken 168
Gruppenentwicklung *siehe* Teamentwicklung
Gruppenpolarisation 166
Gruppensozialisation 160

Handlungsergebnisfolgen 71
Hawthorne Studien 13, 149
Heuristiken 121
– Anker 122
– Repräsentativität 121
– Was-Wäre-Wenn 121
– Zugänglichkeit 121
HEXACO-Modell 38
Holokratie 302
Homeoffice 289, 296
Human Relations 14, 149
Hygienefaktoren 83

Ideenmanagement 285
Identität
– persönliche 147
– soziale 147
Impression Management 198
– Eindrucksbildung 199
– Merkmale 199
– Täuschen 199
– Verhaltensweisen 200
Inequity 79
Informationsverarbeitung 114
Instrumentalität 71
Integrierer-Verhalten 298
Interkulturelle Kommunikation
– fernmündliche 265
– nonverbale 266
Interkulturelle Kompetenzen 262
Interkulturelles Training 262
Internationale Anpassung 261
Internationale Verhandlungen 269
– distributive Verhandlungsstrategie 269
– integrative Verhandlungsstrategie 269
Intranet 286
Introversion 28

Job
– Enlargement 87
– Enrichment 88
– Rotation 87
– Sculpting 88
Job Characteristics Model 84
Job Diagnostics Survey 85

Kognitive Dissonanz 128
Kognitivismus 101
Kollaborations-Software 155
Kommunikation
– direkte 155, 175
– mündliche 173
– nonverbale 173, 183
– paraverbale 183
– schriftliche 173
Kommunikationsbarrieren 178
Kommunikationselemente 176
Kommunikationsmedien 175
Kommunikationsmodell
– Schulz von Thun 181
– Sender-Empfänger-Modell 174
– Vier-Ohren-Modell 182

Kommunikationsphasen 173
Konflikt
– aufgaben- und beziehungsorientierter 210
– funktionaler und dysfunktionaler 212
– heißer und kalter 214
– intra- und interindividueller 210
– lateraler und direkter 220
– symmetrischer und asymmetrischer 218
Konfliktchronifizierung 217, 221
Konflikt-Eskalationsstufen 218
Konfliktlösung 214, 220
– Harvard Konzept 223, 270
– Machteingriff 219
– Schiedsverfahren 220
Konfliktmanagement 209
Konfliktmediation 219
Konfliktmoderation 219
Konfliktphasen 215, 219
Konfliktprozessbegleitung 219
Konfliktstimulierung 214
Konfliktsymptome 212
Konfliktverhärtung 217
Konfliktvermeidung 221
Konformität 166, 168, 199
– informationelle 166
– normative 166
Konstrukt 14
Kontrollüberzeugung 30
Kreativitätstechniken 285
Kultur
– Arten 258
– Concepta und Percepta 249
– Dimensionen nach Hall 251
– Dimensionen nach Hofstede 254, 259
– Eisbergmodell 250
– Felder 258
– Funktionen 249
– Mono- und Polychronismus und 252
Kulturforschung 256
Künstliche Intelligenz 285

Landeskultur 249, 258
Langzeitstudien 16
Leistungsfeedback 75
Leistungsmotiv 65
Lernen
– Belohnung 102
– Bestrafung 102, 106
– deklaratives 99

– Kognitivismus 109
– Kontingenz 103
– Nachahmung 109, 110
– prozedurales 99
Lernkultur 272
Lernkurve 101
Linking pin-Modell 149

Machiavellismus 31
Macht
– Abhängigkeitsverhältnis 193
– Definition 193
– Dominanz 196
– Fremdbestimmung 193
– legitime 195
Machtbasen
– formale 195
– personale 195
Machtmotiv 65
Machtpotenzial 193
Management by Knowledge Objectives 284
Management by Objectives 74
Medienreichhaltigkeitstheorie 175, 286, 300
Misserfolgsmotivation 66
Modelllernen 110, 112
Motivation 57
– Definition 58
– extrinsische und intrinsische 58, 84
– Inhaltstheorien 59
– optimale 76
– Prozesstheorien 59
Motivationsbarrieren 77
Motivationsdefizite 75
Motivationspotenzial 85
Motivationsstärke 71
Motivatoren 83
Motive 54, 76
– explizite und implizite 54, 76
Motiventwicklung 54
Multifunctional-Space 289, 295

Nachricht
– Emotionsebene 178
– Sachebene 178
– Vier Seiten 181
NEO Persönlichkeitsinventar 36
Netzwerk 153
– Schlüsselrollen 153

– soziales 151
– Strukturen 151
Neurotizismus 28
Normalarbeitsverhältnis 287

OCEAN-Modell 30
Open Office 289, 291
Operationalisierung 14
Organigramm 150
Organisational Behavior Modification 107
Organisationale Gerechtigkeit 81
Organisationale Pfadabhängigkeit 228
Organisationale Trägheit 227
Organisationales Lernen 273
– Deutero-Lernen 274
– Double-loop 273
– Lernschwächen 275
– Meta Lernen 274
– Single-loop 273
Organisationales Lernen, Definition 271
Organisationsdilemma 11
Organisationsforschung 3
Organisationskultur 256
– Artefakte 257
– Drei-Ebenen-Modell nach Schein 257
Organisationsprinzipien 304
Organizational Behavior Science 3

Paradox des Erfolges 228
Paraphrasieren 265
Personalentwicklung 25
Persönlichkeit
– Definition 20
– Eigenschaften 20, 24, 42, 233
– Habits 42
– Hypothetisches Konstrukt 26
– ideographischer Ansatz 22, 25, 31
– nomothetischer Ansatz 22, 25
– schwache Situationen 44
– starke Situationen 44
– Traits 20, 25, 26, 42
– Verhaltensgewohnheiten 42
Persönlichkeitsmodell
– Hans Jürgen Eysenck 27, 34
– hierarchisches 42
– Lexikalischer Ansatz 29
– Raymond Cattell 27
– Walter Mischel 43

Persönlichkeitstest 22, 36, 39
– Einsatz 40
Persönlichkeitstyp 31, 42
– A und B 32, 44
– Choleriker 32, 36
– Melancholiker 32, 35
– Phlegmatiker 32, 36
– Sanguiniker 32, 36
Persönlichkeitszirkel 34
PESTEL 4, 5, 226
Politische Fertigkeiten 197
Politische Taktiken 192, 197, 198
Positive Psychologie 127
Präsenzkultur 299
Primacy-Effekt *siehe* Reihenfolgeeffekt
Projektbasierte Teams 302
Projektgruppe 154
Psychologische Testverfahren 40
Psychometrie 21, 36

Qualitätszirkel 154
Querschnittsuntersuchungen 16

Reaktanz 130, 234
Reflexion 110
Reihenfolge-Effekt 122
Replikationsstudien 16
Respekt 82
Reziprozitätsprinzip 192
Ringelmann-Effekt 164
Risikoneigung 31
Risikoschub 167
Rollenmodelle 110, 133, 279
Roter Königinnen-Effekt 229
Routinen 100
Rubikon-Modell 68
– aktionalen Phase 69
– postaktionalen Phase 70
– präaktionale Phase 69
– prädezisionale Phase 67

Schemata 117
Scrum-Methode 302
Segmentierer-Verhalten 298
Selbstbestimmung 88, 130, 297
Selbstbewusstsein 24
Selbstfokus 46
Selbstführung 300
Selbst-Kategorisierung 147

Selbstmanagementkompetenzen 299
Selbstorganisierte Teams 88
Selbstwert 31
Selbstwirksamkeit 31, 75
Self-monitorer 46
Self-serving bias 127
Sensation-Seeker 31
Shared Desks 288
Sich-selbst-erfüllende-Prophezeiung 17, 119
Sinneseindrücke 115
Situational-Strength-Theorie 43
SMART-Konzept 74
Social Identity-Theory *siehe* Theorie der
    Sozialen Identität
Social loafing 164
Soziale Intelligenz 184, 197
– Faktoren 185
Soziale Kognition 185
Soziale Kompensation 165
Soziale Lerntheorie 110
Soziale Netzwerke 284
Soziale-Kategorisierung 147
– In-group 148
– Inter-Gruppen-Vergleiche 148
– Out-group 148
Soziales Faulenzen 164
Sozialisation 109
– Einarbeitungsprogramme 110
sozio-technisches System 4
Stereotypisierungen 118
Steuerungsgruppe 154
Strategische Allianzen 284
Stress 304
Sunk-Cost-Prinzip 172
Systemvertrauen 269
Szenariotechnik 285

Tacit knowledge 280
Taktieren 197
Taylorismus 13, 300
Teamentwicklung
– Adjourning 158
– Forming 157
– Norming 157
– Performing 158
– Storming 157
Teamentwicklungsuhr 158
Teamrollen 161
– Stärken und Schwächen 162

Teilautonome Arbeitsgruppen 88
Telearbeit 296
– alternierende 296
Theorie der emotionalen Bedürfnisse 62
Theorie der Sozialen Identität 147
Think Tanks 286
Transaktionen
– gekreuzte 190
– komplementäre 189
Transaktionsanalyse 185
– Eltern-Ich 186
– Erwachsenen-Ich 186
– Kind-Ich 185
Transformationaler Wandel 230
Triebe 55

Ursachenzuschreibung 1, 123
Urteilsfehler 123

Valenz 71
Valenz-Instrumentalitäts-Erwartungs-Theorie 71
Veränderungen
– Auslöser 227
– Copingzyklus 237
– Geschwindigkeit 226
– Kollektive Erschöpfung 235
– Reaktionen 237
– Tiefe 230
Veränderungsdruck 246
Veränderungsmodelle
– Change-Modell nach Kotter 246
– Phasen der Veränderung nach Krüger 244
– Promotorenmodell 248
– Stufen der Veränderung nach Lewin 243
Veränderungsmüdigkeit 235
Veränderungsverpuffung 235
Veränderungswiderstand 242
– aktiv und passiv 240
– Anzeichen 240
– Stakeholder-Analyse 241
– Ursachen 233
Verantwortungsdiffusion 165
Verhaltensmessung 107
Verhaltensursachen 1
Verstärkung
– kontinuierliche 103
– positive und negative 102
Verstärkungslernen 102, 108
Vertrauen 269

VIE-Theorie 71
Virtuelle Teams 155
– Entwicklung 159
– Führung 156
Volition 69, 78
Vorsichtsschub 167
Vorurteile 129
VUCA 226

Wachstumsbedürfnis 60
Wahrnehmung
– Bottom-Up 115
– Drei-Speicher-Modell 114
– Kurzzeitspeicher 114
– Langzeitspeicher 114
– Sensorischer Speicher 114
– System 1 120
– System 2 120
– Top-down 116, 118
Wahrnehmungserlebnis 113
Wahrnehmungsfilter 116, 174, 177
Wahrnehmungsverzerrungen 123
Wandel 225
– 1. Ordnung 231
– 2. Ordnung 231

Wiki 286
Wissen
– Aufbau 99
– explizites und implizites 100, 280
– Nutzung 99
– Speicherung 99
– Transfer 100
Wissenschaftliche Betriebsführung 13
Wissensleitbild 283
Wissensmanagement
– Bausteine 280
– Instrumente 283
– Regelkreismodell 282
– Reifegrade 278
– strategisches und operatives 278
Wissensspirale 282
Wissenstreppe 277
Wissensumwandlung 280

Zielbindung 75
Ziele 76
Zielsetzung 74
Zwei-Faktoren-Theorie 83
Zwillingsstudien 23

www.ingramcontent.com/pod-product-compliance
Lightning Source LLC
Chambersburg PA
CBHW061744210326
41599CB00034B/6788

* 9 7 8 3 1 1 0 7 3 8 7 5 9 *